# 武威年鉴

## 2022

中共武威市委党史和地方志研究中心 编

方志出版社
Publishing House of Local Records

图书在版编目（CIP）数据

武威年鉴. 2022 / 中共武威市委党史和地方志研究中心编. —北京 : 方志出版社, 2022.12
ISBN 978-7-5144-5521-2

Ⅰ. ①武… Ⅱ. ①中… Ⅲ. ①武威—2022—年鉴
Ⅳ. ①Z524.23

中国版本图书馆CIP数据核字（2022）第253050号

责任编辑：陈　菁
责任校对：刘玉霞
责任印制：梅中英
出 版 者：方志出版社
地　　址：北京市朝阳区潘家园东里 9 号（国家方志馆4层）
邮　　编：100021
网　　址：http://www.zgfzcb.cn
发　　行：方志出版社图书营销中心（010-67110500）
印　　刷：山东黄氏印务有限公司
开　　本：889毫米×1194毫米　1/16
印　　张：30.5
字　　数：626千字
版　　次：2022年12月第1版
印　　次：2022年12月第1次印刷
定　　价：298.00元

# 武威市党史和地方志工作领导小组

**组　　长：**曾国俊

**副 组 长：**李宏伟

**成　　员：**杨青山　高加志　戴继春

谢宏杰　罗文璧

# 中共武威市委党史和地方志研究中心
# 《武威年鉴》编辑部

**主　　编：**罗文璧

**副 主 编：**王　艳

**工作人员：**（按姓氏笔画排列）

毛永芳　韦超琼　付建军　刘玉松

刘尧元　杨小楠　吴建栋　程对山

# 编辑说明

1.《武威年鉴（2022）》坚持以马克思列宁主义、毛泽东思想、邓小平理论、“三个代表”重要思想、科学发展观、习近平新时代中国特色社会主义思想为指导，坚持辩证唯物主义和历史唯物主义的立场、观点和方法，紧紧围绕武威市委、市政府中心工作，突出地方特色，反映时代特征。

2.《武威年鉴》自2003年开始编纂，已连续编纂出版18部，是由中共武威市委、武威市人民政府主管，中共武威市委党史和地方志研究中心编纂的年度资料性文献，旨在全面、系统、准确地记述全市自然、政治、经济、文化、社会和生态文明建设等方面的综合情况，为广大读者了解和研究武威提供基本资料。

3.《武威年鉴（2022）》记述时间起自2021年1月1日，截至12月31日。为确保内容的完整性与连续性，记述时间适当上溯或下延。书中“自然环境”“历史沿革”分目内容起自事物发端。

4.《武威年鉴（2022）》采用分类编辑法。内文分为类目、分目、条目三级结构层次，以条目为基本表现形式，全卷设特载、大事记、市情概览等类目。条目的标题统一用黑体加【 】表示。

5.《武威年鉴（2022）》中未冠有行政区划专名的“省”“市”称谓，分别指代“甘肃省”“武威市”，其他各级行政区划则冠以行政区划专名。数字用法、标点符号用法分别采用国家标准《出版物上数字用法》（GB/T 15835—2011）、《标点符号用法》（GB/T 15834—2011），计量单位采用国家技术监督局1993年12月发布的《量和单位》系列国家标准。

6. 与《武威年鉴（2021）》相比，《武威年鉴（2022）》新增乡村振兴、开放型经济2个类目，新设人口民族、党史学习教育、重大项目建设、人事管理、劳动人事争议仲裁、社会信用体系建设、金融监管、价格管理、特色产业、水利工程、国土绿化、林长制、防沙治沙、生物多样性保护、生态环境质量、成品油销售、会展、科技平台建设、旅游资源、旅游推介、新华书店工作等分目，进一步突出地方特色和年度特色。对特载、工业 建筑业、生态环保、附录等内容进行调整补充，人物部分删除晋升一级巡视员、二级巡视员、一级调研员干部简介。

7.《武威年鉴（2022）》所载内容和数据，由相关单位提供，部分内容选自武威政府网站，人物部分根据市委组织部和供稿单位整理。反映全市国民经济和社会发展的数据以市统计局公布的资料数据为准。图片由市新闻传媒集团、供稿单位提供，未作时间注释的，一律为2021年摄制。

## 地区生产总值

全市地区生产总值由1949年的不足0.5亿元增长到2021年的600.23亿元，位居全省第5位，总量是1949年的1364倍，特别是中共十八大以来，仅用5年时间连续突破300亿元、400亿元、500亿元大关，2021年突破600亿元大关。

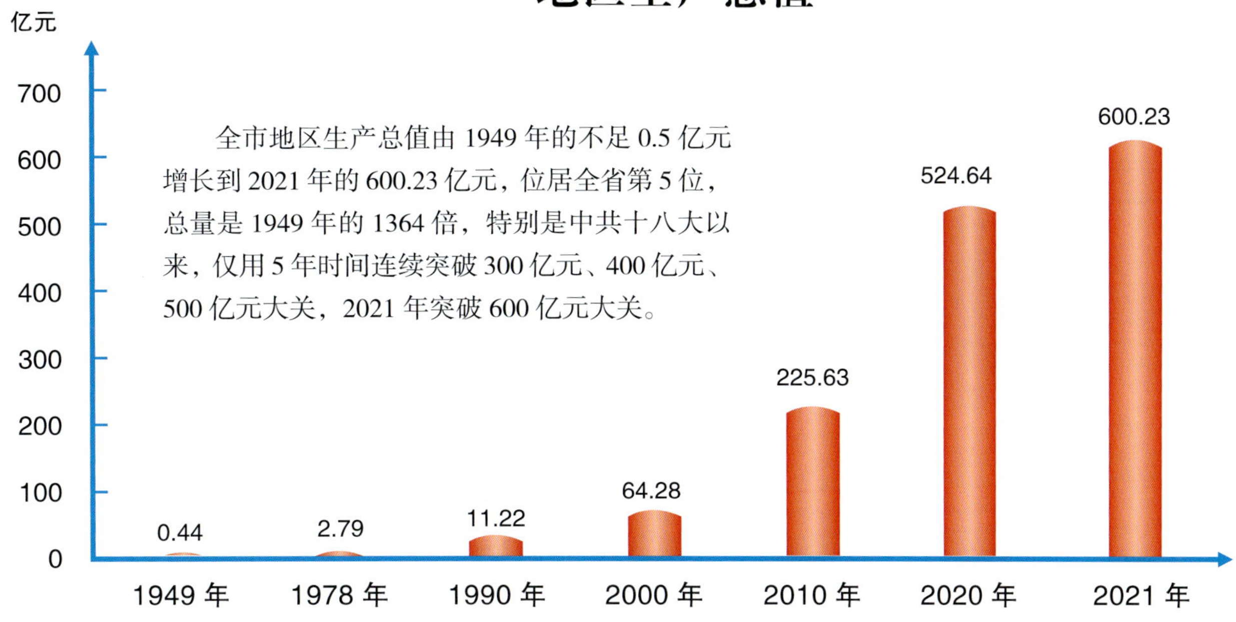


## 全市人均生产总值

全市人均生产总值由1949年的51元增加到2021年的41361元，是1949年的811倍。2019年后，突破3万元大关，步入快速增长阶段。2021年突破4万元大关。

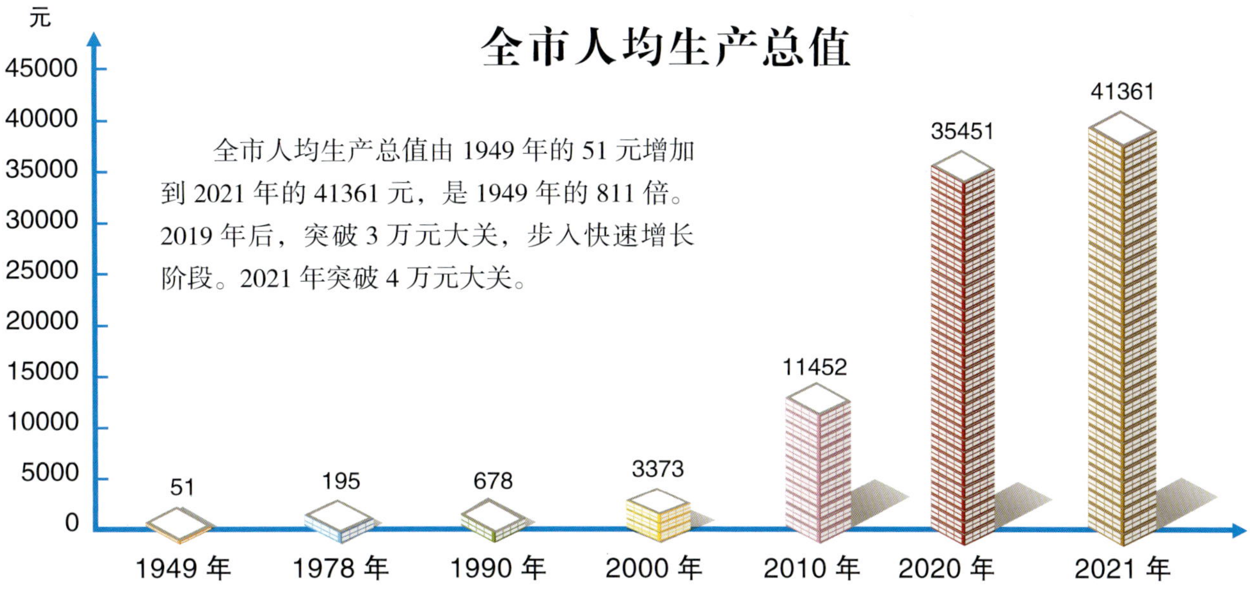

## 三次产业结构

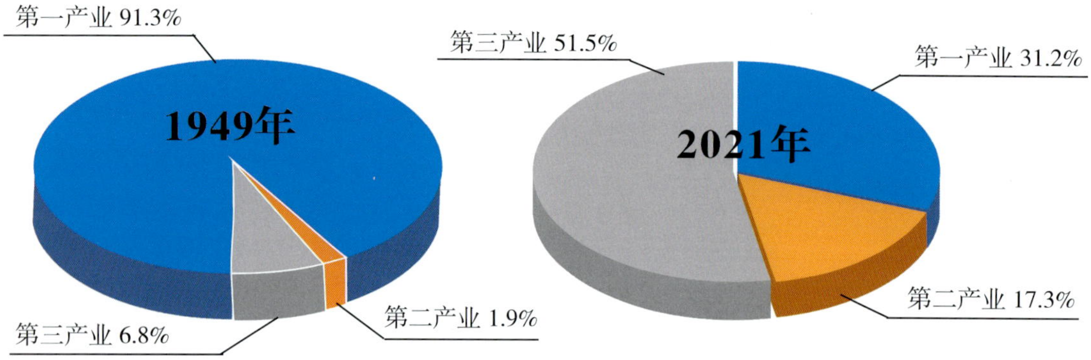


全市三次产业结构由 1949 年的 91.3 : 1.9 : 6.8 调整为 2021 年的 31.2 : 17.3 : 51.5。第一产业比重下降 60.1 个百分点，二、三产业比重分别上升 15.4 个、44.7 个百分点，基本形成了农业基础稳固、工业质量效益全面提升、服务业快速发展的良好态势。

## 第一产业增加值

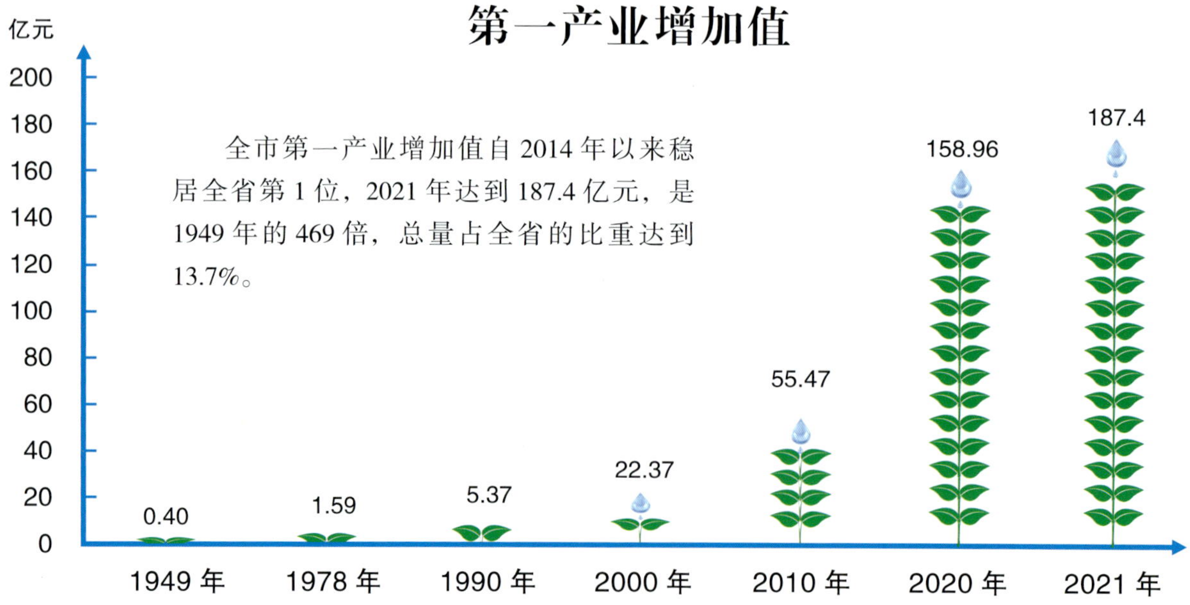


全市第一产业增加值自 2014 年以来稳居全省第 1 位，2021 年达到 187.4 亿元，是 1949 年的 469 倍，总量占全省的比重达到 13.7%。

## 第二产业增加值

全市第二产业增加值快速增长，1984 年突破亿元大关，2008 年突破 50 亿元大关，2021 年突破 100 亿元大关，达到 104 亿元，是 1949 年的 12235 倍。

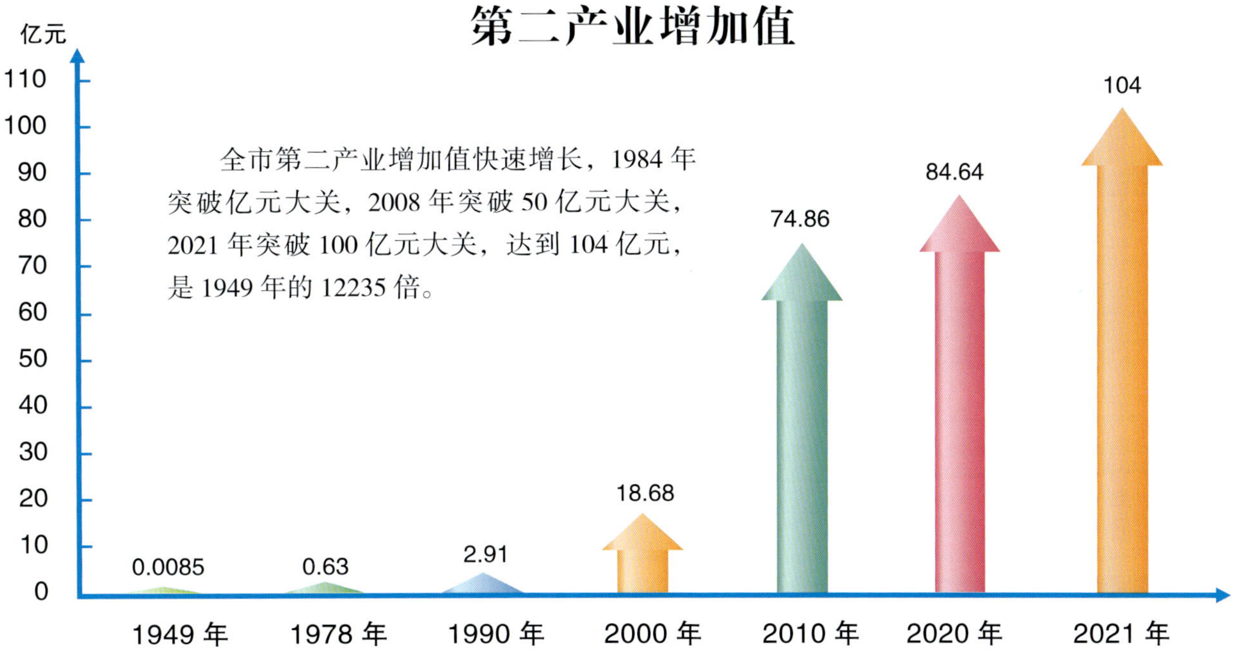


## 第三产业增加值

第三产业自改革开放以来呈蓬勃发展态势，2012 年，三产增加值突破百亿元大关，并通过 5 年的发展实现了总量翻番，2021 年突破 300 亿元大关，达到 308.9 亿元，是 1949 年的 10297 倍，三产已成为经济增长的主引擎。

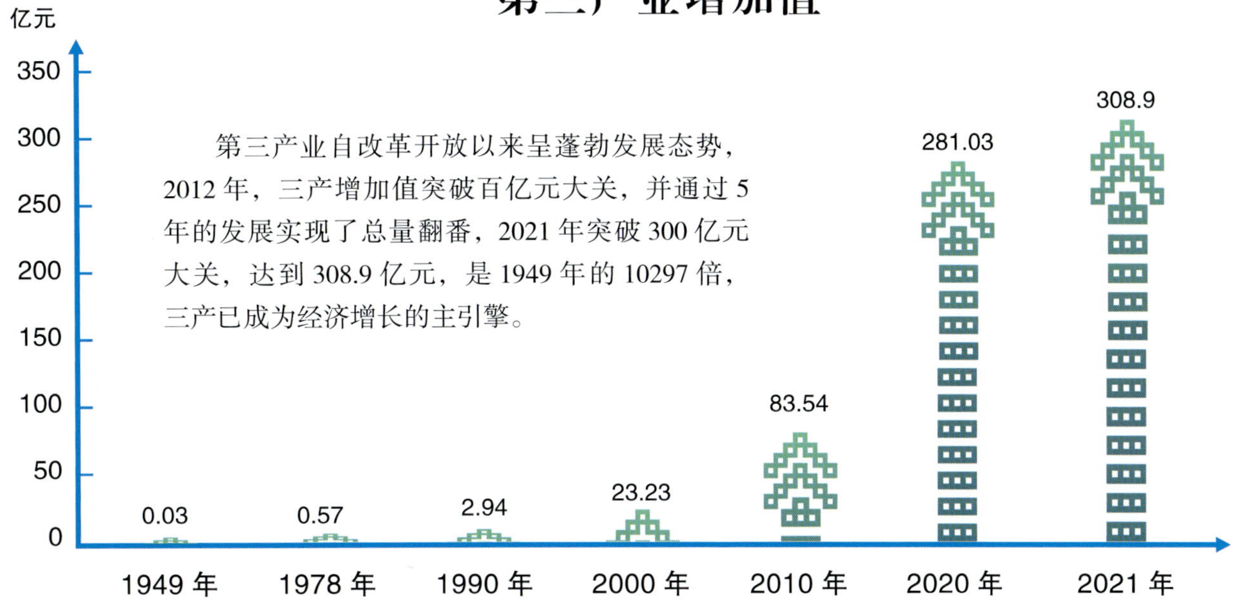

## 社会消费品零售总额

中华人民共和国成立初期，全市社会消费品零售总额为 1168 万元，年人均水平不足 15 元。改革开放以来，消费品市场蓬勃发展，市场体系日臻完善，特别是中共十八大以来，市场销售规模快速扩张。2014 年，社会消费品零售总额突破百亿元大关。2020 年，达到 143.84 亿元，人均达到 9720 元。2021 年达到 162 亿元，是 1949 年的 1387 倍。

## 大口径财政收入

1949 年全市财政收入捉襟见肘，只有 89 万元，经过改革开放的不断积累和发展，收入规模不断扩大，2010 年突破 10 亿元大关，2021 年达到 54.7 亿元，是 1949 年的 6146 倍。

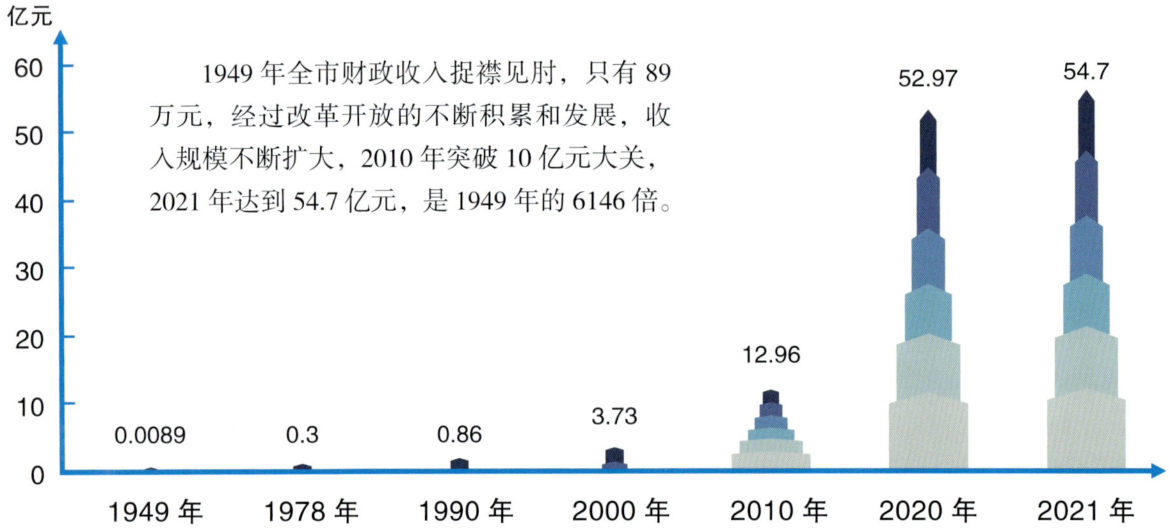

## 一般公共预算支出

1949年全市一般公共预算支出仅为4万元，人均不足5分钱，2020年扩大到217.05亿元，人均达到1.47万元，支出总规模是1949年的54.3万倍，2021年支出204亿元，财政自给能力显著增强。

## 城镇居民人均可支配收入

20世纪90年代以前，城镇居民人均可支配收入不足千元，进入新世纪，收入实现了较快增长，2009年突破万元大关，2021年达到33791元，是1984年470元的71.9倍。

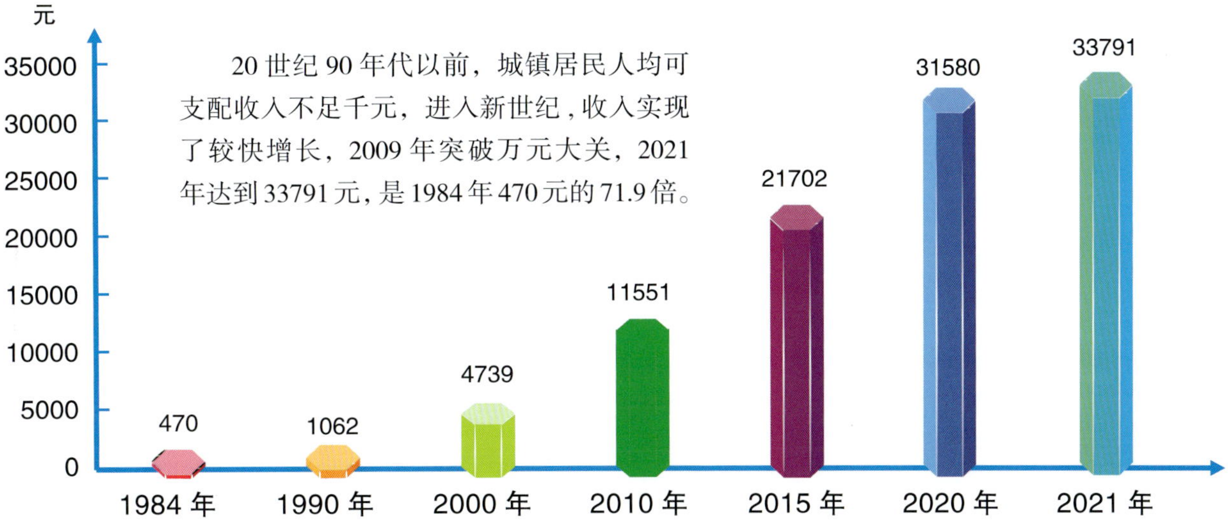

## 农村居民人均可支配收入

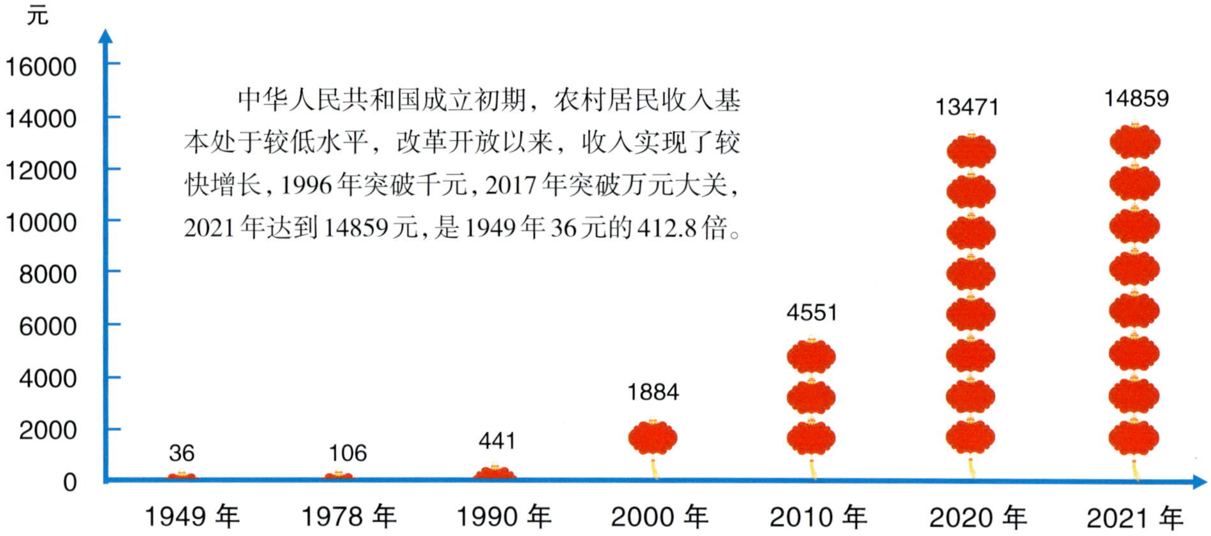


中华人民共和国成立初期，农村居民收入基本处于较低水平，改革开放以来，收入实现了较快增长，1996 年突破千元，2017 年突破万元大关，2021 年达到 14859 元，是 1949 年 36 元的 412.8 倍。

## 粮食总产量

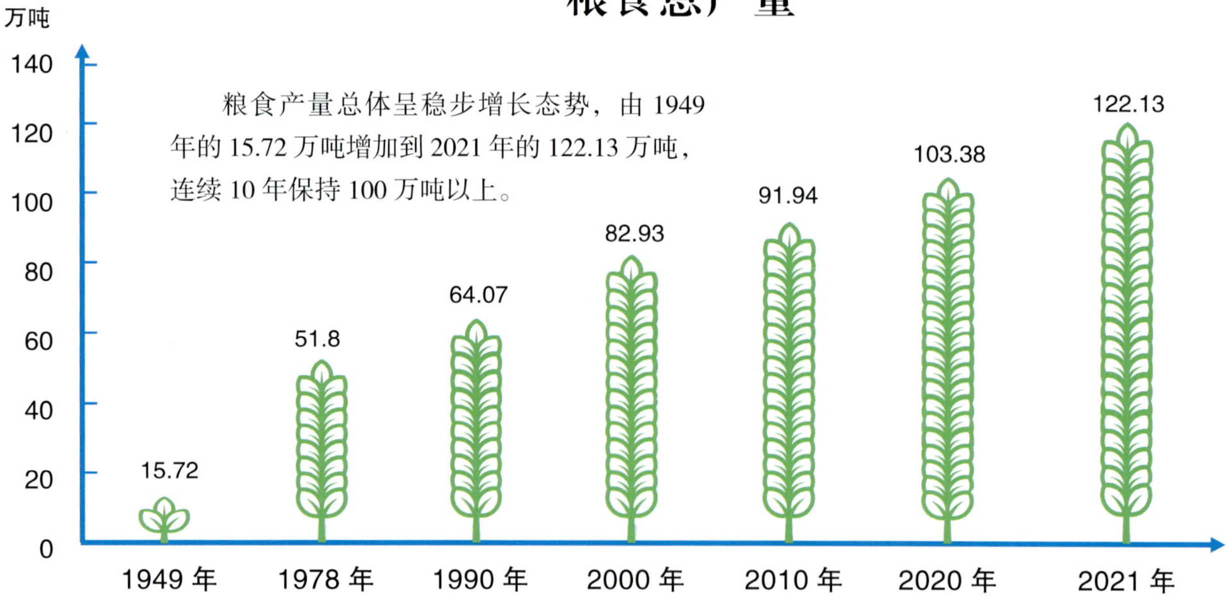


粮食产量总体呈稳步增长态势，由 1949 年的 15.72 万吨增加到 2021 年的 122.13 万吨，连续 10 年保持 100 万吨以上。

## 蔬菜总产量

2021 年，蔬菜产量达到 271.21 万吨，位列全省第 1 位，是 1980 年的 60.4 倍。

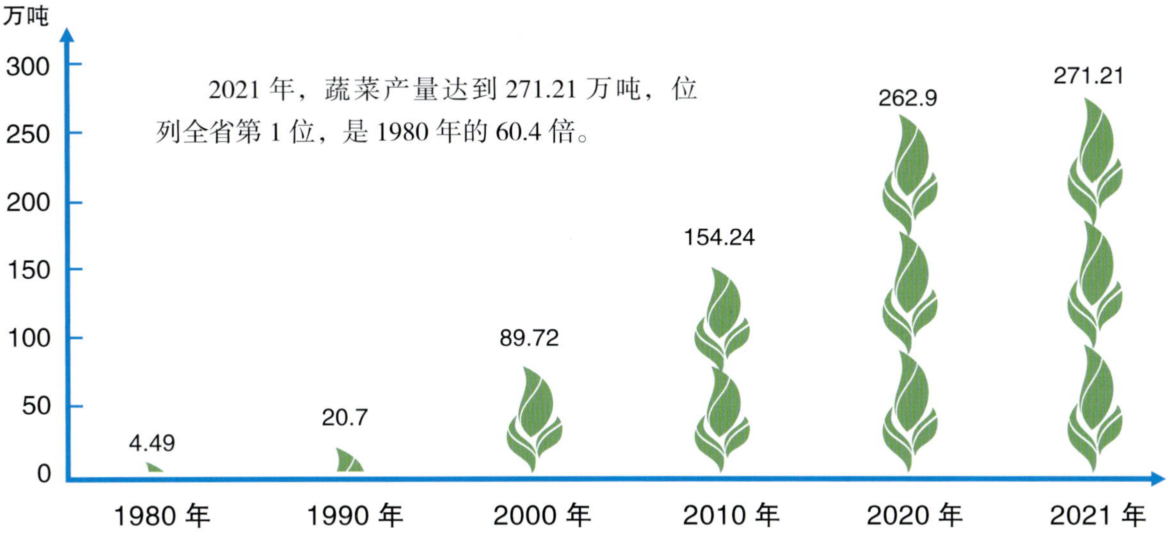


## 水果总产量

2020 年，水果产量达到 16.74 万吨，是 1949 年的 641.4 倍。2021 年，水果产量 15.71 万吨，近 9 年连续保持在 10 万吨以上。

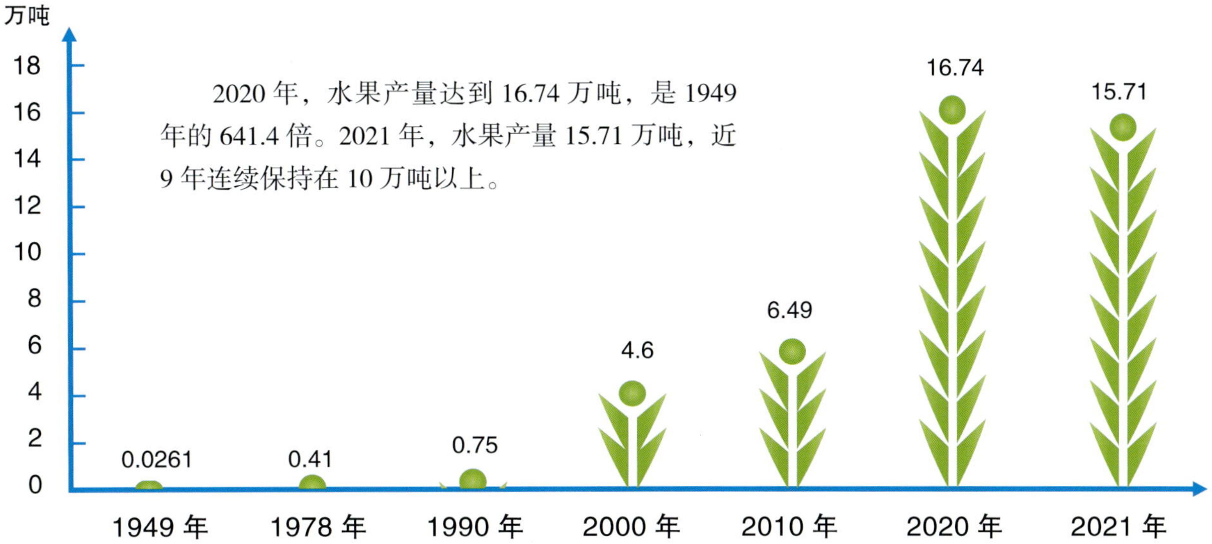

## 肉类总产量

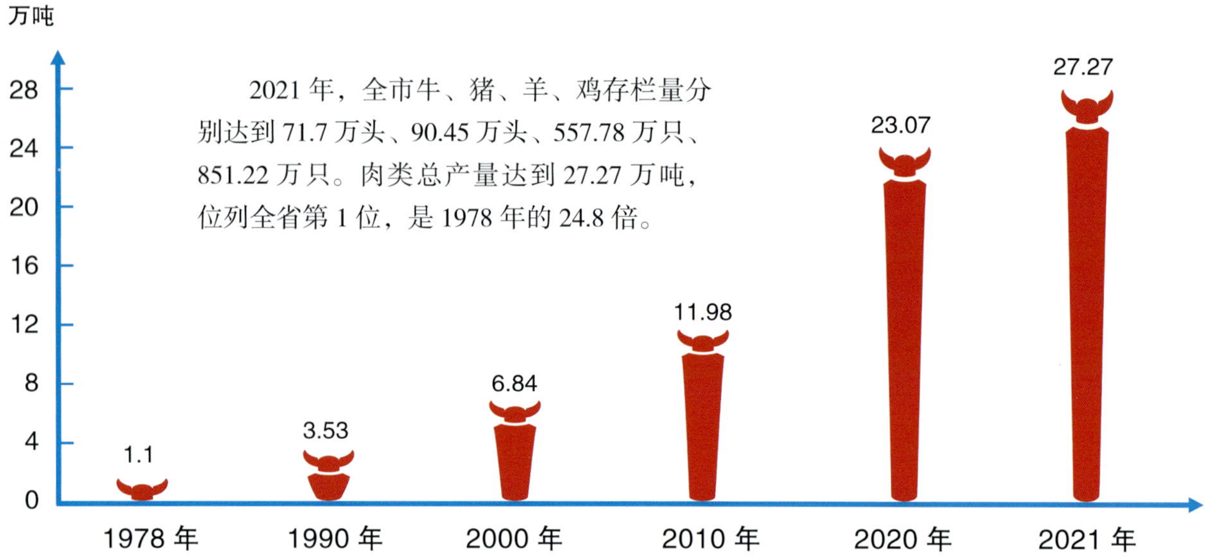


2021 年，全市牛、猪、羊、鸡存栏量分别达到 71.7 万头、90.45 万头、557.78 万只、851.22 万只。肉类总产量达到 27.27 万吨，位列全省第 1 位，是 1978 年的 24.8 倍。

## 中小学在校学生数

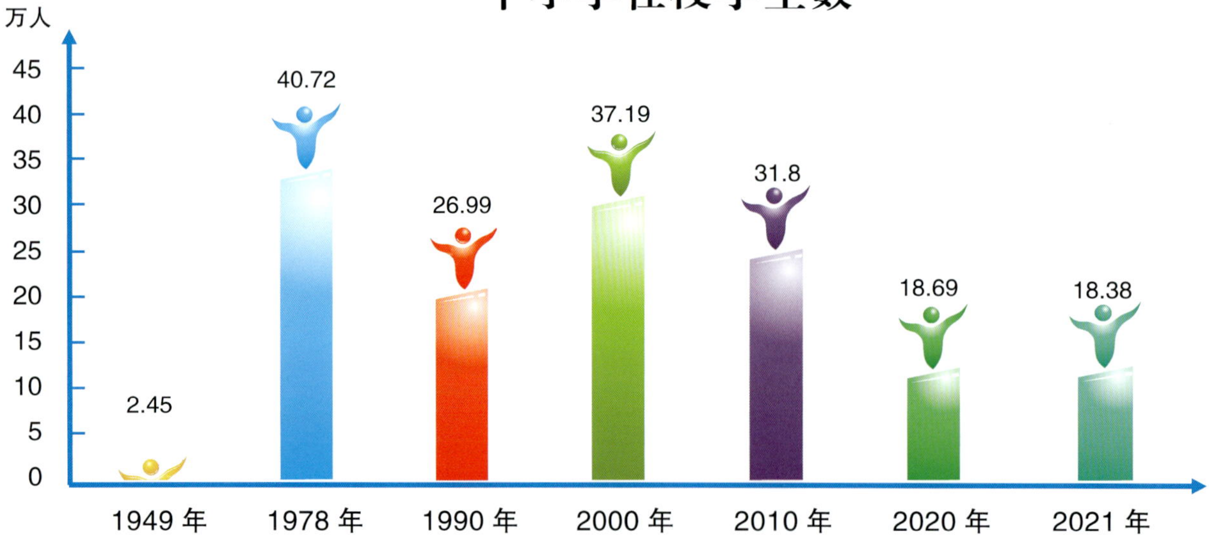


全市中小学由 1949 年的 428 所增加到 2021 年的 579 所，增加 151 所；2021 年在校中小学生 18.38 万人，是 1949 年的 7.5 倍。

## 卫生机构及床位数

全市各类卫生机构由 1949 年的 3 个增加到 2021 年的 1917 个，其中公立医院 12 家；卫生机构床位由 32 张增加到 14757 张，是 1949 年的 461.2 倍，每千人拥有床位由 0.1 张增至 10.22 张。

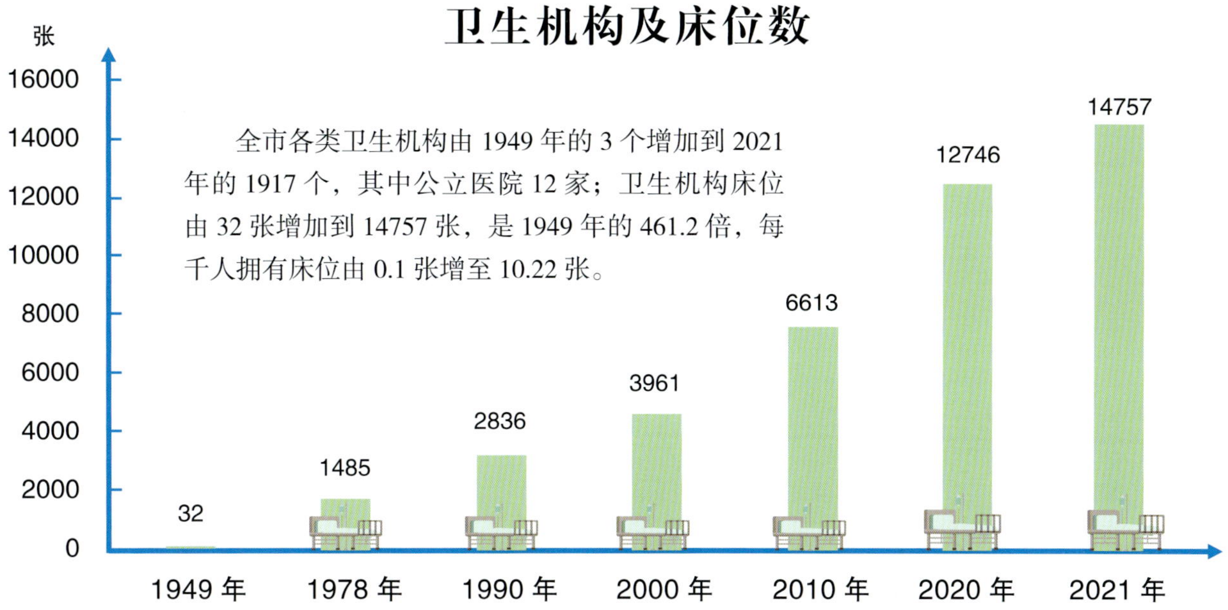


## 卫生技术人员

全市各类卫生技术人员由 1949 年的 33 人增加到 14296 人，是 1949 年的 433.3 倍。

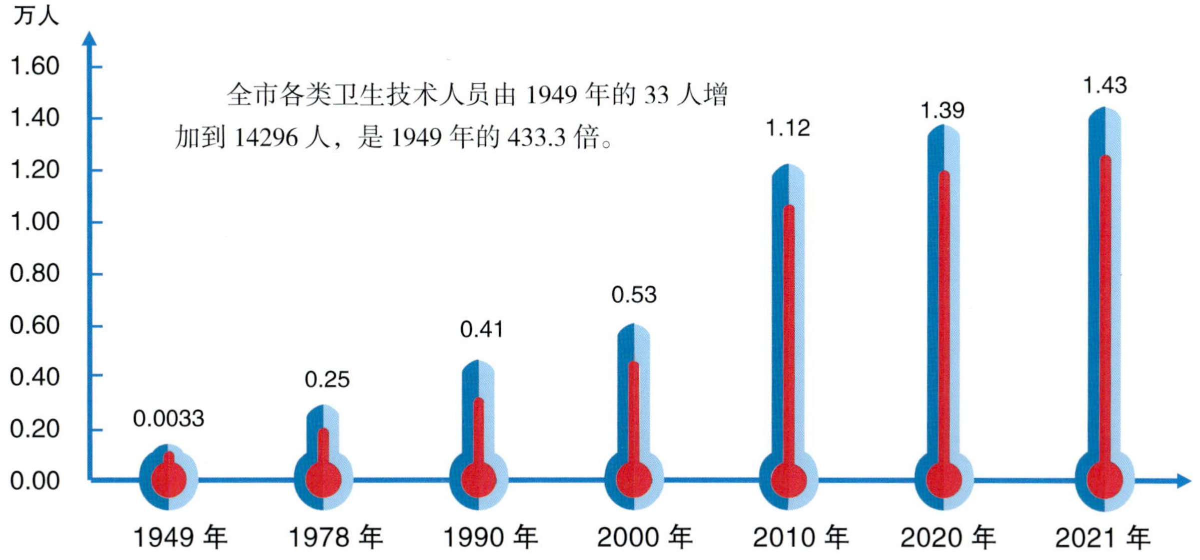

2021 年 6 月 25 日，武威市市直机关庆祝建党 100 周年党史知识竞赛（决赛）举行

（刘忠　摄）

天祝县牧民在草地上聆听党史故事　　（甘曜毓　高德强　2021 年 6 月摄）

读者在新华书店武威书城阅读选购党史书籍　（吴建宏　2021 年 3 月摄）

2021 年 6 月 28 日，市自然资源局举办庆祝建党 100 周年“讲党史、颂党恩、跟党走”红色诗文诵读活动　（甘曜毓　摄）

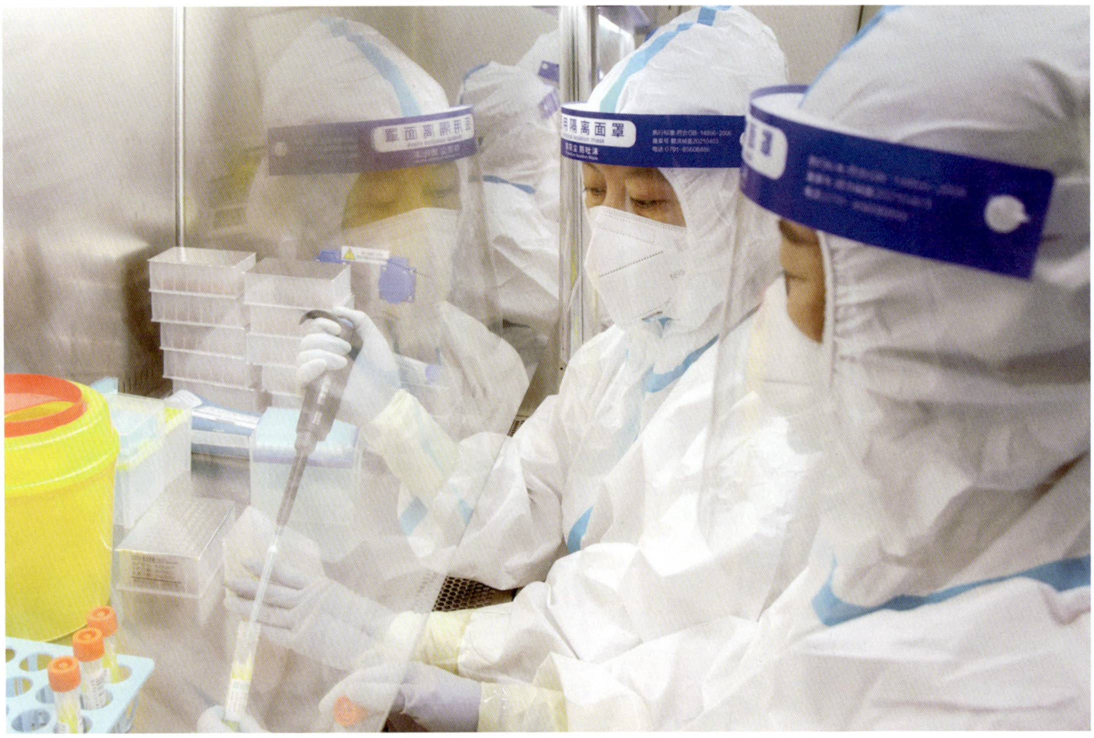

市肿瘤医院检验人员进行核酸检验检测　　（市卫健委供图　2021 年 12 月摄）

2021 年 8 月 26 日，武威市红十字会在武威城区中小学校开展疫情防控消杀工作

（韩筱蓓　于　芳　摄）

2021 年 10 月 29 日，武威市向兰州、嘉峪关、张掖、陇南、天水等市捐赠价值 600 余万元的生活物资，助力打赢疫情防控阻击战 （市委组织部　供图）

2021 年 11 月，武威市党员干部进驻社区与广大群众共同开展疫情防控（市委组织部　供图）

2021 年 7 月 6 日，由甘肃省委统战部、省工商联主办，武威市委、市政府承办的“民企武威行”主体活动大会在武威举办。该次“民企武威行”是“民企陇上行”的年度主题活动，也是第二十七届兰洽会的重要活动。图为大会现场　　（马开良　杨晓东　摄）

2021 年 7 月，第二十七届兰洽会武威展馆。该次兰洽会武威签约招商引资项目 83 个，总投资 137.28 亿元

（马开良 摄）

古浪县泗水镇高标准农田建设项目

（《武威日报》采访组 摄）

2021年9月2日，武威荣华新型农业股份有限公司牧业一场挤奶大厅一角。该大厅引进国际先进的全自动转盘式挤奶台，是国内最大的单一牧场和挤奶大厅（尚　禾　王炳智　摄）

2021年5月17日，中欧班列“天马号”武威南—德国杜伊斯堡集装箱货运班列首发

（马开良　摄）

2021 年 7 月 12 日，八步沙入选生态环境部第一批 18 个“绿水青山就是金山银山”实践模式。该图为生态治理成果丰硕的八步沙　　（古浪县志办供图　2021 年 7 月摄）

海藏湿地公园　　（甘曜毓　摄）

祁连山自然保护区　（姜洪基　摄）

2021 年，石羊河（武威段）入选全国首批 9 个美丽河湖提名案例。该图为石羊河下游的青土湖（姜爱平　摄）

天祝县石门水库　（张　霁　摄）

红军西路军古浪战役纪念馆　　（市文体广电和旅游局供图　2021 年 11 月摄）

国家 AAAA 级旅游景区天祝冰沟河生态文化旅游区 （市文体广电和旅游局供图 2021 年 6 月摄）

2021 年，天梯山石窟被评为国家 AAAA 级旅游景区 （市文体广电和旅游局供图 2021 年 5 月摄）

文化旅游名市建设 WENHUA LVYOU MINGSHI JIANSHE

武威雷台景区文化旅游综合体。该项目是甘肃省最大的文化旅游综合体项目，总投资 58 亿元

（市文体广电和旅游局供图　8 月摄）

2021 年，民勤苏武沙漠大景区被评为国家 AAAA 级旅游景区。该图为苏武沙漠大景区的摘星小镇

（市委组织部　供图）

新建的武威市公共服务中心服务窗口　（市委组织部供图　2021 年 5 月摄）

武威城区公交管理体制改革后新上线的纯电动公交车　（市住房和城乡建设局供图　2021 年 8 月摄）

交警护送学生过马路（中共凉州区委党史和地方志研究中心供图　2021 年 10 月摄）

武威市城市夜景 （张正安 摄）

同心苑广场 （中共凉州区委党史和地方志研究中心供图 2021年8月摄）

①②
③

①武威市城区居民住宅小区一角 （市住房和城乡建设局供图 2021年7月摄）

②祁连大道整洁的人行道 （市住房和城乡建设局供图 2021年7月摄）

③天马湖全景 （刘忠 2021年7月摄）

新建成的武威市体育场　　（市文体广电和旅游局供图　8月摄）

推进“厕所革命”建设的城市公厕

（市住房和城乡建设局供图　2021年11月摄）

# 目　录

## 特　载



## 大事记



## 市情概览

### 自然环境



### 历史沿革

### 人口　民族



### 经济社会发展



## 中国共产党武威市委员会

### 综　述



### 重要会议



### 党史学习教育

## 督查督办



## 组织工作



## 宣传工作



## 统一战线



## 侨务工作



## 对台事务



## 政策研究



## 网络安全



## 机构编制

### 市直机关党建



### 信　访



### 机要和保密工作



### 老干部工作



### 关心下一代工作



### 党校（行政学院）工作



## 武威市人民代表大会

### 综　述



### 重要会议



### 人大立法

## 人大监督



## 代表工作



# 武威市人民政府

## 综　述



## 重要会议



## 重大项目建设



## 政务服务



## 外事工作

## 群众团体

### 武威市总工会



### 共青团武威市委



### 武威市妇女联合会



### 武威市科学技术协会



### 武威市归侨侨眷联合会



### 武威市工商业联合会



### 武威市文学艺术界联合会



### 武威市残疾人联合会



### 武威市红十字会

## 法　治

### 立　法



### 政法委与综治



### 法治政府建设



### 公　安



### 检　察



### 法　院



### 司法行政

### 劳动人事争议仲裁



## 军　事

### 武威军分区



### 武警武威支队



### 人民防空



### 退役军人事务



## 经济管理

### 宏观经济调控



### 社会信用体系建设



### 国有资产监管

### 自然资源管理



### 财　政



### 税　务



### 金融监管



### 审　计



### 统　计



### 市场监督管理

### 价格监管



### 知识产权管理



### 公共资源交易管理



## 农　业

### 综　述



### 特色产业



### 种植业



### 畜牧养殖

### 水土保持



### 河湖长制



### 节约用水



### 水利工程



### 水政执法管理



## 工业　建筑业

### 综　述



### 食品工业



### 新兴产业



### 电力工业

### 建筑业



## 信息服务业

### 综　述



### 智慧武威建设



### 电　信



### 移动通信



### 联合网络通信



### 广电网络



## 交　通

### 综　述

### 公　路



### 铁　路



## 城市建设

### 综　述



### 城市管理



### 市政公用设施建设



### 物业管理



## 生态与环保

### 生态保护



### 生态环境质量

## 林草保护



## 国土绿化



## 林长制



## 防沙治沙



## 生物多样性保护



## 环境监管



# 商贸服务业

## 综　述



## 国内贸易



## 粮食物资流通



## 供销合作

### 特种经营



### 烟草专卖



### 成品油销售



### 邮政快递



### 电子商务



### 物　流



### 会　展



### 商务和居民服务业



## 开放型经济

### 招商引资

#### 对外贸易



#### 国际陆港建设



#### 工业园区



### 金融业

#### 银行业



#### 保险业



#### 证　券



#### 其他非银行金融机构



### 旅游业

#### 综　述



#### 旅游资源

### 旅游推介



## 教　育

### 综　述



### 学前教育



### 义务教育



### 普通高中教育



### 中等职业技术教育



### 高等教育



### 民办教育



### 重点学校简介

## 科　技

### 综　述



### 科技平台建设



### 科研项目



### 科技服务



### 气象测报



### 地震预测



## 文　化

### 综　述



### 文物保护与研究



### 博物馆工作

### 图书馆工作



### 新华书店工作



### 凉州文化研究



### 长城文化保护研究



### 新闻传媒



### 史志　档案



### 文化产业



### 文化市场管理



## 卫生　健康

### 综　述

## 疾病防控



## 妇幼保健



## 职业卫生



## 老龄健康



## 爱国卫生



## 卫生监督



## 中医药事业



## 医疗机构



## 疫情防控

## 体　育

### 群众体育



### 竞技体育



### 体育彩票



## 社会生活

### 人口家庭



### 劳动就业



### 收入消费



### 社会保险



### 社会救助



### 社会福利



### 基层社会治理

### 古浪县



### 天祝藏族自治县



## 人物与表彰奖励

### 2021 年度任职的地厅级领导干部简介

## 索　引

# 感恩奋进　担当实干<br>奋力谱写全面建设社会主义现代化武威新篇章

## ——在中国共产党武威市第五次代表大会上的报告

中共武威市委书记　柳　鹏

（2021 年 11 月 26 日）

现在，我代表中国共产党武威市第四届委员会向大会作报告。

中国共产党武威市第五次代表大会，是在深入学习宣传贯彻党的十九届六中全会精神的重要时刻，开启全面建设社会主义现代化新征程的历史节点，召开的一次十分重要的会议。大会的主题是：高举习近平新时代中国特色社会主义思想伟大旗帜，深入贯彻习近平总书记对甘肃重要讲话和指示精神，感恩奋进、担当实干，奋力谱写全面建设社会主义现代化武威新篇章！

刚刚闭幕的党的十九届六中全会，全面总结了党的百年奋斗重大成就和历史经验，着重阐释了党的十八大以来党和国家事业取得的历史性成就、发生的历史性变革，深刻揭示了“过去我们为什么能够成功、未来我们怎样才能继续成功”的密码，确立了习近平总书记党中央的核心、全党的核心地位，确立了习近平新时代中国特色社会主义思想的指导地位，对第二个百年奋斗目标进行了展望，发出了以史为鉴、开创未来，埋头苦干、勇毅前行的伟大号召。全市各级党组织和广大党员干部要坚决响应党中央号召，深入学习宣传贯彻全会精神，坚定理想信念，牢记初心使命，大力弘扬伟大建党精神，以永不懈怠的精神状态和一往无前的奋斗姿态，迈进新征程、建功新时代，为夺取全面建设社会主义现代化武威新胜利而努力奋斗。

## 一、过去五年的工作

过去五年，是武威发展历程中极不平凡、殊为不易的五年，也是具有重要里程碑意义的五年。这五年最令我们感到振奋和值得铭记的是，2019年8月21日，习近平总书记亲临古浪县黄花滩富民新村和八步沙林场视察调研，作出重要指示，寄予殷切期望，给全市干部群众以巨大鼓舞和有力鞭策，成为激励我们感恩奋进、砥砺前行的强大动力。

五年来，特别是市委四届四次全会以来，市委团结带领全市广大干部群众，坚持以习近平新时代中国特色社会主义思想为指导，把习近平总书记对甘肃重要讲话和指示精神作为全部工作的统揽和主线，认真贯彻落实中央和省委决策部署，坚决端正发展理念，坚定不移走生态优先、绿色发展之路，坚持“三个更要注重”“三个有利于”“三个统筹”工作原则，坚持群众至上、实践第一、大抓基层、从严从实“四大导向”，坚持辩证地看、科学地谋、务实地干，注重打基础、利长远、惠民生，有力有效解决了一系列大面积、深层次的“后遗症”和“硬伤”问题，全面重塑风清气正的政治生态、山青水秀的自然生态、健康有序的经济生态，全市经济社会发展和党的建设不断取得新成效，与全国全省一道全面建成小康社会。武威以崭新的姿态迈向全面建设社会主义现代化新征程。

**——党的政治建设持续加强，学习贯彻习近平新时代中国特色社会主义思想不断走深走心走实。**坚持以党的政治建设为统领，把学习贯彻习近平新时代中国特色社会主义思想作为重大政治任务，各级党组织“第一议题”学习贯彻习近平总书记最新重要讲话和指示精神，以实际行动推动习近平总书记视察甘肃“八个着力”和“五个方面要求”等重要指示精神落地落实，切实增强“四个意识”、坚定“四个自信”、做到“两个维护”。扎实开展“两学一做”学习教育、“不忘初心、牢记使命”主题教育和党史学习教育，隆重举行庆祝建党100周年等系列活动，广大党员干部理想信念更加坚定、党性更加坚强，贯彻落实党中央和省委重大决策部署更加坚定有力。

**——脱贫攻坚战取得全面胜利，历史性解决了绝对贫困问题。**全市35.5万名建档立卡贫困人口全部脱贫，339个贫困村全部退出，4个县区如期摘帽。沿山、沿川、沿沙“三大特色产业带”建设和牛羊猪禽果菜菌草“8+N”现代农业优势主导产业发展初具规模，群众稳定增收的基础不断夯实。4.4万户、17万名高深山区群众移居川区，群众生产生活条件得到根本性改善，走出了一条易地搬迁脱贫致富同祁连山生态环境保护双赢的生态移民新路子。加强动态监测和精准帮扶，防范化解脱贫不稳定户、边缘易致贫户和突发严重困难户返贫致贫风险，巩固拓展脱贫攻坚成果同乡村振兴有效衔接的长效机制初步建立。

**——经济步入高质量发展轨道，综合实力大幅提升。**全市生产总值由2016年的423.3亿元增长到2020年的526.4亿元，跃居全省第5位，预计2021年达到590亿元。人均生产总值达到3.6万元，跃居全省第6位。生态产业增加值占生产总值的比重达到29.3%，居全省第2位。农业增加值达到164.6亿元，稳居全省第1位。规上工业企业达到191家，居全省第3位。三产增加值达到279.6亿元，居全省第5位。伊利乳业等一批国内知名企业落户武威市，“1+6+N”奶产业集群初步形成，国家战略性先导科技专项钍基熔盐堆核能系统项目进展顺利。新动能新动力逐步显现，经济保持稳中向好、稳中提质的良好势头。

——**全域生态文明建设扎实推进，生态环境保护大见成效**。大规模防沙治沙和绿地倍增行动取得明显成效，累计投入16.6亿元，完成治沙164.4万亩、人工造林230万亩，均为前五年的2倍，森林覆盖率达到19%，草原综合植被覆盖度达到42.9%。武威被确定为全国防沙治沙综合示范区，八步沙林场被命名为甘肃首个全国绿水青山就是金山银山实践创新基地，石羊河创建为全省唯一的全国示范河湖。祁连山自然保护区生态环境150个问题全部完成整改，祁连山国家公园体制试点改革任务全面完成。垃圾、污水处理等环保短板逐步补齐，污染防治攻坚战三年行动目标任务如期完成。国家节水行动取得阶段性成效，全市用水总量由“十二五”末的15.8亿立方米减少到14.2亿立方米，青土湖水域面积扩大到26.7平方千米，旱区湿地面积达到106平方千米。全市生态环境保护治理实现了思想观念、体制机制、产业结构的深刻变革，走出了一条生态文明建设同高质量发展互促共赢的创新发展之路。

——**基础设施明显改善，发展瓶颈有力突破**。实施重大基础设施项目1151项，完成投资712亿元。兰张三四线铁路中川机场至武威段正线工程完成80%，控制性工程新乌鞘岭隧道即将贯通。全市高等级公路总里程达到1792千米，新改建农村公路8336千米，路网密度达到40.9千米/百平方千米，北仙高速公路武威至民勤段正式通车，实现县县通高速。红崖山水库加高扩建、凉州城区第二水源地等水利工程全面建成。黄花滩移民区4504万立方米黄河取水指标获批，建成1500万立方米调蓄水池，彻底解决了长期以来困扰移民区发展的严重缺水问题。河西走廊750千伏第三回线工程武威段建成投运，风、光电装机规模分别达到145万千瓦、168万千瓦。智慧武威·城市大脑建成运营，5G网络实现城区和重点景区全覆盖。基础设施全面升级，为经济社会发展提供了有力支撑。

——**改革开放迈出坚实步伐，发展活力进一步增强**。市县党政机构改革全面完成，事业单位改革稳步推进。“三去一降一补”成效明显，累计减税降费14.5亿元。“放管服”改革加力提速，工程建设领域审批制度改革领跑全省，商事制度改革取得明显成效，新登记各类市场主体10.1万户。农业农村综合改革持续深化，农村集体经营性建设用地入市敲响全省“第一槌”。武威市被确定为全国居家社区基本养老服务试点市，实行“互联网+智慧养老”，形成15分钟便民服务圈。城市公交实现公交公营，智慧绿色公交体系全面建成。甘肃（武威）国际陆港口岸功能逐步完善，进境木材、进口肉类指定监管场地建成运营，铁路国际集装箱场站即将建成，中欧班列常态化运行。

——**文化建设取得重大进展，文化软实力不断提升**。严格落实意识形态责任制，主流舆论阵地巩固壮大。群众性精神文明创建活动扎实开展，“书香武威”建设全面启动，社会主义核心价值观深入人心。选树八步沙六老汉“时代楷模”等一批先进典型，确立了“困难面前不低头、敢把沙漠变绿洲”的新时代武威精神，为武威发展增添了强大精神动力和正能量。市体育馆、图书馆、博物馆、科技馆、影剧院建成运营，全省最大的文旅PPP项目雷台文化旅游综合体、武威历史文化街区保护建设等一批重点文旅项目即将建成。成立凉州文化研究院，加强对武威优秀历史文化的挖掘保护和研究传承，成功举办四届凉州文化论坛，常态化举办凉州讲坛，形成了一批历史文化研究和文艺创作方面的重要成果，武威知名度和影响力明显提升。

——**切实办好为民实事，民生保障水平不断提高**。全市民生支出占到一般公共预算支出的85%。新增城镇就业12.5万人，城乡居民人均可支配收入分别由2016年的23612元、9784元增长到2020年的31580元、13471元。推进基础教育扩容提质，全市新增教育用地2021亩，投入资金17.2亿元，新改扩建中小学幼儿园629所，城区“入园难”“大班额”等问题有效缓解。着力提升公共卫生保障能力，全市投入资金25.5亿元，新改建医院11家，新增床位3483张，“就医难”“就医贵”问题得到有效解决。国内首台自主知识产权重离子治疗肿瘤系统投入临床治疗，3家医院创建为三甲医院。坚持“早、严、细、实”，全面落实“外防输入、内防反弹”和“人物同防”各项措施，新冠肺炎疫情防控取得重大成效，全市未发生本土确诊病例。社会保障体系不断健全，保障水平稳步提高，为1.6万人补缴养老保险5.1亿元。依法依规解决历史遗留问题，为5.3万户长期“有房无证”的居民办理了不动产权证。积极创建全国文明城市，实施“三项革命”、开展“三项行动”，改造老旧小区317个，整治背街小巷109个，打通断头路40条，建成智慧停车场36个、新增泊位5458个，新增城市绿地723.2万平方米，城市建成区绿地率达到33.4%。改造农户卫生厕所17.1万座，占全市常住农户总数的75.7%。城乡面貌发生巨大变化，人民生活品质显著提升。

——**民主法治建设深入推进，社会保持和谐稳定**。支持市人大及其常委会依法开展立法、监督等工作，《武威市节约用水条例》等4部地方性法规颁布施行，人大工作的政治性、法律性、程序性明显增强。支持市政协发挥政治协商、民主监督、参政议政作用，基层协商民主试点工作深入推进。完善大统战工作格局，支持民主党派、工商联等更好履行职能、汇聚智慧力量。高度重视民族宗教工作，天祝藏族自治县社会大局保持稳定，武威市创建为全省民族团结进步示范市。发挥工会、共青团、妇联等群团组织桥梁纽带作用，积极服务发展大局。市域社会治理现代化试点工作进展有序，基层治理水平明显提升。“七五”普法全面完成，扫黑除恶专项斗争取得重大成果，政法队伍教育整顿成效显著，武威市连续三年被评为“平安甘肃”建设优秀市州。安全生产形势总体稳定。群众食品药品安全得到有力保障。国防动员和后备力量建设持续加强，武威市第5次获得“全国双拥模范城”殊荣。

——**全面从严治党成效显著，党的建设不断加强**。坚持和加强党的全面领导，充分发挥总揽全局、协调各方的领导作用，市委常委会定期听取市人大常委会、市政府、市政协和法检“两院”党组汇报，及时研究重要事项，推动各项工作落实。扎实推进各领域党建工作，基层党组织的政治功能和组织力进一步提升。坚持好干部标准，匡正选人用人导向，激励党员干部担当作为、干事创业。全面完成县乡村换届，基层领导班子结构整体优化、能力素质明显提升。中央和省委巡视反馈问题全面整改，四届市委巡察实现全覆盖。坚定不移惩贪治腐，坚决彻底肃清王某某、火某某等流毒和影响，反腐败斗争压倒性胜利巩固发展。严格落实中央八项规定及其实施细则精神，出台《坚决破除形式主义官僚主义“九个不准”》，深化拓展基层减负，党风政风明显好转，形成了风清气正、团结干事的良好局面。

五年负重拼搏，五年春华秋实，武威大地发生了令人鼓舞的巨大变化，书写了新时代武威发展的精彩华章。这些成绩的取得，是习近平新时代中国特色社会主义思想科学指引的结果，是省委坚强领导的结果，是全市各级党组织、广大党员干部和各族人民共同奋斗的结果。在此，我代表中国共产党武威市第四届委员会，向全市广大党员、干部群众，向各民主党派、各人民团体和社会各界人士，向驻武部队指战员和武警官兵，向所有关心支持武威改革发展和现代化建设的同志们、朋友们，致以崇高的敬意、表示衷心的感谢！

成绩来之不易，经验弥足珍贵。五年的实践深刻启示我们，推进新时代武威发展，必须深学笃用习近平新时代中国特色社会主义思想，自觉用以武装头脑、指导实践、推动工作，为谋发展、破难题、抓落实提供有力思想武器和行动指南；必须坚持和加强党的全面领导，发挥党在一切工作中的领导核心作用，着力把方向、管大局、作决策、保落实，严格按党的纪律规矩和政策法规办事，为各项事业发展提供坚强保证；必须旗帜鲜明讲政治，始终牢记“国之大者”，把党中央精神不折不扣落实到武威发展的具体实践中，切实以担当体现忠诚、以实干践行初心，坚决做到“两个维护”；必须完整、准确、全面贯彻新发展理念，树牢正确政绩观，坚持一切从实际出发，坚持实施重大项目“三性”论证，坚持科学决策、民主决策、依法决策，确保各项工作经得起实践、历史和人民的检验；必须坚持以人民为中心的发展思想，始终牢记老百姓的幸福就是共产党的事业，用心用情用力为民办实事办好事，真正把发展成果体现在增进民生福祉上；必须把担当实干作为最鲜明的底色，敢于直面困难问题，知重负重、迎难而上，保持定力、善做善成，以钉钉子精神抓落实，一步一个脚印促发展。这些经验和启示，我们必须一以贯之、长期坚持。

在看到成绩的同时，我们也清醒认识到武威发展不平衡不充分问题还比较突出，工作中还存在差距和不足。主要是：特色优势产业还不够强，发展质量和效益还不够高；脱贫群众返贫风险依然存在，巩固拓展脱贫攻坚成果、全面推进乡村振兴任务艰巨；生态脆弱的状况尚未根本性改变，生态环境保护任重道远；民生领域仍有短板弱项，群众关注的一些问题还没有得到很好解决；一些基层组织引领发展的能力不强，有的干部思想观念、工作作风、能力素质与新形势新任务新要求还不相适应等。这些问题，我们必须高度重视，认真加以解决。

## 二、今后五年的总体思路和奋斗目标

站在新的历史起点上，把握新发展阶段、贯彻新发展理念、构建新发展格局、推动高质量发展，这是党中央作出的重大决策部署，也是我们谋划武威未来发展的根本遵循。综合分析武威市内外部环境和阶段性特征，今后五年，武威总体上处在多重发展机遇的叠加期、深化改革开放的攻坚期、弥补基础短板的突破期、经济转型升级的关键期、缩小发展差距的窗口期。我们要认清历史方位，把握发展大势，勇担职责使命，乘势而上、接续奋斗，拓宽发展新空间、厚植发展新动能、增强发展新优势，努力交出新时代“赶考”路上的优异答卷。

今后五年工作的总体思路是：坚持以习近平新时代中国特色社会主义思想为指导，全面贯彻党的十九大和十九届二中、三中、四中、五中、六中全会精神，深入落实习近平总书记对甘肃重要讲话和指示精神，统筹推进“五位一体”总体布局、协调推进“四个全面”战略布局，坚持稳中求进工作总基调，准确把握“三新一高”要求，坚定不移走生态优先、绿色发展之路，加快建设经济强市、生态大市、文化旅游名市，全力打造生态美、产业优、文化兴、百姓富的幸福美好新武威，努力构筑河西走廊经济社会高质量发展桥头堡，奋力谱写全面建设社会主义现代化武威新篇章。

今后五年的奋斗目标：

——**建设产业更优、发展强劲的新武威。**以新发展理念为指引的高质量发展体系更加完善，特色优势产业更加壮大，经济结构更加优化，发展质量效益显著提高，更好融入新发展格局和“一带一路”，全市生产总值突破800亿元，增速高于全省平均水平，生态产业增加值占生产总值的比重达到35%以上。

——**建设绿色低碳、生态文明的新武威。**国土空间开发保护格局进一步优化，山水林田湖草沙冰一体化保护和系统治理水平不断提升，能源资源利用效率大幅提高，主要污染物排放总量持续减少，森林覆盖率、草原综合植被覆盖度持续提升，节水型社会建设深入推进，打造人与自然和谐共生的绿色低碳城市，生态脆弱状况得到明显改善。

——**建设文化繁荣、社会文明的新武威。**社会主义核心价值观深入人心，群众思想道德素质、科学文化素质和身心健康素质明显提高，公共文化服务体系和文化产业体系更加健全，文化创新创造活力充分激发，群众精神文化生活日益丰富，历史文化名城和凉州文化影响力显著提升。

——**建设城乡融合、美丽宜居的新武威。**中心城区和县城功能更加完善，城乡人居环境质量进一步提升。基础设施和公共服务体系更加完备，支撑经济发展和保障居民生活的能力持续增强。新型城镇化步伐加快，城乡要素加速流动，城乡区域发展更加协调，城乡互促发展的格局加快形成。

——**建设治理高效、平安和谐的新武威。**民主法治更加健全，社会公平正义进一步彰显，政府职能加快转变，发展环境不断优化，防范化解重大风险体制机制更加健全，平安建设达到更高水平，共建共治共享的社会治理体系更加完善。

——**建设人民幸福、共同富裕的新武威。**实现更加充分更高质量就业，社会事业全面发展，基本公共服务均等化水平不断提高，全民受教育程度不断提升，卫生健康体系更加完善，多层次社会保障体系更加健全，共同富裕迈出坚实步伐，群众获得感幸福感安全感全面提升。

幸福都是奋斗出来的。前行路上仍有许多艰难险阻，走好新征程需要我们继续自加压力、知难而进、攻坚克难，付出更加艰辛的努力。我们要进一步解放思想，坚定信心，乘着新时代的东风扬帆远航，大力弘扬新时代武威精神，以只争朝夕的干劲和久久为功的韧劲，把宏伟蓝图一步步变为现实。我们坚信，勤劳智慧的武威人民团结一心、众志成城、共同奋斗，武威的明天一定会更加美好！

## 三、奋力开创武威高质量发展新局面

坚持发展第一要务不动摇，聚焦重点任务，把准关键环节，系统谋划、统筹推进，努力实现更高质量、更有效率、更加公平、更可持续、更为安全的发展。

**（一）加快构建现代产业体系，推动经济转型升级。**紧盯国家战略，立足资源禀赋，聚焦特色优势，强龙头、补链条、聚集群，着力培育一批百亿级产业集群、产业园区和十亿级龙头企业，努力提升市场竞争力。

一是做优现代农业。充分发挥农业这一传统优势，加快推动武威由农业大市向农业强市转变。以绿色有机、节水优质高效为方向，以建设沿山、沿川、沿沙“三大特色产业带”，发展壮大“8+N”现代农业优势主导产业为重点，强化农业科技和装备支撑，推动“三品一标”建设，打造一批高标准现代农业产业园，着力走好园区化、规模化、标准化、品牌化发展路子，努力建设西北丝路寒旱农业发展示范基地、甘肃乳都和百亿级河西走廊黄金奶源基地。

二是做强生态工业。实施产业链培育计划，着力打造附加值高、集约高效、规模优势明显的农畜产品精深加工、新能源装备制造两个百亿级产业集群。推动传统产业高端化、智能化、绿色化改造，加快乳制品、肉类、面粉、休闲食品加工等重点产业延链补链强链，着力打造全国重要的优质绿色食品生产加工示范区，实现新型工业化与农业现代化互促共进。紧跟“双碳”目标和进程，积极推进钍基熔盐堆核能系统项目试验成果转化应用，加快抽水蓄能电站建设，抓好电力外送和就地消纳，统筹发展新能源装备制造、上游原材料和下游消纳产业，加快形成“风光水火核”多能互补、“发输储用造”一体发展的开发格局，努力创建全国多能互补新能源综合示范区，建成百亿级新能源产业园区、“零碳”产业基地。积极培育战略性新兴产业，支持新材料、生物制药、节能环保等产业发展，着力培育发展“数字经济”，以5G技术赋能工业高质量发展。坚决遏制“两高”项目，严禁“冒黑烟”、带污染项目，确保绿色低碳循环发展。

三是做大文化旅游产业。坚持以文塑旅、以旅彰文，深度挖掘丰厚的历史文化资源，推动文化旅游融合发展，努力把资源优势转化为产业发展优势。建成运营雷台文化旅游综合体、历史文化街区等重点项目，创建铜奔马AAAAA级旅游景区，形成旅游产业集群化发展格局。积极融入大敦煌文化旅游经济圈，着力打造一批特色旅游精品线路，进一步打响“天马行空·自在武威”文旅品牌，把武威打造成丝绸之路经济带黄金旅游目的地城市。

四是培育县域经济增长极。把县域经济作为区域发展的重要基石，推进县域与中心城区融合发展，构建产业布局一体化发展格局。按照各县区功能定位，明确主攻方向，培育首位产业，走好各具特色的高质量发展之路，不断把县域经济“蛋糕”做大，实现富民强县。进一步做优各类园区，突出特色化、差异化，加大招商引资力度，完善要素保障，增强服务功能，切实发挥好产业发展的重要平台作用。

五是强化基础设施支撑。抓住新时代推进西部大开发形成新格局、“两新一重”建设等重大机遇，精准对接争取项目，加快构建系统完备、高效实用、绿色智能、安全可靠的现代化基础设施体系。建成兰张三四线中川机场至武威段铁路，提级改造普通国省干线公路，加快建设武威机场，形成贯通东西、连接南北的多式联运立体交通网络。争取实施引大入秦延伸增效工程，提升水资源调配保障水平。建设武威北750千伏变电站，建成土门330千伏变电站，争取建设以民勤为起点的河西第二条特高压直流外送通道，提高电网整体配送能力。加快新型基础设施建设，基本实现5G网络城乡全覆盖。

**（二）全面推进乡村振兴，加快农业农村现代化。**坚持“三农”工作重中之重地位不动摇，坚持农业农村优先发展总方针，促进乡村全面振兴，实现农业高质高效、乡村宜居宜业、农民富裕富足。

一是持续巩固拓展脱贫攻坚成果。严格落实“四个不摘”要求，保持帮扶政策稳定性连续性，健全防止返贫动态监测和精准帮扶机制，完善农村社会保障和救助制度，牢牢守住不发生规模性返贫的底线。持续强化易地搬迁后续扶持，切实抓好产业培育和技能培训，确保移民群众稳得住、有就业、逐步能致富。用好东西部协作、中央单位定点帮扶、社会帮扶等政策，不断提升脱贫质量和成色。

二是培育壮大富民产业。以发展特色农业为重点，推动农村一、二、三产业融合发展，下功夫培育群众家门口的增收致富产业。大力实施优势特色产业三年倍增行动，加大龙头企业、农民合作社、家庭农场等新型农业经营主体培育力度，发展多种形式的适度规模经营，加快农产品仓储保鲜冷链物流设施建设，让农民分享更多增值收益。实施“百企兴百村”行动，引导民营企业和商会组织，通过企村联建、电商带动等方式助力“三农”发展。坚持最严格的耕地保护制度，坚决防止耕地非农化、非粮化，加快高标准农田建设，提高粮食保障和耕地产出能力。

三是大力实施乡村建设行动。坚持规划引领，全面完成“多规合一”实用性村庄规划编制，一体推进水、电、路、气、通信、物流等基础设施建设，优化农村公共服务布局，提升农房设计建造水平，加快农房和村庄建设现代化。实施人居环境改善提升行动，深入推进农村“垃圾革命”“厕所革命”“风貌革命”，建设生态宜居美丽乡村。实施乡村治理示范村镇创建行动，健全基层治理体系，创新乡村治理方式，全面打造善治乡村。

**（三）勇担生态报国之责，筑牢生态安全屏障。**深入践行习近平生态文明思想，牢固树立绿水青山就是金山银山的理念，持续打好全域生态文明建设主动仗，坚定不移走好生态文明建设同高质量发展互促共赢的创新发展之路，为国家西部生态安全作出武威新贡献。

一是推动黄河流域生态保护和高质量发展。强化上游意识、勇担上游责任，积极参与沿黄生态带建设，精准对接国家和省上规划，全面实施《武威市黄河流域生态保护和高质量发展规划》。编制完成市县国土空间规划，强化国土空间用途管制。围绕污染防治、水土保持、水源涵养、节水控水等，谋划实施一批重点生态工程，推动黄河支流岸线产业优化布局和结构调整，全面提升沿黄生态功能和高质量发展水平。

二是统筹推进山水林田湖草沙冰系统治理。加快构建以祁连山国家公园为主体的自然保护地体系，全面加强祁连山森林、草原、湿地、冰川等生态系统保护。强化河（湖）长制，巩固石羊河全国示范河湖建设成果，开展全域示范河湖创建行动。全面推行林长制，积极创建国家森林城市、森林小镇和森林乡村，做大碳汇总量，提升碳汇能力。持续开展大规模防沙治沙和国土绿化行动，扎实推进“一带一路”河西走廊风沙源综合治理和八步沙区域生态治理，大力实施《民勤生态建设示范区规划》，争取实施石羊河流域综合治理项目，争取建成全国生态文明示范市。

三是深入打好蓝天碧水净土保卫战。坚持精准治污、科学治污、依法治污，强化常态监管、构建长效机制，让人民群众共享天蓝地绿水清的绿色福祉。实施大气污染综合管控，基本消除重污染天气。统筹水资源、水环境、水生态治理，加强饮用水源地保护，进一步提升污水处理和中水回用能力。加大农业面源污染综合治理和放射性污染防治力度，努力创建

"无废城市"。全面实行环境影响评价、排污许可管理和污染排放总量控制等制度,逐步推进排污权、用能权、碳排放权市场化交易。

四是深入实施国家节水行动。坚持以水定城、以水定地、以水定人、以水定产,建立与水资源相适应的区域空间和产业布局。加强石羊河流域上中下游水资源统一调度,落实最严格的水资源管理制度。深入实施国家节水"六大行动",引进推广高科技节水技术,促进深度节水、极限节水,创建国家节水行动示范市,推进节水型社会建设。

**(四)深化关键领域改革创新,打造开放新高地**。聚焦经济社会发展急需和群众所盼,推动全面深化改革向纵深发展,坚决破除深层次体制机制障碍,更好赋能高质量发展。

一是强化创新驱动引领。优化科技管理体制和运行机制,科学配置和整合提升创新资源,加强创新平台建设,提升创新能力。强化企业创新主体地位,引导企业加大研发投入,积极与科研院所、高等院校开展产学研合作,促进创新链产业链融合。充分发挥在武各类科研单位作用,围绕重点领域开展技术攻关,加速科技成果转化应用。完善科技评价制度,实行科技项目"揭榜挂帅",激发创新活力。

二是深化重点领域改革。深入推进农业农村综合改革,稳妥有序推进集体经营性建设用地入市、农村土地征收制度改革和宅基地制度改革试点工作。坚持市场化改革方向,加快推进国企混合所有制改革,完善法人治理结构,提升国企市场化经营水平。深化要素市场化配置改革,建设高标准市场体系。继续深化"放管服"改革,推进"数字政府"建设,让数字多跑路、群众少跑腿,为群众和各类市场主体提供更有温度、更加贴心的服务。

三是着力扩大开放开发。主动融入"一带一路"建设,不断完善提升甘肃(武威)国际陆港口岸功能,建成投运武威铁路国际集装箱场站,申请设立武威铁路口岸,稳定运行国际货运班列,建立外联内畅的现代物流体系,力争把武威打造成向西开放的国际物流节点、进出口产品加工基地和集散中心。全方位优化营商环境,创新招商引资方式,吸引更多大企业大项目落户武威。

**(五)全力保障和改善民生,提升人民生活品质**。认真践行以人民为中心的发展思想,不断加强普惠性、基础性、兜底性民生建设,努力让改革发展成果更多、更公平惠及城乡群众,朝着实现全市人民共同富裕不断迈进。

一是不断提升就业和社会保障水平。坚持把稳就业保就业放在首位,突出抓好高校毕业生、退役军人、农民工、城镇困难人员等重点群体就业创业,大力推进"技能武威"建设,促进更加充分更高质量就业。着力兜底线、织密网、建机制,围绕基本养老保险、灵活就业人员社保以及基本医疗、失业、工伤等保险,健全完善多层次社会保障体系。稳步提高城乡居民最低生活保障标准,注重解决城镇困难家庭生活问题。统筹完善社会救助、社会福利、优抚安置等制度,保障妇女、未成年人和残疾人合法权益,加大对农村留守老人、儿童关爱力度。坚持发展养老事业和养老产业相结合,构建居家社区机构相协调、医康养相结合的养老服务体系。坚持"房住不炒",完善多层次、广覆盖的住房保障体系。

二是大力发展社会事业。坚持教育优先发展战略,落实立德树人根本任务,深化义务教育"双减"、教育质量评价等改革,推动学前教育优质普惠发展、义务教育优质均衡发展、高中教育优质多样发展、职业教育优质创新发展,努力让每个孩子都享有公平而有质量的教育。健全公共卫生服务体系，完善重大疫情防控体制机制，提高应对突发公共卫生事件和医疗救治能力，加强市县疾控中心建设，常态化做好新冠肺炎疫情防控。支持中医药传承创新发展，加快医疗、医保、医药联动改革，大力发展健康产业，建设健康武威。落实好优化生育政策，促进人口长期均衡发展。

三是聚力创建全国文明城市。着眼于城市内涵式发展、提升品质品位、人居环境质量和市民文明素质，打造“德城”“文城”“绿城”“清城”“智城”，努力建设人文武威、生态武威。坚持科学规划、依规建设、精细管理，加快补齐短板弱项，大力实施城市更新行动，加快老旧小区改造和完整社区建设，进一步完善城市功能。加快“智慧武威”建设，推进城市“一网统管”，提升城市治理水平，为群众生活提供更多便利，力争进入全国文明城市行列。

**（六）坚持先进文化引领，推动文化繁荣发展**。全面落实举旗帜、聚民心、育新人、兴文化、展形象使命任务，坚持守正创新，进一步提升武威文化软实力，更好满足群众日益增长的精神文化生活需求。

一是牢牢掌握意识形态工作领导权。坚持用习近平新时代中国特色社会主义思想铸魂育人，加强“四史”教育和爱国主义、集体主义、社会主义教育，深化革命传统教育，推动理想信念教育常态化制度化。创新学校思想政治工作，持续推进未成年人思想道德建设。严格落实意识形态工作责任制，强化理论宣传阵地、互联网安全建设，提高主流新闻传播力、影响力，营造向善向好向上的良好舆论环境。

二是加强精神文明建设。以社会主义核心价值观为引领，深化拓展新时代文明实践中心建设，大力开展群众性精神文明创建活动，常态化开展志愿服务活动。深入实施公民道德建设工程，弘扬社会公德、职业道德、家庭美德、个人品德，培育良好家风，提倡艰苦奋斗、勤俭节约，反对铺张浪费。加强网络文明建设，发展积极健康的网络文化。加强社会信用体系建设，让诚实守信在全社会蔚然成风。

三是推进文化事业高质量发展。依托华夏文明传承创新区建设，强化重要文化和自然遗产、非物质文化遗产系统性保护，积极推进长城、长征、黄河国家文化公园建设，加大凉州文化挖掘、保护、研究、阐释和弘扬力度，延续历史文脉，擦亮全国历史文化名城名片。实施文化惠民工程和文化精品打造工程，大力推进“书香武威”建设。完善城乡公共文化体育服务体系，广泛开展群众文化体育活动，丰富群众文化生活。

**（七）发展社会主义民主政治，提升社会治理水平**。坚持人民主体地位，不断发展全过程人民民主，推进基层治理体系和治理能力现代化，确保社会安定有序、人民安居乐业。

一是加强民主政治建设。全面加强和改进新时代人大工作，支持各级人大及其常委会依法行使职权，推进重点领域地方立法，加强对“一府一委两院”的监督，依法决定重大事项，充分发挥人大代表作用。支持人民政协专门协商机构建设，健全完善基层协商民主制度，更好建言献策，推动协商议政成果转化运用。充分发挥各民主党派、无党派、新的社会阶层等人士的独特优势，不断巩固和发展最广泛的爱国统一战线。增强工会、共青团、妇联等群团组织政治性、先进性、群众性，更好发挥党联系群众的桥梁纽带作用。加强国防动员和后备力量建设，继续争创全国双拥模范城。

二是建设更高水平的法治武威平安武威。全面推进依法治市，加强法治政府建设，推进司法体制综合配套改革,努力让人民群众在每一个司法案件中感受到公平正义。深入开展“八五”普法,增强全民法治观念,推动形成全社会尊法学法守法用法的良好氛围。健全党组织领导的自治、法治、德治相结合的城乡基层治理体系,构建社会矛盾综合治理机制,常态化推进扫黑除恶斗争,坚决防范和依法打击各类犯罪,提升市域社会治理现代化水平,巩固社会和谐稳定局面。

三是做好民族宗教工作。以铸牢中华民族共同体意识为主线,深化民族团结进步教育,全力创建全国民族团结进步示范市。全面贯彻新时代党的治藏方略,支持天祝藏族自治县加快现代化建设步伐。依法管理宗教事务,坚持宗教中国化方向,引导宗教与社会主义社会相适应。

四是统筹发展和安全。坚持总体国家安全观,坚决捍卫国家政治安全,全力维护各领域安全。健全重大风险防范化解机制,牢牢守住不发生区域性、系统性风险底线。严格落实安全生产责任制,坚持常态管理与专项治理相结合,坚决防止重特大事故发生。加强应急物资储备和应急处突队伍建设,提高防灾、减灾、抗灾、救灾能力。健全完善食品药品监管制度,提高食品药品安全保障水平。

### 四、坚定不移全面从严治党

深入贯彻落实新时代党的建设总要求和新时代党的组织路线,纵深推进全面从严治党,以高质量党建引领保障高质量发展。

**(一)始终把政治建设摆在首位**。坚定执行党的政治路线,胸怀“两个大局”、心系“国之大者”,不断提高政治判断力、政治领悟力、政治执行力,增强“四个意识”、坚定“四个自信”、做到“两个维护”,始终在思想上政治上行动上同以习近平同志为核心的党中央保持高度一致。严守党的政治纪律和政治规矩,严格执行民主集中制,严肃党内政治生活,认真落实“三会一课”、领导干部双重组织生活、民主评议党员等制度,发扬斗争精神,提高党内生活质量。

**(二)坚持不懈强化理论武装**。把深入学习贯彻习近平新时代中国特色社会主义思想作为首要政治任务,及时跟进学习习近平总书记最新重要讲话和指示精神,在学懂弄通做实上下功夫,从习近平新时代中国特色社会主义思想中找思路、找方法、找答案,不断提高党员干部的理论水平、政治素养和精神境界,增强解决实际问题能力。深入学习宣传贯彻党的十九届六中全会精神,全面系统领会丰富内涵、核心要义,精心开展宣讲阐释,深化拓展党史学习教育,从党的百年奋斗重大成就和历史经验中汲取智慧和力量,引导广大党员干部增强历史自觉,意气风发走好新征程。

**(三)持续加强基层组织建设**。牢固树立大抓基层的鲜明导向,压实基层党建工作责任,全面加强基层组织、基础工作、基本能力建设,增强基层党组织政治功能、提升组织力。持续推进党支部建设标准化,深化“四抓两整治”,坚持“三个一批”措施,整顿软弱涣散基层党组织,把各领域基层党组织建设得更加坚强有力,切实发挥好战斗堡垒作用。强化党建引领,大力实施党员先锋引领工程,深入推进抓党建促乡村振兴、促基层治理、促高质量发展。

**(四)着力建设高素质干部和人才队伍**。牢固树立正确选人用人导向,坚持好干部标准,严把政治关,注重从基层一线、急难险重任务中考察识别干部。加强干部党性教育、能力素质培训和专业化建设,注重年轻干部和“三方面”干部培养,不断优化各级领导班子结构,增强班子整体功能。完善干部考核评价体系，让能者上、平者让、庸者下、劣者汰成为常态，引导激励干部担当干事，切实做到善学善思善谋、想干能干会干。深化人才发展体制机制改革，全方位培养、引进、用好人才，营造人才脱颖而出、创新创业的良好环境。

**（五）持之以恒正风肃纪**。持续深化干部队伍作风建设，坚持求真务实，大兴调查研究之风，进一步形成从严从实干事创业的良好氛围。严格落实中央八项规定及其实施细则精神，坚决整治形式主义、官僚主义，巩固拓展基层减负成果。始终保持反腐败高压态势，充分发挥巡察利剑作用，紧盯重点领域和“关键少数”，严查各类违纪违法问题，整治群众身边腐败和作风问题。常态化开展警示教育，涵养廉政文化，不断实现不敢腐、不能腐、不想腐一体推进战略目标。

同志们，千里之行始于足下，征程漫漫惟有奋斗。处在伟大时代，共创美好未来，我们肩负的使命光荣而重大。让我们更加紧密地团结在以习近平同志为核心的党中央周围，在省委的坚强领导下，开拓创新、真抓实干，以更加昂扬的斗志、更加饱满的精神、更加坚毅的步伐，在全面建设社会主义现代化武威新征程上奋勇前进，以优异成绩迎接党的二十大召开！

# 政府工作报告

## ——2021年12月7日在武威市第五届人民代表大会第一次会议上

武威市代市长　王国斌

各位代表：

现在，我代表市人民政府，向大会报告工作，请予审议，并请市政协委员和列席人员提出意见。

### 过去五年和2021年工作回顾

市四届人大一次会议以来的5年，是武威发展历程中极不平凡的5年。面对复杂多变的外部环境、新冠肺炎疫情的冲击影响、艰巨繁重的改革发展稳定任务，在省委、省政府和市委的坚强领导下，我们坚持以习近平新时代中国特色社会主义思想为指导，把习近平总书记对甘肃重要讲话和指示精神作为全部工作的统揽，全面贯彻落实党的十九大和十九届二中、三中、四中、五中、六中全会精神，立足新发展阶段，贯彻新发展理念，构建新发展格局，坚定不移走生态优先、绿色发展之路，努力建设经济强市、生态大市、文化旅游名市，全力打造生态美、产业优、文化兴、百姓富的幸福美好新武威，经济社会高质量发展取得重大成就，全面小康社会如期建成，"十四五"顺利开局，踏上了全面建设社会主义现代化武威新征程。

——**综合经济实力大幅提升**。全市生产总值由2016年的423.3亿元增加到2020年的526.4亿元，跃居全省第5位。人均生产总值达到3.6万元，跃居全省第6位。农业增加值由105.8亿元增加到164.6亿元，稳居全省第1位。三产增加值由208.5亿元增加到279.6亿元，居全省第5位。一般公共预算收入平均增长4.1%，一般公共预算支出年均增长5.4%。城乡居民人均可支配收入由23612元、9784元分别增加到31580元、13471元，年均增长7.8%、8.3%。金融机构存贷款余额分别达到1022.6亿元、886.5亿元，净增195.9亿元、117.7亿元，年均增长5.5%、3.6%。

——**脱贫攻坚战取得全面胜利**。现行标准下35.47万名贫困人口全部脱贫，339个贫困村全部出列，4个县区全部摘帽，"两不愁三保障"目标任务全面实现，历史性解决了绝对贫困问题。把产业培育作为脱贫攻坚的根本之策，引进培育龙头企业187家，发展专业合作社6677家，建成扶贫车间192家，"三大特色产业带"初具规模，"8+N"优势主导产业产值占农业总产值的比重达到67.7%，成为群众增收的重要支撑。大力实施易地扶贫搬迁，南部山区4.4万户、17万人移居川区，建成黄花滩等93个集中安置区，同步实施封育保护，实现了易地扶贫搬迁脱贫致富和生态环境保护双赢。古浪县被评为全国"易地扶贫搬迁先进县"。累计投入财政专项扶贫资金57.3亿元，整合涉农资金63.5亿元，落实扶贫贷款44.6亿元、东西部扶贫协作和中央单位定点扶贫帮扶资金4亿元，争取城乡建设用地增减挂钩结余指标和耕地占补平衡易地交易资金39亿元，贫困地区基础设施极大改善、公共服务水平全面提升、自我发展能力显著增强。

——**现代产业体系加快构建**。依托资源优势和产业基础，大力发展农畜产品精深加工，培育壮大文化旅游产业，促进一二三产深度融合。全市生态产业增加值占生产总值的比重达到29.3%，居全省第2位。现代农业扩量提质。牛、羊、猪、禽饲养量分别达到90万头、826万只、246万头、1253万只，猪、羊、鸡存栏和肉类、设施蔬菜、食用菌、藜麦产量均居全省第1位，牛存栏居全省第2位。全市"三品一标"农产品达到339个，天祝白牦牛、藜麦、民勤肉羊、蜜瓜、河西走廊酿酒葡萄5种农产品入选"甘味"知名区域公用品牌，建成3个粤港澳大湾区菜篮子生产供应基地，武威市被誉名"中国食用菌之乡"。优质耐贮运西瓜新品种获全省科技进步一等奖。生态工业强基补链。大力培育新兴产业，改造提升传统产业，推动奶产业、食品加工、新能源等特色产业集群发展。伊利绿色生产及智能制造示范应用项目一期建成投产，带动形成"1+6+N"奶产业集群，泰昆饲料、伊牧兰肉类加工、金世泰包装等一批产业链项目建成投产。达利食品、青岛啤酒、红太阳面业、傲农饲料增线扩能。全市产值过亿元企业49家，高新技术企业59家，"小巨人"和"专精特新"企业21家，规上工业企业达到191家，居全省第3位。国内首台自主知识产权碳离子治疗肿瘤系统投入临床治疗，国家战略性先导科技专项钍基熔盐堆核能系统项目有序推进。文化旅游产业蓬勃发展。实施文旅项目237项，完成投资171亿元。雷台文化旅游综合体主体工程全部完工，历史文化街区、苏武沙漠大景区加快建设，神州荒漠野生动物园、古浪战役纪念馆二期、五凉文化博物馆、李铭汉故居及翰林园建成开放。国家AAAA级旅游景区达7家、AAA级旅游景区达13家。成功举办四届凉州文化论坛，常态化举办河西走廊有机葡萄美酒节，"天马行空·自在武威"知名度和影响力不断扩大。累计接待游客6800万人，实现旅游综合收入377亿元。武威市被评为"首批全国文化旅游胜地"。

——**生态环境保护大见成效**。深入践行"绿水青山就是金山银山"理念，以前所未有的决心和力度加强生态环境保护。《民勤生态建设示范区规划》获省政府批复，编制实施《武威市黄河流域生态保护和高质量发展规划》《古浪八步沙区域生态治理规划》。开展大规模防沙治沙和绿地倍增行动，累计投入资金16.6亿元，完成治沙164.4万亩、人工造林230万亩，是前五年的2倍，完成封育188万亩，治理退化草原398万亩，森林覆盖率达到19%，草原植被盖度达到42.9%。八步沙林场被命名为全省首个全国"两山"实践创新基地。蓝天、碧水、净土保卫战阶段性目标任务全面完成，凉州城区空气质量稳定在国家达标城市行列，国控、省控地表水断面和地下水点位水质全部达标，土壤环境质量总体良好。凉州区静脉产业园垃圾焚烧发电、餐厨垃圾处理项目建成运营，在全省率先实现垃圾分类末端处理。《武威市节约用水条例》深入实施，推广高效节水技术252万亩，城市再生水利用率达到46%，全市用水总量由2016年的15.9亿立方米减少到14.2亿立方米。石羊河成功创建为全省首条全国示范河湖，蔡旗断面过水量连续11年实现治理目标，青土湖地下水位埋深由治理前的4米上升到2.9米，水域面积扩大到26.7平方千米，旱区湿地面积达到106平方千米。全面实施山水林田湖草沙冰生态保护修复工程，祁连山自然保护区150个生态环境问题全部整改，国家公园体制试点改革任务如期完成，祁连山生态环境保护“由乱到治、大见成效”。

——**基础设施建设成效明显**。实施重大基础设施项目1151项，完成投资712亿元，其中亿元以上项目328个。兰张三四线铁路中川机场至武威段正线工程完成80%，控制性工程新乌鞘岭隧道即将贯通。北仙高速武威至民勤段正式通车，实现县县通高速，全市高等级公路总里程达到1792千米，新改建农村公路8336千米。为黄花滩移民区争取到4504万立方米黄河取水指标，建成1500万立方米调蓄水池，彻底解决了长期以来困扰移民区发展的严重缺水问题。凉州城区第二水源地、西营五干片区调蓄水池、金强川灌区水源保障等项目建成投用。新建改建变电站9座、110千伏及以下线路3919千米，河西走廊750千伏第三回线工程武威段建成投运，供电保障能力持续提升。智慧武威·城市大脑建成运营，“天马行市民云”App上线运行，5G网络实现城区和重点景区全覆盖。

——**重点领域改革不断深化**。市县政府机构改革全面完成，事业单位改革深入实施，国企改革稳步推进。财政预算绩效管理改革有效落实，获评全省考核优秀等次。农村集体产权制度改革整市试点任务基本完成。“三变”改革带动农户9.8万户，累计分红1.9亿元。居家养老改革走在全省前列，武威市被确定为全国居家社区基本养老服务试点市。城市公交实现公营，智慧绿色公交体系全面建成。清偿民营企业中小企业账款56亿元，实现无分歧欠款应清尽清。出台公积金扩面政策，为新市民解决住房问题提供了有力支持。

——**人民生活品质持续提升**。不断加大民生投入，民生支出占到一般公共预算支出的85%，省市列民生实事全部办结，人民群众获得感幸福感安全感明显增强。城乡面貌焕然一新。城市总体规划、历史文化名城保护规划获省政府批复实施，实现中心城区控制性详规全覆盖，编制市县国土空间总体规划，城乡规划体系基本建立。实施“三项革命”“三项行动”、城市建设管理“五个年”、“三整治三提升”专项行动，改造老旧小区317个、棚户区5.4万户，整治背街小巷109条，打通“断头路”40条，新改建城市环保公厕142座，建成智慧停车场36个、新增泊位5458个，新增城市绿地723万平方米，城市建成区绿地率达到33.4%，武威市被命名为“甘肃园林城市”。深化农村人居环境综合整治，扎实开展全域无垃圾专项行动，累计建设清洁村庄1053个，改造农户卫生厕所17.1万座。创城工作取得突破性进展。把创建全国文明城市作为重大民生工程，全民创建、全域创建、多城联创，有力提升了城市形象和市民文明素质。大力弘扬“崇文尚德·包容创新”的武威城市精神，选树道德模范等先进典型186名，古浪县八步沙林场“六老汉”三代人治沙造林先进群体被中宣部授予“时代楷模”荣誉称号。全市累计创建市级以上文明单位359个。2020年度创城测评群众参与率达到100%，满意度达到98.3%。就业和社会保障不断加强。千方百计扩大就业，发放创业就业担保贷款15亿元、带动就业3.1万人，城镇新增就业12.5万人，高校毕业生就业率保持在90%以上，重点群体就业得到较好保障。城乡低保标准较2016年分别增长49%、67.7%。实施全民参保计划，基本医保实现市级统筹，医保信息系统上线运行。社会事业全面发展。实施学校基础设施提升行动，坚持“三个一寸都不能开发”，新增教育用地2021亩，投入财政资金17.2亿元，新改建幼儿园、中小学629所，新增园位、学位2.3万个，“入园难”“大班额”等问题有效缓解。2021年全市普通高考上线率创历史新高。武威职业学院创建为国家骨干高职院校。大力推进健康武威建设，投入资金25.5亿元，新改建医院11家，新增床位3483张，创建三甲医院3家，武威市获评“全国基层中医药工作先进单位”。推进文化事业创新发展，成立凉州文化研究院、长城文化保护研究院。建成投用市博物馆、图书馆、体育馆和影剧院，县区“三馆一站”实现全覆盖，全市文化场所达到1073个，建成各类体育场地5312个。妇女儿童发展规划深入实施，顺利通过国务院妇儿工委终期评估验收。着力解决国有土地上已售城镇住宅历史遗留“登记难”问题，为5.8万户长期“有房无证”的居民办理了不动产权证。连续4年提前供暖，民生温度不断提高。社会治理效能提升。安全生产形势持续平稳向好，综合防灾减灾救灾能力不断增强。开展交通秩序专项整治，城乡道路更趋安全畅通。强化食品药品全程监管，群众饮食用药安全得到有效保障。拓宽群众信访渠道，“治重化积”专项工作走在全省前列。电信网络诈骗犯罪势头有效遏制，扫黑除恶专项斗争成果显著，连续3年获评“平安甘肃建设优秀市州”。武威市被命名为“全省民族团结进步示范市”，第5次荣获“全国双拥模范城”。

工会、共青团、残疾人、红十字、慈善等事业健康发展。统计调查、气象、人防、地震、消防、邮政、档案、保密、机关事务管理、公共资源交易、供销、外事、工商联、文联、科协、侨联等工作取得新成绩。

——**政府自身建设全面加强**。始终把政治建设摆在首位，把学习习近平新时代中国特色社会主义思想作为重大政治任务，推进“两学一做”学习教育常态化制度化，巩固深化“不忘初心、牢记使命”主题教育成果，扎实开展党史学习教育，党员干部的宗旨意识、群众观念、服务能力不断增强。自觉接受人大法律监督、工作监督和政协民主监督，办理人大代表建议330件、政协提案677件，办复率100%，有力促进了政府工作依法规范高效运行。深入推进法治政府建设，坚持政府学法制度化常态化，提请市人大常委会审议并颁布实施《武威市大气污染防治条例》等4部法规，颁布实施《武威市建筑工地扬尘污染防治管理办法》等2部政府规章，“七五”普法全面完成，依法行政水平不断提高。加强审计监督，促进增收节支6.8亿元。落实全面从严治党要求，扎实推进政府系统廉政建设，严格执行中央八项规定及其实施细则精神，坚决纠治“四风”问题，干部作风持续转变。

各位代表！2021年是建党100周年，也是“十四五”开局之年。我们按照“迈好第一步、见到新气象”的要求，统筹疫情防控和经济社会发展，扬优势、补短板、强弱项，推动各项工作取得新成效，经济运行呈现稳中加固、稳中提质的良好态势。前三季度，全市生产总值增长9%，居全省第6位；一产增加值增长10.5%，居全省第4位；规上工业增加值增长16.6%，高于全省6.8个百分点，居全省第3位；固定资产投资增长13.9%，居全省第5位；城镇居民人均可支配收入增长7.9%，居全省第6位；农村居民人均可支配收入增长11.1%，居河西五市第1位。三季度荣获“全省高质量发展进步奖”。预计全年实现生产总值590亿元、增长8.3%，规上工业增加值增长

13.5%，固定资产投资增长11.5%，社会消费品零售总额增长12%，城乡居民人均可支配收入分别增长8.8%和12%，一般公共预算收入增长1%，居民消费价格指数涨幅控制在3%左右。

**一是乡村振兴开启新篇章**。扎实推动巩固拓展脱贫攻坚成果同乡村振兴有效衔接，建立易返贫人口快速发现、评估响应、精准帮扶、风险消除、动态监测五项机制，5349户16728名监测对象全部落实帮扶措施。落实中央和省市衔接推进乡村振兴补助资金15.9亿元、东西部协作和中央单位定点帮扶资金1.3亿元，实施产业发展、基础建设等各类项目327项，脱贫成果不断巩固。开展“岗位大练兵、业务大比武”活动、留守老人妇女儿童和特困群众关爱服务行动，基层干部能力素质和群众满意度进一步提升。实施乡村建设示范行动，编制完成“多规合一”实用性村庄规划146个，硬化村组道路1046千米，新增天然气入户3900户，农村基础设施条件有效改善，乡村振兴开局良好。

**二是新能源产业实现新突破**。抢抓“双碳”战略机遇，坚持系统谋划、板块开发、链式布局，“十四五”规划建设风电基地6个、光伏基地5个，总容量2385万千瓦。编制完成风光电三年开发方案，围绕新能源装备制造、绿色高载能、氢能、“光伏+”综合应用等领域，谋划配套产业项目26个，总投资206亿元。引进15家大型央企和民企，开工建设新能源装备制造、光伏发电等项目24项，总投资208亿元，装机规模270万千瓦。全省新能源项目集中开工仪式在武威市举行。黄羊抽水蓄能电站纳入国家“十四五”规划，预可研编制等前期工作加快推进。

**三是对外开放迈出新步伐**。武威国际陆港“一中心两口岸”建成运营，铁路集装箱场站即将建成，一批木材加工项目落户陆港。积极拓展合作渠道，与格鲁吉亚互设海外仓及出口产品分拨中心，开通武威—格鲁吉亚第比利斯班列，发运“天马号”中欧班列8列，货运总量7980吨，总值2.4亿元。预计实现进出口总额4.4亿元。成功举办“民企武威行”活动，与各方商会、公益组织达成消费帮扶协议3.3亿元，签约项目83项，总投资137亿元。全年实施招商引资项目314项，落实到位资金209亿元。

**四是营商环境得到新优化**。深化“放管服”改革，工程建设领域审批制度改革领跑全省，市级政务服务事项基本实现“最多跑一次”，不动产一般登记、企业开办时间分别压缩至5个、2个工作日，在全省率先推行“一书两证”电子证照，社保申请、公积金信息变更等76个高频事项实现“省内通办”。全面落实惠企纾困政策，为172户企业降低用电成本1.6亿元，新增减税降费3.2亿元。大力推行“不来即享”“帮办代办”“管家式”服务，落实产业发展财政奖补资金7838万元，为中小企业民营企业解决融资、用工、用能等方面问题141个。

**五是疫情防控夺取新胜利**。10月中下旬周边多地疫情散发，使武威市疫情防控面临巨大压力。我们坚持人民至上、生命至上，迅速应急响应，每日调度部署，严把输入关口，精准高效开展流调溯源、核酸检测、集中隔离等工作，2.8万多名党员干部下沉社区、日夜坚守，构筑起上下齐心、群防群控的严密防线。建设集成式核酸检测实验室，完成核酸检测426万人份，全市未出现阳性感染者。450名医务工作者驰援嘉峪关、天水市，筹集600万元物资支援省内疫情发生地，为全省抗疫大局作出了武威贡献。

回顾五年来的工作，我们深刻体会到，做好政府工作，必须坚持党的全面领导，坚持以习近平新时代中国特色社会主义思想为指导，坚决有力把习近平总书记对甘肃重要讲话和指示精神落细落实；必须坚持以人民为中心的发展思想，始终把群众利益放在最高位置，把群众满意作为第一标准，努力让改革发展成果更多更公平惠及城乡群众；必须完整准确全面贯彻新发展理念，强化创新引领，突出开放带动，注重统筹协调，奋发有为推进高质量发展；必须坚定不移走生态优先、绿色发展之路，勇担生态报国之责，加快全域生态文明建设，坚决筑牢西部生态安全屏障；必须坚持开拓创新、担当实干，以钉钉子精神抓落实，以担当体现忠诚、以实干践行初心，努力创造经得起实践和历史检验的工作业绩。

各位代表！五年砥砺拼搏，五年耕耘收获。五年成绩的取得，是习近平新时代中国特色社会主义思想科学指引的结果，是省委、省政府和市委坚强领导的结果，是市人大、市政协和社会各界大力支持的结果，是全市上下苦干实干、接续奋斗的结果。在此，我谨代表市人民政府，向全市各族人民，向各民主党派、工商联、无党派人士、人民团体，向驻武人民解放军、武警官兵、中央和省属单位，向离退休老同志、企业家、投资者和社会各界人士，向支持和帮助武威市乡村振兴的天津市蓟州区、交通银行、中国中化及省上有关部门单位，向支持武威发展的新闻单位和新闻界朋友，致以崇高的敬意和衷心的感谢！

在总结成绩的同时，我们也清醒认识到，工作中还面临不少困难和问题：特色产业规模效益还未充分显现，与高质量发展的要求还有差距；部分脱贫群众增收渠道还不够宽，返贫致贫风险依然存在；水资源短缺仍然是制约发展的瓶颈问题，生态保护治理还需持续用力；解决历史遗留问题任务艰巨，政府债务还本付息进入高峰期、偿债任务繁重，历史遗留高风险机构化险难度大；教育、卫生等民生领域还有不少短板；政府系统有的干部能力素质、服务意识、工作作风、行政效率与群众期盼还不相适应。对这些问题，我们将采取有力措施，认真加以解决。

## 今后五年发展重点和2022年工作任务

刚刚闭幕的市第五次党代会科学描绘了未来五年全市发展的宏伟蓝图，确定了建设“六个新武威”的奋斗目标，这是立足发展新方位的战略选择，也是全面塑造新优势的科学考量，更是顺应全市人民新期待的强烈担当。今后五年，政府工作的总体要求是：坚持以习近平新时代中国特色社会主义思想为指导，全面贯彻党的十九大和十九届二中、三中、四中、五中、六中全会精神，深入落实习近平总书记对甘肃重要讲话和指示精神，统筹推进“五位一体”总体布局、协调推进“四个全面”战略布局，坚持稳中求进工作总基调，准确把握“三新一高”要求，坚定不移走生态优先、绿色发展之路，加快建设经济强市、生态大市、文化旅游名市，全力打造生态美、产业优、文化兴、百姓富的幸福美好新武威，努力构筑河西走廊经济社会高质量发展桥头堡，奋力谱写全面建设社会主义现代化武威新篇章。

按照市第五次党代会确定的奋斗目标，今后五年经济社会发展紧紧围绕“六个新武威”聚焦发力。

——**在建设产业更优、发展强劲的新武威上聚焦发力**。大力发展现代农业、生态工业、文化旅游主导产业，以科技创新助推产业振兴，促进新旧动能转换，培育一批百亿级产业集群、产业园区和十亿级龙头企业，努力建设西北丝路寒旱农业发展示范基地、甘肃乳都和百亿级河西走廊黄金奶源基地、全国重要的优质绿色食品生产加工示范区、多能互补新能源综合示范区、丝绸之路经济带黄金旅游目的地城市。全市生产总值突破800亿元，增速高于全省平均水平。

——**在建设绿色低碳、生态文明的新武威上聚焦发力**。坚持山水林田湖草沙冰一体化保护和系统治理，打好全域生态文明建设主动仗，推动黄河流域生态保护和高质量发展。扎实推进八步沙区域生态治理，建设民勤生态示范区。创建国家节水行动示范市。坚持精准治污、科学治污、依法治污，打好蓝天、碧水、净土保卫战，实现减污降碳协同增效，建设人与自然和谐共生的绿色低碳城市。

——**在建设文化繁荣、社会文明的新武威上聚焦发力**。以社会主义核心价值观为引领，深入开展群众性精神文明创建活动，积极争创全国文明城市。加强重要文化和自然遗产、非物质文化遗产系统性保护，加大凉州文化挖掘、保护、研究、阐释和弘扬力度，延续历史文脉，擦亮全国历史文化名城名片。

——**在建设城乡融合、美丽宜居的新武威上聚焦发力**。统筹提升城市与县城、小城镇融合发展水平，积极培育建设一批产业特而强、功能聚而合、形态小而美、机制新而活的特色小镇。大力实施乡村振兴战略，努力让农业更强、农村更美、农民更富。按照城市服务型、工业主导型、农业优先型和生态功能型的发展方向，加快县域经济高质量发展。

——**在建设治理高效、平安和谐的新武威上聚焦发力**。加快政府职能转变，优化政务环境，提升政府效能。坚持和发展新时代“枫桥经验”，健全社区管理和服务机制，全面排查化解各类矛盾纠纷，加快市域社会治理现代化。统筹发展和安全，健全重大风险防范化解机制，维护社会大局和谐稳定。

——**在建设人民幸福、共同富裕的新武威上聚焦发力**。坚持经济发展就业导向，扩大就业容量，提高就业质量。坚持教育优先发展，持续提升全民受教育程度。健全公共卫生服务体系，推动市域优质医疗资源提质扩容和均衡配置，有效提高应对突发公共卫生事件和医疗救治能力。健全覆盖全民、统筹城乡、公平统一、可持续的多层次社会保障体系，共同富裕迈出坚实步伐。

2022年经济社会发展的主要预期目标是：地区生产总值增长7%，规上工业增加值增长12.5%，固定资产投资增长12%，社会消费品零售总额增长7%，一般公共预算收入同口径增长5%左右，居民消费价格指数涨幅控制在3%左右，城乡居民人均可支配收入分别增长7.5%、8.5%。能源消费总量、单位生产总值能耗及主要污染物总量减排完成省上下达的控制目标。

重点做好七个方面的工作：

**（一）深度构建现代产业体系，加快经济转型升级**。充分发挥政策导向作用和财政资金撬动效应，建立健全“链长制”支撑服务体系，打好产业基础高级化、产业链现代化攻坚战，加快建设更具竞争力的现代产业体系。

做优现代农业。坚持绿色有机、节水高效发展方向，培优“三大特色产业带”，壮大“8+N”优势主导产业，推动现代农业园区化、规模化、标准化、品牌化发展。提升现有55个农业园区建设水平，加快建设凉州区国家现代农业产业园、古浪生态奶牛养殖产业园，全市牛、羊、猪、禽饲养量达到3300万头（只）以上，其中奶牛存栏量达到10万头。设立食用菌研究院和知名专家工作站，引进培育龙头企业，推动食用菌产业提档升级。加大新品种培育和引进推广力度，建设市级农作物种质资源库，新认证“三品一标”农产品15个。严格落实粮食安全责任制和耕地占补平衡制度，确保粮食种植面积稳定在240万亩、产量105万吨以上。新建高标准农田30万亩。加强动植物检疫，实施农业保险增品扩面提标降费工程，提高农业稳定发展能力。

做强生态工业。强化制造业对工业经济的支撑作用，实施加快工业发展“六项行动”，着力打造农畜产品精深加工、新能源及新能源装备制造2个百亿级产业集群，全面提升工业对经济发展的贡献度。依托龙头带动、产业链优化和品牌拉动，做大液态奶、休闲食品、面粉、酒类、肉制品、饲料产业规模，大力引进分级包装、冷冻保鲜类项目，实现农畜产品产值90亿元以上。统筹推进新能源开发和产业链构建，加快风光电配套产业发展。凉州区重点发展风机整机、轮毂、变流器、机舱罩和光伏组件等制造项目；民勤县重点发展集中连片风电、光伏基地，配套发展共享储能电站和新能源装备制造业，加大钍基熔盐堆核能系统后续产业培育力度；古浪县重点发展光伏治沙、农光互补、牧光互补工程，推动太阳能发电与沙漠治理、农牧业立体化协同发展；天祝藏族自治县重点发展光伏发电产业和松山滩百万千瓦级风电基地，加大金强工业集中区碳化硅精深加工项目培育引进力度，建设源网荷储一体化绿色供电园区。全年完成新能源产业投资209亿元，新增并网规模200万千瓦。积极发展数字经济，推动新材料、生物制药、绿色环保等产业协同发展。严格落实能耗“双控”及碳排放强度控制要求，分类处置“两高”项目，促进工业经济绿色低碳循环发展。

做大文化旅游产业。深度挖掘五凉文化核心价值，努力把资源优势转化为产业发展优势。建成投运雷台文化旅游综合体、历史文化街区保护建设项目，优化业态布局，开展战略合作，强化运营管理，创建铜奔马文化旅游国家AAAAA级旅游景区，打造文旅产业新的增长极。开工建设凉州会盟纪念地，推进长城、长征、黄河国家文化公园建设。发展研学旅游、康养旅游、非遗旅游等文旅新业态，推出一批精品特色旅游线路。建成“智慧旅游”项目，实现一部手机游武威。打响“天马行空·自在武威”品牌，放大文旅产业综合效应。

**（二）扩投资促消费，着力蓄积发展动能。**牢牢把握扩大内需这个战略基点，大抓项目、促进消费、发展外贸，不断增强经济发展的牵引力和支撑力。

发挥有效投资关键作用。立足投资拉动型发展实际，把投资作为稳增长的“压舱石”，扩大投资规模，提升投资效率，增强发展后劲。抢抓政策机遇，及时跟进研究国家重大战略和投资导向，用足用好各类利好政策，深度谋划储备一批大项目好项目，形成远近结合、滚动接续的项目储备格局，促进产业项目和基础设施项目齐头并进、财源项目和公共项目协同发展。发挥政府投资“四两拨千斤”作用，聚焦主导产业、社会民生、“两新一重”等重点领域，加大申报争取力度，落实中央、省级预算内投资15亿元以上，政府专项债券22亿元以上，加强资金绩效管理，加快释放投资效应。实行高质量发展重大项目清单化管理，大数据精准调度，“亮底晒单”式推进，力争全年实施重大项目400项以上，实现固定资产投资增长12%。

加快重点基础设施建设。兰张三四线铁路控制性工程新乌鞘岭隧道全线贯通，正线工程同步建成并具备铺轨条件。开工建设民勤通用机场、高铁东站站前广场，加快推进北仙高速武威至仙米寺段、G312线界牌村至安门、S585线干城至西沟等项目，建成西渠至收成、武威至下双、S308线至直滩等乡镇公路。建成黄花滩移民区水厂、南岔河河道治理等工程，加快建设凉州区调蓄水池、灌区续建配套等项目，开工建设民勤深度节水示范区、古浪大靖河与调蓄水池连通项目。建设5G基站900个，实现乡镇以上区域5G网络连续覆盖。开工建设古浪330千伏、民勤110千伏等输变电工程。

聚力精准招商引资。完善招商引资项目支持政策，建立考核评价机制，推动形成市级统筹、县区主抓、全员参与的工作格局。围绕主导产业发展，绘制产业链图谱，明确产业招商路径，开展产业链精准招商。依托“链主”企业引进配套关联项目，瞄准央企、国企和行业领军企业，主动出击、精准对接，争取引进一批基地型、龙头型、带动型项目。借助商会、专业协会、武威籍精英人士的资源优势，加大专题招商、以商招商和乡情招商力度，高质量组织“侨资企业助力武威乡村振兴”活动。推动签约项目落地见效，招商引资到位资金增长6%以上。

全力激发消费潜力。争取实施县域商业体系建设项目，支持现有50个县域综合商贸中心、大中型商场超市改造升级。多形式、常态化开展消费促进活动，推动汽车、家电、餐饮等大宗消费、重点消费扩面增量。发挥凉州老街、民勤苏武沙羊美食街等带动作用，培育壮大夜间经济。发展中央厨房、预约寄递、同城配送等新业态，满足群众品质化、多元化、便利化消费需求。加快市场体系建设，提升凉州六大专业市场运营水平，建设昊天二期、西北花卉等产地批发市场，提升物流效率，畅通市场循环。与京东、抖音等头部电商深度合作，打造直播带货孵化基地，实现农产品电商销售20亿元以上。

积极发展外向型经济。主动融入“一带一路”建设，加大外贸企业培育力度，支持武威保税物流中心建立境外营销网络，力争实现进出口增长12%。启动运营武威铁路国际集装箱场站，完善陆港口岸功能，提升“天马号”中欧班列、中俄木材班列运营水平。依托木材、肉类口岸，促进贸易物流和实体加工类企业聚集发展，建设进出口产品集散中心和加工基地，打造向西开放的国际物流平台。

**（三）全面推进乡村振兴，加快农业农村现代化。**坚持农业农村优先发展，做好巩固拓展脱贫攻坚成果同乡村振兴有效衔接，促进农业高质高效、乡村宜居宜业、农民富裕富足。

巩固拓展脱贫攻坚成果。严格落实“四个不摘”要求，建立防贫监测农户户情信息系统，健全监测预警帮扶机制，落实教育帮扶、健康帮扶、安全住房、安全饮水、稳岗就业长效机制，织密困难群众兜底保障网，坚决守牢不发生规模性返贫底线。强化易地扶贫搬迁后续扶持，统筹做好产业培育、就业帮扶、社会治理和公共服务，确保搬迁群众稳得住、有就业、能致富。深化与天津市蓟州区、交通银行、中国中化的协作帮扶，在多领域精准对接、深度合作。持续激发脱贫群众内生动力，引导群众进一步转变思想观念，从“我要脱贫”向“我要振兴”转变。

精准发力推进“五大振兴”。以产业振兴为本，实施特色优势产业三年倍增行动，新增市级以上农民合作示范社35个、示范性家庭农场70个，新建仓储保鲜冷链设施10座、库容2万吨，使农户在生产、加工、销售各环节分享更多增值收益。以人才振兴为要，实施乡村人才培养工程，建设农业生产经营、农村二、三产业发展、乡村公共服务、乡村治理、农业农村科技“五支人才队伍”。以文化振兴为魂，传承创新优秀传统文化，持续整治薄养厚葬、高价彩礼等陈规陋习，推动移风易俗，涵养文明乡风。以生态振兴为重，集成推广农业清洁生产技术，加强农业面源污染防治，实施乡村绿化提升工程，建设生态宜居乡村。以组织振兴为基，健全自治、法治、德治相结合的农村基层治理体系，加强村级组织规范化建设，全面提升乡村治理能力。

*实施乡村建设行动。*统筹土地利用、产业发展、居民布点、生态保护、文化传承等要素，稳步推进“多规合一”实用性村庄规划编制工作，对有条件的村庄实现应编尽编。加快乡村建设示范县、镇、村创建步伐，一体推进新民居和农村改厕、改炕、改灶、改暖，配套建设污水治理、垃圾分类处理等环保设施。完善水、电、路、气、通信、物流等基础设施，有序推进农村社区空置房消化、土坯房抗震改造等工作，引导村庄适度聚集，提升乡村建设水平。实施人居环境改善提升行动，巩固清洁村庄创建成果，绘好新时代美丽乡村画卷。

**（四）加大生态保护治理力度，提升生态文明建设水平。**深入贯彻习近平生态文明思想，加快构建现代环境治理体系，筑牢西部生态安全屏障，让青山常在、绿水长流、空气常新、美丽与发展同行。

*落实黄河国家战略。*精准对接国家和省上规划，全面实施《武威市黄河流域生态保护和高质量发展规划》，加快实施石羊河源头水土保持生态修复、庄浪河天祝段水生态、冰沟河流域、古浪河城区段生态综合治理等项目，开展庄浪河、石羊河上下游横向生态补偿试点。围绕水源涵养、水土保持、防沙治沙、节水控水等，谋划实施一批重点生态工程，全面提升沿黄生态功能。

*系统推进生态建设。*加快建设以祁连山国家公园为主体的自然保护地体系，构筑生物多样性保护网络，不断做大环境容量和碳汇总量。持续开展大规模国土绿化行动，科学防沙治沙，推进全国防沙治沙综合示范区、民勤生态示范区建设，实施八步沙区域生态治理，完成营造林30万亩、国土绿化提质增效12.5万亩，治理退化草原25万亩。全面建立四级林长责任体系，争创国家森林城市。

*深入打好污染防治攻坚战。*实施生态环境分区管控和大气污染联防联控，稳步提升环境空气质量，凉州城区空气优良天数达到320天以上。统筹水资源、水环境、水生态协同共治，加强水源地保护，完成石羊河流域入河排污口排查和水源地规范化建设。严格落实河湖长制，巩固石羊河全国示范河湖建设成果，开展金强河全省美丽幸福河湖试点。实施农用地分类管理和建设用地风险管控，保持土壤环境质量总体稳定。

*提高水安全保障能力。*坚持以水定城、以水定地、以水定人、以水定产，促进形成与水资源条件相适应的区域空间布局和产业结构。稳步推进水务一体化改革。贯彻实施《地下水管理条例》，深入开展“六大节水行动”，扎实推进深度节水、极限节水。加强灌区续建配套、中小河流治理、农村供水等项目建设管理，提升水资源利用效率。加大外流域调水工作力度，推进引大入秦延伸增效工程前期工作取得实质性进展。

**（五）培育壮大县域经济，促进区域协调发展**。把县域经济作为区域发展的重要基石，坚持分类指导、因地制宜，引导县区各打各的优势牌、各走各的特色路，着力做大县域经济"蛋糕"，促进城乡统筹发展。

*突出规划引领*。充分运用"三调"成果，全面完成市县国土空间总体规划编制，统筹划定生态保护红线、永久基本农田、城镇开发边界三条控制线，合理布局生产、生活、生态空间。以"十四五"总体规划纲要为龙头，一体推动生态环境保护、文化旅游、新型城镇化等14个重点专项规划、19个一般专项规划编制落地。深入实施县域经济"1+4"发展规划、县域经济高质量发展实施方案。

*锚定发展方向*。按照主体功能区定位，突出错位发展，强化产业融合，构建特色鲜明、优势互补的县域经济发展新格局。凉州区以城市服务型和工业主导型为方向，建设全省高质量发展先行区；民勤县以生态功能型和农业优先型为方向，打造全国重要的生态建设示范区；古浪县以工业主导型和农业优先型为方向，打造全省重要的农副产品精深加工和丝路寒旱农业示范基地；天祝藏族自治县以生态功能型和农业优先型为方向，创建国家生态文明建设示范县。

*强化园区支撑*。发挥园区在县域经济发展中的主阵地作用，突出特色化、差异化发展，明确产业主攻方向，一园一策培育"首位产业"和"链主企业"。提升园区供排水、消防、交通站点等基础设施配套水平，盘活闲置资源，加大财税支持力度，推动要素向园区集聚、项目向园区集中、产业向园区集群，力争每个园区引进投资5亿元以上企业2至3家。

*加快以人为核心的新型城镇化进程*。大力提升县城公共设施和服务能力，增加就业、教育、医疗、养老等公共服务供给，落实户籍制度改革政策，促进农业转移人口就近城镇化。引导社会资本参与特色小镇建设，打造以清源葡萄酒小镇、民勤摘星小镇、黄花滩移民产业小镇为代表的一批特色小镇。提升重点城镇空间承载能力、产业发展质量和生态宜居水平。

**（六）坚持改革创新，释放发展活力**。强化科技创新引领带动作用，发挥改革的突破和先导作用，大力优化营商环境，不断释放改革红利、催生发展动能。

*注重创新赋能*。加强与中国科学院、中国农业大学、兰州大学等创新引擎的常态化对接，落实支持科技创新政策措施，推动政产学研用协同创新，吸引更多创新资源涌入武威。采取"揭榜挂帅""任务定榜""帅才领衔"等方式，组织开展关键核心技术攻关。建立多元化科技投入机制，发挥企业创新主体作用，加快培育一批"专精特新"中小企业。强化人才引领支撑，建立特色主导产业首席专家制度。支持龙头企业联合院士工作站、高等院校、科研机构和上下游企业组建创新联合体，加速科技成果转化应用，新增授权专利1000件以上。选派科技特派员500名以上，服务基层创新创业。

*推进重点领域改革*。深化农业农村综合改革，有序推进集体经营性建设用地入市、农村土地征收制度改革和宅基地制度改革试点工作，全面完成农村"房地一体"确权颁证。完成国企改革三年行动任务，完善以管资本为主的国有资产监管体制，促进国有资产保值增值。深化财政预算管理制度改革，提高财政资金使用绩效。加强政府债务管理，防范化解政府隐性债务风险，全力化解高风险机构风险，牢牢守住不发生区域性、系统性金融风险的

底线。

打造一流营商环境。统筹“放管服”改革和“数字政府”建设,加快数据资源整合共享,提升政务服务中心建设运营水平,推动政务服务事项“一网通办”。秉持“政府创造环境、企业创造财富”理念,优化公平竞争法治环境,充分发挥民营经济生力军作用。加强政银企对接,健全线上线下融资互补机制,用好“信易贷”服务平台。推动银担合作,政府性融资担保机构对小微企业融资担保费率降至1.5%以下。

**(七)强化民生保障,在共建共享中促进社会和谐**。牢固树立“抓民生也是抓发展”理念,将新增财力更多投向民生领域,不断改善群众生活、促进共同富裕。

加强就业和社会保障。把就业作为最大的民生,抓好高校毕业生、退役军人、零就业家庭等重点群体就业,公开招聘事业单位工作人员500名,引进急需紧缺人才200名,完成职业技能培训2.5万人。落实救助供养、大病救治、民生兜底等政策,保障老年人、妇女、未成年人合法权益和残疾人平等权益。统筹发展养老事业和养老产业,构建居家社区机构相协调、医养康养相结合的养老服务体系。坚持“房住不炒”,促进房地产健康发展。

加快发展社会事业。落实义务教育“双减”政策,推进高考综合改革。加快教育基础设施建设,新建天祝藏族自治县城北新区九年制学校、凉州区第九幼儿园、古浪县永丰滩第二幼儿园等项目,完成武威一中体艺楼建设和古浪县职教中心迁建提升工程。加强乡村教师队伍建设,提高农村中小学教学质量。深化医药卫生体制改革,加快紧密型医联体、县域医共体建设,促进优质医疗资源纵向流动。加强碳离子治疗系统使用监管。完善重大疫情防控体制机制,提升疾控体系能力水平,规范化建设定点救治医院,做好常态化疫情防控。推动文化事业繁荣发展,大力建设“书香武威”,加快雍凉书院、中华孝道文化展览馆建设,打造凉州文化品牌。建设市级融媒体中心。建成投用市体育场,丰富群众文体生活。

完善城市服务功能。围绕宜居宜业、绿色低碳、智慧人文、韧性安全目标,以工匠精神推进城市精细化管理,打造“德城”“文城”“绿城”“清城”“智城”,高标准完成创建全国文明城市年度任务。实施城市更新行动,新增城市绿地50万平方米以上。开工建设中心城区集中供热扩容、内涝治理等工程,建成民勤污水处理厂生态湿地、天祝城南集中供热等项目。完成空间规划馆·科技馆、“城市记忆”馆、美术馆等场馆布展建设。推进城市信息模型和综合管理服务平台建设,实现城市管理事项“一网统管”。

持续强化社会治理。健全完善社会治安防控体系,推进扫黑除恶常态化。严格落实安全生产责任制,深入开展重点领域风险隐患排查整治,坚决遏制重特大事故发生。统筹社会应急救援力量,强化实战演练,不断完善应急救援体系。落实“四个最严”要求,守护好群众“舌尖上的安全”。加强和改进民族工作,全力创建全国民族团结进步示范市。巩固双拥共建成果,做好退役军人服务保障。

全力办好为民实事。民生连着民心,民心凝聚民力。2022年要办好10件为民实事:1.城镇新增就业1.5万人。2.整治背街小巷28条,打通“断头路”9条。3.改造老旧小区193个1.27万户,建成智慧安防小区300个。4.实施农村土坯住房抗震改造1万户以上。5.建设“四好农村路”1200千米。6.新增公办幼儿园园位2000个、中小学学位3000个。7.实施“四抓一打通”农村供水保障工程3项。8.建设停车场13个，新增公共停车位6000个以上。9.新增天然气入户6000户。10.为全市5500名妇女进行免费“两癌”检查。

各位代表！牢记今天的使命担当，才能不负明天的伟大梦想！实现市第五次党代会确定的奋斗目标，推动全市高质量发展，对新一届政府自身建设提出了更高要求。我们将始终保持永不懈怠的精神状态和一往无前的奋斗姿态，尽忠尽职、尽责尽力，努力建设人民满意的服务型政府。

坚持把对党绝对忠诚作为首要品质。深学笃用习近平新时代中国特色社会主义思想，坚决拥护“两个确立”，坚决做到“两个维护”，自觉在思想上政治上行动上同以习近平同志为核心的党中央保持高度一致。持续深化党史学习教育，深入学习贯彻党的十九届六中全会精神，从党的百年奋斗历程中汲取智慧和力量，增强历史自觉，心怀“国之大者”，确保党中央重大决策和省委、市委部署要求落地见效。

坚持把依法行政作为根本准则。深入学习习近平法治思想，贯彻落实法治政府建设实施纲要，抓好“八五”普法工作，强化法治意识，树牢法治思维，提升法治能力，让规章制度更有准度、权力运行更有法度、行政执法更有力度。遵循重大行政决策法定程序，全面实施重大项目“三性”论证，推进科学决策、民主决策、依法决策。依法接受市人大及其常委会的监督，自觉接受市政协民主监督，认真办理人大代表建议和政协提案，深入推行政务公开，确保权力始终在阳光下运行。

坚持把为民服务作为永恒追求。牢记“江山就是人民，人民就是江山”，树牢宗旨意识、厚植为民情怀，始终站在群众的立场上想问题、办事情，通过各种途径了解群众的意见和要求、批评和建议，真抓实干解民忧、暖民心。全面提升便民服务热线办件质效，认真办理群众来信来访，用情用力解决群众的操心事、烦心事、揪心事，努力让发展更有“温度”、幸福更有“质感”。

坚持把担当实干作为鲜明底色。秉持“功成不必在我”和“功成必定有我”的责任担当，坚持新官理旧账，多做打基础利长远的实事好事，事不避难、义不逃责，绝不把历史遗留问题留给历史。把抓落实作为政府工作的生命线，强化“马上就办、办就办好”的执行力，主动对标先进、自觉定位一流，干在实处、走在前列，推动各项工作高效落实。

坚持把清正廉洁作为基本底线。坚决扛起全面从严治党主体责任，深入推进政府系统党风廉政建设和反腐败斗争。严格落实中央八项规定及其实施细则精神，驰而不息纠治“四风”，力戒形式主义、官僚主义，用政府的“紧日子”换取群众的“好日子”。强化对权力运行的制约和监督，加强重点领域、重要部门和关键岗位廉政风险管控，严查群众身边的“微腐败”，不断涵养风清气正的政治生态，树立为民务实清廉的政府形象。

各位代表！立足新的起点、共创美好未来，我们必须奋进新时代、逐梦新征程、答好“新考卷”。让我们更加紧密团结在以习近平同志为核心的党中央周围，在市委的坚强领导下，大力弘扬“困难面前不低头、敢把沙漠变绿洲”的新时代武威精神，团结协作、守正创新，攻坚克难、奋勇争先，为全面建设社会主义现代化武威不懈奋斗，以优异成绩迎接党的二十大胜利召开！

# 全面建成小康社会

武威市团结带领全市广大干部群众，坚持以习近平新时代中国特色社会主义思想为指导，把习近平总书记对甘肃重要讲话和指示精神作为全部工作的统揽和主线，认真贯彻落实中央和省委决策部署，坚决端正发展理念，坚定不移走生态优先、绿色发展之路，坚持“三个更加注重”（既要注重当前、更要注重长远，既要注重数量、更要注重质量，既要注重经济发展、更要注重生态环境保护）、“三个有利于”（有利于生态环境保护、有利于增加城乡群众收入、有利于推进经济社会可持续发展）、“三个统筹”（更好地统筹经济社会发展与生态环境保护、统筹城乡发展、统筹三次产业协调发展）工作原则，坚持群众至上、实践第一、大抓基层、从严从实“四大导向”，坚持辩证地看、科学地谋、务实地干，注重打基础、利长远、惠民生，有力有效解决一系列大面积、深层次的“后遗症”和“硬伤”问题，全面重塑风清气正的政治生态、山青水秀的自然生态、健康有序的经济生态，全市经济社会发展和党的建设不断取得新成效，与全国、全省一道全面建成小康社会。武威以崭新的姿态迈向全面建设社会主义现代化新征程。

**党的政治建设持续加强**。坚持以党的政治建设为统领，把学习贯彻习近平新时代中国特色社会主义思想作为重大政治任务，各级党组织“第一议题”学习贯彻习近平总书记最新重要讲话和指示精神，以实际行动推动习近平总书记视察甘肃“八个着力”和“五个方面要求”等重要指示精神落地落实，切实增强“四个意识”、坚定“四个自信”、做到“两个维护”。扎实开展“两学一做”学习教育、“不忘初心、牢记使命”主题教育和党史学习教育，隆重举行庆祝中国共产党成立100周年等系列活动，广大党员干部理想信念更加坚定、党性更加坚强，贯彻落实党中央和省委重大决策部署更加坚定有力。

**脱贫攻坚战取得全面胜利**。全市35.5万名建档立卡贫困人口全部脱贫，339个贫困村全部退出，4个县区如期摘帽。沿山、沿川、沿沙“三大特色产业带”建设和牛羊猪禽果菜菌草“8+N”现代农业优势主导产业发展初具规模，群众稳定增收的基础不断夯实。4.4万户、17万名高深山区群众移居川区，群众生产生活条件得到根本性改善，走出一条易地搬迁脱贫致富同祁连山生态环境保护双赢的生态移民新路子。加强动态监测和精准帮扶，防范化解脱贫不稳定户、边缘易致贫户和突发严重困难户返贫致贫风险，巩固拓展脱贫攻坚成果同乡村振兴有效衔接的长效机制初步建立。

**经济步入高质量发展轨道**。全市生产总值由2016年的423.3亿元增长到2020年的526.4亿元，2021年实现地区生产总值600.2亿元。生态产业增加值占生产总值的比重达到29.3%。农业增加值达到164.6亿元。规上工业企业达到191家。三产增加值达到279.6亿元。伊利乳业等一批国内知名企业落户武威市，“1+6+N”奶产业集群初步形成。新动能新动力逐步显现，经济保持稳中向好、稳中提质的良好势头。

**全域生态文明建设扎实推进**。大规模防沙治沙和绿地倍增行动取得明显成效，累计投入16.6亿元，完成治沙164.4万亩、人工造林230万亩，均为前五年的2倍，森林覆盖率达到19%，草原综合植被覆盖度达到42.9%。武威被确定为全国防沙治沙综合示范区，八步沙林场被命名为甘肃首个全国绿水青山就是金山银山实践创新基地，石羊河创建为全省唯一的全国示范河湖。祁连山自然保护区生态环境150个问题全部完成整改，祁连山国家公园体制试点改革任务全面完成。垃圾、污水处理等环保短板逐步补齐，污染防治攻坚战三年行动目标任务如期完成。国家节水行动取得阶段性成效，全市用水总量由“十二五”期末的15.8亿立方米减少到14.2亿立方米，青土湖水域面积扩大到26.7平方千米，旱区湿地面积达到106平方千米。全市生态环境保护治理实现思想观念、体制机制、产业结构的深刻变革，走出一条生态文明建设同高质量发展互促共赢的创新发展之路。

**基础设施明显改善**。实施重大基础设施项目1151项，完成投资712亿元。兰张三四线铁路中川机场至武威段正线工程完成80%，控制性工程新乌鞘岭隧道即将贯通。全市高等级公路总里程达到1792千米，新改建农村公路8336千米，路网密度达到40.9千米/百平方千米，北仙高速公路武威至民勤段正式通车，实现县县通高速。红崖山水库加高扩建、凉州城区第二水源地等水利工程全面建成。黄花滩移民区4504万立方米黄河取水指标获批，建成1500万立方米调蓄水池，彻底解决长期以来困扰移民区发展的严重缺水问题。河西走廊750千伏第三回线工程武威段建成投运，风、光电装机规模分别达到145万千瓦、168万千瓦。智慧武威·城市大脑建成运营，5G网络实现城区和重点景区全覆盖。基础设施全面升级，为经济社会发展提供有力支撑。

**改革开放迈出坚实步伐**。市县党政机构改革全面完成，事业单位改革稳步推进。“三去一降一补”成效明显，累计减税降费14.5亿元。“放管服”改革加力提速，工程建设领域审批制度改革领跑全省，商事制度改革取得明显成效，新登记各类市场主体10.1万户。农业农村综合改革持续深化，农村集体经营性建设用地入市敲响全省“第一槌”。武威市被确定为全国居家社区基本养老服务试点市，实行“互联网+智慧养老”，形成15分钟便民服务圈。城市公交实现公交公营，智慧绿色公交体系全面建成。甘肃（武威）国际陆港口岸功能逐步完善，进境木材、进口肉类指定监管场地建成运营，铁路国际集装箱场站即将建成，中欧班列常态化运行。

**文化建设取得重大进展**。严格落实意识形态责任制，主流舆论阵地巩固壮大。群众性精神文明创建活动扎实开展，“书香武威”建设全面启动，社会主义核心价值观深入人心。选树八步沙六老汉“时代楷模”等一批先进典型，确立“困难面前不低头、敢把沙漠变绿洲”的新时代武威精神，为武威发展增添强大精神动力和正能量。市体育馆、图书馆、博物馆、科技馆、影剧院建成运营，全省最大的文旅PPP项目雷台文化旅游综合体、武威历史文化街区保护建设等一批重点文旅项目即将建成。成立凉州文化研究院，加强对武威优秀历史文化的挖掘保护和研究传承，成功举办四届凉州文化论坛，常态化举办凉州讲坛，形成一批历史文化研究和文艺创作方面的重要成果，武威知名度和影响力明显提升。

**民生保障水平不断提高**。全市民生支出占到一般公共预算支出的85%。新增城镇就业12.5万人，城乡居民人均可支配收入分别由2016年的23612元、9784元增长到2020年的31580元、13471元。推进基础教育扩容提质，全市新增教育用地134.73公顷，投入资金17.2亿元，新改扩建中小学幼儿园629所，城区“入园难”“大班额”等问题有效缓解。着力提升公共卫生保障能力，全市投入资金25.5亿元，新改建医院11家，新增床位3483张，“就医难”“就医贵”问题得到有效解决。国内首台自主知识产权重离子治疗肿瘤系统投入临床治疗，3家医院创建为三甲医院。坚持“早、严、细、实”，全面落实“外防输入、内防反弹”和“人物同防”各项措施，新冠肺炎疫情防控取得重大成效，全市未发生本土确诊病例。社会保障体系不断健全，保障水平稳步提高，为1.6万人补缴养老保险5.1亿元。依法依规解决历史遗留问题，为5.3万户长期“有房无证”的居民办理不动产权证。积极创建全国文明城市，实施“三项革命”、开展“三项行动”，改造老旧小区317个，整治背街小巷109个，打通“断头路”40条，建成智慧停车场36个，新增泊位5458个，新增城市绿地723.2万平方米，城市建成区绿地率达到33.4%。改造农户卫生厕所17.1万座，占全市常住农户总数的75.7%。城乡面貌发生巨大变化，人民生活品质显著提升。

**民主法治建设深入推进**。支持市人大及其常委会依法开展立法、监督等工作，《武威市节约用水条例》等4部地方性法规颁布施行，人大工作的政治性、法律性、程序性明显增强。支持市政协发挥政治协商、民主监督、参政议政作用，基层协商民主试点工作深入推进。完善大统战工作格局，支持民主党派、工商联等更好履行职能、汇聚智慧力量。高度重视民族宗教工作，天祝藏族自治县社会大局保持稳定，武威市创建为全省民族团结进步示范市。发挥工会、共青团、妇联等群团组织桥梁纽带作用，积极服务发展大局。市域社会治理现代化试点工作进展有序，基层治理水平明显提升。“七五”普法全面完成，扫黑除恶专项斗争取得重大成果，政法队伍教育整顿成效显著，武威市连续三年被评为“平安甘肃”建设优秀市州。安全生产形势总体稳定。群众食品药品安全得到有力保障。国防动员和后备力量建设持续加强，武威市第5次获得“全国双拥模范城”荣誉称号。

**全面从严治党成效显著**。坚持和加强党的全面领导，充分发挥总揽全局、协调各方的领导作用，市委常委会定期听取市人大常委会、市政府、市政协和法检“两院”党组汇报，及时研究重要事项，推动各项工作落实。扎实推进各领域党建工作，基层党组织的政治功能和组织力进一步提升。坚持好干部标准，匡正选人用人导向，激励党员干部担当作为、干事创业。全面完成县乡村换届，基层领导班子结构整体优化、能力素质明显提升。中央和省委巡视反馈问题全面整改，四届市委巡察实现全覆盖。严格落实中央八项规定及其实施细则精神，出台《坚决破除形式主义官僚主义“九个不准”》，深化拓展基层减负，党风政风明显好转，形成了风清气正、团结干事的良好局面。

# 文化旅游名市建设

## 凉州讲坛

5月21日，“凉州讲坛”开讲。该次讲坛其由市委宣传部主办，市凉州文化研究院、武威职业学院承办。中国社会科学院古代史研究所党委书记赵笑洁应邀作题为《抗战时期郭沫若的爱国情怀》的主旨演讲，从郭沫若简介、抗战时期文化功绩、郭沫若的成功给人们的启示、郭沫若与共产党的传奇经历4个方面，诠释和展示郭沫若在抗战时期的爱国情怀。

12月29日，“凉州讲坛”再次开讲。该次讲坛由市委宣传部主办，市文体广电和旅游局、市凉州文化研究院、市新闻传媒集团承办。甘肃省社会科学院副院长、研究员王俊莲应邀作题为《现代公共文化服务体系建设与高质量发展》的主旨演讲。围绕依法管理、健全公共文化服务体系建设，明确责任、提升公共文化惠民服务效能，开拓创新、推进公共文化服务高质量发展等方面，通过全面深入的阐释、鲜活生动的案例，为听众呈现出一场别开生面的视听文化盛宴，对武威市在“一带一路”建设中如何充分发挥资源优势，打造文化旅游名市，全力打造生态美、产业优、文化兴、百姓富的幸福、美好新武威提供了建设性参考。

## “明清时期河西走廊社会变迁”学术研讨会

9月10日至13日，“明清时期河西走廊社会变迁”学术研讨会在武威市召开，活动旨在打造国内有重要影响的凉州文化学术交流平台、文化展示窗口、文旅融合载体。研讨会由中国社会科学院古代史研究所、中共武威市委、武威市人民政府主办，中国社会科学院古代史研究所明史研究室、中国社会科学院古代史研究所清史研究室、中共武威市委宣传部、

图1　9月10日，“明清时期河西走廊社会变迁”学术研讨会在武威召开（市凉州文化研究院　供图）

武威市凉州文化研究院、武威市新闻传媒集团承办。

研讨会期间，与会专家、学者围绕“明清时期河西走廊生态环境变迁”“明清时期河西走廊移民与经济开发”“明清时期河西走廊的战争与长城”“明清时期西北国家安全与民族融合”“明清时期河西思想文化发展”“河西走廊长城、黄河国家文化公园建设”“凉州会盟在中华民族多元一体历史进程中的重大意义”“凉州会盟的时代价值与当前铸牢中华民族共同体意识、建设凉州会盟纪念地的现实意义”“凉州文化的开发利用与武威文化建设、经济发展研究”等方面发表意见，为武威乃至河西文化繁荣发展贡献智慧力量。

## “五凉”文化论坛

9 月 24 日，以“弘扬五凉文化 传承历史文脉”为主题的“五凉”文化论坛在敦煌隆重举行。论坛以“弘扬五凉文化 传承历史文脉”为主题，旨在更好地挖掘“五凉”文化资源，深层次探讨“五凉”文化在丝绸之路多元文化汇聚交融和文明嬗变中的地位和作用，促进文化交流、文旅融合发展，不断扩大武威的知名度和影响力，增强文化自信，促进武威市文化旅游产业发展。该论坛由中国社会科学院、甘肃省人民政府主办，武威市委、武威市人民政府、中国社会科学院古代史研究所承办。

省政协副主席王锐，中国社会科学院副院长、党组成员王灵桂出席论坛开幕式并致辞。中国历史研究院副院长、中国社会科学院大学历史学院院长李国强，中国历史研究院科研局副局长王子豪、王伟利，国家高端智库理事会常务副秘书长赵江林，省政协文化文史资料和学习委员会主任张效林，省文化和旅游厅副厅长吕兴来，敦煌研究院副院长张元林出席论坛开幕式。市委书记柳鹏主持论坛开幕式。市委副书记、代市长王国斌，副市长费生云出席论坛开幕式。中国社科院古代史研究所所长卜宪群主持论坛主旨发言。

来自中国社会科学院古代史研究所、浙江大学、上海师范大学、宁波大学、浙江理工大学、西北师范大学、敦煌研究院、河西学院、嘉峪关丝路（长城）文化研究院等科研机构、高等院校以及武威市部分专家、学者出席论坛。戴卫红、冯培红、尚永琪、姚潇鸫、李并成、徐兆寿、张元林、贾小军分别作题为《五凉时期的儒家文化》《五凉史料挖掘与未来研究展望——兼谈“五凉学”的基础构筑》《良马培育与北朝诸王的崛起》《试述魏晋隋唐间河西地区佛教石窟的开凿与颜料贸易》《“五凉”时期的中西文化交流新考》《五凉经验对中国边疆治理的启示》《从凉州词与敦煌舞看凉州文化的两种张力》《五凉政权与中国不间断的文明史》的主旨演讲。

## 文旅融合发展

文旅融合项目建设。投资 58.03 亿元的全省最大的 PPP 文旅项目——雷台文化旅游综合体项目，94 幢单体已建成封顶，配套设施、业态布局和招商工作有序推进。历史文化街区、苏武沙漠景区加快建设，神州荒漠野生动物园、古浪战役纪念馆二期、八步沙“两山”实践创新基地、天祝冰沟河、五凉文化博物馆、李铭汉故居及翰林园建成对外开放。“十三五”期间，共实施文化旅游项目 237 项，完成投资 171.11 亿元。

文旅产业发展。“十三五”期间，累计接待游客 6794.2 万人次，实现旅游综合收入

377.1亿元。新增国家AAAA级旅游景区2家、国家AAA级旅游景区12家，凉州区成功创建为省级全域旅游示范区，冰沟河景区创建为省级旅游度假区，星级饭店25家、旅行社23家、研学基地23家，新改建旅游厕所429座。天祝藏族自治县天堂村、大红沟村入选全国乡村旅游重点村，凉州区灯山村等13个村被评为省级乡村旅游示范村。开发马踏飞燕文物复仿制品系列、"书城不夜"书灯等20大类、500多种文创旅游商品。新建改建凉州老街、士林不夜城、民勤苏武沙羊美食街等餐饮美食街区。培育市文旅集团等一批骨干文旅企业。

文化精品创作。成功创演大型历史情景歌舞剧《梦幻凉州》，开机拍摄影视剧《八步沙》《绿色誓言》，出版发行《中国马文化》丛书、《武威文物精品图集》、《凉州藏文典籍》等精品书籍。出版《武威非物质文化遗产图典》等非遗成果专著21部，拍摄《凉州攻鼓子》《华锐古韵》《民勤小曲戏》等专题片22部，建成武威市非物质文化遗产电子资料库。"凉州贤孝"入选甘肃文化符号，凉州区四坝镇被命名为"中国民间文化艺术之乡"。连续举办五届武威市民族民间文艺会演、桑杰曼拉文化艺术节等重要文艺演出。

文化旅游品牌创建。在央视、《读者》等平台开展武威文化旅游整体形象宣传，成功举办4届凉州文化论坛，常态化举办"凉州讲坛""凉州文化沙龙"。武威市先后荣获"全国十大最具人气旅游目的地"金峰奖以及"最美中国·优质旅游目的地城市"、"最美中国文化旅游城市"、"首批全国文化旅游胜地"、"2019全域旅游发展优秀城市"、"2020全域旅游精品目的地"等称号。2019腾格里（民勤）沙漠半程马拉松赛暨健康中国马拉松系列赛荣获2019中国田径协会"自然生态特色赛事"称号。西夏仿古陶瓷制品、"沙益生"系列产品、"高原小白"毛绒玩偶荣获2017年、2018年、2019年甘肃旅游商品大赛铜奖，春晓熏醋系列、苏武小镇香菇牛肉酱鲜椒酱荣获2018年、2019年中国特色旅游商品大赛铜奖，"天马行空·自在武威"文化旅游品牌影响力和知名度进一步提升。

（《武威日报》、市文体广电和旅游局）

# 全国文明城市建设

## 重要会议

1月13日，市创建全国文明城市工作领导小组2021年第一次会议召开，市委书记、市创城工作领导小组组长柳鹏主持会议。会议听取全市创建全国文明城市近期工作进展情况汇报，审议创城相关方案。

2月18日，全市创建第七届全国文明城市工作部署会召开，市委书记、市创城工作领导小组组长柳鹏出席会议并讲话。市委副书记、市长、市创城工作领导小组组长周伟主持会议。会上宣读《中央文明办关于确定2021—2023年创建周期全国文明城市提名城市名单的通报》，通报表扬武威市创建第六届全国文明城市先进集体和先进个人，印发武威市创建第七届全国文明城市《三年行动方案》《考评考核办法》等文件和2021年工作任务清单。

3月25日，市创城领导小组思想道德和人文环境建设组召开2021年创建全国文明城市动员部署会，市委常委、市委宣传部部长梁朝阳主持会议并讲话。会议传达学习武威市创建第七届全国文明城市工作部署会精神，安排部署思想道德和人文环境建设组2021年度工作任务。

6月25日，市创建全国文明城市工作领导小组2021年第二次会议召开，市委书记、市创城工作领导小组组长柳鹏主持会议。会议传达学习全省2021—2023年全国文明城市创建工作动员暨培训会精神，听取2021年全市创建全国文明城市一季度考评及第三方模拟测评情况汇报，审议有关方案。

7月2日，全市创建全国文明城市工作推进会召开。市委书记、市创城工作领导小组组长柳鹏出席会议并讲话，市委副书记、市长、市创城工作领导小组组长周伟主持会议。会议传达全省2021—2023年全国文明城市创建工作动员暨培训会精神，通报2021年全市创建全国文明城市第三方模拟测评情况。凉州区、市住建局、市市场监管局、市交警支队负责人作表态发言。

8月20日，第七届全国文明城市创建工作市区推进会召开，市委副书记、市委政法委书记、市创城工作领导小组副组长、市创城办主任赵立新讲话，市委常委、凉州区委书记、市创城办副主任鞠毅主持会议。会上印发武威市创城工作有关文件，观看凉州区创城工作存在问题视频短片，安排部署凉州区城市精细化管理工作，对创城工作进行再加压、再鼓劲、再部署再推进。

## 综 述

2021年2月，武威市被确定为第七届全国文明城市提名城市。市委、市政府高度重视，把创建全国文明城市作为重要民生工程来抓，全市上下认真贯彻落实市委、市政府工作部署，统一思想，凝聚力量，迅速行动，接续推动城市整体环境持续改善、形象品位不断提升、市民素质稳步提高，为新一轮创城工作奠定坚实基础。

图2 2月18日，武威市创建第七届全国文明城市工作部署会召开

（市文明办供图）

**突出统筹谋划，全面夯实创城基础**

加强组织领导。优化调整市创城工作组织机构，成立由市委书记和市长任“双组长”的市创城工作领导小组和5个分别由市委常委、分管副市长担任“双组长”的专项工作组。各级各部门在领导小组的统一指挥下，各司其职、各负其责，构建组织有力、协调顺畅、联动高效的运行机制。

明确工作目标。出台《武威市创建第七届全国文明城市三年行动方案（2021—2023年）》《考评考核办法》和《2021年度工作实施方案》等系列文件，明确“第一年顶层设计、重点突破，第二年巩固提升、全面达标，第三年突出亮点，冲刺晋级”的创城工作思路，确定打造“德城”“文城”“绿城”“清城”“智城”的工作目标，提出开展“城市环境风貌十大整治行动”和“精神文明建设十大提升行动”工作举措，打牢创城工作基础。

夯实工作责任。制定印发《进一步推行包抓共建和网格化管理工作机制的实施方案》，健全工作规则，构建网格化管理全覆盖工作格局。市委常委会研究部署精神文明建设和创城工作5次，召开市创城工作领导小组会议、市创城办主任会议、工作部署会、工作推进会，组织考察组赴外地考察学习，举办创城专题培训班，全力推动责任落实。

健全长效机制。坚持以党建促创建带群建工作思路，持续完善党委领导、政府负责、社会协调、公众参与的工作格局，建立健全创城工作长效常态工作机制，各级各部门按照“资料收集在平时，点位打造在经常，工作落实在日常”的要求，将创城工作融入日常工作当中，推进创建工作规范化、常态化。

**开展“精神文明建设十大提升行动”**

推进社会主义核心价值观培育提升行动，以建设具有强大生命力和创造力的社会主义精神文明为目标，开展习近平新时代中国特色社会主义思想学习宣传教育和理想信念教育。结合党史学习教育，组建领导干部宣讲团、专家学者宣讲团、百姓宣讲团等，开展“菜单式”“小板凳课堂”“马背小分队”等互动宣讲，累计宣讲2180多场次，受众11.2万人次。拓展社会主义核心价值观宣传阵地，整合各类宣传载体，线上线下广泛传播核心价值观，在广场、学校、小区等地方打造核心价值观宣传阵地，将核心价值观有机融入市民日常生活，营造“抬头可见、驻足可观”的浓厚氛围。

推进法治社会建设提升行动，将创城与“平安武威”“法治武威”建设相结合，开展“法律明白人”培训220场次，培训人数1.9万多人次。建成甘肃省“12348”公共法律服务热线武威分中心，解答法律咨询1万多次。凉州城区建成应急避难场所15个，建立覆盖城乡的应急救援体系力量。持续深化“放管服”改革，全市通过告知承诺制办理政务事项1.29万件，减少证明材料1.72万件。实现企业开办“一网通办”，企业开办压缩至2.5个工作日。

推进信用城市建设提升行动，开展诚信缺失等道德领域突出问题集中专项治理，联合发布“共筑诚信·德润武威”诚信“红黑榜”9期，累计发布诚信“红榜”企业763家（次）、“黑榜”企业129家（次），完成303家企业的信用修复工作。加大信息归集共享力度，公示行政许可信息131047条，行政处罚信息13728条。

推进市民文明素养提升行动，利用八步沙“六老汉”治沙纪念馆等教育基地，开展形式多样的爱国主义教育活动。加强文明礼仪培训，开展文明礼仪进机关、进校园等活动。开展“文明交通、文明旅游、文明上网、文明餐桌”等行动。总结推广新时代文明实践中心试点建设经验。《武威市文明行为促进条例》立法工作依法有序推进。

推进公共文化服务提升行动，完成全市农村（社区）“一站式”阅览服务示范项目创建工作，推进以县级文化馆图书馆为总馆、乡镇综合文化站为服务站、村级文化室为服务点的总分馆制建设，为22个贫困村综合文化服务中心配送文化设备。推动市图书馆、文化馆数字化建设和总分馆制建设，开展“送戏下乡”惠民演出110多场次。

推进文明细胞创建提升行动，表彰市级文明单位50个、市级文明村镇46个、市级文明家庭20户。创建全国文明校园3所、省级文明校园21所、市级文明校园90所，创建参与率达100%。

推进文明乡风培育提升行动，印发《武威市推进移风易俗建设文明乡风实施方案》。建立健全“一约四会”等村民自治组织，开展好家风建设活动和各类文明新风志愿服务活动，发挥党员干部等的示范引领作用，铺张浪费、薄养厚葬、乱倒垃圾等不文明现象得到有效治理。

推进未成年人思想道德建设提升行动，组织召开全市未成年人思想道德建设工作会议。持续开展“扣好人生第一粒扣子”主题教育实践活动和“童心向党”主题教育实践活动，开展“童心向党·百所学校唱支红歌给党听”和“童心向党·百名新时代好少年讲党的故事”视频网络展播活动。组织开展“小手拉大手·共创文明城”等志愿服务活动，开展中小学生参加网上祭英烈等活动80多场次，参加学生1万多人。表彰“新时代武威好少年”22名，2名学生获“新时代甘肃好少年”荣誉称号。推荐申报2所学校建设省级乡村学校少年宫，实现全市乡村学校少年宫全覆盖目标。

推进志愿服务品质提升行动，组织开展“永远跟党走”新时代文明宣讲主题志愿服务活动，常态化推进周五志愿服务活动，广泛开展以文明引导、生态环保、邻里互助、卫生健康、平安武威、乡风文明等为内容的志愿服务活动。全市注册志愿者人数32.6万人，占全市总人口的20.5%，有服务时间记录的志愿者人数16.04万人，占注册人数的51.3%。

推进城市荣誉建设提升行动，国家园林城市、国家节水型城市、

图3　4月15日，武威市举办2021年“童心向党”主题教育实践活动
（市文明办　供图）

全国无障碍环境市创建工作有序推进，《海绵城市建设规划》等正在编制报批。

**开展“城市环境风貌十大整治行动”**

推进老旧小区整治行动，凉州区改造提升老旧小区126个、272栋，完成17个棚改片区、120户房屋征收清零工作。

推进背街小巷整治行动，坚持“五化同步”工作思路和“十无一创建”文明街巷创建活动，加强日常监督管理与居民文明意识宣传，建立健全长效管理机制，背街小巷装灯率、亮灯率分别达到98%、95%。

推进市政设施整治行动，开展城市（县城）“打补丁”百日攻坚行动，凉州城区打通“断头路”2条，修补破损路面7.2万平方米，新建改造市政道路16条、22.5千米，施划交通标线8461平方米，建成地下停车场1个，新增车位189个，施划机动车停车泊位5600个，累计建成并免费开放城市公厕81座，门前“五包”责任制进一步落实。

推进建筑工地整治行动，常态化开展建筑工地和市政道路扬尘污染防治督查检查，排查发现的381个问题全部完成整改。开展施工安全生产集中整治，完善建筑垃圾运输处置机制，打造标准化、环保化的建筑工地。

推进交通秩序整治行动，常态化开展文明交通志愿者劝导活动，完成交通路口信号灯建设29处，查处各类交通违法行为26万余起。凉州城区头盔佩戴率提升至80%以上。开展出租车运营秩序专项整治。对道路运输企业开展质量信誉考核，严格落实失信联合惩戒措施。

开展市场环境整治行动，凉州区清理整治探头经营174户，清理“牛皮癣”小广告152处。设立“12315消费维权服务站”17个，开展“双随机”抽查121次。创建放心消费示范单位175家、创建省级食品安全示范城市2个、省市放心菜示范超市7家。加强食品药品安全监管，上半年抽检食品、食用农产品2044批次、药品272批次，查处食药案件57件。

开展“两违”“两乱”整治行动，凉州区拆除城区临违建筑4764处、22.97万平方米，完成率98.9%。提升改造门头店招1473块、1.165万平方米，完成率55.6%。

推进城市卫生整治行动，推进爱国卫生运

图4 3月，开展2021年“学雷锋”志愿服务月集中服务日暨创建第七届全国文明城市宣传活动

动，开展市政道路绿化带清洁整治，清理、清洗主次干道绿化带、公共绿地160.7万平方米。推进卫生城镇创建，加强控烟履约工作。

推进公益广告整治行动，对建成区公益广告进行全面整治，排查陈旧、破损、残缺的公益广告并及时进行修复、更新，突出凉州文化、五城等特色内容宣传。

推进物业管理整治行动，实行物业服务等级与收费标准相对应的动态管理办法，对80家物业服务企业的服务等级进行评定，启动《武威市物业管理条例》立法工作。通过街道社区代管、业主自治管理等方式，基本实现全市居民小区物业服务全覆盖。

**打造“五城”特色品牌**

打造崇德向善之“德城”，推进“四德”建设，开展先进典型评选活动和“做文明有礼武威人”主题活动，构建向上、向善、向美的时代新风尚。表彰“武威市道德模范”15人、“最美武威人”45人。命名2021年度全市“最美家庭”115户，推荐省级“最美家庭”50户、全国“最美家庭”2户，8人入围“中国好人榜”候选名单，成功筹办8月“中国好人榜”发布活动。

打造崇文尚学之“文城”，将武威特色文化融入文明创建各领域，开展“书香武威”全民阅读活动和丰富多彩的文体活动，积极推广拱手礼和普通话，举办拱手礼专题培训班22场次，印发宣传海报和倡议书2万多份。

打造绿色生态之“绿城”，扩大市树国槐、市花月季在城市的种植率和覆盖面，“破硬增绿”面积3.7万平方米。新建和改造提升公园5个，街头小游园22个，人均公园面积达到10.59平方米，城区新增绿化面积371.98万平方米，建成区绿地率达到34.16%。

打造清新洁净之“清城”。强化市容市貌管理，开展城市清洁行动。深化全域无垃圾治理，整治非正规垃圾堆放点1287个，基本建立“户分类、村收集、镇转运、县（区）处理”的垃圾分类转运处理机制。

打造智慧管理之“智城”，建设和接入

图5　2月16日，市博物馆举办“着汉服 学礼仪 品古韵”青少年社会教育活动，孩子们身着汉服学习拱手礼
（孙文娟　摄）

"雪亮工程"视频资源，打造"多端联动"城市事件处理平台，健全、完善智慧城管、智慧交通、智慧旅游等十大智慧应用，推进新一代信息技术与城市智慧化管理深度融合。

**突出民生导向，全面落实创城任务**

实地考察实。将实地考察测评指标逐一分解落实到各责任单位，精心筛选社区、小区、学校、背街小巷、主次干道等23类、68个测评点位作为标准化示范点位进行重点打造，全年共打造14类、18个示范点位，形成可复制推广的创建模式。开展街道季度互评工作，成立7个工作组，每季度对随机抽选的11类、224个测评点位进行逐项测评打分。开展日常考评工作，围绕点位建设管理、材料申报质量时限、包抓共建工作落实等重点工作，每季度将街道互评和日常考评考核结果发布红黄榜，向各责任单位反馈交办问题清单。采取明察暗访等方式，常态化开展督导检查6次。

宣传报道细。印发《2021年创城宣传工作方案》，设计制作具有武威历史文化特色的公益广告，通过微信公众号平台、宣传牌（栏）、宣传彩页等方式广泛发布。发放市民文明手册、创城应知应会等宣传资料2万多份。在《武威日报》、武威电视台、广播电台等开设创城专栏14个，播发创城有关稿件2200多篇（条）。在新媒体平台开设"创建文明城市·曝光台"栏目，对不文明现象予以曝光。组织开展以"传承雷锋精神 参与志愿服务 共创文明城市"为主题的"学雷锋"志愿服务月集中服务日暨创建第七届全国文明城市宣传活动。组织志愿者深入居民小区，邀请市民群众填写调查问卷等，提高市民群众对创城工作的参与率和满意度。

网上申报精。对标全国文明城市测评体系和全国未成工作测评体系及其操作手册，制定印发创城网上申报工作任务分解表和材料报送清单，将创城228项测评标准和任务要求，分解至各县区和34个牵头单位、61个责任单位，明确牵头部门及责任单位，推进任务落实。采取上门服务方式，对市直35个部门单位、凉州区创城办分管领导、材料报送员、业务科长进行辅导和培训。举办创建全国文明城市网报材料工作培训班，积极与金昌、平凉等市开展交流研讨，切实提升网上材料申报工作水平。开展集中会审，制定《武威市2021年度创城材料申报审核攻坚方案》，组建材料申报审核工作专班，重点对152个说明报告和133项图片资料进行八轮集中会审，如期完成257项材料申报任务。

（市创城办）

# 大事记

## 1月

1日 《武威市节约用水条例》正式实施。该条例是依据国家有关法律法规，结合武威市特殊的市情、水情出台的一部地方性法规，对工业、农业、城镇等领域节约用水管理、措施、保障和法律责任等进行具体的规定。

5日 市委四届十四次全会暨市委经济工作会议召开，会议总结市委常委会工作，部署2021年经济社会发展等工作。

8日 省委副书记、代省长任振鹤在武威市、金昌市、张掖市、酒泉市和嘉峪关市调研。在古浪县八步沙林场实地了解防沙治沙、造林绿化和祁连山自然保护区草原生态恢复治理等情况，在古浪县黄花滩生态移民区富民新村了解搬迁群众生产生活发生的巨大变化，在武威伊利乳业有限责任公司听取企业建设发展情况。

18日 市委书记柳鹏，市委副书记、市长周伟带领市水务局和古浪、民勤县委主要负责人到省景电管理局衔接工作。

19—20日 省委常委、省委政法委书记胡焯深入凉州区、民勤县、天祝藏族自治县，就平安建设、社会治理等工作进行调研，并走访、联系、服务民营企业。

25日 出席省十三届人大四次会议的武威市代表团，认真审议政府工作报告，审查甘肃省国民经济和社会发展第十四个五年规划和2035年远景目标纲要草案、甘肃省2020年国民经济和社会发展计划执行情况与2021年国民经济和社会发展计划草案的报告、2020年全省财政预算执行情况和2021年全省及省级财政预算草案的报告。

## 2月

1日 天祝农商银行乡村振兴服务部正式揭牌，为全省揭牌成立的首个乡村振兴服务部，也是搭建政银农合作平台的一次生动实践。

2日 市委农村工作会议暨全市巩固拓

展脱贫攻坚成果同乡村振兴有效衔接工作会议召开。会议听取各县区乡村振兴工作谋划情况汇报。

**3日** 市四届人大常委会第三十三次会议表决通过《武威市人民政府关于提请审议武威市市树市花的议案》，决定市树为国槐、市花为月季。

**4—7日** 政协武威市第四届委员会第五次会议召开。马得明代表政协武威市第四届委员会常务委员会向大会作工作报告，赵国祥代表政协武威市第四届委员会常务委员会作政协武威市四届四次会议以来提案工作情况的报告。

**5—8日** 武威市第四届人民代表大会第六次会议召开。市长周伟代表市人民政府向大会作《政府工作报告》。

**8日** 中国共产党武威市第四届纪律检查委员会第六次全体会议召开。市委常委、市纪委书记、市监委主任魏文德主持会议，并代表市纪委常委会作题为《坚定不移推进全面从严治党，为“十四五”开好局提供坚强保障》的工作报告。

**18日** 全市创建第七届全国文明城市工作部署会召开，标志着武威市正式吹响创建第七届全国文明城市的冲锋号，也充分表明了市委、市政府对创城工作的高度重视和创则必成的坚强决心。

**同日** 全市高质量发展重大项目建设启动大会召开。武威市精准谋划储备一批重大项目清单所列项目，重点包括现代农业、生态工业、文化旅游、生态环保、商贸物流、民生保障、基础设施7个领域，共242项，总投资1303.3亿元，2021年度计划投资236.1亿元。

**25日** 全国脱贫攻坚总结表彰大会在北京人民大会堂隆重举行，武威市5名个人和3个集体受到表彰。市委书记柳鹏，天祝藏族自治县委书记李鹏，古浪县黄花滩绿洲生态移民产业专业合作社党委书记、黄花滩移民区兴盛种羊繁育有限公司董事长胡丛斌，甘肃远达投资集团有限公司董事长刘羽桐，凉州区黄羊镇上庄村党支部书记杨斌获得全国脱贫攻坚先进个人称号。天祝藏族自治县松山镇党委、古浪县干城乡富民新村党总支、古浪县黄花滩生态移民后续产业专业合作社获得全国脱贫攻坚先进集体称号。

**28日** 武威市召开全国脱贫攻坚先进个人和先进集体代表座谈会，传达学习习近平总书记在脱贫攻坚总结表彰大会上的重要讲话，隆重欢迎武威市受表彰的全国脱贫攻坚先进个人和先进集体代表。

## 3月

**1日** 全市党史学习教育动员大会召开，对全市开展党史学习教育进行动员部署。

**3日** 全市政法队伍教育整顿动员部署会议召开。要求要坚持刀刃向内，全面正风肃纪，从严从实从细抓好政法队伍教育整顿各项任务。

**9日** 中共武威市委印发《关于开展党史学习教育的实施工作方案》的通知，对全市党史学习教育工作进行安排部署。

**13日** 由中央广播电视总台和民政部联合摄制的《中国地名大会》第二季第八期聚焦武威，通过天马行空、古韵之州、生态沙漠3组节目展演，向国内外展示武威。市委常委、市委宣传部部长梁朝阳热情推介武威，八步沙“六老汉”三代人治沙造林先进群体代表展示全域生态文明建设取得的丰硕成果。央视著名主持人鲁健、北京师范大学教授康震为武威作详细精彩的介绍点评。

**20日** 国家民委副主任边巴扎西一行到武威市，就铸牢中华民族共同体意识教育工作进行调研。

**24日** 中国社科院武威挂职团、市凉州文化研究院实施的中国社会科学院国情调研“西北整体视野下武威历史文化遗产研究、保护与转化利用”专项项目在武威市启动。

## 4月

**1日** 全市创建全国民族团结进步示范市动员大会召开，标志着全力创建全国民族团结进步示范市工作正式启动。

**7日** 市委书记柳鹏，市委副书记、市长周伟在武会见中国长江三峡集团有限公司总经理助理徐俊新一行，并表示武威市将进一步优化营商环境、创造良好条件，全力支持企业在武威投资兴业、做大做强。

**8日** 省人大常委会调研组到武威市专题调研县乡两级人大换届选举工作。

**13日** 省高级人民法院党组书记、院长张海波到武威市调研政法队伍教育整顿工作。

**15日** 省政协社会和法制委员会副主任杨咏中、陈德兴、沈兴国带队到武威市调研创新完善建设更高水平的平安甘肃工作机制情况。

**16日** 民政行业“养老护理员职业技能鉴定培训基地兰州大学武威实训教学点”在市社会福利院挂牌。兰州大学和市社会福利院签订合作协议，双方将合作开展养老护理员培训业务，提升全市养老服务质量，促进武威市养老服务业健康发展。

**20—21日** 省委副书记、省长任振鹤到武威市调研，深入凉州区、民勤县，详细了解外向型经济发展、东西部协作、现代化国际物流平台建设和特色优势产业延链补链强链等工作。

**21日** 兰州大学信息科学与工程学院实习实训基地在武威市大数据服务中心揭牌，并签订合作框架协议，实习实训基地将对全市智慧城市建设、大数据人才培养、产学研成果转化、大数据辅助决策等产生积极影响和带动作用。

**22—23日** 全国政协委员、民建甘肃省委员会主委宁崇瑞率领民建省委会“促进‘飞地经济’发展进一步畅通国内大循环”专题调研组到武威市开展实地调研。

**25—27日** 全国政法队伍教育整顿中央第十五督导组甘肃小组组长王卫东带队到武威市开展政法队伍教育整顿调研督导。

**27—28日** 省教育厅党组书记、厅长王海燕一行到武威市调研。调研组一行到武威职业学院、武威六中，了解教育教学工作、教育项目建设、职业教育发展等工作。

**29日** 天津市蓟州区委书记王力军带领蓟州区相关部门负责人，在古浪县召开东西部协作联席会议，就深化东西部协作和定点帮扶工作进行对接座谈。

**同日** 全省14家市州党报联合发起的“奋斗百年路·启航新征程——红动陇原100年”大型采访活动在兰州启动。兰州日报社、武威市新闻传媒集团（武威日报社）等14家媒体代表介绍各地红色遗址、遗迹。

## 5月

**9日** 由中国野生植物保护协会、中国中药协会、天然药物及仿生药物国家重点实验室联合主办的第十一届国际肉苁蓉暨沙生药用植物学术研讨会在武威召开。研讨会主题是“做强肉苁蓉健康产业，推动肉苁蓉属植物保护和可持续利用，弘扬中医药文化，促进西部经济发展和生态文明建设”。

**同日** 武威市党政代表团赴福建达利集团总部考察学习，并就研发藜麦新产品、增线扩能等工作进行对接。福建达利集团董事长许世辉会见市委书记柳鹏，市委副书记、市长周伟一行并进行座谈交流。

**13—15日** 省委党史学习教育第三巡回指导组到武威市调研指导党史学习教育。15日，召开省委党史学习教育第三巡回指导组武威巡回指导汇报会，市委常委、市委宣传部部长梁朝阳作汇报。

**13—16日** 第二十届中国青少年机器人（甘肃赛区）竞赛暨世界青少年机器人邀请赛（甘肃赛区）选拔赛在山丹县举办。武威市9支参赛队在机器人综合技能比赛、机器人创意比赛、VEX机器人工程挑战赛及WRO常规赛等项目中共获得8个奖项。

**17日** 中欧班列“天马号”武威南—德国杜伊斯堡集装箱货运班列开行，为武威市发往欧洲的首列集装箱货运班列，标志着武威市与欧洲的贸易通道全线贯通。

**19日** 以“绿色发展 美好生活——传承丝路文明 畅游如意甘肃”为主题的“2021年中国旅游日甘肃省主会场公益宣传活动”在武威雷台景区举行。该活动由省文化和旅游厅、省文明办、省应急管理厅、省市场监督管理局、共青团甘肃省委、武威市人民政府主办。

**20日** 全省脱贫攻坚总结表彰大会在兰州举行。武威市57名个人、34个集体受到省委、省政府表彰奖励。

**同日** “春绿陇原·建党百年”百场百部文艺展演剧目大型原创话剧《八步沙》在兰州音乐厅正式首演。话剧以八步沙“六老汉”三代人治沙造林先进群体为素材，讲述“八步沙”第一代治沙人的治沙经历，凸现“六老汉”治沙造林艰苦奋斗拼搏历程。该话剧由省委宣传部、省文化和旅游厅、武威市委主办。

**29日** 嘉寓集团古浪清洁能源产业基地项目开工仪式在古浪工业集中区（双塔）举行。嘉寓集团古浪清洁能源产业基地项目总投资9亿元，重点实施“光热+清洁能源”采暖、节能门窗幕墙生产和高效光伏组件生产项目。

## 6月

**1日** 武威市乡村振兴局正式挂牌成立。标志着全市“三农”工作重心由脱贫攻坚向乡村振兴的历史性转移。

**3日** 市委副书记、市长周伟带领古浪县、天祝藏族自治县政府和市直有关部门负责人，到蓟州区考察对接东西部协作工作并进行深入对接座谈。会上，古浪县、天祝藏族自治县政府主要负责人汇报东西部协作进展情况及2021年工作计划，蓟州区合作交流办负责人汇报蓟州区2021年东西部协作开展情况及工作计划。古浪县、天祝藏族自治县分别与蓟州区签订“十四五”东西部协作框架协议。

**同日** 由国网综合能源服务集团有限公司董事、党委副书记、副总经理魏琦带领的考察组到武威考察，双方就深化综合能源服务领域合作事宜进行深入座谈交流。市委书记柳鹏主持座谈交流会。

**3—5日** 全国政法队伍教育整顿中央第

十五督导组扫黑除恶督导专员林鲁波一行到武威市开展政法队伍教育整顿督导工作。市委书记、市政法队伍教育整顿领导小组组长柳鹏汇报工作进展情况。督导组通过走访调研、听取汇报、召开基层代表座谈会等形式，深入了解教育整顿工作开展情况，并就下一步做好教育整顿工作提出要求。

**4日** 市委书记、市级总河长、石羊河市级河长柳鹏巡查调研石羊河干流凉州段，要求要严格落实河湖长制责任，提升保护河湖治理水平，不断巩固扩大石羊河示范河湖建设成效。

**7日** 全国普通高校招生统一考试开考，武威市参加普通高校招生全国统一考试的考生共14227人，其中，理工类8885人，文史类4098人，体育类350人，艺术类894人。

**10日** 市委书记柳鹏赴天津食品集团有限公司考察对接有关事宜，与天津食品集团有限公司党委书记、董事长万守朋座谈。

**16—17日** 全省2021—2023年全国文明城市创建工作动员暨培训会在武威市召开。会议传达《中央文明办关于确定2021—2023年创建周期全国文明城市提名城市名单的通报》等文件。兰州、金昌、嘉峪关3个全国文明城市作书面经验介绍。武威市委副书记、市委政法委书记赵立新，天水市清水县负责人代表全国文明城市提名城市作交流发言。

**19日** 全省党校（行政学院）系统决策咨询与智库建设研修班暨全省党校（行政学院）系统智库建设工作会议在武威市举办。研修班共举办5天，省委党校（甘肃行政学院）教研骨干及有关部门工作人员、各市（州）委党校（行政学院）分管决策咨询及智库工作的副校（院）长及教研骨干人员和市（县、区）委党校（行政学校）教研骨干人员100多人参加培训。

**20日** 第五届石羊河论坛在中国农业大学石羊河实验站举办。副市长王琳玺出席论坛并致辞。专家、学者围绕完善农业生态系统观测、提升科技创新服务能力、促进合作共享深度交流、助力西北旱区绿色发展等主题开展研讨与交流。

**22日** “风华百年路·奋进新陇原”甘肃省庆祝建党100周年系列新闻发布会武威市专场在兰州举行。市委书记柳鹏致发布词，向中央驻甘、香港特别行政区驻甘、省市媒体介绍武威市经济社会发展和党的建设成果，并回答记者提问。

**24日** 副省长何伟在武威市调研被列为民办实事项目——养老服务机构建设、医疗机构传染病区建设工作和河长制工作的开展情况。

**28日** 武威市庆祝中国共产党成立100周年“两优一先”表彰大会在天马剧院举行。大会向获得“光荣在党50年”纪念章老党员代表颁发纪念章，隆重表彰武威市优秀共产党员、优秀党务工作者和先进基层党组织。

**30日** 甘肃省“两优一先”表彰大会在兰州举行。武威市古浪县八步沙林场退休职工张润元等8人荣获“甘肃省优秀共产党员”称号，凉州区黄羊镇上庄村党支部书记、村委会主任杨斌等5人荣获“甘肃省优秀党务工作者”称号，古浪县干城乡富民新村党总支等8个基层党组织荣获“甘肃省先进基层党组织”称号。

## 7月

**6—7日** “民企武威行”主体活动在武威市举行，共达成招商引资项目83项，总投资137.3亿元，涵盖现代农业、生态工业、文化旅游、生态环保、商贸物流等多个领域。“民企武威行”主体活动是“民企陇上行”年度主题活动，是第二十七届兰洽会重要活动，也是武威市谋划部署的一项重大招商引资活动。

**8日** 第二十七届中国兰州投资贸易洽谈会暨丝绸之路合作发展高端论坛在兰州开幕。第二十七届兰洽会以“深化经贸合作，共建绿色丝路”为主题，主展馆设在甘肃国际会展中心，设置6个展区。武威展馆位于甘肃国际会展中心二楼特色优势产业展区，展览面积270平方米，重点宣传展示武威市现代农业、生态工业、文化旅游、生态环保等绿色产业发展情况和取得的成效。

**同日** 中国文联党组成员、书记处书记董耀鹏带领调研组专题调研武威市基层文联组织建设工作。

**9日** “风华百年路·文明新武威”武威市精神文明建设命名表彰大会在天马剧院举行。大会为第十五批市级文明单位、第十五批市级文明村镇、第二届市级文明家庭、第二届市级文明校园、“道德模范”、“最美武威人”、“新时代武威好少年”等称号的获奖单位及获奖者颁奖。

**10—11日** 省委书记、省人大常委会主任尹弘在武威市调研生态保护和产业发展。

**13—16日** 市委、市政府组织全市高质量发展项目观摩活动走进三县一区观摩，检阅、比看近年来全市高质量发展项目建设成效、沿山沿川沿沙“三大特色产业带”发展成果。

**28日** 全国政法队伍教育整顿中央第十五督导组督导武威市政法队伍教育整顿汇报座谈会召开。全国政法队伍教育整顿中央第十五督导组甘肃小组副组长马廷栋出席座谈会并讲话。市委副书记、市委政法委书记、市政法队伍教育整顿领导小组常务副组长、办公室主任赵立新汇报武威市政法队伍教育整顿工作情况并作表态发言。

## 8月

**3—4日** 中国农业大学校长孙其信、中国工程院院士康绍忠一行到武威考察调研。孙其信一行先后到古浪县八步沙林场、古浪县黄花滩易地搬迁富民新村现代丝路寒旱农业示范基地、中国农业大学石羊河实验站、甘肃农业大学天祝藏族自治县草原生态系统研究站等地，就武威市生态治理、农业高效节水、校地合作、科技创新、石羊河实验站建设等工作情况进行考察调研，并召开校地共建座谈会。

**5日** 2021年下半年重大项目集中开工动员大会在武威工业园区新希望年产33万吨饲料生产线项目现场举行。下半年，全市计划开工重大项目65个，总投资204亿元。

**11—12日** 省委常委、省委政法委书记胡焯深入武威市，调研政法单位执法司法责任落实、检察机关法律监督等政法工作。

**16日** 中国共产党武威市第四届委员会第十五次全体会议召开。全会号召全市上下要更加紧密地团结在以习近平同志为核心的党中央周围，大力弘扬伟大建党精神，开拓创新、锐意进取、拼搏实干，全力推动高质量发展，奋力谱写全面建设社会主义现代化国家武威篇章。

**23—24日** 省委副书记孙伟在武威调研巩固拓展脱贫攻坚成果同乡村振兴有效衔接工作。

**25日** 华电东控武威光伏产业示范园区一期东控一道1GW高效光伏组件生产项目、华电中车武威风电产业示范园区一期风机玻璃钢罩生产项目开工仪式在凉州工业园区举行。

**27日** 副省长程晓波在天祝藏族自治县调研项目建设、乡村振兴等工作。

## 9月

**1日** 市委书记、市创城工作领导小组组长柳鹏带领市创城办、市区相关部门负责人对创建全国文明城市工作进行调研督导。

**同日** 全省易地扶贫搬迁集中安置社区治理暨城乡社区治理创新实验区创建工作推进会在武威市召开。

**7日** 全市中青年干部暨乡镇党委书记抓党建促乡村振兴培训班在市委党校（市行政学院）开班，市委书记柳鹏出席开班式并讲话。

**8日** 武威市庆祝第37个教师节暨市"园丁奖"表彰大会在天马剧院举行。大会向全市教育工作先进集体和先进个人代表颁发奖牌、证书，5位先进代表作大会发言。

**9日** 市委书记柳鹏深入凉州区部分乡镇，督导调研乡村振兴工作。

**11日** "明清时期河西走廊社会变迁"学术研讨会在武威市召开。与会专家、学者围绕"明清时期河西走廊社会变迁"主题展开研讨，进一步梳理明清时期河西走廊政治、经济、军事、社会、文化及民族交流融合的历史变迁，推动历史文化资源与旅游产业深度融合发展，助力武威文化旅游名市建设。

**14日** 全国易地扶贫搬迁集中安置社区治理培训班在武威市开班。培训班为期4天，通过专家授课、现场教学、交流发言等形式开展授课。

**同日** 省委副书记、省长任振鹤在兰州会见三峡集团董事长雷鸣山一行。市委副书记、代市长王国斌与中国三峡能源集团董事长王武斌代表双方签署《武威市人民政府 中国三峡新能源集团有限公司合作框架协议》，积极打造新能源制造业集群基地，助力武威市构建绿色、低碳的产业体系，打造河西清洁能源发展新高地。

**18日** 中欧班列"天马号"英国陆海联运货运班列在武威南火车站首发，货运总量650吨。

**22日** 德斯威光伏产业园一期项目、运达风储特高压装备生产基地一期项目集中开工仪式在武威工业园区举行。德斯威光伏产业园项目计划打造年产值100亿元以上的光伏全产业链园区，项目分三期建设，第一期主要建设PVB膜、光伏组件、光伏支架等生产线。运达风储特高压装备生产基地项目计划打造年产值30亿元以上的风电特高压全产业链园区，项目分两期建设，第一期项目主要建设风力发电机组、电控装置、机舱罩等风电设备生产线。

**23日** 武威市·凉州区第四届农民丰收节暨"中国食用菌之乡"授牌仪式在凉州区高坝镇蜻蜓村举行。

**25日** 武威市第二人民医院搬迁暨新院区开诊仪式在原凉州区中医院举行。

**28日** 全省实施国家节水行动现场推进会在武威市召开。武威市大力发展高效节水农业、旱作农业、设施农业，不断提高用水效率和效益。

## 10 月

**8 日** 中共中央、国务院印发《黄河流域生态保护和高质量发展规划纲要》。武威市古浪县八步沙林场治沙经验被写入纲要，并向全国推广。

**15 日** 2021 年全省新能源项目集中开工仪式在武威市举行，正式拉开全省新能源项目建设大幕。武威市该次集中开工新能源项目 8 项，总投资 130 亿元，总装机 230 万千瓦，其中光伏治沙 160 万千瓦、光伏发电 70 万千瓦，分别由华电集团、浙江正泰、中国电建、三峡集团、亿利集团、国家能源集团等企业承建。

**25 日** 市委书记、市新冠肺炎疫情联防联控工作领导小组组长柳鹏到古浪县调研督导疫情防控工作落实情况，看望慰问一线防控工作人员。

**29 日** 市委书记、市新冠肺炎疫情联防联控工作领导小组组长柳鹏到天祝藏族自治县调研检查疫情防控工作，看望、慰问一线医护工作者和防控人员。

**31 日** 市委书记、市新冠肺炎疫情联防联控工作领导小组组长柳鹏深入凉州区部分社区、超市，调研督导疫情防控和市场保供稳价工作。

## 11 月

**2 日** 市委书记柳鹏深入凉州区重点企业、重大项目建设现场，调研疫情防控措施落实和企业生产、项目建设等情况。

**5 日** 第八届全国道德模范座谈会和颁奖仪式在北京举行，古浪县八步沙林场党支部书记、场长郭万刚被授予第八届全国道德模范荣誉称号。

**12 日** 武威市委办、市政府办印发《武威市优化人才发展环境的意见》，以提升全市人才发展竞争力，汇聚更多优秀人才，服务保障武威经济社会高质量发展。

**同日** 武威市委办、市政府办印发《加快推进乡村人才振兴的实施意见》，着力培养造就一支懂农业、爱农村、爱农民的“三农”工作队伍，为全面推进乡村振兴、加快农业农村现代化提供人才支撑。

**23 日** 中国共产党武威市第四届委员会第十八次全体会议召开。

**26—28 日** 中国共产党武威市第五次代表大会召开。市委书记柳鹏代表中国共产党武威市第四届委员会向大会作题为《感恩奋进 担当实干 奋力谱写全面建设社会主义现代化武威新篇章》的报告。

**28 日** 中国共产党武威市第五届委员会第一次全体会议召开。会议选举了第五届市委常务委员会委员、书记、副书记。

**同日** 中国共产党武威市第五届纪律检查委员会第一次全体会议召开。会议以无记名投票方式选举产生中国共产党武威市第五届纪律检查委员会常务委员会委员、书记、副书记。

## 12 月

**2 日** 中组部、中宣部公布“最美公务员”评选结果，凉州区黄羊镇副镇长、上庄村党支部书记兼村委会主任杨斌获全国“最美公务员”称号。3日，省委组织部、市委在武威市天马剧院举行颁奖仪式，为杨斌颁发证书和奖章，号召全市广大公务员学习其先进事迹，不忘初心、牢记使命，埋头苦干、勇毅前行，在新时代新征程上努力开创武威全面建设社会主义现代化事业新局面。

**4日** 中欧班列“天马号”（中国武威—格鲁吉亚第比利斯）首发仪式在武威南火车站举行，是全国首个以国内班列运营公司为主体发往格鲁吉亚的中欧班列。

**6—8日** 中国人民政治协商会议武威市第五届委员会第一次会议召开。会议全面总结了政协武威市四届委员会常务委员会各项工作取得的成就和经验，安排部署未来五年政协工作。

**7—9日** 武威市第五届人民代表大会第一次会议召开。市委副书记、代市长王国斌代表市政府向大会作政府工作报告。

**9日** 水利部河湖保护中心主任蒋牧宸一行到武威市，就河湖长制工作情况开展调研。调研组一行先后到海藏湿地公园、天马湖防洪景观、石羊河全国示范河湖、民勤县蔡旗断面、红崖山水库等地，实地了解武威市水资源调度管理、高效节水产业发展、节水技术研究推广等情况。

**13—14日** 省委副书记孙伟到武威调研，先后深入民勤县东坝镇东一村、双茨科镇小新村、智慧养老中心和古浪县绿洲小城镇服装加工车间、黄花滩移民区四道沟奶牛产业园、5号调蓄水池和黄羊川镇菜子口村，实地察看特色产业发展、帮扶车间运营、乡村建设等情况，了解群众生产生活状况。

**14日** 武威市委办、市政府办印发《关于进一步减轻义务教育阶段学生作业负担和校外培训负担的实施方案》，深入推进素质教育，切实减轻学生过重学业负担和校外培训负担，促进学生全面发展、健康成长。

**同日** 武威市委办、市政府办印发《关于全面加强和改进新时代学校体育工作的实施方案》和《关于全面加强和改进新时代学校美育工作的实施方案》，加快构建德智体美劳全面培养的教育体系，持续推进学校体育高质量发展。

**同日** 武威市天梯山石窟景区、民勤苏武沙漠景区被评为国家AAAA级旅游景区。

**20日** 《武威市法治社会建设实施方案（2021—2025年）》印发实施。到2025年实现“八五”普法规划各项任务全面完成，社会治理法治化水平显著提高。

**28日** 武威市百亿级奶产业集群发展暨伊利二期项目启动大会召开。市委书记柳鹏出席大会并讲话。二期项目将在一期的基础上再增加投资10亿元，新增18条生产线，扩充1285吨/日生产能力。一、二期项目全部建成达产后，生产能力为1888吨/日。

**31日** 市政府办印发《武威市〈“十四五”河西走廊经济带发展规划〉实施方案》，持续巩固祁连山生态安全屏障，协同推进河西走廊城镇带建设，加快构建分工协作的现代产业体系，统筹推进基础设施互联互通、生态环境联防联治、公共服务共建共享，全力打造金武城市经济圈。

**同日** 中国地方志指导小组、中国地方志学会对第八届全国地方志优秀成果（年鉴类）进行通报表扬。中共武威市委党史和地方志研究中心编纂的《武威年鉴（2020）》荣获第八届全国地方志优秀成果（年鉴类）特等年鉴。

（市委党史和地方志研究中心）

# 市情概览

## 自然环境

**【地理位置】** 武威市地处甘肃省中部、河西走廊东端，位于北纬 36° 29′ ~ 39° 27′，东经 101° 49′ ~ 104° 16′。东靠白银市、兰州市，南部隔祁连山与青海省为邻，西与张掖市、金昌市接壤，北与内蒙古自治区相连。南北最大距离 326 千米，东西最大距离 204 千米，总面积 32347 平方千米，其中，陆地面积 31966 平方千米，占 98.8%；水域面积 381 平方千米，占 1.2%。

**【地形地貌】** 地处黄土高原、青藏高原和蒙新高原三大高原交会地带，地势呈西高东低，局部地形复杂，形成明显的三个地理带。南部祁连山区，海拔在 2100 ~ 4800 米，山脉大致呈西北—东南走向，气候冷凉，降水丰富，有利于林业和畜牧业的发展。中部平原绿洲区，海拔 1450 ~ 2100 米，地势平坦，土地肥沃，是全省和全国重要的粮、油、瓜果、蔬菜生产基地。北部荒漠区，海拔 1300 米左右，干旱少雨，日照充足，是沙生植物、名贵药材的主要产地。境内最高峰天祝冷龙岭主峰咔哇掌位于县境西北，海拔 4872 米，最低点民勤白亭海位于民勤县北部，海拔 1020 米。

**【气候】** 属温带大陆性干旱气候，其特点是四季分明，冬寒夏暑，气温日、年变化大；降水较少，分布不均；蒸发量大，气候干燥，干旱发生频率高；太阳辐射强，光照充足；无霜期较短，冻害天气多。春季升温迅速，冷空气侵袭频繁，大风沙尘天气多，有效降水少。夏季高温炎热，降水相对较多，局地强对流天气造成的暴雨、冰雹时有发生。秋季较短而降温迅速，秋高气爽。冬季长而严寒，天气干冷，降雪少。多年平均气温 7.7℃，1 月平均气温 -7.9℃，极端最低气温 -32.0℃（1991 年 12 月 27 日凉州区）；7 月平均气温 21.4℃，极端最高气温 41.7℃（2010 年 7 月 30 日民勤县）。最低月均气温 -13.2℃（2011 年 1 月），最高月均气温 24.3℃（2010 年 7 月）。平均气温年较差 29.4℃，最大日较差 32.3℃（1965

年3月15日民勤县)。生长期年平均191天,无霜期年平均154天,最长达190天,最短为100天。年平均日照时数2811.4小时。0℃以上持续期249天(一般为3月10日至11月14日)。年平均降水量212.2毫米,年平均降雨日数为64天,最多达125天(2010年古浪县),最少为24天(1997年民勤县)。极端年最大雨量273.5毫米(2012年),极端年最少雨量125.8毫米(1962年)。降雨集中在每年6月至9月,8月最多。2021年平均气温8.2℃,比2020年上升0.6℃。年日照时数2664.9小时,比2020年减少31.6小时。年降水量270.5毫米,比2020年增加53.6毫米。

**【水文】** 武威境内有黄河流域与内陆河石羊河流域两大河流。黄河流域在武威境内过界水量23.15亿立方米,通过长度68千米,主要有流域的大通河、金强河、松山河、新堡河、石门河5条水系10条河流的一级沟22条291千米,二级沟1049条1023千米,三级沟1248条769千米,沟壑密度每平方千米1.95千米,黄河流域面积3620.22平方千米,占武威市域面积的11%。石羊河流域总面积4.16万平方千米。石羊河流域武威属区面积2.91万平方千米,占武威市域面积的87.7%。从东到西有大靖河、古浪河、黄羊河、杂木河、金塔河、西营河、东大河、西大河8条河流,8条一级河流总长717千米,二级河流118条1804千米,三级河流3149条5503千米,四级河流4641条4084千米,河网平均密度1.57千米/平方千米。产流面积1.11万平方千米,多年平均径流总量15.60亿立方米。2021年末,7座重点水库蓄水总量8635万立方米,比2020年末下降3.7%。全年总用水量148715万立方米,增长0.5%。

**【土壤】** 武威地跨祁连山区、河西走廊、腾格里沙漠三大地貌单元,地质结构复杂,地貌特征多样,土壤呈现多样性,从西南到东北差异很大。西南部高山地区土壤都有明显的垂直地带性变化规律,东北部地区地势平缓,土壤和植被变化过渡平缓。按照地势高低依次分布,有高山寒漠土、高山草甸土、亚高山草甸土、山地灰褐土、山地黑钙土、山地栗钙土、灰钙土、潮土、灰漠土、草甸土、红土、盐土、风沙土、绿洲灌淤土、沼泽土等。

**【植被】** 武威地区地形地貌多种多样,自然植被的分布也呈多样性。山区属垂直分布,平原、绿洲、盆地带状或片状分布。主要有高山寒漠稀疏植被、高山草甸植被、亚高山灌丛草甸植被、森林植被、灌丛草甸植被、干旱草原植被、浅山草原植被、丘陵荒漠植被、平原区荒漠化草原植被、荒漠植被等。

**【矿藏及资源】** 境内发现有黑色金属(铁、锰、钒、钼)、有色金属(铜、铅、锌、镍)、贵金属(金、银)、稀土(镧、铈)、能源(煤炭、油页岩)、化工(芒硝、湖盐、磷、重晶石、硫铁)、建材(石膏、石灰岩、砂石砾料、砖瓦黏土)、冶金辅料(白云岩、萤石、石英岩)及其他非金属矿产(石墨、高岭土、滑石、水晶)和地热、矿泉水等10类、36个矿种。发现的各类矿床和矿点有100余处,其中,煤炭探明储量16.6亿吨,油页岩储量8.8亿吨,芒硝储量0.08亿吨,石膏储量9.8亿吨,石灰岩储量4.02亿吨,石墨储量0.04亿吨。境内有林地758万亩,森林覆盖率12.1%,比全国和全省分别低8.3和1.36个百分点。

【自然灾害】 主要自然灾害有地震、干旱、大风、沙尘暴、霜冻、局地暴雨、冰雹等。武威是地震多发地带，最严重的一次是1990年10月20日16时07分27秒，北纬37° 07′、东经103° 36′，在天祝、古浪和景泰三县交界处发生的一次Ms6.2级地震，震源深度3千米，极震区烈度8度。遭受破坏区域面积814平方千米，包括天祝藏族自治县松山乡、古浪县新堡乡。受灾6265户、30609人。造成1人死亡、27人受伤，数万间民房、棚圈裂缝倒塌，衣物食品、生产器具被埋，部分水渠道路毁坏，损失逾亿元。1954年7月31日9时，北纬38° 8′、东经104° 3′，民勤东发生7级地震，倒塌房屋490间。地质灾害方面较严重的一次发生在2006年7月底和8月初，凉州区西营镇山区每小时降水量达80毫米以上。因山洪引发泥石流，使西营镇的二沟、三沟、五沟村居民宅院、牲畜和农作物遭受严重损害。2010年出现1991年以来最严重的夏季干旱。全市2个县、37个乡镇、466个村、11.94万户、49.03万人不同程度受灾。饮水困难人口12.7万人，饮水困难大牲畜6.5万头（只），农作物受灾面积81.5万亩，其中成灾面积53.5万亩、绝收面积9.02万亩，直接经济损失达17992.9万元，其中农业损失17923万元。武威是大风、沙尘暴多发地区，尤其在春季，大风引起强沙尘暴，形成“黑风”天气，给工农业生产和人民生命财产造成严重损害。全市自1951年以来共发生区域性（两县以上同天出现）黑风暴7次、沙尘暴108次，平均每年两次。民勤县由于处在沙漠的包围之中，平均每年发生沙尘暴28次、黑风暴5次。1993年5月5日、2000年4月12日、2001年4月8日、2010年4月24日出现历史上最强、次强区域性黑风和强沙尘暴，共导致45人伤亡，造成直接经济损失9.5亿元。霜冻是危害武威市农业生产的主要灾害天气之一。有气象记录（1951年）以来最为严重的强霜冻天气出现在2004年5月3—5日，对正处于苗期生长的玉米、棉花、瓜类等作物造成冻害，经济损失达2600万元。暴雨、冰雹多发生在山区，以天祝最多，古浪次之。出现时间主要集中在6—9月，最大的一次暴雨日降雨量达62.7毫米，于1985年6月3日出现在凉州。近年来范围最大的一次局地暴雨发生在2011年8月14—18日，局地暴雨引发洪涝灾害，使凉州、古浪、天祝3个县区、61个乡镇的352个村、4个社区、28169户、10.74万人受灾，因灾死亡1人。灾害共造成直接经济损失达11983.5万元。

## 历史沿革

【概况】 中国历史文化名城武威为丝路重镇、天马之乡、五凉古都、西夏辅郡、佛教圣地，是民族融会之地、文明储聚之所。凉州区的磨嘴子及天祝藏族自治县东坪的马家窑文化，凉州区的皇娘娘台、海藏寺的齐家文化，民勤县的沙井子及古浪县暖泉的沙井文化等，证明从那时起武威先民就在此繁衍生息。境域周为雍州，春秋以前为西戎占据，秦为月氏驻牧地。

【建置沿革】 西汉前元六年（前174年），匈奴击败月氏，占领河西。匈奴休屠王筑盖臧（即姑臧）城。西汉元狩二年（前121年）春，汉武帝派骠骑将军霍去病出陇右击匈奴，使整个河西走廊纳入西汉版图。后设置武威、酒泉、张掖、敦煌四郡，武威郡辖十县，以姑臧（今凉州区）为治所。三国时，魏黄初元年（220年）十月，文帝曹丕重置凉州，辖武威等七郡，州治武威郡姑臧县，武威郡辖九县。东晋十六国时，姑臧县是“五凉”中前凉、后凉、南凉、北凉的都城。隋朝时先设凉州，大业三年（607年）改州为武威郡，郡治姑臧。唐初仍沿用隋朝建制。贞观元年（627年），唐分全国为十道，凉州属陇右道。唐天宝元年（742年）又改凉州为武威郡。唐德平二年（764年），武威被吐蕃占据。五代宋元时期，为西凉府。其中，西夏占据武威时期，武威为西夏辅郡。明置凉州卫。清初袭明制。清雍正二年（1724年），撤凉州卫、镇番卫、永昌卫，分别设武威县、镇番县、永昌县；撤古浪守御千户所，置古浪县；撤庄浪卫，置平番县，并设庄浪厅。同时，置凉州府，辖武威、永昌、镇番（今民勤）、古浪、平番（今永登）五县及庄浪厅，府治武威县。民国时期，先废府、州，设道。武威、永昌、镇番、古浪、平番、张掖、民乐、山丹、抚彝九县属甘凉道。后又废道设行政督察区。1936年7月，第六行政督察区成立，辖武威、民乐、民勤、永昌、山丹、张掖、临泽、古浪八县，治所武威。1949年10月，甘肃行政公署武威分区行政督察专员公署成立，下辖武威、永登、景泰、古浪、民勤、永昌六县。1950年5月，天祝自治区人民政府成立，归武威分区管辖，撤销张掖分区，张掖、民乐、山丹三县划归武威分区，将景泰县并入靖远县。1955年10月，武威、酒泉两专区合并，成立张掖专区。1961年11月，恢复武威专区，辖武威县、民勤县、永昌县、古浪县和天祝藏族自治县。1963年10月，永登、景泰两县划归武威专区。1969年7月，内蒙古自治区的阿拉善右旗划入武威专区。1970年3月，永登县划归兰州市。1979年7月，阿拉善右旗划归内蒙古自治区管辖。1981年2月，永昌县划归金昌市管辖。1985年4月，撤销武威县，设立县级武威市。同年5月14日，景泰县划归白银市，武威地区辖县级武威市及民勤、古浪和天祝共三县一市。2001年5月，撤销武威地区设立地级武威市，辖凉州区、民勤县、古浪县和天祝藏族自治县共三县一区。

**【行政区划】** 武威市辖凉州区、民勤县、古浪县和天祝藏族自治县三县一区，共有93个乡镇（9个乡、84个镇），九墩滩、邓马营湖2个指挥部，9个街道办事处，184个社区居委会，建制行政村1054个。

## 人口　民族

**【人口】** 2021年，全市常住人口144.33万人，比2020年末减少1.58万人。其中，城镇人口69.6万人，占常住人口比重（常住人口城镇化率）为48.22%，比2020年末提高1.21个百分点。全年出生人口1.3万人，出生率为8.93‰；死亡人口1.48万人，死亡率为10.21‰；人口自然增长率为-1.28‰。

**【民族】** 武威市聚居着汉族、藏族、回族、蒙古族等41个民族，有藏族、土族、回族、蒙古族等40个少数民族共8.13万人，占全市常住人口的5.55%，少数民族人口分布呈现“大杂居、小聚居”的特点。2021年，全市以铸牢中华民族共同体意识为主线，促进全市各族群众广泛交往、全面交流、深度交融，推动各民族和睦相处、和衷共济、和谐发展。

## 经济社会发展

【文化遗产】 武威是古丝绸之路要冲，现查明和公布的不可移动文物1029处，其中，全国重点文物保护单位13处，省级文物保护单位49处，市县级文物保护单位282处。全市国有收藏单位共收藏可移动文物51807件（套）。有中国旅游标志马踏飞燕的出土地雷台汉墓、举世无双的西夏碑、中国“石窟鼻祖”天梯山石窟、西藏纳入中国版图的历史见证地凉州会盟纪念馆、“陇右学宫之冠”武威文庙、佛学大师鸠摩罗什“舌舍利”塔和西北保存最完整的地主庄园民勤瑞安堡等名胜古迹。国家AAAA级旅游景区7处、AAA级旅游景区13处、AA级旅游景区3处，雪域高原、绿洲风光和大漠戈壁等自然景观与历史文化交相辉映，具有较高的开发利用价值。

【物产】 武威物产丰富，自古就是“人烟扑地桑柘稠”的富饶之地，地势平坦，风能、光热资源丰富。武威农业资源得天独厚，是全省瓜果及肉类生产基地，也是绿色食品最佳产区之一，更是酿酒葡萄的绝佳产地，日光温室蔬菜、肉蛋奶以及特色林果等发展优势明显。

【经济发展】 2021年，实现地区生产总值600.2亿元，按不变价格计算较上年增长8.1%。其中，第一产业增加值187.4亿元，增长10.8%；第二产业增加值104亿元，增长8.4%；第三产业增加值308.9亿元，增长6.4%。

图6 国家AAAA级旅游景区神州荒漠野生动物园 （市文体广电和旅游局供图 9月26日摄）

三次产业结构比为31.2∶17.3∶51.5。按常住人口计算，人均地区生产总值41361元，增长10.2%。实现农业总产值321.1亿元，增长12.7%，八大优势主导产业产值达232亿元，占农业总产值比重达72.3%，同比提高4.6个百分点。工业增加值增长13.8%，其中规模以上工业增加值增长17.1%。固定资产投资比2020年增长12.5%，实施500万元及以上项目590项，完成投资比2020年增长10.59%。实施招商引资项目314项，落实到位资金239.83亿元，增长11.35%。实现社会消费品零售总额162亿元，增长12.6%。完成大口径财政收入54.7亿元，增长3.2%。完成一般公共预算收入32.3亿元，增长1%。完成一般公共预算支出204亿元，同口径增长7.7%。

**【社会事业】** 全市共有各级各类学校和幼儿园981所，在校（园）学生（幼儿）273441人。九年义务教育巩固率达100%。学前三年毛入园率95.77%。组织实施科技项目35项，获得授权专利1752件，有效发明专利276件，每万人口有效发明专利拥有量1.91件。有艺术表演机构2个、文物保护机构19个、图书馆5个、国有博物馆纪念馆11个、文化馆5个、乡镇文化站93个。村（社区）综合性文化服务中心建成率达100%。广播节目综合人口覆盖率为99.6%，电视节目综合人口覆盖率为99.85%。全年接待国内外游客1286.3万人次，实现旅游总收入70.6亿元。有医疗卫生机构1917个、卫生技术人员14283人、医疗卫生机构床位12917张。全年总诊疗人次1044.14万人次，出院人数338978人。

**【居民生活】** 全年城镇居民人均可支配收入33791元，较上年增长7%；城镇居民人均消费支出25872元，增长9.1%；农村居民人均可支配收入14859元，增长10.3%；农村居民人均消费支出12336元，增长12.7%。全市企业职工基本养老保险参保人数17.85万人，机关事业单位工作人员养老保险参保人数7.36万人，城乡居民基本养老保险参保人数90.27万人。失业保险参保人数11.01万人，领取失业金人数1.04万人。工伤保险参保人数15.84万人。城镇职工基本医疗保险参保人数15.8万人，城乡基本医疗保险参保人数146.4万人。全年城镇居民最低生活保障救济人数1.6万人，农村最低生活保障救济人数5.28万人，农村五保供养0.57万人。至年末，有福利院1所，在院人数174人；民办养老机构6所，拥有床位4284张；农村敬老院14个。至年末，各类养老机构拥有床位数7708张，在院人数3102人。

（市统计局、市委党史和地方志研究中心）

# 中国共产党武威市委员会

## 综　述

【概况】 2021年，武威市坚持稳中求进的工作总基调，准确把握“三新一高”（立足新发展阶段、贯彻新发展理念、构建新发展格局，推动高质量发展）要求，坚定不移走生态优先、绿色发展之路，坚持系统观念，统筹发展和安全，辩证地看、科学地谋、务实地干，夺取疫情防控和经济社会发展双胜利，生态环境持续好转，经济运行稳中向好，人民生活进一步改善，社会大局和谐稳定，管党治党纵深推进，实现“十四五”规划发展良好开局。

【政治建设】 坚持把学习贯彻习近平新时代中国特色社会主义思想作为首要政治任务，各级党组织“第一议题”学习贯彻习近平总书记最新重要讲话和指示精神，不断提高政治判断力、政治领悟力、政治执行力，以实际行动推动习近平总书记视察甘肃“八个着力”和“五个方面要求”等重要指示精神落地落实。坚持“六个注重”“六个结合”，推动党史学习教育走深、走心、走实，引导党员干部学史明理、学史增信、学史崇德、学史力行。深化拓展“我为群众办实事”实践活动，在全省率先开展“信访包案督办化积案”行动，市级领导包办化解信访积案59件，基层党组织兴办实事12140件。精心组织开展庆祝建党百年系列活动。

【学习宣传贯彻党的十九届六中全会精神】 市委常委会先学一步、学深一层，以“关键少数”带动“绝大多数”。通过举办读书班、组建宣讲团、专题辅导、媒体解读等方式，多角度、多层次开展全会精神学习宣传，用全会精神统一思想、统一意志、统一行动。全市开展研讨2212场次、宣讲3000多场次。

【民主法治建设】 加强和改进市人大、市政协工作，支持依法依章履行职能。倾力打造“河西民族团结进步示范走廊”门户市，加大非法宗教活动专项整治力度，加快推进“凉州会盟”纪念地建设，民族宗教事务治理能力和水平不断提高。

【经济社会高质量发展】 加强党对经济工作的全面领导，全市经济运行呈现稳中加固、稳中提质的良好态势，2021年实现地区生产总值600.2亿元，按不变价格计算较上年增长8.1%。持续打造沿山沿川沿沙“三大特色产业带”，大力发展牛、羊、猪、禽、果、菜、菌、草“8+N”现代农业优势主导产业。着力打造食品工业集群，伊利乳业被列为全省第一批产业链链主企业，伊利二期项目启动实施，武威现代生态奶业产业园入选全省10个百亿级产业园。积极发展新能源及新能源装备制造等战略性新兴产业，光大环保垃圾焚烧发电项目建成运营。全市高新技术企业达到59家，净增规模以上工业企业15家、总数突破200户。着力做大文化旅游产业，雷台文化旅游综合体所有单体建筑全部封顶，天梯山石窟景区和苏武沙漠大景区晋升国家AAAA级旅游景区，武威市荣获“2021文旅高质量发展城市”称号。谋划实施的242个重大项目，开复工205个，完成投资237.68亿元，占年度计划进度的100.65%。促进非公有制经济健康发展，小微企业贷款占各项贷款比例达到33.47%，实施延期还本贷款1256户、19.54亿元。全年新注册市场主体21390户。

【保障和改善民生】 全市民生支出占到一般公共预算支出的85%，确定的10件市为民实事全部办结。全市新增城镇就业1.7万人，城乡居民人均可支配收入分别增长8.8%和12%。设立全省第一家市劳动保障维权中心，积极维护劳动者合法权益。新建公办幼儿园、中小学11所，新增园位、学位7390个，“大班额”“入园难”等问题有效缓解。积极探索“互联网+智慧养老”，建设覆盖全市居家养老服务信息平台5个。完善住房保障体系，房地产市场基本平稳。为6.4万户长期“有房无证”的居民办理不动产权证，连续4年提前供暖，“民生温度”不断提高。改造老旧小区200个，新建改造市政道路30条、公共停车场12个，新建改建供排水管网91.44千米、供热管网42.33千米，拆除城区临违建筑4440处、22.72万平方米，在全省率先实现垃圾分类末端综合处理。

【健康武威建设】 凉州医院、市第二人民医院完成整体搬迁并投入使用，市、县、乡三级医疗机构公共卫生防疫能力显著提高。全市4家三级医院组建医联体，三县一区全部建立县域医共体。抓好疫情防控，持续保持本土零疫情。组织450名医务工作者，筹集600万元物资支援省内疫情发生地。

【平安武威建设】 深入开展“平安细胞”工程创建工作，扎实推动市、县、乡、村四级综治中心规范化建设实体化运行，全市行政村、自然村实现治安户长全覆盖。政法队伍教育整顿圆满完成，武威市和各县区均被评为“优秀”等次。认真做好重点信访事项化解，“治重化积”专项工作走在全省前列。统筹抓好安全生产、食品药品安全、应急管理、防灾减灾救灾工作，严防各种风险隐患。

【深化改革开放】 全面贯彻落实中央和省委深改委部署要求，实施市级层面改革事项165项，国企改革三年行动持续推进的56项任务完成44项。扎实做好“三去一降一补”，为172家企业降低用电成本1.55亿元，新增减税降费 3.29 亿元。深化农业农村改革，完成土地确权数据省级汇交，启动凉州区深化农村宅基地制度改革国家级试点。深化“放管服”改革，在全省率先推行“一书两证”电子证照。武威国际陆港“一中心两口岸”建成运营，发运“天马号”中欧班列 10 列，货运总值 2.4 亿元。成功举办“民企武威行”活动，全年实施招商引资项目 314 项。

（市委办公室）

## 重要会议

**【市第五次党代会】** 11 月 26—28 日，中国共产党武威市第五次代表大会召开。大会的主题是高举习近平新时代中国特色社会主义思想伟大旗帜，深入贯彻习近平总书记对甘肃重要讲话和指示精神，感恩奋进、担当实干，奋力谱写全面建设社会主义现代化武威新篇章。柳鹏代表中国共产党武威市第四届委员会向大会作题为《感恩奋进 担当实干 奋力谱写全面建设社会主义现代化武威新篇章》的报告。大会审议通过《中国共产党武威市第五次代表大会关于中国共产党武威市第四届委员会报告的决议》《中国共产党武威市第五次代表大会关于中国共产党武威市第四届纪律检查委员会工作报告的决议》和《关于全市党费收缴、使用和管理情况的报告》。大会号召，全市各级党组织和广大党员要更加紧密地团结在以习近平同志为核心的党中央周围，在省委的坚强领导下，开拓创新、真抓实干，以更加昂扬的斗志、更加饱满的精神、更加坚毅的步伐，在全面建设社会主义现代化武威新征程上奋勇前进，以优异成绩迎接党的二十大召开。

**【市委全体会议】** 2021 年，市委第四届、第五届委员会召开全体会议 6 次。

**市委四届十五次全体会议** 8 月 16 日，市委四届十五次全体会议召开。全会以习近平新时代中国特色社会主义思想为指导，全面贯彻落实中共十九大和十九届二中、三中、四中、

图 7 11 月 26 日，中国共产党武威市第五次代表大会开幕 （甘曜航 摄）

五中全会精神，认真学习贯彻习近平总书记在庆祝中国共产党成立100周年大会上的重要讲话精神（以下简称“七一”重要讲话精神），深入贯彻落实习近平总书记对甘肃重要讲话和指示精神，全面落实省委十三届十四次全会精神，总结上半年工作，围绕“十四五”规划确定的目标任务和下半年经济社会发展重点工作进行安排部署，激励引导全市上下顽强拼搏、埋头苦干，坚定不移走生态优先、绿色发展之路，加快建设经济强市、生态大市、文化旅游名市，全力打造生态美、产业优、百姓富的和谐武威，更好发挥河西门户作用，努力打造河西走廊经济社会高质量发展桥头堡和丝绸之路经济带甘肃段重要节点城市，奋力开创武威经济社会高质量发展新局面。审议通过市委常委会工作报告、《中国共产党武威市第四届委员会第十五次全体会议关于免去部分市委委员的决定》《中国共产党武威市第四届委员会第十五次全体会议关于召开中国共产党武威市第五次代表大会的决议》《中国共产党武威市第四届委员会第十五次全体会议决议》。

**市委四届第十八次全体会议** 11月23日，市委四届第十八次全体会议召开。全会讨论通过《在中国共产党武威市第五次代表大会上的报告（讨论稿）》《中国共产党武威市第四届纪律检查委员会向中国共产党武威市第五次代表大会的工作报告（讨论稿）》《关于全市党费收缴、使用和管理情况的报告（讨论稿）》，决定将以上3个报告（讨论稿）提请中国共产党武威市第五次代表大会讨论和审议。全会酝酿通过中国共产党武威市第五届委员会委员、候补委员和中国共产党武威市第五届纪律检查委员会委员候选人预备人选名单。

**市委五届一次全体会议** 11月28日，市委五届一次全体会议召开。全会通过《中国共产党武威市第五届委员会第一次全体会议选举办法》和监票人名单。以无记名投票的方式，选举产生中国共产党武威市第五届委员会常务委员会委员、书记、副书记。柳鹏、王国斌、曾国俊、白振海、朱斯炜、关维斌、孙光慧、李万岳、王玉真、周勇、李宏伟当选为市委常委，柳鹏当选为市委书记，王国斌、曾国俊当选为市委副书记。全会通过中国共产党武威市第五届纪律检查委员会第一次全体会议选举结果的报告。

【市委常委会会议】 2021年，市委第四届、第五届委员会召开常委会会议62次。

**市委四届一百八十五次常委会会议** 1月5日，市委四届一百八十五次常委会会议召开，市委书记柳鹏主持会议。会议审议有关事项。

**市委四届一百八十六次常委会会议** 1月13日，市委四届一百八十六次常委会会议召开，市委书记柳鹏主持会议。会议传达学习习近平主席二〇二一年新年贺词，习近平总书记在全国政协新年茶话会上的重要讲话、在省部级主要领导干部学习贯彻党的十九届五中全会精神专题研讨班开班式上的重要讲话、对政法工作作出的重要指示和在第一个“中国人民警察节”到来之际向全国人民警察致以的诚挚慰问精神，《法治中国建设规划（2020—2025年）》《中国共产党党员权利保障条例》《中国共产党地方组织选举工作条例》《中国共产党统一战线工作条例》，任振鹤在武威调研时的讲话精神，审议有关文件。

**市委四届一百八十七次常委会会议** 1月20日，市委四届一百八十七次常委会会议召开，市委书记柳鹏主持会议。会议传达学习中共中央办公厅、国务院办公厅《印发〈关于全面推行林长制的意见〉的通知》和中共中央办公厅有关通知精神，审议有关文件。

**市委四届一百八十八次常委会会议** 1月31日，市委四届一百八十八次常委会会议召开，市委书记柳鹏主持会议。会议传达学习习近平总书记在十九届中央纪委五次全会上的重要讲话精神、《中国共产党第十九届中央纪律检查委员会第五次全体会议公报》和习近平总书记在中央政治局第二十七次集体学习时的重要讲话精神，省十三届人大四次会议、省政协十二届四次会议、省委农村工作会议、全省巩固拓展脱贫攻坚成果同乡村振兴有效衔接暨全省扶贫开发工作会议、全省安全生产和应急管理工作会议暨2021年省安委会第一次全体（扩大）会议、省委议军会议、全省统战部长会议等会议精神，审议有关文件。

**市委四届一百八十九次常委会会议** 2月6日，市委四届一百八十九次常委会会议召开，市委书记柳鹏主持会议。会议传达学习习近平总书记同党外人士共迎新春时的重要讲话精神，习近平总书记春节前夕赴贵州看望慰问各族干部群众时的重要讲话精神，省纪委十三届五次全会、全省宣传部长会议精神，听取2020年巡察情况综合报告，审议有关文件。

**市委四届一百九十次常委会会议** 2月19日，市委四届一百九十次常委会会议召开，市委书记柳鹏主持会议。会议传达学习习近平总书记在二〇二一年春节团拜会上的重要讲话、习近平总书记给河北省平山县西柏坡镇北庄村全体党员的回信、《中共中央关于全面加强新时代少先队工作的意见》、全省组织部长会议精神，审议有关文件。

**市委四届一百九十一次常委会会议** 2月27日，市委四届一百九十一次常委会会议召开，市委书记柳鹏主持会议。会议传达学习习近平总书记在全国脱贫攻坚总结表彰大会上的重要讲话、在党史学习教育动员大会上的重要讲话、给上海市新四军历史研究会百岁老战士们的回信、在中央全面深化改革委员会第十八次会议上的重要讲话等精神；《中共中央关于在全党开展党史学习教育的通知》《中共中央国务院关于全面推进乡村振兴加快农业农村现代化的意见》《中共甘肃省委甘肃省人民政府关于全面推进乡村振兴加快农业农村现代化的实施意见》，以及全省党史学习教育动员大会、省脱贫攻坚领导小组2021年第二次会议精神，研究武威市贯彻意见，审定有关文件。

**市委四届一百九十二次常委会会议** 3月2日，市委四届一百九十二次常委会会议召开，市委书记柳鹏主持会议。会议传达学习习近平总书记在中央政治局第二十八次集体学习时的重要讲话，在中央党校（国家行政学院）中青年干部培训班开班式上的重要讲话精神，习近平总书记在审阅中央政治局委员、书记处书记，全国人大常委会、国务院、全国政协党组成员，最高人民法院、最高人民检察院党组书记述职报告时的重要要求，听取武威市省级森林城市创建情况和武威市对口支援陇南市宕昌县恢复重建工作汇报，审议有关文件。

**市委四届一百九十三次常委会会议** 3月14日，市委四届一百九十三次常委会会议召开，市委书记柳鹏主持会议。会议传达学习习近平总书记在参加内蒙古代表团、青海代表团审议时的重要讲话精神，在看望参加政协会议的医药卫生界教育界委员时的重要讲话精神，在出席解放军和武警部队代表团全体会议时的重要讲话精神，全国两会精神，听取中央第十五巡视组巡视甘肃省反馈意见整改情况和全市集中解决城乡建设发展历史遗留问题工作情况汇报。

**市委四届一百九十四次常委会会议** 3月24日，市委四届一百九十四次常委会会议召开，市委书记柳鹏主持会议。会议学习习近平总书记2013年2月视察甘肃、2019年3月全国两会参加甘肃代表团审议、2019年8月视察甘肃时的重要讲话和指示精神以及习近平同志《论中国共产党历史》部分篇目；传达学习习近平总书记在中央财经委员会第九次会议上的重要讲话精神，《党委（党组）落实全面从严治党主体责任规定》、《中共甘肃省委落实全面从严治党主体责任清单》、省市党政主要领导干部专题研讨班精神，审定有关文件。

**市委四届一百九十五次常委会会议** 4月1日，市委四届一百九十五次常委会会议召开，市委书记柳鹏主持会议。会议传达学习3月30日中央政治局会议精神，习近平总书记在福建考察时的重要讲话精神，习近平总书记对革命文物工作作出的重要指示精神，习近平同志《论中国共产党历史》部分篇目，《中国共产党组织处理规定（试行）》、全省市县乡领导班子换届工作电视电话会议、全省巩固拓展脱贫攻坚成果同乡村振兴有效衔接工作调度会议精神，听取中央第十五巡视组巡视甘肃省反馈意见整改落实情况汇报，审议有关文件。

**市委四届一百九十六次常委会会议** 4月14日，市委四届一百九十六次常委会会议召开，市委书记柳鹏主持会议。会议传达学习习近平总书记在参加首都义务植树活动时的重要讲话精神、对深化东西部协作和定点帮扶工作作出的重要指示精神、对打击治理电信网络诈骗犯罪工作作出的重要指示精神，习近平同志《论中国共产党历史》部分篇目，省委全面深化改革委员会第十三次、第十四次会议精神，听取中央第十五巡视组巡视甘肃省反馈意见整改落实情况汇报，审议有关文件。

**市委四届一百九十七次常委会会议** 4月19日，市委四届一百九十七次常委会会议召开，市委书记柳鹏主持会议。会议传达学习习近平总书记对职业教育工作作出的重要指示精神和李克强总理批示精神，中共中央办公厅、国务院办公厅《关于加强社会主义法治文化建设的意见》，全省禁毒工作会议、全省对台工作会议精神，关于加强巡视巡察上下联动有关文件精神，听取全市职业教育发展情况汇报，审议有关文件。

**市委四届一百九十八次常委会会议** 4月22日，市委四届一百九十八次常委会会议召开，市委书记柳鹏主持会议。会议传达学习习近平总书记在清华大学考察时的重要讲话精神，任振鹤省长在武威调研时的讲话精神，审议有关文件。

**市委四届一百九十九次常委会会议** 4月29日，市委四届一百九十九次常委会会议召开，市委书记柳鹏主持会议。会议传达学习习近平总书记在广西考察时的重要讲话精神，天津市·甘肃省东西部协作座谈会、全省抗击新冠肺炎疫情表彰大会精神，研究贯彻意见，审议有关文件。

**市委四届二百次常委会会议** 5月17日，市委四届二百次常委会会议召开，市委书记柳鹏主持会议。会议传达学习4月30日中央政治局会议精神，习近平总书记在中央政治局第二十九次集体学习时的重要讲话精神、在推进南水北调后续工程高质量发展座谈会上的重要讲话精神，全国巡视工作会议暨十九届中央第七轮巡视动员部署会议精神，中央办公厅《关于向重点乡村持续选派驻村第一书记和工作队的意见》,听取赴上海、浙江、福建考察对接项目情况汇报,审议有关文件。

**市委四届二百〇一次常委会会议** 5月24日,市委四届二百〇一次常委会会议召开,市委书记柳鹏主持会议。会议传达学习习近平总书记在中央全面深化改革委员会第十九次会议上的重要讲话精神,《习近平新时代中国特色社会主义思想学习问答》部分篇目,中共中央办公厅、国务院办公厅《关于常态化开展扫黑除恶斗争巩固专项斗争成果的意见》和省委办公厅、省政府办公厅《实施意见》,全省优化营商环境大会精神,甘肃省脱贫攻坚总结表彰大会精神,省安委会全体(扩大)电视电话会议精神和省委办公厅、省政府办公厅通知精神,听取中央第十五巡视组巡视甘肃省反馈意见整改落实情况汇报,审议有关文件。

**市委四届二百〇二次常委会会议** 5月29日,市委四届二百〇二次常委会会议召开,市委书记柳鹏主持会议。会议传达学习习近平总书记在中国科学院第二十次院士大会、中国工程院第十五次院士大会、中国科协第十次全国代表大会上的重要讲话精神,中共中央办公厅《关于在全社会开展党史、新中国史、改革开放史、社会主义发展史宣传教育的通知》,省委农村工作领导小组(省实施乡村振兴战略领导小组)第五次全体会议精神,研究贯彻意见。

**市委四届二百〇三次常委会会议** 6月8日,市委四届二百〇三次常委会会议召开,市委书记柳鹏主持会议。会议传达学习习近平总书记在中央政治局第三十次集体学习时的重要讲话精神、5月31日中央政治局会议精神、《中国共产党组织工作条例》、中央办公厅《关于中央企业在完善公司治理中加强党的领导的意见》,审议有关文件。

**市委四届二百〇四次常委会会议** 6月15日,市委四届二百〇四次常委会会议召开,市委书记柳鹏主持会议。会议传达学习习近平总书记在青海考察时的重要讲话精神,习近平总书记对湖北十堰市张湾区艳湖社区集贸市场燃气爆炸事故作出的重要指示精神和李克强总理批示精神,中共中央办公厅、国务院办公厅《关于深化国有文艺院团改革的意见》,《中共甘肃省委办公厅关于印发〈甘肃省巡视巡察六大责任主体工作责任清单〉的通知》,听取八步沙林场"六老汉"三代人治沙造林先进群体事迹报告团赴天津市宣讲情况汇报,审议有关文件。

**市委四届二百〇五次常委会会议** 6月25日,市委四届二百〇五次常委会会议召开,市委书记柳鹏主持会议。会议传达学习习近平总书记在参观"'不忘初心、牢记使命'中国共产党历史展览"时的重要讲话精神,学习习近平总书记有关重要文章;传达学习《中共中央国务院转发〈中央宣传部、司法部关于开展法治宣传教育的第八个五年规划(2021—2025年)〉的通知》,中央企业助力甘肃乡村振兴和高质量发展座谈会议精神,研究武威市贯彻落实意见;听取赴北京市考察对接情况汇报,审议有关文件。

**市委四届二百〇六次常委会会议** 6月29日,市委四届二百〇六次常委会会议召开,市委书记柳鹏主持会议。会议传达学习习近平总书记在中央政治局第三十一次集体学习时的重要讲话精神,听取第二十七届中国兰州投资贸易洽谈会武威市筹备工作和"民企武威行"主体活动进展情况汇报,审议有关文件。

**市委四届二百〇七次常委会会议** 7月1日,市委四届二百〇七次常委会会议召开,市委书记柳鹏主持会议。会议传达学习习近平总书记在庆祝中国共产党成立100周年大会上的重要讲话和在“七一勋章”颁授仪式上的重要讲话、《中国共产党党徽党旗条例》、甘肃省“两优一先”表彰大会精神，研究其他事项。

**市委四届二百〇八次常委会会议** 7月3日，市委四届二百〇八次常委会会议召开，市委书记柳鹏主持会议。会议学习习近平总书记《学史明理、学史增信、学史崇德、学史力行》文章精神，研究部署全市政法队伍教育整顿工作，还研究其他事项。

**市委四届二百〇九次常委会会议** 7月9日，市委四届二百〇九次常委会会议召开，市委书记柳鹏主持会议。会议传达学习习近平总书记关于档案工作重要论述和《中华人民共和国档案法》，中共中央办公厅、省委有关《通知》和全省学习宣传贯彻习近平总书记“七一”重要讲话精神电视电话会议精神以及全省革命文物工作会议精神；研究部署政法队伍教育整顿、革命文物保护等工作。

**市委四届二百一十次常委会会议** 7月12日，市委四届二百一十次常委会会议召开，市委书记柳鹏主持会议。会议传达学习习近平总书记在中央全面深化改革委员会第二十次会议上的重要讲话精神，省委书记、省人大常委会主任尹弘在武威调研时的讲话精神，审议《关于推进全市水务一体化改革的实施意见》。

**市委四届二百一十一次常委会会议** 7月17日，市委四届二百一十一次常委会会议召开，市委书记柳鹏主持会议。会议传达学习习近平总书记在中央政治局常委会会议听取中国共产党成立100周年庆祝活动总结报告时的重要讲话精神，中共中央、国务院《关于加强基层治理体系和治理能力现代化建设的意见》和《关于新时代加强和改进思想政治工作的意见》，还研究有关事项。

**市委四届二百一十二次常委会会议** 7月26日，市委四届二百一十二次常委会会议召开，市委书记柳鹏主持会议。会议传达学习习近平总书记在西藏考察时的重要讲话精神、对防汛救灾工作作出的重要指示、对深入推进农村厕所革命作出的重要指示精神，全省巩固拓展脱贫攻坚成果同乡村振兴有效衔接工作调度会精神，研究武威市贯彻意见，审议有关文件。

**市委四届二百一十三次常委会（扩大）会议** 7月26日，市委四届二百一十三次常委会（扩大）会议召开。

**市委四届二百一十四次常委会会议** 8月5日，市委四届二百一十四次常委会会议召开，市委书记柳鹏主持会议。会议传达学习习近平总书记在中央政治局第三十二次集体学习时的重要讲话精神，《中共中央关于印发〈中国共产党成立100周年庆祝活动总结报告〉的通知》和《中共中央国务院关于优化生育政策促进人口长期均衡发展的决定》，省委十三届十四次全会精神，“万企兴万村”甘肃行动暨“光彩会宁行”启动大会精神，全省防汛减灾工作电视电话会议精神，审议《市委四届十五次全会方案》，研究贯彻意见。

**市委四届二百一十五次常委会（扩大）会议** 8月10日，市委四届二百一十五次常委会（扩大）会议召开。

**市委四届二百一十六次常委会会议** 8月11日，市委四届二百一十六次常委会会议召开，市委书记柳鹏主持会议。会议传达学习《中共中央关于加强新时代检察机关法律监督工作的意见》，中共中央办公厅、国务院办公厅

《关于进一步减轻义务教育阶段学生作业负担和校外培训负担的意见》和《中共甘肃省委机构编制管理规定(试行)》,研究其他事项。

**市委四届二百一十七次常委会会议** 8月15日,市委四届二百一十七次常委会会议召开,市委书记柳鹏主持会议。会议传达学习《法治政府建设实施纲要(2021—2025年)》、2021年全省巩固拓展脱贫攻坚成果同乡村振兴有效衔接帮扶工作推进会议精神、胡焯在武威调研时的讲话精神,安排部署有关工作。

**市委四届二百一十八次常委会会议** 8月16日,市委四届二百一十八次常委会会议召开。

**市委四届二百一十九次常委会会议** 8月23日,市委四届二百一十九次常委会会议召开。

**市委四届二百二十次常委会会议** 8月25日,市委四届二百二十次常委会会议召开,市委书记柳鹏主持会议。会议传达学习习近平总书记在中央财经委员会第十次会议上的重要讲话、给云南省沧源县边境村老支书们的重要回信精神,研究部署促进共同富裕等工作,审议《关于全面推行林长制的实施意见》等文件。

**市委四届二百二十一次常委会会议** 8月30日,市委四届二百二十一次常委会会议召开,市委书记柳鹏主持会议。会议传达学习习近平总书记在中央民族工作会议上和在河北承德考察时的重要讲话精神,中共中央办公厅、国务院办公厅《关于进一步加强非物质文化遗产保护工作的意见》,全省乡村规划推进会议精神、省委副书记孙伟在武威调研时的讲话精神,听取全市未成年人思想道德建设工作情况汇报,研究部署推动新时代党的民族工作高质量发展、加强非遗保护、编制乡村规划等工作。

**市委四届二百二十二次常委会会议** 9月4日,市委四届二百二十二次常委会会议召开,市委书记柳鹏主持会议。会议传达学习8月31日中央政治局会议精神,习近平总书记在中央全面深化改革委员会第二十一次会议、中央党校(国家行政学院)中青年干部培训班开班式上的重要讲话精神和对档案工作重要批示精神,全省巩固拓展脱贫攻坚成果同乡村振兴有效衔接工作调度会精神,全省农村留守老人妇女儿童和特困群众关爱服务行动、乡村振兴"岗位大练兵、业务大比武"活动启动会议精神,全省巡视巡察工作会议暨十三届省委第九轮巡视动员部署会精神,研究部署全面深化改革、年轻干部培养、推进乡村振兴、推动巡察工作高质量发展等工作。

**市委四届二百二十三次常委会会议** 9月7日,市委四届二百二十三次常委会会议召开,市委书记柳鹏主持会议。会议传达学习中共中央办公厅、国务院办公厅《关于在城乡建设中加强历史文化保护传承的意见》,研究部署历史文化保护传承工作。

**市委四届二百二十四次常委会会议** 9月10日,市委四届二百二十四次常委会会议召开,市委书记柳鹏主持会议。会议传达学习习近平总书记重要文章《党的伟大精神永远是党和国家的宝贵精神财富》和习近平总书记给全国高校黄大年式教师团队代表的重要回信精神。

**市委四届二百二十五次常委会会议** 9月10日,市委四届二百二十五次常委会会议召开。

**市委四届二百二十六次常委会会议** 9月12日,市委四届二百二十六次常委会会议召开。

**市委四届二百二十七次常委会会议** 9

月12日，市委四届二百二十七次常委会会议召开。

**市委四届二百二十八次常委会会议** 9月18日，市委四届二百二十八次常委会会议召开，市委书记柳鹏主持会议。会议传达学习习近平总书记在陕西榆林考察时的重要讲话精神，中央政治局会议精神，中共中央办公厅、国务院办公厅《关于深化生态保护补偿制度改革的意见》，省政府第三次全国国土调查相关会议精神，全省县域经济高质量发展推进会精神，全省坚决遏制“两高”项目盲目发展会议精神，全省抓党建促乡村振兴电视电话会议精神；研究部署国土“三调”成果发布和集成应用、深化生态保护补偿制度改革、推进县域经济高质量发展、遏制“两高”项目盲目发展等工作。

**市委四届二百二十九次常委会会议** 9月23日，市委四届二百二十九次常委会会议召开，市委书记柳鹏主持会议。会议传达学习习近平总书记在第四个“中国农民丰收节”到来之际向全国广大农民和工作在“三农”战线上的同志们致以的节日祝贺和慰问精神以及中共中央办公厅、国务院办公厅《关于加强网络文明建设的意见》，研究部署全面推进乡村振兴、加强网络文明建设等工作。

**市委四届二百三十次常委会会议** 9月29日，市委四届二百三十次常委会会议召开，市委书记柳鹏主持会议。会议传达学习习近平总书记在中央人才工作会议上的重要讲话精神，研究部署人才工作。

**市委四届二百三十一次常委会会议** 10月8日，市委四届二百三十一次常委会会议召开，市委书记柳鹏主持会议。会议传达学习习近平总书记在中央政治局第三十三次集体学习时的重要讲话精神、省委农村工作领导小组第六次全体会议精神、全省高校党的建设工作会议精神，研究部署加强生物安全建设及农业农村、高校党建等工作。

**市委四届二百三十二次常委会会议** 10月12日，市委四届二百三十二次常委会会议召开，市委书记柳鹏主持会议。会议传达学习习近平总书记在纪念辛亥革命110周年大会上的重要讲话精神以及《黄河流域生态保护和高质量发展规划纲要》，安排部署武威市贯彻落实工作。

**市委四届二百三十三次常委会会议** 10月15日，市委四届二百三十三次常委会会议召开，市委书记柳鹏主持会议。会议传达学习习近平总书记对老龄工作作出的重要指示精神、《中共中央国务院关于完整准确全面贯彻新发展理念做好碳达峰碳中和工作的意见》和全省现代丝路寒旱农业特色优势产业三年倍增行动现场推进会精神，研究部署老龄事业、碳达峰碳中和、现代丝路寒旱农业特色优势产业发展等工作。

**市委四届二百三十四次常委会会议** 10月20日，市委四届二百三十四次常委会会议召开。

**市委四届二百三十五次常委会会议** 10月22日，市委四届二百三十五次常委会会议召开，市委书记柳鹏主持会议。会议传达学习习近平总书记在中央政治局第三十四次集体学习时的重要讲话精神、致仰韶文化发现和中国现代考古学诞生100周年的贺信以及全国新冠肺炎疫情防控工作电视电话会议精神，研究部署数字经济、考古、疫情防控等工作。

**市委四届二百三十六次常委会会议** 10月23日，市委四届二百三十六次常委会会议召开。

**市委四届二百三十七次常委会会议** 10

月 24 日，市委四届二百三十七次常委会会议召开，市委书记柳鹏主持会议。会议传达学习习近平总书记在深入推动黄河流域生态保护和高质量发展座谈会上的重要讲话精神，《国家标准化发展纲要》，中共中央办公厅、国务院办公厅《关于推动城乡建设绿色发展的意见》；研究部署黄河流域生态保护和高质量发展、标准化发展、城乡建设绿色发展等工作。

**市委四届二百三十八次常委会会议** 11 月 1 日，市委四届二百三十八次常委会会议召开，市委书记柳鹏主持会议。会议传达学习习近平总书记在参观国家“十三五”科技创新成就展时的重要讲话精神，国务院副总理孙春兰在甘肃调研指导疫情防控工作时的讲话精神，中组部、省委组织部加强换届风气监督工作视频会议精神，听取 1—9 月全市经济运行情况汇报，研究部署科技创新、疫情防控和经济运行等工作。

**市委四届二百三十九次常委会会议** 11 月 8 日，市委四届二百三十九次常委会会议召开，市委书记柳鹏主持会议。会议传达学习习近平总书记在参加北京市区人大代表换届选举投票时的重要讲话精神，安排部署武威市贯彻落实工作。

**市委四届二百四十次常委会会议** 11 月 12 日，市委四届二百四十次常委会会议召开，市委书记柳鹏主持会议。会议传达学习中国共产党第十九届中央委员会第六次全体会议精神，《中共中央国务院关于深入打好污染防治攻坚战的意见》，安排部署武威市学习贯彻工作。

**市委四届二百四十一次常委会会议** 11 月 22 日，市委四届二百四十一次常委会会议召开，市委书记柳鹏主持会议。会议传达学习《中共中央关于党的百年奋斗重大成就和历史经验的决议》和习近平总书记关于决议的说明，习近平总书记在党外人士座谈会、第三次“一带一路”建设座谈会上的重要讲话精神和致首届中国网络文明大会的重要贺信，以及中央、省委有关会议、文件精神，研究部署武威市贯彻落实工作。

**市委五届一次常委会会议** 11 月 29 日，市委五届一次常委会会议召开，市委书记柳鹏主持会议。会议传达学习习近平总书记在党的十九届六中全会上的重要讲话，安排部署学习贯彻工作。

**市委五届二次常委会会议** 12 月 3 日，市委五届二次常委会会议召开，市委书记柳鹏主持会议。会议传达学习习近平总书记在中央全面深化改革委员会第二十二次会议上的重要讲话精神、省委全面深化改革委员会第十六次会议精神、学习贯彻党的十九届六中全会精神省委宣讲团动员会暨培训会精神，研究部署党的十九届六中全会精神宣讲、全面深化改革、化解国有土地上已售城镇住宅历史遗留“登记难”问题等工作。

**市委五届三次常委会会议** 12 月 10 日，市委五届三次常委会会议召开，市委书记柳鹏主持会议。会议传达学习习近平总书记在中央政治局会议、党外人士座谈会、全国宗教工作会议上和中央政治局第三十五次集体学习时的重要讲话精神，《中共中央办公厅、国务院办公厅关于印发〈农村人居环境整治提升五年行动方案（2021—2025 年）〉的通知》，研究部署经济、法治、宗教和农村人居环境整治提升等工作。

**市委五届四次常委会会议** 12 月 16 日，市委五届四次常委会会议召开，市委书记柳鹏主持会议。会议传达学习中央经济工作会议精神和习近平总书记在中国文联第十一次全国代表大会、中国作协第十次全国代表大会开幕式上的重要讲话，安排部署武威市贯彻落实工作。

**市委五届五次常委会会议** 12月23日，市委五届五次常委会会议召开，市委书记柳鹏主持会议。会议传达学习习近平总书记在中央全面深化改革委员会第二十三次会议上的重要讲话精神、对党内法规工作的重要指示精神、对全国老干部工作的重要指示精神，省委十三届十五次全会暨省委经济工作会议精神，省委农村工作领导小组第七次全体会议精神，研究部署全面深化改革、党内法规制度建设、经济高质量发展等工作。

**【市委理论学习中心组学习会】** 1月6日，市委理论学习中心组举行学习会，集体学习党的十九届五中全会精神、习近平总书记在中央政治局民主生活会上的重要讲话、习近平总书记对甘肃重要讲话和指示精神，学习《习近平谈治国理政》第三卷、《中国共产党章程》、《中共中央关于加强党的政治建设的意见》等内容。

2月3日，市委理论学习中心组举行学习会，集体学习习近平总书记在中央政治局第二十六次、第二十七次集体学习时的重要讲话精神，《习近平谈治国理政》第三卷部分篇目，《中国共产党统一战线工作条例》《中共中央国务院关于实现巩固脱贫攻坚成果同乡村振兴有效衔接的意见》《中共中央国务院关于全面推进乡村振兴加快农业农村现代化的意见》，以及省委书记林铎有关讲话和省委统一战线工作领导小组有关文件精神。

3月4日，市委理论学习中心组举行学习（扩大）会议，邀请兰州大学西北党史党建研究中心主任倪国良教授作题为《中国共产党百年奋斗历程及其主要经验》的辅导报告，集体学习习近平总书记在党史学习教育动员大会上的重要讲话精神、习近平《论中国共产党历史》部分篇目、《中共中央关于在全党开展党史学习教育的通知》和省委有关通知精神。

3月25日，市委理论学习中心组举行学习会议，集体学习习近平《论中国共产党历史》部分篇目，并到中国工农红军西路军古浪战役纪念馆接受党史学习教育和党性洗礼。

3月29日，市委理论学习中心组举行学习（扩大）会议，邀请军事科学院解放军党史军史研究中心研究员李涛作题为《中国共产党的成功之道》的辅导报告。

4月19日，市委理论学习中心组党史学习教育读书班暨学习（扩大）会议在市委党校举行。读书班上，柳鹏、周伟、鞠毅、梁朝阳分别领学习近平总书记在党史学习教育动员大会上的重要讲话、《论中国共产党历史》与《毛泽东、邓小平、江泽民、胡锦涛关于中国共产党历史论述摘编》部分篇目等内容。

5月17日，市委理论学习中心组举行学习会议，集体学习习近平《论中国共产党历史》《习近平新时代中国特色社会主义思想学习问答》《习近平关于总体国家安全观论述摘编》部分篇目，习近平总书记在中央政治局第二十六次集体学习时的重要讲话精神和《中华人民共和国国家安全法》。

6月3日，市委理论学习中心组举行学习（扩大）会议，邀请重庆社会主义学院教研室主任、副教授邓凌作统一战线史专题辅导报告。

6月28日，市委理论学习中心组举行学习（扩大）会议，邀请省委党史研究室副主任安永香作专题辅导报告，重点围绕西路军历史背景、征战历程、历史贡献等方面，深刻阐述西路军艰苦卓绝的征战历史和伟大的历史功绩。同时，集体学习习近平《论中国共产党历史》《习近平新时代中国特色社会主义思想学习问答》部分篇目，以及中央办公厅、省委办公厅有关文件精神。

7月1日，市委理论学习中心组举行学习会议，专题学习习近平总书记在庆祝中国共产党成立100周年大会上的重要讲话。会上，市委书记柳鹏围绕学习习近平总书记重要讲话精神首先作交流发言，各常委分别发言。

7月5日，市委理论学习中心组举行学习（扩大）会议，同时举办市级“党课开讲啦”系列课程第二讲，邀请厦门大学马克思主义学院副院长原宗丽教授作党史学习教育专题辅导。原宗丽教授以中国共产党百年历史时间轴线为逻辑线索，从建党、革命、建设、改革、复兴、启示依次递进，回顾党一百年来团结带领人民走过的光辉历程。

9月26日，市委理论学习中心组举行学习（扩大）会议，邀请中国社科院古代史研究所明史研究室主任、市凉州文化研究院副院长赵现海，围绕国家文化公园的建设、长城的历史意义与当代价值、长城国家文化公园的建立、武威长城文化资源、长城国家文化公园（武威段）建设的建议等方面，作题为《长城国家文化公园（武威段）建设的建议》的专题辅导报告。

10月8日，市委理论学习中心组举行学习（扩大）会议，市委书记柳鹏以《深入学习贯彻“七一”重要讲话精神，奋力开创武威现代化建设新局面》为题，作专题党课报告。

11月17日，市委理论学习中心组举行学习会议，学习党的十九届六中全会公报、《中共中央关于党的百年奋斗重大成就和历史经验的决议》、习近平总书记《关于〈中共中央关于党的百年奋斗重大成就和历史经验的决议〉的说明》。王国斌、马得明、鞠毅、曾国俊围绕学习贯彻党的十九届六中全会精神作学习交流发言。

12月3日，市委理论学习中心组举行学习会议，集体学习习近平总书记在党的十九届六中全会上的报告和重要讲话、在中央人大工作会议上的重要讲话，《中共中央办公厅关于做好党的十九届六中全会精神学习宣传的通知》《中共甘肃省委关于认真学习宣传贯彻党的十九届六中全会精神的通知》。

图8　1月8日，市委全面依法治市暨平安武威建设工作会议召开（市委政法委供图）

**【市委全面依法治市暨平安武威建设工作会】** 1月8日，市委全面依法治市暨平安武威建设工作会议召开，市委书记、市委依法治市委员会主任、平安武威建设领导小组组长柳鹏出席会议并讲话。会议传达学习习近平总书记关于平安中国建设重要指示精神，中央全面依法治国工作会议、平安中国建设工作会议和省委全面依法治省工作会议、平安甘肃建设工作会议精神，研究部署当前和今后一个时期全面依法治市与平安武威建设工作。

**【全市2020年度河湖长述职会】** 1月13日，全市2020年度河湖长述职会议召开，市委书记、市级总河长柳鹏出席会议并讲话，市委副书记、市长、市级总河长周伟主持会议。会上观看石羊河全国示范河湖建设专题片，4个县区级总河长进行述职，其他市级河长、县区级总河长（县区长）及县级河长提交书面述职报告。

**【市委农村工作会议暨全市巩固拓展脱贫攻坚成果同乡村振兴有效衔接工作会议】** 2月2日，市委农村工作会议暨全市巩固拓展脱贫攻坚成果同乡村振兴有效衔接工作会议召开，市委书记柳鹏出席会议并讲话，市委副书记、市长周伟主持会议。会议传达学习习近平总书记在中央农村工作会议上的重要讲话，中央农村工作会议、全国巩固拓展脱贫攻坚成果同乡村振兴有效衔接工作会议、全国扶贫开发工作会议和省委农村工作会议、全省巩固拓展脱贫攻坚成果同乡村振兴有效衔接暨全省扶贫开发工作会议精神，《中国共产党农村工作条例》和《甘肃省贯彻〈中国共产党农村工作条例〉实施办法》，听取各县区乡村振兴工作谋划情况汇报。

**【全市高质量发展重大项目建设启动大会】** 2月18日，全市高质量发展重大项目建设启动大会召开，市委书记柳鹏出席会议并讲话，市委副书记、市长周伟主持会议。会上，市委常委、常务副市长王国斌通报2020年全市高质量发展重大项目建设情况，解读2021年高质量发展重大项目清单。各县区政府围绕谋划和推进2021年高质量发展重大项目建设，市自然资源局、农发行武威分行围绕服务和保障重大项目建设、加快产业发展，部分项目建设单位围绕加快2021年重大项目建设，作大会发言。

**【全市党史学习教育动员大会】** 3月1日，全市党史学习教育动员大会召开。市委书记、市委党史学习教育领导小组组长柳鹏出席会议并作动员讲话。会议传达学习习近平总书记在党史学习教育动员大会上的重要讲话精神，省委副书记、省长任振鹤在全省党史学习教育动员大会上的讲话精神，对全市开展党史学习教育进行动员部署。

**【武威市生态环境保护委员会第一次会议】** 3月2日，市生态环境保护委员会第一次会议召开，市委书记、市生态环境保护委员会书记柳鹏主持会议。会议传达学习全省全面强化生态环境问题排查整治工作推进会议精神，听取2020年全市环境质量状况、污染防治攻坚战考核情况及各类生态环境问题整改情况汇报。

**【市委教育工作领导小组第五次全体会议】** 3月30日，市委教育工作领导小组第五次全体会议召开，市委书记、市委教育工作领导小组组长柳鹏主持会议并讲话。会议传达学习中共中央、国务院和省委、省政府有关文件精神，审议《武威市贯彻落实〈深化新时代教育评价改革总体方案〉工作方案》。

**【全市创建全国民族团结进步示范市动员大会】** 4月1日，全市创建全国民族团结进步示范市动员大会召开。市委书记柳鹏出席会议并讲话，省民委副主任余世勇出席会议并讲话，市委副书记、市长周伟主持会议。市委常委、市委统战部部长、市政协党组副书记王玉真宣读《关于命名全市民族团结进步示范区示范单位和教育基地的决定》，古浪县、市教育局、市发展改革委、市文体广电和旅游局负责人作表态发言。

**【全市县乡领导班子换届工作会议】** 4月15日，全市县乡领导班子换届工作会议召开，市委书记、市委县乡换届工作领导小组组长柳鹏出席会议并讲话，市委副书记、市长、市委县乡换届工作领导小组副组长周伟主持会议。市委常委、市委组织部部长、市委县乡换届工作领导小组成员兼办公室主任关维斌对全市县乡换届工作作具体安排部署。

**【武威市精神文明建设命名表彰大会】** 7月9日，由市委、市政府主办，市委宣传部、市文明办、市新闻传媒集团、市文旅集团承办的“风华百年路 文明新武威”武威市精神文明建设命名表彰大会在天马剧院举行。市委、市人大、市政府、市政协领导出席大会，并为获得第十五批市级文明单位、第十五批市级文明村镇、第二届市级文明家庭、第二届市级文明校园、“道德模范”“最美武威人”“新时代武威好少年”颁奖。

**【全市2021年度总河长会议】** 7月21日，全市2021年度总河长会议召开，市委书记、市级总河长柳鹏出席会议并讲话。市委副书记、市长、市级总河长周伟主持会议。会议传达甘肃省2021年河湖长制工作会议精神。古浪县、天祝藏族自治县、市检察院、市生态环境局作大会发言。

**【全市领导干部大会】** 7月26日，全市领导干部大会召开。市委书记柳鹏主持会议并讲话。省委组织部部务委员黄致品出席会议并宣布省委决定：王国斌任中共武威市委副书记；周伟不再担任中共武威市委副书记、常委、委员职务。

**【武威市生态环境保护委员会第二次会议暨市黄河流域生态保护和高质量发展协调推进领导小组2021年度第一次会议】** 8月19日，市生态环境保护委员会第二次会议暨市黄河流域生态保护和高质量发展协调推进领导小组2021年度第一次会议召开，市委书记、市生态环境保护委员会主任柳鹏出席会议并讲话，市委副书记、代市长、市生态环境保护委员会主任王国斌主持会议。会议传达国家和省上有关会议精神，通报1月至7月全市环境质量状况和各类生态环境问题整改进展情况，观看生态环境警示片，听取有关情况汇报，审议通过相关文件。

**【全市林长制工作会议】** 8月26日，全市林长制工作会议召开，市委书记、市级总林长柳鹏出席会议并讲话，市委副书记、代市长、市级总林长王国斌主持会议。会议传达学习全省林长制工作会议精神，审议有关文件，安排部署全市全面推行林长制工作。

**【全市化解国有土地上已售城镇住宅历史遗留“登记难”问题推进会暨领导小组第一次会议】** 9月1日，全市化解国有土地上已售城镇住宅历史遗留“登记难”问题推进会暨领导小组第一次会议召开，市委书记、领导小组组长柳鹏出席会议并讲话，市委副书记、代市长、领导小组组长王国斌主持会议。会议传达学习省委、省政府有关会议精神，听取全市相关工作进展情况汇报，研究部署近期工作，审议有关文件。

**【市委农村工作领导小组第四次全体会议】** 10月14日，市委农村工作领导小组第四次全体会议召开。市委书记、市委农村工作领导小组组长柳鹏出席会议并讲话，市委副书记、代市长、市委农村工作领导小组组长王国斌主持会议。会议传达学习习近平总书记关于巩固拓展脱贫攻坚成果同乡村振兴有效衔接的重要讲话精神，传达学习中央、省委有关会议和文件精神，通报2021年以来重点任务进展，听取有关情况汇报，审议有关文件，安排部署下一阶段重点工作。

**【市委教育工作领导小组第六次会议】** 12月10日，市委教育工作领导小组第六次会议召开。市委书记、市委教育工作领导小组组长柳鹏主持会议并讲话。会议传达学习中共中央办公厅、国务院办公厅《关于推动现代职业教育高质量发展的意见》精神，审议武威市《关于深化新时代教育督导体制机制改革的实施方案》《关于全面加强和改进新时代学校体育工作的实施方案》《关于全面加强和改进新时代学校美育工作的实施方案》《关于进一步减轻义务教育阶段学生作业负担和校外培训负担的实施方案》。

## 党史学习教育

**【概况】** 3月1日，武威市党史学习教育正式启动，市委先后召开8次领导小组会议专题研究部署，领导小组办公室召开20次主任会议，统筹调度、协调落实。共有4100余个党组织、10.27万名党员参加，抽调45名干部组建10个巡回指导组，开展3轮以上巡回指导，全覆盖跟踪督促、全过程精准指导。扎实开展“我为群众办实事”实践活动，市级完成46项、县区完成170项“我为群众办实事”重点项目，基层党组织累计兴办实事12140件，保证党史学习教育的质量和效果。

**【多种形式开展学习教育】** 广泛运用讲授式、研讨式、案例式、模拟式的形式载体开展学习教育，通过理论学习中心组学习会议、举办读书班、讲专题党课、党员干部集中学习等形式，深学细研习近平《论中国共产党历史》等4本指定必学材料，学习《中华人民共和国简史》等3本重要参考材料。第一时间学习习近平总书记在庆祝中国共产党成立100周年大会上的重要讲话精神、党的十九届六中全会精神。至2021年底，累计开展理论学习中心组学习10532场次，交流研讨23052场次，全市各级党员领导干部讲授专题党课9214场次，开展“菜单式”、小板凳“课堂”“马背小分队”等互动宣讲4794场次、受众25.6万人次。为党员干部征订《论中国共产党历史》《习近平新时代中国特色社会主义思想学习问答》等4本指定书目11.62万本，征订《中华人民共和国简史》《改革开放简史》等3本重要参考材料3.13万本，确保党组织和党员学习教育全覆盖。

【开展专题教育】 结合武威特有的革命传统，充分运用红色资源，倾力打造党史学习教育品牌和特色阵地。组织党员到红军西路军古浪战役纪念馆、凉州战役纪念馆、武威烈士陵园等红色基地瞻仰革命遗迹，聆听红色故事，传承红色基因。“七一”期间，全市共10.27万名党员重温入党誓词，1512名新发展党员进行入党宣誓。用好八步沙“六老汉”治沙纪念馆和八步沙两山实践创新基地，广泛开展压沙造林生态文明绿色体验实践活动，以实际行动筑牢西部生态安全屏障。举办“光荣在党50年”纪念章颁发启动仪式暨“薪火相传守初心、接续奋斗新征程”党性教育活动，全市共举办集中颁发仪式165场次，为5293名党员颁发纪念章。

【宣传报道】 坚持正确的政治方向和舆论导向，内宣外宣同步发力，线上线下一体推进。推出《绝不把历史遗留问题再留给历史》《我为爷爷读党史》等报道。至2021年年底，共刊播新闻稿件15850篇，其中，在《人民日报》等中央媒体刊播稿件2656篇，在省级媒体刊播稿件4435篇。推出《学“七一”讲话，讲初心故事，接续奋进新征程》《深入开展“七大专项行动”，拓展深化“我为群众办实事”》等系列报道，编印简报206期。利用宣传栏、LED屏、车载媒体、户外广告等各类载体，构建全方位、立体化、多维度的宣传矩阵，助推党史学习教育接地气、有声势。

【解决历史遗留问题】 在全省率先开展信访“包案督办化积案”专项行动，梳理中央、省级信访联席会议交办的信访积案59件，30名市级领导接访群众70多次，全部办结；各县区梳理信访积案69件，全部办结。开展不动产登记历史遗留问题攻坚行动，为5.3万户长期“有房无证”的居民办理不动产权证。深入开展多措并举促就业专项行动，新增城镇就业1.67万人，成立全省首家劳动保障维权中心，推动维权工作法治化、专业化，解决欠薪案件507件，涉及1630人次，解决金额2100多万元，接受各类咨询600余人次。

图9 8月，古浪县八步沙两山实践创新基地联合高校开展党史学习教育
（陈之鸿 摄）

【基础设施建设】 完成1046千米村组道路通硬化工程,完成农村道路安全生命防护工程215千米、改造危桥19座,安装标志标牌和减速带5000处,解决群众“出行难”的问题。开展扩容提质兴教育专项行动,新建中小学幼儿园9所,新增学位4050个,园位900个,解决适龄儿童、幼儿上学难入园难的问题。开展提升能力保健康专项行动,市级重症医学传染病区改造建设项目及天祝藏族自治县、古浪县人民医院传染病区改造项目完成改造并投入使用,105个乡镇卫生院规范化发热门诊(诊室)建设项目全部完成建设;妇女“两癌”免费检查8008人。开展改善环境促宜居专项行动,改造老旧小区200个14733户,新建乡镇休闲公园18个、公共休闲绿地622处;完成农户改厕20967座,累计改造17.13万座。新增凉州区城区天然气用户5000户,古浪县农村天然气入户工程完成输气管线敷设38.6千米,完成大靖区及移民新村天然气设施到户3900户。

【便民服务活动】 建成市级一体化政务服务平台,全面推行“一窗服务、集成服务”“一件事一次办”“政务服务+快递”改革,在全省率先推行“一书两证”电子证照,社保申请、公积金信息变更等76个高频事项实现“省内通办”,不动产一般登记、企业开办时间分别压缩至5个、2个工作日。全面落实惠企纾困政策,为172户企业降低用电成本1.6亿元,新增减税降费3.2亿元。

【志愿服务活动】 全市广大党员干部围绕文明城市创建、基层社会治理,开展文明交通劝导、环境卫生整治、法律法规宣传。各县区聚焦“一老一小一困”,充分发挥新时代文明实践中心(所、站)的职能作用,定期为空巢老人提供家政护理和生活照料服务,对留守儿童进行生活照顾和亲情关爱。建设7个街道综合养老服务中心,建成农村老年人日间照料中心696所,为1615名失能、半失能老年人提供全托、日托照料护理服务;为2528名残疾人适配辅具,创建残疾人托养机构25家,总床

图10　3月,新建的凉州区第五幼儿园开园招生　　（凉州区委党史和地方志研究中心　供图）

位4183张；为24.08万人增发养老金596.02万元，为事实无人抚养儿童落实基本生活补贴416.4万元。

（市委党史学习教育领导小组办公室）

## 督查督办

【概况】 2021年，制定《2021年督查检查考核工作计划》，组织开展习近平总书记对甘肃重要讲话和指示精神落实情况等9项督查，对督查发现的问题建立整改台账，督促限期整改。常态化督办市委常委会议定事项和领导批示件。负责督办的中央、省级生态环境保护督察反馈问题全部整改销号。

【网民留言办理】 不断提升网民留言办理质效，办理人民网领导留言板留言3185条，办结回复2614条、回复率82.1%，市委被表彰为“2021年人民网网民留言办理工作机制创新单位”。

【基层减负工作】 市委、市政府共制发重点精简的两大类文件42件，召开市级层面会议17次，开展督查检查19次，同比分别减少25%、19.1%、13.6%。清理整合网络工作群294个，杜绝指尖上的形式主义。

（市委办公室）

## 组织工作

【概况】 截至2021年年底，全市党员总数105383名，比2020年增长1.76%。女党员22714名，占党员总数的21.55%。少数民族党员5368名，占5.09%。农村党员45689名，占43.36%。大专及以上学历党员45940名，占党员总数的43.59%；中专学历党员5312名，占5.04%；高中中技学历党员20845名，占19.78%；初中及以下学历党员33286名，占31.59%。35岁及以下党员21985名，占党员总数的20.86%；36岁至55岁党员45354名，占43.04%；56岁及以上党员38044名，占36.10%。2021年共发展党员2832名，比2020年增长96.80%。至2021年底，全市有党组织4245个，其中党委265个，党总支229个，党支部3751个。

【党员干部思想政治建设】 2021年，坚持把深入学习贯彻习近平新时代中国特色社会主义思想作为首要政治任务，组织广大党员干部原原本本学、联系实际学、带着问题学。坚决把理论教育和党性教育比重不低于70%作为教育培训硬约束，举办市管县级干部学习贯彻党的十九届五中全会精神轮训班等示范培训班次36期，培训党员干部3392人，选派694名领导干部参加省级及以上组织调训，示范带动全市培训党员干部4.6万人次，教育引导广大党员干部坚定拥护“两个确立”，切实增强“四个意识”、坚定“四个自信”、做到“两个维护”。

【党建引领高质量发展】 坚持把服务大局成效作为检验践行习近平新时代中国特色社会主义思想的重要标尺，扎实开展抓党建促乡村振兴、促基层治理、促高质量发展“三抓三促”活动，推动党的政治优势、组织优势转化为发展优势。出台《武威市抓党建促乡村振兴的若干措施》《加快推进乡村人才振兴的实施意见》，培树推广抓党建促乡村振兴的“富民新村”产业发展、“上庄村”美丽乡村建设、“红旗村”乡风文明培育、“德吉新村”基层治理“四种模式”,示范引领创建省级标准化先进党支部48个、市级“五星级”党支部435个,整顿软弱涣散基层党组织78个。常态长效开展“六联共建”“双报到”活动,驻区单位与街道、社区签订资源、需求、项目“三张清单”1135项,开展共驻共建818场次,解决突出问题2178个,构建党建引领、各方协同、全民参与的基层治理新格局。开展“喜迎建党100年·我为企业谋发展”活动,引导职工在技术革新、项目攻关等方面先锋引领,解决党建引领、创新驱动等困难问题194个。

**【县乡领导班子换届】** 坚持把党的全面领导、优化结构功能、严肃换届纪律贯穿换届始终,圆满完成4个县区、93个乡镇换届工作。坚持好中选优、优中选强,换届后党政班子成员平均年龄43.4岁,较上次换届下降2岁;全日制教育大学本科及以上的干部29名、占46%,较上次换届提高28.1%。乡镇班子成员平均年龄37.3岁,35岁及以下370名、占39.5%,本科及以上学历396名、占42.3%。坚持教育、警示、预防“三个在先”,开展警示教育900余场次,签订严肃换届纪律承诺书2.72万份,谈心谈话1.3万人次,持续推进“十严禁”换届纪律入脑入心。

**【干部队伍建设】** 坚持好干部标准,突出政治标准,分领域分行业完成政法系统、纪委监委等64个单位班子研判,掌握优秀干部400多名。选拔想干事、能干事、干成事的干部,市委常委会会议研究任免县级干部26批571人次,其中提拔96人、进一步使用20人;市委组织部部务会会议研究市直科级干部任免13批564人次,其中提拔或进一步使用192人。举办全市中青年干部培训班,选派100名干部在厦门大学参加全市优秀年轻干部政治素质和能力提升培训班。组织全市691个部门单位召开2020年度民主生活会,引导各级领导干部经常性进行政治体检。选派31名选调生到村任职,调整选派驻村工作队成员499人,引导干部在打硬仗、扛重活中练就铁肩膀、锤炼真本领。

**【各领域基层组织建设】** 持续打好党支部建设标准化、“四抓两整治”(抓基层党组织带头人队伍、抓基层党组织阵地建设、抓基层党组织党内政治生活、抓基础保障工作,大力整治软弱涣散村党组织、大力整治党员信教和涉黑涉恶问题)和党建工作信息化“组合拳”,实施先进引领、后进转化、中间提升“三项工程”,开展党支部“达标创星、整体创优”活动,推动各领域基层党建全面进步全面过硬。在农村,做好村(社区)换届“后半篇文章”,深入推进“六个一”(一次集中亮相、一堂初心党课、一次全员轮训、一场民情恳谈、一件开门实事、一批矛盾化解)主题活动,办理民生实事4229件,化解矛盾纠纷2429件。在城市,健全四级组织架构、四级联动体系、四长责任管理等机制,49名市县领导担任片长包抓街道,52名街道班子成员担任街(巷)长,433名社区班子成员担任网格长,1599名离退休人员及热心居民担任楼院(栋)长,齐心协力抓党建、抓治理、抓服务。在机关,深入推进“模范机关”创建,扎实开展机关党建业务工作“两张皮”问题专项整治。投资986万元、占地1576平方米的武威市共产党员党性教育基地即将建成投用。在“两新”组织,制定加强互联网企业党建21条措施、律师行业党建28条措施,深入推进“两新”党建“扩面提质”行动，全市非公有制经济组织和社会组织党组织覆盖率分别达到86%、81%。

【干部监督管理】 以最严干部监督举措促干部作风持续转变，严格落实“凡提四必”要求，从严查核个人有关事项报告，对未如实报告的领导干部给予处理。强化干部日常监督管理，扎实开展因私出国（境）管理专项整治，坚持干部档案“动议”“考察”双审核，开展干部档案审核遗留问题认定处理。按规定使用处分期满、表现突出的干部，对受处理处分干部情况进行研判，提拔或进一步使用，切实保护干部干事创业积极性。

【优秀年轻干部选树培养】 始终扛牢培养选拔优秀年轻干部政治责任，提拔45岁及以下正县级、40岁及以下副县级干部26名，占提拔干部的27%；市直提拔35岁以下科级干部65名，占提拔干部的34.4%；各县区提拔35岁及以下正科级、30岁及以下副科级干部142名，占提拔干部的28.34%，干部队伍年龄结构全面优化。积极为年轻干部成长引路搭台，选派36名市县区直机关年轻干部到乡镇挂职锻炼，组织全市年轻干部、引进人才和挂职干部观摩重大项目，市委主要领导出席了年轻干部座谈会，激励年轻干部在基层一线经受锻炼、成长成才。

【党员先锋引领工程】 充分发挥党员先锋模范作用，引导农村党员争当“乡村振兴先锋”、社区党员争当“基层治理先锋”、机关党员争当“爱岗敬业先锋”、企业党员争当“高质量发展先锋”、流动党员争当“创业就业先锋”，推选的杨斌作为全省唯一人选，荣获全国“最美公务员”称号，举办全国“最美公务员”颁奖仪式，教育引导广大党员立足岗位当先锋。在市电视台开设“党旗飘扬新武威”专栏，大力宣传各领域涌现出的典型事迹，播出节目12期，推动形成学习先进、争当先进、赶超先进的良好风尚。

【人才振兴工程】 坚持不唯地域引进人才，出台《武威市引进急需紧缺人才操作规程》，引进急需紧缺人才226名，其中硕士116名。推行“人才＋项目＋产业”培养模式，争取实施省级人才项目7个、310万元，带动培育各类人才6700多人。选派38名专业技术人才参加“西部之光”“陇原之光”“天马英才”人才培养计划，营造人人皆可成才、人人尽展其才的良好局面。安排24名引进人才到工业园区、项目一线锻炼，选拔13名引进人才担任科级及以上领导职务，形成人才在基层一线发现、识别、使用的鲜明导向。出台《优化人才发展环境的意见》等制度，为40名高层次人才申报陇原人才服务卡，发放各类人才津补贴376万元。加强人才政治引领，市级领导干部联系服务96名人才，组织50名高层次专家人才赴延安举办“四史”学习教育培训班，推荐29名引进人才担任市、县区“两代表一委员”，营造敬才、爱才、留才、用才的浓厚氛围。

【八步沙干部学院建设】 始终坚持“打造省内唯一、全国一流的践行习近平生态文明思想的示范教育基地”的办学定位，突出“绿色”主题，全力打造武威与国家生态安全屏障等精品课程60个，其中“八步沙精神与家风建设”等3门课程入选全省干部教育培训好课程，建成八步沙眼窝子沙第一代人治沙点等现场教学点39个，学院办学特色日益鲜明。

2021年，举办全省依法治省业务骨干培训班、全省新任村党组织书记培训班等33期，培训学员2134人，其中学制5天以上的培训班8期、培训学员865人，省级培训班15期、培训学员1398人。

（市委组织部）

## 宣传工作

【概况】 2021年，推进学习贯彻习近平新时代中国特色社会主义思想不断走深走心走实；通过组建宣讲团（组），创新运用乡村大喇叭、小板凳“课堂”、“马背宣讲团”、音乐快板、古浪小调等多种形式，开展宣讲1.2万余场次，受众达44万多人次。围绕党史学习教育、庆祝建党100周年等重大主题，撰写理论文章33篇，申报省社科规划项目5项，建成省级社科示范基地6个。举办“新时代·新思想”武威市党史宣讲大赛。向“学习强国”甘肃学习平台推送稿件2922篇，上线采用997篇，平台活跃学员达38548人。

【党史学习教育】 先后9次邀请军事研究院、厦门大学等专家学者作专题辅导。采取推送网络课程、发放学习资料U盘、编印口袋书、大喇叭播党史等形式推进学习教育全覆盖。各级党组织把党课“搬进”红色教育基地，创新运用沉浸式教学方式，推动学习教育入脑入心。实施促就业、兴教育等七大专项行动，解决一批群众“急难愁盼”问题，帮办实事累计达12140件。在全省率先开展“信访包案督办化积案”行动，梳理信访积案59件，全部办结，5.3万户居民“有房无证”问题得到彻底解决。

【建党百年庆祝活动】 精心组织庆祝建党100周年歌咏比赛、文艺会演、党史知识竞赛、书画摄影作品展等系列庆祝活动，召开“两优一先”评选表彰、“光荣在党50年”纪

图11 6月，党史学习教育宣讲人员穿越天祝藏族自治县牧区 （甘曜毓 高德强 摄）

念章颁发仪式，话剧《八步沙》在北京、兰州首映。深化“永远跟党走”群众性主题宣传教育活动，广泛开展“四史”宣传教育，创新开展“凉州贤孝唱党史”“我为爷爷读党史”等活动，更加坚定始终跟党走的信心和决心。走访慰问获表彰功勋党员、老党员、生活困难党员和烈士遗属，发放慰问金。广泛学习宣传“卫国戍边英雄团长”祁发宝英雄事迹。清明期间，组织11.7万多人次参加清明祭英烈活动。

**【宣传报道工作】** 紧紧围绕学习贯彻党的十九届六中全会精神、市第五次党代会精神等重要会议及党史学习教育、创建全国文明城市、乡村振兴、疫情防控、民生保障、文旅融合、七五普法等中心工作开展全方位宣传报道。开设“八个着力在武威”“奋斗百年路 启航新征程·建党100周年”等40多个专栏，策划开展“民企武威行”、“我为群众办实事”实践活动、高质量发展项目观摩等主题采访活动。市级媒体刊发新闻报道3.5万多篇（条），新媒体矩阵刊播稿件10万多篇（条），阅读量6000多万人次，开展网络直播活动16场次。邀请中央和省级媒体150多批1000余人次到武威市采访报道。在中央、省级媒体分别发稿9033余篇、10213余篇，央视《一村一寨总关情》《搬出大山》，新闻联播《富民新村的新生活》，《人民日报》《感人肺腑的中国故事——六老汉治沙》等媒体的重磅报道产生广泛影响。特别在市第五次党代会和市两会期间，在《甘肃日报》刊发3个专版，《人民日报》、新华社、《光明日报》以及人民政协网、中青网等各大央媒推宣武威高质量发展成就，刊发各类稿件、视频、海报等206篇（条），各大央媒平台推宣点击率瞬间超10万人次，极大提升了武威影响力。

**【文化品牌建设】** 深入挖掘凉州文化资源，与中国社会科学院联合举办五凉文化论坛、“明清时期河西走廊社会变迁”学术研讨会。举办2期凉州讲坛、武威市第二届“马文化”“凉州词”暨葡萄美酒之美术书法作品邀请展，编撰出版《五凉名儒》《雄心一片在西凉——历代咏凉诗词选》等一批优秀著作，《话说五凉》短视频网络点击量达6亿次。

**【公共文化服务】** 广泛开展书香武威全民阅读活动，“书城不夜”成为城市品牌。举办2021年频网联动春节联欢晚会、2021武威第一届沙漠绿舟嘉年华活动暨摩托车越野赛等系列文体活动，组织“文化进万家”等惠民演出215场次，城乡群众精神文化生活不断丰富。组织创作诗词楹联、书法、美术、文学、剪纸等优秀文艺作品3000余件。电影《八步沙》《高铁作证》摄制播出。上报精品剧以奖代补项目2个、敦煌文艺奖参评项目16个。全省最大文化旅游PPP项目雷台文化旅游综合体完成投资40.84亿元，所有单体建筑全部封顶，神州荒漠野生动物园品质提升项目、古浪县八步沙“绿水青山就是金山银山”实践创新基地开放运营，天梯山生态文化旅游区、凉州会盟纪念地、苏武沙漠大景区等重点项目加快推进，“天马行空·自在武威”知名度和影响力不断扩大。

**【群众性精神文明创建】** 2021年，制定《关于深化新时代文明创建的实施意见》《武威市文明单位文明村镇创建管理办法》等。组织开展第十五批市级文明单位、文明村镇和第二届武威市文明家庭、第七届武威市道德模范、“最美武威人”评选工作，大力培育先进典型，召开全市精神文明建设命名表彰大会，表彰市级文明单位 50 个、文明村镇 47 个、“道德模范”15 名、“最美武威人”45 名、“最美武威人”45 名。成功举办 2021 年 8 月“中国好人榜”发布活动，全市 7 人入选“中国好人榜”，16 人入选“甘肃好人”，郭万刚被评为第八届诚实守信全国道德模范。市委作出《关于开展向郭万刚同志学习活动的决定》，在全市大力宣传典型人物的先进事迹，营造宣传模范、学习模范、崇尚模范、争做模范的良好氛围。

**【公民道德建设】** 全面落实《新时代公民道德建设实施纲要》，开展“德润武威”“做文明有礼武威人”道德实践活动和“行拱手礼”“推广普通话”“公勺公筷公夹”等文明创建主题活动，举办专题培训班 22 余场次，拍摄“拱手礼”教学、宣传视频，在全市各类媒体进行广泛宣传播放，印发宣传海报和倡议书 2 万余份。组织开展“我们的节日”主题活动，进一步弘扬时代新风，构建向上向善向美的时代新风尚。开展诚信缺失等道德领域突出问题集中专项治理，推进诚信建设制度化，组织发布第十期“共筑诚信·德润武威”诚信“红黑榜”，发布“红榜”企业 52 家、“黑榜”企业 19 家，在全社会营造褒扬诚信、惩戒失信的社会风尚。

**【新时代文明实践中心建设】** 认真贯彻落实全国拓展新时代文明实践中心建设工作电视电话会议精神，积极推进市级新时代文明实践中心试点建设，全市挂牌成立新时代文明实践中心 4 个、实践所 105 个、实践站 1115 个，实现新时代文明实践站所建设全覆盖。全市各级新时代文明实践中心（所、站）通过“讲、评、帮、乐、育、庆”等形式，常态化、经常性开展文化文艺、助学支教、法律援助等各类志愿服务活动 4.8 万余场次，服务城乡群众 33.9 万人次，推动社会主义核心价值观在培育与践行过程中内化于心、外化于行。

**【未成年人思想道德建设】** 制定印发《武威市 2021 年未成年人思想道德建设工作实施方案》，组织召开全市未成年人思想道德建设工作推进会，形成工作合力，推进全市未成年思想道德建设工作落实落细。评选“新时代武威好少年”47

图 12　3 月，武威市举办 2021 年“学雷锋”志愿服务月集中服务日暨创建第七届全国文明城市宣传活动（市文明办　供图）

人，向省文明办推荐“新时代甘肃好少年”11人，其中3人获评“新时代甘肃好少年”荣誉称号。加强文明校园动态管理，组织开展市级文明校园复查工作，全面巩固提升文明校园创建水平。争取乡村学校少年宫项目建设和运转经费74万元，积极推进乡村学校少年宫建设，实现全市乡村学校少年宫全覆盖目标。开展“童心向党”教育实践活动，向省文明办推荐“童心向党”优秀作品34部，在中国甘肃网刊播优秀作品7部。

**【移风易俗和文明乡风建设】** 制定印发《武威市推进移风易俗建设文明乡风实施方案》，坚持以县区为基本治理单位，实行区域共治、城乡同治，以倡导推行“婚事新办、喜事廉办、白事简办、小事不办”为切入点，引导群众自觉抵制不良社会风气和不文明行为。推广“红黑榜”“积分制”等有效做法，深入推进移风易俗，培育文明乡风，发挥村规民约和“红白理事会”“道德评议会”等群众性自治组织作用，持续治理“高价”彩礼、铺张浪费、厚葬薄养、大操大办、人情攀比等不良风气，遏制陈规陋习，推动形成文明乡风、良好家风、淳朴民风，激发群众内生动力，为全面推进乡村振兴提供强大精神支撑。

（市委宣传部、市文明办）

## 统一战线

**【概况】** 2021年，市委常委会会议、市委理论学习中心组会议、市委统一战线工作（民族宗教工作）领导小组会议多次学习研究统战工作，党对统一战线工作的领导全面加强。举办学习贯彻《中国共产党统一战线工作条例》、中央民族工作会议精神等培训班，分层分类开展各类主题教育活动，教育广大统战干部和成员不断强化理论素养、提高政治站位。

**【民族宗教工作】** 深入学习贯彻中央、省委民族工作和全国、全省宗教工作会议精神，召开市委民族工作会议、全市宗教工作会议，全面安排部署新时期全市民族、宗教工作。实施铸牢共同体意识“石榴籽”工程，启动创建全国民族团结进步示范市，挖掘讲好“凉州会盟”等民族团结进步好故事，支持少数民族和民族地区高质量发展。在宗教界持续开展教育实践活动，引导宗教界自觉坚持我国宗教中国化方向，深入排查化解涉民族宗教领域风险隐患，全市保持民族团结、宗教和顺的良好局面。

**【民营经济统战工作】** 组织实施“民企武威行”活动，全方位多层次组织开展招商引资活动，签约招商引资项目83项137.28亿元，对接公益捐赠项目93项3200万元，达成消费帮扶项目26个3.32亿元。深化民营经济人士理想信念教育，引导民营企业和广大民营企业家坚定发展信心、凝聚奋进合力。扎实开展“千企调研纾困”行动，反映企业诉求近60条、上报调研报告6篇。巩固拓展“百企帮百村”活动，引导广大民营企业履行社会责任、助力乡村振兴。制定《武威“百企兴百村”行动实施方案》，确定169家企业和商会帮扶100个村。与交通银行武威分行共同向全市民营企业推出“普惠e贷”服务活动，累计发放贷款2138万元，有效缓解中小微企业融资难问题。

【对台统战】 积极创建“古浪海峡两岸乡村振兴合作基地”,规划打造以“一园区、两基地、三体系”(海峡两岸乡村振兴示范园区,生产基地、营销基地,人才培养体系、保障发展体系、循环农业体系)为产业空间布局的基本框架结构,《合作基地建设方案》按程序上报审批。加强对台交流交往,完成“台企陇上行”“台湾媒体看甘肃”“大陆寻奇”拍摄组到武威市参访服务保障和宣传推介任务。组织市自然资源局等部门深入台资企业开展惠台政策宣讲解读。积极维护台资企业合法权益,为甘肃正文菌业生物科技有限公司协调保险补偿86.5万元。《甘肃省武威市持续推动惠台利民政策落实助力台资企业健康发展》工作信息被中央台办、国台办简报转发,对台统战工作社会影响力不断扩大。

【其他领域统战工作】 开展全市党外知识分子思想政治工作和无党派代表人士队伍建设调研,制定《重点任务举措及分工方案》,指导召开党外知识分子联谊会代表大会和党外知识分子联谊会理事会,规范知联会运行模式。组织召开经济、科技、法律等学术交流会,从不同领域、全新视角展示党外知识分子在平凡岗位上的不凡贡献和示范引领作用。制定落实《新的社会阶层人士实践创新基地示范点建设方案》,着力健全完善工作机制。在全市选择11家有一定工作基础的新的社会阶层代表人士单位,对标中央统战部要求全面打造,武威阳光教育科技发展有限公司被确定为第一批省级实践创新基地。

(市委统战部)

## 侨务工作

【侨务管理】 2021年,编印发放《涉台涉侨法律法规文件宣传资料汇编》,扎实推动法律法规全面实施。更新政务服务事项管理系统中的华侨回国定居、归侨侨眷身份认定审批责任清单、申报材料和流程图,制作《华侨回国定居审批政务事项办事指南》,在武威政务服务网上进行公布。

【换届选举】 市侨联召开第三次归侨侨眷代表大会,总结回顾市侨联第二次代表大会以来的工作,明确今后五年的奋斗目标和主要任务,选举产生侨联第三届委员会。2名侨联代表被推荐为市政协委员。

【归侨侨眷联络帮扶】 市侨联申报武威文庙为第10批“中国华侨国际文化交流基地”。争取项目资金1.5万元,建设凉州区“侨胞之家”。认真做好生活困难归侨侨眷救助工作,2021年专项救助2户,发放救助资金1万元。慰问困难侨眷19户,发放慰问金1.3万元。

(市委统战部)

## 对台事务

【支持台资企业发展】 2021年,组织市自然资源局、市农业农村局、市市场监管局、市税务局等部门深入凉州区、古浪县台资企业开展法律法规政策宣讲解读。宣讲小分队通过举办服务台商台企政策法规宣讲座谈会、走访企业车间、法律知识问答等多种形式，从税收减免、土地使用、涉企收费、产业扶贫、证照审批等方面就相关法律法规政策进行宣讲和解读，为台资企业持续健康发展创造有利条件，提供便捷的法律咨询服务。

【积极创建合作基地】 积极申报设立“海峡两岸乡村振兴合作基地”，制定《古浪县海峡两岸乡村振兴合作基地建设工作方案》，规划打造“一园区、两基地、三体系”，实施项目13个，概算总投资75300万元，实施周期3年。

【对台交流交往】 市台办、市侨联前往厦门市侨联招商引资，积极与厦门市侨联建立健全密切联系，发挥侨乡优势，帮助指导武威市侨务事业发展。协调对接“台企陇上行”考察团一行87人考察武威，组织《台湾导报》等媒体开展“台湾媒体看甘肃”活动，积极配合《大陆寻奇》拍摄组赴凉州、民勤等地拍摄风景名胜、文物古迹、特色美食和非物质文化遗产，集中宣传武威、推介武威。

【对台服务工作】 春节走访慰问台胞台属归侨侨眷和台资企业，对凉州区、古浪县重点台资企业和困难户台胞台属进行走访慰问。切实摸清全市台胞底数，做好台胞接种疫苗工作，应接种台胞全部接种。督促台资企业严格落实厂区消毒、通风和职工体温监测等防疫措施，确保防疫防控工作万无一失。

（市委统战部）

## 政策研究

【调查研究】 2021年，准确把握“三新一高”要求，围绕构建现代产业体系、生态文明建设、乡村振兴、深化改革、保障和改善民生等重点工作，深入基层一线开展调研，了解掌握基层实情，倾听群众愿望期盼，寻求推动高质量发展的路径举措，形成关于发展“8+N”现代农业优势主导产业、示范河湖创建、推进义务教育“双减”工作等一批高质量调研报告，为市委决策提供参考。

【文稿起草】 深入学习研究中央和省委决策部署和政策导向，准确分析研判市情特征，起草市委四届十四次、十五次全会和市第五次党代会报告及决议稿，市委农村工作、教育工作会议，全市生态文明建设、高质量发展重大项目建设启动大会和观摩活动等重要会议材料100多篇，起草市委“十四五”规划建议、市委常委会2021年工作要点等重要文稿，为市委决策部署、谋划发展、推动落实提供服务保障。起草中办和省委省政府领导到武威市视察调研、交通银行定点帮扶工作对接、兄弟市州和有关单位考察等各类汇报材料26篇，完成《甘肃日报》《党的建设》约稿4篇。

【服务改革工作】 认真贯彻落实中央和省委全面深化改革部署要求，充分发挥协调作用，扎实推进各领域改革措施落地见效。加强重点改革事项督察督办，开展全面督察1次、专项督察7次，市级层面实施的165项改革事项中，除14项正在推进落实外，其余改革事项全部完成或达到年度进度要求。向省委改革办上报典型经验材料6篇、《武威改革动态》188篇，《武威市在全省率先推行"一书两证"电子证照》等13篇改革信息被省委改革办《改革动态》采用，《甘肃武威因地制宜推进"厕所革命"》信息被中央改革办采用。

【服务财经工作】 充分发挥市委财经办议事协调职能，推动解决全市经济领域问题，组织召开市委财经委会议，研究部署贯彻落实措施。制定印发中央财经委员会第九次、第十次会议精神有关工作分工方案，推动中央财经工作决策部署在武威市落地落实。适时组织财经委联席会议成员单位会商经济运行情况，研讨重要财经问题，为市委财经委研究经济领域重大问题和事项提供参考。

【《武威工作》编辑工作】 组织编辑《武威工作》，突出经济社会高质量发展、创城工作、践行社会主义核心价值观等主题，及时把党的创新理论、最新政策和市委的重大决策部署传递下去、把基层干事创业的生动鲜活实践反映上来，为各级党政领导学习、研究、决策、落实提供有益借鉴和参考。

（市委政策研究室）

## 网络安全

【网上专题宣传】 2021年，开设习近平新时代中国特色社会主义思想宣传专栏，集纳中央和省、市主流媒体稿件，扩大网上正面宣传。在《武威日报》、武威市广播电视台等新媒体平台开设"每日一习话"专题，转载央视相关视频，广泛宣传阐释习近平新时代中国特色社会主义思想的精神实质和丰富内涵。

【互联网行业党建工作】 加大对全市互联网企业党建工作指导力度，印发《关于加强全市互联网企业党的建设工作的若干措施》《2021年全市互联网企业党建工作要点》，积极推动各县区成立互联网行业委员会，促进互联网企业党建工作制度化、规范化发展。实行全市网信系统党员干部包抓联系互联网企业制度，结对帮扶，宣传政策，指导党建，强化服务。组织全市互联网企业党员、企业负责人开展红色教育党建活动6场次。

【网络宣传】 中央网络媒体刊发宣传全市稿件149篇，省级新闻网站推出"武威·在推进高质量发展中奋发有为"等融媒体作品10件，与新浪甘肃合作开展"百年风华耀武威"主题宣传。以办好"武威发布"为统领，将全市128家政务新媒体纳入传播矩阵。编发传播指数排行11期，推动全市政务新媒体发布稿件8.4万篇，阅读量达2436万人次。主动引导自媒体弘扬正能量，开展"倾听奋进壮歌·唱响最美武威"自媒体促进文旅产业高质量发展采风活动，发布作品37件，阅读量达69.88万人次。

【网络安全宣传教育】 举办2021年武威市网络安全宣传周系列活动，利用"学雷锋"志愿服务月集中服务日、"4·15"国家安全宣传月集中宣传日、网络安全实地检查等，大力宣传普及互联网法律法规和网络安全防护知识。

【网络公益活动】 组织开展第二届追寻

先烈足迹短视频征集展示活动，报送优秀短视频2部；开展网络中国节系列主题活动，设置主题专栏8个，发布图文信息527篇，视频97部，点击量达到14.6万次；开展“看革命文物·解精神密码——网络名人公益行”活动，向省委网信办择优推荐优秀短视频3部。开展“99公益日”活动，募集捐款12.8万元。

（市委网信办）

## 机构编制

【概况】 2021年，围绕加强和改进党委信息工作、智慧城市建设、国有资产管理、产业发展、服务保障民生领域各项工作等，研究设立各县区党委办公室信息中心、大数据服务中心、国有资产运行服务中心和市文学艺术创作研究中心、市乡村振兴服务中心、古浪县职业中专等27个机构。撤销职能弱化的市离休老干部休养所、石羊河流域综合治理凉州区工程建设管理局等机构。调整优化市统计局、市林草局等7个部门单位内设机构。全年新设、撤销、调整机构124个，其中，新设29个，撤销26个，调整69个。调整内设机构118个。

【规范领导职数】 调整市委组织部处级领导职数，给市文体广电和旅游局、市市场监督管理局、市农业农村局、市工商联分别核增副处级领导职数1名，给市级6个民主党派各核定正处级领导职数1名。给各县区文体广电和旅游局核增副科级领导职数1名。给各县农业、市场监管、文化市场、交通运输、生态环境保护综合行政执法队核定副队长职数42名。为天祝藏族自治县核增乡镇领导职数24名。全年核增领导职数268名。

【优化人员编制】 着力保障乡村振兴、生态文明、教育卫生、文化旅游等重点领域用编需求，调整优化各类编制160名。调剂解决市直文博单位讲解员用编20名。市县区精准制定1091名事业编制使用计划，全力保障引进高层次人才和事业单位招聘用编需求。建立市机关事务管理局及下属事业单位编制动态调整机制，畅通公务用车司勤人员补充通道。全年调整编制422名，其中，全额事业编制405名，差额事业编制17名。

【事业单位管理】 制定印发市市场监管综合行政执法队、市农业综合行政执法队、市林科院、市畜牧兽医总站等12个部门单位“三定”规定，进一步规范事业单位机构编制和职能职责。对因新设、更名、整合等调整后未明确类别的市档案馆、市凉州文化研究院等54个事业单位进行分类。办理事业单位法人登记286家，完成事业单位法人年度报告公示911家。

【动态调整部门权责清单】 认真贯彻落实《甘肃省政府工作部门权责清单管理办法》，加强政府部门权责清单动态调整，根据部门行政职权新增、取消、下放等情况，及时对34个部门权责清单进行动态调整，增加市建设局权力事项1项、市林草局权力事项2项，取消市林草局权力事项6项。

【机构编制管理】 严格执行机构编制各项政策法规，落实机构编制审批、统一领导分级管理等制度。做好单位自查、群众监督、数据对比、实地核实、随机抽查、数据更新等各环节工作，扎实开展机构编制核查工作。全市共核查3287个机关事业单位，其中，市直

303个，凉州区1140个，民勤县546个，古浪县788个，天祝藏族自治县510个。组织开展督查抽查活动，对各县区、市直各部门（单位）贯彻执行机构编制条例法规、落实机构改革方案等进行实地督查。对2019年机构改革后调整或新设的103个事业单位进行专项评估，对各县区落实机构改革方案、各部门（单位）执行“三定”规定情况进行调研评估，及时发现并解决部门（单位）在运行中存在的问题。加强基层公安派出所、司法所运行情况调研，推动基层公安派出所、司法所队伍建设。

**【重点领域体制机制改革】** 制定《关于全市扶贫工作机构调整设置为乡村振兴机构的意见》，重组市县区乡村振兴机构。制定印发《关于规范开发区管理机构促进开发区创新发展的工作方案》，重新制定市县区6个开发区管委会“三定”规定。制定印发《关于深化市纪委监委派驻机构改革的实施方案》，调整优化市纪委监委派驻（出）机构。明确市、县区深化医药卫生体制改革领导小组、爱国卫生运动委员会、双拥工作领导小组等部分议事协调机构办事机构设置。制定印发《关于明确市林长制办公室管理体制的意见》，明确市林长制办公室机构设置和行政职责、事务性工作的责任主体，构建责任明确、协调有序、运行高效的林长制工作机制。

（市委编办）

## 市直机关党建

**【概况】** 2021年，印发《开展“走在前、作表率”主题实践活动推进模范机关创建实施方案》，以“八项行动”为抓手，不断提升创建工作实效。督促指导各机关党组织开展宣讲培训2104场次，深化“党员干部上讲台”活动，持续推动理论武装走深走实、见行见效。举办市直机关党史学习教育专题讲座和“新时代·新思想”党史宣讲比赛，深化“党课开讲啦”活动，邀请专家领导讲专题党课，举办“先锋党课”2期，选送优秀党课8个。

**【基层党组织建设】** 深化拓展“四抓两整治”，开展市直机关党支部“达标创星、整体创优”活动。指导41个机关党组织按期完成换届和补选工作。综合运用“甘肃党建”统计监测功能和专题培训、列席指导等方式，推动基层党组织及时完成“三会一课”。发展党员171名，培树“全省标准化先进党支部”6个，市直机关13个基层党组织、22名个人分获省委、市委“两优一先”表彰。举办机关党组织书记、党务干部、发展对象和入党积极分子培训班5期，培训609人。

**【市直机关党建品牌建设】** 深入推行“党建+”工作模式，坚持“一机关一特色，一支部一品牌”，指导各机关党组织创建党建品牌105个，编写《市直机关党建品牌精选》。实施党员先锋引领工程，开展“党旗在基层一线高高飘扬”活动，以“服务企业、服务项目、服务基层、服务群众”为切入点，督促指导各机关党组织在围绕中心、服务大局中体现机关党建成效。督促各机关党组织与帮扶村党支部结对共建，帮办实事好事185件，落实帮扶资金230多万元。全力支持疫情防控，及时配套下拨专项党费13万元，设立党员先锋岗686个、责任区284个，组织3900多名机关党员深入一线开展疫情防控工作。

【市直机关党建督查工作】 坚持以述明责、以评督责，从严从实开展述职评议。督促各机关党委建立党支部工作联系点203个，对15个机关党组织进行专题调研，采取“四不两直”（不发通知、不打招呼、不听汇报、不用陪同接待，直奔基层、直插现场）方式对61个机关党组织开展督查，通报并督促整改存在问题179个，持续传导压实责任。召开约谈推进会4次，对组织生活、党员组织关系接转、党费收缴中存在问题的29个机关党组织进行督促提醒。采取专项督查等方式，督促16个被巡察部门单位整改基层组织建设方面问题29个。

【庆祝中国共产党成立100周年系列活动】 组织开展“薪火相传守初心·接续奋斗新征程”党性教育活动，举办“颂歌献给党·奋进新征程”庆祝建党100周年歌咏比赛、“学习党史守初心·牢记使命开新局”党史知识竞赛。向338名老党员颁发“光荣在党50年”纪念章。指导各机关党组织开展文艺演出、演讲比赛、书画摄影展及主题党日活动3600多场次，充分展现市直机关共庆百年华诞、凝聚奋进伟力的精神风貌。

（市委直属机关工委）

## 信 访

【概况】 2021年，全市信访总量2830批（件）4620人次，同比批（件）次上升9.5%、人次下降5.3%。受理群众来信273件，受理省级领导信箱132件，受理网上投诉2037件。

【领导干部接访下访】 市委、市政府高度重视信访工作，市委常委会会议先后6次研究信访工作，32名市级领导接访下访76次，接访群众85批（件）281人次，县区共有110名县级领导接访484批（件）2341人次。在

图13 10月15日，市委直属机关工委举办市直机关第二期“先锋党课” （刘忠 摄）

全省范围内率先开展“我为群众办实事、包案督办化积案”专项行动，32名市级领导包案督办59件信访积案，推动一批信访积案妥善化解，督办案件全部办结。

【信访案件督办落实】 组织开展“大督查大接访大调研”“作风大转变、能力大提升”“寻找最美信访干部”、信访事项升级调查处理等重点活动，统筹推进、一体落实。部署开展“落实部门和地区责任解决当前信访突出问题”活动，各责任单位积极响应，结合各领域实际，推动工作落实。始终把集中治理重复信访、化解信访积案专项工作作为信访工作的重中之重，市信联办坚持日催办、周调度、月通报，发提醒函、开协调会，组织集中攻坚，分组分头实地督查督办。中央和省信访工作联席会议交办全市的155件信访积案全部办结。采取培训指导、预警提示、实地督查等方式，全市信访事项及时受理率、按期答复率保持在99%以上。

【网上信访工作】 制定《武威市群众网上信访操作指南》，广泛宣传网上信访“足不出户、高效便捷、公开透明”的优点，大力推进“掌上信访”和“指尖信访”，大力推进网上信访主渠道建设，实现“数据多跑路、群众少跑腿”。

（市信访局）

## 机要和保密工作

【落实工作责任】 2021年，市委常委会会议专题听取了全省机要保密工作会议精神汇报，并提出武威市贯彻落实意见。市委保密委员会和密码工作领导小组召开会议，安排部署全市机要和保密工作，压紧压实党管机要保密工作的政治责任。

【保密培训宣传】 举办为期5天的全市机要和保密工作专题培训班，选派业务骨干深入县区和重点市直部门开展保密培训，累计培训干部2000多人次。组织开展“保密宣传教育作品征集评选活动”和“保密知识竞赛活动”，征集保密宣传教育作品63件，1件入选国家保密局作品展，5件入选省国家保密局作品展，保密知识竞赛参赛人数13600人。

【保密督促检查】 对县区、市直和中央、省属驻武单位保密自查自评工作专项检查，连续6年实现“全覆盖”，顺利通过市州交叉互评。加大失泄密案件查处力度，促进保密法规和制度落实。为中央和省级领导到武威市调研工作、市委召开重要会议提供保密安全技术服务保障3次。

【保密管理工作】 规范定密管理，加强定密工作指导，认真开展定密事项报备工作，进一步明确定密责任人、定密权限和定密责任，对法定或授权定密责任人进行集中培训，落实定密审核制度。完善涉密人员数据库，加强对涉密人员离职离岗管理。

（市委机要和保密局）

## 老干部工作

【概况】 2021年，始终坚持建好平台、用好资源，不断加强离退休干部党组织和党员思想政治建设。持续开展“思想引导、组织强基、示范引领”离退休干部党建工作提升行动，通过线上线下灵活方式，组织收看网上专题报告会及中央和省、市宣讲报告会和召开座谈会15场次。深入市直机关离退休干部党支部指导工作，推进标准化建设，举办全市离退休干部党支部书记暨“五老”骨干培训班。结合党史学习教育，组织离退休干部参加读书班、专题报告会共20场次，参观西路红军古浪战役纪念馆、观看红色爱国影视专题片、召开主题座谈会70场次，为行动不便、年老体弱的老干部提供送学上门服务，深入开展“我为群众办实事”活动，解决困难问题18件。

【落实两项待遇】 认真履行关心爱护重要职责，全面落实老干部政治待遇和生活待遇，全力解决老同志“急难愁盼”问题。配发学习资料、征订党报党刊600余份，组织63名地级退休干部参加全市高质量发展项目观摩活动、经济情况通报会、“十四五”规划编制、党代会报告等征求意见会，征求采纳老干部意见建议30余条，为武威经济社会高质量发展积极建言献策。及时调整提高离休干部医疗待遇和生活补贴，为市直离退休干部审核发放医药费、门诊费补助、健康奖，组织137名市直离退休干部进行健康体检。在重大节假日期间走访慰问138名高龄和生活困难离退休干部及遗属。

【信息化平台建设】 采取多种途径，更新完善地级以上退休干部、市直离休干部及遗属基本信息。持续帮助指导老同志关注安装使用老干部工作信息化平台，办好用活“武威老干部之家”，全年推送时政热点、党建知识等各类信息650条；采集离休干部信息，建立“一人一策”档案70份，适时开展特困帮扶，为老同志开辟“六优先”体检、就医“绿色通道”。

【文化养老工作】 着力改善老干部学习活动场所基础设施，充分发挥全市老干部活动

图14　6月，退休老干部排练红色歌曲
（甘曜毓　高德强　摄）

中心、老年大学主阵地作用，着力打造老干部政治学习、文化教育、健身娱乐三位一体的阵地功能。市老干部活动中心在乒乓球室铺设防滑地胶、更换LED无影灯。天祝藏族自治县将老干部服务中心及老年大学整体搬迁至新建的天祝藏族自治县老年活动中心。为老同志文化养老工作搭建平台，丰富老干部的精神文化生活。

**【助力经济社会发展】** 深化“增添正能量，共筑中国梦”活动，持续打造“银发争先锋、夕阳映陇原”老同志发挥作用示范品牌，开展“离退休干部助力乡村振兴暨基层治理”行动，组织引导广大离退休干部在提高发展质量、推进乡村振兴、创建全国文明城市、平安武威建设等方面献智出力。组织开展党史宣讲、唱红歌、主题诵读、老党员讲初心等系列活动，举办离退休干部书画摄影联展、文艺演出、网上征文、快闪视频征集活动和组织参加义务演出等宣传庆祝活动50多场次，开展“彰显百善孝道、弘扬母爱光辉”主题活动、“银发生辉”志愿服务行动，组织“五老”农业专家和科技人员帮助企业推动实施6个乡村振兴科技项目，深入开展“科技三下乡”活动3次。开展了2021年“‘我们的节日·重阳’暨全国老科技工作者日”全市老科技工作者走进科普创新基地活动，积极引导广大离退休干部为全市经济社会发展建言献策、汇智聚力。

（市委老干部局）

## 关心下一代工作

**【概况】** 2021年，市关心下一代工作委员会在广泛征求意见，统筹谋划重点工作、任务的基础上，研究制定《2021年全市关心下一代工作要点》《2021年未成年人思想道德建设工作方案》。组织召开全市老干部工作会议暨关心下一代工作会议、市县区关工工作汇报座谈会、凉州城区39所中小学关工工作座谈会，举办“学党史、感党恩、跟党走”全市离退休干部党支部书记暨“五老”骨干培训班，通过学习、讨论、交流，提高思想认识、坚定理想信念、牢记使命责任。

**【主题教育活动】** 围绕“学雷锋日”，组织开展义务植树、爱老敬老、献爱心送温暖等活动。依托纪念五四运动102周年主题团日示范活动暨青少年“学党史、颂党恩”诗文诵读比赛活动，引领青少年感党恩、强信念、跟党走。开展“新时代好少年”评选活动，引导青少年见贤思齐、崇德尚善。以“清明祭英烈”为主题，开展各类教育活动156场次，参与青少年达4万余人。以“红心向党”为主题，开展红色观影、红歌传唱等活动1000余场次。以“扣好人生第一粒扣子”为主题，组织“五老”关爱团成员开展主题宣讲23场次，受益青少年达6200余人。以“四史”教育为重点，邀请“五老”骨干进校园、进社区讲“四史”26场次，受教育青少年达9000余人。

**【关心关爱工作】** 围绕立德树人根本任务，举办“红色书籍进百校”捐赠活动，向全市7所学校捐赠红色书籍900册。举办“奋斗百年路·起航新征程”庆祝中国共产党成立100周年书画作品展，展出优秀作品225幅；“青春心向党·奋进新征程”全市青少年书画摄影大赛作品展，展出优秀作品1100幅；“童心向党·争做新时代好队员”2021年武威市庆

"六一"主题活动。发放宣传资料160万余份。在市关工委"留守儿童之家"开展留守儿童关爱活动5场次，为孩子们解忧解惑、提供帮助。在县区新建"校园开心农场"1个，全市"校园开心农场"达到4个，培养学生劳动意识、团队意识、创新意识和科学研究意识。

**【法治宣传教育】** 以学习宣传《宪法》《中华人民共和国民法典》《中华人民共和国未成年人保护法》《中华人民共和国道路交通安全法》等法律法规为重点，累计参与开展各类普法宣传活动3600多场次。加强学校、家庭、社会"三位一体"的青少年法治教育网络建设，全市各级各类学校配备专兼职法治副校长527人、法治辅导员1455人；建成中小学市、县级法治示范校55所，市级禁毒教育基地1处；累计编印发放《法治进校园》等法律知识读本9万余册。加强校园周边环境整治，组织"五老"网吧义务监督员对全市54家网吧进行暑期监督检查。

（市关心下一代工作委员会）

## 党校（行政学院）工作

**【概况】** 2021年，市委党校（行政学院）坚持以习近平新时代中国特色社会主义思想为指导，围绕办学治校"1271"总体思路，全面落实"突出一条主线"（学好用好习近平新时代中国特色社会主义思想），抓好两项重点（庆祝中国共产党成立100周年、党史学习教育），实施三大工程（创新工程、名师工程、精品课工程），推进四大建设（政治学校建设、干部队伍建设、培训教材建设、基础设施建设），落实五项工作（守好意识形态主阵地、推进党建标准化工作、落实巡察整改工作、党风廉政建设工作、精神文明建设工作），提升六项能力（开放办学能力、教学管理能力、科研资政能力、全面治校能力、对外宣介能力、改革发展能力），充分发挥干部培训、思想引领、理论建设、决策咨询作用。

**【干部培训】** 严格落实培训项目计划，完成全年培训任务，高质量举办全市中青年干部培训班。加大联合办班力度，拓展域外培训办班，全年共举办培训班106期，培训学员12677人，累计培训347.5天、33281天/人。其中，计划内班次30期，培训学员3355人，累计培训187天、15888天/人；计划外班次（含会议）76期，培训学员9322人，累计培训160.5天、17393天/人。

**【优化教学体系】** 在已有4个单元、9个板块、230个理论专题的课程体系基础上，重点加强马克思主义基本理论和党史党建学科建设工作，开发"四史"系列教学专题。及时更新补充十九届六中全会精神和市第五次党代会精神专题，2021年入库新专题58个，专题更新率达40%以上。尝试开发情景教学、观摩教学、激情教学和组合式党课，激发教师创新教学方式的积极性。精心组织打造"品读红色家书 厚植家国情怀"沉浸式情景党课，多次在重点培训班次和域外培训班次展示，深受学员和社会各界广泛好评赞誉。

**【打造精品课程】** 严把教学质量关，精准选择专题，高标准打磨课程，严格落实试讲评讲制度。3门课程被省委组织部评为全省好课程，2门课程被省委党校评为精品课，受邀在省级平台授课。打造系列微党课40余节，7节微党课被省委组织部评为全省党员教育电视片观摩交流活动优秀作品。通过“求是青年讲坛”和宣讲小分队等特色宣讲品牌，拓展理论宣讲领域，高质量推进党的创新理论进乡村、进街道、进社区、进企业、进学校、进机关。全年开展理论宣讲150余场次，培训人数达2万余人次，接受市电视台《理论面对面》专访10余人次。

**【科研咨询工作】** 在庆祝中国共产党成立100周年、十九届六中全会、市第五次党代会等重要节点，组织撰写系列理论阐释文章，发表和转发理论类文章38篇。组织申报各类课题，获批地厅级课题立项7项并按期结项。举办全市党校系统学习贯彻党的十九届六中全会精神研讨会暨中国共产党成立100周年征文优秀论文评选活动，推出一批优秀科研成果。举办全省党校（行政学院）系统决策咨询和智库建设培训班和智库会议。28名教研人员和中青班学员深入县区37个调研点围绕市委市政府重要决策部署开展社会大调研，完成19个课题共27篇决策咨询报告。

**【院校融合办学】** 组织开展八步沙第二批核心课程的评审和验收，《八步沙精神与家风建设》《八步沙精神与新时代干部担当》被甘肃省委组织部评为全省好课程。组织编写《八步沙精神——从理念到行动专题研究》《八步沙“六老汉”治沙造林事迹教学案例》培训教材。建立与八步沙干部学院融合办学、资源共享、优势互补运行机制，合力推进八步沙干部学院培训工作步入规范高效的快车道。承办省一级部门培训班15期，培训学员1398人，累计培训6565天。

（市委党校）

# 武威市人民代表大会



## 综　　述

**【概况】** 2021年，坚持党的领导这个重大政治原则不动摇，始终把人大工作放在市委整体布局中谋划，在市委领导下做好立法、监督、重大事项决定、人事任免、代表履职等各项工作，确保市委决策部署落地见效。严守政治纪律和政治规矩，重大事项、重要工作及时向市委请示报告，常委会履职成果专题向市委报告。坚持党管干部原则与人大依法任免有机统一，确保市委推荐的人选通过法定程序成为国家机关工作人员。

**【全面从严治党】** 坚决扛起全面从严治党主体责任，严格履行“一岗双责”。认真落实意识形态工作责任制，牢牢把握人大意识形态工作主动权。加强党风廉政建设，严格执行中央八项规定及其实施细则精神和省委、市委实施办法。落实新形势下党内政治生活的若干准则和党内监督条例，严格执行民主集中制、“三会一课”、民主评议党员、领导干部双重组织生活和领导干部报告个人有关事项、外出请假报备等制度。常态化开展警示教育，以案为鉴、警钟长鸣。

**【作风建设】** 严格落实中央八项规定及其实施细则精神和省委、市委实施办法，坚决反对“四风”，力戒形式主义、官僚主义，形成求真务实、真抓实干、高质高效、清正廉洁的新风正气。继续做好重大项目包抓责任、创建全国文明城市包抓共建责任，协调解决具体问题。

**【能力素质建设】** 着力营造勤于学习、善于思考、勇于实践的浓厚氛围，打造学习型人大、学习型代表。认真学习宪法和法律法规，学习经济、政治、文化、社会、生态文明建设知识，学习人大业务知识，注重培养专业能力、专业精神，打造忠诚干净担当的高素质干部队伍。

## 重要会议

【市第五届人民代表大会第一次会议】 12月7—9日，武威市第五届人民代表大会第一次会议召开。会议议程：听取和审议武威市人民政府工作报告；审查和批准武威市2021年国民经济和社会发展计划执行情况及2022年国民经济和社会发展计划草案的报告，批准2022年国民经济和社会发展计划；审查和批准2021年全市财政预算执行情况和2022年全市及市级财政预算草案的报告，批准2022年市级财政预算；听取和审议武威市人民代表大会常务委员会工作报告；听取和审议武威市中级人民法院工作报告；听取和审议武威市人民检察院工作报告；选举武威市第五届人民代表大会常务委员会主任、副主任、秘书长、委员，武威市人民政府市长、副市长，武威市监察委员会主任，武威市中级人民法院院长，武威市人民检察院检察长；决定武威市第五届人民代表大会各专门委员会的设立及其组成人员人选。

【武威市第五届人民代表大会代表】 11月30日，武威市第四届人民代表大会常务委员会第四十三次会议通过武威市第五届人民代表大会代表名单，共311名，其中，凉州区代表155名，民勤县代表47名，古浪县代表61名，天祝藏族自治县代表41名，驻武威解放军代表7名。

【市人民代表大会常务委员会会议】 2021年，武威市第四届人民代表大会常务委员会共召开常委会会议11次。

**四届第三十三次会议** 2月3日，市四届人大常委会第三十三次会议召开。会议表决通过武威市人民代表大会常务委员会工作报告（稿）；表决通过市人大常委会代表资格审查委员会关于个别代表代表资格的报告；表决通过市人大常委会关于市四届人大五次会议代表建议办理情况的报告（稿）；表决通过召

图15 12月7日，武威市第五届人民代表大会第一次会议开幕 （甘曜毓 摄）

开市四届人大六次会议有关事项；表决通过人事任免事项；表决通过《武威市人民政府关于提请审议武威市市树市花的议案》，决定市树为国槐、市花为月季。

**四届第三十四次会议** 2月28日，市四届人大常委会第三十四次会议召开。会议传达学习习近平总书记在全国脱贫攻坚总结表彰大会上的重要讲话、在党史学习教育动员大会上的重要讲话精神，全省党史学习教育动员大会精神，审议通过人事任免案。会后举行宪法宣誓仪式。

**四届第三十五次会议** 3月29日，市四届人大常委会第三十五次会议召开。会议审议《武威市大气污染防治条例（草案二次审议稿）》，市人大常委会调研组关于全市种质资源保护开发利用、助推“8+N”优势主导产业发展情况的调研报告；审议通过市人民政府关于2020年度环境质量状况和环境保护目标任务完成情况的报告、关于安全生产工作情况的报告、关于法治政府建设情况的报告、关于市人大常委会传染病防治法执法检查意见建议落实情况的报告、关于市人大常委会土壤污染防治法执法检查意见建议落实情况的报告。

**四届第三十六次会议** 6月1日，市四届人大常委会第三十六次会议召开。会议表决通过《武威市大气污染防治条例（表决稿）》；审议市人大常委会调研组关于巩固拓展脱贫攻坚成果同乡村振兴有效衔接情况的调研报告；审议通过市人民政府关于科技创新工作情况的报告、关于网络安全工作情况的报告、关于市人大常委会关于野生动物保护法等“两决定一法一办法”执法检查意见建议落实情况的报告、关于市人大常委会公证法执法检查意见建议落实情况的报告；通过人事任免事项。

**四届第三十七次会议** 8月4日，市四届人大常委会第三十七次会议召开。会议听取《武威市大气污染防治条例》施行情况的备案报告、《武威市第五届人民代表大会代表名额分配方案》说明、市人民政府关于2021年上半年国民经济和社会发展计划执行情况的报告。审议通过市人大常委会调研组关于全市河湖长制工作情况的调研报告、关于全市社会救助工作情况的调研报告。表决通过市人民政府关于2019年度市级预算执行和其他财政收支审计查出问题整改情况的报告、关于2020年度市级预算执行和其他财政收支的审计工作报告、关于2020年市级财政决算草案和2021年上半年财政预算执行情况的报告、关于创建全国文明城市情况的报告，市中级人民法院关于审判监督工作情况的报告，市人民检察院关于未成年人检察工作情况的报告。审查批准市人民政府2020年市级财政决算、2021年市级财政预算调整方案。表决通过有关人事事项。会议通过《武威市人民代表大会常务委员会关于接受周伟辞去武威市人民政府市长职务请求的决定》《武威市人民代表大会常务委员会关于接受魏文德辞去武威市监察委员会主任职务请求的决定》《武威市人民代表大会常务委员会关于接受唐修亚、王琳玺辞去武威市人民政府副市长职务请求的决定》；会议决定王国斌为武威市人民政府代理市长；会议任命孙光慧为武威市监察委员会副主任，决定孙光慧为武威市监察委员会代理主任。

**四届第三十八次会议** 8月26日，市四届人大常委会第三十八次会议召开。会议决定任命陆世平为武威市人民政府副市长、马世友为武威市发展和改革委员会主任。市人大常委会主任周晓红向被任命人员颁发任命书。

会议举行宪法宣誓仪式。

**四届第三十九次会议** 9月9日，市四届人大常委会第三十九次会议召开。会议听取审议人事任免事项。表决并通过杨德智、王雁、李进强辞去市人民政府副市长职务的请求；牛文忠辞去市中级人民法院院长职务的请求；杨晋骁辞去市人民检察院检察长职务的请求。任命张瑗为市中级人民法院副院长、审判委员会委员、审判员，决定为代理院长。任命赵德金为市人民检察院副检察长、检察委员会委员、检察员，决定为代理检察长。代理检察长任职事项报甘肃省人民检察院和甘肃省人民代表大会常务委员会备案。会议还进行其他任免事项。市人大常委会主任周晓红向被任命人员颁发任命书。

**四届第四十次会议** 9月10日，市四届人大常委会第四十次会议召开。会议听取审议人事任免事项。决定任命白振海为市人民政府副市长，贾福祥为市人民政府副市长、市公安局局长。市人大常委会主任周晓红向被任命的市政府部门负责人颁发任命书。会后举行宪法宣誓仪式，市四届人大常委会第三十九次、四十次会议任命人员进行集体宣誓。

**四届第四十一次会议** 9月24日，市四届人大常委会第四十一次会议召开。会议听取审议人事任免事项。决定任命陈一夫、柳生坠为市人民政府副市长。会议还决定任命市政府有关部门负责人。市人大常委会主任周晓红向被任命的市政府部门负责人颁发任命书。会后举行宪法宣誓仪式。

**四届第四十二次会议** 11月11日，市四届人大常委会第四十二次会议召开。会议传达学习习近平总书记在中央人大工作会议上的重要讲话精神；审议市人大常委会视察组关于全市城镇老旧小区改造工作情况的视察报告、为民办实事工作情况的视察报告，市人大常委会调研组关于全市校园安全工作情况的调研报告，市人大常委会代表资格审查委员会关于个别代表代表资格的报告；表决通过市人民政府关于全市高质量发展重大项目实施情况的报告、关于全市"七五"普法决议执行情况和"八五"普法工作意见的报告、关于全市国有资产管理情况的综合报告、关于市四届人大六次会议代表建议办理情况的报告；表决通过《武威市人民代表大会常务委员会公告》《武威市人民代表大会常务委员会关于开展第八个五年法治宣传教育的决议》；审议通过人事任免事项。市人大常委会主任周晓红向被任命人员颁发任命书。会后举行宪法宣誓仪式。

**四届第四十三次会议** 11月30日，市四届人大常委会第四十三次会议召开。会议讨论《武威市人民代表大会常务委员会工作报告》《关于市四届人大六次会议代表建议办理情况的报告》；审议通过《市四届人大常委会代表资格审查委员会关于市五届人大代表的代表资格的审查报告》及公告草案，作出关于召开市五届人大一次会议的决定，讨论通过会议有关事项。

**【市人民代表大会常务委员会主任会议】** 2021年，武威市第四届人民代表大会常务委员会共召开主任会议26次。

**四届第五十二次主任会议** 2月3日，市四届人大常委会第五十二次主任会议召开，市人大常委会党组书记、主任周晓红主持会议。会议听取市四届人大常委会第三十三次会议各项议题准备情况的汇报，研究会议有关事项；讨论《武威市人民代表大会常务委员会工作报告》和召开市四届人大六次会议有关事项。

**四届第五十三次主任会议** 2月19日，市四届人大常委会第五十三次主任会议召开，市人大常委会党组书记、主任周晓红主持会议。

**四届第五十四次主任会议** 2月25日，市四届人大常委会第五十四次主任会议召开，市人大常委会党组书记、主任周晓红主持会议。会议审定市人大常委会2021年工作要点和具体任务分解。

**四届第五十五次主任会议** 2月28日，市四届人大常委会第五十五次主任会议召开，市人大常委会党组书记、主任周晓红主持会议。会议听取市四届人大常委会第三十四次会议各项议题准备情况的汇报，研究有关事项。

**四届第五十六次主任会议** 3月19日，市四届人大常委会第五十六次主任会议召开，市人大常委会党组书记、主任周晓红主持会议。会议听取市四届人大常委会第三十五次会议各项建议议题准备情况的汇报。

**四届第五十七次主任会议** 3月26日，市四届人大常委会第五十七次主任会议召开，市人大常委会党组书记、主任周晓红主持会议。会议听取市四届人大常委会第三十五次会议有关议题准备情况的汇报，审定有关事项。

**四届第五十八次主任会议** 4月15日，市四届人大常委会第五十八次主任会议召开，市人大常委会党组书记、主任周晓红主持会议。会议传达学习省人大常委会固体废物污染环境防治法执法检查组第一次全体会议精神，研究贯彻意见。

**四届第五十九次主任会议** 5月24日，市四届人大常委会第五十九次主任会议召开，市人大常委会党组书记、主任周晓红主持会议。会议讨论《武威市大气污染防治条例（审议稿）》。

**四届第六十次主任会议** 5月28日，市四届人大常委会第六十次主任会议召开，市人大常委会党组书记、主任周晓红主持会议。会议听取市四届人大常委会第三十六次会议准备情况汇报，审定有关事项。

**四届第六十一次主任会议** 6月1日，市四届人大常委会第六十一次主任会议召开，市人大常委会党组书记、主任周晓红主持会议。会议听取市人大法制委员会关于《武威市大气污染防治条例（审议稿）》的审议结果报告，听取市人大常委会调研组关于巩固拓展脱贫攻坚成果同乡村振兴有效衔接情况的调研报告审议情况等。

**四届第六十二次主任会议** 7月19日，市四届人大常委会第六十二次主任会议召开，市人大常委会党组书记、主任周晓红主持会议。会议听取市四届人大常委会第三十七次会议有关议题准备情况汇报，安排近期重点工作。

**四届第六十三次主任会议** 8月1日，市四届人大常委会第六十三次主任会议召开，市人大常委会党组书记、主任周晓红主持会议。会议听取市四届人大常委会第三十七次会议各项议题准备情况的汇报，研究会议有关事项。

**四届第六十四次主任会议** 8月4日，市四届人大常委会第六十四次主任会议召开，市人大常委会党组书记、主任周晓红主持会议。会议听取市人大常委会调研组关于全市河湖长制工作情况和全市社会救助工作情况的调研报告审议情况，听取市人民政府关于创建全国文明城市情况的报告审议情况等。

**四届第六十五次主任会议** 8月4日，市四届人大常委会第六十五次主任会议召开，市人大常委会党组书记、主任周晓红主持会议。会议讨论有关事项。

**四届第六十六次主任会议** 8月25日，市四届人大常委会第六十六次主任会议召开，市人大常委会党组书记、主任周晓红主持会议。会议听取市四届人大常委会第三十八次会议议题准备情况的汇报，研究会议有关事项。

**四届第六十七次主任会议** 8月26日，市四届人大常委会第六十七次主任会议召开，市人大常委会党组书记、主任周晓红主持会议。会议听取市四届人大常委会第三十八次会议有关事项审议情况。

**四届第六十八次主任会议** 9月9日，市四届人大常委会第六十八次主任会议召开，市人大常委会党组书记、主任周晓红主持会议。会议听取市四届人大常委会第三十九次会议议题准备情况的汇报，研究会议有关事项。

**四届第六十九次主任会议** 9月9日，市四届人大常委会第六十九次主任会议召开，市人大常委会党组书记、主任周晓红主持会议。会议听取市四届人大常委会第三十九次会议有关事项审议情况。

**四届第七十次主任会议** 9月9日，市四届人大常委会第七十次主任会议召开，市人大常委会党组书记、主任周晓红主持会议。会议讨论有关事项。

**四届第七十一次主任会议** 9月9日，市四届人大常委会第七十一次主任会议召开，市人大常委会党组书记、主任周晓红主持会议。会议听取市四届人大常委会第四十次会议议题准备情况的汇报，研究会议有关事项。

**四届第七十二次主任会议** 9月10日，市四届人大常委会第七十二次主任会议召开，市人大常委会党组书记、主任周晓红主持会议。会议听取市四届人大常委会第四十次会议有关事项审议情况。

**四届第七十三次主任会议** 9月23日，市四届人大常委会第七十三次主任会议召开，市人大常委会党组书记、主任周晓红主持会议。会议听取市四届人大常委会第四十一次会议议题准备情况的汇报，研究会议有关事项。

**四届第七十四次主任会议** 9月24日，市四届人大常委会第七十四次主任会议召开，市人大常委会党组书记、主任周晓红主持会议。会议听取市四届人大常委会第四十一次会议有关事项审议情况。

**四届第七十五次主任会议** 11月10日，市四届人大常委会第七十五次主任会议召开，市人大常委会党组书记、主任周晓红主持会议。会议听取市四届人大常委会第四十二次会议各项建议议题准备情况汇报，研究会议有关事项。

**四届第七十六次主任会议** 11月11日，市四届人大常委会第七十六次主任会议召开，市人大常委会党组书记、主任周晓红主持会议。会议听取市人大常委会视察组关于全市城镇老旧小区改造工作情况、关于市政府为民办实事工作情况和关于全市校园安全工作情况的视察报告审议情况等。

**四届第七十七次主任会议** 11月30日，市四届人大常委会第七十七次主任会议召开，市人大常委会党组书记、主任周晓红主持会议。会议听取市四届人大常委会第四十三次会议各项议题准备情况的汇报，研究会议有关事项。

# 人大立法

【完善立法机制】坚持党委领导、人大主导、政府依托、各方参与的立法工作格局，把牢立法工作的正确政治方向，加强人大对立法工作的协调。选择涉及人民群众切身利益的事项开展创制性立法，以“小切口”立法，推动解决问题。发挥立法联系点作用，拓宽人大代表、专家学者和公民有序参与立法渠道，健全公众意见采纳情况反馈机制。

【落实年度立法计划】完成《武威市大气污染防治条例》三次审议，年内报省人大常委会审查批准后颁布实施。修订《武威市防沙治沙条例》。制定《武威市文明行为促进条例》《武威市历史文化名城保护条例》《武威市城市绿化条例》，做好《武威市物业管理条例》《武威市宠物饲养管理条例》立法预备调研工作，确保全面完成市委确定的立法任务。加强规范性文件备案审查工作，切实维护法治统一。

【法治宣传教育】落实法治中国建设规划要求，深入推进宪法宣传教育和贯彻实施。举办宪法专题讲座，开展国家宪法日活动，组织市人大及其常委会选举任命的国家工作人员进行宪法宣誓，不断增强宪法意识。健全党组中心组和常委会学法制度。推动实施“七五”普法决议和“谁执法谁普法”普法责任制，切实增强全民法治意识。

# 人大监督

【概况】2021年，坚持质量导向、结果导向，紧扣中心大局，突出监督重点，把法律监督和工作监督结合起来，把专项监督和综合监督结合起来，把视察调研和专题询问结合起来，创新方式，强化措施，增强监督的针对性、实效性。

【高质量发展监督】围绕深度构建生态产业体系，支撑经济高质量发展开展监督，持续推进现代农业提质增效同生态工业紧密结合，加快推动产业基础高级化、产业链现代化、产业发展数字化，助力打造农业现代化示范区和优质农产品主产区，努力把武威建设成河西走廊黄金奶源基地和甘肃乳都。听取市政府关于高质量发展重大项目实施、安全生产、国有资产管理、计划、预算执行、审计工作和审计查出问题整改等工作报告。

【农业农村现代化监督】围绕全面实施乡村振兴战略，推进农业农村现代化开展监督，持续推进巩固脱贫攻坚成果同乡村振兴有效衔接，促进农业高质高效、乡村宜居宜业、农民富裕富足。调研全市种质资源保护开发利用、助推“8+N”优势主导产业发展情况，河（湖）长制工作情况，巩固拓展脱贫攻坚成果同乡村振兴有效衔接工作情况。

【生态环境保护监督】围绕持续推进全域生态文明建设，筑牢生态安全屏障开展监督，持续推进打好污染防治攻坚战，深入实施国家节水行动，着力推进建设全国生态综合治理示范区。跟踪检查土壤污染防治法，野生动物保护法，传染病防治法，关于全面禁止非法野生动物交易、革除滥食野生动物陋习、切实保障人民群众生命健康安全的决定，甘肃省实施野生动物保护法办法执法检查意见建议落实情况，听取审议市政府年度环境质量状况和环境保护目标完成情况报告。

**【科技创新监督】** 围绕加快完善科技创新体制机制，激发创新活力开展监督，持续推进科技创新，强化企业创新主体地位，激发创新活力。听取市政府关于科技创新工作情况报告。

**【全面深化改革监督】** 围绕不断深化改革，激发高质量发展的内生动力开展监督，持续推进深化改革，优化营商环境，着力打造优质高效的政务环境、公平竞争的市场环境、公正透明的法治环境。听取市政府法治政府建设工作情况报告。

**【改善民生监督】** 围绕改善人民生活品质，提高社会建设水平开展监督，持续推进民生改善，办好民生实事，回应社会关切，加强和创新社会治理，推进更高水平的平安武威、法治武威建设。跟踪检查公证法执法检查意见建议落实情况，调研全市社会救助工作情况、全市非物质文化遗产保护情况，视察全市城镇老旧小区改造、市政府为民办实事工作情况，听取市政府关于全国文明城市创建情况、网络安全工作情况报告，市人民检察院未成年人刑事检察工作情况报告。结合听取审议2019年度审计查出问题整改情况报告，开展专题询问。

**【县乡两级人大换届选举工作调研】** 4月8日，省人大常委会调研组到武威，就武威市县乡两级人大换届选举工作开展专题调研。调研组一行实地查看凉州区金羊镇窑沟社区和武南镇马行河村人大代表工作站建设运行情况，了解县乡两级人大换届选举有关工作，观摩武威雷台景区文化旅游综合体项目、武威伊利乳业有限公司绿色生产及智能制造示范应用项目等高质量发展重大项目，并召开座谈会。

**【农村生活垃圾管理工作调研】** 6月7—8日，省人大常委会调研组一行到武威，就《甘肃省农村生活垃圾管理条例（修订草案）》开展立法调研。调研组一行先后来到古浪县黄花滩生态移民区垃圾填埋场、土门镇生活垃圾热气化处理站、黄花滩生态移民区富民新村、古浪县八步沙林场和民勤县青土湖生态系统恢复区等地，实地调研武威市农村生活垃圾治理及污水处理、厕所革命和粪污治理、村庄保洁长效机制等方面工作。

**【城镇老旧小区改造工作调研】** 8月23—24日，市人大常委会副主任邵新革带领市人大常委会视察组，对全市城镇老旧小区改造工作情况进行视察。视察组实地察看民勤县城区和凉州区的12个老旧小区改造项目，并通过市县区联动、查阅资料、召开汇报座谈会等方式，详细了解全市城镇老旧小区改造工作情况。

**【巩固拓展脱贫攻坚成果同乡村振兴有效衔接工作调研】** 8月31日，市人大常委会党组书记、主任周晓红到凉州区张义镇调研巩固拓展脱贫攻坚成果同乡村振兴有效衔接工作。周晓红深入张义镇石咀村、堡子村、张庄村等，实地查看鲜食葡萄、人参果等日光温室特色产业，详细了解加工型马铃薯、胡萝卜、蒜苗等蔬菜产业发展现状，走访调研脱贫户生产生活情况。

## 代表工作

**【代表履职服务平台建设】** 落实《关于加强和改进市人大代表工作的具体措施》。坚持常委会组成人员联系代表、代表联系选民、各工作委员会联系代表机制。拓宽代表履职渠道，丰富代表履职活动，细化代表履职内容，扩大代表履职参与面，为代表在闭会期间发挥作用创造更好条件。加强代表履职成果宣传，激发代表履职激情。密切人大代表同人民群众的联系，健全代表反映人民群众意见和诉求的处理反馈机制。创新代表小组活动形式，丰富活动内容，提升规范化、制度化水平。

**【代表能力建设】** 加强代表学习培训，举办代表培训班2期，提升代表履职能力。加强对代表履职的监督管理，教育引导代表正确履行代表职务，忠实代表人民的利益和意志，参加行使国家权力。坚持严格管理和关心信任相统一，引导代表珍视代表身份，自觉履行代表义务，严格要求自己。配合做好新一届代表提名考察工作，把好代表入口关。

**【建议办理质量提升】** 坚持代表提出建议前专题调研视察，征集机关提前介入审核把关制度，改进代表议案建议提出、办理、反馈各环节工作。组织代表围绕高质量发展、乡村振兴、生态文明建设、民生保障等提出针对性、操作性强的意见建议。落实代表建议答复承诺解决机制，坚持常委会领导、各委室督办重点建议制度，现场督办、跟踪督办、会议督办和指导督办相结合，常委会主任会议成员牵头督办10件以上重点建议，提高代表建议办成率。

（市人大办公室）

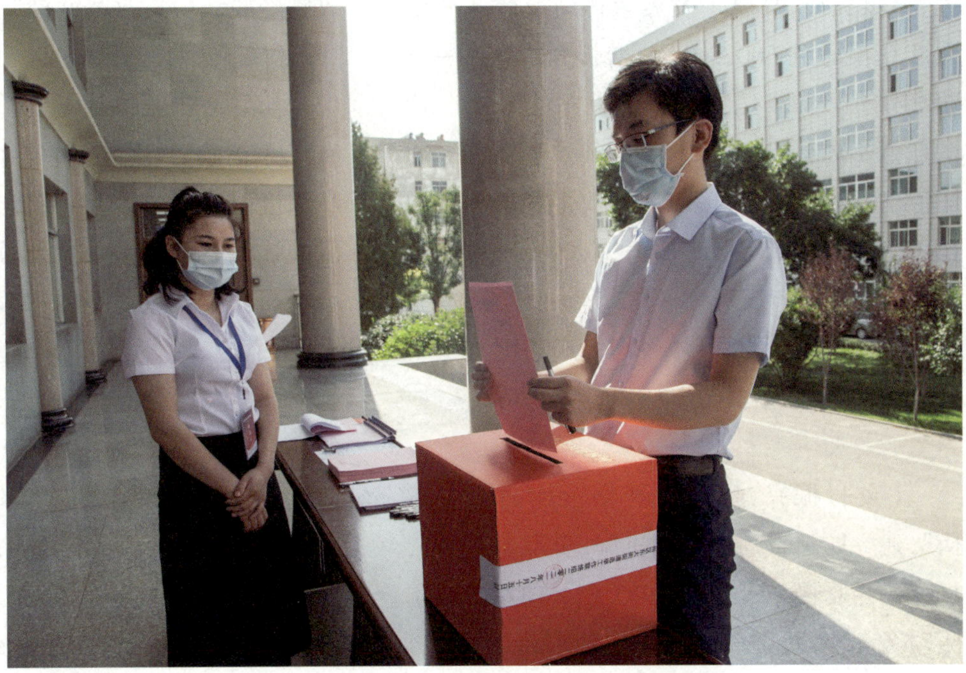

图16 8月15日，选民在凉州区东大街杨府选区市政府机关大院投票站投票

（甘曜毓 摄）

# 武威市人民政府

## 综　述

【概况】 2021年，市政府坚定不移走生态优先、绿色发展之路，统筹疫情防控和经济社会发展，精准施策、攻坚克难，经济稳中有进、稳步提质，高质量发展取得新成效。全市生产总值达到600.2亿元，增长8.1%；第一产业增加值187.4亿元，增长10.8%；第二产业增加值104亿元，增长8.4%，其中全部工业增加值增长13.8%，规模以上工业企业增加值增长17.1%；第三产业增加值308.9亿元，增长6.4%；固定资产投资增长12.5%；社会消费品零售总额增长12.6%；城乡居民人均可支配收入分别增长7%、10.3%。

【乡村振兴建设】 严格落实“四个不摘”，建立防返贫动态监测机制，全市4897户、16092名监测对象中，3987户、13391名监测对象消除风险。整合财政涉农资金16.74亿元，落实财政衔接推进乡村振兴补助资金15.93亿元、东西部协作和中央单位定点帮扶资金1.28亿元，实施项目375项，进一步固成果、育产业、促提升。实施乡村建设示范行动，编制完成“多规合一”实用性村庄规划146个，硬化村组道路1046千米，新增天然气入户3900户。完成农户改厕2.1万座，武威市农村改厕经验获中央改革办推广。

【现代产业体系建设】 依托资源禀赋和产业基础，强龙头、补链条、聚集群，一二三产深度融合发展。生态产业增加值占生产总值的比重达到39.8%。持续打造沿山、沿川、沿沙“三大特色产业带”，发展牛、羊、猪、禽、果、菜、菌、草“8+N”优势主导产业，特色产业发展架势全面拉开。八大优势主导产业实现产值232亿元，占农业总产值的比重达到72.3%。凉州区现代农业、生猪产业园分别入选国家级、省级现代农业产业园，清源镇新入选国家农业产业强镇，民勤县、古浪县入选“甘味”肉羊产业集群。武威市被誉名“中国食用菌之乡”，民勤县收成镇蜜瓜产业园被新认定为粤港澳大湾区“菜篮子”生产基地。产值过亿元企业达到55家。新增规模以上工业企业24家，累计达到190家。引进15家大型央企和知名民企，开工建设新能源装备制造、光伏发电等项目24项，总投资208亿元，建成装机规模达313万千瓦。雷台文化旅游综合体主体工程全部完工，历史文化街区31处传统民居完成原址修缮，神州荒漠野生动物园完成改造提升、八步沙“两山”实践创新基地建成开放，天梯山石窟景区和苏武沙漠大景区晋升国家AAAA级旅游景区。

**【全域生态文明建设】** 持续巩固祁连山生态环境问题整改成果，中央和省级环保督察反馈问题整改率达到94.6%。编制实施《武威市黄河流域生态保护和高质量发展规划》。全面推行林长制，扎实推进国土绿化和防沙治沙，完成人工造林37.7万亩，治理退化草原38万亩，森林覆盖率提高到19.01%，草原植被盖度达到42.9%。深入打好污染防治攻坚战，凉州城区空气优良天数比率为85.8%，$PM_{10}$、$PM_{2.5}$浓度较上年分别下降1.5%、20%，国控、省控地表水断面和地下水点位水质全部达标，土壤环境质量总体稳定。国家节水行动深入实施，全省实施国家节水行动现场推进会在武威市召开，四县区全部建成全国节水型社会达标县区。

**【高质量发展项目建设】** 组织召开全市高质量发展重大项目建设启动大会，印发《重大项目清单》《招商引资重点项目清单》，建立健全重大项目建设协同推进机制，大数据精准调度，“五个一”包抓推进，242个重大项目全年完成投资237.7亿元，占年度计划的100.7%。兰张三四线铁路中川机场至武威段正线工程完成82%，控制性工程新乌鞘岭隧道即将贯通。北仙高速武威至民勤段正式通

图17 10月15日，甘肃省新能源项目集中开工仪式在凉州区九墩滩华电集团光伏治沙项目现场举行
（何宏德 摄）

车，实现县县通高速。武威机场预可研报告加快编制。古浪县黄花滩调蓄供水工程5号水池、凉州区西营五干片区调蓄水池一期工程蓄水试运行，金强川灌区水源保障等项目建成投用，供水保障能力持续提升。成功举办“民企武威行”活动，签约项目83项，总投资137亿元。全年招商引资到位资金239.8亿元，较上年增长11.4%。

【深化“放管服”改革】 深化“放管服”改革，市级政务服务事项基本实现“最多跑一次”，工程建设领域审批制度改革领跑全省，不动产一般登记压缩至5个工作日，推行企业开办“不见面”审批，新增市场主体1.8万多户，较上年增长14.4%。减税降费3.2亿元。市文旅集团被列为全省国资国企改革示范试点企业。财政预算绩效管理改革获评全省考核优秀等次。DIP点数付费方式改革进入实际付费阶段。国家自主知识产权医用重离子加速器项目累计治疗患者500例，战略性先导科技专项钍基熔盐堆核能系统项目顺利推进。新认定高新技术企业10家。武威国际陆港“一中心两口岸”开放运营，铁路集装箱场站即将建成。与格鲁吉亚互设海外仓及出口产品分拨中心，开通武威—格鲁吉亚第比利斯班列，发运“天马号”中欧班列10列，货运总值2.4亿元，实现外贸进出口总额4.4亿元。

【保障改善民生】 不断加大民生投入，民生支出占到一般公共预算支出的84.5%。坚持经济发展就业导向，城镇新增就业1.67万人，超目标任务4.6个百分点。新增公办幼儿园园位1180个、中小学学位6210个，“入园难”“大班额”等问题有效缓解。“双减”工作有序推进。武威职业学院入选省级“双高”计划建设院校。凉州医院、市第二人民医院完成整体迁建，乡镇卫生院规范化发热门诊全部建成。常态化做好疫情防控工作，完成全程新冠病毒疫苗接种126.95万人次。建成投运7个城市街道综合养老服务中心，武威市被确定为全国居家和社区基本养老服务提升行动试点地区。改造老旧小区200个、14733户，开工建设市政道路30条，新建改造供排水管网90千米、供热管网42.33千米，城市建成区绿地率达到33.4%。省市列民生实事全部办结，群众的获得感、幸福感、安全感显著提高。

（市政府办公室）

## 重要会议

【市政府常务会议】 2021年，市政府共召开常务会议24次。

**市政府第一百〇九次常务会议** 1月8日，市政府第一百〇九次常务会议召开，市委副书记、市长周伟主持会议。会议传达学习国务院办公厅《关于推进人工影响天气工作高质量发展的意见》，听取全市人工影响天气工作和2021年天气气候预测情况汇报。

**市政府第一百一十次常务会议** 1月30日，市政府第一百一十次常务会议召开，市委副书记、市长周伟主持会议。会议传达学习省两会、省委农村工作会议、省政府第八次全体会议、全省巩固拓展脱贫攻坚成果同乡村振兴有效衔接暨全省扶贫开发工作会议精神，安排部署招商引资和项目建设工作，审议《武威市国民经济和社会发展第十四个五年规划纲要》《铜奔马文化旅游景区创建国家AAAAA级景区资源与景观质量评审工作方案》和武威市关于全面推进乡村振兴加快农业农村现代化、实现巩固拓展脱贫攻坚成果同乡村振兴有效衔接、打造现代农业优势主导产业三年行动的实施意见。

**市政府第一百一十一次常务会议** 2月7日，市政府第一百一十一次常务会议召开，市委副书记、市长周伟主持会议。会议安排部署有关工作。

**市政府第一百一十二次常务会议** 2月8日，市政府第一百一十二次常务会议召开，市委副书记、市长周伟主持会议。会议传达学习省政府优化营商环境工作座谈会精神，审定《武威市2021年推进高质量发展重大项目清单》，研究召开2021年全市高质量发展重大项目建设启动大会事宜。

**市政府第一百一十三次常务会议** 2月27日，市政府第一百一十三次常务会议召开，市委副书记、市长周伟主持会议。会议学习《政府督查工作条例》，传达学习中共中央办公厅、国务院办公厅《关于全面推行林长制的意见》，省政府领导有关批示精神和全省道路交通安全管理问题整改情况汇报会议精神，听取全市政务督查工作情况、武威市省级森林城市创建情况和全市大气污染防治工作情况汇报，研究解决全市城乡建设发展历史遗留问题，审议审定有关任务清单、实施方案和管理办法。

**市政府第一百一十四次常务会议** 4月2日，市政府第一百一十四次常务会议召开，市委副书记、市长周伟主持会议。会议审议《武威市人民政府2021年立法计划》《武威市黄河流域生态保护和高质量发展规划》，审定《省审计厅黄河流域生态保护和高质量发展专项审计调查反馈问题的整改方案》和武威市《关于深化出租汽车行业改革的实施意见》《网络预约出租汽车经营服务管理实施细则》，听取凉州区国家现代农业产业园创建情况汇报。

**市政府第一百一十五次常务会议** 4月16日，市政府第一百一十五次常务会议召开，市委副书记、市长周伟主持会议。会议传达学习中共中央办公厅、国务院办公厅《关于严格规范村庄撤并工作的通知》及省委办公厅、省政府办公厅《关于严格规范村庄撤并工作的通知》，全国、全省汛期地质灾害防治工作视频会议和全省禁毒工作会议精神，研究贯彻意见。

**市政府第一百一十六次常务会议** 4月27日，市政府第一百一十六次常务会议召开，市委副书记、市长周伟主持会议。会议传达学习国务院、省政府第四次廉政工作会议精神，套开市政府廉政工作会议，安排部署全市政府系统廉政工作；传达学习省委副书记、省长任振鹤在武威调研时的讲话精神，分析一季度全市经济运行情况，安排部署下一阶段全市经济工作；传达学习全省食品安全委员会全体会议精神，套开市食安委会全体（扩大）会议，安排部署全市食品安全工作。

**市政府第一百一十七次常务会议** 5月21日，市政府第一百一十七次常务会议召开，市委副书记、市长周伟主持会议。会议传达学习习近平总书记在中央政治局第二十九次集体学习时的重要讲话精神、全国打击治理电信网络新型违法犯罪工作会议精神，审议《武威市道路交通文明提升行动实施方案》，听取武威市妇女发展规划、儿童发展规划实施情况汇报，审定《武威市凉州城区集中供热专项规划》。

**市政府第一百一十八次常务会议** 6月11日，市政府第一百一十八次常务会议召开，市委副书记、市长周伟主持会议。会议传达学习中共中央办公厅关于违建别墅清查整治工作有关情况的通报和全国、全省“大棚房”问题专项清理整治行动“回头看”视频会议精神，套开市“大棚房”问题专项清理整治“回头看”协调推进领导小组会议，听取全市违建别墅和农村乱占耕地建房问题清查整治工作情况汇报，安排部署有关工作。会议同时传达学习全省金融助力高质量发展工作会议精神，审定《武威市市长金融奖评选办法》，审议2020年度市长金融奖拟表彰对象。

**市政府第一百一十九次常务会议** 7月2日，市政府第一百一十九次常务会议召开，市委副书记、市长周伟主持会议。会议学习《生态环境保护专项督察办法》《甘肃省生态环境保护督察工作实施细则》，传达学习全省革命文物工作会议精神，研究全市贯彻意见。

**市政府第一百二十次常务会议** 7月17日，市政府第一百二十次常务会议召开，市委副书记、市长周伟主持会议。会议传达学习习近平总书记关于贯彻新发展理念的重要指示要求和省委书记尹弘在武威调研时的讲话精神，研究有关事项。

**市政府第一百二十一次常务会议** 8月9日，市政府第一百二十一次常务会议召开，市委副书记、代市长王国斌主持会议。会议学习《中华人民共和国安全生产法》，观看《生命重于泰山——学习习近平总书记关于安全生产重要论述》电视专题片，听取全市安全生产应急管理工作汇报，安排部署下一步安全生产工作；传达学习习近平总书记对深入推进农村厕所革命的重要指示精神，听取全市农村厕所革命推进情况汇报；传达学习7月30日中共中央政治局会议精神和中共中央办公厅、国务院办公厅《关于推动城乡建设绿色发展的意见》；研究分析2021年上半年全市经济运行形势。

**市政府第一百二十二次常务会议** 8月24日，市政府第一百二十二次常务会议召开，市委副书记、代市长王国斌主持会议。会议学习《中华人民共和国教育法》，传达学习《法治政府建设实施纲要（2021—2025年）》，审定《关于进一步加强和改进临时救助工作的实施意见》，研究分析全市1—7月经济运行形势。

**市政府第一百二十三次常务会议** 8月25日，市政府第一百二十三次常务会议召开，市委副书记、代市长王国斌主持会议。会议安排部署有关工作。

**市政府第一百二十四次常务会议** 9月8日，市政府第一百二十四次常务会议召开，市委副书记、代市长王国斌主持会议。会议安排部署有关工作。

**市政府第一百二十五次常务会议** 9月16日，市政府第一百二十五次常务会议召开，市委副书记、代市长王国斌主持会议。会议学习《中华人民共和国土地管理法实施条例》，传达学习中央政治局和省政府第三次全国国土调查相关会议精神，中共中央办公厅、国务院办公厅《关于在城乡建设中加强历史文化保护传承的意见》和全省县域经济高质量发展推进会议精神，安排部署当前重点工作。

**市政府第一百二十六次常务会议** 9月23日，市政府第一百二十六次常务会议召开，市委副书记、代市长王国斌主持会议。会议安排部署有关工作。

**市政府第一百二十七次常务会议** 10月8日，市政府第一百二十七次常务会议召开，市委副书记、代市长王国斌主持会议。会议传达学习全省国有经济布局优化和结构调整工作专题调度推进会、全省住房和城乡建设重点工作现场推进会、全省现代丝路寒旱农业特色优势产业三年倍增行动现场推进会及省长办公会精神，安排部署贯彻落实工作；审定《武威市关于建立央地合作项目协调推进工作机制的意见（讨论稿）》。

**市政府第一百二十八次常务会议** 11月1日，市政府第一百二十八次常务会议召开，市委副书记、代市长王国斌主持会议。会议传达学习《中共中央国务院关于完整准确全面贯彻新发展理念做好碳达峰碳中和工作的意见》《2030年前碳达峰行动方案》，孙春兰副总理在甘肃调研指导疫情防控工作时的讲话精神、省委书记尹弘在省委常委会会议研究部署新冠肺炎疫情防控工作时的讲话精神，安排部署全市疫情防控工作，研究分析1—9月全市经济运行形势。

**市政府第一百二十九次常务会议** 11月18日，市政府第一百二十九次常务会议召开，市委副书记、代市长王国斌主持会议。会议传达学习习近平总书记关于耕地保护的重要论述和指示精神、《中共中央国务院关于深入打好污染防治攻坚战的意见》和国务院办公厅有关通报精神，听取2021年土地例行督察有关情况汇报。审议《政府工作报告（审议稿）》《关于2021年国民经济和社会发展计划执行情况及2022年国民经济和社会发展计划草案的报告（审议稿）》《关于2021年全市财政预算执行情况和2022年全市及市级财政预算草案的报告（审议稿）》。

**市政府第一百三十次常务会议** 11月29日，市政府第一百三十次常务会议召开，市委副书记、代市长王国斌主持会议。会议学习《中华人民共和国反食品浪费法》，听取全市化解国有土地上已售城镇住宅历史遗留"登记难"问题工作进展情况汇报，审定《武威市化解国有土地上已售城镇住宅历史遗留"登记难"问题补充方案》，研究有关事项。

**五届市政府第一次常务会议** 12月15日，五届市政府第一次常务会议召开，市委副书记、市长王国斌主持会议。会议学习《中华人民共和国宪法》《法治政府建设实施纲要（2021—2025年）》，传达学习全省数字政府建设系统集成市县对接视频会议精神，审定《武威市数字政府建设方案》。

**五届市政府第二次常务会议** 12月28日，五届市政府第二次常务会议召开，市委副书记、市长王国斌主持会议。会议学习《地下水管理条例》，传达学习全省新型城镇化工作电视电话推进会议精神，审定武威市《推进新型城镇化工作部门联席会议制度》《新型城镇化规划（2021—2035年）》《推进市县政府融资平台公司整合升级加快市场化转型发展实施方案》，审议《关于进一步推进提升全市文化文艺事业高质量发展的实施方案》。

**【武威市2021年第一次自然资源联审领导小组会议】** 3月10日，市2021年第一次自然资源联审领导小组会议召开，市委副书记、市长、市自然资源联审领导小组组长周伟主持会议。会议审查并原则通过中心城区6宗划拨用地、7宗经营性用地、工业园区12宗工业用地和2宗改变用途土地供地方案，审议《武威市2021年度国有建设用地供应计划》《武威市2021年度土地储备计划》。

**【全市金融助力高质量发展工作会议】** 6月30日，全市金融助力高质量发展工作会议召开。市委副书记、市长周伟出席会议并讲话。市委常委、副市长姜旭云主持会议并宣读市政府关于表彰2020年度市长金融奖获奖单位的决定。会议通报全市金融运行和普惠金融调研情况，有关金融机构作交流发言。

【武威市2021年第二次自然资源联审领导小组会议】 5月21日，市2021年第二次自然资源联审领导小组会议召开，市委副书记、市长、市自然资源联审领导小组组长周伟主持会议。会议审查并原则通过中心城区18宗划拨用地、3宗经营性用地、工业园区3宗工业用地和1宗变更用途土地供地方案。

【武威市2021年第三次自然资源联审领导小组会议】 8月9日，市2021年第三次自然资源联审领导小组会议召开，市委副书记、代市长、市自然资源联审领导小组组长王国斌主持会议。会议审查并原则通过中心城区1宗出让用地、2宗划拨用地、2宗被征地农民安置用地和工业园区4宗工业用地供地方案。

【武威市2021年第五次自然资源联审领导小组会议】 11月29日，市2021年第五次自然资源联审领导小组会议召开，市委副书记、代市长、市自然资源联审领导小组组长王国斌主持会议。会议审查并原则通过中心城区4宗出让用地和15宗划拨用地供地方案。

## 重大项目建设

【概况】 2021年，武威市围绕加快产业发展、促进生态文明建设、补齐基础设施短板、保障和改善民生等重点工作，实施了一批重大项目，涉及现代农业、生态工业、文化旅游、生态环保、商贸物流、民生保障、基础设施等7个领域，共242项，总投资1303.3亿元。截至2021年底，全市242个重大项目开复工205个，完成投资237.67亿元，全年建成投运重大项目78个。

【现代农业项目】 12个现代农业项目，开复工项目11个，完成投资25.46亿元。凉州牧原100万头生猪产业化项目存栏生猪13.99万头，2021年出栏生猪20万头；古浪黄花滩六道沟4万头奶牛、古浪金宇浩睿2万头奶牛养殖示范园、凉州区优质奶源基地项目坚持边建设边投栏，存栏量分别达到1.98万头、1.2万头和5438头；武威优然牧业1.2万头奶牛养殖示范园存栏奶牛6078头，其中2300头开产奶牛向武威伊利供奶；武威海越水果胡萝卜种植加工项目建成投产。加快高标准农田建设，新建高标准农田26.6万亩，累计达到195万亩，推动农业结构调整，促进农业提质增效、农民收入增加。

【食品工业项目】 41个生态工业项目，开复工项目36个，完成投资32.51亿元。其中突出农产品精深加工，做大做强做优食品工业集群，武威伊利一期项目产销两旺，1—12月加工奶产品12.44万吨，产值10亿元；二期项目12月28日全面启动建设。红太阳日处理1500吨小麦制粉生产线扩建、武威泰昆年产25万吨饲料生产线项目建成投产，天祝藏族自治县年产18万吨天然矿泉水项目第一条生产线投入生产；众兴菌业年产7200吨真姬菇项目进入设备调试阶段。

【新能源产业项目】 “十四五”第一批200万千瓦风光电建设指标竞争性资源配置完成，引进配套风光电装备制造、PVB膜生产、氢产业、储能等新能源协同产业项目13个。远景民勤智能风机制造、东控一道光伏组件生产、重通成飞大兆瓦级风电叶片智能制造、德斯威光伏产业园、红沙岗共享储能电站、分布式光伏整县推进、160万千瓦光伏治沙、70万千瓦光伏发电等项目开工建设，新能源产业焕发出新活力、新动能，激发出新的经济增长点。同时，11个商贸物流项目，开复工项目9个，完成投资4.22亿元。

【文化旅游产业项目】 22个文化旅游项目，开复工项目18个，完成投资37.77亿元，占计划进度31.49亿元的119.92%。全市坚持以文塑旅、以旅彰文、文旅融合，积极申报创建铜奔马国家AAAAA级旅游景区，雷台景区文化旅游综合体94幢单体建筑主体封顶，年内完成装饰工程，累计完成投资42.7亿元；历史文化街区保护建设项目中32栋古民居全部修缮复建完成，再就业市场片区、罗什寺、古钟楼和文庙街区81栋新建单体封顶，累计完成投资21.3亿元；古浪八步沙"两山"实践创新基地正式揭牌，神州荒漠野生动物园品质提升改造、古浪战役纪念馆二期等项目建成开放，天梯山石窟景区、民勤苏武沙漠大景区做精做优特色旅游品牌，被确定为国家AAAA级旅游景区，为促进旅游产业提档升级，推动文化旅游名市建设积蓄硬核实力。

【生态环保项目项目】 27个生态环保项目，开复工项目23个，完成投资17.29亿元，占计划进度16.71亿元的103.52%。围绕祁连山等自然保护区生态修复、污染防治、国土绿化、防沙治沙、环保基础设施建设，加快发展以光大国际为链主的绿色环保产业链，凉州区垃圾焚烧发电项目"两炉一机"投入运行，实现生活垃圾资源化、无害化、减量化处置，有效解决生活垃圾处理难题。国土绿化倍增、农村人居环境整治等项目建成。积极推进古浪八步沙区域生态治理、民勤生态示范区建设等工程，促进生态产业化、产业生态化。

【民生保障项目】 30个社会民生保障项目，开复工项目27个，完成投资11.86亿元。凉州医院异地迁建项目搬迁投运；武威肿瘤医院整体搬迁及功能提升项目积极推进，医用重离子加速器项目累计治疗患者422例；武威一中学生公寓及附属工程、凉州区祁连路小学、武威第十中学扩建、凉州区第一幼儿园迁建、古浪县职业教育中心易地迁建一期等项目建成投运，民生保障能力显著提高。

【基础设施建设项目】 99个基础设施建设项目，开复工项目81个，完成投资108.56万元，占计划进度106.35亿元的102.08%。兰张三四线铁路中川机场至武威段控制性工程新乌鞘岭隧道完成正洞掘进14.16千米，占总长度的82.7%，为全线提前建成通车奠定基础，2021年完成投资45.3亿元，超年度计划5.3亿元；G569线武威至仙米寺段工程开工建设；古浪黄花滩调蓄供水工程5号水池、凉州区西营五干片区调蓄水池一期工程蓄水运行，天祝石板沟水库、古浪县城至G312线桥梁工程等项目建成投运。

（市发展和改革委员会）

## 政务服务

【概况】 2021年，市政务服务中心认真落实深化"放管服"改革优化营商环境提质提标年工作部署要求，积极推行"马上办、网上办、就近办、一次办、自助办"等方式，推动政务服务标准化、规范化、便利化，着力为企业和群众提供优质、高效的办事环境。

**【推行“马上办”】** 完善“一窗受理”集成服务模式，对凡与企业和群众密切相关的审批事项及公共服务事项推行集中办理，推行首问负责、一次告知、一窗受理、并联办理、限时办结等制度和证明事项告知承诺制，推进政务大厅“一窗通办”，提升审批服务效率。公布实行告知承诺制事项274项，承诺书代替证明材料事项427项。开展网上服务“一事一评”，现场服务“一次一评”，办事企业和群众主动评价率明显提高。2021年，企业和群众评价数86.54万条，好评率99%以上。

**【推行“网上办”】** 升级改造市级政务服务平台，与省级一体化在线政务服务平台和全国一体化在线政务服务平台应接尽接。推进市级部门自建业务系统与全市一体化政务服务平台对接和适老化改造，完善政务服务事项网上办理流程，大力推进“一网通办”“全程网办”。全市可在线办理事项4822项，其中，“一网通办”事项4763项，“全程网办”事项2142项。设立“跨省通办”“省内通办”服务专区，公布“跨省通办”事项178项、“省内通办”事项136项。推行建设项目“一书两证”电子证照，实现“远程办证、一网通办”。通过武威市一体化政务服务平台办理政务服务事项13.66万件。

**【推行“就近办”】** 全面推进政务服务向基层延伸，进一步强化基层承接审批、政务服务标准规范和一体化政务服务平台支撑，集中公布乡镇（街道）、村（社区）政务服务事项目录，统一编制事项实施清单，实现事项名称、类型、编码、申请条件、申报材料等要素统一规范。在武威政务服务网开通乡镇（街道）、村（社区）网上办事入口，逐项公开办事指南信息。集中公布基层政务服务事项目录27项。

**【推行“一次办”】** 在武威政务服务网开通“一件事一次办”专栏，梳理“一件事”目录102项。开设招商引资项目代办服务窗口，积极配合市招商局对重大招商引资项目提供从企业开办、项目审批到竣工验收“一站式、保姆式、管家式”全流程代办服务。持续推进军人退役“一件事”服务，完善一表申请、套餐式集成服务。加强企业“一窗办”专区建设，积极推动实现登记注册、公章刻制、银行开户等线下大厅“一窗通办”，促进企业开办便利化。持续推行“政务快递，免费送达”服务，完善“清单告知、上门取件、专人帮办、服务到家”的政务服务模式。2021年，通过免费邮寄方式为企业和群众办理事项5945件。

**【推行“自助办”】** 设立自助服务区，配置自助服务终端设备，提供办件申报、事项查询、自助缴费、证件打印等自助服务，为群众和企业办事提供“24小时不打烊”自助服务。推进市级政务服务平台与智慧武威“城市大脑”、“天马行市民云”App应接尽接，政务服务事项应上尽上，企业和群众可通过手机查询办理事项，953项市级政务服务事项实现“掌上办”。

**【政务公开规范化建设】** 认真落实市委、市政府深化政务公开各项决策部署要求，印发《武威市2021年政务公开工作要点》，按照决策公开、执行公开、管理公开、服务公开、结果公开的要求，持续做好“深化”文章，积极推进、指导、协调做好全市政府信息公开和政务公开日常工作。以“中国·武威”政府门户网站“政府信息公开”栏目为主要公开载体，设立政务公开专区，统一规范标识、配置、管理，调整各级各类政务公开栏目3144个。设立政府信息重点领域公开专栏，多形式公开政府信息。全年发布各级各类信息56.55万条。

**【政务服务便民热线建设】** 整合归并各部门政务服务热线43条，升级改造“12345”热线平台，合理扩充“12345”热线受理场地座席，优化热线办理流程和资源配置，建立健全12345热线运行管理、跟踪调度、考核评价、督办问责等制度，推进热线受理与后台办理服务紧密衔接，实现政务服务全市一个号码响应，打造“7×24小时”不断线的政务服务便民热线。全年受理群众来电来访3.96万件，其中，转部门单位办理1407件，答复率100%；办理甘肃政务服务网网民留言592件，答复率100%。

**【政务服务标准化建设】** 完善大厅日常管理制度，严格落实转变工作作风“十服务”“十不准”规定等。严格落实窗口工作人员选派标准。推行管理包片责任制，强化工作督导，层层压实责任，重点检查窗口工作人员出勤到岗、服务态度、办事效率、遵守制度等内容，通过制度约束、绩效考核、督促检查、问责惩戒等措施。全年评选为“红旗示范窗口”的单位76个（次），“党员先锋岗”“青年文明岗”“巾帼建功岗”“最美政务人”的窗口工作人员94人次，形成良好氛围。

**【新址大厅装修建设】** 新址政务大厅位于武威市公共服务中心1～6层，建筑面积1.1万平方米。功能区域划分为智能导服、审批服务、出件服务、休闲等候4大业务功能区和收件服务及24小时自助服务区。按照“市区一体、应进必进”的原则，设立综合服务、税务办理、不动产办理、社保医保、市场监管、交通运

图18　武威市公共服务中心　（毛永芳　摄）

输、住房公积金、工程建设项目审批、婚姻登记、出入境管理、其他事务代办等综合性受理窗口，进驻市、级及凉州区部门单位共84个，工作人员230人，待验收交接后将搬迁入驻办公。

（市政府政务服务中心）

## 外事工作

【引才引智工作】 2021年，加强引才引智体制机制建设，鼓励企业、科研机构等创新主体加强与“一带一路”沿线国家的国际科技交流合作。组织人才引进、产学研合作等方面与相关专家组织、培训机构、专业人才进行交流洽谈。充分发挥引才引智基地及外国专家作用，柔性引进科技创新团队、吸引国内外科技人才参与武威市科技创新活动。聘请来自英国、澳大利亚、伊朗等8个国家的14名专家与武威市11家单位就技术服务、人才培训、科技交流方面开展线上国际交流合作。评审认定市级引才引智基地3家，开展人才智力引进和成果示范推广等工作。

【发展外向型经济】 积极组织企业申报项目，为武威金仓生物科技有限公司、民勤鑫源棉业有限公司等3家外贸公司申报外贸专项发展内陆运输补贴项目资金130万元，为武威小林商贸有限公司申请中小企业开拓市场补助资金5万元。民勤县组织外贸企业负责人参加全省外贸政策及业务培训、跨境电商培训等专题培训班5场次；组织5家外贸企业参加普惠金融大讲堂活动，进一步加强政、企、银的多方交流与信息共享。

【教育交流与合作】 2021年，武威职业学院招收来自巴基斯坦、塔吉克斯坦来华留学生6名。继续与西北师范大学联合培养武威职业学院2021级来华留学生，与西北师范大学联合开展“中文＋职业教育”项目，提高留学生培养质量。疫情防控期间，做到滞留国境外留学生“停课不停学”，监督留学生在线学习，及时做好来华留学生“日报告”“零报告”，耐心做好留学生安抚解释工作，积极主动加强对留学生的人文关怀。

（市政府办公室）

## 决策服务

【调查研究】 2021年，认真贯彻落实习近平总书记关于调查研究的重要论述精神，紧扣产业培育、高质量发展、民生改善等重点工作，研究制定调研计划，常态化开展、项目化落实。组织开展全市职业教育产教融合校企合作情况、凉州区生物质能供热发展情况、全市现代农业产业园发展情况等专题调研，撰写调研报告，其中《关于我市职业教育产教融合校企合作情况的调研报告》得到市政府主要领导批示。撰写《念好“牛字经”奏响“四重奏”》《“四措并举”保耕地“四重效益”兴产业》等专题政务信息，调研成果通过服务决策、融入文稿等方式得到有效转化。

【文稿起草】 坚持把文稿起草与学习、调研有机结合，超前谋划、深入思考，完成《政府工作报告》，经济工作会、农村工作会、县域经济推进会、工业园区发展工作会、疫情防控日调度会、党政主要领导干部专题辅导班（读书班）、金融助力高质量发展、高质量发展项目观摩等重要会议材料和省领导到武威市调研汇报；协同完成创城动员大会、党史学习教育动员大会、全省国家节水行动现场会、外出招商推介座谈会、“最美公务员”颁奖仪式、“武威最美退役军人”发布仪式、能耗双控及污染防治工作培训等重要会议和活动的材料撰写，累计撰写材料80多万字。

【以文辅政】 认真编发《武威发展》，广泛宣传市委、市政府发展思路和重大决策部署，积极展示全市经济社会发展中涌现出来的亮点工作，增设“企业风采”和“乡镇动态”专栏，每期选择1家骨干企业和2个乡镇进行重点推介，展示企业发展风采，宣传基层工作经验。精心编发《动态参考》，为领导决策提供有益参考。

（市政府研究室）

## 人事管理

【概况】 2021年，持续优化发展环境，推进人事人才体制机制创新，从子女入学、职称评聘、配偶调配、津贴发放、住房保障等方面进一步完善人事人才保障体系，全面提升引才、育才、留才、用才的综合环境。围绕重点行业、重点领域急需紧缺人才需求实际，在成都、西安、兰州等地开展引才8场次，引进人才239名。举办引进急需紧缺人才北京宣介会和成都专场招聘会，签约引进人才129名。严格按照省上规定的选拔范围、分配指标和工作程序，选拔推荐全国杰出专业技术人才和集体各1个，省领军人才4名，陇原青年英才7名。审核推荐武威职业学院申报博士后科研创新基地，古浪县八步沙林场基地申报国家级专家服务基地。

【职称评聘工作】 统筹设置正高级二级、三级内部等级岗位，由行业主管部门制定晋升条件，全市统筹使用；县区统筹设置本区域高级岗位，逐步实现教育系统“县管校聘”、卫生健康系统“县管乡用”；同一主管部门管理的规模小、人数少的事业单位，按规定岗位结构比例统筹核定专业技术岗位，共增加高级岗位1242个，有效破解部分单位无空缺岗位的问题。同时，持续优化职称评审方式，共审核推荐16名农村实用人才、20名特殊人才、1346名专技人才评审高级职称，职称评审正向激励效能得到充分发挥。对乡村教师及艰苦边远地区乡村专业技术人才，从教、工作20年以上评审中级职称，30年以上评审高级职称，不受岗位限额限制；对“定向评价、定向使用”的方式聘用的基层有效专业技术人员实行单列管理；对“陇原人才服务卡”的A、B类人才和管理岗位兼任专业技术岗位的C类人才岗位实行单列管理，“三单列”后腾出高级岗位893个。

【人事考试】 强化人事考试风险防控，组织开展警示教育系列活动，严格落实疫情防控各项措施，顺利完成各类人事考试12场次，涉及考生4万余人次，实现“零失误”。全年招聘事业单位工作人员588名。

【技能培训】 以提升专业技术人才队伍水平为目标，不断提高专业技术人员业务素质和创新创造创业能力，通过招标遴选确定2家网络平台承担网络培训，全市共有33095人报名参加培训，合格率达98.61%。

（市人力资源和社会保障局）

## 机关事务管理

**【国有资产管理】** 2021年，认真贯彻落实《行政事业性国有资产管理条例》，牢固树立"过紧日子"思想，推动资产高效使用。加快闲置国有资产处置进度，累计处置23宗，成交金额6924.27万元；加大资产利旧力度，及时做好资产划转工作，共划转12家单位、905项资产，价值14936.32万元；严把国有资产报废关，共审批12家单位、698项资产，金额858.39万元。严格执行《党政机关办公用房建设标准》，及时调配13家单位办公用房，保障各单位正常运转。加快不动产权证办理，完成13栋政务楼的产权登记，确保国有资产安全。

**【规范公务用车】** 严格执行《甘肃省党政机关公务用车管理实施办法》《公务用车服务平台车辆管理制度》，科学合理调度，高效保障市级党政机关公务用车。开展驾驶员安全知识培训、道路交通安全警示教育，开展专项监督检查，加强公车管理，确保行车安全。调整优化公车管理制度及流程，打造信息化、规范化、标准化的车辆管理平台。至2021年底，市级公车平台累计出车4200多车次，安全行驶90万千米。

**【规范公务接待】** 不折不扣执行中央八项规定及其实施细则精神，严格落实《武威市党政机关公务接待管理办法》，严格执行无公函不接待、安排一次工作餐规定。完成天津市党政考察团、民企武威行、敦煌文博会等重大接待任务224批次、2669人。完成市第五次党代会、人代会、省委组织部换届考察组和全省涉粮问题巡察组等重要活动食宿保障工作。设计制作具有鲜明地域特色的餐桌旅游沙盘、特色产业沙盘，展示特色产品，创新推出一批代表本土特色的品牌菜，展示"天马行空·自在武威"的良好形象。举办全市会议定点酒店服务质量提升培训班，培训定点接待酒店15家、400多人次。倡导公筷公勺和"光盘行动"，推行分餐制或自助餐，营造全社会崇尚节约、抵制浪费的良好氛围。

**【服务保障工作】** 坚持把服务对象满意度作为检验工作的标尺，超前谋划，推动服务向细微处延伸。完善集中办公区物业管理合同及考核办法，提升物业服务质量和水平。定期检查、维修、改造老旧基础设施设备，做好集中办公区绿化、美化、亮化工作。加大对人才公寓检修维护力度，做好换届到武威市领导和引进人才住房保障工作。

**【节约型机关创建】** 充分发挥公共机构在全社会绿色低碳发展中的示范引领作用，结合全国节能宣传周活动，印制分发节能宣传资料、标识等，营造节能良好氛围。全年印发节能低碳生活宣传资料、海报4500份。督促党政机关、事业单位加快节能节水改造步伐，积极推广应用高效节能节水器具。扎实开展节约型机关创建，带动全市公共机构节能工作向纵深发展。

（市机关事务管理局）

# 中国人民政治协商会议武威市委员会

## 综　述

【概况】 2021年，充分发挥政协作为社会主义协商民主重要渠道和专门协商机构作用，紧扣党政所需、人民所盼、政协所能，认真履职尽责。紧扣市委总体思路，认真落实《政协武威市第四届委员会2021年协商工作计划》，精心组织开展全委会专题协商、常委会专题协商、双月协商、调研视察12项活动，赴外学习考察6批次，向市委报送专题报告18篇，提出意见建议162条。通过现场调研、督办协商等举措以及对重点提案深入督办，解决一批群众关心的在学前教育、医疗卫生、养老服务、城市管理等方面存在的问题，助力民生福祉改善。

【提案办理】 由主席会议成员和各专委会牵头协商督办的15件重点提案全部按时限、高质量完成。市政协四届五次会议审查立案的113件提案办复率100%，委员满意率达到98.7%。

【民主监督】 组织委员37人次参加政法队伍教育整顿满意度测评会、征求意见座谈会、听证会、司法机关庭审旁听等活动，助推部门改进作风、提升效率。

【反映社情民意】 充分发挥政协反映社情民意"直通车"和"连心桥"的职能作用，引导和动员广大政协委员深入基层、深入一线、深入群众，及时收集和反映社情民意信息，为民纾忧解困。

【助力脱贫攻坚与乡村振兴有效衔接】 充分发挥政协人才荟萃、智力密集优势，积极为全市重点任务落实献计出力，有力助推市委、市政府重大决策部署落实落地。组织动员全市各级政协组织和广大政协委员，充分发挥各自优势，积极主动投身脱贫攻坚一线，围绕产业扶贫、教育扶贫、科技扶贫、健康扶贫、文化扶贫和消费扶贫献计出力。主席会议成员扎实履行包抓责任，指导包抓镇村因地制宜发展牛、羊、猪、禽、果、菜、菌、草"8+N"特色优势主导产业，统筹各方力量，推动落地一批配套设施和人居环境整治项目。

## 重要会议

【政协武威市第五届委员会第一次会议】12月6—8日，中国人民政治协商会议武威市第五届委员会第一次会议召开。会议议程为：听取和审议政协武威市第四届委员会常务委员会工作报告；听取和审议政协武威市第四届委员会常务委员会关于提案工作情况的报告；列席武威市第五届人民代表大会第一次会议，听取并讨论政府工作报告及其他有关报告；选举政协武威市第五届委员会主席、副主席、秘书长和常务委员；审议通过政协武威市第五届委员会第一次会议政治决议；审议通过政协武威市第五届委员会第一次会议关于政协武威市第四届委员会常务委员会工作报告的决议；审议通过政协武威市第五届委员会第一次会议关于政协武威市第四届委员会常务委员会提案工作情况报告的决议；审议通过政协武威市第五届委员会第一次会议提案审查委员会关于政协武威市第五届委员会第一次会议提案审查情况的报告。

【政协武威市第五届委员会委员】 11月30日，政协武威市第四届委员会常务委员会第三十四次会议通过政协武威市第五届委员会委员名单，共288人，其中，中国共产党18人、中国国民党革命委员会9人、中国民主同盟12人、中国民主建国会9人、中国民主促进会11人、中国农工民主党7人、九三学社7人、无党派人士12人、工会1人、共青团1人、妇女联合会1人、工商联23人、科协1人、侨联2人、文化艺术界10人、经济界30人、科学技术界13人、农业界19人、教育界14人、社会科学界1人、医疗卫生界9人、体育界2人、新闻出版界2人、社会福利与社会保障界2人、少数民族界5人、宗教界12人、台胞台属界4人、特邀界51人。

【政协武威市第四届委员会常务委员会】2021年，政协武威市第四届委员会常务委员会共召开常委会议7次。

**四届二十八次会议** 2月3日，政协武威

图19　12月6日，中国人民政治协商会议武威市第五届委员会第一次会议召开（市政协办公室　供图）

市第四届委员会常务委员会第二十八次会议召开。会议传达学习省政协十二届四次会议精神；审议通过关于召开政协武威市第四届委员会第五次会议的决定、议程（草案）、日程，政协武威市第四届委员会常务委员会工作报告（审议稿）及报告人，政协武威市第四届委员会常务委员会关于政协武威市四届四次会议以来提案工作情况的报告（审议稿）及报告人，关于增补市政协委员所属界别和联系的专门委员会的建议等；通报2020年度市政协委员履职情况，部分市政协常委进行述职。

**四届二十九次会议** 2月5日，政协武威市第四届委员会常务委员会第二十九次会议召开。会议听取各小组讨论情况的汇报；审议通过政协武威市四届五次会议关于常务委员会工作报告的决议（草案）、政协武威市第四届委员会提案社会法制委员会关于政协武威市四届五次会议提案审查情况的报告（草案）、政协武威市四届五次会议政治决议（草案）、相关辞职决定（草案）、政协武威市四届五次会议选举办法（草案）；通过政协武威市第四届委员会补选副主席、秘书长、常务委员候选人建议名单，通过政协武威市四届五次会议总监票人、副总监票人、监票人建议名单。决定将政协武威市四届五次会议政治决议（草案）、政协武威市四届五次会议关于常务委员会工作报告的决议（草案）、政协武威市第四届委员会提案社会法制委员会关于政协武威市四届五次会议提案审查情况的报告（草案）、相关辞职决定（草案）、政协武威市四届五次会议选举办法（草案）提交小组会议审议。将候选人建议名单，总监票人、副总监票人、监票人建议名单提交各小组酝酿讨论。

**四届三十次会议** 2月6日，政协武威市第四届委员会常务委员会第三十次会议召开。会议听取各小组讨论情况汇报和酝酿讨论候选人情况汇报，通过正式候选人名单。

**四届三十一次会议** 2月7日，政协武威市第四届委员会常务委员会第三十一次会议召开。会议确认选举计票结果，确定当选人名单。

**四届三十二次会议** 5月15日，政协武威市第四届委员会常务委员会第三十二次会议召开。会议传达学习习近平总书记在参加内蒙古代表团、青海代表团审议时的重要讲话精神，在看望参加政协会议的医药卫生界教育界委员时的重要讲话精神，在福建、广西考察时的重要讲话精神，全国两会精神，全省市县乡领导班子换届工作电视电话会议，市县乡领导班子换届工作会议精神和“十严禁”换届纪律要求。会议围绕“加快推进乡村建设行动，夯实农业农村高质量发展基础”专题开展常委会专题议政，14名委员分别围绕“强化县域综合服务能力促进城乡融合高质量发展”“坚持规划引领推进乡村振兴战略实施”等方面作会议发言，部分市直部门就委员发言意见建议进行交流互动。

**四届三十三次会议** 7月29日，政协武威市第四届委员会常务委员会第三十三次会议召开。会议传达学习习近平总书记近期重要讲话精神和中央、省上相关会议精神；通报上半年全市经济社会发展情况。会议围绕“优化高质量发展环境、激发创新创业活力”专题开展常委会专题议政，13名委员分别围绕“高质量发展视域下武威优化营商环境的路径探析”“优化高质量发展环境、激发创新创业活力”等方面作发言，部分市直部门就委员发言意见建议进行交流互动。

**四届三十四次会议** 11月30日，政协武威市第四届委员会常务委员会第三十四次会议召开。会议传达学习党的十九届六中全会和市第五次党代会精神，通过政协武威市第五届委员会委员名单，《政协武威市第四届委员会常务委员会工作报告（审议稿）》及报告人，《政协武威市第四届委员会常务委员会关于提案工作情况的报告（审议稿）》及报告人；审议政协武威市五届一次会议议程（草案）和日程（草案）等有关事项；通过有关事项。会议决定政协武威市第五届委员会第一次会议于12月6—8日召开。

## 基层协商民主建设

【概况】 2021年，建立政协牵头、部门配合、县区主抓、乡镇（街道）党委及村（社区）党组织落实的工作机制。推进全市协商民主工作向纵深发展。全市开展协商活动2289场次，解决问题2060件，助力解决一批事关群众切身利益的实事难事。

【建立健全制度体系】 严格落实市委《关于加强政协协商和基层协商有效衔接大力推进基层协商民主建设实施意见》《乡镇（街道）村（社区）协商议事会工作规则》和《协商议事会工作流程》等文件精神，按照“有阵地、有标识、有制度、有流程、有活力、有实效”六有标准，推进议事平台标准化建设。对照“谁来协商”“协商什么”“怎么协商”“成果落实”“情况反馈”等关键环节，健全完善相关程序规则制度，提升协商议事活动规范化水平。

【搭建委员履职新平台】 组织在武威省政协委员和市、县、区政协委员下沉基层开展履职活动，搭建委员履职新平台，拓展政协履职新领域。主席会议成员牵头联系县区政协，相关专委会具体负责组织协调，推动政协委员重心下移、阵地前移、深入群众，自觉参与基层协商民主实践。

【下沉开展履职活动】 市、县区政协先后制定印发《政协委员下沉开展履职活动推进基层协商民主工作的通知》，将政协委员按界别、职业、居住区域分布下沉到镇（街道），根据协商议事活动需要，镇（街道）将市、县、区政协委员分布到各村（社区）开展工作，让政协委员成为协商议事会固定成员，通过基层履职活动，积极反映社情民意，为群众解难题、办实事，助力基层社会治理。全市107个乡镇（街道）均组建政协工作联络组，按“六有”标准，整合资源搭建乡镇（街道）“好商量”协商议事室107个，由乡镇（街道）党委副书记担任联络组组长，配备专兼职工作人员，实现乡镇（街道）协商议事室全覆盖。1131个村（社区）均搭建协商议事会、协商议事室、基层社情民意联系点“三位一体”协商议事平台。

## 考察调研

【调研平安建设工作】 4月15日，省政协社会和法制委员会副主任杨咏中、陈德兴、沈兴国带队调研武威市创新完善建设更高水平的平安甘肃工作机制情况。调研组一行听取“雪亮工程”建设情况汇报，对社区警务室、雷台文化旅游综合体建设项目等进行实地调研并召开座谈会。

【调研“飞地经济”发展状况】 4月22日至23日，全国政协委员、民建甘肃省委员会主委宁崇瑞率领民建省委会“促进‘飞地经济’发展 进一步畅通国内大循环”专题调研组到武威市开展实地调研。调研组一行先后到甘肃牛电森祥车辆制造有限公司、甘肃重通成飞新材料有限公司等企业，详细了解武威“飞地经济”发展状况，对发展“飞地经济”的意愿、下一步打算、制约瓶颈等进行深入探讨。

**【调研重大基础设施项目工作】** 6月7—9日，全国政协常委、省政协副主席尚勋武带领调研组到武威，围绕“以重大基础设施项目为突破口，为甘肃发展打下坚实基础”开展专题调研并召开座谈会。调研组一行先后实地调研伊利绿色生产及智能制造示范应用、国际陆港铁路集装箱场站、古浪县黄花滩移民区调蓄水池等8个重点项目，详细了解武威市重大项目建设进展情况。

**【调研产业发展工作】** 7月14—15日，省政协委员、省政协农业和农村工作委员会副主任魏宝君带领省政协调研组到武威开展“做大做特做优甘肃产业 实现产业高端化”专题调研。调研组先后前往民勤县、凉州区，实地调研走访民勤县优质蔬菜产业园食用菌一二三产融合发展基地等2个产业园、武威雷台景区文化旅游综合体等3个项目、凉州牧原农牧有限公司等7家企业，详细了解武威市做大、做特、做优产业及实现产业高端化整体情况，对武威市产业发展取得的成果给予充分肯定。

**【贯彻落实政协工作会议精神专题调研】** 9月3—4日，省政协机关党组成员、委员工作委员会主任赵一红带队到武威开展贯彻落实中央和省委政协工作会议精神专题监督视察。视察组一行先后深入凉州区惠泽社区、古浪县泗水镇监督视察基层协商民主工作，并调研参观古浪县八步沙林场和“绿水青山就是金山银山”实践基地展览馆。在汇报座谈会上，视察组对武威市各级党委学习贯彻中央和省委政协工作会议精神、加强对政协工作领导等方面工作给予高度评价，对各级政协就加强党的建设、发挥人民政协专门协商机构作用、强化思想政治引领、推进政协协商与基层协商有效衔接等方面工作给予充分肯定。

（市政协办公室）

图20 7月，市政协组织开展专题调研 （市政协办公室供图）

# 中国共产党武威市纪律检查委员会
# 武威市监察委员会

## 综 述

【概况】 2021年，武威市各级纪检监察机关始终坚持以习近平新时代中国特色社会主义思想为指导，坚定不移推进全面从严治党，坚决有力正风肃纪反腐，推动党风廉政建设和反腐败斗争取得新进展新成效。印制《案件监督管理应知应会资料汇编》，确保监督执纪执法严格按照权限、规则、程序开展。强化审查调查措施使用管理，严格审批权限，突出流程管控。

【纪检监察改革】 及时向省纪委监委、市委报告工作，加强对下级纪委监委的领导和指导，推动双重领导体制具体化、制度化。推进派驻机构改革，印发市纪委监委派驻机构改革方案，积极协调推进人员配备、办公用房调配等相关工作，指导推进县区纪委监委派驻机构改革。建立“室组”联动监督、“室组地”联合办案机制，进一步厘清内设机构与派驻机构职责边界。

【严明政治纪律和政治规矩】 严肃党内政治生活，严格落实“三会一课”、领导干部双重组织生活、民主评议党员、谈心谈话等制度，各级党组织高质量召开党史学习教育专题民主生活会和组织生活会，推动党内政治生活常态化规范化制度化。

【全面从严治党】 深入落实新时代党的建设总要求，进一步营造风清气正的政治生态。始终把政治建设放在首位，坚定不移推进全面从严治党，一体推进不敢腐、不能腐、不想腐，聚焦重大决策部署贯彻落实，推动各级党组织和党员干部切实把思想和行动统一到党中央、省委、市委的部署要求上来；聚焦优化营商环境，持续推进行政审批等各领域改革；聚焦严肃换届纪律，推动换届风气监督精准开展；聚焦中央巡视反馈问题整改，逐个推进整改落实，以“零容忍”态度严查违纪行为。严格落实中央八项规定及其实施细则精神，深入开展“四察四治”，持续整治不作为、慢作为、乱作为。

【落实监督责任】 认真学习贯彻中央纪委五次全会、中央纪委西北片区纪委书记座谈会、省纪委五次全会精神,召开市纪委四届六次全会,全面部署年度党风廉政建设和反腐败工作,逐项推进落实。不定期听取市纪委监委各派驻机构、内设机构及各县区纪委监委工作情况汇报,督促各级纪检监察机构充分发挥职能作用,落实落细监督责任。严格按市纪委监委督查办法加强督查督办,逐条逐项开展督查督办,推动年度各项重点任务落实落地。

【压实主体责任】 市委常委会会议25次研究党风廉政建设和反腐败重点问题,推进落实管党治党政治责任。市纪委监委主要领导对各县区党政班子成员开展集体约谈,对县区党委书记开展"一对一"约谈,各派驻机构、各县区纪委监委对市、县、区部门及乡镇班子成员进行约谈,层层传导压力。对照市委《落实全面从严治党主体责任清单》,通过督查、巡察、日常监督、专项检查等方式,督促各级党组织切实把主体责任扛紧扛牢。对2020年度县级领导班子和领导干部落实党风廉政建设责任制情况进行考核,在全市通报考核结果,对主体责任落实不到位的领导班子和领导干部,坚决取消评先评优资格。

【干部日常监管】 认真学习贯彻《中华人民共和国监察官法》《中华人民共和国监察法实施条例》等法律法规,严格依规、依纪、依法开展工作。常态开展跟班学习、跟案锻炼,对全市纪检监察干部进行全员轮训,强化执纪、执法业务专题培训,培训1300余人次,进一步提升履职能力。督促落实谈心谈话、家访等日常管理制度,推进建立纪检监察干部廉政档案,强化对纪检监察干部的日常监督管理。紧盯关键时间节点,采取推送廉政信息等方式,提醒纪检监察干部严格自律、严守法纪。严肃办案纪律,建立纪检监察干部工作清单、行为负面清单和责任追究清单,向办案人员印发提醒卡635张。

## 重要会议

【市纪委四届六次全会】 2月8日,中国共产党武威市第四届纪律检查委员会第六次全体会议召开。市委书记柳鹏出席会议并讲话;市委常委、市纪委书记、市监委主任魏文德主持会议,并代表市纪委常委会作题为《坚定不移推进全面从严治党,为"十四五"开好局提供坚强保障》的工作报告。全会审议通过市纪委常委会工作报告和全会决议。

【市纪委五届一次全会】 11月28日,中国共产党武威市第五届纪律检查委员会第一次全体会议召开。会议讨论通过《中国共产党武威市第五届纪律检查委员会第一次全体会议选举办法》;以举手表决方式通过监票人名单,指定计票人;以无记名投票方式选举产生中国共产党武威市第五届纪律检查委员会常务委员会委员、书记、副书记。

## 党风廉政建设

【纠治享乐奢靡之风】 持续加强对中央八项规定及其实施细则精神贯彻落实情况的监督,每季度对查处问题进行多维度全面分析。督促落实过紧日子要求，推动做好制止餐饮浪费等工作，严肃整治享乐奢靡问题。特别紧盯元旦、春节、五一、中秋等重要时间节点，下发工作提示、通报典型案例，开展监督检查6轮次，发现并督促整改问题629个。全年共查处违反中央八项规定精神问题82件，批评教育帮助和处理231人，处分72人。

【整治形式主义、官僚主义】 持续推进“四察四治”专项行动，落实基层减负各项措施，开展深化“放管服”改革优化营商环境专项整治，严肃查纠商事制度改革、投资项目和工程建设项目审批、事中事后监管、政务服务中的不担当不作为等形式主义、官僚主义问题，坚决反对特权思想和特权现象。督促制定营造法治化营商环境实施意见和法治化营商环境问题投诉举报处理办法。全年查处形式主义、官僚主义问题45件，批评教育帮助和处理168人，处分34人。

【民生领域整治】 紧盯就业创业、教育医疗、养老保险、生态环境、惠农惠民、安全生产、食品药品安全、执法司法等重点领域，持续整治群众身边的腐败和不正之风，推动解决群众的“急难愁盼”问题。全市纪检监察机关全年查处群众身边的腐败和作风问题165件，批评教育帮助和处理542人，处分130人，移送司法机关5人。

【专项监督】 聚焦巩固拓展脱贫攻坚成果与乡村振兴有效衔接，提出9方面32项重点监督任务，制定8项31条具体监督措施，推进巩固提升“两不愁三保障”成果，完善衔接的体制机制。查处乡村振兴和民生领域问题149件，批评教育帮助和处理498人，处分112人，移送司法机关4人。开展“四项资金”管理专项监督，督促主管部门加强规范管理；确定10个乡镇、2个街道、24个村开展村（社区）集体“三资”提级监督试点，查处“三资”领域问题30件。部署开展村监委会主任交叉检查，检查439个村、社区，发现问题890个、线索2件。

## 纪律建设

【概况】 加强对各级党组织及领导干部的纪律检查，坚持早预防、早提醒，每逢重要时间节点，及时下发通知，发出廉政提醒函，提醒警示党员干部自觉守纪，切实维护好纪律的严肃性和权威性。全市纪检监察机关全年共查处违反政治纪律8人、组织纪律30人、廉洁纪律131人、群众纪律30人、工作纪律177人、生活纪律10人。

【廉政教育】 持续抓好党章、党规、党纪和宪法、法律、法规的学习贯彻，引导和督促各级领导班子及党员干部敬畏法纪、遵守法纪。组织6万余名干部参加廉政法规知识考试，发送廉政短信38万条，为政法系统、金融机构和部分重点部门开展廉政讲座30余场次，对112名换届提名人选、其他职务调整人员进行任前集体廉政谈话，指导开展“清风寄语·家书话廉”家庭助廉系列活动，持续筑牢廉洁自律“防火墙”。

【警示教育】 分级召开领导干部警示教育大会，剖析典型案例，提醒警示各级领导干部树牢廉洁从政思想、依规依纪依法办事。做实同级同类警示教育，结合开展重点领域突出问题治理、协同推进政法队伍教育整顿等，编印《武威市党员干部违纪违法案件警示录》《全市政法系统违纪违法及“保护伞”案件警示录》，拍摄有关案件警示教育专题片，指导市级各单位开展警示教育6000余人次，用身边事教育身边人，持续筑牢党员、干部思想堤坝。

**【深化“四种形态”】** 贯彻“惩前毖后、治病救人”方针，严格执行党员权利保障条例，精准把握政策策略，综合运用“四种形态”，抓早抓小、防微杜渐，切实管住管好“大多数”。全市纪检监察机关运用“四种形态”共处理4021人次。

**【回访教育工作】** 注重把思想政治工作贯穿审查调查始终，进一步完善对受处分人员的教育回访制度，适时对受处分人员进行谈心回访。全年共对39名被处分人员开展回访教育，帮助其放下包袱、轻装上阵。落实“三个区分开来”要求，全年对1个单位和3名领导干部有关问题进行容错处理，澄清诬告和不实举报455件次，为激励干部改革创新、干事创业提供保障。

## 监督执纪与审查调查

**【概况】** 落实《中国共产党党内监督条例》，推动各级党组织、党的工作部门切实落实监督责任，促进党内监督不断加强。推动党内监督与其他监督协同联动，贯通纪律、监察、派驻、巡察“四项监督”，进一步完善工作协调、力量联动、信息共享、成果运用等机制，增强监督合力。探索推进基层纪检监察机构标准化规范化建设，开展村（居）监委会主任交叉检查，进一步完善基层监督网络。

**【政治监督】** 围绕“十四五”规划纲要主要指标重点任务和重大项目实施、黄河流域生态保护和高质量发展、祁连山生态环境保护、“大棚房”整治“回头看”、农村合村并居、违建别墅问题清查等18个方面开展专项监督，分别制定监督方案，细化重点任务，全程监督、跟进监督、靠前监督，督促任务落实。严明党的政治纪律和政治规矩，围绕落实新时代党的组织路线、执行民主集中制、落实“三重

图21　6月29日，市纪委监委举行“学党史、守初心、担使命、展风采”主题演讲比赛（尚　禾　王炳智　摄）

一大”决策机制等开展监督，进一步净化和修复政治生态。对各县区换届工作开展4轮次巡回督导，认真做好市第五次党代会、省两会纪律监督工作，对推进换届工作责任落实不到位的党员领导干部进行严肃问责。

**【小微权力监督】** 指导梳理城市社区小微权力清单，开发平台手机“图标按钮”，公示公开小微权力清单192项，录入详情公示65099条，方便群众随时随地无障碍查阅。优化升级武威市扶贫惠农资金监管网，完善基础数据录入，促进全面公示公开。累计录入数据5266.9万条，群众点击量达到2212万次，受理处置群众举报投诉972件次。

**【常态化监督】** 探索“制度+清单”监督模式，完善日常监督制度，制定《日常监督指南》，明确9个方面、528项监督任务，推动监督精准开展。全市纪检监察机关全年约谈3608人次，报请或会同党组（党委）召开党风廉政建设专题会议533次，参加监督单位民主生活会或专题组织生活会675次。

**【同级监督】** 通过参加市委常委会会议、改革领导小组会议、民主生活会以及其他重要会议，加强对市委常委会班子及成员落实民主集中制、议事决策、改进作风、遵守纪律、权力运行等情况的监督，及时提出意见建议。会同组织部门派员列席、监督指导全市县级领导班子开好民主生活会，加强会前、会中、会后监督。依据职能职责全面客观审查，不回避、不遮掩，坚决防止“带病提拔”等。全年回复党风廉政意见66335人次。

**【“一把手”和领导班子监督】** 制定《全市纪检监察系统贯彻落实〈关于加强对“一把手”和领导班子监督的若干措施〉的分工方案》，建立市纪委常委会统一领导、纪委书记全面负责、分管领导具体负责、各室部组和县区纪委监委共同参与落实的领导体制和工作机制，全力推动各项任务落实。加强对各级“一把手”和党组织落实全面从严治党政治责任的监督检查，发现问题及时反馈整改。督促各级“一把手”和领导班子带头做到“两个维护”、遵守政治纪律与政治规矩、落实中央八项规定及其实施细则精神、执行请示报告制度。对市管干部廉政档案进行动态管理。

**【巡察监督】** 把各级党组织学习贯彻落实习近平总书记对甘肃工作重要讲话和指示精神摆在首要位置，加强对党的十九届五中全会精神、“十四五”规划重大决策部署落实情况的监督检查，着力发现和纠正政治偏差。不断创新巡察组织形式，对市、县、区12家政法单位开展巡察，开展选人用人、落实意识形态工作责任制专项检查和涉粮问题专项巡察。全年市、县、区共开展巡察2轮次，巡察党组织22个，全市巡察覆盖率达到100%。严格落实市委巡察成果运用办法，坚持以巡促改、以巡促建、以巡促治，推动巡察监督、整改、治理有机贯通。市委前十三轮巡察发现问题整改率达到99.36%，移交问题线索办结率达到99.82%，督促建立完善一批有效管用的制度。

（市纪委办公室）

县、天祝藏族自治县开展巡察。

## 巡　察

【概况】 2021年，深入学习贯彻习近平总书记关于巡视工作重要论述，持续深化政治巡察，强化政治监督。2017—2021年届期内，市县党委共组织开展62轮巡察，巡察党组织1544个，发现问题23216个、问题线索2805件，全市巡察覆盖率达到100%。其中：市委组织开展14轮巡察，共组建75个巡察组，巡察78个市直部门（单位），提级巡察36个县区直部门（单位）、60个乡镇（街道），延伸巡察33个基层站所和166个村（社区）党组织，发现问题5499个，移交线索1117件；各县区组织开展48轮巡察，巡察县区直部门（单位）241个、乡镇（街道）104个、村（社区）1121个，发现问题17717个、问题线索1688件，有效发挥巡察监督保障执行、促进完善发展的作用。

【常规巡察和专项巡察】 3月下旬至5月下旬，市委组建4个巡察组，对市中级人民法院开展常规巡察，对县区人民法院开展提级巡察；对市、县区人民检察院开展巡察“回头看”；对市公安局交警支队、森林分局开展延伸巡察。结合巡察分别开展选人用人、落实意识形态工作责任制专项检查，发现问题247个、问题线索31件，督促被巡察党组织立行立改问题46个。9月下旬至12月下旬，市委组建涉粮问题专项巡察组，在省委第一专项巡视组统一领导、统一部署下，对古浪县、天祝藏族自治县开展巡察。

【一体联动巡察】 加强对县区巡察工作的统揽，不断创新巡察组织形式，优化工作流程，稳步推进市县一体联动巡察，促进任务队伍联动、信息资源共享、力量手段互补、监督成果共用。深入推进巡察监督与其他监督贯通融合，巡前用足各类监督成果，巡中加强与职能部门沟通会商和专业支持，巡后纪检监察机关、组织部门、巡察机构三方联动协同监督整改，开展专项检查，不断放大巡察的综合效应和监督效能。

【巡察整改落实】 坚持把整改落实融入日常工作、融入深化改革、融入全面从严治党、融入班子队伍建设，严格落实市委巡察成果运用办法。压实整改责任，通过专题听取汇报、召开整改工作约谈会等，传导责任压力，督促整改落实。7月上旬至10月中旬，市纪委监委、市委组织部、市委政法委、市委巡察办联合成立巡察整改督查组，对四届市委第十三轮巡察的12家单位巡察反馈问题整改工作开展跟进督查，督促被巡察党组织扎实推进巡察反馈问题整改。市、县、区上下联动开展四届市委前十二轮巡察反馈问题起底督查，对91个市直部门（单位）、96个乡镇（街道）及部门（单位）整改情况全面督查评估。截至2021年底，前十三轮市委巡察发现的5499个问题整改5464个，整改率达到99.36%；移交的1117件问题线索办结1115件，办结率达到99.82%。

（市委巡察办）

# 民主党派

## 综　述

【概况】 2021年，坚持以习近平新时代中国特色社会主义思想为指导，全市各民主党派围绕中心、服务大局，积极参加研讨班，深入调查研究，加强理论探索，自觉用党的科学理论武装头脑、指导实践、推动工作，不断提高政治判断力、政治领悟力、政治执行力。

【履职尽责】 制定落实《市委2021年政党协商计划》，组织召开“十四五”规划、《政府工作报告》征求意见和调研协商座谈会，支持各民主党派及无党派人士参政议政。围绕“黄河流域武威段生态保护和高质量发展”等主题，完成调研课题16个，为市委、市政府科学决策提供参考。

【换届工作】 11月22日，中国国民党革命委员会武威市委员会、中国民主同盟武威市委员会、中国民主建国会武威市委员会、中国民主促进会武威市委员会、中国农工民主党武威市委员会、九三学社武威市委员会分别召开第五次代表会议，全面总结过去五年工作，明确今后五年任务，选举产生新一届委员会和领导班子，顺利实现人事更替与新老交替，推进政治交接。新一届民主党派市委会领导班子成员平均年龄47.6岁，其中，女性11人、占50%；90.9%具有本科以上学历；4人具有硕士学位，占18.2%；高级职称6人、占27.3%。成员整体上呈现出政治素质更加突出、知识层次更加提升、年龄结构更加优化的特点。

（市委统战部）

## 中国国民党革命委员会武威市委员会

【组织建设】 2021年，严格选拔一批业务能力强、热心民革工作、有较强组织领导能力的优秀党员充实到各级组织，加强领导班子建设，吸引和鼓励高层次人才加入民革组织，发展党员6名。注重实践锻炼，对骨干党员给位子，压担子，推荐33人次担任武威市、凉州区人大代表、政协委员，安排21人在民革武威市、凉州区级组织担任职务，锻炼培养，更多的人才成长为所在单位的工作骨干，后备干部队伍进一步壮大。

【参政议政】 继续坚持“举全党之力抓参政议政”，谋划好“一把手工程”。坚持开展“我为武威发展献一策”“一人一建议”“一支部一调研”“大调研、小民意”社情民意征集活动。向市政协四届五次会议提交《关于持续深化农业农村改革，推进乡村振兴战略全面实施的建议》《关于“十四五”期间努力建设沙区防风固沙屏障，持续推动绿色发展的建议》等集体提案16件。向市政协五届一次会议提交《关于将甜菜制糖产业纳入武威市生态产业发展规划并加大支持发展的提案》《关于立项建设武威市非物质文化遗产博物馆的提案》等集体提案11件，个人提案8件，切实提升履职实效。

【调查研究】 民革武威市委会重点围绕助力“十四五”规划实施、推进巩固拓展脱贫攻坚成果与乡村振兴有效衔接、“一带一路”建设等重大课题开展深入调查研究，完成《加强种质资源保护 促进现代农业发展——关于武威市种质资源保护情况的调研报告》等。

【社会服务】 建好用好“民革社会服务基地”平台，广泛开展扶贫济困、爱心助学、送医送药、法律援助、民族团结、社会公益、传承传统文化等社会实践与服务，用志愿服务精神提升和丰富新时代民革社会服务。依托教育、医疗专家深入基层医院、学校开展爱心义诊、送教下乡，知识讲座、实用技术培训等。组织作品参加民革中央、民革省委会、市政协和市委统战部书画摄影展，开展文化宣传走基层、举办采风活动，提升广大群众文化素养。充分发挥法治领域专业人才优势，开展法治宣讲进社区、进学校、进企业活动，积极参与人民调解。

（民革武威市委会）

## 中国民主同盟武威市委员会

【理论研究】 2021年，坚持以习近平新时代中国特色社会主义思想为指导，紧密团结全市广大盟员，围绕中心、服务大局，深入调查研究，加强理论探索。全市盟员共撰写盟中央科技论坛、经济论坛、教育论坛及盟省委2021年度理论研究主题征文等各类论文征文23篇。

【组织建设】 通过换届建立一支政治过硬、素质优良、结构合理、参政议政能力强、有较强社会影响的领导班子队伍，为多党合作提供坚强的组织保证。发展盟务工作急需的代表性人士、有发展潜力的中青年人才以及参政议政等专门人才9名。选派24名盟员参加民盟省委、省社会主义学院、市政协、市委统战部举办的各类培训班，进一步提高盟员代表人士的参政议政能力和综合素质。

【参政议政】 坚持充分发扬民主，广开言路，向盟省委上报《关于加快节水型社会建设的提案》《关于改变土地碎片化推进规模化经营生产的提案》等5件提案。向政协武威市四届五次会议提交《关于进一步加强公共文化服务体系建设的提案》等21件提案。向政协武威市五届一次会议提交《关于促进和加强地方传统文化教育的提案》等26件提案。向盟省委上报《关于加强国土绿化后期管护与政府采购招投标工作的建议》社情民意信息23条，被采用8条。盟市委参加市委2020年民主生活会征求意见座谈会、市政协四届五次会议提案立案前协商论证会、市政府《政府工作报告（讨论稿）》征求意见座谈会、市政协“加快完善科技创新体制机制，为全市经济高质量发展提供科技支撑”双月协商调研座谈会、全市经济社会发展情况通报会暨市级各民主党派调研协商座谈会等各类会议9次。

【调查研究】 围绕全市中心大局，广泛深入开展调查研究，上报《全市节水型社会建设情况调研报告》《全市农村公路建设和养护情况调研报告》，通过多种方式积极建净言、献良策。

【社会服务】 联系民盟江苏省委组织开展2021年“捐赠助学行动”，为天祝藏族自治县哈溪镇尖山民盟烛光小学、天堂镇初级中学捐赠学生课桌椅、笔记本电脑、图书等。在天祝一中、天祝二中分别举行“烛光行动”高中教师培训活动，参加培训教师达300人。民盟中央向古浪县西靖阳光初级中学捐资15万元，民盟甘肃省委捐资7.9万元，新建心理咨询室和国学诵读室。西门子医疗公司向古浪县西靖镇卫生院等3家医疗机构捐赠5G端口医疗设备，进一步提升古浪县医疗技术装备和相关疾病诊疗水平。

（民盟武威市委员会）

## 中国民主建国会武威市委员会

【组织建设】 2021年，召开民建武威市第五次代表大会，选举产生民建武威市第五届委员会，圆满完成换届工作。按照“注重质量、注意数量、保持特色、优化结构”的组织发展原则，严格按照规范程序、标准要求，培养、联系发展新会员，举办新会员、骨干会员培训班，对36名会员进行培训。换届中，有3名会员被选举为市人大代表，推荐11名优秀会员担任政协武威市第五届委员会委员。

【理论研究】 组织会员撰写《凝聚共识献良策汇聚力量促发展——民建在新发展阶段进一步凝聚共识汇聚力量的实践与研讨》《弘扬红色文化发展红色旅游》论文2篇，编报《民建简讯》32期，有效促进会员政治理论素养的提升、政治思维能力的提高。

【调查研究】 围绕市委、市政府中心工作，深入开展调查研究，向市委呈报《民建武威市委员会关于加大农村人居环境整治推动乡村振兴的调研报告》《民建武威市委员会关于强化规划引领推动生态工业发展的调研报告》等调研报告。

【参政议政】 在市政协四届五次会议和五届一次会议上共提交集体提案24件、个人提案37件；民建武威市委员会界别市人大代表和市政协委员积极参加会议，踊跃发言，深入思考，建言献策。市委会领导参加意见征求会、民主协商会等各类参政议政会议7人次，提出意见建议10多条。

【社会服务】 积极投身治沙造林，对接联系春秋航空公司为王家治沙区争取捐款15万元、治沙造林100亩地的项目。助力打赢疫情防控阻击战，号召广大会员主动投身疫情防控和爱心捐助活动，14位会员企业家开展捐助慰问活动15次，为学校、乡镇、社区疫情防控点捐款捐物价值达16万多元。积极参与助学助教活动，组织有关人员为黄羊川学区学校和家庭困难学生捐赠教学物资。成功协办“青春同行缘来有你”市直教育系统青年教职工联谊会。

（民建武威市委员会）

## 中国民主促进会武威市委员会

【理论研究】 2021年，报送“多党合作·民进记忆”“中国共产党百年党建经验对中国特色社会主义参政党建设的启示”等征文6篇，在甘肃民进、甘肃统战、武威统战公众号刊发信息38条。

【参政议政】 聚焦反映社情民意信息工作中的普遍问题和薄弱环节，举办反映社情民意信息工作专题培训班。向省委会报送工业园区国土资源优化、职业教育重在培育工匠精神、中小学生心理健康引导等社情民意信息15篇，其中5篇被省委会重点采纳。聚焦经济社会高质量发展和群众“急难愁盼”问题，在五届一次市政协会上，针对加快数字政府建设、减轻教师额外负担、历史文化资源开发利用、建设长城文化公园等方面提交议案2件、提案23件。参加全市党外人士情况通报会、经济社会发展情况通报座谈会、政法队伍教育整顿座谈会、党代会报告政府工作报告征求意见会，提出建议40余条。开展文化与旅游产业深度融合发展情况调研，完成并报送调研报告1篇。

【组织建设】 认真贯彻落实省委会关于市级组织换届指导意见精神，严肃换届纪律，于11月圆满完成换届，新一届市委会领导机构力量得到有效加强；凉州区委会和10个基层组织于7月平稳完成换届，支部委员规模由3名扩大至5名。坚持发展与巩固相结合，依照会员发展年度计划，严格会员发展政治标准，10名政治信念坚定、业务水平拔尖、影响力较强的人才被吸纳入会。有35名骨干会员参加省委会、市委会、统战部举办的履职能力培训班、反映社情民意信息工作培训班、全市优秀党外干部和少数民族干部示范培训班。

【社会服务】 团结带领广大会员凝心聚力、共抗疫情，30多名会员奋战医院疫情防控、下沉社区值守、居家在线教学第一线。借力民进中央“彩虹·关爱困难会员”活动，争取开明慈善基金会资助金。凉州区委会携手上海市华侨事业发展基金会、肃南裕固族自治县小红帽公益服务中心开展“脱贫攻坚·情暖冬日”2021年新春访贫送温暖活动、“关爱农村儿童《西部学子读书梦》”公益捐赠活动，为建档立卡贫困户及孤寡老人发放“爱心包”——春联福字、棉被棉衣等物资，为3所九年制学校学生赠送学习生活用品

（民进武威市委员会）

## 中国农工民主党武威市委员会

【组织建设】 2021年，坚持发展与巩固相结合，坚持质量优先，坚持体现党派特色，积极吸纳政治素质好、业务能力强、社会影响大的代表性人士加入农工党，发展党员9人。指导农工党凉州区委会和市直各支部完成换届工作。组织召开农工党武威市召开第五次代表大会，选举产生新一届农工党武威市委领导班子。

【参政议政】 通过提案这一参政议政的基本形式，协助市委和市政府了解民情，反映民意，服务民众，在市政协四届五次会议上，提交集体提案9件、个人提案6件，在市政协五届一次会议上提交集体提案9件、个人提案4件，内容涉及经济、文化、医疗卫生、三农等多个领域。参加市委、市政府和市直部门召开的党代会工作报告、政府工作报告意见征求会等，就改革、发展和关系民生的重要问题坦诚建言、献计献策。

【调查研究】 完成《武威市马铃薯标准化生产现状与发展对策》《武威市废旧农膜回收利用现状及进一步发展对策》等调研报告。协助农工党省委会完成《利用国家中医药产业综合试验区平台促进我省中医药产业发展》《医疗卫生人才队伍建设》两项调研。市委会领导还在省两会上作《大力推动文化和旅游融合发展，努力建设文化旅游强省》的书面发言，提交《关于将凉州会盟纪念馆建设项目列为全省重点投资项目给予政策资金支持的提案》《关于将天祝藏族自治县确定为黄河流域与祁连山生态保护融合发展试点县的提案》等提案和议案。

【社会服务】 组织医疗、科技、文化方面的12位专家深入凉州区河东镇开展送医疗、送科技、送文化“三下乡”为民办实事服务活动。医疗专家为村民测血压、号脉、针灸、开处方，细致诊查疾病，农牧专家赴农户蔬菜大棚、养殖大棚讲授种养殖方面的技术，对种养户在种植、养殖中存在的问题进行详细解答，并送上科普资料。开展第12期无偿献血活动，有18名农工党党员成功捐献血液，献血总量7200毫升。

（农工党武威市委员会）

## 九三学社武威市委员会

【组织建设】 2021年，九三学社武威市委员会深入实施人才强社战略，在组织发展中坚持吸收政治素质好、业务能力强、人品端正、有代表性的人士入社。新发展社员5人，平均年龄36.2岁，女社员4人。指导社凉州区委员会和教育支社等7个基层组织分别召开全体社员大会，选举产生新一届委员会。组织召开九三学社武威市第五次代表大会，选举产生新一届委员会，顺利完成换届。

【调查研究】 围绕“我市现代食用菌产业发展情况”开展重点调研，社市委主要负责人和课题牵头专家赴凉州区、天祝藏族自治县和古浪县开展调研，深入天祝藏族自治县臣祥滑子菇产业园、天祝天禾生物科技有限公司、甘肃森圳生物科技有限公司工厂化金耳生产基地等食用菌生产基地，了解食用菌产业升级、产品研发、生产、主要销路等方面的现状及前景。调研组认真思考研究，广泛征求意见，撰写调研报告。

【参政议政】 发挥农林科技人才优势，围绕脱贫攻坚重点工作和乡村振兴战略的实施以及难点、热点民生问题积极建言献策，在市政协四届五次会议上提交《关于加快我市蔬菜产业发展的提案》《关于培育发展产业厚植乡村振兴基础的提案》《关于发展民宿产业的提案》。在市政协五届一次会议上，提交政协集体提案16件、个人提案20件，提案着眼于全市特色产业发展、农业增效、“双减”政策等重点、热点问题提出对策建议，提案质量受到大会提案工作组的肯定。社市委负责人多次参加市委、市人大、市政府和市政协召开的半年经济工作、党风廉政建设等意见征求会，积极建言献策。

【社会服务】 以“一个基层组织牵头、多个基层组织参与、机关协调保障”的模式，面向基层村委会和学校，开展社会服务活动，创建社会服务品牌，助力乡村振兴。组织社内黄羊支社、农林支社相关专家在天祝藏族自治县松山镇藜麦产业园举办“凝聚科技力量 助力乡村振兴”技术服务活动，开展技术培训、咨询和调研。动员社内80余名社员立足本职，踊跃投身疫情防控阻击战和常态化疫情防控工作，奋力参与医疗救治、防控值守、捐款捐物、纾解情绪、稳产稳岗等工作。

（九三学社武威市委员）

# 群众团体

## 武威市总工会

**【概况】** 2021年，深化“中国梦·劳动美”主题宣传教育和形势政策宣讲，广泛开展工会（职工、劳模）志愿服务活动30多场次。积极参加全省“网聚职工正能量、争做中国好网民”系列活动，上报短视频、微电影、微课堂、摄影、诵读、歌曲作品。深化“培育好家风——女职工在行动”主题实践活动，开展“一封家书”征集作品65件，获得全省三等奖2项、优秀奖2项。开展“产业工人队伍建设改革提升年”行动，强化工会牵头抓总职责，推进产业工人队伍建设改革提质增效。

**【搭建职工创新平台】** 聚焦全市重大战略、重大工程、重大项目、重点产业，开展“建功‘十四五’、奋进新征程”主题劳动和技能大赛12场次，推荐申报“甘肃省技术能手”5人、“甘肃省技术标兵”53人，推动技能竞赛向新技术、新业态、新模式、非公企业、网络平台拓展。开展职工优秀技术创新成果征集活动，征集职工优秀技术创新成果36项，获得省职工优秀技术创新成果二等奖2项、三等奖1项。全市职工技术革新项目48项、发明创造项目13项，职工提出合理化建议1429项，实施合理化建议834项。深化劳模创新工作室和创新型班组建设，创建省级示范性劳模创新工作室4个、创新型班组10个，市级劳模创新工作室27个、创新型班组28个，充分发挥技术人才在技术创新、技术传授、技艺传承中的示范带动作用。

**【现代职业教育体系建设】** 加快建构符合武威实际的现代职业教育体系，着力打造“技能武威”。全市辖区内有高等院校2所、中等职业学校12所，每年向社会培养输送高职毕业生5000人左右、中职毕业生1000人左右。各级职业院校紧密对接武威市“8+N”农业优势主导产业，结合办学资源和优势，优化专业结构，重点做强畜牧兽医、食品药品、农林牧渔等专业群，为全市培养产业发展急需紧缺技能人才，不断提升产业工人队伍技能人才比例。

【劳模工匠事迹宣传活动】以庆祝“五一”国际劳动节为契机，组织开展“劳动者风采宣传月”活动，在《武威日报》开设“劳动者风采”“天马工匠”专栏，深入宣传劳模、工匠爱岗敬业、争先创优，奉献拼搏、奋发有为的先进事迹。开展“向劳动者致敬”亮灯活动，在临街大型显示屏滚动展播劳模事迹和宣传标语，营造浓厚氛围。组织各级劳模在古浪县八步沙林场建设“劳动模范林”。

【劳模工匠管理服务工作】对全市12名全国劳动模范、10名全国“五一”劳动奖章获得者、102名省级劳模、30名省“五一”劳动奖章获得者、26名国家部委表彰的部级劳模、124名市级劳模进行全面摸底调查，更新完善劳模信息档案。做好全国和省级劳模专项补助资金申报、审核、发放工作，为全市6名全国劳模发放荣誉津贴0.9万元，为5名全国劳模发放生活困难补助金10.76万元，为38名省部级困难劳模发放困难补助金59万元。各级工会走访慰问劳模193人次，发放慰问金59.4万元。制定《武威市劳模（职工）疗休养工作意见》，命名挂牌“武威市劳模（职工）疗休养基地”6家，组织开展劳模疗休养活动2期、观摩学习活动2期。

【职工维权工作】加强企事业单位民主管理，全市公司制企业职工董事、职工监事制度建制率动态保持在80%以上，企事业单位职代会、厂务公开制度建制率动态保持在90%以上。开展工资集体协商“要约行动”，全市建会企业和企业化管理事业单位集体合同、工资专项集体合同覆盖率动态保持在80%以上。开展女职工“维权行动月”活动，全市女职工专项集体合同覆盖率动态保持在90%以上。开展“安康杯”竞赛活动，参赛单位718家、班组3198个、职工7.38万人次。部署启动工会“八五”普法宣传工作，开展“遵法守法·携手筑梦”服务农民工专项行动5场次，开展“宪法宣传周”普法宣传活动2场次，发放普法宣传资料20000多份。建立职工法律服务工作室，签约专业律师定期坐诊，面向广大职工开展免费法律援助服务。规范运行“12351”职工热线，完成法律援助个案维权35件，向省总工会上报工会法律援助和信访典型案例10个。

【维护劳动关系和谐稳定】贯彻落实《甘肃省总工会关于推进工会联系引导劳动关系领域社会组织工作的实施意见》，培育孵化工会直接领导或指导的劳动关系领域社会组织2个，通过购买社会组织服务等方式为职工提供优质服务3项。开展职工队伍稳定风险专项排查化解，主动加强与政法、公安、安全、民政、人社、司法等有关部门的协调联动，推动建立广泛排查、重点化解、动态监测相结合的排查化解工作机制和联动处突工作机制。参与平安武威建设，配合人社部门全面治理拖欠农民工工资问题，为4500多名农民工支付工资7500多万元。

【开展“我为群众办实事”活动】深化拓展“春送岗位、夏送清凉、金秋助学、冬送温暖”（“四送”）品牌服务，竭诚为职工群众办好11件实事：各类帮扶送温暖活动覆盖职工17750人次，累计投入资金600多万元；为1254户困难职工家庭提供常态化帮扶，帮扶资金336.33万元；联合市、县（区）银行、酒店、商场等窗口单位，建成工会户外劳动者驿站45个、工会母婴休息室18个、工会爱心托管中心2个，落实补助资金34万元；依托物流企业、快递公司，建成货车司机、快递小哥等新就业形态群体“职工之家”9个；培训困难职工（农民工）1039人次；为7000名新就业形态群体职工赠送“住院＋重疾＋意外”综合互助保障，总价值76万元；免费为300名护工护理员、网约送餐员、快递员等新就业形态群体职工开展健康体检；免费为800名环卫、困难企业、新就业形态群体女职工开展“两癌”筛查，并赠送女职工特殊疾病互助保障；关注小微企业发展，分批次对符合返还工会经费政策的239家小微企业返还市本级工会经费80多万元；推进职工互助保障工作，为全市669名患大病职工理赔互助保障金195万元，为24名家庭困难职工申领互助互济金16.58万元；疫情防控期间，各级工会筹集资金200多万元，广泛开展关爱一线职工、困难职工活动。

**【工会基层组织建设】** 持续推进50人以上企业建会工作，加大小微企业建会工作力度，全市基层工会达到2944个，会员22.72万人，各类法人单位建会率达到80%以上，50人以上企业建会率达到95%以上。持续推进以货车司机为代表的新就业形态群体建会入会工作，全市新就业形态群体所在企业255家、从业人员16778人，加入工会11736人，入会率70%，快递员、护工护理员、家政服务员建会入会全覆盖。全面推进乡镇（街道）、工业园区工会规范化建设，向全市93个乡镇工会、10个街道工会、7个工业园区工会下拨经费补助189万元。

**【职工文化阵地建设】** 推进市工人文化宫维修改造和装饰装修，在突出公益性、服务性的前提下，通过宫校联合、宫企联合等多种形式整合资源，自筹资金700万元，引入社会资金400万元，建成集职工维权服务、子女托管、技能培训、健体娱乐、艺术培训、书画交流等功能为一体的“四区五馆三中心”，为全市广大职工群众提供公益性、普惠性服务。

**【经费收缴审计】** 加强工会经费税务代收，全市工会经费收缴入库7714万元，比2020年同期增长14.32%。加强经费审计审查工作，各级工会经审组织组建率达到100%，按要求配备经审会主任。市总工会经审办及时整改省总审计反馈问题，按要求对疫情防控资金开展专项审计，确保资金合理使用。年内，对各县区总工会和市工人文化宫、市总工会困难职工帮扶中心2020年度经费使用情况进行全部审计，对36家市直基层工会进行专项审计，审计比例30%。

（市总工会）

## 共青团武威市委

**【概况】** 2021年，组织广大团员青年认真学习习近平总书记关于青少年和共青团工作论述及习近平总书记寄语、回信等，组建青年讲师团、红领巾巡讲团开展宣讲等方式，组织召开读书会、分享会、交流会50多场次。以“学党史、强信念、跟党走”为主题，扎实开展庆祝中国共产党成立100周年系列主题活动。举办纪念五四运动102周年主题团日暨青少年“学党史、颂党恩”诗文诵读比赛、“革命后代话初心”宣讲报告、书画摄影大赛、“青春心向党·放歌新武威”青春快闪等大型活动60多场次，参与青少年2.5万人次。组织开展“社会主义核心价值观记心中”“我们的节日”系列主题活动25场次。开展“武威青年五四奖章”“新时代武威好青年”“青年致富带头人”“青年创业奖”“优秀志愿者”的评选活动，评选先进个人248名，引导青少年学先进、争先进。深入开展“青年大学习”“红领巾爱学习”网上主题团队课65期，累计参与青少年370万人次。

**【青年发展工作】** 深入实施《甘肃省中长期青年发展规划》，认真履行青年工作联席会议办公室职责，围绕青年发展10大领域，积极协调解决青年发展难题。开展“春风行动”“民营企业招聘月”等专项活动，转移就业青年1.26万人。推进青年就业见习计划，组织400名高校毕业生参加见习；落实高校毕业生求职创业扶持政策。开展“弘扬文明新风·抵制高价彩礼”等主题宣传活动，倡导广大青年树立正确的婚恋观。开展“暖冬行动”志愿服务活动，招募志愿者近200人，服务旅客3.25万人次。结合党史学习教育，开展“我为青年办实事”活动。广泛募集资金，资助城乡低保家庭子女考入普通高校学生225人。实施希望工程、文雅高中奖学金项目，奖励高中学子320名，争取落实希望小学1所。举办青年交友联谊活动5场次，参与青年800多人次。

**【志愿服务活动】** 立足打造“三大特色产业带”、大力发展“8+N”农业优势主导产业，开展“青年网红·我为家乡代言”视频拍摄活动，开展“乡村振兴我当先·青年人才在行动”系列活动8场次，组织青年人才深入基层为农户现场技术指导，惠及群众2500多人。开展“乡村振兴正当时·青联委员带甘味”武威直播带货活动，实现订单2000余单。启动实施“情暖童心·助力乡村振兴”励志成长包裹公益捐赠活动，筹集价值195万元的温暖包5138个。常态化开展“青春守护‘母亲河’·争当护水河小青”“植树护绿”“绿色出行”“垃圾分类”“节水惜水”“我为沙漠捐棵树”等主题实践活动，将绿色环保理念植入人心。组织实施保护母亲河行动解放军青年林八步沙项目，筹集资金300万元，完成造林3500亩。深入开展“法治进校园”巡讲活动400多场次，31万余名师生接受法治教育。组织青年志愿者深入开展走访慰问，引导青年弘扬青春正气。招募青年志愿者1100余人，组建疫情防控青年突击队和志愿服务队35支，参与社区值班、核酸检测、秩序维护等工作。

**【基层团组织建设】** 以“基层组织建设标准化提升年”活动为载体，推动共青团改革向纵深发展、向基层延伸，推动基层组织建设全面提标增效。建立“交青年朋友、联团队组织”工作制度，为团员青年排忧解难提供保障。坚持以换届促改革，在村、社区“两委”换届工作中同步完成村（社区）团支部换届，配齐配强村团组织班子。以领导班子好、队伍管理好、制度落实好、作用发挥好、工作业绩好为标尺，在全市范围内筛选确定20个基层团组织，开展“五好”团组织创建，打造一批团建工作示范点。组织成立武威市非公经济组织团工委和青年社会组织团工委，推动在互联网行业和快递小哥、直播网红等青年聚集的新兴社会领域建立团组织。协调市县区工业园区全部设立团工委，深入开展入园非公企业建团工作，全市建立非公企业团组织200个，新社会领域团组织177个。从严从实发展团员，统筹做好全市发展团员调控工作，全年发展团员3761名，建成中学团校136所。

【少先队工作】 学习贯彻《中共中央关于全面加强新时代少先队工作的意见》和《中共甘肃省委关于全面加强新时代少先队工作的实施意见》。举办“童心向党·争做新时代好队员”庆“六一”主题活动，开展“党的故事我来讲——争做红领巾讲解员”实践体验、“听读红色经典·学习百年党史”主题活动，引领青少年感悟党的初心使命，传承红色基因。组建青少年“学党史示范班”4期，培训少先队员300人，为学生免费发放平板电脑300台。组织少先队员就近就便参加“学雷锋”志愿服务活动，开展捡拾烟头、文明劝导、敬老助残等力所能及的志愿服务580多场次，参与压沙植树、废旧电池换矿泉水、垃圾分类等实践体验活动360多场次，引导少年儿童为建设美丽家乡贡献力量。在街道、社区、乡镇等校外场所探索建立少先队组织14个，命名市博物馆、古浪县八步沙林场等11个场所为武威市首批少先队校外实践教育基地，常态化开展校外实践活动。开展“红领巾奖章”争章活动，100名少先队员荣获全市“红领巾奖章”三星章，通报表扬50名优秀少先队辅导员、50个优秀少先队集体。建立少先队辅导员准入和退出机制，市、县（区）配备少先队总辅导员5名，全市各中小学配备大队辅导员385名。聘请郭万刚等先进人物任校外辅导员共计329名，辅导员队伍机构不断优化。

（共青团武威市委）

图22　4月29日，武威市举办2021年新团员入团仪式（刘　忠　摄）

# 武威市妇女联合会

【概况】 2021年,深化“巾帼心向党·奋进新征程”系列活动,举办“四史”宣传教育巡讲5场次,开展“百千万巾帼大宣讲”683场次,覆盖妇女12.16万人次。线上展播巾帼典型事迹58期,线下宣讲典型事迹68场次。在线推出“巾帼学党史”“巾帼英雄故事”等专题信息80余条。

【妇女就业创业工作】 举办第二届武威市妇女手工创业创新网络大赛,4个项目入围全省决赛;组织5名选手参加全省巾帼家政服务职业风采大赛,并取得优异成绩。开展劳务品牌、“陇原巧手”、“巾帼扶贫车间”骨干培训,培训妇女4041名。为4个“巾帼扶贫车间”争取扶持奖励资金26万元,全市97个“巾帼扶贫车间”“巾帼农家乐”和妇女手工基地带动2948名妇女实现就近就业。

【巾帼乡村振兴行动】 建设省级巾帼乡村振兴示范基地2个、市级示范基地10个。组织开展“巾帼共建·美丽家园”清洁行动2475场次,创建各级“美丽庭院”示范村122个、示范户976户。为6个“巾帼家美积分超市”补充物资6.2万元,1.23万户家庭通过参与环境卫生整治、最美家庭评选、推动移风易俗等累计积分,在“巾帼家美积分超市”兑换价值18.28万元的日用品。落实“乡村亮化工程”公益项目路灯2180盏,覆盖全市909个行政村。为民勤县收成镇珍宝村争取农业节水项目资金35万元。开展东西部协作,争取蓟州区妇联项目资金10万元。

【家庭文明建设】 开展“颂百年风华 传红色基因”家庭亲子阅读活动105场次,参与1.4万人次。开展好家风、好家训征集活动,征集“好家风”故事、“好家训”1.03万个,并巡回展出。开展“弘扬传统家庭美德·共建幸福美好新武威”“传家训、立家规、比家教、扬家风”主题实践活动174场次。积极宣传《中华人民共和国家庭教育促进法》,组建家庭教育指导服务队伍,培树全省家庭工作先进集体和个人12个。依托社区家长学校,开展家庭教育讲座203场次,覆盖家长2.2万人次,进一步完善“家庭、学校、社会”三位一体的协同育人格局。

图23 3月8日,市妇联在凉州区金沙镇举办庆“三八”助推乡村振兴助力文明城市创建暨《中华人民共和国反家庭暴力法》实施五周年宣传活动 (买 靖 摄)

【关爱妇女儿童活动】 开展庆“三八”《中华人民共和国反家庭暴力法》实施5周年等宣传活动1200多场次，发放普法、禁毒、防艾等宣传资料5万多份，覆盖妇女20.5万人次。推送、转载“陇姐学法”等法治信息100余条。成立婚姻家庭矛盾纠纷调解委员会5个，发展人民调解员队伍101支。为困境妇女儿童开展法律援助5次，对21名涉罪未成年人进行心理疏导。履行平安建设领导责任制，命名“平安家庭”示范户100户。发挥“汇聚幸福·和合之家”婚姻家庭调解工作室作用，为1941对申请离婚夫妻进行心理疏导、法律咨询等服务。受理妇女来信来访89件，办结率100%。实施妇女“两癌”免费检查项目，为8027名适龄妇女免费检查；为70名低收入“两癌”患病妇女争取救助金70万元。实施“春蕾计划”“母亲水窖”等项目，落实资金69.11万元，惠及妇女儿童2370人。组织动员巾帼志愿者2461名，与837名留守儿童结成“一对一”帮扶对子。开展“巾帼情暖千万家”关爱服务主题活动，为“一老一少一困”群体帮办实事。常态化开展“巾帼暖人心”志愿服务活动，走访慰问单亲家庭、困境妇女儿童。

（市妇女联合会）

## 武威市科学技术协会

【概况】 2021年，科协系统政治性、先进性、群众性不断增强，开放型、平台型、枢纽型组织不断健全，农技协转型升级服务能力不断提升。市科协委员会、农技协现场会、基层组织“3+1”建设推进会召开，科技馆干部增加至25人。科普志愿者队伍不断壮大，网上注册人数达到500余名。指导基层科协广泛吸纳医院院长、中小学校长、农技站长进入科协组织，全市建立乡镇（街道）科协85个，“三长”吸纳率100%。市、县区农业科技“专家服务团”成员达230人，逐步夯实基层科普服务的人才基础，形成社会化科普服务平台。

【科技馆建设使用】 凉州区科技馆免费开放，接待中小学师生、群众达1万余人次。凉州区和寨中学、新城区第一小学等5所学校校园科技馆长期向广大师生开放。民勤县节水科技馆正在建设，校园科技馆正常开放，摘星小镇科普教育基地年接待大众2万余人。天祝藏族自治县科技馆主体工程接近尾声。市科技馆管理区装修及基础设施提升改造工程、布展深化设计、施工招投标等前期工作全部完成，布展建设有序推进。依托社区、乡镇村组、教育卫生、文化体育等公共场所，新建科普服务站7个、科普宣传栏16处、新增科普员230余人；新增科普e站11个，科普教育基地省级3个、市级7个，科普示范社区省级2个、市级4个。在石羊河试验站建立院士专家工作站1个。

【全民科学素质提升行动】 组织农业专家服务团成员和农技协田专家、土秀才扎实开展形式多样的科技培训，举办实用技术培训班180多场次，培训农民6万余人次。组织青少年开展科技创新、暑期科学营活动和社会调查体验活动，特邀中国科学院国家天文台专家，为近万名青少年开展“浩瀚宇宙，我们是否孤单”天文科普知识讲座；组织3000余名青少年，分批分次参观民勤县摘星小镇科普教育基地。5月13—16日，组织9支队伍，参加第二十届中国青少年机器人（甘肃赛区）竞赛，获得 8 个奖项;新华中学 2 名学生成功晋级第七届全国青年科普创新实验暨作品大赛全国总决赛,荣获一等奖。

【科普惠农】 以“送科技、助三农”科普之春为引领,常态化组织农业科技专家和科普志愿服务队深入基层一线、田间地头,开展农业实用技术培训、技术推广服务,开展现场技术咨询 600 余场次,解答技术难题 3900 余个。举办高素质农民培训 12 期、860 人,引进新技术新品种 7 项,依托“公司 + 村党支部 + 合作社 + 农户”种植模式,示范种植辣椒 300 多亩,喜获双丰收。争取实施 2021 年“基层科普行动计划”,获奖补资金 166 万元,有力地扶持科技为民、科普惠农。

【科普宣传】 持续不断开展新冠肺炎疫情科普宣传,运用“武威科普”微信平台,常态化转载疫情防控、疫苗接种权威信息和科普知识,统筹安排市、县、区“科普大篷车”在社区、广场循环播放疫情防控音视频 370 小时,发放防护彩页 1.8 万余份,引导公众科学认知、理性预防。举办以“百年回望——中国共产党领导科技发展”科技活动周系列活动,参与群众 2 万余人。组织开展全国科普日活动,启动仪式上吸引近 1000 名中小学生、科技工作者和群众参与体验。在 16 所中小学、4 个社区开展科普大篷车科普巡展活动。组织 6 名农业科技专家深入村组、种养现场,开展种养技术培训、现场指导和科普讲座 12 场次,培训农民近 5000 人。举办为期 3 个月的 2021 年“中国流动科技馆”巡展活动。在天祝安远、凉州发放、古浪西靖、民勤泉山等 47 个乡镇开展“三进”(进农村、进社区、进校园)活动 90 多场次。开通科技直播间,邀请高级专家、“土专家”、田秀才根据农情适时进行农业科技、技术指导直播,播出技术、生活小常识 300 多场,受众达到 2.2 万多人。

(市科学技术协会)

## 武威市归侨侨眷联合会

【概况】 2021 年,立足侨界特点,在党史学习教育中打好“侨”牌,组织党员领导干部、侨界代表赴党史教育基地考察,在侨界代表中组织观看党史纪录片、教育片和电影,推动党史学习教育深入群众、深入基层、深入人心。积极打造基层“侨胞之家”。利用微信、QQ 等新媒体向归侨侨眷及其亲属宣传党和国家关于侨务工作的方针政策,宣传市委、市政府的发展理念、发展成就,引导广大归侨侨眷听党话、跟党走。

【基层组织建设】 积极探索经济发展道路,完善侨联工作联系会议、侨情分析研判等制度,进一步提升履职尽责能力。依托兰洽会、葡萄酒节等重大平台引资引智,以侨为桥,内外联动,把华侨的资金、技术、管理、人脉等优势和资源调动起来、发挥出来。督促县区建立健全侨联工作机构,选优配强侨联工作队伍,探索推进乡镇侨联小组建设,补齐“基层短板”,延长工作手臂。扩大侨联组织覆盖面,活跃基层侨联工作,凝聚侨心,集聚侨力,谋求侨务工作的科学发展。

【归侨侨眷联络联谊】 集中开展全市侨情普查,了解掌握全市侨情资源,编印《武威市归侨侨眷华人华侨留学人员名册》,组织开展归侨侨眷联络联谊活动,依法维护归侨侨眷合法权益。积极向省侨联争取资金1.5万元，支持凉州区建设“侨胞之家”。积极申报武威文庙为“中国华侨国际文化交流基地”，着力打造侨文化品牌。

**【救助帮扶活动】** 组织开展“我为群众办实事”活动，开展喜迎中国共产党成立100周年“送温暖、献爱心”慰问走访活动，走访慰问生活困难、罹患大病、空巢老人等归侨侨眷。走访慰问困难侨眷37户、2.2万元，争取省侨联专项救助2户、1万元，组织侨资企业慰问希望小学师生。

（市归侨侨眷联合会）

## 武威市工商业联合会

**【民营企业监测调研】** 2021年，全市202家企业注册入库参与民营企业监测调研，比2020年度增加23家。市县区执常委企业入库率达80%。全市共填报调查问卷330次，入库企业平均填报率达78.75%。组织开展民营企业参与混改意向及融资合作项目调查、2020年度规模以上民营企业调研等工作。

**【服务民营企业发展】** 与交行武威分行共同向全市民营企业推出“普惠e贷”服务活动，累计为近30家企业发放贷款2138万元，有效缓解中小微企业融资难问题。与武威市税务局共同举办2021年“春雨润苗”专项行动，为小微企业“送政策、优体验、助成长”，推进落实对小微企业和个体工商户减税降费政策，助力小微企业发展。

**【履行参政议政职能】** 围绕中心服务大局，紧扣“两个健康”工作主题，针对民营企业发展的堵点、痛点、难点，深入开展调研，积极建言献策。开展“千企调研纾困”，走访企业60余家，收集困难问题19条，并积极予以协调解决。开展民营企业融入新格局发展、民营企业履行社会责任、民营企业助力乡村振兴等专题调研，形成《武威市推动民营经济融入新发展格局调研报告》《民营经济助力乡村振兴调研报告》等专题调研报告。积极参加市政协常委会“优化高质量发展营商环境激发创新创业活力”专题议政会议，围绕“充分发挥商协会的作用助力全市经济高质量发展”建言献策。组织开展“迎春送暖——党员先行”走访慰问、“庆三八”走访调研等活动，了解企业发展现状和诉求。

**【“民企武威行”活动】** 发挥工商联联系广泛、资源丰富的优势，精心谋划推动工作，成功争取在武威市举办“民企武威行”活动。举办宣传推介、项目对接洽谈会69场次，大力宣传武威。以现代农业、生态工业、文化旅游、生态环保等绿色生态产业为重点，精选重大招商引资项目53项、360亿元，为各地客商提供投资武威的“选择项”。邀请全国工商联农业产业商会等6个直属商会，北京、天津等26个省市外甘肃商会，上海、山东等4个省市工商联及省内异地商会、企业家代表350余人到武威参会考察。会同省工商联在兰州召开新闻发布会，7.1万余人观看直播，《甘肃日报》专版报道。活动中，集中签约生态产业项目83项，总投资137.3亿元；消费帮扶项目26个，消费帮扶金额3.32亿元；公益捐赠项目93项，捐赠款物3200万元。凉州区年产7200吨真姬菇循环经济产业园、民勤县辰瑞思高标准生态养殖、古浪县清洁能源产业、天祝藏族自治县年产2万吨碳化硅锻砂等57个项目顺利开工建设，累计到位资金17.06亿元。凉州区顺佳农产品冷链物流配送中心建设、民勤县中药材种子种苗繁育及加工、古浪县食用菌精深加工项目、天祝藏族自治县华通新能源LNG-CNG加气站等9个项目正在加快办理前期手续。

【东西部协作帮扶工作】 认真贯彻落实市委农村工作会议精神暨全市巩固拓展脱贫攻坚成果同乡村振兴有效衔接工作会议精神，结合工商联工作实际，制定《武威市工商联2021年东西部协作帮扶助力巩固脱贫攻坚成果同乡村振兴有效衔接工作方案》《武威市工商联促进消费帮扶工作方案》等，并着力推动落实。

【"百企兴百村"行动】 引导广大民营企业助力乡村振兴，新疆武威商会12名企业家共筹集助学款近7万元，一对一资助武威市12名贫困大学生完成学业；新疆玛纳斯县军宏农机有限责任公司向凉州区洪祥镇捐赠10台玉米播种机；银川甘肃武威商会向凉州区清源镇刘广村捐赠价值近10万元的路灯26盏及生活用品。组成4个调研组分别赴三县一区、3个工业园区、1家培训机构、60多家民营企业和3家电商企业，围绕"产业升级、企村联建、就业带动、数字乡村、园区支撑、消费拉动、品牌赋能、回报家乡、东西协作"9个方面，对武威市实施"百企兴百村"行动进行前期调研，制定印发《武威市"百企兴百村"行动实施方案》，安排全市近170家企业和社会组织，通过就业帮扶、产业帮扶、公益帮扶等形式，结对帮扶全市100个帮扶村。

（市工商业联合会）

## 武威市文学艺术界联合会

【文艺作品】 2021年，团结引领服务全市文艺工作者，创作反映时代特征、弘扬武威精神、凝聚发展力量的文艺作品。短篇小说《月亮下蛋》在文学期刊《西部》发表。现实题材网络小说《腾格里的记忆》荣获首届红色题材网络小说征文大赛优秀奖。6幅书法作品入展"助力脱贫攻坚 书写山乡巨变"——甘肃省扶贫书法作品展。围绕抗击疫情、卫国戍边英雄祁发宝英雄事迹、"最美公务员"杨斌事迹，组织主题文艺创作，创作各类文艺作品480篇（幅、首）。在线举办文艺作品展3次，被省级媒体转发4条，涌现出一大批思想含量广、艺术价值精、社会影响大的文艺作品。

【文艺活动】 以人民为中心，组织开展各类文艺活动，丰富群众精神文化生活。举办庆祝建党100周年大型文艺活动。组织"奋斗百年路·启航新征程"主题文学作品征集和主题采风活动，创作和征集各类文艺作品705篇（部）。《西凉文学》《天马》诗刊推出"庆祝中国共产党成立100周年文艺作品专辑"。为武威市第二届"马文化""凉州词"暨葡萄美酒之美术书法作品邀请展征集国内书画名家作品106幅。在线举办春联、书画摄影展11次。扎实开展文艺惠民活动和"我为群众办实事"活动，完成"纪录小康工程"工作任务，向市委宣传部选送反映脱贫攻坚文艺作品35件（篇）。

【艺术交流】 市作家协会举办4期本土

作家作品品析提升会。市书法家协会、美术家协会、摄影家协会邀请省内外知名书画家、摄影家到武威市举办辅导培训及讲座。市民间文艺家协会组织凉州攻鼓子艺术团参加第十二届中国民间艺术节“山花奖”评选展演活动，加强全市民间文艺活动与全国各地的交流。

（市文学艺术界联合会）

## 武威市残疾人联合会

**【巩固拓展残疾人脱贫攻坚成果】** 2021年，学习贯彻中央和省、市农村工作会议、巩固拓展脱贫攻坚成果同乡村振兴有效衔接会议精神，印发《支持乡村振兴重点帮扶县实施方案》《巩固拓展残疾人脱贫攻坚成果开展分片包抓工作的通知》，紧盯脱贫不稳定、边缘易致贫和突发困难的残疾人户，对48488名持证残疾人的基本状况开展调查登记。对纳入监测范围的残疾人实行动态管理、“一户一策”精准帮扶，因户因人落实好各项帮扶措施。赴天津市蓟州区残联对接东西部协作帮扶项目，初步达成意向在古浪县和天祝藏族自治县共建设6个村残疾人康复服务点等方式帮助残疾人。协调古浪县落实2021年东西部协作帮扶资金225.3万元扶持751户残疾人家庭发展产业。配合市民政局落实残疾人低保（重度残疾人“单人户”施保）、“两项补贴”发放、“两项补贴”提标扩面和资格认定申请“跨省通办”工作。实现重度残疾人家庭水电气暖补助和70岁以上残疾人生活补助应补尽补。年内，资助困难残疾学生369名、29.88万元。慰问467户困难、重度、一户多残等残疾人家庭和15个残疾人服务机构。

**【残疾人托养照护】** 组织实施阳光家园计划项目，为410名智力精神和重度肢体残疾人提供托养照护服务。开展城镇重度残疾人日间照料服务工作，在古浪县城区及残疾人集

图24　5月16日，武威市举办第三十一次“全国助残日”系列活动启动仪式　（市残联　供图）

中的3个农村社区（辐射7个社区）建成日间照服务中心，为150名残疾人提供日间照料服务。在凉州区、民勤县和天祝藏族自治县分别建成1所残疾人日间照料服务，凉州区投入试运营，服务残疾人37名。古浪县为362名一级智力精神残疾人发放托养补贴54.3万元，推动重度残疾人托养照护服务。

【残疾人就业创业】 组织开办残疾人农业技术培训、盲人按摩、服装裁剪等培训班8期，744名残疾人参加农村实用技术和职业技能培训，提高残疾人职业技能和增收致富能力。落实资金199万元扶持残疾人就业机构11家、盲人按摩机构8家，安置带动残疾人就业268人。为98户贫困残疾人购买良种母牛、羊等进行繁育发展。按户均3000元标准扶持200户残疾人家庭通过发展种养业、加工业等实现增收。推动机关企事业单位按比例安置残疾人252名。

【残疾人康复服务】 全年4190名有康复需求的持证残疾人提供基本康复服务，残疾人基本康复服务覆盖率达到99.27%；为2422名有辅具需求的持证残疾人适配辅具，辅具适配率达到99.55%。为893名残疾儿童和孤独症儿童实施康复训练，60名残疾儿童适配辅助器具。组织相关人员参加省级各类康复培训50余人次，进一步提升全市残疾人康复服务水平。

【残疾人文体活动】 在爱耳日、全国助残日等重要节点，广泛宣传残疾人自强不息的先进事迹、助残惠残政策、残疾预防知识等，全面营造扶残助残的社会氛围。完成文化进残疾人家庭“五个一”（残疾人家庭每年读一本书、看一次电影、游一次园、参观一次展览、参加一次文化活动）项目300户。组织录制《八步沙六老汉 战风沙造绿洲》节目参加第十届全国残疾人艺术会演，组织残疾人参加省残联组织的朗诵演讲比赛，筛选9篇文学作品参加庆祝中国共产党成立100周年全省残疾人“永远跟党走”网络征文大赛，举办残健融合文艺会演10余场次。组织开展武威市第15次全国特奥日和第11届残疾人健身周活动，300余名残疾人参加。

【基层残疾人组织建设】 认真落实《加强和改进村（社区）加强和改进村（社区）残协工作的意见》精神，全市855个村、47个社区全部建起残疾人协会。实现残疾人证“跨省通办”“省内通办”等便捷服务，进村入户107次，为1911名行动不便的疑似残疾人开展上门评残服务，核发残疾人证5509本。组织助残志愿者深入福利院、残疾人托养中心及乡镇开展助残志愿服务活动30余次。

（市残疾人联合会）

## 武威市红十字会

【基层组织建设】 2021年，确立“试点先行、高位推动、示范带动、整体推进”的工作思路，凉州区先行试点，在试点基础上形成一套可复制、可推广的模式，其他三县参照整体推进。凉州区要求在全区乡镇（街道）、村（社区）、卫健系统、教育系统、企事业单位和其他行业全部建立起红十字会组织。市红会第二届会员代表大会筹备建议方案起草完毕，县区会员代表大会筹备工作积极推进，依法设立理事会、监事会，优化治理结构。

【志愿服务项目建设】 武威市“百乡千村”志愿服务行项目、关爱留守儿童心理健康志愿服务大学生实践项目、儿童预防性树脂充填及涂氟3个志愿服务项目获批列入2021年度第十期甘肃省红十字会服务项目，争取项目执行费2.5万元。加大“小天使”项目、“天使阳光”项目的宣传知晓度，先后两批申报“小天使”救助项目14人、48万元，全部通过审批，第一批救助金全部救助到位。配合兰大一院在全市组织开展“天使阳光”儿童先天性心脏病筛查，对符合手术条件的7名患儿进行手术治疗。

【应急救护】 建立武威职业学院红十字应急救护培训基地，实行救护师资注册管理，提升培训质量。全年普及性应急救护培训15场次、22197人，培训应急救护员161人，红十字应急救护知识普及率、红十字救护员培训普及率分别达到总人口的1.52%、0.01%。利用“5·8”世界红十字日、“5·12”防灾减灾日、世界急救日等开展群众性普及救护培训，受益人数达3万人次。

【社会捐赠】 印发《武威市红十字会募捐款管理办法》和《武威市红十字会捐赠物资接受规则》，指导各县区依法有序做好社会捐赠款物的接受、管理和分配工作。全年募集社会捐赠款物（非疫情防控物资）118.83万元，对6名特困家庭给予44.1万元的救助。接收疫情捐赠物资345.12万元，其中，资金131.11万元，物品214.01万元。接受捐赠和使用情况及时在统一的信息平台进行公告，做到严格流程、严控质量，公开透明、及时高效。

【献血工作】 市无偿献血工作委员会制定印发《关于对无偿献血中取得显著成绩的个人给予优待的通知》，在全社会营造无偿献血的浓厚氛围。完成2021年度造血干细胞捐献志愿者入库任务，采集入库164人份。全年采集无偿全血9550人次，15142.5个单位，血小板采集1042人次，1042个单位。

【志愿服务活动】 成立武威职业学院红十字志愿服务队、武威市中心血站红十字志愿服务队、武威创伤骨科医院红十字志愿服务队、武威安康红十字养老照护志愿服务队、武威玉如口腔红十字志愿服务队、武威大乘红十字爱心车志愿服务队、武威市红十字应急救护志愿服务队、武威市红十字应急救援志愿服务队等11支志愿服务队伍，发展登记志愿者604人，在中国红十字志愿网上完成团队注册。动员志愿服务队开展学雷锋红十字志愿服务活动、“5·8”世界红十字日主题宣传服务活动，会同市中心血站开展“6·14”世界献血者日系列活动，在凉州区黄羊镇举行“百乡千村”志愿服务行暨“关爱留守儿童心理健康”大学生志愿服务活动，配合卫健、妇联、疾控广泛开展第34个世界艾滋病日宣传活动。组织应急救援队进行水上搜救演练，红十字应急救援队对17所中小学开展防疫消杀工作。

（市红十字会）

# 法　治

## 立　法

**【施行《武威市大气污染防治条例》】**《武威市大气污染防治条例》于2021年6月1日武威市第四届人民代表大会常务委员会第三十六次会议通过，7月28日甘肃省第十三届人民代表大会常务委员会第二十五次会议批准，8月5日武威市人民代表大会常务委员会发布公告，自10月1日起施行。共八章六十五条，包括总则、监督管理、燃煤大气污染防治、工业大气污染防治、扬尘大气污染防治、其他大气污染防治、法律责任、附则，为全市生态文明建设和大气环境治理提供了强有力的法治保障。

**【修订《武威市防沙治沙条例》】** 为深入贯彻落实习近平生态文明思想，促进武威市生态文明建设和高质量发展，2021年，市人大常委会将修改自2019年3月1日施行的《武威市防沙治沙条例》列入立法计划，并提出《关于修改〈武威市防沙治沙条例〉的决定》，提出十条修改意见。修改后的《武威市防沙治沙条例》共分8章44条，主要包括防沙治沙规划与管理、土地沙化预防、沙化土地治理与利用、法律责任等。

**【制定《武威市文明行为促进条例》】** 为培育和践行社会主义核心价值观，引导和促进文明行为，提升公民文明素养和全社会文明程度，市人大常委会将《武威市文明行为促进条例》列入2021年立法计划，并依法启动条例立法工作，主要从公共场所秩序、公共环境卫生、公共交通安全、城乡社区文明、网络空间秩序、绿色健康生活、生态环境文明及家庭、家教、家风等方面列举文明行为，并对重点治理不文明行为设置相应的罚则。

## 政法委与综治

**【概况】** 2021年，全市政法系统坚持以习近平新时代中国特色社会主义思想为指导，围绕推动政法工作高质量发展目标，将党史学习教育和政法队伍教育整顿有机结合，着力在深化市域社会治理现代化试点、平安细胞工程创建、政法领域全面深化改革、政法队伍教育整顿等方面聚焦发力，全面提升政法工作制度化、机制化、智能化水平。

**【政法队伍整顿自查】** 全市各级政法单位党组（党委）组织召开民主生活会、组织生活会256场次，召开思想发动会273场次，谈心谈话人数达到1.2万人次。全市3581名政法干警第二次填报说明问题人数达到3471人，填报问题率96.93%，共填报问题7927条，人均2.28条，填报问题核查率达到100%。通过自查形成的1149条线索全部办结。

**【整治顽瘴痼疾】** 排查梳理顽瘴痼疾形成闭环全部整改，并向社会进行公开。5万余名党员干部听取“三个规定”政策宣讲，7264名领导干部签订不干预司法活动、不插手具体案件处理公开承诺书，发放“三个规定”倡议书2万余份。全市各级政法单位建立健全各类规章制度644项。

**【开展“我为群众办实事”实践活动】** 围绕基层治理保平安、政法机关公共服务、民生领域执法司法、法治化营商环境4个方面，提出37项具体措施，推出“一盔一带”守护行动、“亮尾”行动、“护学岗”、民生领域执行案件攻坚、“法援惠民生”等一批便民利民措施，有效化解信访积案21件。17名市级领导接访群众42批、191人次，81名县级领导接访246批、1063人次，排查化解矛盾纠纷1387件，全市政法系统共为群众办实事81类、214项、1.9万余件，有效解决一批群众“急难愁盼”问题。“上门办证送证上门”“户籍午间不打烊”“节日服务岗”“高考绿色通道”“窗口周六半天班”“护学岗”“远程调解矛盾纠纷”等一大批爱民、暖民的便民措施得到人民群众广泛点赞，广大人民群众对政法工作的获得感、幸福感、安全感进一步提升。

图25　3月26日，武威市政法队伍教育整顿英模和先进典型事迹报告会召开　（市委政法委　供图）

【防范化解重大风险】 以防范化解金融领域风险为重点，批捕金融诈骗、破坏金融管理秩序等犯罪。印发《武威市不良资产清收处置工作实施方案》，紧盯2021年度目标任务，综合施治，攻坚克难，完成不良资产清收23.22亿元。

【助力巩固脱贫攻坚成果】 在全市93个乡镇、1125个村建立公共法律服务站（点），建成法治文化广场247个、法治书屋1043个，220名律师担任全市249个已脱贫村的法律顾问工作。

【法治化营商环境营造】 市委政法委和市级政法各单位分别出台服务保障经济社会发展营造良好法治化营商环境的办法措施，开通“绿色通道”，快速审理涉及重大项目、重点企业案件，依法保护民营企业合法权益。

【维护社会稳定工作】 先后召开专题会议进行全面分析研判，摸排化解21个领域139条具体风险隐患。市、县、乡三级每日对各类信息进行汇总研判通报和零报告，制定出台社会稳定风险评估审核备案即时办结制度，全年评估各类重大事项744件。

【平安细胞工程】 制定《“十四五”市级政法专项规划》，印发《平安细胞工程创建实施方案》和20项内容创建标准及考核评价实施细则，全市45.7万户家庭、5.1万个商铺、123家企业、67个市场、359所学校均签订平安细胞工程创建承诺书，群众参与率100%。全市刑事案件、治安案件、矛盾纠纷数量全面下降。2017—2020年连续4年武威市被省委、省政府授予“平安甘肃建设优秀市”称号。

【市域社会治理现代化试点工作】 制定《武威市综治中心规范化建设年活动实施方案》《关于在基层综治中心全面推行“一体化”运行“一站式”办理矛盾纠纷化解机制的指导意见》等制度，以“六有八化”为标准，全面推动市、县、乡、村四级综治中心规范化建设、实体化运行。深入开展党的十九届六中全会精神大宣讲、矛盾纠纷大调处、风险隐患大排查、信访积案大攻坚、平安细胞大创建、市域社会治理大提质基层治理六项活动，全面提升基层治理水平。排查矛盾纠纷6067件，调解5996件，化解成功率98.8%，一批长期未决的信访积案得到彻底化解。

【政法宣传教育】 印发《关于进一步做好新时代全市政法宣传舆论工作构建“大宣传”工作格局的实施意见》。全国政法队伍教育整顿办公室组织的中央媒体采访团和“政法工作三年大提升·央媒看甘肃”采访团到武威市开展宣传报道，提升武威市知名度。《甘肃法制报》《武威日报》等新闻媒体刊登武威市政法工作典型做法280余篇，市广播电视台制作播放《与法同行》专题片12期，天马剑、武威政法等新媒体发布各类政法信息2280余篇（次）、策划发布抖音96条，新华社采用22篇，长安剑、中国长安网采用19篇，陇原剑微信公众号和甘肃政法网等采用230余篇。

（市委政法委）

## 法治政府建设

【依法治市】 2021年，调整充实市委全面依法治市委员会各协调小组成员，加强组织领导。组织召开市委全面依法治市委员会第三、第四次会议，对依法治市和法治政府建设重点工作进行部署安排。制定《武威市党政主要负责人履行推进法治建设第一责任人职责情况列入年终述职内容工作的实施方案》《关于健全完善市直部门（单位）法治建设工作机制的指导意见》等制度性文件，得到省委依法治省办充分肯定。开展法治政府示范创建活动，推荐申报综合示范创建单位 1 个、单项示范创建单位 2 个。

**【政府立法】** 科学编制《市政府 2021 年度立法计划》，确定立法项目 2 件，即《武威市建筑工地扬尘污染防治管理办法》《武威市烟花爆竹燃放管理办法》。《武威市建筑工地扬尘污染防治管理办法》于 3 月发布实施。《武威市烟花爆竹燃放管理办法》形成送审稿。认真履行出台地方性法规合法性审查职责，审查《武威市防沙治沙条例》《武威市城市社会生活噪声污染防治条例》，反馈了审查意见。

**【法治武威建设】** 严格落实中央和省委规划纲要精神，认真谋划推进落实举措，明确全市未来五年法治建设的"任务书"和"施工图"。印发《法治武威建设实施方案（2021—2025 年）》，从 10 个方面提出 31 项工作措施，绘就今后 5 年法治武威建设的发展蓝图。制定法治政府建设实施方案，发挥法治建设示范作用。印发《法治社会建设实施方案（2021—2025 年）》，明确到 2025 年社会治理法治化水平显著提高，为 2035 年基本建成法治社会奠定坚实基础。制定《关于开展法治宣传教育第八个五年规划（2021—2025 年）》，明确习近平法治思想和宪法、民法为普法重点内容，领导干部和青少年为普法重点对象。开展法治建设专项督察，对各县区、各部门年度法治建设重点工作推进落实情况进行专项督查，指出存在的问题并督促整改落实。组织实施 2021 年法治为民办实事活动，确定为民办实事项目 10 件，不断提高法治武威建设绩效。

**【重大行政决策和规范性文件审查】** 加强对重大行政决策和规范性文件的备案审查，共对 109 件规范性文件、行政决策、合同协议等进行审查，提出审核意见 176 条。向省政府和市人大常委会报备规范性文件 3 件，审查各县区、市政府部门报市政府备案的规范性文件 14 件。

（市司法局）

## 公　安

**【概况】** 2021 年，将庆祝建党 100 周年安保维稳作为全年工作主题主线，扎实部署、务实举措、靠实责任，圆满完成安保维稳工作任务。印发《2021 年维护全市政治安全和社会稳定工作实施方案》。聚焦风险防控，实现"五个严密防范、五个确保"和"守住九条底线"的总目标。部署开展专项行动，严厉打击邪教违法犯罪，切实消除涉恐安全隐患。全面强化网络巡查管控，成功举办全市首届网络安全攻防演习。

**【完善治安防控体系】** 坚持治安防控立体化，运用物联网、大数据等信息化手段，实现对重点要害部位治安状况和重大突发警情、案事件的扁平化、可视化调度指挥，预测预警预防预控各类风险。深入排查化解各类矛盾纠纷和重大不稳定问题，共排查各类矛盾纠纷

3023起，化解2826起。将智慧安防小区建设作为深入推进社会治安防控体系单元防控的有力抓手。着力打造“平安校园”“平安医院”升级版，全市806所中小学、幼儿园、教学点全部安装一键式报警和视频监控系统，全面完成校园安防4个100%目标任务。

【公共安全监管】 全面强化道路交通安全系统化综合治理，交通事故起数、死亡人数均下降50%。创新警务模式，探索推广农村交通和治安管理“交所合一”新模式。在全市开展“我为交警献一策”活动，广泛听取群众和各方工作建议。积极推行“柔性执法”，集中开展道路交通安全隐患排查整治行动、城市“打补丁”百日攻坚行动等。夯实基层基础工作，扎实做好社区警务和“一标三实”常态化采集维护，驱动“警力跟着警情走”向“警力防着警情来”转变。召开全市公安派出所建设工作会议，“两队一室”“一队一室”“中心所大所带小所”警务运行机制建设和专职化警力配置全部完成。

【公安系统“放管服”改革】 深化行政审批制度改革，制定《武威市公安机关权责清单目录》1263项，全面完成告知承诺制证明事项梳理工作。推行“互联网+政务”服务，127项业务开通网上办理。持续优化营商环境，切实服务民营企业发展，设立企业警务室26个，228名民警担任“护航警官”，为企业纾难解困。

【户籍管理】 深入推进户籍制度改革，户籍人口城镇化率41.45%。严格规范人口户籍管理，深入推进居住证办证全覆盖，解决无户口人员落户196人。

【公安警务运行机制改革】 深化公安警务运行机制改革，合成作战“三年上台阶”目标如期实现。创新搭建市区合成一体运转，创建动态合成作战体系，合成作战中心民警分

图26 6月，公安武警联勤武装巡逻 （李政阳 摄）

组包片基层所队，组建案件专业队，解决基层研判打击力量薄弱难题。举办公安大数据建模、大数据应用培训班，强化案件侦破数据支撑。顺利通过国家第三方验收评估组对武威市“雪亮工程”项目验收评估，完成47个智慧社区、125路人脸卡口、120路车辆卡口建设，整合政府机关等外部单位二、三类视频资源4000余路。智慧新刑技建设不断推进，服务侦查破案能力水平显著提升。

**【法治公安建设】** 落实法治建设主体责任，加强执法教育培训，着力提升公安民警执法素质。深入推进执法办案责任制落地落实，强化执法监督，组织执法质量考评，开展重点案件评查，执法行为进一步规范。推进全市公安机关案件100%网上管理、网上流转、网上考评、网上统计，强化案件信息全要素录入，实现案管、预审、法制“三位一体”运行机制。全市公安机关执法办案管理中心全部投入使用，实现执法办案、监督管理、服务保障“一体化”运行。

**【森林公安工作】** 全市森林公安充分发挥职能作用，先后部署开展“春雷2021”“昆仑2021”“清风行动”等各类专项行动，严厉打击各类涉林违法犯罪活动，保护森林草原资源。在“昆仑2021”专项行动中取得全省综合排名第一的好战绩。全年主动摸排、受理并核查网络线索或群众电话信访举报线索91条。

**【交通安全管理】** 市政府常务会议审议通过《武威市道路交通文明提升行动实施方案（2021—2023）》，全年完成5000处乡农村道路交叉路口和学校村镇集市路段整治，安装标志标牌及减速带建设任务，有效促进道路交通文明与经济社会协调发展。市交警支队深入开展“强担当、除隐患、防事故、保安全”集中整治行动和重点工作百日攻坚行动，重拳整治重点违法行为。全年共查处各类交通违法行为72.2万起，其中，饮酒驾驶1073起，醉酒驾驶621起。以治理隐患源头为重点，在全市开展为期2个月的集中清理整治报废机动车专项行动，大客车实行“一车一剖析、一车一档案”，加强运行监管。

（市公安局）

## 检　察

**【刑事检察】** 2021年，受理审查逮捕案件484件，不批捕171件，不捕率37.91%；受理移送起诉案件1412件，不起诉360件，不诉率21.33%。监督立案7件、撤案19件，纠正漏捕漏诉120人，发出纠正违法通知书32件，对刑事裁判提出抗诉7件，提出减假暂监督意见32件。认罪认罚适用率80.67%，确定刑量刑建议提出率90.88%，同比上升50.78%。

**【民事检察】** 受理审查民事诉讼监督案件201件。提出民事抗诉2件，抗诉改变率100%，提出再审检察建议8件。加强民事审判和执行活动监督，提出检察建议20件。深化虚假诉讼监督，提出抗诉和再审检察建议4件。对依法作出不支持监督申请的57件案件当事人做好服判息诉工作。

**【行政检察】** 受理审查行政检察监督案件49件，其中行政诉讼监督案件3件。向同级法院发出检察建议3件，向行政机关发出检察建议4件，采纳率100%。公开听证案件9

件，化解行政争议14件。依职权发现线索并向行政机关发出社会治理类检察建议25件。

**【公益诉讼检察】** 受理审查立案行政公益诉讼案件143件，发出诉前检察建议121件。提起行政公益诉讼案件1件，办理刑事附带民事公益诉讼案件3件，法院判决支持率100%。持续开展“公益诉讼守护美好生活”等公益诉讼专项监督，督促清理各类生活垃圾226.22吨，回收固体废物5154.2吨，保护被污染土地64911.71亩，恢复林地33亩、草原102亩，清理河道17千米。服务保障河湖生态环境建设的做法在全市总河长会议上交流发言。

**【检察机关服务民生】** 推出为民办实事20项措施，办理各类信访案件295件，接访重点人群135人次，化解信访积案23件。公开各类案件信息、法律文书3433件。深入抓好“一号检察建议”落实见效，两级院75名检察官担任中小学法治副校长，开展“法治进校园”宣讲136场次，26万余名师生接受法治教育。监督中小学校、幼儿园整改安全隐患367个。通过公开听证办理案件120件。

**【为企业提供法律服务】** 走访企业280家，收集问题线索24件，办结反馈24件。向企业提供法律咨询200件次，赠送宣传资料2000余本。批捕涉营商犯罪28人、起诉138人，对民企人员不批捕14人、不起诉35人。提出涉非公经济债务纠纷、股权分配、知识产权再审检察建议5件。

**【检察服务保障乡村振兴】** 提前介入涉扶贫刑事案件54件，监督涉扶贫刑事案件撤案3件，向5名扶贫对象发放救助金3.1元。持续开展“打击拒不支付劳动报酬、维护农民工合法权益”专项监督活动，起诉10人。发出支持农民工起诉检察建议20件，涉及欠薪17.4万元。

**【深化生态环境司法保护】** 批捕涉环境资源犯罪案件1人、起诉11人。建议行政执法机关移送涉嫌环境资源犯罪案件3件。发出生态环境保护检察建议99件，采纳率100%。提起刑事附带民事公益诉讼3件，民事、行政公益诉讼各1件。

**【未成年人司法保护】** 建成并启用集备取证、心理疏导宣泄、放松减压、同步录音录像、不公开听证、法治教育等功能于一体的“一站式”办案中心。聘请心理健康专家，对23名涉罪未成年人开展一对一心理疏导及团体心理辅导。开展亲职教育148人次，发出督促监护令13份。开展线上未成年人心理健康辅导直播，全市20万余名师生和家长参与直播。在全市23个小区、商业中心206个电子屏播放公益短片《护蕾行动》5周。

**【检察队伍教育整顿】** 扎实开展党史学习教育，干警参与率100%、完成率100%。扎实开展自查自纠、组织查处和专项整治。坚持查改建相结合，整治市人民检察院顽瘴痼疾问题28个，建立健全制度机制50项，监督相关部门整治顽瘴痼疾问题25个。

（市人民检察院）

## 法　院

【概况】 2021年，全市法院受理各类案件50823件，审（执）结44949件，法定审限内结案率88.44%。市法院受理各类案件3406件，审（执）结3117件，法定审限内结案率91.51%。有财产可供执行案件法定期限内执结率达99.81%，无财产可供执行案件终本合格率达100%，执行信访案件办结率达100%，执行案件执行率89.5%。

【刑事审判】 始终保持对严重危害社会治安犯罪高压态势，依法审结严重刑事犯罪案件6件，审结网络传销、电信诈骗、套路贷等新型网络犯罪案件30件，审结贪污、贿赂等职务犯罪案件12件。坚持证据裁判、疑罪从无原则，对被告人依法宣告无罪。

【民商事审判】 审结民商事案件32202件；审结著作权、商标权、植物新品种技术服务等知识产权案件38件。制定《知识产权民事、行政和刑事案件审判“三合一”工作实施方案》，依法严惩侵犯知识产权行为。坚持各类市场主体诉讼地位、法律适用一律平等，一视同仁、依法保护。严格区分经济纠纷与经济犯罪、民事责任与刑事责任、合法财产和违法所得、公司财产和个人财产、正当融资与非法融资，坚持罪刑法定原则，坚决防止利用刑事手段干预经济纠纷，依法保护民营企业合法权益。

【行政审判】 建立政府与法院良性互动机制，合力化解行政争议。坚持合法性审查原则，妥善化解行政争议，支持政府依法行政。落实中央和省市优化营商环境政策文件，出台优化法治化营商环境的实施意见，印发金融领域风险化解实施方案，组织法官深入金融机构、民营企业开展法治讲座、法律咨询活动3场次。审理企业破产、重整、执转破案件5件。市法院调解处理的3起涉民营企业纠纷案例被甘肃卫视《法治伴你行》栏目拍摄宣传片进行展播。

【执行工作】 始终把解决执行难作为“一把手”工程，部署开展执行百日大会战和涉民生、涉金融案件等专项执行行动，攻坚克难，保障公民合法权益。受理执行案件19836件，执结17756件，执结率89.51%，到位金额13.2亿元。共纳入失信被执行人名单5605个自然人和428个法人，集中曝光1092人次，发布悬赏公告23期，构建起“一处失信、处处受限”的信用惩戒大格局，推动“信用武威”建设。

【诉讼服务】 坚持把非诉讼纠纷解决机制挺在前面，推行心理疏导、融情于法、德法并举的工作模式，调判结合，妥善审理各类家事纠纷案件124件。打造新型诉讼服务中心，积极满足人民群众对诉讼服务的新需求。依托信息化建设成果，建成集诉讼引导、立案登记、信访接待、立案调解、安检保障、收费退费、查询咨询、材料收转、判后答疑等功能于一体的新型诉讼服务平台，为当事人提供“一站式”、全方位诉讼服务。

【信访救助工作】 开通“12368”诉讼服务热线，建成四级远程视频接访平台和网上申诉信访平台，实现群众足不出户即可表达信访诉求的目标。积极参与“三长接访”，实行院长信访接待日制度，开展院长带案下访活动，包案化解涉诉涉法信访案27件。建立律师参与化解和代理涉法涉诉信访案件制度，引导当事人理性表达诉求，依法维护权益。不断完善司法救助机制，对涉及劳动报酬、赡养费、抚养费、交通事故赔偿金等案件，实行优先立案、优先审理、优先执行和优先司法救助，保障弱势群体当事人的合法权益。

**【审判监督】** 建立法官办案规则和合议庭制度、专业法官会议、审判委员会工作规则等制度，制定审判权力清单、责任清单、负面清单，厘清立案、审判、执行和行政综合部门职责，落实落细办案责任制。推行未结案件预警通报、超审限案件挂牌督办制度，提高审判效率。结合政法队伍教育整顿，配合甘肃省高级人民法院评查、抽查案件312件。建成审判流程、执行信息、裁判文书、庭审直播四大公开平台，推送审判执行信息9548条，公布裁判文书14535份，直播庭审4494场，保障人民群众对法院工作的知情权、表达权、参与权和监督权。

**【接受各界监督】** 市法院向市人大常委会报告专项工作5项，建立代表委员联络工作机制，积极配合人大、政协开展视察调研，邀请代表委员旁听庭审、见证执行、参加会议，向市人大代表赠订报刊、通报工作，认真办理代表建议3件。深入贯彻监察法，支持配合监察机关监督法院工作人员。依法接受检察机关法律监督。县区法院选任新一届人民陪审员415名，完成倍增计划。人民陪审员参审案件7316件，一审普通程序案件陪审率达95.45%。

**【法院队伍教育整顿】** 扎实开展政法队伍教育整顿各环节工作，深化学习教育，突出思想动员，全面自查自纠，深入核查线索，重点整治顽瘴痼疾。高度重视、全力配合市委第十三轮巡察工作，认真查摆问题，主动接受巡察。对巡察反馈的问题，制定整改方案，建立整改台账，压实责任、分类施策，靶向整治、销号管理，全面完成整改任务。实施全员培训工程，邀请专家辅导，举办业务培训班，开展岗位练兵、庭审观摩评议和裁判文书评查评选等。

（市中级人民法院）

## 司法行政

**【行政执法监督】** 2021年，全力推动行政执法“三项制度”落实落细，在“信用甘肃”平台公示各类执法信息14.85万条，配备执法记录仪3283个，配备专兼职法制审核人员361人，“三项制度”工作在全省推进会上作经验交流。

**【执法能力建设】** 扎实开展提升行政执法能力建设专项活动，通过集中轮训、网络培训、专题法治讲座等方式，对全市7600多名执法人员进行培训。印发《武威市行政执法案卷评查办法》，各行政执法部门（单位）自查行政执法案卷30937宗，评查率100%，评出优秀执法案件20194宗，优秀率65.27%。编印行政执法“三项制度”知识汇编900本，分发各执法单位学习使用。

**【行政复议和应诉工作】** 全面加强行政应诉工作，积极履行法院生效判决，出庭应诉率和法院判决裁定履行率均达到100%。全面落实行政复议与应诉案件被纠错情况季通报制度，定期进行分析研判，从源头上预防和减少不当行政行为。共办理行政复议案件 147 件，行政应诉案件 182 件。

**【矛盾纠纷排查化解】** 认真履行安全生产和平安建设领导责任制，制定《全市司法行政系统关于全面加强矛盾纠纷排查化解工作推动落实命案风险防范责任的实施意见》，加大对婚姻家庭矛盾的排查调处力度，有效防止民转刑、刑转命案件发生。持续开展“矛盾纠纷大排查大化解百日攻坚”行动。摸排矛盾纠纷 6067 件，调解成功 5996 件，调解成功率 99%。指导各县区司法局完成 8839 名人民调解员换届推选。建成 45 个个人调解室，打造和培养一批亮点调解工作室与明星调解员。

**【社区矫正工作】** 深入推进《中华人民共和国社区矫正法》学习宣传，建成社区矫正远程视频督察系统，提升社区矫正工作的规范化、标准化、信息化和法治化水平。在册社区矫正对象 775 人。对违反监管规定的社区矫正对象发出书面警告 33 人次，对仍不服从监管的 11 名社区矫正对象及时提请人民法院依法撤销缓刑或者假释，收监执行，无社区矫正对象重新违法犯罪。

**【法律服务】** 制定出台《武威市关于加快推进公共法律服务体系建设的具体措施》和《武威市基本公共法律服务实施标准（2021—2022 年）》《武威市公共法律服务发展指标（2021—2022 年）》，对全市公共法律服务指标进行细化分解。建成高标准市级公共法律服务大厅 1 个，接待来访群众 836 人次，解答法律咨询问题 920 个。全力打造“五个一流”（建设一流平台、实行一流管理、培养一流队伍、提供一流服务、树立一流形象）甘肃省“12348”公共法律服务中心武威分中心热线平台，接听热线咨询电话 25100 通，解答各类法律问题 25100 个，群众满意率为 100%。积极开展法律援助工作，开通农民工欠薪法律援助“绿色通道”，受理农民工欠薪法律援助案件 162 件，涉及农民工 169 人，涉及欠薪金额 201.42 万元，解答咨询 1386 人次。组织开展“法援惠民生”活动，主动为困难群体提供法律援助服务，受理法律援助案件 1503 件。

**【律师、公证和司法鉴定工作】** 完成 2021 年度国家统一法律职业资格考试工作。积极推进公证机构改革，指导天马公证处制定《经费使用管理办法》和《薪酬分配方案》，做到财产权属清晰，资产管理明确，确保国有资产保值增值和不流失。全年办理公证 5730 件、办理司法鉴定案件 2586 件。

**【营造法治化营商环境】** 稳步推进证明事项告知承诺制工作，梳理公布第三批实行告知承诺制的政务服务事项 13 项，行政相对人可用承诺书代替证明材料事项 16 项。2021 年，全市通过告知承诺制办理政务事项 53399 件，减少证明材料 59092 份。制定出台《关于营造法治化营商环境的实施意见》，建成市县（区）两级法治化营商环境问题投诉举报处理平台 5 个，统一受理市场主体投诉举报。召开企业家座谈会 28 场次，听取企业意见建议 32 件，设立园区公共法律服务工作站 5 个，组建园区企业法律服务团 5 个，开展法治体检 60 次，体检企业 98 家，出具法律意见书 130 份，审查合同 289 份，办理园区企业公证事项 82

件，公共法律服务实体、热线、网络平台解答涉企法律问题951件。

【普法宣传教育】 在祁连山生态保护工作中，举办专题培训班，开展《祁连山自然保护区条例》"百题万卷"知识答题活动；在全国文明城市创建工作中，组建普法志愿者队伍，深入宣传社会主义核心价值观，以道德滋养法治精神。大力推进"法律明白人""法治带头人"培养工程，开展"法律明白人"培训631场次，培训54505人次。在"12·4"国家宪法日暨宪法宣传期间，采取"7个主题活动+10个专项活动"方式，开展宪法宣传470场次、宪法宣誓60多场次，在全社会营造尊崇宪法、学习宪法、维护宪法、运用宪法的浓厚氛围。

（市司法局）

## 劳动人事争议仲裁

【概况】 2021年，积极改进劳动人事争议仲裁庭审方式，畅通庭内调解和庭外调解两条"绿色通道"，构建庭前、庭中、庭后"三位"一体调解体系。全年全市调解成功率达76%。

【劳动争议案件处理】 全市收到劳动人事争议案件共1124件，其中，线上、线下咨询办理457件，立案受理348件，不予受理319件，涉及劳动者348人，立案受理案件结案345件，结案率99%，结案案件涉案金额1161.37万元。市仲裁院收到劳动人事争议案件263件，其中线上、线下咨询办理212件，立案受理28件，不予受理23件，立案受理案件结案28件，结案率100%，结案案件涉案金额103.42万元。"互联网+调解"平台共收到劳动争议案件51件，立案受理25件，不予受理26件，立案受理案件均按期结案。

【劳动人事争议调解培育工作】 全年周调度县区仲裁院案件办理和"互联网+调解"平台案件办理52次，调度各县区仲裁系统案件录入情况，确保各级仲裁院案件按期结案。督导民勤县仲裁院建成标准化仲裁庭，指导县区仲裁院疑难复杂案件办理。组织开展金牌劳动人事争议调解组织培育工作，推荐古浪县大靖镇劳动争议调解委员会、古浪县劳动人事争议仲裁院马有信式调解工作室为百家金牌劳动人事争议调解组织。选拔仲裁员参与"法治人社 志愿青春"千名仲裁员志愿者联系万家企业活动，组织青年仲裁员志愿者为企业提供人力资源和社会保障领域法律、法规、政策宣传咨询。

【创建多部门联动工作模式】 召开武威市劳动人事争议仲裁委员会第一次会议，创新和完善劳动人事争议仲裁委员会成员单位常态化交流互动机制。加强与市中级人民法院、凉州区人民法院沟通联系，建立案件研讨机制，解决疑难复杂案件办理中的实际问题，统一裁量标准；协调市司法局开展仲裁院受理案件劳动者需法律援助工作，提升仲裁服务水平；联系工会，引导支持用人单位与职工通过协商解决纠纷，有力化解劳资矛盾。组织仲裁员赴兰州理工大学对接2021年度社会治理法治教学与研究实践基地工作细则，促进科研成果在仲裁工作中落地转化，共同推动全市劳动仲裁工作提质增效。

（市人社局）

# 军　事

## 武威军分区

【概况】 2021年，武威军分区党委坚持以习近平新时代中国特色社会主义思想和习近平强军思想为指导，坚决贯彻军委国防动员部署和省军区党委决策部署，紧扣庆祝中国共产党成立100周年主线，锚定高质量发展目标，科学统筹安排、聚焦中心发力、盯住末端落实，军分区全面建设稳步推进、稳中有进。

【思想政治建设】 把党史学习教育作为重大政治任务，贯穿理论武装和政治教育全过程，坚持党委理论学习中心组学习与思想政治教育统筹安排，专题学习与宣讲辅导融合推进，线上自学与线下组学相互补充，为兵解难与为民服务一体落实，系统学习掌握党的光辉历程、伟大成就和宝贵经验。突出抓好习近平总书记在庆祝中国共产党成立100周年大会上的重要讲话和十九届六中全会精神的学习贯彻，跟进学习习近平总书记最新重要讲话精神，巩固深化主题教育，开展向“卫国戍边英雄群体”学习活动，进一步固牢捍卫“两个确立”、坚定维护核心的思想根基。

【组织建设】 学习贯彻新的军队党建法规和政治工作法规，修订完善《军分区常委会会议议事规则》，严格贯彻民主集中制原则，积极过好双重组织生活，自下而上开展党组织规范化建设检查，指导部分人武部完成党委班子换届工作，协调参加市党代会和人代会，认真做好“两优一先”推荐和“七一”专项慰问，全方位提升各级党委班子领导力、组织力、执行力，天祝藏族自治县人武部党委、古浪县人武部机关党支部被省军区党委表彰为“先进党组织”。

【国防动员和后备力量建设】 持续抓好“三项基础”首轮达标建设任务，围绕自评验收，先后对全市基层武装部规范化建设情况全覆盖检查考评，严密组织专武干部业务集训暨资格认证，联合印发《武威市鼓励大学生参军入伍和应征青年到高原地区服役政策措施》，建成武威市兵役服务大厅，圆满完成年度兵员征集任务。

**【双拥工作】** 坚持把巩固拓展脱贫攻坚成果同乡村振兴有效衔接作为政治任务，接续帮扶2个脱贫村，全年共投入经费80万元，援建医疗气体系统、完善基础设施设备、助力美丽乡村建设。持续开展“感恩武威人民，奉献第二故乡”活动，动员驻武威部队官兵参加植树压沙、祭扫英烈、双拥会演等活动，协调解决随军家属工作调动和名军人子女入学优待，在全省双拥模范城（县）届检查评估中发挥积极作用。深入开展全民国防教育，协调筹划武威市国防教育中心建设，完成年度学生军训任务，全民国防意识进一步增强。

（武威军分区）

## 武警武威支队

**【概况】** 2021年，支队坚持以习近平强军思想为引领，贯彻中央军委、武警部队和总队党委决策部署，注重在铸军魂、统思想、强能力、抓规范、严管理、正风气上持续用力，团结和带领全体官兵奋力攻坚克难，部队全面建设呈现出稳中有进、进中向好、开新图强、持续向上的态势。

**【思想政治建设】** 坚持用习近平新时代中国特色社会主义思想和习近平强军思想贯注部队、武装官兵，把学习贯彻党的十九届六中全会精神、“七一”讲话精神和总队党委扩大会议精神贯通起来。开设党史学习专栏，组织收看授勋仪式和大会盛况，开展百千米接力跑、强军故事会、知识竞赛等活动，党史学习教育扎实有效。建成红西路军战役红色教育基地。举办“感悟光辉历程、担当强军重任”文艺演出，制作红西路军战斗历程系列油画墙，编印《学党史军史、铸忠诚军魂》连环画，倾力打造“传承红西路军精神，争当红西路军传人”特色品牌，为积极投身强军重任凝聚不竭动力。

**【党建工作】** 深入学习贯彻《中国共产党军队党的建设条例》，扎实开展“重温初心担使命，彻纠彻改做表率”主题党日活动。巩固深化“不忘初心、牢记使命”主题教育成果，抓实民主集中制学习贯彻，规范党委权力运行。深刻汲取案例教训，常态化开展党风廉政教育，跟进学习上级通报，官兵知敬畏、守底线的意识进一步增强。严肃查处官兵身边的“微腐败”和不正之风，有效维护纪律的权威性和严肃性。

**【队伍建设】** 响应《2021年开训动员令》精神，首长机关及基层分队同时开训，掀起新年度军事训练高潮。为切实加强支队官兵立足本职岗位，干好本职工作的责任感，以“立足岗位成长成才，精武强能争先创优”为主题，持续开展系列讨论交流活动。为进一步提升首长机关参谋人员指挥技能和业务素质，扎实开展参谋业务集中训练。为进一步提升机关应急处置能力和部队快速反应能力，全面落实“两个不经、一个保持”战备要求，组织机关前指带特战分队节前战备拉动。为全面警示部队，持续巩固“酒驾、醉驾”专项整治活动效果，提高官兵防范安全风险的行动自觉，组织预防“酒驾、醉驾”专题教育辅导授课。

**【双拥工作】** 深入定点帮建的古浪县直滩镇石坡村开展扶贫工作“回头看”，不断巩固脱贫攻坚成果。“八一”前夕，武威市博物馆流动展览走进武威支队开展“文化进军营”活动。

（武警武威支队）

## 人民防空

**【概况】** 2021年，武威市人民防空工作以“优化调整人民防空体系建设”为主线，突出“六种核心能力”建设，持续巩固人民防空领域突出问题集中整治成果，在统筹研究人民防空规划与全市经济社会发展规划、其他行业规划之间的衔接，制定《武威市人民防空建设“十四五”规划》，制定新时期全市人防事业发展蓝图。

**【编制人防规划方案】** 市本级、古浪县分别完成人民防空方案编制和审批，市本级完成武威市《人民防空建设与城市建设相结合规划》《城市规划区地下空间开发利用规划》编制；古浪县完成《人民防空专项规划》的审批报备工作。

**【人防训练演练工作】** 武威市、古浪县人防办组织武威市供排水集团、古浪惠民热力公司开展重要经济目标防护演练，参训人员70人。组织武威市人防道路桥梁抢险抢修分队40人、供排水抢险抢修分队20人、消防救援和医疗救护专业队40人，分别开展拉动演练。

**【防空减灾宣传教育】** 开展以“勿忘国耻，防空警报响彻凉州”为主题的警报试鸣系列宣传活动，在人口密集的社区集中开展防空减灾知识宣传活动，发放各类人防宣传品26180份。组织武威第十五中学、天祝新华中学、民勤四中、古浪县六中等学校开展防空减灾宣传教育与巡演连，参训班级100多个、师生6000多名。

（市住房和城乡建设局）

## 退役军人事务

**【概况】** 2021年，协助组织部门落实退役军人党组织关系转接工作，并将其及时纳入党的基层组织管理。推进“建档立卡”工作，发掘优秀退役军人党员。开展“最美退役军人”选树活动，先后有多人被评为2021年度“武威最美退役军人”“陇原最美退役军人”。

**【落实抚恤优待政策】** 贯彻落实军人抚恤优待条例，及时、足额发放各类优抚对象抚恤资金，及时为退役军人、人民警察办理评残评定和等级调整，为符合享受带病回乡待遇的退役军人审批。为伤残人员换发伤残证。有序推进社保接续工作，共受理办结退役军人的社保持续，缴费率和办结率均达到 100%。对全市烈士遗属（子女）、一等功臣开展走访慰问。及时送达官兵立功受奖喜报。

**【退役军人权益维护】** 坚持开门接访，阳光办信，全面推广“13712”工作法，实时回应网上信访，实行首办责任制，着力提升初信、初访受理率和办结率，全市共办理各类信访事项 219 件。突出重复访治理和挂牌督办信访件办理，开展现场办公，实行销号管理。

**【就业创业】** 申报确认省级职业教育和技能培训联盟成员单位 23 个、甘肃省退役军人省级就业创业孵化基地 1 个，受聘省级退役军人就业创业指导专家 12 名。对符合条件自愿参加培训的退役士兵进行免费职业技能培训和适应性培训，组织退役士兵报考省内高职院校，组织自主择业军转干部赴江西井冈山进行就业创业培训，自主择业军转干部参加由清华大学主办的网络培训，参训人员就业创业率达到 100%。全年组织招聘会 8 次。组织开展武威市退役军人就业创业典型事迹报告会 4 场。举办退役军人就业创业政银战略合作协议签约暨创业贷款发放仪式，现场为退役军人代表发放创业贷款，7 家银行为退役军人发放创业贷款。

**【褒扬纪念工作】** 组织创作短视频 3 条、征文 3 篇，诵读“谁是最可爱的人”视频 2 条。为 6 名第七批在朝鲜武威籍烈士寻找到亲属，梁佰有烈士遗骸 DNA 信息比对成功，为全国首例。在清明、抗战胜利纪念日、

图 27　3 月 31 日，市区党员干部、公安干警和师生代表到武威市烈士陵园举行“学党史 祭英烈 践初心”新时代文明实践活动

（凉州区委党史和地方志研究中心　供图）

烈士纪念日开展褒扬纪念活动，全市321个单位、12.3万多人次参加。接待外省到武威祭扫烈属3人次，为武威籍3名烈属赴新疆喀什祭扫亲属提供协调联络保障工作。

【**军休服务**】 对接医院开通军休人员"绿色就医"通道，按时发放军休人员工资、津补贴、政策性增资和年度定期增资，坚持定期走访慰问和开展形式多样的文体活动，不断丰富军休干部精神和文化生活，全面落实军休人员政治待遇与生活待遇。市军供站投入资金建设乒乓球室、羽毛球场，配备健身器材，维修改造物资储备库房等基础设施。

【**双拥工作**】 依托国防和爱国主义教育基地，采取领导宣传、活动宣传、阵地宣传、舆论宣传、典型宣传"五结合"的方式，扎实开展全民国防教育和双拥宣传。新闻媒体开辟国防和双拥工作专栏，在天马湖东侧公园区制作大型双拥标牌3块，古浪战役纪念馆二期项目基本建成。春节、"八一"期间，对各类优抚对象进行走访慰问。为随军家属办理工作调动，协调军人子女入学入托。

【**服务保障工作**】 做好退役军人服务中心（站）制度化、规范化、标准化建设工作，多个乡镇示范型退役军人服务站通过省级复审。建立市、县、乡村四级退役军人志愿服务队，吸纳退役军人多名。组织开展《中华人民共和国退役军人保障法》《中华人民共和国军人地位和权益保障法》等政策法规"七进"活动，利用《武威日报》、市退役军人局公众号、云平台广泛宣传，共组织活动500余场次、编印宣传手册25000余份。

（市退役军人事务局）

# 经济管理

## 宏观经济调控

【概况】 2021年，坚持观大势、谋全局、干实事，集中精力抓经济综合协调、抓规划编制实施、抓重大政策制定，充分发挥参谋助手作用。研究提出2021年、2022年全市经济社会发展主要预期目标，加强经济运行分析调度，建立并高效运行高质量发展重点工作协调推进机制，有力推动经济高质量发展。编制印发全市“十四五”规划纲要，组织编制数字经济发展、就业促进、能源发展等6个重点专项规划，统筹推进33个专项规划编制实施。

【统筹疫情防控和经济发展】 2021年，武威市坚定不移走生态优先、绿色发展之路，统筹疫情防控和经济社会发展，精准施策、攻坚克难，经济稳中有进、稳步提质，高质量发展取得新成效，人民生活进一步改善，社会大局和谐稳定，管党治党纵深推进，实现“十四五”规划发展良好开局。全年实现地区生产总值600.2亿元，其中，第一产业增加值187.4亿元，第二产业增加值104亿元，第三产业增加值308.9亿元。按常住人口计算，人均地区生产总值41361元。

【经济运行监测】 准确把握“三新一高”要求，聚焦市委市政府中心工作，围绕“六稳”“六保”工作任务，着力加强经济运行监测分析，持续强化协调调度，坚持逐月监测、逐季分析研判，精准监测分析主要经济指标动态变化情况，及时协调解决经济运行中存在的苗头性、倾向性问题，力促经济持续稳定发展。加强工业经济运行监测，落实“一业一策、一企一策”，充分发挥企业产能和效益，努力提高工业运行效益。

【重大项目建设】 充分发挥重大项目工作专班作用，2021年全市固定资产投资增长12.5%。兰张三四线铁路、历史文化街区、武威铁路集装箱场站等重大项目进展顺利，242个重大项目开复工205个，建成投运78个，完成投资237.68亿元。争取落实中央、省级预算内投资项目158项，到位资金15.4亿元，2021年专项债券资金22亿元。坚持“冬谋夏干”，组织召开项目谋划储备座谈会，谋划储备2022年高质量发展重大项目248个、年度计划投资369.87亿元。上报并经国家发改委审核通过2022年政府专项债券项目106项，初步上报中央和省级预算内投资项目381项。

**【特色优势产业发展】** 建立健全“链长制”支撑服务体系，把发展生态产业作为转方式、调结构的主要抓手，持续发力、重点突破，生态产业迈出新的步伐。2021年，全市十大生态产业增加值238.7亿元，占地区生产总值的39.8%，占比提升10.5个百分点。建立并及时更新、完善重点产业项目库，谋划确定产业项目138项、总投资440亿元，重大带动性工程22项，总投资238亿元。加快新能源产业发展，谋划实施风光电项目26项，总投资达220亿元，引进风光电装备制造、PVB膜生产、氢产业、储能等新能源协同产业项目13项。

**【生态文明建设】** 谋划储备水源涵养、荒漠化治理及沙产业、污染防治和环境综合治理等领域项目785个，其中，2021年实施92项，完成投资86.7亿元。《民勤生态示范区建设规划》和《古浪八步沙区域生态治理规划》年度计划任务顺利完成，天祝藏族自治县国家生态综合补偿试点县建设工作加快推进。出台落实《武威市“两高”项目处置整改实施方案》，科学稳妥提出53个“两高”项目分类处置意见；及时预警约谈古浪县、天祝藏族自治县，精准指导高耗能企业落实节能降耗措施，“一企一策”制定重点用能企业管控计划，有效扭转能耗持续上升局面。

**【区域经济协调发展】** 组织召开全市县域经济高质量发展工作推进会议，制定实施《武威市加快县域经济高质量发展的实施方案》，明确各县区发展方向、发展类型及重点任务。2021年，凉州区在全省86个县区中综合排名居第2位。充分发挥考核机制导向和激励作用，科学设置考核评价指标体系，对全市7个工业园区实行季度考评，推动园区高质量发展。研究提出2021年天津对口援助天祝藏族自治县项目计划，争取下达援助项目9项，总投资1451万元，完成8项。加快新型城镇化规划编制进度，初步构建形成以凉州城区为中心、县城为支点、建制镇为节点的三级城镇体系。

**【重点领域改革】** 制定实施《关于构建更加完善的要素市场化配置体制机制实施方案》，有力促进土地、劳动力、资本、技术、数据等要素自主有序流动。制定落实《武威市全面优化营商环境实施方案》，推行“1+18+3”工作机制，着力提升营商环境评价核心指标、突破重点领域机制障碍、疏导关键堵点卡点，服务企业的精准性、时效性明显提升。全面放开大工业电力用户参与电力市场化交易，全市参与市场化交易电力用户175家，交易电量40.62亿千瓦时，降低企业用电成本1.23亿元。加强社会信用体系建设，加快推进信用信息共享平台二期项目，扎实开展严重失信行为专项整治，累计完成企业信用修复497次，全市失信被执行人企业数量占比有效控制在1%以内，全国信用城市监测排名由250名跃居132名。推动721家中小微企业入驻“甘肃信易贷”平台，获批信贷支持5163万元。

【民生保障工程】 科学有序推动移民区后续发展，谋划编制古浪县黄花滩、天祝藏族自治县南阳山和凉州区邓马营湖3个大型集中安置区后续扶持发展规划，布局实施重点项目87项，总投资98.54亿元。指导县区制定易地扶贫搬迁后续扶持实施方案，完成后续扶持项目51项。争取落实以工代赈中央预算内资金4479万元，支持建设农田水利、河道治理等项目7项，吸纳500余名低收入务工群众就近就地就业，发放劳务报酬1024万元，有力促进搬迁群众稳定增收。围绕卫生、教育、文化、旅游、体育、养老六大领域，争取落实2021年中央预算内资金9108万元。加强重要民生商品市场调控和价格监测，投放政府储备冻猪肉390.8吨，冬春蔬菜储备达1776.44吨。

（市发展和改革委员会）

## 社会信用体系建设

【概况】 2021年，制定印发《武威市关于加快推进社会信用体系建设构建以信用为基础的新型监管机制的实施方案》，及时更新社会信用体系建设领导小组办公室相关成员单位及成员，并将社会信用体系工作纳入政府考核指标，构建以信用为基础的新型监管机制。

【信用信息归集共享】 组织各县区、市直相关部门严格落实行政决定7个工作日上网公示要求，将本部门、本行业履行职责过程中产生的行政许可、行政处罚信息统一归集到信用中国（甘肃），依法向社会公示。将水气暖和仓储物流等信用信息归集整合。截至2021年底，归集“双公示”信息16.53万条，其中，行政许可信息15.01万条，行政处罚信息1.52万条。归集水气暖信息3215条，仓储物流信息112条。依托武威市信用信息共享平台二期项目建设，加大信用信息归集力度。

【开展市场主体信用承诺】 鼓励市场主体开展主动承诺，全年累计做出主动信用承诺107406份。公布实行告知承诺制政务服务事项334项，行政相对人可用承诺书代替证明材料事项520份，市、县（区）政府涉及证明事项告知承诺制的单位84个。通过告知承诺制办理政务事项45810份，减少证明材料49711份，部分事项实现“零材料”办理。

【社会信用监管】 推广事前信用承诺服务，全市梳理公布实行告知承诺制政务服务事项3批334项。加强事中信用分级分类监管，依托甘肃省部门协同监管平台，落实企业分级分类监管导向，实现“信用好无事不扰，信用差重点关注”，并按照“双随机、一公开”要求，开展部门内随机抽查317次，抽查市场主体3509户，非市场主体781户，立案查处123件，罚没款51.07万元。开展联合随机抽查133次，抽查主体覆盖所有成员单位，抽查市场主体2082户，非市场主体157户。完善事后信用修复服务。在“信用中国（甘肃武威）”门户网站增加信用修复飘窗，向企业提供信用修复，完成484家企业的信用修复。

【失信联合惩戒机制】 加强与市场监管、卫健、生态环境等行业部门协同联动，积极推进信用联合奖惩，累计发布“共筑诚信·德润武威”诚信“红黑榜”10期，发布诚信“红榜”企业815家、“黑榜”企业148家。开展“屡禁不止、屡罚不改”严重违法失信行为专项治理。通过对失信主体开展集中公示、重点约谈、重点监管、跟踪检查，纳入全市严重失信违法行为台账的16户企业和23家信用服务机构全面完成专项治理。

（市发展和改革委员会）

## 国有资产监管

【概况】 2021年，11家市属国有企业资产总额287.43亿元，同比下降0.85%；负债180.25亿元，同比下降3.58%；资产负债率62.71%，同比下降2.76个百分点；所有者权益107.18亿元，同比增长4.11%。实现营业收入10.85亿元，同比增长36.53%；利润-1.55亿元，同比下降41.59%；上缴税金1525.54万元，同比下降47.6%。

【国有企业改革】 按照《武威市国企改革三年行动实施方案（2020—2022年）》，梳理134项重点工作任务，形成85项量化指标，推进改革任务落实。完成开展员工持股、制定完善企业党组织前置研究讨论重大经营管理事项清单、一企一策制定完善公司章程、严格控制市属国有企业管理层级等96项工作，按照2021年底前完成任务总量70%以上的要求，完成71.64%。印发《市属国有企业混合所有制改革操作指引》，11家市属国有企业中2家完成混改，31家子企业中5家完成混改。

【项目建设】 市属国有企业围绕实体化运营方向，聚焦现代农业、文化旅游、生态建设、特色产业等市委、市政府重点支持产业和重要基础设施实施高质量发展重大项目17项，完成投资10.06亿元。制定印发《武威市关于建立央地合作项目协调推进工作机制》，统筹协调推进做好与中央企业项目对接合作工作，与中央企业签订武威抽水蓄能电站建设项目等7个项目，总投资108亿元。

【专项整治工作】 推动企业整改自查问题79个，整改率97.53%；整改审计反馈问题46个，整改率88.46%；整改专项巡察反馈问题221个，整改率95.67%。建立完善各类制度119项。重新排查梳理历史遗留问题43个，化解5个。

【国有企业管理】 制定出台《市属国有企业重大决策事项清单指引（试行）》，规范各治理主体决策事项权责划分，会同财政部门对注入企业的资本金进行绩效评价，会同市审计局进一步加强企业监事会建设。以企业负责人业绩考核为抓手，对深化改革、提高发展质量、保值增值等目标进行量化，并与领导人员薪酬挂钩。完成武威市聚能能源投资有限公司脱钩划转、武威市石洋河葡萄酿酒有限公司股权划转工作，督促指导事业单位转企改制的公司不断完善制度建设，加快构建现代企业法人治理结构。成立市属国有企业防范化解重大债务风险工作领导小组，统筹推进国有企业风险防范化解工作。

（市政府国资委）

## 自然资源管理

【概况】 2021年，武威市国土总面积323.5万公顷，其中农用地205.8万公顷，建设用地7.08万公顷，未利用地110.63万公顷。

全市有耕地42.85万公顷，林地87.45万公顷，草地96.83万公顷，湿地2.71万公顷，城镇村及工矿用地6.87万公顷，交通运输用地1.21万公顷，水域及水利设施用地2.74万公顷，其他土地81.92万公顷。

**【规划管控】** 调整优化生态保护红线、永久基本农田、城镇开发边界三条控制线，科学配置生态保护、土地开发、矿产资源等各类资源，完成市级国土空间规划11个专题研究成果和规划文本初稿，合理布局生态、生产、生活“三生空间”，不断优化国土空间总体布局。完成《武威市国土空间规划过渡期“两规”一致性处理调整方案》《武威市中心城区部分地块控制性详细规划调整方案》《凉州城区道路通畅工程建设方案（2021—2023年）》。认真落实省自然资源厅等5个部门印发的《关于加强乡村规划建设的指导意见》，明确聚集提升类366个、城郊融合类202个、特色保护类54个、搬迁撤并类17个、看不准类415个，以省级乡村建设行动示范县、示范镇和38个示范村为重点，完成146个“多规合一”实用性村庄规划编制，推动脱贫攻坚与乡村振兴的规划衔接。

**【用地保障】** 上报省政府审批批次建设用地19个、4805亩，单独选址项目6个、557.3亩；市政府审批批次建设用地3个、226亩；县区政府审批农村村民住宅用地3个批次、665亩，供应项目用地9508.93亩。处置批而未供土地4512.75亩、闲置土地1836亩。省列15个重大项目用地全部保障到位，市列94个具备用地手续办理条件的全部保障。兰张三四线高铁项目永久性征收土地5042.89亩，征用临时用地3234.08亩，协调落实征拆资金7亿元。深入落实“放管服”改革要求，对各类审批事项流程再造、优化环节、压减时限。积极推行并联审批、不见面审批、电子证照、不来即享，核发建设项目用地预审与选址意见书42项、建设用地规划许可证65项、规划条件通知书90项、建设工程规划许可证84项、建设工程验收合格书23项。

**【耕地保护】** 全市全年建设占用耕地1942亩，严格“占一补一”“占优补优”政策要求，推进数量、质量双落实，实现占补平衡。先后向平凉市、天水市提供耕地占补平衡指标4220亩，落实资金1.27亿元，尚余耕地占补平衡指标3.04万亩。依据“三调”和2020年度变更调查成果，选取20.77万亩未利用地作为补充耕地后备资源，开展补充调查评价工作。永久基本农田中“三调”稳定耕地378万亩，调出非耕地、不稳定耕地等171万亩，在稳定利用耕地中补足114万亩，核实整改补足后永久基本农田492万亩、耕地保有量638.48万亩。完成备案设施农业用地上图入库3万宗、6.67万亩。坚持以“零容忍”态度坚决遏制乱占耕地建房问题。

**【执法监察】** 充分运用“人工巡查+遥感监测”等综合巡查手段，及时发现、制止、查处各类违法违规问题。核查办理各类违法违规线索18件，对中心城区在建项目规划实施情况全程开展批后监管，制止违法建设行为4起，市级立案查处土地、规划违法案件56起。认真开展土地、矿产卫片执法检查，全面完成1336个土地卫片和47个矿产卫片图斑核查填报工作，全市新增违法用地耕地面积占新增建设用地耕地面积比例为1.07%。

【矿产管理】 全面清理过期采矿权53宗、探矿权16宗。深入开展全市11个矿种矿产资源国情调查，谋划民勤县煤炭资源潜力区勘查项目，摸清存量资源家底，推进科学开发利用。积极协调“扣除式”退出的天祝同德、塔窝煤矿手续办理，竭力推进矿山企业复工复产。持续开展祁连山保护区矿业权整改整治成效“回头看”，排查整治各类生态环境问题11个。遴选符合政策要求、满足规定条件的1个绿色矿山申报省级绿色矿山，示范带动全市绿色矿山建设。在全面整改完成省级生态环境问题警示片披露的2个问题基础上，排查整治矿山生态环境问题37个，核查整治露天矿山64个，完成历史遗留矿山问题核查146处。

【信息化建设】 推进自然资源行业与新一代信息技术深度融合，构建“7+N+N”信息化建设总体架构，建成市县两级“国土空间基础信息平台1.0”、“国土空间规划‘一张图’监督实施信息系统”、智慧武威“城市大脑”·智慧不动产等新一代信息平台。建立自然资源调查监测评价等“N个应用”，积极开展卫星遥感监测耕地“非粮化”、“非农化”、管理类数据实时更新等“N专题专项”，信息化助力发展、保护资源迈出新步伐。

【自然环境修复治理】 严格按照省、市总体部署，坚持底线思维，按照黄河流域生态保护和高质量发展规划部署。投资3194万元实施土地整治项目7个，建设规模1.78万亩，新增耕地1254亩。投资2880万元的古浪县历史遗留无主矿山地质环境恢复治理一期项目顺利通过市县初验，二期项目被列入省级项目储备库。全市1362个历史遗留矿山遥感图斑核查完成举证上报及政府网站公告公示。严格贯彻落实中央和省市汛期地质灾害防治工作部署，制定《武威市2021年地质灾害防治方案》《2021年地质灾害排查工作方案》，认真开展全市1∶50000地质灾害风险调查评价和汛期地质灾害隐患排查。建成10个普适

图28 杂木河神树水电站沟口取料场生态修复前后对比照
（康福生 摄）

性预警监测点和5个标准化值班室。完成凉州区金塔黑沟、金山镇小口子泥石流治理工程，落实到位凉州区新华镇青山村、西营镇三沟村地质灾害搬迁避让项目资金1488万元。

**【不动产登记管理】** 完成农村“房地一体”外业权籍调查31.2万宗，整合入库26.6万宗，颁发“房地一体”不动产权证22.04万本。“十三五”期间易地扶贫搬迁1.39万套安置住房，不动产登记发证数据100%汇交信息管理平台。全市办理各类不动产登记业务24.8万件，24.66万条高频电子证照标准化数据如期入库，支持企业和个人办理抵押融资111.37亿元。坚持以“小切口”保障“大民生”，聚焦群众“急难愁盼”问题，累计摸排梳理城乡建设发展历史遗留问题132个，办结106个。全面启动新一轮排查化解工作，共排查1206个小区、4425栋建筑、224222套房屋，梳理“登记难”问题196个、535栋、23440套。全市累计排查“登记难”问题房屋70445套，化解64260套，化解率91.22%。

**【用地报批测绘】** 完成43批次项目用地报批测绘技术服务，编制位置图、土地利用总体规划图、城市总体规划图96份。出具建设项目用地规划审核书456份，为新希望年产33万吨饲料生产线等省市重大项目用地报批、按时开工建设提供有力保障。

**【不动产登记测绘服务】** 完成地籍测绘480宗，地形测量78宗，房产测绘201个，规划验收44个。完成凉州区429个行政村集体土地所有权外业调查、权属界线公示，316个行政村的权籍资料移交。完成凉州城区、武南镇区、黄羊镇区3477宗土地和1.9万幢、15.5万户房产信息整合挂接，建立凉州城区不动产登记数据实时动态更新机制，推动“互联网+不动产登记”工作顺利开展。

**【自然资源调查监测】** 民勤县国土“三调”全面完成，获省级优秀工程银奖，完成邓马营湖片区现代生态高效农业示范区2021年度耕地种植情况更新调查，数据库已移交使用。完成市级自然资源登记清单确定，制订市级自然资源确权登记实施方案及预算。完成祁连山自然保护区人类活动监测、矿业权监测、违法违规用地监测、永久基本农田核查工作。

**【地图测绘制作】** 完成武威工业园区1∶500地形图航测，民勤县泉山镇和平村、天祝藏族自治县打柴沟镇安家河村1∶1000村庄规划编制地形图航测。接收覆盖全市的卫星原始影像数据1364景，制作覆盖全市的2米卫星影像图3期，0.8米卫星影像图1期。开展武威市地理信息公共服务平台“天地图”省市一体化建设，全国地理信息资源目录服务系统武威市自然资源局目录子站基本建成。

（市自然资源局）

## 财　政

**【概况】** 2021年，始终把增加收入、有效保障作为财政工作重点，坚持内抓征管、外争支持两手抓，不断增强财政综合保障能力。积极应对疫情冲击、落实减税降费政策等叠加因素影响，强化财政经济形势分析研判，加强收入征管，优化支出结构，助力全市经济社会高质量发展。全年完成大口径财政收入54.7亿元、增长3.2%，一般公共预算收入完成32.32亿元，同比增长1%；完成一般公共预算支出204亿元，同比增长7.7%。

**【争取上级项目资金】** 围绕国家和省上财政政策支持重点和资金导向，争取到位上级各类资金210亿元，有力保障乡村振兴、教育科技、医疗卫生、社保就业、文化旅游、交通物流、城乡基础设施等重点项目建设。凉州区调蓄水池工程成功纳入财政部PPP项目库，争取欧洲投资银行黄河流域沙化土地可持续治理项目贷款3000万欧元。

**【财政服务经济社会发展】** 充分发挥政府投资的拉动作用、财税政策的引导作用和财政资金的撬动作用，持续加大财源培植力度。投入财政资金39亿元，支持奶产业、新能源、食品加工、生物制药、文化旅游等重点项目建设，高质量发展项目在稳投资、促增长、延链条、培税源等方面的"主引擎""顶梁柱"作用。新增减税降费3.2亿元，有效减轻企业负担，促进实体经济快速发展。筹措资金1.75亿元，支持成长性好、关联度高、带动力强的项目建设。投入资金1.5亿元，支持实施工业园区供水、供电、道路、绿化、污水处理等基础设施改造提升项目，增强工业园区综合承载能力。

**【财政服务民生工程】** 坚持以人民为中心的发展思想，民生投入持续加大，支出占一般公共预算支出的85%，一大批涉及群众切身利益的大事、急事、难事得到解决。城乡居民低保年人均财政补助标准分别增加552元、360元，城乡特困供养人员年人均财政补助标准提高7%，残疾人"两项补贴"年人均财政补贴标准增加120元，城乡居民基本医疗保险人均财政补助标准增加30元，城乡居民基本养老保险基础养老金标准每人每月增加5元。全市新增公办幼儿园园位1180个、中小学学位6210个，消除义务教育"大班额"84个。武威一中改扩建项目、市第二人民医院迁建项目建成投用，市科技馆、市体育场、武威职业学院职业教育提升、武威肿瘤医院整体搬迁及功能提升等项目有序推进。大力支持实施老旧小区改造、公共停车场、市政道路、供排水及供热管网改造提升、城市垃圾分类等项目，城市基础设施和公共服务体系不断完善。

**【财政支持乡村振兴】** 坚持把农业农村和生态环保领域支出作为财政保障重点，全面推进乡村振兴战略实施，落实财政衔接推进乡村振兴补助资金15.93亿元，整合使用财政涉农资金16.74亿元，聚焦支持巩固拓展脱贫攻坚成果同乡村振兴有效衔接。落实产业奖补资金7838万元，对牛羊猪禽果菜菌草等产业给予奖补，有力支持特色优势产业做大做强。

**【财政支持生态环境保护】** 坚持把农业农村和生态环保领域支出作为财政保障重点，持续加强生态环境保护。投入生态环保专项资金15亿元，支持实施水环境、大气、土壤污染防治、水土保持等项目，大力推进国土绿化、草原生态修复、防沙治沙、退耕还林等重点生态项目建设，建立石羊河流域上下游横向生态保护补偿机制，石羊河流域水环境持续改善。

**【预算管理制度改革】** 严控“三公”经费等一般性支出，压减非急需非刚性支出，加强结余资金收回使用。落实自然资源、生态环境、交通运输、应急救援、国防等领域市与县区财政事权和支出责任划分改革。加快预算管理一体化改革推进步伐，健全完善财政项目库。完善预算绩效管理制度体系，严格绩效目标管理，开展重点项目绩效评价，推动预算绩效管理提质增效。强化政府债务风险预警和应急处置，坚决遏制隐性债务增量，积极稳妥化解隐性债务存量，全市政府债务风险总体可控。严格组织预算执行，组织开展重大政策、重点项目和民生保障等资金管理使用情况专项检查，强化结果运用，财政资金规范性水平不断提高。

（市财政局）

## 税　务

**【概况】** 2021年国家税务总局武威市税务局入库各项税费83.67亿元，全面释放减税降费政策红利，为煤电和供热企业办理“减退缓”税1691万元，制造业中小微企业缓税2991万元。全年税收收入16.7亿元，较上年增长6.3%；非税收入15.6亿元，较上年下降4.2%。

**【以税咨政】** 率先在全省建立八部门联合税收经济分析工作机制，积极开展大企业“天气预报式”分析，16篇经济分析报告被市县党政领导批示肯定，2篇被省政府内刊《发展》杂志采用，税收经济分析工作获税务总局主要领导批示肯定。

**【减税降费】** 坚决落实税费优惠政策，坚持全方位政策宣传和个性化纳税服务，开展“春雨润苗”行动，持续释放减税降费政策红利，助力企业轻装上阵快速转型。全年新增减税降费超4.4亿元。严格落实制造业中小微企业缓税和煤电保供税收措施，为全市17家煤电和供热企业办理“减退缓”税1691万元，为502家制造业中小微企业缓税2991万元。

图29　4月22日，市税务局召开“送政策 问需求 解难题”为纳税人缴费人办实事税企座谈会

（赵常叡　摄）

【税务稽查】 发挥稽查打击震慑作用，重拳打击虚开发票，有效规范税收秩序。入库稽查收入 4692 万元，有序推进“双随机、一公开”监管，承接省级随机抽查企业 15 户，入库收入 675.05 万元。严格执行税务行政处罚“首违不罚”涉税事项清单、从轻减轻处罚清单和不予处罚清单，全年“首违不罚”2827 件，占处罚总量的 50.53%。

【深化税收征管改革】 贯彻落实中共中央办公厅、国务院办公厅《关于进一步深化税收征管改革的意见》，征管改革稳步进入第二阶段。加大电子专票推进力度，全市核定电子专票 794 户，占总核定户数的 98.88%，电子专票核定率稳居全省前列。如期完成 2020 年度企业所得税汇算清缴，汇缴面 100%。个税综合所得年度汇算补税办结率、入库率、退税办结率均在全省名列前茅。

【纳税服务】 细化落实 10 大类、30 项、100 条便民利民惠民措施，大力推广“非接触式”办税和税收优惠“不来即享”。推行“项目管家”服务机制，为重点项目纳税人提供“一对一、个性化”服务。落实“春雨润苗”行动 3 大类 12 项服务措施，保障小微企业充分享受税收优惠政策红利。

（市税务局）

## 金融监管

【货币政策】 落实稳健中性的货币政策，着力推进“陇原金融稳企纾困行动计划”，全面履行金融支持稳企业保就业牵头责任，在开展宏观审慎评估、制定信贷政策指导意见、用活用好货币政策工具、推进银企合作、降低企业融资成本等方面采取一系列有力措施，引导金融机构加大对重点领域的信贷投放，助推地方经济快速恢复发展。2021 年末，各项贷款余额 931.3 亿元，同比增长 5.1%；各项存款余额 1111.6 亿元，同比增长 8.7%。

【金融管理与服务】 指导地方法人金融机构不断提高资产质量，持续提高申请再贷款的额度和可得性，为符合条件的机构发放再贷款 22 笔、8.05 亿元，余额同比增长 105.96%；认真落实两项直达工具，累计为企业实施延期还本 24.78 亿元，发放信用贷款 7.56 亿元。指导古浪农商银行积极开展内部资金转移定价（FTP）机制建设试点，督促金融机构做好明示贷款年化利率工作；认真落实房地产信贷调控政策，做好恒大房地产风险防控工作；认真落实好三农金融事业部考核达标优惠政策。组织金融机构开展“普惠金融大讲堂”系列活动，着力提升普惠金融服务水平；着力开展“贷动陇原·兴商助农”专项行动，为小微企业解难纾困；全力助推乡村振兴，成功打造全省首家金融支持新型农业经营主体特色支行，并为特色支行授信 1 亿元再贷款。

【“六稳”“六保”工作】 深入贯彻落实党中央、国务院“六稳”“六保”重大决策部署要求，认真做好金融支持稳企业保就业工作，组织成立武威市稳保工作协调小组，建立协调联动机制、多级“回访制度体系”，发挥“信贷通报”窗口指导作用，确保两项直达工具落地见效。督导金融机构积极跟进对接防疫保供重点企业信贷需求，积极组织召开银企对接会，及时向银行推送稳保重点支持企业名录，切实做好金融支持稳企业保就业工作。

【金融风险防范化解】 及时向风险突出的金融机构发送风险提示函8次、对高管约见谈话12次，督促机构严格落实主体责任；及时向凉州区、民勤县政府制发金融风险提示函，督促落实风险处置属地责任；市政府向省级主管部门专题汇报2次，推动重点机构风险化解方案出台；全力推进高风险机构化险，组建全市高风险机构风险处置、不良资产清收工作专班，做好“一行一策”化险方案制定工作；召开监管协作例会3次，共享风险监测信息，共研风险化解举措。制定《突发金融风险事件应急预案》《挤兑风险事件处置预案》，研究部署“2+1”流动性风险处置应急演练，确保能够及时、稳妥应对和处置各类突发金融事件。督导天祝农商银行夯实风险化解成果，确保如期退出问题投保机构；积极推动民勤县域“破圈解链”工作取得进展；高效落实专管员制度，全力做好风险监测工作。2021年，全市共处置不良贷款36.93亿元。

【外汇管理】 持续推进“放管服”改革，精准施行贸易便利化措施，不断优化外汇领域营商环境，外汇行政许可事项逾八成通过网络办理；成立“外汇服务顾问团队”，为涉外企业提供全流程“管家服务”。辖区内涉外收支总额同比增长16.76%，银行结售汇总额同比增长14.94%，进出口总额同比增加20.11%。

【融资类金融机构监管】 及时向“风险类”小额贷款公司下发整改通知，劝导无法继续正常经营的风险类企业采取“双变更”或注销等方式退出放贷行业。督促各小额贷款公司完善公司治理结构和信贷风险防范机制。引导企业根据实际情况，精细化运作“小而专”小额信贷业务。2021年，1家机构更名并变更企业性质，不再从事小额贷款公司业务，小额贷款机构数量从年初8家减少至7家。组织开展全市融资担保机构规范整顿工作，清除行业乱点乱象，全市已有3家融资担保机构换发经营许可证。建立监管工作岗位责任制，落实行业重大风险事件报告制度。按时上报融资担保行业月报、季报、年报和《武威市融资担保行业2020年度发展与监管情况报告》。依托《甘肃省融资担保管理信息系统》，做好融资担保公司非现场检查力度，确保担保机构合规合法经营。联合省金融监管局组织开展全市典当企业2021年度年审及核实整改工

图30 接待消费者投诉
（武威银保监分局 供图 12月摄）

作。2021 年，3 家机构退出典当行序列，年末机构数量 4 家。

【金融消费者权益保护】 武威金融消费者权益保护服务区被评为全省金融教育示范基地，正在争创全国金融教育示范基地。消保区建立消费投诉处理统一入口、统一出口，准确分类、流程清晰、职责明确的工作机制，与辖区内 37 家银行保险机构共同联动，做好消费投诉转接处理。建立市、县两级诉调对接机制，与县区法院签订《金融纠纷调解对接合作备忘录》，设立县区一级金融纠纷调解工作室，建起 59 人调解队伍，实现市、县（区）金融调解机构全覆盖。截至 12 月末，共接收有效投诉 89 件，全部得到妥善处置。成功调解涉诉纠纷 9 起，涉及金额 68 万元。

【金融生态建设】 成立武威市深入推进高风险机构化险工作领导小组，召开 2 次领导小组会议，强力推动化险工作。动态召开重点机构风险化解专题会议，研究推进风险化解事宜。制定"一行一策"专门化险方案，严格落实风险防范化解金融机构主体责任、县区政府属地责任、金融监管部门监管责任。1 家地方法人银行退出银保监会监管评级高风险机构名单。加大不良资产清收处置工作力度，成立武威市不良资产清收处置工作专班，整合公检法、纪检监察、组织等部门力量，加快不良资产清收处置进度，着力提升处置效率和现金回收率。2021 年，全市银行业不良率较年初下降 1.77 个百分点，其中地方法人银行不良率较年初下降 4.19 个百分点。保持防范和打击非法集资工作高压态势，印发《贯彻落实〈甘肃省贯彻落实（防范和处置非法集资条例）实施方案〉若干措施》等，常态化开展排查整治行动，维护地方金融秩序。

（市政府金融办、武威银保监分局、中国人民银行武威市中心支行）

## 审　计

【概况】 2021 年，完成审计项目 65 个，查出问题金额 13.33 亿元，促进增收节支 4233 万元；移送案件线索 14 件，提出审计建议 85 条，被采纳 62 条。

【政策跟踪审计】 完成全市财政直达资金、政府性债务和清理拖欠民营企业中小企业账款 3 项审计工作；完成安可替代工程项目的跟踪审计工作；政策落实审计方面需整改的问题 33 个，完成整改 29 个，完成部分整改 3 个，正在整改 1 个。

【财政审计】 开展市级预算执行及决算草案编制情况审计；完成武威市人大常委会办公室 2020 年 1 月至 2021 年 8 月财政收支情况审计；完成武威市交通运输局 2020 年 6 月至 2021 年 7 月财政收支情况审计。

【扶贫审计】 完成古浪县 2020 年度东西部协作资金审计，查出问题 3 个，审计期间及征求意见期间整改问题 6 个；完成天祝藏族自治县 2020 年度东西部协作资金及对口支援审计，查出问题 3 个，审计期间及征求意见期间整改问题 12 个。

【资源环境审计】 完成自然资源资产审计 4 项，指出问题 49 个，涉及问题资金 9.75

亿元；完成市生态环境局领导干部自然资源资产审计指出问题 23 个；完成市、区两级土地出让收支情况审计，指出问题 17 个，涉及问题资金 9.7 亿元；完成凉州区历史文化街区征地拆迁补偿情况审计，指出问题 9 个，涉及问题资金 500 多万元。

【民生审计】 完成 2020 年武威市保障性安居工程资金投入和使用绩效审计，并将审计结果上报市政府，得到市政府主要领导的重要批示；完成武威市本级 2020 年基本养老保险基金审计。

【经济责任审计】 完成经济责任审计 26 个，其中，任中审计 5 个，离任审计 21 个，完成离任交接 29 个。向组织部等部门提交廉政审查 20 次，共计 572 人，其中，领导干部拟提拔或进一步使用的 13 次、141 人，其他审查 7 次、431 人。

【固定资产投资审计】 完成武威工业园区污水处理厂改扩建、市委党校综合楼装饰装修工程等政府投资项目跟踪审计和竣工决算审计。

【企业审计】 完成甘肃大地置业有限公司资产负债及损益审计，将查出的 11 项违法违纪线索移送市纪委监委和相关部门进行问责处理；完成武威市经济发展投资（集团）有限公司 13 亿元企业债管理使用及偿还情况的审计。

（市审计局）

## 统　计

【概况】 2021 年，推进中央和省、市关于深化统计管理体制改革的各项决策部署落地落实，规范统计业务流程，健全统计监督机制。制定武威市《地区生产总值统一核算实施方案》《季度县区地区生产总值统一核算方案》，稳步推进民营经济增加值试算，扎实推进限额以上批发和零售业、住宿、餐饮业法人单位“应统尽统”试点工作。

【统计监测】 抓好全面建成小康社会统计监测，积极拓展统计领域，将园区统计纳入日常统计监测范围。做好一套表调查单位审

图31　9月16日，市统计局举办统计法律法规培训班（马洪涛　摄）

核入库工作，月度审核入库82家、年度入库67家。稳步推进固定资产投资统计改革，做好500万元以上投资项目和房地产开发项目月度入库统计工作，成功申请入库投资项目395项。

【强化数据管控】 在全市范围开展统计基层基础工作建设年和数据质量巩固提升年活动。及时提请市委常委会、市政府常务会抓好统计法律法规学习贯彻落实。编印《统计法律法规汇编》1200余册，举办全市统计法律法规专题培训班、全市投资领域统计知识培训班2场次，培训800余人次，切实强化依法统计意识。

【统计服务工作】 准确把握"三新一高"要求，聚焦市委、市政府中心工作，围绕"六稳""六保"工作任务，精准监测分析主要经济指标动态变化情况，有效发挥统计监督和经济运行预警监测服务作用。编印统计月报11期，撰写刊发统计分析110余篇、统计信息300余条，为相关单位和社会各界提供统计资料220多次，全面、准确反映各项重点工作成效。

【专项统计调查】 统筹做好疫情防控和统计调查工作，扎实有序开展绿色发展评价、全面建成小康社会等专项监测和常规统计调查工作。发布第七次全国人口普查公报，完成2021年人口变动抽样调查各项工作，夯实人口普查数据质量。建立健全统计监督体系，促进部门合作与数据共享，形成全市"大统计"格局。

（市统计局）

## 市场监督管理

【概况】 2021年，开展食品检验检测，抽检食品6633批次，完成检验6207批次，合格率98.70%，后处置完成率100%。完成药品抽样检测757批次、医疗器械抽样检测88批次、化妆品抽样检测70批次，收到不合格检验报告6份（药品2份、医疗器械4份），及时跟进后处置工作。查办药械化案件97起，罚没款87.69万元。全年查办各类经济违法案件702起，罚没款392.33万元。

【质量强市建设】 持续开展"质量月"活动，将质量培训融入党校（行政学院）干部培训计划，与武威职业学院合作在市食检中心设立实训基地，加强质量人才培训。武威成为全省首个创新型试点城市、被誉为"中国食用菌之乡"、获评"2021文旅高质量发展城市"，"天马行空、自在武威"品牌影响力持续扩大。武威工业园区获省级"绿色园区"称号，普安制药、邦德实业被认定为省级企业技术中心，光芒太阳能被认定为省级工业设计中心，3家企业被认定为省级"专精特新"中小企业。武威市产品、食品质量基础设施"一站式"服务站投入运营，服务企业150次，受益企业136家。

【食品安全监管】 全市大中型餐饮单位和学校托幼机构食堂100%实施"陇上食安"智慧化监管，5697户食品生产经营单位安装"电子眼"，重点食品生产经营单位100%接入省食品安全电子追溯平台，实现"电脑"换"人脑"。开展在线智慧监管，开发食品安全

"随手拍"手机客户端,常态化开展"手机看后厨、餐饮安全你我同查"活动。守护校园食品安全,开展"小饭桌"专项整治行动,实施综合联合整治,消除食品安全风险隐患。持续开展制止餐饮浪费"十大专项"活动和"文明餐桌示范店"创建活动,全面推进"双安双创"工作,全市累计认证"三品一标"产品339个,成功创建凉州区国家级、民勤县省级农产品质量安全县和凉州区、天祝藏族自治县省级食品安全示范城市,培育市级示范引领企业29家。凉州区省级食品安全示范城市到期复评、民勤县和古浪县创建省级食品安全示范城市通过第三方评估。推进食药同源试点工作,8个以肉苁蓉为原料的新产品研发上市,制定企业标准18个。

**【"两品一械"安全监管】** 落实特殊药品"周监控、月检查、季报告"制度,严格疫苗运输、仓储、使用流向管理,督促各环节责任主体严格落实出入库登记、审核、检验等规定,确保药品疫苗质量安全。开展以儿童化妆品、特殊化妆品为重点的"线上清网线下清源"行动;落实碳离子治疗系统属地监管责任,推行"周督导、月检查、季督查"机制,保障群众用妆用械安全。开展药品、医疗器械、化妆品不良反应监测,药械化不良反应报告完成率分别达152%、109%、128%。全面落实药械化抽检职责。

**【特种设备安全监管】** 开展特种设备专项整治三年行动、起重机械双限位专项整治、电梯鼓式制动器专项排查治理、电梯"安心乘梯"守护行动、移动式压力容器和气瓶充装及燃气灶具安全隐患排查治理等专项整治,检查生产、使用单位1126家,整改问题隐患982个,发出安全监察指令书92份,现场查封设备24台,立案查处8起。检验特种设备30118台/套、压力管道14.9千米,考核作业人员1491人/次。持续推进特种设备监管平台、电梯应急处置系统建设应用,完成气瓶质量安全追溯系统建设,充分发挥信息化监管效能,提升特种设备安全治理能力。

**【工业产品质量安全监管】** 紧盯工业产品证后监管,突出煤炭、农资、危险化学品、儿童老年用品等重点产品开展专项整治。抽检工业产品1378批次,完成检验1136批次,合格率98.59%。

图32　11月,市市场监管综合行政执法队执法人员在化妆品店开展化妆品领域执法检查
（市市场监管局　供图）

【计量标准化监管】 建立社会公用计量标准 55 项（新建 5 项），265 家企业公开声明 1370 项标准和质量承诺，涵盖产品 6669 种，随机监督评价标准 21 项，发布地方标准 9 项。开展小微企业质量管理体系认证提升行动，认证获证组织 275 家，发放证书 796 张。对机动车检验、生态环境监测等领域检验检测机构实施重点监管，确保检验检测数据和结果准确。

【网络交易和广告监管】 开展网络市场监管"网剑"、广告领域"护苗助老"、违法违规商业营销等集中整治行动，检查市场主体 23290 户次，检测广告 71992 条次，移交涉嫌违法线索 109 条。

【"双随机、一公开"监管】 开展部门联合抽查 133 批次、部门内抽查 451 批次，检查对象 7449 户次；计划任务完成率、市场主体覆盖率、检查结果公示率均达 100%；检查发现问题 1311 个，立案查处 53 起，罚没款 33.8 万元，列入经营异常名录 80 户。162 个单位纳入"互联网 + 监管"系统，监管部门组织机构率达 100%；归集监管行为信息 14.5 万条，收到风险预警线索信息 14 条，发布监管动态信息 1982 条、曝光台信息 575 条。依托甘肃省部门协同监管平台（武威），累计归集共享信息 40 余万条。

【公平竞争审查与反不正当竞争执法】 建立健全公平竞争审查制度，完善公平竞争审查工作部门联席会议制度，制定《公平竞争审查工作规定》，建立竞争政策专家库，开展公平竞争审查培训，加强对反垄断和公平竞争审查检查督导。全面落实重大政策措施会审制度，严格公平竞争审查基本流程，审查市、县（区）政府及所属部门、单位规范性文件和政策措施 398 份，未发现排除、限制竞争问题。组织开展第三方评估，促进和保护市场主体公平竞争。建立公平竞争审查投诉举报和处理回应机制，落实垄断行为线索收集上报制度，累计查处不正当竞争案件 7 起，罚没款 5.14 万元。

图 33　12 月，市市场监管综合行政执法队执法人员在便民市场开展市场环境整治攻坚行动（市市场监管局　供图）

**【消费者权益保护】** 积极组织开展“12315”系列宣传活动。鼓励引导48户经营主体做出“放心消费”承诺,以点带面推动放心消费创建活动深入开展。做好消保维权工作,受理投诉举报5221件,挽回经济损失213.9万元。承办全省市场监管系统消费环境建设工作现场会。

**【“放管服”改革】** 开展深化“放管服”改革优化营商环境提质提标年活动,巩固“多证合一”改革,推行“证照分离”改革事项全覆盖、清单化管理,实行企业名称自主申报,推进无纸全程电子化登记系统和电子证照在更多领域的应用,全程无纸化登记率达24.52%。按照“四办”和“一网、一门、一次”改革要求,实现线上“一网通办”、线下“一窗通办”,企业开办时间压减至2个工作日内,现场实地勘验事项压减至5个工作日内,其他事项实现即来即办。加强登记窗口规范化建设,组建帮办团队,设置帮办专区,成立重大项目“送服务到企业”工作小组,为企业提供快捷、高效服务。落实“市场监管两轻一免”清单,对新产业、新业态实施包容审慎监管。

**【市场主体登记】** 围绕“六稳”“六保”任务,全面落实“甘快办”“10条措施”,出台进一步加大市场主体培育力度开展便企服务的“16条措施”,市场主体活力有效激发。全市累计注册市场主体14.33万户,2021年新注册市场主体19486户。

(市市场监督管理局)

## 价格监管

**【概况】** 落实保供稳价措施,落实减税降费政策,加强行政审批中介服务收费监管,清理规范商业银行违规收费行为。集中整治教育和医疗收费乱象,强化水电气暖、物业服务等行业价格监管,查处违法案件112起,退还用户2.51万元,没收违法所得9.63万元,罚

图34 市市场监管综合行政执法队执法人员在药店开展药品领域执法检查
(市市场监管局供图)

没款25.28万元。强化直销监管，严厉打击传销违法行为。

【专项监管】 武威市市场监管局深入贯彻落实中央和省、市关于疫情防控的决策部署，把疫情防控作为一项重大政治任务，将口罩、消毒杀菌用品、抗病毒药品、相关医疗器械等防疫用品和粮、油、肉、禽、蛋、奶、蔬菜、水果等生活必需品作为重点，在鼓励、支持和引导广大经营者保障供应的基础上，突出抓好市场价格监管，严厉打击价格违法行为，从严、从快查处一批违反明码标价规定等价格违法案件，维护市场价格秩序。

【热点领域价费整治】 为维护公平竞争的市场秩序，营造安定、祥和的节日消费环境，推动经济社会高质量发展，在全市范围内组织开展元旦、春节期间价格监管和反不正当竞争执法专项检查。专项检查采取市场重点检查、提醒告诫、政策宣讲等方式，督促经营者严守道德底线、合法经营，结合“双随机”抽查，抽取经营主体进行检查，严格按照检查的内容认真做好辖区内两节市场检查和巡查工作，将重点加强两节期间生活必需品特别是农产品、民生领域、生活服务业、商业零售、旅游市场等重点行业领域价格监管，严厉打击虚假宣传、商业混淆、不正当有奖销售等各种不正当竞争行为。同步加强对线上线下商品零售企业以及电子商务平台的价格和反不正当竞争法律法规宣传，督促经营者完善促销方案，加大对电子商务平台和相关场所的监测频次与监管力度。

（市市场监督管理局）

## 知识产权管理

【概况】 2021年，强化知识产权组织领导，健全完善扶持科技创新发展机制制度，将知识产权保护运用工作列为全市经济高质量发展考核评价重要指标，建立健全市知识产权工作领导小组联席会议制度，充分发挥领导小组各成员单位的积极性，形成统筹协调、分工配合、共同推进的工作机制。完善奖优惩劣机制，激发行政执法人员执法办案积极性，有效提升执法办案质量和效率。

【知识产权申请和培育】 围绕“8+N”现代农业、先进制造业、文化旅游业等重点优势产业发展，强化知识产权创新创造，知识产权综合能力稳步提升。截至2021年底，全市累计授权专利8130件，新授权1752件；有效发明专利276件，同比增长5.75%，每万人口有效发明专利拥有量1.91件；有效注册商标8450件，新申请2170件，新注册1787件；有中国驰名商标4件，地理标志商标13件，地理标志保护产品5件。

【知识产权协同保护】 着力构建“政府统一领导、行政司法互动、信息资源共享、打击防范结合”的知识产权保护体系，推动知识产权协同保护。市市场监管局与省知识产权保护中心签署“知识产权协同保护合作框架协议”；与市法院、市公安局等部门在知识产权纠纷在线诉调对接、行政调解、司法确认等方面加强协作配合，跨区域、跨部门知识产权协同保护体系更加完善。强化司法保护，严厉打击违法犯罪。市法院推进知识产权民事、行政和刑事案件审判“三合一”工作机制，受理侵犯知识产权类民事案件34件，审结28件。开展“蓝天”“剑网”“铁拳”和打击商标恶意抢注行为专项行动，查处侵犯知识产权和制售假冒伪劣商品案件63件，查处非法出版物案件8起。

【成果转化运用】 培育国家知识产权优势（示范）企业10家，省、市知识产权优势企业13家、18家；通过企业知识产权管理体系贯标认证15家。开展知识产权质押融资及专利保险工作，推动知识产权成果转化运用。知识产权优势企业通过自主专利、商标成果转化运用实现产值1.62亿元，增加利润4400余万元。深入实施知识产权三项重点工程，实施专利质量提升工程、商标品牌战略和地理标志运用促进工程，推动“武威产品”向“武威品牌”转变，知识产权与经济社会发展深度融合。“民勤羊肉省级地理标志产品保护示范区建设项目”获批省知识产权计划项目立项资金30万元。

【服务咨询工作】 落实优化营商环境和“放管服”改革，持续推进“六书四进”商标行政指导服务，优化“商标业务武威受理窗口”服务，受理商标注册业务咨询500余人次，通过窗口提交商标注册申请38件，续展12件，其他4件，成功注册7件。利用知识产权公共服务平台网络化，推动知识产权业务服务、政务服务和信息服务平台建设一体建设化。多方式、多渠道进行知识产权法律法规宣传，鼓励企业创新发展，进一步提升高价值发明专利的数量和质量。深入企业开展知识产权政策宣传、培训和指导，指导企业积极申报中国专利奖、甘肃专利奖和知识产权计划项目，提升企业知识创新创造能力。

（市知识产权局）

## 公共资源交易管理

【概况】 2021年，全市完成交易项目5022项，同比增加463项，增长10.16%，交易金额146.76亿元，同比减少4.11亿元，下降2.72%。其中，进场交易项目1451项，同比减少54项，下降3.59%；交易金额136.18亿元，同比减少3.22亿元，下降2.31%；阳光平台交易项目3571项，同比增加517项，增长16.93%；交易金额10.58亿元，同比减少0.90亿元，下降7.84%。

【优化交易服务模式】 2021年6月起推行“3+3”交易服务新模式，将原有的6个职能科室改造为办公室、财务科、信息技术科，3个科室提供综合服务和技术保障，受理开标、组织评审、见证监督3个业务段提供项目进场交易服务的“3+3”工作模式，实现交易项目流水线作业、全周期管理，工作人员按段设岗，有效衔接，相互制衡，相互监督，优化交易流程。

【简化交易服务流程】 全面梳理公共资源交易服务事项，制定印发《武威市公共资源交易平台服务事项清单》，以“菜单式”精准服务的新模式将服务内容分为4个大类、20个具体项，涵盖项目进场、公告发布、中标通知书发放、咨询服务等全流程的高频热点事项。精简交易环节，取消规划许可、用地许可、图纸审查合格证明、主管部门审核备案表等能够承诺办理的要件，做到流程环节清晰、材料时限具体。投标文件全部“无纸化”、业务全程“网上办”，实现服务对象根据“菜单”内容“自助式”线上办理，投标人“一次都不跑”，全面落实交易服务“不来即享”。

**【电子化交易服务系统】** 持续推进“互联网+公共资源交易”建设，全面推行“不见面”网上交易，投标人远程在线完成投标交易全过程，所有进场交易项目实现网上开评标全覆盖。实施全流程电子化运行，对交易服务系统进行全面改造升级。对保证金系统进行升级，实现向潜在投标人随机发送两家银行子账号的功能。将开评标过程中形成的交易档案全部实行电子化管理。房屋建筑、市政基础设施项目和政府采购的公开招标部分，使用电子开评标系统。

**【公共资源交易规范化建设】** 实行“一站式”服务，严格“限时办结”，依法依规最大限度压缩项目交易时间，明确规定所有进场交易项目，办理周期不超过法定最短天数；认真落实“放管服”改革要求，取消项目入场受理和信息发布资料核验；取消“投标报名”，依法依规实行“容缺受理”，加快项目交易进度；开辟“绿色通道”，对省、市列重大项目，为民办实事项目，精准扶贫项目和季节性、时效性较强的山水林田湖草等项目，打破节假日、双休日等时间节点限制，跟踪服务、优先办理、随到随办；推行电子保函，由交易主体自行选择是否使用电子保函；落实交易服务费减免政策，全年减免交易服务费236项，减免金额46.95万元。

**【交易服务监督管理】** 完善评标专家和招标代理机构评价机制，利用电子评价系统，实行“一标一评价”模式。突出抓好资格预审结果公示、开评标记录、中标公示等关键节点，督促交易各方正确履行职责。重新修订完善项目交易程序指南、操作规程和管理制度，逐环节明确服务事项内容与行为规范，为交易各方提供行为遵循。督促电子监管系统使用，实现行业监管部门对交易项目的在线办理、预警、监管、督办和交易现场的远程在线音视频监控。

（市公共资源交易中心）

# 农　业

## 综　述

【概况】 2021年，武威市以习近平新时代中国特色社会主义思想为指导，立足新发展阶段，贯彻新发展理念，构建新发展格局，深度推进沿山沿川沿沙“三大特色产业带”建设，加快构建“8+N”现代农业优势主导产业体系，巩固拓展脱贫攻坚成果同乡村振兴有效衔接，确保“十四五”规划开好局、起好步。全年实现农业总产值321.1亿元，增长12.7%；八大优势主导产业产值达232亿元，占农业总产值的比重达72.3%，同比提高4.6个百分点。

【优势主导产业体系建设】 实施现代丝路寒旱农业优势特色产业三年倍增行动计划，深度推进现代农业优势主导产业振兴行动，实施抓良种、扩规模、延链条、创品牌、拓市场、促循环、聚园区工程，推动“8+N”优势主导产业规模化、集约化、标准化、品牌化、精细化发展。坚定不移抓好粮食生产，粮食播种面积240万亩，产量122.1万吨，超额

图35　武威市“8+N”现代农业优势主导产业
（市农业农村局　供图）

完成省上任务。全市蔬菜、瓜果、饲草种植面积分别为64.5万亩、37.2万亩、113万亩，较上年分别增长1.9%、7.2%、33%；食用菌种植9.46万吨，增长33.38%；奶牛存栏7.07万头，增长91.09%。

【农业示范园区建设】 启动建设55个现代农业产业园，凉州区国家现代农业产业园、清源镇获批创建国家现代农业产业园、农业产业强镇，民勤县、古浪县入选“甘味”肉羊产业集群，武威现代生态奶业产业园入选全省10个百亿级产业园。

【农业全产业链】 成功举办食用菌产业专项招商推介（福建）洽谈会，现场签约项目11个，总投资4.28亿元；开工7个，完成投资2亿元。优然牧业1.2万头等10个续建奶牛养殖园已进牛养殖9个，引进天津嘉立荷集团合作共建荣华三场项目，努力打造甘肃乳都和百亿级河西走廊黄金奶源基地。武威成为全省唯一拥有养殖、屠宰加工、饲草饲料、兽医兽药、乳制品加工完整产业链的市（州）。

【农业重大项目建设】 加快25个高质量发展重大项目建设，完成投资28.8亿元，泰昆年产25万吨饲料生产线等4个项目建成投产。组织小分队赴津鲁川闽等地引进招商引资项目13个，计划投资14.3亿元。谋划申报高标准农田等2022年中央预算内投资农业建设项目33个。争取中央和省、市级财政资金22.7亿元，其中农业农村项目资金突破11亿元，实现大幅度增长。

【质量兴农】 成功创建凉州区国家级、民勤县省级农产品质量安全县。新认证“三品一标”产品13个，认证有效数量348个。强化“双随机”和“三前”环节监测，农产品质量安全总体合格率99%。收成镇蜜瓜产业园入选粤港澳大湾区“菜篮子”生产基地，河西走廊酿酒葡萄入选“甘味”区域公用品牌名录，绿色金诚茴香等14个商标入选“甘味”农产品企业商标品牌。

【培育新型经营主体】 新培育农业产业化企业7家，累计达到194家。实施农民合作

图36 天祝臣祥菌业科技有限公司种植的食用菌（市农业农村局 供图）

社规范发展和质量提升行动，依法登记合作社6801家，合作社规范化率73.6%。实施家庭农场培育计划，录入全国家庭农场名录系统5811家，占规模农业经营户的94.8%。建成农产品产地冷链物流设施38座，新增储藏能力5.4万吨。

**【高标准农田建设】** 2019—2020年，44.3万亩项目全部建成，2021年，30万亩项目建成27万亩，超额完成年度任务。开展撂荒地专项整治，通过纳入高标准农田建设、土地流转等途径整治10.97万亩，种植作物10万亩。

**【种业发展】** 开展第三次种质资源普查行动，全面完成年度普查任务。武威金绿源农业科技发展公司获批武威市首家肉牛种畜场、西门塔尔牛省级种畜场。加快"天华肉用美利奴""普康羊"等肉羊新品种（系）培育，民勤县纯种湖羊繁育场遴选国家肉羊核心育种场通过现场审核，新培育种畜禽场3个，累计达到29个。

**【农业科技发展】** 争取农机购置补贴资金9022万元，补贴机具6189台。完成机耕339.8万亩、机播312.7万亩、深松作业96万亩。加强"四新"技术推广，打造农业科技示范点48个，选育畜禽新品系3个，引进示范农作物新品种204个，新技术新材料56项。市农科院选育的"武农科1号"玉米杂交种排他独占生产经营权在兰州科技大市场挂牌交易，转让费26万元，成功实现科研成果转化。

**【农业绿色发展】** 实施耕地质量保护提升行动，推广测土配方施肥373.6万亩、配方肥183.5万亩，测土配方施肥技术覆盖率95%以上。深化农业节水行动，邓马营湖现代农业示范区实施轮作休耕4.5万亩，占总耕地面积的24.5%。实施化肥农药零增长行动，开展专业化统防统治321.6万亩次、绿色防控555.5万亩次。推进兽用抗菌药使用减量化，认定省级试点企业4家。强化废弃物资源化利用，凉州区粪污资源化利用整县推进项目加快实施，全市规模化养殖场粪污处理设施配套率100%、畜禽粪污资源化利用率89.9%；凉州区秸秆综合利用试点项目顺利推进；凉州、民勤、古浪省级废旧农膜回收利用示范县项目加快实施，全市废旧农膜回收率82.3%；尾菜综合处理利用率47.3%。

**【"三农"工作】** 召开全市农业农村局长会议，督导8个局属单位与县区联合打造示范点48个，组织开展示范点观摩，晒成绩、找差距、促工作。出台《武威市农业农村人才队伍建设规划》，办理C类陇原人才服务卡3人，通过特殊人才评价办法评聘高级职称1人、评聘中高级职称108人，实施市级科技计划项目12个，培训高素质农民1500人、农牧民25万人次。加大重大动植物疫情防控力度，强化农业防灾救灾工作，深化安全生产大排查、大整治和专项整治三年行动。

**【农业执法】** 深化《中华人民共和国乡村振兴促进法》宣传教育，组织专题学法3次；办结行政审批事项14件，开展随机抽查8批126家次；落实"谁执法谁普法"普法责任制，开展农资打假、食用农产品"治违禁控药残促提升"三年行动，查处案件72件。推行行政执法"三项制度"工作，完成重大法制审核48件，公示执法信息242条。

（市农业农村局）

## 特色产业

【牛产业】 全市牛饲养量达105.03万头,牛存栏71.7万头,增长18.3%;出栏33.33万头,增长13%,其中奶牛存栏7.07万头,增长91.09%。申请获得"凉州黄白牛""天祝白牦牛"等地理标志产品品牌4个。引进浪美、顶乐、琪茹等龙头企业。

【羊产业】 全市羊饲养量1000.8万只,羊存栏557.78万只,增长13.8%;出栏443.02万只,增长32%。民勤县获誉"中国肉羊之乡""中华苏武沙羊美食之乡"称号。培育以中天、凯伟、普康为主的肉羊养殖和加工龙头企业31家。

【猪产业】 全市生猪饲养量达到273.9万头,存栏90.5万头,增长3%;出栏183.4万头,增长15.8%。建成凉州牧原、亿家禾牧业、民勤奥华农牧等年出栏1万头以上的大型规模养殖场6家。

【家禽产业】 全市家禽存栏851.22万羽,增长6.39%;出栏520.21万只,增长14.75%。其中,鸡存栏851.2万只。

【瓜果产业】 全市有经济林面积22.36万亩,年产量13.73万吨,"凉州皇冠梨""凉州核桃"地理标志证明商标被认定为地理标志证明商标,凉州区国家级皇冠梨出口质量安全示范区成功创建。"民勤红枣""民勤枸杞"被批准为国家地理标志保护产品。武威是中国唯一被命名的"中国葡萄酒城"。河西走廊酿酒葡萄入选"甘味"知名区域公用品牌。

【蔬菜产业】 全市蔬菜种植面积达到64.47万亩,总产量271.2万吨,其中,蔬菜面积19.59万亩,总产量100万吨以上。民勤腾盛公司供港澳蔬菜基地、古浪县黄花滩六道沟蔬菜生产基地被认定为粤港澳大湾区"菜篮子"生产基地。

图37 4月7日,民勤县人参果脱毒育苗中心工作人员检查果苗长势
(甘曜毓 摄)

【食用菌产业】 全市食用菌产量9.46万吨。全市食用菌"三品一标"产品品种达到10个。2021年9月,武威市被授予"中国食用菌之乡"称号,天祝藏族自治县被授予"中

国高原食用菌之乡”称号。引进众兴菌业、天禾生物、臣祥菌业等龙头企业。

【草产业】 全市种植优质牧草面积84.96万亩，完成青贮饲料64万吨，建成2000亩以上的青贮玉米基地8个、苜蓿基地14个。建成田园牧歌、金科脉、丝路牧歌、武威天牧、民勤欣海等饲草专业收贮企业183家。

（市农业农村局）

## 种植业

【概况】 全年农作物播种面积385.4万亩。其中，粮食作物播种面积240.03万亩，经济作物播种面积145.37万亩。蔬菜种植面积64.47万亩，较上年增长1.87%；中药材12.63万亩，较上年下降18.67%；瓜类种植面积14.84万亩，较上年增长16.79%；青饲料种植面积31.37万亩，较上年增长21.6%；藜麦10.3万亩。

【粮食生产】 粮食作物中，夏粮67.22万亩、秋粮172.82万亩。粮食产量122.13万吨，较上年增长18.14%。其中，夏粮产量25.95万吨，增长11.48%；秋粮产量96.18万吨，增长20.08%。粮食总产量达到122.13万吨，其中，凉州区面积120.11万亩，产量70.27万吨；民勤县面积40.18万亩，产量21.06万吨；古浪县面积58.9万亩，产量25.51万吨；天祝藏族自治县面积20.84万亩，产量5.3万吨。全市储存地方储备粮油8.135万吨，完成市第二粮油储备库市级储备粮、天祝藏族自治县省级储备粮的轮换任务，完成2021年度粮食收购指导计划。

【蔬菜生产】 全力抓好“菜篮子”产品生产。严格落实“菜篮子”市长负责制，科

图38 武威市特色种植业（市农业农村局 供图）

学指导农户抓好田间管理，切实保障设施蔬菜生产，确保“菜篮子”产品生产供应。全年蔬菜产量271.21万吨，增长3.16%，其中食用菌9.46万吨，增长33.38%；瓜类产量55.65万吨，增长19.33%；草莓产量326.35吨，增长65.26%。

**【粮食安全工作】** 制定印发全市主要粮食作物品种布局意见、小麦条锈病监测防控、玉米二代黏虫监测防控、病虫害绿色防控与专业化统防统治等主推技术方案，主推技术到位率均达到95%以上。抽调7名行政领导包抓督导“三农”重点工作，抽调51名技术人员组成13个技术服务组从春耕备耕入手，持续开展技术服务，蹲点指导解决粮食生产，新品种、新技术引进推广等方面的技术问题，指导农户落实粮食生产节本增产、提质增效措施。以提升粮食和重要农产品产能为首要目标，突出抓好耕地保护、地力提升和高效节水灌溉，印发《武威市防止耕地“非粮化”稳定粮食生产工作方案》《2021年耕地质量提升与化肥减量增效项目实施方案》《武威市现代农业产业园区耕地质量保护与提升指导意见》，全市推广应用测土配方施肥技术373.4万亩以上。实施最严格的耕地保护制度，以永久基本农田、粮食生产功能区为重点，积极开展“大棚房”专项治理工作，严厉打击违法违规占用耕地问题，严守耕地“红线”。

**【良种繁育体系建设】** 建成国家级“四化”玉米制种基地4万亩，凉州区、古浪县被认定为国家级杂交玉米种子生产基地。推动种业保险、信贷支持等政策落实，通过项目扶持等方式支持种子骨干企业改造提升种子加工设备、加强种子检验、强化品牌建设等能力建设。全市有种子企业84家，其中玉米种子企业19家。建成投入使用种子检验室面积2300多平方米，配套各种检验仪器设备570多台（套），种子检验技术人员有150多人，5家种子企业的检验室通过省级标准化种子检验室验收，28家种子企业建立专门的科研育种机构，育成一批较有影响力的新品种。鼓励和扶持粮食种植大户、家庭农场、农民合作社、农业龙头企业等新型经营主体，大力推行“五统一”生产技术模式，实现良田、良种、良法、良机、良制配套。全市粮食类合作社达到654家，粮食类家庭农场共723家。

图39　7月，凉州区冬小麦迎来丰收季　（马开良　摄）

【特色品牌创建】 全力打造优质品牌，武威市被命名为“中国食用菌之乡”，民勤县被命名为“中国蜜瓜之乡”“中国茴香之乡”“中国人参果之乡”，天祝藏族自治县被命名为“中国高原藜麦之都”“中国高原食用菌之乡”“中国高原夏菜之乡”。打造“凉州农鲜”“民清源”“原味古浪”“天祝原生”等区域公共品牌，民勤蜜瓜、河西走廊酿酒葡萄等入选“甘味”知名农产品品牌，圣雪臣祥、一年一穗、绿色金诚等26个商标入选“甘味”农产品企业商标品牌。民勤腾盛供港澳蔬菜基地、收成镇蜜瓜产业园、东坝镇人参果产业园和古浪县黄花滩移民区六道沟蔬菜种植基地被认定为粤港澳大湾区“菜篮子”生产基地。

【拓展农产品市场】 着力深耕市场，向大众市场要品牌、向小众市场要价值，通过发展订单农业，推进农超、农企对接和城市“菜篮子”基地建设，推进种养结构、生产标准、储运销售与市场有效对接，健全完善市场流通体系。加强现代物流体系建设，培育昊天、金佛等冷链仓储物流企业161家，全市冷藏静态库容达到69.9万吨；推进市场体系建设，累计建成专业批发市场、农村集贸市场、农产品市场等各类市场126个、标准化农家店1263个。

（市农业农村局）

## 畜牧养殖

【概况】 2021年，全市有规模养殖场（小区）2354个，规模养殖户7.5万户。牛、羊、猪、鸡养殖量分别达107.72万头、1212.59万只、279.83万头、1489.73万只，肉蛋奶产量达49.24万吨，规模养殖场粪污资源化利用率达到89%以上。

【畜禽良种养殖】 完成牛冻配20.82万头，产活犊牛25.86万头；完成羊杂交改良授配233万只，产活羔羊400万只；完成三元杂交授配母猪13.62万头，繁活仔猪188.09万头；推广良种鸡1489.73万只。

【饲草饲料加工】 全市种植饲草158.68万亩，饲料生产量77.46万吨，产值30.08亿元。完成粮改饲收贮24.48万亩、99.46万吨，秸秆饲料化利用率达81.93%。

【畜禽集中免疫工作】 接受省级畜禽强制免疫疫苗4481万毫升（头份、羽份），市级采购疫苗1315.28万头份，消毒剂13吨，口蹄疫疫苗免疫猪、羊占应免疫数量的99.99%，免疫牛占应免疫数量的99.96%；重组禽流感病免疫鸡占应免疫数量的100%；小反刍兽疫疫苗免疫羊占应免疫数量的99.99%；完成消毒面积2000多万平方米，确保不发生区域性重大动物疫病。实验室检测各类动物血清样品110765份次，平均免疫抗体合格率达到89.32%。

【饲料兽药生产监管】 对38家饲料兽药生产企业进行安全生产全覆盖检查，完成农业农村部、省兽医局双随机采样任务，饲料20批次、动物产品70批次、生鲜乳50批次、“瘦肉精”540批次。检查兽药生产企业18家次、养殖企业166场次、饲料生产企业90家次，排查安全风险点110个，由辖区督促全部整改。

【畜牧业项目建设】 扎实开展第三次全国农作物种质资源普查，普查资源畜种15个、

图 40 天祝藏族自治县肉羊养殖（市农业农村局 供图）

62 个品种、163.3305 万头（只），普查知蜂品种 2 个、880 箱。完成第一次全国水产养殖种质资源普查，水库养殖面积 3 万亩，池塘养殖水面 47 亩。新改扩建牛人工授精站点 15 个、羊人工授精站点 20 个、标准化种公猪站 3 个。建成省级西门塔尔种牛场 1 个，积极调换西门塔尔肉牛冻精 24.7 万支。申请省科技厅项目 1 项、甘肃武威国家农业园区项目 3 项、科技特派员名额 18 个，组织完成武威市陆生动物病原学实验室监测提升项目的申报工作，全方位支持“8+N”现代优势农业主导产业高质量发展。

（市畜牧兽医总站）

## 农产品质量安全

【概况】 2021 年，全市开展定量监测 1234 个，其中，种植产品 1007 个，畜产品 227 个，总体合格率 99.4%。开展市级例行监测 4 次，抽取样品 854 个，其中，种植产品 709 个，合格率 99.7%；畜禽产品 145 个，合格率 100%。开展专项监测 5 次，检测样品 76 个，合格率 100%。开展监督抽检 3 次，种植产品 202 个，畜禽产品 82 个，合格率 99.5%。开展“治违禁控药残促提升”整治行动 2 次，抽检“6 颗菜”20 个样品，合格率 100%。

【农业标准化生产】 古浪县、天祝藏族自治县稳步推进第三批省级农产品质量安全县创建。申报认证“三品一标”12 家企业（合作社）、32 个产品，新认证绿色地理标志农产品 14 个。续展认证绿色食品 40 个产品。有效累计认证“三品一标”产品 348 个。“民勤蜜瓜”产品被列入农产品地理标志保护工程。培育打造“凉州农鲜”“民清源”“天祝原生”“原味古浪”等区域公共品牌。入选《甘味农产品品牌目录》区域公用品牌 5 个，企业商标品牌 26 个。民勤蜜瓜、民勤羊肉、天祝白牦牛肉入选第三批全国名优新农产品名录，涉及 16 家生产经营单位；绿色食品蔬菜标准化生产基地稳步推进。天祝藏族自治县 10 万亩、古浪县 0.7128 万亩绿色食品蔬菜标准化生产基地通过省级验收。

【食用农产品安全管理】 追溯平台上传农兽监测数据 62522 条。成功举办全市农产品质量安全追溯暨食用农产品合格证制度培训班，培训追溯管理人员 120 人。指导 98 家生产经营主体，开具食用农产品合格证 35571 张，附带合格证上市农产品 37186 吨。

**【农产品质量安全监管示范点建设】** 在古浪县大靖镇大墩片建立“绿色食品枸杞全程质量控制示范基地”。对红园农牧专业合作社等 4 家经营主体枸杞种植大户，进行全程质量控制技术培训，落实绿色食品枸杞全程质量控制“3 大关键 12 项技术”。依托天祝富盛科技有限公司建立高原夏菜全程监管示范基地。建立废旧农膜回收点 2 个。发挥民勤县邦德实业有限公司、凉州区汇源农膜丙膜加工厂 2 家龙头企业带动辐射作用，完成 40 个乡镇“以旧换新”工作，回收地膜 8860 吨，加工颗粒井盖 4300 吨。

**【畜产品质量安全】** 全市备案生猪运输车辆 232 辆，贩运主体 101 个，落地监管跨省调入畜禽 478.99 万头（只、匹、羽）。产地检疫各类畜禽 748.02 万头（只、匹、羽），屠宰检疫各类畜禽 153.97 万头（只、匹、羽），检出病害猪 10.6993 万头，全部按规定进行无害化处理。检疫率、出证率、检出病害动物和动物产品无害化处理率均达到 100%。

**【废旧地膜回收处理利用】** 全年中央财政扶持废旧地膜示范县创建项目资金 1705 万元，省级财政农业生态环境保护项目资金 50 万元。建设实施废旧地膜示范县项目，建成龙头企业 13 家、回收站 24 个、回收网点 272 个。重点开展废旧农膜机械化捡拾，“以旧换新”，建立残膜定位长期监测点 80 个，全生物降解地膜示范面积 3358 亩。全年农膜总用量 2.08 万吨，废旧农膜回收量 1.71 万吨，棚膜总用量 0.63 万吨，废旧棚膜回收量 0.4783 万吨，废旧农膜回收率 82.3%。

**【尾菜处理利用】** 全市蔬菜产量 271.21 万吨，尾菜产生量 125.06 万吨，综合处理利用量 59.13 万吨，综合处理利用率达 47.3%。积极推广日光温室尾菜直接还田肥料化 2500 座，尾菜处理实地检查 35 次，宣传培训 56 场次，发放宣传资料 1.33 万多份，实训 7761 人次。

（市农产品质量安全监督管理站）

## 国家农业科技园区建设

**【园区农业科技成果】** 2021 年，加快新品种、新技术、新模式引进试验和集成推广，培育农业科技示范点 46 个，选育畜禽新品系 3 个，引进示范农作物新品种 204 个、新技术新材料 56 项。加快科技创新平台建设，指导企业申报认定高新技术企业 1 家、省级技术创新中心 2 家、省级企业技术中心 1 家、市级技术创新中心 3 家、产业技术创新战略联盟 2 家。

图 41　民勤蜜瓜（市农业农村局　供图　8 月摄）

**【园区特色产业发展】** 围绕“8+N”农业优势主导产业,组建“企业+科研单位”产业技术创新战略联盟,共同申报国家、省级农业科技项目,建立研发平台,联合开展技术攻关,助力特色产业发展。整合利用农业科研院所、农技推广单位等各类资源,深入开展种苗繁育、标准化栽培、绿色防控等技术服务指导,为特色产业持续发展提供技术支撑。围绕创新创业、特色优势产业培育等方面,选派优秀科技特派员566名,建立科技示范基地7个,组建专家服务团队,深入企业、合作社、家庭农场等开展科技服务,培训农牧民6.2万人次。

**【园区农业项目建设】** 积极对接国家、省上科技创新相关政策措施,帮助指导企业、科研单位争取实施省部级科技项目19项。发挥市级财政园区建设专项资金杠杆作用,探索“财政资金+农业科研项目+科研单位+企业+基地(农户)”的科研模式,联合科研单位组织实施设施蔬菜新品种选育、水肥一体化研究推广、天华肉用美利奴新品系选育推广等科研项目17项,引导科研单位到企业建立试验示范基地9个,示范推广新技术12项,总结形成金耳、苜蓿等作物栽培技术规程5项。加快推进农业全产业链开发,优然牧业1.2万头等10个续建奶牛养殖园建成运营9个,泰昆年产25万吨饲料生产线、甘肃红太阳面业集团日处理1500吨小麦制粉生产线扩建等项目建成投产,武威众兴菌业年产7200吨真姬菇工厂化循环经济产业链项目加快建设。

**【园区农业节水行动】** 聚焦园区“节水生态、高效产业”主题,加快培育特色优势产业,大力发展高效节水农业,着力打造生态节水农业示范区。全市推广高效节水技术251.1万亩,发展蔬菜64.5万亩、饲草面积113万亩、食用菌产量达7.2万吨,牛、羊、猪、禽饲养量达到2820万头(只)。凉州区国家现代农业产业园、清源镇入选国家现代农业产业园、产业强镇创建名单,武威现代生态奶业产业园入选全省10个百亿级产业园。

**【园区绿色有机农业发展】** 加快“三品一标”产品培育和认证力度,新认证“三品一标”农产品13个,认证有效数量348个。民勤县收成镇蜜瓜产业园入选粤港澳大湾区“菜篮子”生产基地,河西走廊酿酒葡萄入选“甘味”知名农产品品牌,绿色金诚茴香等14个商标入选“甘味”农产品企业商标品牌。组织园区企业通过赴外参展、产品展示等多种形式开展系列宣传推介活动,不断扩大农产品品牌美誉度和影响力,持续提升品牌价值。

**【服务园区企业工作】** 采取以商招商、产业链招商和推介全市储备项目信息等多种方式开展招商引资工作,引进浙江客商在凉州区丰乐镇投资建设瓜菜产业园项目。积极优化完善甘肃武威国家农业科技园区信息化服务平台,打造线上科技园区,集中展示推介园区企业、合作社和武威特色农产品。聚焦企业、项目融资困难问题,举办“金融机构园区行”活动,组织7家金融担保机构深入20多家农业科技企业开展金融政策宣传和融资对接服务,破解企业融资难题。举办科技助推蔬菜产业发展研讨会,研究解决产业发展的技术瓶颈,助力特色产业发展。联合中国农业大学、上海科技大学对全市农产品出口、特色产业发展、农业科技创新等情况开展调研。

(甘肃武威国家农业科技园区管委会)

## 综　述

**【概况】** 2021年，全市调整充实市委农村工作领导小组，组建乡村振兴“五大专班”和12个专责工作组，将脱贫攻坚期内形成的领导体制、工作体系、考核评估等机制和财政投入、金融服务等政策有效转换到乡村振兴上。平稳、有序做好扶贫机构调整优化，完成市县区乡村振兴局重组挂牌。召开市委农村工作领导小组会议3次、月调度会议5次，推动责任、政策和工作落实。研究制定有效衔接实施意见、工作要点、东西协作和中央单位定点帮扶“1+13”工作方案等政策文件，明确目标任务，强化政策支持及要素保障。

**【构筑防返贫防线】** 制定《武威市健全完善防止返贫动态监测和帮扶机制实施方案》，建立完善易返贫人口快速发现、评估响应、精准帮扶、风险消除、动态监测5项机制，对所有农村人口开展全覆盖监测、常态化帮扶，做到发现一户、帮扶一户、动态清零一户。扎实开展防返贫监测帮扶“回头看”，及时核查清退不符合纳入条件和风险未消除对象，新识别纳入133户、449人，全市监测对象累计达到4897户、16092人。紧盯脱贫不稳定户、边缘易致贫户和突出严重困难户，持续跟踪家庭收支变化与“三保障”巩固情况，制定完善“一户一策”，精准落实帮扶措施，坚决守牢返贫底线。截至2021年底，全市92%的监测对象均享受2项以上帮扶措施，风险消除率达81.42%。

**【巩固脱贫成果】** 统筹协调相关行业部门精准落实有效衔接政策举措，持续巩固拓展脱贫攻坚成果，全市适龄儿童少年全部在校在学，脱贫人口、监测人口基本医疗保险参保率和资助率均达100%，饮水安全实现全覆盖，农村危房应改尽改，特困群众应兜尽兜，脱贫群众“两不愁三保障”水平不断提升。落实落细产业帮扶政策，将59%的衔接补助资金用于“8+N”优势主导产业发展，农民人均可支配收入中57%来自产业收入。千方百计扩大有效就业，全年输转脱贫劳动力和边缘易致贫劳动力14.8万人，占年度计划任务的102.4%。

**【落实资金保障】** 落实衔接补助资金15.93亿元，较2020年增加1.2亿元，增长8.2%，谋划实施产业发展、基础设施建设等项目272项。聚焦乡村产业和乡村建设等重点任务，指导县区动态调整完善项目库，储备巩固衔接项目561个，概算总投资35.57亿元。全面完成132.14亿元扶贫项目资产确权登记工作，设置光伏公益岗位4498个、落实岗位工资1793.74万元，发放“雨露计划”16389人次、3236万元。全力抓好小额信贷发放和政策性逾期贷款清收工作，新增贷款1.81万户、8.47亿元，累计达到11.71万户、54.14亿元；清收逾期贷款1.31万户、4.78亿元，逾期率下降至0.69%。

**【产业振兴】** 落实落细到户产业和务工就业扶持措施，加大移民区后续产业培育，促进脱贫人口持续稳定增收。全市落实中央和省市衔接推进乡村振兴补助资金15.9亿元、东西部协作和中央单位定点帮扶资金1.3亿元，实施产业发展、基础建设等各类项目375项。

**【人才振兴】** 武威市深入推进乡村人才振兴战略，出台《加快推进乡村人才振兴的实施意见》，提出4个方面、36项措施，对乡村人才振兴作出系统安排，引导人才向农村流动，支持涉农单位专业技术人才挂职或兼职在职创办经营实体，择优选派科技特派员组建农业技术巡回服务小组，到贫困乡镇、村组、农业产业园、扶贫产业基地驻点开展技术指导服务，选派基层农业技术人员到高校研修学习，选派大学生村干部到贫困村任职，引导大学生村干部在脱贫攻坚一线建功立业。

图42　2月，古浪县五道沟农户在日光温室棚内采摘圣女果　（李万斌　摄）

**【文化振兴】** 武威市组织开展“美丽乡村、文明家园”乡村文明行动，深化农民群众对“中国梦”的认识，弘扬社会主义核心价值观，培育文明乡风、纯朴民风、良好家风，努力提高农民精神素养，加强农村精神文明建设。特别是8月29日，武威职业学院乡村振兴学院挂牌成立，以积极开展人才培养和培训，突出科学技术创新，打造服务乡村振兴战略的科技服务队伍，发挥学院实践教育基地作用，打造红色文化研学示范基地助力乡村振兴。

**【生态振兴】** 绿水青山就是金山银山，生态振兴是乡村振兴应有之义。武威市坚持“南护水源、中保绿洲、北治风沙”生态方针，大力弘扬新时代武威精神，开展大规模国土绿化和防沙治沙，矢志不渝、拼搏奉献，科学治沙、绿色发展，书写从“沙逼人退”到“人进沙退”的绿色篇章。

**【组织振兴】** 制定实施《武威市抓党建促乡村振兴的若干措施》，出台26条硬措施推动组织、干部、人才资源向乡村一线集聚，以高质量党建引领乡村全面振兴。大力实施先进引领、后进转化、中间提升“三项行动”，扎实开展党支部“达标创星、整体创优”活动，力争把基层党组织打造成坚强的“红色堡垒”，把基层党组织锻造成带富领富的“领头羊”，保证乡村振兴的方向始终向前。

**【社会帮扶】** 深化东西部协作和中央定点单位帮扶，组织武威市党政代表团先后4次赴天津市蓟州区和交通银行等汇报对接工作，落实帮扶资金1.28亿元，达成协作帮扶事项37项，新引进龙头企业6家，携手共建产业园区2个、乡村振兴示范村6个，完成消费帮扶2.06亿元。调整优化结对帮扶关系，实现市级领导联县包镇抓村、帮扶单位结对帮扶脱贫村和易地搬迁安置村、帮扶责任人结对帮扶“三类户”全覆盖。

**【农村关爱行动与岗位练兵活动】** 制定农村留守老人妇女儿童和特困群众关爱服务

图43 祁连山山水林田湖生态保护修复工程：天祝藏族自治县废旧宅基地整治前后对比照

（市农业农村局 供图）

行动及乡村振兴“岗位大练兵、业务大比武”活动实施方案，组建工作专班，建立“周统计汇总、旬安排部署、月督查通报”制度，推动“一行动一活动”走实走深。累计为困难群众发放取暖补助300多万元、棉衣棉被7000余套、燃煤3517吨，解决“急难愁盼”问题6889件；累计开展主题演练、登台演讲、观摩评比等练兵比武活动1.1万余场次，乡村干部政策水平和群众工作满意度明显提高。

【农业农村领域改革】 完成土地确权数据省级汇交，流转农村家庭承包耕地100.2万亩，发展适度规模经营81.1万亩。巩固农村集体产权制度改革成果，建立农村集体经济组织1046个并全部登记赋码，确认集体经济组织成员152.5万人，颁发成员证40.2万件。深化农村“三变”改革，95家企业、284家合作社参与“三变”改革，农户入股土地13.6万亩、村集体和农户自有资金3.7亿元，累计分红2.37亿元。推进政策性农业保险，签单保费20660万元，参保农户7.7万户，受理理赔报案6.3万件，支付理赔14707万元，受益农户5.8万户次。启动凉州区深化农村宅基地制度改革国家级试点，完成6个试点村宅基地信息调查。

（市乡村振兴局）

## 农村经营管理

【概况】 2021年，全市农村集体产权制度改革阶段性任务基本完成，清理核实集体资产73.45亿元，资源性资产总面积1841.72万亩；确认集体经济组织成员152.48万人，占涉及人口的99.68%；组建新型农村集体经济组织1046个，占改革涉及总村数的99.52%；赋码登记农村集体经济组织1046个，完成率100%；向农村集体经济组织成员户发放股权证40.28万件，占成员总户数的100%。全市有县区级农村产权流转交易市场3个、乡镇服务站点93个，累计交易总量达6769宗，交易额达7.11亿元。

【新型农村集体经济发展】 运用新的“甘肃省农村集体资产监督管理网络平台”，加强农村集体资产财务管理。完成2020年年度资产清查工作，并将清查结果全部录入“全国农村集体资产清产核资管理系统”。全

图44 1月14日，凉州区祥瑞种植农民专业合作社统一收购农户种植的西红柿
（张志华 秦树静 摄）

市农村集体经济组织拥有资产73.45亿元，其中经营性资产22.47亿元；资源性资产总面积1841.72万亩，其中，农用地1650.48万亩，建设用地93.59万亩，未利用地97.65万亩。推进扶持发展村级集体经济项目实施，配合组织部门对2019—2020年中央和省级财政扶持项目进行全面核查。全市村集体经济组织实现收入1.44亿元，村均13.72万元；集体经济年收入在1万元以下的薄弱村全部消除，5万元以上的村占总村数的89.5%。

【农民专业合作社发展】 制定印发《武威市农民合作社规范发展和质量提升行动实施方案》，加大合作社辅导员队伍培训力度。凉州区被确定为全国农民合作社质量提升整区推进试点单位。推进农民合作社示范社创建，对2018年及以前认定的、2017年及以前监测合格的140家省级示范社进行监测，监测合格的有106家，淘汰不合格示范社34家；对2018年评定及2019年监测合格的25家国家示范社和12家全国农民用水合作示范组织进行监测，监测合格的国家示范社有25家、全国农民用水合作示范组织有12家。全市依法登记合作社6801家，成员10.69万人；"五有"（有产业或种养基地、有农业机械服务、有良种生产供应、有仓储和加工场所、有订单生产）合作社占比达52.8%，合作社规范化率达73.6%；成功注册"不来即享"合作社2518户；建成国家级示范社30家、省级示范社154家、市级示范社236家、县区级示范社881家；培训农民合作社辅导员和带头人852人。

【家庭农场培育】 广泛宣传培育发展家庭农场的相关政策和家庭农场典型案例，引导创办家庭农场，引导家庭农场发展适度规模经营和农业标准化生产。健全家庭农场名录管理制度，把符合条件的规模农业经营户纳入家庭农场范围，录入全国名录系统的家庭农场达5811家，占规模农业经营户的94.8%。积极有序推进家庭农场示范创建，建成市级示范场49家、县区级示范场487家。督促凉州区、民勤县、天祝藏族自治县实施2021年中央财政第二批农业相关转移支付资金扶持家庭农场项目，扶持示范性家庭农场25个，扶持资金75万元。

【农业社会化服务】 组织中国农业社会化服务平台试用，积极培育多元化服务主体。推动农业生产托管项目实施，引导小农户接受以生产托管为主的社会化服务，推进服务带动型规模经营发展。全市4个县（区）均列入项目实施县（区），下达资金800万元，用于完成粮食作物生产托管面积8万亩，培育壮大农机、植保合作社等服务组织60家。

【高素质农民培育】 开展2020年高素质农民培育项目绩效评价，强化后续技术指导和跟踪服务，提高项目资金使用效益。督促指导凉州区、古浪县组织实施2021年培育项目，完成集中学习、线上学习和实习实训的高素质农民达1519人，占计划任务的101%。推进农民田间学校建设发展，累计建成田间学校8所、培训基地7个。配合实施农村实用人才带头人和大学生村官示范培训计划，组织选派学员47人。组织参加第五届全国农村创业创新项目创意大赛，选送参赛学员6名。组织参加农业农村部2021年度农民教育培训"百优保供先锋”评选活动，民勤县育明蔬菜产销专业合作社杨学俊入选资助项目人选。

**【农民中等职业教育】** 把农民中等职业学历教育和高素质农民培育项目有机结合起来，强化教学管理，优化教学服务。全年毕业学员125名、招收学员203名，至2021年底有在校学员402名。民勤县分校被列为全国农民中职教育教学改革试点单位，以实施农民中职“家庭农场生产经营”专业教学标准为主线，开展试点改革各项工作。

（市农村集体经济经营指导站）

## 镇村建设

**【概况】** 2021年，编制“多规合一”实用性村庄规划146个，出台《关于开展乡村建设示范行动的指导意见》《武威市乡村建设示范行动实施方案》，争创乡村建设行动民勤县1个省级示范县，清水、重兴、黑松驿3个省级示范镇，刘沛等38个省级示范村。指导9个乡镇、24个村各有侧重探索开展乡村治理试点，完成民勤县红旗村全国乡村治理示范村评估，富民新村、德吉新村入选第二批全国乡村治理示范村。

**【村镇基础设施建设】** 农村天然气入户试点工程完成输气管线敷设38.6千米，新增农村天然气用户3900户。完成硬化自然村组道路1046千米，建成水源保障工程7项。新建农村生活污水处理站6座，累计达到77座。

**【农村住房改造】** 全市实施农房抗震试点改造3113户，落实补助资金1.52亿元，其中，中央补助资金0.43亿元，县（区）统筹整

图45　7月，天祝藏族自治县祁连镇生态文明示范村　（《武威日报》采访组　摄）

合配套1.09亿元（民勤县1196万元、古浪县1935万元、天祝藏族自治县7844.3万元）。开展农村房屋安全隐患排查，排查各类农房34.86万户，其中，用作经营自建房1.1万户、未用作经营自建房31.08万户、非自建房2.68万户，整治风险隐患房屋75户。

【农村居民供水保障】 有序推进巩固脱贫攻坚成果与乡村振兴有效衔接，为民办实事省列7处水源保障工程、市列1处凉州区调蓄工程完成年度建设任务，提升10个乡镇24个村27万名农村居民供水保障水平。强化农村供水防止返贫动态监测机制，扎实开展隐患摸排整改和冬季防冻阻工作，受理办结群众监督投诉315件，全面化解农村供水问题。加强农村供水运行管理，落实"三个责任""三项机制"，大靖水厂评选为全省五星级水厂，黄羊、南阳水厂评选为四星级水厂。全市农村集中供水率达到93%，供水保证率达到90%以上，自来水普及率达到92%以上。

## 农村人居环境建设

【全域无垃圾治理】 2021年，新建农村生活污水处理站6座，累计达到77座；清理农村生活垃圾24.28万吨，创建清洁村庄1053个。整治非正规垃圾堆放点6345个。开展农村生活垃圾治理督查3轮次，盯办整改无人机航拍巡查反馈垃圾点位2624个，其中，凉州区826个，民勤县844个，古浪县663个，天祝藏族自治县291个，投入农村生活垃圾治理资金2224.2万元。全市全部乡镇均建立环卫机构，行政村全部配备保洁队伍，聘用保洁人员9643人，平均每村达到9人。大力推动政府与社会资本合作模式，政府购买服务引进光大集团对凉州城区及39个镇、442个行政村实行城乡环卫一体化运营。

【农村厕所革命】 全市建成卫生公厕的行政村1047个，其中，凉州区442个、民勤县248个、古浪县186个、天祝藏族自治县171个。累计建成行政村公厕1083座，其中凉州区442座、民勤县262座、古浪县189座、天祝藏族自治县190座。2021年新改建农户厕所2.1万座，累计达到17.13万座。

【示范村镇建设】 坚持规划先行，协调编制"多规合一"实用性村庄规划146个。大力实施乡村建设，高标准、高质量推进1个省级示范县、3个示范镇建设工作，38个示范村创建任务全面完成。

（市住房和城乡建设局、市农业农村局）

# 水 务

## 综 述

【概况】 2021年，按照“节水优先、空间均衡、系统治理、两手发力”的治水思路，紧紧围绕黄河流域生态保护和高质量发展国家战略，根据省政府“四抓一打通”实施方案，编制《武威市水安全保障规划》《武威市“十四五”水利发展规划》，印发《武威市黄河流域生态保护和高质量发展水土流失综合治理专项规划》，启动编制《石羊河流域综合治理规划》，建立动态项目库，谋划储备“十四五”水利项目159项。

【水利基础设施建设】 优化水利工程建设，加强质量监管，古浪黄花滩5号调蓄水池、凉州区西营五干片区一期调蓄供水工程、石板沟水库建成并蓄水，红崖山大型灌区、永昌中型灌区续建配套与现代化建设，庄浪河天祝藏族自治县城段水生态综合治理等重点项目有序推进。虎目沟和小沙沟水土保持项目新增水土流失治理面积16平方千米、生态治理面积553平方千米。全年续建新建项目61项，累计完成投资12亿元。

【水资源管理】 以水而定、量水而行，制定《武威市2021年水资源配置和用水总量控制方案》，落实五级水权配置体系，严格执行《地下水管理条例》，加强水政执法监督检查，开展取用水管理专项整治行动，换装邓马营湖片区652眼机井智能化计量设施，规范取用水行为。科学调度，枯水年完成向民勤调水2.73亿立方米，蔡旗断面过水量连续12年实现治理目标。全年用水总量14.9亿立方米，占全市总量控制指标的91%。

【抗旱防汛】 严把安全生产责任关，压紧、压实水旱防御责任，逐级落实17座水库、20个主要河流重点河段、4个山洪灾害监测预警系统防汛责任人。建立多部门联合会商机制，“七下八上”防汛关键期4次组织会商，分析研判形势，加密监测频次，及时发布预警97次，发送预警信息2.3万条。采取“四不两直”方式对全市水利工程、水库大坝开展安全检查，消除安全隐患65个。审批全市7座重点水库防洪调度计划，完成2座水库、4座中型水闸安全评价工作，补充完善市级防汛抢险技术专家库，开展防洪抢险应急演练13场次，提高调度及应急处置能力。

**【水利改革】** 认真贯彻落实《武威市水务一体化改革实施意见》，全力做好调研、督导、协调工作，稳步推进水务一体化改革。指导编制景电二期工程古浪灌区农业水权水价综合改革试点“一方案两规划”，修订灌溉用水定额，古浪灌区农业用水效率得到有效提升。加快工程建设项目审批制度改革，优化审批流程，压缩办理时限，推行水资源论证和水土保持区域评估，落实“一网通办”“不见面审批”，加强事中事后监管，履行告知承诺制度，“放管服”改革走深走实，营商环境进一步优化。

**【外流域调水工程】** 加快推进引水入秦延伸增效工程前期工作，“三性”论证报告顺利完成，项目列入正在编制的《国家“十四五”水利发展规划》及《国家骨干水网规划纲要》（征求意见稿）。联合张掖市、金昌市向省两会提交引水入秦延伸增效工程向河西补水相关建议，启动可行性研究报告编制工作，外流域调水工作取得阶段性成效。

**【水利科技成果】** 深化与中国农业大学校地合作，获批建设甘肃武威绿洲农业高效用水国家野外科学观测研究站，国家级野外观测台站和院士专家工作站加快建设，成功举办第五届石羊河论坛。建成智慧水利石羊河全国示范河湖信息化平台，实现对石羊河干流、西营河、金塔河等重点河段信息化监管。

（市水务局）

## 水土保持

**【概况】** 2021年，全市完成水土流失治理面积552平方千米。实施凉州区张义镇虎目沟小流域和天祝藏族自治县小沙沟小流域综合治理国家水土保持工程，对重点区域采取封禁、种草等措施，新增治理面积15.95平方千米，完成全部建设任务，完成投资500万元。全市共征收水土保持补偿费3997.12万元。

**【重点水利工程建设】** 组织省、市、县水利专家深入基层，建立动态项目库，围绕水源及供水、流域水系综合整治、农村供水保障、灌区建设、水土保持等方面，加快建设进度，全年新建续建项目61项，凉州区西营五干片区调蓄水池一期工程、古浪县黄花滩移民区5号调蓄水池、石板沟水库建成并蓄水；永昌灌区续建配套与现代化建设、黄花滩移民区水厂、金塔河河道治理、南岔河河道治理等重点水利工程完成年度建设任务，古浪县十八里堡水库、龙泉寺水库维修加固工程正在加快建设；红崖山灌区列入全国“十四五”大型灌区续建配套与现代化建设项目。

**【查处违法违规行为】** 积极开展黄河流域生产建设项目水土保持专项整治和水土保持遥感监管工作，黄河流域专项整治行动列入武威市项目共63个，违法违规问题96项，整改完成率100%。对2019—2020年查处的违法违规图斑问题进行“回头看”，确保问题全部整改销号。同时配合省水利厅积极开展

2021年扰动图斑复核，完成凉州区、天祝藏族自治县图斑复核任务，民勤县、古浪县复核工作正在开展中。督促建设单位加大生产建设项目监测，要求严格按照时间节点报送水土保持监测月报、监测季报和监测年度报告，进一步提高建设单位对水土流失监测的重视程度。

【水利统计工作】 督促各县区、各单位高度重视统计数据质量，加强统计数据的核查，确保数据真实准确。及时跟踪掌握项目进展情况，按时汇总和上报统计数据，加强数据审核把关，提高统计数据质量，真实反映项目建设进展，切实杜绝漏报、虚报和上报不及时的问题。积极改进水利统计管理方式，做到水利项目、水利投资应统尽统，及时呈送相关统计成果。

（市水务局）

## 河湖长制

【概况】 2021年，组织召开总河长会议，通过《武威市2021年河湖长制工作要点》《武威市河湖长制工作考核办法》，并以总河长2号、3号令下发执行，从强化河湖长履职尽责、严格开展督察考核、加强河湖长能力建设、推动“河湖长＋检察长＋警长”工作机制落实等13个方面明确2021年河湖长制工作要点。组织召开河湖长述职会议，压实河湖管理属地责任和部门责任，形成党政负责、部门协同、各方参与、一级抓一级、层层抓落实的河湖管护工作格局，强化对河湖长履职的监督，建立河湖长述职制度，确保河湖长制各项任务落到实处，四级河湖长巡河湖7352人次。

【拓展全国示范河湖建设成效】 巩固拓展石羊河全国示范河湖建设成效，稳步推进金强河美丽幸福河湖全省试点工作，金强河、古浪河成功创建为市级示范河湖。批复实施东大河、杂木河等14条河流、3座湖库岸线保护与利用规划，完成79条河流范围划定，修订完善16个市级河湖“一河（湖）一策”，开展海藏河健康评估，统一更换河湖长公示牌677块。

图46 11月26日，武威市开展纪念全面推行河湖长制五周年宣传活动（市水务局 供图）

【河湖管理工作】 编制批复东大河、杂木河等14条河流、3座湖库岸线保护与利用规划，完成9条规模以上河流、70条规模以下河流范围划定，修订完善16条市级河湖“一河（湖）一策”，更换河湖长公示牌677块，定期对后台数据进行更新和维护，主动公布4级监督举报电话，接受社会各界监督。

【水域岸线管理】 开展“春雷2021河湖管护攻坚行动”、“聚焦小微边 共建幸福河”专项行动，常态化、规范化开展河湖“清四乱”专项行动。累计排查整治河湖“四乱”问题97个，清理河道湖库垃圾1020余吨，拆除养殖暖棚8座、旱厕3座。审查同意涉河非防洪建设项目23个；配合水利部黄河水利委员会完成天祝藏族自治县天堂寺大通河大桥违建问题整改销号工作；配合省水利厅完成兰张三四线涉河6座桥梁、G569线新鲜大桥等违建问题整改销号工作。

（市水务局）

## 节约用水

【概况】 2021年，深入实施国家节水行动，落实最严格水资源管理制度，把水资源作为最大的刚性约束，颁布施行《武威市节约用水条例》，统筹推进“六大节水行动”，农业节水面积250万亩以上，农田灌溉水有效利用系数达到0.635。

【实施国家节水行动】 严格贯彻执行《武威市节约用水条例》，健全节水联动机制，深入实施国家节水行动。9月26—28日，全省实施国家节水行动现场推进会在武威市召开，与会人员现场观摩古浪县黄花滩高效节水灌区、古浪县第四中学、凉州区武威莫高葡萄种植及高效节水示范基地、石羊河流域水资源利用中心、民勤县红旗谷现代节水农业示范园、红崖山水库、甘电投武威热电联产再生水

图47　9月28日，全省实施国家节水行动现场推进会在武威市召开　（市水务局　供图）

梯级循环利用项目，与会各方对全市节水工作给予肯定。

**【节约用水监管】** 出台《武威市节约用水奖补资金使用管理办法》，建立完善节水奖补、考核评价制度，落实奖补资金240万元。建立名录对市级23个重点监控用水单位实施监管。扎实推进水利行业节水型单位建设，督促指导23个水利单位全部建成行业节水型单位。巩固提升县域节水型社会达标建设成果，天祝藏族自治县顺利通过水利部组织的复核验收，全市一区三县全部成功创建全国县域节水型社会达标县（区）。

**【节水宣传教育】** 深入开展“节水中国 你我同行”、节水“五进”和“县委书记谈节水”系列宣传活动，举办节水条例颁布实施仪式，制作《生态优先 绿色发展 奋力谱写人水和谐新篇章》专题片，报送节水宣传信息20余条，水利部及全国节约用水办公室网站刊登报道18条，省水利厅网站刊登报道20余条，各类媒体宣传报道60多条。

（市水务局）

## 水利工程

**【概况】** 2021年，武威市被列为民办实事项目的3项农村水源保障工程按期完成，进入建设收尾阶段，农村水源工程4项，完成年度建设任务。7项工程全部建成运行后，可提升全市10个乡镇、24个村27.45万名农村居民供水保障水平，有效解决农村供水保障问题。3项农村水源保障工程分别为古浪县古浪河灌区农村饮水安全巩固提升双塔净水厂预沉池工程，天祝藏族自治县天堂镇农村供水改造提升工程、阳山农村水源保障工程，被纳入2021年省政府为民办实事100处农村水源保障工程，主要建设3座调蓄水池，改造1个截引工程；4项农村水源工程分别为古浪县黄花滩移民区水厂工程、凉州区清源灌区农村供水水源保障工程、民勤县双茨科镇农村饮水水源保障工程、东坝镇农村饮水水源改造提升工程，被纳入2021年省水利厅为民办实事55处农村水源工程，主要建设调蓄水池3处，改造调蓄水池1座，新打机井1眼。

**【凉州区城市第二水源建设项目】** 城市第二水源建设项目总投资4.27亿元，从金塔河南营水库引水，年引水量2433万立方米，敷设1条11.8千米原水输水管道；在原石岭水厂内新建设计日处理规模为10万立方米的净水厂1座；新建清水输配水管道23.7千米。项目于2020年4月开工建设，2021年12月1日正式向城区供水，实现双水源联网串供的目标。

**【凉州区西营五干片区调蓄水池工程】** 该工程规划建设调蓄水池2座，总容积733.82万立方米，项目自2021年1月开工建设，计划2022年4月底完工。其中，1号调蓄水池位于丰乐镇空星墩滩，主要向牧原十场和凉州工业园区供水，同时兼顾丰乐镇乔家寺等村农业与生态用水；2号调蓄水池位于五和镇胜利村，主要向牧原一、二场供水，同时兼顾五和镇下寨等村农业和生态用水。工程建成后，可有效集蓄雨洪资源，通过系统调配年内、年际和区域来水，实现丰蓄枯用、跨灌区调剂，降低水旱灾害风险，提高水资源空间调蓄能力。

【古浪县黄花滩调蓄水池】 为解决古浪县黄花滩移民区农业灌溉在夏季灌溉高峰期和冬季停水期供水得不到保障的问题，古浪县政府与省水投公司合作成立甘肃水务古浪供水有限责任公司，在古浪县黄花滩移民区建设古浪县生态移民暨扶贫开发黄花滩调蓄供水工程。项目主要修建220万立方米、300万立方米、120万立方米、150万立方米、370万立方米调蓄水池5座，修建10万立方米调蓄水池10座，修建绿洲支渠、总干三支渠、绿洲分干渠3条、38千米，项目概算总投资9.09亿元，被列入2021年省列重大项目。工程于2018年7月开工建设，完成220万立方米、300万立方米、120万立方米、150万立方米调蓄水池、绿洲支渠、总干三支渠、绿洲分干渠和10座10万立方米调蓄水池建设，基本完成370万立方米调蓄水池土方开挖，累计完成投资7.81亿元。2021年计划完成投资1.2亿元，主要建成370万立方米调蓄水池，10月底建成主体工程，达到蓄水条件。项目建成后，黄花滩移民区万立方米以上调蓄水池将达到51座，总容积1500万立方米，将有效提高黄花滩移民区供水保障能力，缓解黄花滩移民区农业发展缺水问题，保障日光温室反季节生产，促进黄花滩移民区农业生产增收增效。

【天祝藏族自治县石板沟水库】 天祝藏族自治县石板沟水库位于金强河左岸石板沟上游千米处。工程主要建筑物由壤土心墙砂卵砾石坝、溢洪道、供水建筑物等组成，最大坝高36.26米，坝顶长273米，顶宽6米，坝底长211米，底宽147米，上、下游侧各设一级马道。工程等别为Ⅳ等小（1）型水库。项目于2019年6月中旬开工建设，完成80%的设计建设任务，2021年5月底完成主体建设任务及库区周围水保和环境整治工程。工程建成后，可有效解决项目区水资源时空分布不均、供需不平衡的矛盾，提高水库下游灌区灌溉保证率，使下游4622亩农田及1.21万人的生产生活用水得到有效保障。

图48 7月，凉州区城市第二水源建设项目 （甘曜毓 摄）

【古浪河河道县城段生态治理工程项目】项目于2020年9月批准实施，总投资958.28万元。建设地点位于古浪县城区东侧，起点为古浪河、柳条河汇口，终点位于古浪河公园路以北约200米处。在河道生态治理中，计划拆除重建堤防1172米，布设固床坝7道，总长718米，并对工程区范围内680米长的河道进行疏浚。2021年7月底建成投用。该项目建成后，进一步提升古浪河县城段泄洪能力，完善古浪县防洪体系，优化古浪河城区段驳岸环境，改善周边的生态环境。

【水利工程质量监督】按照《武威市水务局2021年度水利工程建设质量监督检查工作方案》，对各县区在建设水利工程进行现场监督检查，重点对古浪县黄花滩5号调蓄水池建设项目、7项为民办实事农村水源保障工程、凉州区西营五干片调蓄水池、永昌灌区续建配套与现代化改造等重点工程开展质量监督检查。完成民勤县红崖山水库至青土湖生态输水工程河道治理工程，凉州区南营水库除险加固工程，黄羊灌区节水改造项目，天祝藏族自治县南阳山片下山入川生态移民小康供水工程，天祝藏族自治县金强川灌区水源保障工程（一期、二期、三期），天祝藏族自治县2017年、2018年护村护田等重点工程竣工验收工作。

（市水务局）

## 水政执法管理

【概况】2021年，聚焦《2020年全市水资源管理监督检查发现问题整改方案》中指出的7个方面问题整改落实，对15个灌区取用水开展2轮次检查，现场督导问题整改。对

图49　9月27日，古浪县黄花滩生态移民区5号调蓄水池　（甘曜毓　摄）

邓马营湖片区智能化计量设施安装及水权配置情况进行跟踪督办，督促凉州区、民勤县完成652眼机井智能化计量设施的安装或改造。对雷台旅游综合体、海石重庆城、东升二区棚户区改造等建设项目取（排）地下水加强督查和日常巡查，督促建设单位缩短工期，尽最大限度减少地下水抽排量。对凉州区涉水企业（单位）利用地下水营造水面景观工程整改情况进行“回头看”，杜绝利用地下水营造水面景观的行为。

**【河道执法监督】** 强化河道日常执法巡查检查，不定期对重点河道、重点区域开展巡查检查，对杂木河、黄羊河、石羊河干流、大通河、马蹄河、杨家坝河、北沙河等河道进行日常巡查，发现问题13个，及时反馈相关县区进行整改。开展河道采砂专项执法检查，严格要求河道清淤疏浚企业按照河道采砂许可证规定进行开采，即时清除砂石料、弃料堆体，即时复平采砂坑道，保障行洪安全。2021年，全市水政执法人员共巡查河道长度10918千米，出动人员1067人次、出动车辆421车次，现场制止违法行为58次。

**【水土保持执法监督】** 开展黄河流域生产建设项目水土保持专项整治监督检查，天祝藏族自治县31个市批水土保持生产建设项目存在违法违规问题58个，对发现问题进行督查盯办，问题全部得到整改，共补缴水土保持补偿费957.62万元。对省水利厅印发的2019年度、2020年度58个复核图斑，进行问题核实和督促整改。

**【水资源费征缴】** 积极开展水资源费征缴，征缴水资源费332万元，较2020年增加165万元。对凉州区供排水集团公司拖欠2017—2020年水资源费的违法事实立案查处，申请法院强制执行和依法追缴。实地督导太西煤集团民勤实业有限公司办理取水许可证，缴纳水资源费。

**【水事案件处理】** 制定印发《2021年水事纠纷集中排查和调处化解工作方案》和《武威市水事纠纷应急处置预案》，严格执行“双随机、一公开”工作制度。动态建立抽查对象数据库和执法人员名录库，随机抽取执法检查对象和执法人员，严肃查处水事违法行为。全年办结上级批转、信访、举报等各类水事案件8起，指导县区共查处水事违法案件6起，结案率100%。

（市水政执法支队）

# 工业 建筑业

## 综 述

【概况】 2021年，全市工业增加值比2020年增长13.8%。其中规模以上工业增加值增长17.1%。在规模以上工业中，国有及控股企业增长18.3%，集体企业下降10.7%，股份制企业增长16.5%，外商及港澳台商投资企业增长18.5%。规模以上工业企业实现利润8.51亿元，营业收入利润率2.9%，每百元营业收入中的成本为84.6元，产品销售率99.3%，年末规模以上工业企业资产负债率72.3%。

【工业产业发展】 轻工业增加值增长13.7%，重工业增加值增长18.4%。煤炭开采和洗选业增长78.3%，农副食品加工业增长6.8%，酒、饮料和精制茶制造业增长4.1%，非金属矿物制品业增长8.1%，食品制造业增长51.2%，化学原料和化学制品制造业增长23%，医药制造业增长10.7%，电力、热力生产和供应业增长10.4%。

【工业用电】 全市工业用电量42.21亿千瓦时，占全社会用电量的59.61%，同比增长18.87%。其中，采矿业用电量4.16亿千瓦时，同比增长17.34%；制造业用电量33.56亿千瓦时，同比增长24.43%；电力、热力、燃气及水生产和供应业用电量4.5亿千瓦时，同比下降10.02%。

【工业项目建设】 2021年，实施500万元以上工业项目134项，其中，新建项目80项，续建项目54项。工业固定资产投资同比增长0.1%。泰昆饲料年产25万吨饲料、红太阳面业1500吨小麦制粉生产线扩建等项目建成投产，德斯威光伏材料、嘉寓古浪清洁能源产业基地等项目开工建设。推荐32个项目列入甘肃省2021年工业和信息产业重点项目投资导向计划。争取省级制造业高质量发展和数据信息产业发展专项资金1240万元。

【产业集群发展】 深入推进产业链“链长制”，系统、有序、高效推进产业基础高级化、产业链现代化工作。按照“龙头企业+骨干企业＋配套中小企业”的模式，培育链主企业，推动形成以伊利乳业为龙头的奶产业链，以红太阳集团为龙头的食品加工产业链，以达利食品为龙头的休闲食品产业链等。伊利乳业被列为全省第一批产业链链主企业，年产值突破10亿元，辐射带动了奶牛养殖、饲草种植、饲料加工、生物医药、包装印刷、物流物联等“1+6+N”奶产业集群发展。

图50　12月，武威伊利乳业有限责任公司生产车间
（张志华　张　婷　摄）

【中小微企业发展】扎实做好“六稳”工作，全面落实“六保”任务，按照“补短板、锻长板、强企业”总体要求，围绕“政策惠企、环境活企、服务助企”三个领域，聚焦“融资、权益保护”两个重点，持续优化营商环境，企业开办时间压缩至2个工作日，全年新注册市场主体2.14万家。大力推广全省涉企政策精准推送和“不来即享”服务平台，累计注册用户9402家，注册率42.77%。强化惠企政策落实，为1.81万家中小企业和民营经济减免税费11.08亿元，为1078家企业落实稳岗补贴资金487.02万元，为1655家企业贷款延期还本27.36亿元，普惠性小微企业信用贷款余额827家、1.13亿元。鼓励引导政府性担保机构扩大对小微企业的融资担保业务规模，为3家政府性担保机构落实中小企业发展中央专项资金580万元。为2020年入规的19家企业落实市级奖励资金380万元。推进传统企业“三化”改造，加强技术创新体系建设，普安制药、邦德贸易被认定为省级企业技术中心，甘肃重离子治疗中心被认定为省级行业技术中心，民勤光芒太阳能被认定为省级工业设计中心，省级技术创新和研发设计平台累计达到36家。建立“十四五”、“专精特新”中小企业培育库，推动中小企业向专业化、精细化、特色化、新颖化发展，普安制药、高原生物、承威专用车3家企业被认定为“专精特新”中小企业，全市“专精特新”“小巨人”企业累计达到21家。持续做好防范和化解拖欠中小企业账款工作，维护企业合法权益。认真落实领导包抓、联系企业、上门服务等机制，解决企业融资、用工、用能等方面问题141个。截至2021年底，全市市场主体达到14.45万户，增长9.6%。

（市工业和信息化局）

## 食品工业

【概况】2021年，全市有规模以上农畜产品加工企业55家，占规模以上工业企业的

29%，成为武威工业发展的主导产业。其中，农副食品加工企业32家，食品制造企业6家，酒和饮料制造企业5家，饲料加工企业12家。形成以伊利乳业为龙头的奶产业链和以达利、红太阳面业、青啤、众兴菌业、天祥肉类等龙头企业为骨干的绿色食品工业产业集群，以傲农、天康、东方希望为龙头的饲料加工产业集群。

**【特色农畜产品加工】** 依托丰富的畜禽资源，发展肉制品加工产业和饲料加工产业，形成以牧原、中天、天祥、德青源为龙头的肉制品深加工产业链。2021年，规模以上工业企业生产饲料69.9万吨，小麦粉46.6万吨，鲜、冷藏肉5.6万吨；全市水果产量15.71万吨，蔬菜产量271.21万吨，猪存栏90.5万头，牛存栏71.7万头，羊存栏557.78万只，鸡存栏851.22万只。

**【特色果蔬加工】** 依托优质林果和高原夏菜资源，提高特色林果精深加工技术推广应用比例，建设马铃薯精深加工基地、高原夏菜深加工基地和优质林果加工基地，发展特色果蔬加工产业，形成以海升、嘉禾佳为龙头的蔬菜深加工产业链，以众兴、天禾、臣祥为龙头的食用菌产业链。至年底，全市食用菌产量达9.46万吨。

**【特色饮品加工】** 强化武威伊利乳业奶产业链链主企业辐射带动作用，围绕上下游产业协同，加快从原奶生产到消费终端的全产业链培育，推进奶产业强链补链，加大酿造葡萄加工成品比重，推进啤酒、白酒和葡萄酒产业与文化旅游业融合，支持发展酒类和饮料产业，形成以伊利、达利、青啤、红太阳酒业为龙头的酒和饮料制造产业链。扶持凉州熏醋品牌争创名牌，鼓励企业开发保健醋、水果醋、饮料醋等系列醋产品，做大做强调味品产业。至2021年底，规模以上工业企业生产白酒2643.3千升、啤酒44780千升、乳制品12.55万吨。

**【特色主食加工】** 支持藜麦系列产品开发，推进天祝藜麦产业园建设发展藜麦产业。扶持企业向集团化发展，延长小麦制粉、挂面生产等面粉产业链，开发生产精深加工产品。鼓励开展油料副产物综合利用项目，发展粮油

图51 7月，甘肃达利食品有限公司功能饮料生产线
（市工信局 供图）

制品产业。形成以达利、红太阳面业、黄羊河食品为龙头的休闲食品、面粉、玉米精深加工产业链。

（市工业和信息化局）

## 新兴产业

【概况】 2021年，全市工业坚定不移走生态优先、绿色发展之路，以“强龙头、补链条、聚集群”为导向，以推动高质量发展为主题，聚焦传统产业转型升级，注重优势产业延链补链，大力发展新兴产业，培育发展了装备制造、新材料、新能源、绿色环保、生物医药等新兴产业，大力构建绿色、低碳、可持续发展的生态工业体系。

【高端装备制造产业】 全市有规模以上装备制造企业22家、包装企业4家。甘肃建投多功能立体固沙车及风电装备制造基地、甘肃承威专用车制造和甘肃凯帝斯电梯项目建成投运。已形成750套（2250片）风机叶片、200台风电塔筒、3000辆专用车、5000部电梯、60万辆电动三轮车和1.01亿平方米彩印包装、5万吨啤酒瓶、饮料瓶生产能力。华电东控武威光伏产业示范园区一期一道1吉瓦高效光伏组件生产项目、华电中车武威风电产业示范园区一期风机玻璃钢罩生产项目开工建设。

【新能源产业】 全市有中节能、中广核、大唐新能源等规模以上新能源企业35家，新能源装机达到313万千瓦，其中，风电145万千瓦（民勤红沙岗125万千瓦、天祝松山滩20万千瓦），光电168万千瓦（凉州区77万千瓦、民勤县63万千瓦、古浪县20万千瓦，光伏扶贫项目8万千瓦）。

【生物医药产业】 全市有规模以上医药企业7家，已发展汇能生物饲料添加剂，天利达、牛满加药业兽药生产项目，年生产饲料添加剂、兽用片剂、中药散剂及消毒剂等1.62万

图52　5月，凉州工业园区北区光伏发电区　（孙文娟　魏晓莹　摄）

吨。正在建设普安制药年产3万千克原料药改扩建和新天马中药材GAP种植基地改造提升等项目，年可加工150吨中成药、生产2500万瓶中西药制剂。

**【绿色环保产业】** 全市有规模以上资源综合利用企业4家。亿利洁能2×75t/h+2×6MW热电联产机组项目已建成，年可生产蒸汽65万蒸吨，外销蒸汽53万吨，上网发电524万千瓦时。蓝博环保科技年产3万套农村改厕配套设备项目已建成。光大环保能源有限公司35千伏垃圾发电厂已并网发电，年可发电1.23亿千瓦时，处理垃圾29.2万吨。

**【新型建材产业】** 全市有规模以上建筑建材企业18家。其中，水泥生产企业1家，产能200万吨；铝型材生产企业1家，设计年生产建筑门窗型材、幕墙型材、装饰型材等1万吨；商用混凝土企业8家，年可生产570万立方米商品混凝土，在建环保型沥青混凝土产能30万吨；加气块、空心砖、防水材料以及外墙保温材料生产企业7家。

**【绿色化工产业】** 全市有规模以上化工企业11家。其中，民勤县9家，古浪县1家，凉州区1家。主要生产精细化工产品和化学助剂试剂、医药及农药中间体。高温制氢示范等项目有序推进。

（市工业和信息化局）

## 电力工业

**【概况】** 2021年，全市发电量80.15亿千瓦时，用电量70.81亿千瓦时，突破70亿千瓦时，实现历史新高。

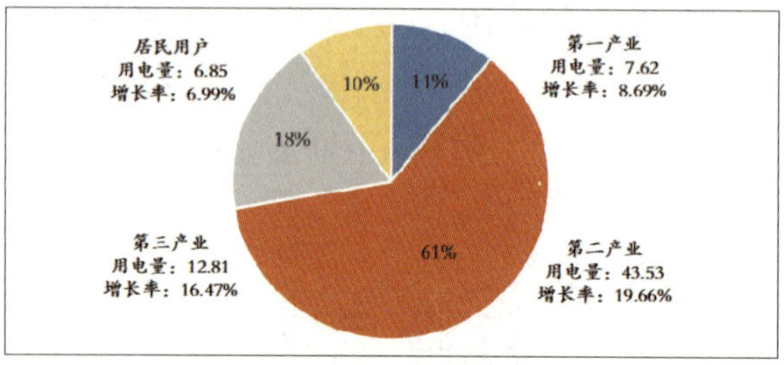


图53 全市用电量饼状图（单位：亿千瓦时）

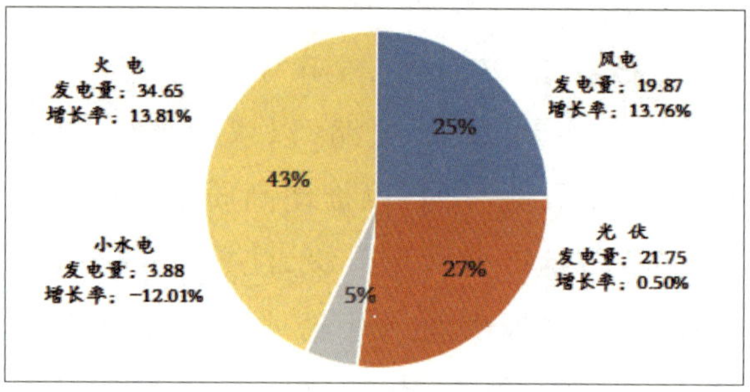


图54 全市发电量饼状图（单位：亿千瓦时）

**【新型电力系统建设】** 大力发挥行业优势，积极推动武威能源规划，推动黄羊160万千瓦抽水蓄能站点纳入全国抽水蓄能规划“十四五”重点实施项目；西营100万千瓦抽水蓄能项目被列为中长期规划储备项目；武威北750千伏输变电工程提前进入项目前期；国网综合能源“源网荷储一体化综合示范项目”落地武威。创新提出“沙漠能源生态圈”。建立健全新能源并网清单75项，高质量完成224兆瓦新能源并网。

**【优化电网结构】** 积极解决凉州区、民勤配农网薄弱问题，保障民勤县全省乡村振兴示范县建设。积极解决武威北部电网薄弱问题，推动民勤330千伏输变电工程提前进入项目前期；110千伏双民一线技改项目一期工程取得全路径协议，完成22项城市配电网项目储备。

**【助力“双碳”建设】** 完成“电眼看祁连”生态保护监测系统研发，助力武威筑牢国家西部生态安全屏障。积极探索“光伏+储能+充电桩”等综合能源业务，完成武南高速服务区120千伏直流充电桩建设。实施市委、市政府“炕烟围城”专项治理，全年电能替代电量4.53亿千瓦时，间接节约标煤18.99万吨，减排二氧化碳46.86万吨。

（国网甘肃省电力公司武威供电公司）

## 建筑业

【概况】 2021年底，全市有建筑企业291家，其中，一级企业5家，二级企业77家，三级企业209家，建筑领域有专业技术人才3万余人。具有资质的总承包和专业承包建筑业企业198家，比2020年末增加33家。全市完成建筑业产值88.9亿元，较2020年增长8.5亿元，增速10.79%；建筑业增加值31.8亿元，比2020年下降1.5%。

【新建工程项目】 2021年，全市新建房屋建筑和市政基础设施项目340项，实现投资122.05亿元。其中，凉州区142项、68.525亿元，民勤县54项、16.227亿元，古浪县90项、27.933亿元，天祝藏族自治县54项、9.369亿元。

【绿色节能建筑】 全市新增节能建筑108项、130.65万平方米，其中，居住建筑26项、82.92万平方米，公共建筑82项、47.73万平方米，城镇新建建筑设计和施工阶段严格100%执行建筑节能强制性标准。推广绿色建筑103项99.07万平方米，其中，保障性住房2项10.93万平方米，中小型公共建筑69项19.03万平方米，住宅建筑24项47.74万平方米，工业建筑8项21.38万平方米，全市城镇新建绿色建筑竣工面积占城镇新建建筑竣工面积比例达到75.83%。全市新开工装配式项目19项21.05万平方米，竣工验收装配式建筑项目6项9.53万平方米。

【建筑市场管理】 持续开展建筑市场乱象治理专项行动，开展综合性督查5轮，下发通报5次。开展施工项目专项检查，对存在问题的项目“五方”责任主体进行约谈。完成未批先建行政处罚4项，罚款31.77万元。及时发布2021年一、二、三季度建设工程Ⅰ类材料预算信息价格，公布价格信息13392条，补充材料价格子目5362条，调整计入结算防疫费用3880.38万元。审核施工现场管理人员144人，培训建设领域特种人员128人，注册二级建造师900人，清理建设领域各类“挂证”人员115人。落实实名制管理制度，推广应用“陇明公”平台，办结农民工欠薪案件23件，涉案金额188万元，涉及农民工111人，督促办理劳动用工备案手续54家。指导督办凉州区拖欠农民工工资信访案件28件，涉及农民工522人，涉案金额5200余万元。

【建筑施工安全监管】 印发《2021年全市房屋市政工程质量安全工作要点》《武威市住建领域2021年安全生产重点工作实施方案》，市本级开展建筑工地安全生产检查5轮次，共检查建筑工地154个，发现整改隐患问题1057个，下发整改通知书132份，停工整改6个，依法依规处罚建筑施工企业4家，罚款31.77万元，移交县区城管执法局实施行政处罚7个。县区共检查建筑工地917个，发现隐患问题3516个，下发整改通知书582份，停工整改111个，移交行政处罚案件16个。

（市住房和城乡建设局）

# 信息服务业

## 综　述

【概况】 2021年，以项目建设为先导，以数据接入为重点，全面推进数字政府、智慧武威建设。武威市政府与甘肃移动、联通分别签订“5G+”、“新基建+”智慧城市战略合作协议，编制《武威市5G通信基站站址及应用规划（2021—2025年）》，计划“十四五”期间在市域范围内统一规划建设5G站址5312个，建成5G基站1079个，实现市县城区、重点乡镇热点区域5G网络覆盖。与兰州大学信息科学与工程学院签订合作协议，在课题研究、人才培养、项目申报等方面展开合作。利用“雪亮工程”视频资源开展线上疫情防控巡查，实现疫情防控远程化、智慧化。规划配备了政务服务综合窗口和24小时自助服务大厅，全面推动政务服务事项最多跑一次和24小时不打烊自助办理。

【数字政府建设】 成立数字政府建设工作专班，编制《武威市数字政府建设方案》，规划建设数字政府运营指挥中心、数据共享交换平台、主题专题库、大数据安全治理平台、政务服务网门户网站、大数据基座、政务服务能力平台、政务大厅行政审批系统、“甘快办”政务服务移动端、政务云、政府网站集约化平台、“12345”热线平台12个项目，横向与省级平台打通，纵向与各业务系统对接，实现数据双向流通，消除省市县之间、各部门之间的信息系统壁垒。武威市“数字政府”共上线58071个事项，接入406个政务大厅智能化设备，完成3个市级自建系统的对接及事项适配改造工作，挂载1026个政务资源目录，上线政务服务网门户网站、“甘快办”政务服务移动端应用、政务服务能力平台、数据共享交换平台、大数据基座等12个子系统。

【大数据建设】 按照政府主导、统一规划的原则，落实甘肃省大数据中心建设“一核两翼六中心”总体布局要求，积极打造武威市大数据中心集聚区，按照《国家信息系统机房设计规范》A 级标准，建成武威电信云计算中心、武威移动大数据云计算中心、武威联通云计算数据中心 3 个大数据中心，实现了 1000 兆光纤直连，可实时实现数据交互与共享。

**【区块链服务网络建设】** 移动大数据中心具备全国区块链服务网络发展联盟区块链服务网络 BSN 入网条件，成为西北首批 BSN 节点服务提供商，具备各领域区块链应用的承载能力。数据中心已建成国产化云平台，具备国产化适配项目服务保障能力。

**【大数据公司改革】** 市政府与万达信息有限公司签订全面合作框架协议，完成 34% 国资股权转让，万达信息向大数据公司注入第一批资本金 680 万元，在全市国有企业中率先完成混合所有制改革。

**【互联网信息服务】** 截至 2021 年底，全市建成 4G 通信基站 6467 个，建成光缆 11.84 万皮长千米，移动电话用户数达 171.40 万户，互联网宽带接入用户共计 55.15 万户，4G 网络覆盖率达到 99.3%，家庭有线宽带覆盖率达到 97.2%，企业有线宽带覆盖率达到 100%，平均接入速率达到 100 兆 / 秒以上，互联网市级出口总带宽达到 1800G 以上。全市所有行政村、A 级旅游景区、乡村旅游示范点、20 户以上自然村组实现光纤宽带、4G 网络全覆盖。实施宽带提速工程，宽带网络升级改造和千兆宽带建设加快推进，全市千兆 PON 接入口数量达到 17816 个，千兆宽带用户 30860 户，22.1 万户用户具备千兆宽带接入能力。数字电视网络建设加快推进，共建成城乡广电光缆线路 7606.3 千米，分配线路 9260 千米。

（市工业和信息化局）

## 智慧武威建设

**【数据资源整合】** 2021 年，与县区、市直 46 个单位对接，获取数据资源 307 类、3412 万条，建成“城市大脑”10 个数据主题库。同 22 个市直部门和 13 家企业对接，规划“出生一件事”和“就医一件事”高频次政务服务线上办理一件事。

**【“大数据 +”服务】** 优化升级重大项目 App。通过“城市一张图”叠加燃气管道数据，实现对主城区主要燃气管道 24 小时全天候排查。建成智慧公安交通应用，实现对出租、公交、危险货车等城区内公共交通工具全面监测，为市民安全出行保驾护航。

**【数据安全保障】** 制定网络安全类规章制度和网络应急预案。开展全市“2021 护网行动”网络安全攻防演练，检验应急处置实效。开展网络安全普查、风险评估等工作，加强数据安全。

**【天马行市民云建设】** 天马行市民云是集成政务服务、便民服务、公共服务于一体的综合城市服务 App，为市民提供“衣食住行游购娱”全流程服务，以链接人与服务为目标打造城市服务唯一入口。2021 年 10 月 25 日上线运行，实名注册用户 807331 人，月活跃数 24 万人次，日活跃数 2 万人次，用户主要以 16 ~ 65 岁人群为主，基本覆盖了武威市常住人口。对接市直部门单位 42 家，提供政务服务 7 大类，个人事项 432 项，法人事项 541 项，提供便民生活服务 29 类、98 项功能。推进“12345”便民服务热线整合,已整合归并33个短号到“12345”,实现8个双号并行和省级互联互通。

【市民云场所码开发】 在2021年疫情防控中,天马行市民云开发运行“场所码”功能,实现无接触登记的同时建立起统一的疫情防控数据资源库,进一步健全了各级联动、分级配合的疫情防控工作机制。累计生成场所码59614个,累计扫描6642730次。

【建设成果应用】 对接市司法局学法考试、宗教场所预约、艾滋病宣传等各类活动,为全市各行业各部门提供信息化服务。依托市民云开展商业变现,推进交通银行红包开户、贷款、信用卡等业务,跟进国资监管平台、掌上工会、智慧人社、电子年鉴等项目。推进上线公交乘车、一码通城、“亮证”、智能搜索、城市名品(农场到家)、“12345”城市服务总客服、民心一件事等亮点服务,持续开发数据增值服务场景。

(市大数据服务中心)

## 电 信

【概况】 2021年,中国电信武威分公司主营业务收入完成4.09亿元,完成产业数字化收入5020万元。收入份额达到40.74%,收入增长绝对值超过5000万元,移动用户份额达到41.57%,收入份额和移动份额均突破40%。净增移动用户3.46万户、净增5G套餐用户28.9万户、净增宽带用户2.78万户、净增云业务1.9万核、净增视频业务4.66万户。全年累计开通5G基站366个,新建FTTH端口1.83万个,全市FTTH端口累计达到58万个。

【数字化综合网格建设】 以数字化工具使用为切入点,推进数字化综合网格建设。全年城市和农村综合网格收入同比增长分别达到9.46%、10.42%。网格直销、装维随销、网格厅店3支队伍全年完成净积分552.62万分,占全市净积分总量的57.6%。以“五长营销”为抓手带动全市63个网格中的52个实现信息化项目签约零的突破,占网格总数的82.5%。累计签约信息化项目140个,签约金额696.52万元,发展云业务6863核。

【新兴业务发展】 抽调专人组建云业务专班、数字乡村专班、智慧社区专班、智慧养老专班等专兼职推进专班,打破新兴业务规模拓展瓶颈,探索重点项目推进和规模发展思路。全年签约60个乡镇、699个行政村的数字乡村业务,年收入139.9万元;签约113个小区的智慧社区业务,年收入27.1万元。

【拓展短板市场】 聚焦校园市场短板精准发力,签约全市中小学一键报警和视频联网100%,签约金额1078万元。在大中专市场以变应变、分类施策,累计发展高校用户6157个,完成T2目标的171%。在中小幼市场启动智能学生证攻坚营销活动,全年累计发展智能学生证8932个。

【政企改革】 在全省率先推动政企改革,成立新兴业务部及数字政府、智慧城市、卫健、教育4个BU,修订DICT项目全流程管控办法,推动政企条线基础业务和新兴业务协同发展。进一步健全政企专业化销售体系,完成云业务收入2770万元,目标完成率113%;DICT项目签约5787.9万元,预算完成率125.8%。

(中国电信武威分公司)

## 移动通信

【概况】 2021年，建成5G基站538个，实现乡镇以上连续覆盖，乡镇700兆覆盖率达到100%，实现三县一区及党政军、学校、医院、大型购物中心等重点区域覆盖。家宽千兆小区100个，全市有线宽带覆盖率达93.06%。

【项目建设】 通过5G网络广度覆盖和深度覆盖，为“5G+”行业应用落地打下坚实的基础，全力培育“5G+”智慧银行、智慧矿山、智慧教育、智慧医疗、智慧园区等行业应用项目，助力武威农产品加工、机械制造、食品制造等产业信息化、智能化。同时，在大数据、云计算、物联网、区块链等方面广泛布局，武威市大数据云计算中心软硬件不断更新升级。

【信息化建设】 深入参与地方信息化项目建设，与市人民政府签署“5G+”战略合作协议。承建“数字政府”项目，构建数字政府“12345+N”体系，深化“放管服”改革，推进政府职能转变，创优营商环境，提高政府服务效率。升级改造大数据中心，建设政务云、政企云平台，构建城市治理大数据基座，实现政务服务一网通办、一网统管、一网协同。强化公检法司军警行业政企精品专网建设，承载垂直行业数据信息传输。通过全网基站信令大数据，深度参与教育、医疗、科普等现代化建设，建设智慧校园，承建科普基地。

【移动服务社会】 疫情防控期间，将市辖区所有定点医疗机构全部纳入“AAA级网络重保”，累计发送疫情防控信息1400余万条，免费开通视频彩铃2.2万余户，发送公益短信1000余万条。助力文明城市创建，为全市公职人员全量开通创城视频彩铃。累计投资2000余万元完成城区及“一镇十村”乡村示范行政村光缆杆路线缆美化整治工作。扎实推进“十百千万亿工程”“助力产业振兴”“助力人才振兴”等“数智乡村振兴计划”实施。认真履行网络信息安全主体责任，坚决落实“断卡行动”，配合公安机关开展号码核查溯源和网站核查清理。

（中国移动武威分公司）

## 联合网络通信

【概况】 2021年，实现主营业务收入增幅4.6%，利润同比增长20.8%，创新业务同比增长56.26%。以5G双千兆网络引领新型基础设施建设，着力打造武威云计算数据中心，着力推进“智慧武威”重点项目加速实施，着力提升基础通信网络能力，充分发挥中国联通在云计算、大数据、物联网、人工智能等方面的技术优势，助推全市经济社会数字化转型。

【网络服务】 5G基站数量累计达到511个，共享率达到100%，人口覆盖率达到41.99%。通过新建、共享等方式完成冰沟河、摘星小镇、祁连滑雪场、16号院、红旗谷等旅游景区的网络覆盖；完成定武高速武威段、北仙高速等交通干线的网络覆盖；完成南井村、夹岗井村、干草井村等自然村的网络覆盖。通过网络优化方式完成薛百镇时光廊道、天景公路、天互公路、白塔寺、八步沙纪念馆、古浪西路军纪念馆、抓喜秀龙赛马场、古浪兴民新村等重点区域网络覆盖指令性建设任务。

【联通服务社会】 开展“银发无忧”助老活动，助力老年人跨越“数字鸿沟”。全年举办活动15场次，覆盖人数1300人。新冠肺炎疫情防控期间，全力做好通信网络保障，增加巡视、巡检频次。为武威一中、二中提供“云课堂”在线教学方案，为高职院校提供千兆光网支撑，保障疫情防控期间师生授课听课需求。

【通信基础设施整治】 投资76万元整治架空光缆69.45千米。投资26万元对武威市内存在安全隐患或影响市容市貌的86处光缆线路管道井盖进行及时更换处理。投资6.8万元对69个室外路边光缆交接箱和电缆交接箱柜体、柜门进行喷漆翻新整治，为65个交接箱基座粘贴美化瓷砖，光缆交接箱成为宣传城市文明风景线。

【信息化建设】 紧跟数字政府、智慧武威建设项目，先后在智慧城市、政务、党建、医疗、消防、交通、教育、水利等行业实施数字信息化项目建设，完成5G智慧城市、5G智慧教育两个行业应用项目。全面推动市场政企网络运营体系变革，不断提升资源要素配置效率。

（中国联通武威市分公司）

## 广电网络

【概况】 2021年，实现经营收入2319.40万元，比2020年增收467.73万元。市分公司有有效用户74998户。年内，累计新发展各类用户4012户，其中，新发展数字电视用户1855户，新发展高清互动用户214户，新发展宽带用户1487户，新发展“甘小果”用户456户。全年实现用户数量净增长，较2020年底用户增长2526户。

【保用户促回网】 建立用户台账，为用户提供优质上门服务，千方百计保用户。将用户运维服务下沉，向“五级运维体系”延伸，进一步健全完善客服监督考核制度，加强对全部用户工单的响应、运维质量、用户回访监督检查，全部进行运维考核。严格落实运维服务工作责任制，及时、快捷处理各类用户故障。制定休眠用户回网奖励措施，全力挽流失促回网保用户，在网有效用户实现正增长。

【安全运行工作】 成立武威市安播工作领导小组，靠实安播责任。进一步细化完善应急处置预案，强化督导检查和责任追究。严格落实领导带班、值班制度，重要播出时段带班领导靠前指挥，切实做到联络畅通、指挥有力、行动迅速、令行禁止。组建强有力的应急抢修小组，各类器材、工具、车辆及抢修人员做到24小时待命，认真做好事故易发路段和工程施工区域的重点盯防，确保庆祝中国共产党成立100周年、党的十九届六中全会等重要时期的安全播出和网络传输安全。

【多元化经营】 与华为武威市A级经销商协商合作，进行华为智慧屏电视机、手机、PC、PDA、全屋智能等产品销售。经与武威移动公司多次磋商谈判，出租市本级农村分配网络和分纤箱，协商签订以分纤箱数量核算的租赁合同。与联通公司协商农网分配网络和分纤箱租赁合作项目。完成凉州区中央广播电视地面无线覆盖二期补点第四年度运维项目，70万元中标实施。落实户户通运维专项补助资金134.58万元，协调落实增值税留抵退税返还资金334.39万元。

（甘肃广电网络武威市分公司）

# 交　通

## 综　述

【概况】 2021年，建成公路1213.5千米，处治道路安全隐患215千米，改造危桥19座，完成固定资产投资14.83亿元。积极推进“四好农村路”建设，建成农村公路1202.2千米，凉州区自然村组道路建设省级示范区创建完成。全面推行农村公路“路长制”，争取到位农村公路养护资金6401.24万元。

【“十四五”规划编制】 2021年12月，《武威市“十四五”综合交通运输发展规划》印发实施。“十四五”期间全市规划完成交通固定资产投资415亿元，建设公路7580千米、综合客运枢纽场站3个、货运枢纽场站5个，打造20条“四好农村路”示范路。

【项目建设】 制定并落实《G569北仙公路项目历史遗留问题处置方案》，北仙公路民勤至武威段正式通车并实现联网收费运营，G569线武威至仙米寺高速公路项目开工建设。制定并落实《G338线景天公路项目历史遗留问题处置方案》，完成竣工决算编制及交工验收工作。制定并落实《S316线大靖至丰乐公路项目债务偿还方案》，准备进行竣工验收。S308线黄羊镇至金山公路、S587南营水库至旦马公路、S316线至白塔寺景区公路全部完工。

【交通运输服务保障】 2021年，完成公路运输总周转量233.24亿吨千米、增长17.94%。其中，客运量1676万人，下降34.81%；客运周转量10.52亿人千米，下降38.79%；货运量6852万吨，增长1.35%；货运周转量232.19亿吨千米，增长18.43%。

【交通运输行业改革】 2021年，武威市机动车驾驶员培训中心转企改制完成。不断完善市交通运输综合行政执法队改革思路、方案，持续推进交通综合行政执法改革。印发实施《武威市网络预约出租汽车经营服务管理实施细则》《武威市关于深化出租汽车行业改革的实施意见》,持续整治出租汽车行业乱象问题,推动巡游出租汽车和网络预约出租汽车融合发展。全面完成道路货物运输驾驶员从业资格考试制度改革,自3月1日起取消除道路危险货物运输以外的道路货物运输驾驶员从业资格考试。推进落实道路货运车辆“三检合一”改革,全市9家检测机构实现安检、综检和环检一次上线、一次检测、一次收费。持续拓展汽车维修电子健康档案系统建设,一、二类维修企业覆盖率达100%,三类维修企业覆盖率达30%。推进“不来即享”政策落地见效,共办理8项“跨省通办”业务111件。

**【行业专项整治】** 深入开展交通运输行业安全专项整治三年行动,全面整改国务院、公安部交管局、省交通运输厅等督查检查反馈问题,开展市级安全生产督查检查4次,检查企业682家次,排查整改隐患516处,整改率100%。扎实推进道路运输市场、公路综合行政执法和公路工程领域整治,查处路损赔偿案件111起、非法(违规)营运车辆363辆、超限运输车辆320辆。

**【路产路权维护】** 在交通运输行政执法“百日会战”行动中,加大巡查频次,对重点路段采取24小时不间断巡查,利用公安视频监控、122事故报警台摸排案件线索,发放举报联系卡,提高案件查处率。全年查处路损赔偿案件120起,结案119起,结案率99.17%,为国家挽回经济损失133.57万元。

**【超限治理】** 青林超限检测站实行24小时不间断检测,严格落实“一超四罚”、失信联合惩戒制度,严厉打击“百吨王”运输车辆。全年检测货运车辆141.76万辆,立案处罚车辆违法超限运输案件330起(其中“百吨王”3起),结案326起,结案率98.79%;卸(转)载货物2652.21吨,超限率控制在2%以内。

**【货运物流新业态】** 网络货运企业甘肃腾宇云供应链科技有限公司将业务拓展到天津东疆保税区,入网车辆19900辆,货运总量51万吨,运单接入正常率达到95%以上。推进落实危险货物道路运输电子运单制度,10家企业电子运单使用率达到100%。金沙物流园A区、B区建成2个“司机之家”,腾宇云供应链科技有限公司新建的“司机之家”通过验收。

(市交通运输局)

## 公　路

**【概况】** 2021年,共管养3条高速公路,7条国省干线,总里程1056.9千米;养护桥梁565座、31539.3延米;养护隧道16道、44767.4延米。移交县区交通运输局养护农村公路10条、83.86千米;移交县区住房和城乡建设局管护城镇道路3条、13.89千米;接养G569线民武、民左段,G338线天景、天互段,G312线古丰段共计470.9千米的养护事权。

**【公路建设】** 2021年10月26日,G569曼德拉至大通公路武威至仙米寺段工程开工建设。路线起点位于武威市凉州区永丰镇周家上庄,终点位于张掖市肃南县骆驼河口,全长56千米,采用一级公路技术标准建设。11月1日,G569线北仙高速公路民勤至武威段正式收费运营。2021 年，建成农村公路 1202.2 千米，争取到位农村公路养护资金 5431.24 万元。S316 线至白塔寺景区公路建成通车。起点位于凉州区河东镇，与 S316 线大靖至丰乐公路相接，途经刘家寨、赵家小庄，终点与天马大道相接，全长 12.9 千米，总投资 3.5 亿元，按一级公路标准建设。S308 线黄羊至金山公路建成通车。起点位于凉州区黄羊镇，与 G312 线相接，途径黄羊、谢河、新华、高坝、金塔、永丰、西营、丰乐、金山等 14 个沿山镇，终点至凉州区金山镇小口子村，按三级公路技术标准建设，全长 80.82 千米，2019 年开工建设，2021 年建成通车。S587 线南营水库至旦马公路建成通车。起点位于凉州区新华乡，与 S588 线相交，途经青咀湾、下寺、大沟槽村，终点至旦马乡，按三级公路标准建设，总投资 1.1 亿元。

【日常养护】 加大日常养护巡查频率，对出现的路面坑槽、龟网裂、沉陷等病害及时彻底进行处治，并严格控制混凝土施工配合比、沥青混合料油石比以及修补界面，实现了"零返修率"的目标。全年修补油路 5.29 万平方米，补划标线 2.04 万平方米，维修更换护栏、防眩网等交安设施 5152 延米，更换、增设、维修各类标志标牌 333 块。

【预防性养护】 贯彻落实"全寿命周期"养护理念，在总结往年预防性养护经验基础上，进一步加大新技术、新材料、新工艺应用力度。共处治裂缝 16 万延米，实施碎石封层 7.3 万平方米、微表处 10.46 万平方米，有效缓解路面病害的发展，延长道路使用寿命。

【桥隧涵养护】 以"桥梁养护能力提升"专项行动为抓手，强化桥隧涵专业化养护队伍建设，每季度对所辖养桥隧涵进行全方位普查，建立桥隧涵健康档案，积极筹措资金配备无人机、高精度水准仪、裂缝观测仪等检测仪器 40 余台，对公路桥梁限载标志和信息公

图 55　11 月 1 日，G569 线北仙高速公路民勤至武威段通车　（甘曜毓　摄）

示牌进行增设更新，顺利完成国家公路网技术状况重点隧道监测评估，创建养护示范桥梁和预防性养护桥梁各 4 座，实施危桥加固示范工程 2 项、隧道维修示范工程 1 项，保障桥隧涵安全运营。

【路域环境整治】 按照“一手抓整治、一手抓巩固”的原则，常态化开展沿线生活垃圾清理工作，共清扫路面 1.4 万千米，清理垃圾 3121 立方米。加大公路绿化养护力度，在高速公路隧道进出口、中央隔离带种植红叶榆、云杉、丁香等花卉 1.93 万株，累计绿化面积 2551 平方米；在 G312 线、G569 线、S308 线等国省干线栽植苗木 3161 株，种植花草 3.53 万平方米，累计绿化里程 26.3 千米。

【道路养护维修工程】 2021 年，省上下达道路养护工程 6 项，总投资 5146.66 万元。先后成立 4 个养护工程项目办，科学制定交通保畅方案，及时办理占道手续，合理布设养护施工作业区，3 月开工建设，9 月顺利完成项目交工验收。对 2018—2021 年养护工程“拉网式”排查出的 3 项问题进行整改落实。完成 2018—2019 年 7 项养护工程竣工验收，组织开展养护单项工程实施效果次年评价，有效提升养护工程质量。

（市交通运输局、武威公路事业发展中心）

## 铁　路

【概况】 坚持生产与经营并举、节支与创效并重，以“四个不足四个补”经营策略为抓手，以全力打赢“两坚守两实现”攻坚战为目标，加强组织，强化营销，制定措施，一体推进。2021 年，完成旅客发送 449 万人次、货物发送 515.8 万吨、运输收入 15.87 亿元，实现节支创效 132.54 万元。

【兰张三四线铁路建设】 兰州至张掖三四线铁路是列入国家“十三五”“十四五”铁路发展规划的重大项目，在省委、省政府和各方的不懈努力下，中川机场至武威段工程先行报批建设。线路自既有兰州西至中川机场铁路中川机场站引出，经兰州市永登县，武威市天祝藏族自治县、古浪县，终至武威市凉州区新建武威高铁东站。线路全长 194.3 千米，其中武威境内

图 56　4 月 26 日，G569 线 K384+100 处修补油路

（张彦新　摄）

124.5千米。铁路等级为高速铁路，双线，设计速度为250千米/小时。批复总投资242.9亿元，其中武威境内151.3亿元。2021年，工程按照建设计划有序推进。

**【铁路安全生产】** 健全双重预防机制，落实全员安全生产责任制，修订安全管理绩效考核办法，完善正向激励机制，强化安全管理基础。深刻吸取“6·4”事故教训，扎实开展安全警示教育，规范业务外包管理，切实提高全员安全责任意识。分析研判施工8大安全风险及9项管控重点，梳理制定7个项目清单和3个管控流程，确保全年2513站次施工作业绝对安全。紧盯关键、突出重点扎实开展“查灭保”专项行动，排查出的38件隐患全部得到整治。从严推进标准化规范化建设，建立标准化、规范化考评体系，修订完善制度机制81项，阶段性开展专项推标4轮次，规范作业标准177处。

**【实训能力建设】** 按期完成行车主要工种一年轮训计划，各项适应性培训有序推进。修订职工素质达标考评办法，推行职教培训“学分制”管理，实施“线上+线下”培训方式。修订完善《一岗一册》，梳理制定《一场景一流程》。持续做好素质达标评定，全年评选一星级职工144人、二星级职工116人、三星级职工32人，发放奖励15.96万元，营造全员学技练功浓厚氛围。

（武南车务段）

图57 8月28日，兰张三四线铁路中川机场至武威段ZQ5标工程 （甘曜毓 摄）

# 城市建设

## 综　述

【房地产市场】 2021年，房地产开发投资增长19.3%，其中住宅投资增长21.35%。房屋施工面积654.41万平方米，增长35.69%；新开工面积217.84万平方米，增长28.91%；商品房销售面积81.53万平方米，增长29.21%。全市商品房销售134.18万平方米，同比增长9.9%；全市新建商品住宅交易均价5745元/平方米，同比下降0.25%；商品住宅去化周期18个月；二手住房交易均价3506元/平方米，同比增长2.47%（其中：武威城区新建商品住宅交易均价6081元/平方米，同比下降3.31%；商品住宅去化周期15.2个月；二手住房交易均价3661元/平方米，同比增长3.56%）。编制《武威市"十四五"住房发展规划（2021—2025年）》，印发《武威市保障房地产市场健康发展的指导意见》。实现房屋网签备案全覆盖，审批商品房预售许可47项，批准预售面积116.11万平方米，办理房地产开发企业资质44项。制定印发《武威市商品房预售资金监督管理办法》，签订商品房预售资金三方监管协议项目70个，设立预售资金专项监管账户，监管预售资金4200万元。检查房地产开发企业84家、开发项目70个，约谈逾期交房企业5家，列入"共筑诚信·德润武威"诚信"黑榜"2家。

【保障性住房建设】 加快构建以公租房为主体、住房租赁补贴为补充的住房保障体系，全市发放城镇住房保障家庭租赁补贴290户65.67万元，其中，凉州区203户、46.57万元，天祝藏族自治县87户、19.1万元，发放率181.25%。充分发挥公租房"兜底"保障作用，建立住房保障信用体系，制定印发《关于加强全市工业园区内公租房建设管理的通知》，提高公租房建设管理水平。加快公租房信息系统贯标工作，房源信息各县区均100%录入。保障性安居工程跟踪审计发现的5类、28个问题全部完成整改，其中，凉州区7个，民勤县7个，古浪县6个，天祝藏族自治县8个。

【重大项目建设】 2021年，住建领域实施高质量发展重大项目65项（续建项目21项、新建项目41项、前期项目3项），总投资165亿元，全年计划完成投资51.81亿元，开工建设62项。实际开工建设62项（续建项目21项、新建项目41项），开（复）工率100%。武威历史文化街区保护建设项目91幢建筑主体结构全部封顶，32处古民居院落基本完成原址修缮，2021年完成投资8.18亿元，占年度投资计划7亿元的117%，累计完成投资21.57亿元。“城市记忆”馆布展建设、历史名人城市雕塑等项目加快推进。

【老旧小区改造】 编制印发《武威市城镇老旧小区改造“十四五”专项规划（2021—2025年）》，2021年改造老旧小区200个、14733户，其中，凉州区126个、10895户，民勤县23个、1368户，古浪县9个、250户，天祝藏族自治县42个、2220户，累计完成投资3.57亿元，争取中央、省级补助资金2.3亿元。完成建筑节能改造面积约82万平方米，冬季住户室内温度比往年提高2～3℃，改造供水管网20.49千米、排水管网31.55千米、供热管网13.8千米，增设电动车充电桩23组276个、停车位530个，安装体育健身设施16个。2021年凉州城区老旧住宅加装电梯10部全部建成。

【项目审批制度改革】 工程建设项目审批制度改革在全省“全程领跑”，梳理确定工程建设项目审批事项74项，制定10类工程建设项目审批标准化流程图，房建市政项目审批时间压减到60个工作日以内，城市上传标准事项覆盖率100%，联合审图率、并联审批率、系统受理办件数、中介服务项目数、联合验收率均在全省前列。全面实现施工许可等7类证照电子化，制发电子证照1614个，公用事业服务报装时间压缩至7个工作日。2021年累计受理项目审批事项数3119项（次），涉及工程建设项目1107个。

【大气污染防治】 制定印发《武威市住

图58 天祝藏族自治县老旧小区整改项目
（尚禾 12月摄）

建领域2021年大气污染防治实施方案》《武威市2021年房屋市政工程施工工地扬尘防治实施方案》《武威市建筑工程渣土商砼车辆监管实施方案》《全市住房和城乡建设领域2021—2022年秋冬季大气污染防治工作实施方案》，开展大气污染防治工作督查6轮次，检查建筑工地449个、拆迁工地24个、市政道路24条，发现大气污染问题1152个，下发督办函70份，整改通知书425份，停工通知书17份，行政处罚决定书10份，罚款10万元。建筑工地抑尘措施“6个100%”覆盖率达到95%以上，凉州城区道路机械化清扫率达到93.2%，民勤县、古浪县、天祝藏族自治县分别达到92%、92%、90%。

**【工程质量安全监管】** 扎实开展工程安全质量宣传、举牌验收和实名制管理、建筑工程品质提升、住宅质量通病治理等专项工作。在建项目299个，排查整改工程质量问题126条，上传质量试验检测数据97675条，一次检测合格率为99.99%，上传商用混凝土企业专项实验室数据16064条，一次检测合格率为99.99%，工程质量总体受控。审核施工、监理企业注册入库83家，监理工程师入库294人，三类人员入库762人，现场管理人员入库1020人，考核通过特种作业资格人员846人。

（市住房和城乡建设局）

## 城市管理

**【城市管理执法体制改革】** 完善城市管理执法制度体系，制定《城市管理现场执法程序规范》等12项制度。制定印发《巩固深化城市管理执法队伍“强基础、转作风、树形象”专项行动的实施方案》，城市管理执法和服务水平显著提升。开展户外广告和牌匾标识专项整治，排查户外广告2万余块，排查整改户外广告安全隐患289处。2021年受理案件28341件，办结27329件，办结率96.5%。

**【城市生活垃圾处理】** 加快推进政府立法项目，委托第三方编制完成《武威市城市生活垃圾分类管理办法（讨论稿）》。制定印发《关于进一步推进全市生活垃圾分类工作的实施意见》，在荣华街道试点基础上，再新增西关街、火车站街、宣武街等3个试点街道，升级改

图59　城市管理执法队伍（市住建局供图　7月摄）

造垃圾点位113处，新投放、更换垃圾桶1065个。凉州区静脉产业园生活垃圾焚烧发电、餐厨垃圾处理、医疗废弃物处理、飞灰填埋场、二次分拣中心等项目和民勤县医疗废物处理项目建成投运，在全省率先实现垃圾分类末端综合处理。

【城市信息模型基础平台建设】 编制《“城市信息模型（CIM）平台及其配套‘物联网应用’项目”建设方案》，列入数字政府建设计划。全力推进构建包括地理信息、建筑物和基础设施三维模型的CIM平台数据库，推动数字城市和物理城市同步规划和建设；初步绘制全市城区三维倾斜影像地图100平方千米，建模部署城市部件、建筑基底、地下管线等130类、29.88万条城市信息；整合城市建设、管理、运行、安全、住房、管线、交通等领域信息，建设多领域应用支撑的城市信息模型（CIM）平台，建成“城市数字一张图”。

【数字化城市管理】 “智慧武威·数字化城市管理平台”覆盖武威市建成区40.21平方千米5大类市政公用设施98个小类部件和户外广告、施工管理等6大类82个小类事件。联动涉及城市管理市区职能部门和公共服务企业40家。平台实行“信息采集、案件建立、任务派遣、任务处理、处理反馈、核查结案、考核评价”7步闭环管理。2021年，共受理城市管理领域案件50293件，结案49079件，结案率97.59%。

【城市问题排查整改】 制定印发《武威市城市（县城）“打补丁”百日攻坚行动方案》，补齐城市（县城）基础设施短板，强化城市管理弱项，消除市政设施质量安全隐患，共排查出安全隐患及突出问题17218个，整改16129个，整改率94%。其中，凉州区排查14459个，整改13421个，整改率93%；民勤县排查1078个，整改1055个，整改率98%；古

图60 7月16日，凉州区城市生活垃圾焚烧发电建设项目 （《武威日报》采访组 摄）

浪县排查939个，整改911个，整改率97%；天祝藏族自治县排查742个，整改742个，整改率100%。

（市住房和城乡建设局）

## 市政公用设施建设

【基础设施建设】 2021年，新建（续建）改造市政道路30条，其中，凉州区18条，民勤县8条，天祝藏族自治县4条。新建续建城市（县城）公共停车场12个（停车泊位6713个）。出台《武威市凉州城区集中供热专项规划（2021—2030）》，新建改造供热管网42.33千米、换热站19座，凉州城区城北热源厂超低排放、民勤县城第二热源厂等项目建成投运。凉州区城市第二水源建成投运，新建供水管网13.28千米，改造供水管网10.6千米。制定《武威市城市内涝治理系统化实施方案》，开展汛期排水防涝检查5轮次，完成凉州城区天丰街、雷台东路等积水点改造2处，实施天祝藏族自治县阴屲山、古浪县城区陈家沟排洪，新建排洪渠5.3千米。

【城市绿地倍增行动】 2021年，全市新增城市（县城）绿地70.27万平方米，其中，凉州区41.56万平方米，民勤县4.8万平方米，古浪县15.31万平方米，天祝藏族自治县8.6万平方米。提质改造绿地47.37万平方米，其中，凉州城区28.1万平方米，民勤县城8万平方米，古浪县城5.07万平方米，天祝藏族自治县城6.2万平方米，均超额完成年度计划任务。城市建成区绿地率达到33.4%，武威市被命名为“甘肃园林城市”。

【污水处理设施建设】 2021年，新建改建污水管网66.13千米，其中，凉州区55.88千米，民勤县2.25千米，天祝藏族自治县8千米，

图61　9月，工人在天祝藏族自治县华藏寺镇平整草地　（董丽俊　摄）

凉州城区西北片区污水泵站及污水管网建成投运。全市（县城）污水处理设施均达到一级A排放标准，民勤县城、古浪县城污水处理厂提标改造项目调试运行。城市再生水利用率达到46%以上。天祝藏族自治县城区、古浪县土门镇再生水利用工程建成调试运行。继续保持城市、县城建成区范围内无黑臭水体。

**【市政公用设施问题整改】** 印发《关于进一步加强全市城镇燃气安全管理工作的意见》等7个文件，聘请专家开展3轮次市政公用设施全覆盖检查，检查燃气企业29家，整改隐患问题121个；检查供水企业4家，整改隐患问题9处；检查供热企业5家，整改隐患问题14个；检查城市（县城）及重点镇污水处理厂4轮次，整改隐患问题12个；检查市政桥梁（过街天桥）11座，整改隐患问题1个；检查发现城市易涝点12个，完成整改11个。委托中国城市燃气协会对180名燃气企业有关人员进行培训考核。修订印发市政道路桥梁、排水防涝、供热、供水、燃气、污水及垃圾处理、公园7项市政公用行业应急预案。

## 物业管理

**【概况】** 开展住宅物业管理服务水平和效能提升年活动，制定印发《武威市住宅物业管理服务水平和效能提升年工作方案》《关于制作物业企业收费信息“公示栏”的通知》，完成物业服务收费信息公示住宅小区184个，签订物业服务承诺书143份。开展物业小区安全风险隐患大排查大整治专项行动，检查物业服务项目112个，整改安全隐患135个，整治居民小区出入口道路破损、塌陷、坑洼不平及占用消防通道等问题320处。

**【日常管理】** 实行网格化管理，对凉州城区131个有物业企业管理的住宅小区进行合理划分，建立物业服务企业网格化考核责任制。开展物业管理项目考评，奖优罚劣，树立典型。引入信息化管理，建立物业管理企业信息平台，提高物业服务质量效率。加强日常巡查和物业纠纷化解处理力度，日常巡查覆盖率达到100%，物业纠纷处理率达到98%。

**【新建小区物业备案工作】** 督促新建住宅小区建设单位严格落实商品房销（预）售备案前，前期物业服务企业选聘和前期物业服务合同、临时管理规约备案工作，从源头上为物业管理创造良好条件。全年共办理新建小区前期物业企业备案12家，新增物业管理小区14个，新增物业管理面积104.07万平方米。

**【物业等级评定】** 2021年，凉州城区117个住宅小区物业企业完成自评、征求意见、企业申报和资格预审工作，已通过考评确定服务等级的物业企业65家，其中，确定二级服务等级15家，三级服务等级45家，四级服务等级5家。

**【行业协会分会组建】** 调整武威市物业管理行业协会部分监管权，组建成立武威市物业管理行业协会凉州分会，进一步加强物业行业自律管理，规范行业经营行为，促进物业企业诚信服务水平，并依托物业协会开展从业人员培训、继续教育、技能竞赛等活动，提高从业人员职业素养和服务水平。

（市住房和城乡建设局、
凉州区物业管理服务中心）

# 生态与环保

## 生态保护

【大气环境治理】 2021年，颁布实施《武威市大气污染防治条例》《武威市建筑工地扬尘污染防治管理办法》。常态化开展建筑工地、拆迁工地和市政道路扬尘污染防治督查检查，实行限期整改、销号管理工作机制。凉州区、民勤县、古浪县、天祝藏族自治县城区机械化清扫率分别达到95%、92%、92%、87%。建立煤炭质量档案和出入场检验制度，抽检煤炭1003批次，抽检合格率100%，建成煤炭交易市场9个，优质配送网点220个，完成清洁取暖改造33259户。完成2台燃煤锅炉超低排放改造，淘汰3台。加大机动车污染防治，坚决遏制“冒黑烟车”上路。严格治理工业企业污染，对145家“散乱污”企业全面实施“回头看”。审核通过清洁生产审核企业10家，清洁生产审核验收企业3家。开展VOCs治理突出问题专项治理，督促各企业严格落实环评要求，安装收集处理装置。武威市“十三五”时期单位GDP二氧化碳排放累计下降37.8%，超额完成目标任务。

【水资源保护】 持续开展河湖“清四乱”、重点镇以上污水处理厂问题排查整治、全市污水处理设施排查整治、凉州区供排水集团公司污水处理厂问题诊断及整改优化等水环境保护联合专项检查。完成全市级、县级饮用水水源地环境状况评估和乡镇水源地基础信息调查，全市8个县级及以上集中式饮用水水源地矢量图绘制通过省生态环境厅审查。建成投运三县一区污水处理厂提标改造工程，出水水质达到再利用标准要求，完成民勤县污水处理厂生态湿地工程量80%。开展重点流域横向生态补偿试点，落实补偿资金558万元，巩固提升石羊河全国示范河湖建设成果，石羊河从全国133个案例中脱颖而出，成功入选全国首批9个美丽河湖提名案例，是西北诸河中唯一入选案例。组织天祝藏族自治县与凉州区、古浪县签订流域上下游生态补偿协议，武威市与兰州市签订黄河流域水污染联防联治专项合作协议，推动建立流域保护治理长效机制。

【土壤环境保护】 更新调整2021年土壤污染重点监管单位，由33家调整为37家，按国家及省上要求指导完成企业用地土壤和地下水监测及隐患排查。聚焦涉镉等重金属行业企业，组织对全市涉镉等重金属污染源“再排查”，全市涉重金属重点行业企业2家，无涉镉金属企业。对凉州城区、三县县城及武威、黄羊工业园区污水处理厂周边土壤及厂内污泥采样监测，经监测66个土壤及4个污泥样品均在国家规定标准之内，严防土壤污染。开展农村环境综合整治，完成6个行政村环境整治任务。严格固体废物监管，2021年共转移处置危废4800.57吨，处置医疗废物1001.01吨。组织开展废旧塑料加工及塑料制品加工企业执法检查43家（次），发现问题全部整改。

【生态环境问题整改工作】 祁连山自然保护区150个生态环境问题、中央两轮和省级生态环保督察反馈93项问题、“绿盾”专项行动103项生态环境问题全部整改。省生态环境警示片反映武威市的4个问题，已整改3个，1个2022年春季绿化后整改到位。全面排查出各类生态环境问题347个问题，已整改343个，生态环境问题整治成效显著。

【生态环境执法监督】 严格执行“双随机、一公开”制度，落实执法监督正面清单，严厉查处破坏生态环境违法行为，全面梳理排查“两高”项目。邀请环保专家对民勤红沙岗工业集聚区8家化工企业进行专项检查，发现的37个问题全部进行整改。2021年全市共受理环境信访投诉176件，全部办结；立案查处各类环境违法行为45起，罚款418.73万元，其中，移送公安机关1起，实施查封1起。

图62　6月，石羊河流域下游青土湖治理成果　（市生态环境局　供图）

【生态环境分区管理】 紧盯全市高质量发展重大项目和重点招商引资项目，主动靠前服务，优化审批流程。印发实施《武威市“三线一单”生态环境分区管控实施方案》《武威市生态环境准入清单（试行）》，划定优先保护单元29个，重点管控单元18个，一般管控单元4个，建立武威市“1+51”生态环境分区管控体系，严把生态环境准入关，优化调整产业结构，保障生态功能。有序推进排污许可发证登记工作，全市核发排污许可证412张，排污单位自主登记1723家。《武威市“十四五”生态环境保护规划》《武威市“十四五”重点流域水生态环境保护规划》编制完成，通过专家评审。

【自然保护地监管】 组织开展“绿盾2021”自然保护地强化监督专项行动，进一步巩固提升祁连山自然保护区生态环境问题整治成效。62家重点排污单位污染治理设施实行用电情况动态监测，着力构建监管、服务一体的祁连生态保护监控系统。2020年度重点生态功能区转移支付绩效评估考核武威市位列全省第一，获得中央、省级生态功能区转移支付奖励资金3466万元。

【八步沙入选“两山”实践模式】 2021年7月12日，八步沙林场“农林牧副”多业并举生态治沙促人沙和谐，成功入选生态环境部发布的第一批18个“两山”实践模式与典型案例。

【清洁生产】 按照“减量化、再循环、再利用、资源化”原则，加快推动传统产业绿色化改造，积极培育和发展农副产品、食品、特药等循环经济产业。深入推进尾矿渣、冶炼渣及尘泥、化工废渣、煤电固废等大宗工业固废的综合利用产业化发展，建成亿利洁能“三废”无公害处理及煤耦掺烧等项目设施。加强绿色制造体系建设，武威工业园区获批为国家级绿色工业园区，祁连山水泥被认定为国家级绿色工厂，傲农饲料被认定为省级绿色工厂，凯迪机电轻质隔墙板被认定为国家级绿色设计产品，福利包装“福利”箱纸板被认定为省级绿色设计产品。

（市生态环境局、市工业和信息化局）

## 生态环境质量

【概况】 2021年，认真践行“绿水青山就是金山银山”理念，坚决扛牢生态环境保护政治责任，大力弘扬新时代武威精神，始终坚持以生态优先、绿色发展为方向，以改善生态环境质量为核心，突出精准治污、科学治污、依法治污，全面加快生态大市建设，深入打好污染防治攻坚战，全力推动生态环境高水平保护和经济社会高质量发展。全市有环境监测站4个，生态环境综合行政执法机构4个、执法人员74人，环境监测人员44人。

【环境空气】 全年武威市城区空气环境质量优良天数为313天，优良率85.8%；可吸入颗粒物（$PM_{10}$）、细颗粒物（$PM_{2.5}$）、二氧化硫（$SO_2$）、二氧化氮（$NO_2$）、一氧化碳（CO）、臭氧（$O_3$）六项污染物浓度达到或优于国家环境空气质量二级标准，稳定在国家达标城市行列。全年武威市城区共发生沙尘天气81天，与2020年同比增加36天。降水pH值为6.78 ~ 7.45，降尘量年均值为13.82吨/平方千米·月，平均降尘量为 7.28 ～ 39.13 吨 / 平方千米·月。

【水环境】 全年设置地表水监测断面 14 个，其中，河流型监测断面 8 个，湖库型监测断面 6 个，地表水水质达标率 100%。设置县级及以上饮用水水源地监测点位 7 个，其中，地表水型饮用水源地 5 个，地下水型饮用水源地 2 个，水质达标率均达到 100%。全市有乡镇饮用水水源地 84 个，水质达标 82 个、达标率 97.6%。

【声环境】 全年在城市建成区内设置各类声环境功能区区域有效网格点位 149 个，声级面积全覆盖，昼间区域环境噪声平均等效声级为 47.6 分贝，城市区域环境噪声总体水平达到“一级”标准。在市区内主次交通干线布设道路交通噪声监测点位 58 个，监测路段总长度 64790 米，城市道路交通噪声昼间等效声级加权均值为 60.9 分贝，道路交通噪声强度等级达到“一级”标准。布设城市各类声环境功能区定点监测点位 10 个，全年共监测 80 点次，其中昼、夜间各监测 40 点次，全年昼间监测达标 40 点次，达标率为 100%，夜间监测达标 36 点次，达标率为 90%。

【土壤环境】 更新调整 2021 年土壤污染重点监管单位，督促指导企业开展土壤和地下水监测及隐患排查。聚焦重金属行业企业，组织对全市重金属污染源“再排查”，全市涉重金属重点行业企业 2 家。对凉州城区、三县县城及武威、黄羊工业园区污水处理厂周边土壤采样监测，规范污水处理厂污泥处置管理，严防土壤污染。

【固体废物监管】 严格按照“减量化、资源化、无害化”原则，持续加强固体废物环境污染防治，全面推进工业固体废物综合利用，强化医疗废物监管，严格执行“限塑令”，加大环境专项执法检查，加强危险废物全过程环境风险管控，实现危险废物依法安全处置，工业固体废物综合利用率达到 90% 以上。

（市生态环境局）

## 林草保护

【概况】 2021 年，武威市认真践行习近平生态文明思想和“绿水青山就是金山银山”理念，坚定不移走“生态优先、绿色发展”之路。全年完成人工造林 37.73 万亩，其中，南部山区水源涵养林 9.42 万亩，中部绿洲防护林 2.4 万亩，北部沙区防风固沙林 25.91 万亩；退化林分修复 6.5 万亩；治理退化草原 38 万亩；城市绿化 66.97 万平方米；国土绿化提质增效 17.31 万亩，实现了国土绿化倍增行动目标。森林覆盖率（含保护区）达到 19.01%。

【草原生态保护】 实施退化草原修复治理工程，建成草原围栏 6.36 万亩，完成退化草原补播改良 16.33 万亩、人工草地建植 3 万亩、毒害草治理 3 万亩、黑土滩治理 4 万亩、草灌结合治理 0.13 万亩、退耕还草 5.18 万亩；落实草原禁牧面积 1028.83 万亩、草畜平衡面积 1226.87 万亩；设置草原监测点 112 个，鼠虫害监测点 42 个，完成鼠虫害防治 163.054 万亩。全市天然草原综合植被覆盖率 42.93%。

【林草资源管护】 开展自然保护地整合优化、国有林场改革、林草资源管护“回头看”

和森林草原火灾风险普查、打击毁林、“清风行动”、野外火源治理、安全风险隐患大排查大整治百日行动等专项行动，排查整改各类问题29个、安全生产隐患114条，全年未发生重特大森林草原火灾；受理各类林草行政案件130起，结案101起。推广“截干复壮＋投放花绒寄甲”天牛生物防治技术，完成截干复壮1.59万株，引进投放花绒寄甲10.47万头，林草有害生物防治预警信息和灾情预报准确率达90%以上，林业有害生物成灾率控制在4‰以内。

**【林草业项目建设】** 全力推进高质量发展重大项目建设，国土绿地倍增行动完成投资3.69亿元，占年度投资计划的122.86%。争取落实重点区域生态保护和修复专项、防沙治沙示范建设、退化草原修复治理等中央、省级财政资金2.02亿元。欧洲投资银行贷款黄河流域沙化土地可持续治理项目列入国家2020—2022年外贷备选项目规划。武威市森林草原火灾高风险区综合治理工程（防火三期）项目纳入国家重大项目库。

**【公益林管护】** 根据公益林管护要求，分解责任区15个，加强管护，完成公益林补植造林和抚育管护工作。完成中心林草湿数据与第三次全国国土调查数据对接融合。全力推进造林项目落地，完成造林9300亩，抚育530亩，林业有害生物防治1800亩，工程治沙120亩，栽植苗木90.71万株。

**【巩固生态脱贫成果同乡村振兴有效衔接】** 落实各类到户生态建设项目补助资金11496.5万元，国家和省级乡村振兴重点帮扶县项目资金1.11亿元。选（续）聘生态护林员2973名、村级草管员382人，落实补助资金2454.8万元，安远镇朱生玉荣获“全国最美生态护林员”称号。建成梭梭接种肉苁蓉基地8.16万亩、沙生药用植物10多万亩。打造10个市级、30个县区级林业科技示范园，

图63　8月，市林草局开展草原生态治理保护工作　（市林草局　供图）

开展技术培训1084场次5.36万人次，完成经济林提质增效22.36万亩。建成农民林业专业合作社82个，家庭林场65个，果品“三品”认证企业达到16家，无公害产品认证企业1家，河西走廊酿酒葡萄入选“甘味”知名区域公用品牌。以转包、出租、转让和入股等形式流转林地5.4万亩，累计完成林权抵押贷款15654万元，发展林下经济20.32万亩，涉及农户3.52万户。

**【石羊河林业总场】** 武威市石羊河林业总场始建于1964年，位于甘肃省民勤县境内，下设10个分场，总经营面积91.7万亩。2021年争取造林绿化项目4个，到位资金321万元，完成人工造林9132亩（自主造林1000亩），占计划任务的112.29%。经秋季检查验收，造林平均成活率82%。完成补植补造107.2万穴，折合面积1.27万亩，补植补造平均成活率82.7%。完成公益林补植0.21万亩，有害生物防治0.3万亩。完成杨树截干复壮1.82万株。大力推广花绒寄甲防治天牛技术，在天牛危害严重的树木释放花绒寄甲2万多头。争取基础设施建设项目2个，安排基础设施建设资金450万元，泉山分场红中滩管护站新建管护房7间，小西沟分场下房子新建管护房9间，完成其他基础设施建设。

（市林草局）

## 国土绿化

**【概况】** 2021年，制定印发《武威市国土绿化提质增效三年行动方案》，将通道绿化、农田防护林、治沙造林、退耕还林等的补植补造放在优先位置，扎实开展国土绿化提质增效行动。全年完成国土绿化提质增效17.31万亩，其中，水涵水保林补植补造1.36万亩，绿洲防护林提升改造0.98万亩，防风固沙林提升改造10.97万亩，退耕还林补植补造4万亩，分别占目标任务的100%、100%、106.5%、100%。重点完成凉州区民武公路通道绿化，民勤县东湖镇、西渠镇、东坝镇村庄绿化，古浪县移民安置区绿化，天祝藏族自治县312国道补植补造工作。

**【中部绿洲绿化美化】** 紧盯创建“省级森林城市”、乡村振兴战略和农村人居环境改善，实行专业设计、精致栽培，完成镇区绿化36个，农村村庄绿化149个，创建森林乡村12个，建设乡村森林小游园18个，景区景点绿化14个，产业园区绿化19个，通道绿化484千米，农田林网建设0.3万亩。

**【南部水源涵养林建设】** 以祁连山保护、生态移民迁出区为重点，实施退耕还林、林草植被恢复等生态工程，水源涵养林稳步扩大，营造水源涵养林9.42万亩，建成古浪黑松驿绿化、天祝祁连山国家公园造林绿化、松山镇达秀村国土绿化等精品示范点。

**【省级森林城市创建】** 将创建省级森林城市作为年度重点林草工作，制定印发《武威市创建省级森林城市实施方案》，以乡村公园建设、古树名木保护、市树市花选评等为重点，全力推进省级森林城市创建。2021年，全市新建乡镇休闲公园18个、行政村公共休闲绿地622处，对全市294株古树名木进行挂牌保护，通过海选征集、专家初评、公众投票、综合评审、人大常委会审议等程序，确定国槐为市树、月季为市花，补齐短板弱项。对照省级森林城市评价指标体系36项指标，全面开展自查，36项指标全面达标。武威市和古浪县黑松驿镇、天祝藏族自治县天堂镇省级森林城市和省级森林小镇通过省上考核验收。

（市林草局）

## 林长制

【概况】 2021年，武威市认真践行习近平生态文明思想和“绿水青山就是金山银山”理念，将推行林长制作为贯彻新发展理念、推进全域生态文明、建设生态大市的重要举措，全力推进林长制各项工作落实。全市召开林长制工作会议，传达学习中办、国办《关于全面推行林长制的意见》和省委办公厅、省政府办公厅《关于全面推行林长制的实施意见》及甘肃省林长制工作会议精神，市委、市政府主要领导就推行林长制工作进行全面安排部署，从实施最严格的保护制度、持续推进国土绿化、开展重点区域生态修复、提升林草质量和效益、防范重大森林草原灾害和生态风险、深化森林草原领域改革、加强林草资源监测监管、加强基层基础建设等8个方面提出具体工作要求。

【健全体制机制】 坚持高起点、高标准推进，建立健全体制机制。在市林草局设立市林长制办公室，各县区、市直林业各单位成立林长制工作专班，常态化负责林长制工作。制定印发《武威市全面推行林长制实施方案》《武威市全面推行林长制工作领导小组议事规则》等配套制度。全面建立以党政领导责任制为核心的市、县、乡、村四级林长制责任体系，设立四级林长4247名，其中，市级总林长2名，林长9名；县级总林长12名，林长54名；乡级总林长208名，林长813名；村级林长1100名，副林长2049名，实现林长责任区域全覆盖。

【督导检查工作】 扎实督导各县区加快林长制推行，指导各县区制定印发《实施方案》，配套相关制度，科学划分林长责任区域，推动各级林长履职尽责。林长制推行以来，开展督导检查3次，督促各级林长深入林区草原开展巡林督查11924次，其中，市级林长开展巡林7次、县级林长开展巡林82次、乡级林长开展巡林1972次、村级林长开展巡林9863次，林长巡林步入常态化。

【落实重点工作】 紧紧围绕林长制工作重点任务，全力推动林草事业高质量发展。持续开展绿地倍增行动，扎实推进防沙治沙，全力推进省级森林城市创建，持续加强草原生态保护，从严管护资源，积极争取实施项目，不断提升科技支撑能力，扎实推进巩固拓展生态脱贫成果同乡村振兴有效衔接，着力提升依法行政水平。

【开展林长制宣传】 坚持警长、检察长与林长责任体系相衔接，充分发挥林长办统筹协调作用、公安机关执法职能、检察机关法律监督职能，构建行政履职与检察监督有效衔接、同向发力的林草生态保护新格局。通过报刊、电视、工作简报、宣传标语和林长制公示牌等形式广泛开展林长制宣传，在各类媒体刊发宣传稿件12篇，公开信息170次，编发工作简报177期，起草发布武威市第1号总林长令，设置林长公示牌186块。

（市林草局）

务植树尽责率达到99.8%。

## 防沙治沙

【概况】 2021年，完成防风固沙林25.91万亩，建成民勤县规模化防沙治沙试点5.82万亩、古浪县规模化防沙治沙试点6.67万亩、古浪县八步沙退化林分修复6万亩，武威被确定为全国防沙治沙综合示范区。

【义务压沙造林】 组织机关单位干部职工开展义务压沙造林活动，市领导亲自带头参加压沙造林活动。市直机关单位在民勤县苏武沙漠大景区青山段、武威城区天一外滩、海藏公园和民勤县昌宁镇四方墩青梭生态公益林基地等集中压沙造林活动，以实际行投身植树造林活动，全市完成义务压沙造林2万亩，适龄公民完成义务植树1018万株。“全民义务植树网”募集资金104.2万元，干部职工义务植树尽责率达到99.8%。

【重点项目建设】 积极争取实施规模化防沙治沙试点项目2个，争取投资1.07亿元，完成治沙造林12.49万亩，成效好规模大。组织实施“蚂蚁森林”项目，完成“蚂蚁森林”造林8.01万亩，申报2022年蚂蚁项目任务2126.8万穴。积极与大众集团合作，争取大众集团公益造林项目资金1700万元，完成造林0.6万亩。完成防沙治沙综合示范区项目造林0.36万亩资金180万元，争取2022年防沙治沙示范项目资金1000万元，计划完成造林1.3万亩。

【沙产业示范建设】 开展野生动物生境营造试验，在赛加羚羊场种植药用植物板蓝根800平方米、金银花800余株，以改善羚羊饲草采食结构，增强体质和抗病能力。完成肉苁蓉种植5000亩，并与甘肃蓉宝生物科技有限

图64　10月，凉州区组织开展义务压沙活动　（凉州区委党史和地方志研究中心　供图）

公司、中科院西北生态环境资源干旱区盐渍化研究站进行沟通衔接，争取挂牌建立沙产业示范点。

【防沙治沙宣传活动】聚焦“3·12植树节”“6·17世界防治荒漠化与干旱日”等重要时间节点，集中宣传10余场次，发放《中华人民共和国防沙治沙法》《全民义务植树条例》《武威市防沙治沙条例》《甘肃省全民义务植树尽责形式管理办法》《武威市市树市花介绍》等宣传彩页。充分发挥武威广播电视台、《甘肃日报》、《武威日报》等媒介作用，宣传防沙治沙和生态保护知识，刊发《第27个世界防治荒漠化与干旱日倡议书》《武威市全民义务植树倡议书》《全民植树四十载·美丽武威谱新篇——武威市全民义务植树四十年综述》《甘肃武威从治理风沙到沙经济的华丽蝶变》等重要文章。制作推送国土绿化、防沙治沙、省级森林城创建宣传专题片、视频6部，报送防沙治沙活动新闻稿件20篇，信息20条。利用城市（城乡）公交、出租车等公共交通运输工具，各类广场、市场、十字路口等公共场所LED大屏、单位电子显示屏滚动播放宣传标语和防沙治沙先进人物、先进事迹、治理成效等视频，多角度、多形式开展防沙治沙宣传活动。

（市林草局）

## 生物多样性保护

【概况】2021年，分布在祁连山国家级自然保护区武威段陆生野生动物28目63科286种、高等植物95科451属1311种，分布在连古城国家级自然保护区陆生野生动物24目43科89种、高等植物64科227属474种。完成种质资源普查征集工作，组织开展“一法一办法两决定”执法检查，持续加强野生动植物巡查及野生动物疫源疫病监测，生物遗传多样性、物种多样性和生态系统多样性得到有效保护。

【野生动物饲养繁育】加强野生动物日常饲喂管理，完成各种野生动物春秋两季免疫驱虫、鸟类的禽流感、新城疫二价苗饮水免疫和小反刍兽疫疫苗预防注射工作。繁殖成活各类野生动物38只（峰、匹），其中，赛加羚羊10只，普氏野马7匹，野生双峰驼2峰，蛮羊2只，欧洲盘羊8只，梅花鹿3只，马鹿4只，黄黇鹿1只，平顶猴1只。

【疫源疫病监测】建立联防联控网络体系，根据监测点和冬春季疫情发展趋势，重点加强鸟类禽流感疫情监测，救护各类野生动物68只。加强鸟类禽流感疫情监测，全年野外巡查监测27次，各场区监测巡查200余次。

【项目建设】完成中央财政林业改革发展资金野生动植物保护“武威野生动物疫源疫病监测”项目和市财政局下达的“野生动物防疫项目”。申报了“赛加羚羊繁育场建设项目”和“野生双峰驼人工繁育基地建设项目”，争取省发改委资金支持。组织实施了省科技厅下达的“赛加羚羊疾病防治与种群复壮技术研究”项目和省林草局下达的“赛加羚羊种群区域寄生虫病研究”项目。

（市生态环境局、甘肃濒危动物保护中心）

## 环境监管

**【概况】** 2021年，武威市优良天数313天、优良率85.8%，同比减少2.5个百分点。剔除沙尘影响后$PM_{10}$浓度均值65微克/立方米，同比下降1.5%；$PM_{2.5}$浓度均值28微克/立方米，同比下降20.0%。全市4个国控、5个省控断面水质均在Ⅱ类及以上，7个县级及以上集中式饮用水水源地水质均在Ⅲ类及以上，水质优良率100%，全市城乡无黑臭水体。全市污染地块安全利用率100%，无受污染耕地，土壤环境质量总体良好。

**【环境执法检查】** 按照疫情防控要求，出动执法人员936人次，检查各级医疗机构、污水处理站和医废处置中心等重点单位241家次，累计发现问题29个，均督促整改到位。

**【执法监督正面清单制度】** 重新制定《武威市生态环境监督执法正面清单》，将全市129家企业纳入执法监督正面清单，实施非现场执法监管。出动无人机17架次，调阅在线监控平台历史数据24家次，发现并立案查处环境违法行为2起。累计对507家企业开展现场指导，为112家企业协调解决问题128个。

**【环境信访投诉件办理】** 实行“12369”环保投诉热线和微信投诉平台24小时值班制度，及时办理群众环境信访投诉。全市共受理环境信访投诉176件，办结176件，办结率100%。

**【生态环境执法监管】** 严格落实“双随机、一公开”制度，抽查一般和重点污染源93家，发现问题17个，全部督促整改到位。集中开展打击危险废物及在线监测数据弄虚造假环境污染犯罪、全面强化生态环境问题排查整治、建设项目环评及“三同时”执行情况、排污许可证后监管、重点行业及工业园区VOCs、烟尘等无组织排放排查等13项专项行动，发现各类生态环境问题347个，督促整改344个，整改完成率98.6%。统筹全市执法力量开展两轮县区间异地交叉执法，累计发现问题373个，督促整改347个，整改完成率99.1%。立案查处环境违法行为46起，处罚金额426.031万元，其中移送公安机关1起，查封1起。

**【环境风险隐患排查整治】** 积极开展危险废物产生、经营、处置企事业单位、化工行业企业、农村生活污水处理厂（站）环境风险隐患排查整治，排查发现各类环境风险隐患67个，督促完成整改61个，整改完成率91%。会同化工专家对全市8家化工企业进行明察暗访，指导制定“一厂一策”整改方案，派员驻厂帮扶指导整改工作，已落实整改措施20余项。

（市生态环境保护综合行政执法队）

# 商贸服务业

## 综　述

【概况】 2021年，武威市有大型批发市场1家、农产品产地批发市场19家、农贸（便民）市场70家、汽车销售企业41家，有恒温库冷藏库161座；发展食品生产、流通、餐饮单位22864家，旅馆业经营单位454家，家政服务业市场主体104户；建成县级电子商务服务中心4个、乡镇服务站80个、村级服务点619个。

【市场体系建设】 申报市场体系改造提升项目资金，落实项目资金160万元，支持浪美、华锐慧斌冷链物流和德源汇农贸市场、民勤蜜瓜市场等项目建设，督促县区加快推进项目建设。争取流通业发展项目资金40万元，支持惠丰、益民等商贸企业提升生活必需品采购、储存能力。做好高质量发展重大项目调研督促协调工作，甘肃武威金朝农副产品批发市场项目、民勤县神盾冰熊冷链等7个高质量发展项目完成投资8604万元。全市“十四五”市场体系建设规划通过市政府常务会议审定。

【消费促进活动】 争取省、市级促消费资金130万元，对132家商贸企业给予奖补，组织开展“五一”、中秋、国庆复商、复市消费促进活动，动员成品油、汽车、家电、家具、餐饮、超市、家政等500多家企业开展促销活动，累计发放各类优惠券、优惠折扣6000多万元。开展庆元旦迎新春促消费活动，举行启动仪式，并配发政府消费券100万元，支持餐饮、百货、电器等行业消费增长。

【行业监管】 强化成品油、二手车、报废机动车回收、拍卖等行业监管，持续开展“双随机”检查、专项检查，督促企业依法规范营业，切实维护市场秩序。完成2021年度成品油零售企业年检、拍卖企业年度核查工作。全市新增4家报废机动车回收拆解企业。做好商务部业务系统统一平台生活必需品系统、应急商品系统、重要生产资料系统、商贸流通系统各类报表督报工作，及时更新商务预报网站各类信息。

（市商务局）

## 国内贸易

【概况】 2021年,完成第三产业增加值308.9亿元,同比增长6.4%。实现社会消费品零售总额162亿元,增长12.6%,其中,限额以上企业实现社会消费品零售额40.8亿元,增长7.2%。按经营地统计,城镇消费品零售额113.1亿元,增长13.8%;乡村消费品零售额48.9亿元,增长9.9%。

【促消费举措】 逐月召开第三产业及消费运行分析会议,加强分析研判和调度推进,靠实县区主体责任和部门行业监管责任。实行市级行政部门领导包抓县区和重点企业制度,帮助企业解决困难。相关部门组成工作专班,扎实开展入库纳统攻坚行动,127家企业纳入准限上商贸企业名录库,55家商贸企业、19家服务业企业已通过省级审核入库。加快发展网络消费、定制消费、体验消费,引导餐饮企业拓展"网上点餐""窗口售卖""门店自提"等经营模式,支持实体企业开展果蔬粮油"线上订购、同城配送"服务。

【重点项目建设】 梳理纳入市级通道物流产业发展重点项目21个。铁路国际集装箱场站项目列入全省高质量发展重大项目,完成投资2.4亿元,陆港木材加工产业园区、西北国际木材交易中心等项目正在加快推进。争取省级服务业发展项目资金280万元支持浪美、华锐慧斌、德源汇等冷链和市场项目建设。华中农业冷链项目、武威金朝农副产品批发市场项目、民勤神盾冰熊冷链项目等7个高质量发展重大项目建设持续推进,完成投资1.63亿元。市政府召开县域商业体系建设工作会议,建立市级工作协调机制,明确目标任务,强化工作措施,推进全市县域商业体系建设行动。

【电商新业态发展】 深化电子商务进农村综合示范项目成效,调整优化电商服务站点布局,巩固电商扶贫成果与乡村振兴有效衔接。推荐民勤县成功申报国家电子商务进农村综合示范项目(升级版),到位首批项目

图65 武威万达广场浙加都生活超市 (毛永芳 8月摄)

资金1500万元，项目招标、前期规划等工作有序推进。组织开展“百村+百企”电商助力乡村振兴活动，县区完成三轮巡回培训960人（次）。组织19家企业、226种产品参加“2021全国网上年货节”，举办民勤蜜瓜、凉州核桃、古浪乐享消费等电商直播推介活动3场（次），全市农产品网上销售额18.6亿元。组织开展电商企业复商复市促消费活动，争取资金77.4万元采购武威特色产品包装22.1万件奖补电商企业。积极主动对接东部消费市场，先后组织12家企业赴天津市对接消费市场，签订意向性采购协议项目9000万元，实现东西部协作消费帮扶1.85亿元。

【疫情防控物资保供】建立完善“23+N”保供企业联系机制，以全市5家大型超市、5家集贸市场为样本点，对40个品种的生活必需品价格开展日监测。分层次对居民自备、流通企业、生产企业、政府储备等保障能力进行测算评估，细化应急预案，建立应急保供企业库，明确响应不同级别保障措施，优化网格保障机制。支持8家企业（平台）通过购物小程序、网上商城码，为市民提供在线下单、配送到小区服务。鼓励47家餐饮单位开展无接触配送服务，保障群众日常生活需求。

【优化营商环境】落实“证照分离”改革要求，做到许可事项办理时限5个工作日之内，备案制事项即来即办。落实证明事项告知承诺制，梳理公布政务服务事项9项，调整权责清单事项20项。推进“互联网+监管”，开展跨部门“双随机、一公开”检查6次，新获批报废机动车回收拆解企业4家。落实安全生产行业监管责任，督促企业落实主体责任，开展商业领域安全生产检查和隐患排查15次，督导解决安全隐患问题126个。

（市商务局）

## 粮食物资流通

【概况】2021年，全市储存地方储备粮油8.135万吨。完成市第二粮油储备库市级储备粮1206吨、天祝藏族自治县省级储备粮2500吨轮换任务。完成2021年粮食收购指导计划60万吨，销售指导计划65万吨。争取红太阳面业集团存储省级面粉储备5500吨，年费息补贴165万元，代储兰州市市级面粉3000吨。

图66　7月6日，市民在凉州特色农产品展销馆采购农产品
（孙文娟　王　舸　摄）

【重点项目建设】结合“十四五”规划，谋划建设“中国好粮油”二期项目、市应急保障中心项目。凉州区应急救灾物资储备库项目列入高质量发展重大项目，总投资3130万元，2021年8月建成投入使用。天祝藏族自治县应急救灾物资储备库项目列入藏区项目计划，总投资3070万元。

【物资储备管理】制定印发《市级储备肉和冬春蔬菜管理办法》，三县一区均成立粮食和物资储备管理中心。完善细化《市级救灾物资调运应急预案》。积极指导县区增储，凉州区申请抗疫特别国债资金3000万元，采购物资30类、21000件；民勤县100万元，采购物资17类、3380件；古浪县25万元，采购物资3类、225件。争取疫情防控市级专项资金400万元，正在推进公开招投标工作。对市、县（区）应急救灾物资储备管理情况进行两轮专项检查。

【稳定粮油市场】加强300吨市级储备肉和1600吨冬春蔬菜储备管理和入库补库工作。春节期间在武威城区投放省、市、县（区）级储备冻猪肉390.76吨。投放市、县（区）级冬春蔬菜1776.64吨，超出储备量176.64吨。

（市粮食和物资储备局）

## 供销合作

【概况】2021年，全市市县区供销社机关实有人员71人，共有社属集体企业15个，乡镇基层社90个，村级综合服务社975个，从业人员4986人，社有总资产5.01亿元，负债2.38亿元，资产负债率47.5%，社有土地4323.02亩。全年全系统实现商品销售55亿元，农产品购进29亿元，实现汇总利润1129万元，同比分别增长14.6%、34.9%、65.5%。

【项目建设】争取省级供销合作社综合改革发展专项资金180万元。天祝藏族自治县供销社实施困难群众饮用低氟边销茶（健康饮茶）项目。古浪县冷链仓储物流建设项目列入2021年全市推进高质量发展重大项目清单。凉州区武南惠农服务中心建设等10个项目列入全省供销系统“十四五”规划。支持民勤县利民供销社惠农服务中心“三位一体”试点等6个项目，下达扶持资金100万元。与兰州银行武威分行签订《合作框架协议》，搭建信用服务桥梁。

【农资供应】采取团购分销、直供让利等方式，保障春耕农资供应，农资销售让利1389万元，累计供应化肥19.5万吨，其中水溶肥、有机肥等绿色农资3.09万吨，化肥供应占全市60%以上，发挥主渠道作用。指导企业完成化肥冬储9.3万吨。

【基层组织体系建设】恢复重建基层社13个，新建村级综合服务社66个，新发展农民合作社21个。凉州区祥瑞种植农民专业合作社被评定为2020年国家农民专业合作社示范社。支持民勤县供销社购置农化服务车16辆，无人机22架，配备专业技术人员20人，提供全程营养方案10多个、向农户配送化肥3万多吨、无人机喷药10.8万亩，有效提升服务水平和形象。

【农产品产销对接】大力开展农产品品产销对接活动，依托贫困地区农副产品网络销售平台（“832”平台），推介55家供应商182类特色农产品进入推荐目录。组织多家农产品营销企业参加东西部协作回访天津产销对接活动、“兰洽会”和各类交易会，共签订购销协议46份，总金额达1.17亿元，已落实协议金额0.4亿元。

**【新型流通业态拓展】** 进一步加强农产品电子商务，发挥农资经营“网红”带动效应，积极培育农产品带货网红，扩大农产品网销规模，全系统实现以本地特色农副产品为主的电商销售额1.6亿元，同比增长352.8%。指导民勤县供销社成功举办农民丰收节活动。

（市供销社）

## 特种经营

**【再生资源回收】** 2021年，全市有再生资源回收企业27家，其中，凉州区9家，古浪县11家，民勤县2家，天祝藏族自治县5家。全年建成乡镇社区回收站74个、县级分拣交易市场1个，回收加工企业3家。年回收废旧物资10.5万吨，回收额1.5亿元，其中废农膜8.5万吨，带动就业近400人。

**【二手车买卖】** 武威市汽车销售主要集中在城东凉州区理工中专对面汽车销售街，城西以金仕恒泰汽贸城、盛大汽贸城、华人二手车市场为主的东西两大汽车销售区域。全市登记备案的汽车销售企业41家，登记备案的二手车市场、经销企业25家，其中，凉州区17家，民勤县3家，天祝藏族自治县5家。

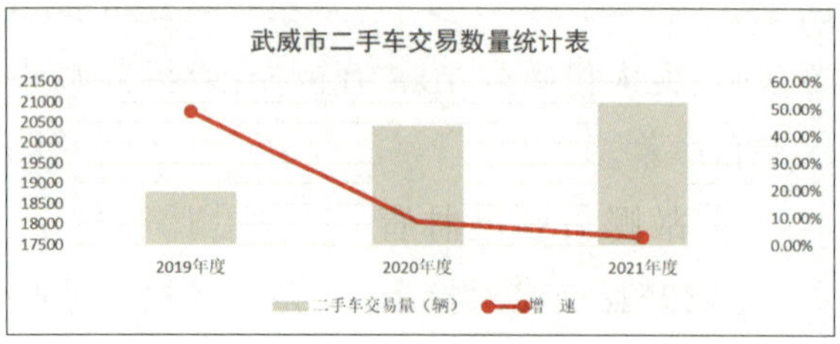

图67 武威市二手车交易数量统计表

**【拍卖】** 全市有拍卖行5家，分别是武威汇丰拍卖有限责任公司、甘肃品辰拍卖有限公司、甘肃省龙联时代拍卖有限公司、武威奥斯特拍卖有限公司、甘肃汇泉丰禾拍卖有限公司，全部在凉州区。

**【机动车辆报废】** 全市取得资质的报废机动车回收拆解企业5家，分别是武威康力物资再生利用公司、武威君宇再生物资有限公司、武威保环物资再生利用有限公司、武威金安特钢有限公司、天祝藏族自治县鑫旭源再生资源回收有限公司，其中凉州区4家、天祝藏族自治县1家。待批2家，分别是武威含乾来再生资源有限公司、民勤县顺腾再生资源科级有限公司，其中凉州区1家，民勤县1家。

（市商务局）

## 烟草专卖

**【概况】** 武威市烟草专卖局（公司）由甘肃省烟草专卖局（公司）统一垂直领导，下辖凉州区、民勤县、古浪县、天祝藏族自治县4个县级烟草专卖局（营销部）和武威欣大烟草有限责任公司1个多元化经营企业。2021年末，全市烟草制品零售持证户7820户，较年初增加167户，增长2.18%。全年办理烟草专卖零售许可证业务2052起，受理行政许可新办申请864户次，采取告知承诺制办理零售许可事项 772 户次，占新办、变更、延续办理总数的 63.13%。全年实现税利 3.51 亿元。

【现代营销网络体系建设】 不断加强终端建设、平台推广、自律互助小组和消费环境建设，完善终端架构体系和“五类终端”建设标准，累计建成现代终端 1840 户、加盟终端 86 户、合作终端 5 户、直营终端 8 户。持续加强终端信息化建设，聚合支付全面推广，“新商通云 POS”平台使用客户达到 1971 户、占比 25.46%，“微商盟”微信订货客户、“陇之情”注册会员分别达到 6073 户和 6.7 万人。累计建成诚信互助小组 565 个、小组之家 38 个，客户覆盖率 100%。文明吸烟环境建设有序推进，全市累计建成吸烟亭 8 个、吸烟点 765 个，城区建设平均密度达到 13.4 个 / 平方千米。持续强化精益物流管理，人均配送效率为 829.33 箱，同比提升 4.41%；库存周转次数 14.42 次。

【专卖监管】 深化打击涉烟违法犯罪专项行动，打假破网实现新突破，全年立案侦办案件 14 起，逮捕 9 人，拘留 11 人，取保候审 5 人，判刑 9 人。其中，天祝藏族自治县局破获百万元以上真烟案件 1 起，古浪县局破获 200 万元以上假烟案件 1 起，凉州区局破获 1500 万元以上假烟案件 1 起。全年查获各类涉烟违法案件 582 起，查获违法卷烟 514.63 万支，同比增长 66.7%。查获 5 万元以上卷烟异常流动案件 10 起。全市共有电子烟实体店 21 家。全市市场模型分析命中率达到 35%，同比提升 23.2 个百分点。进一步修订完善烟草制品零售点布局规划指导意见，合理布局规划烟草制品零售点。通过宣传引导、易地搬迁、到期不予延续等方式，完成中小学周边 100 米范围内的 475 户卷烟零售户“清零”工作。做好幼儿园周边持证户排查工作，共摸排出幼儿园 100 米范围内持证户 229 户，已清退 7 户，剩余 222 户。

【安全生产管理】 有序推进标准化体系建设，全年新建标准 6 个，修订 61 个，废止 6 个，共有管理标准 226 项，技术标准 12 项，体系执行率 96.68%。持续优化绩效考评机制，建立起“两层三级督察、集中绩效考评、分类折算兑现”绩效考评机制，细化规范绩效考核工作。全面推进对标管理，优化提升对标指标，形成三级对标指标体系。强化精益管理理念，狠抓降本增效，实现降本金额 2.24 万元，完成年度目标任务的 112%。专卖、营销和物流岗位的持证率分别为 92.73%、82.5% 和 75%。开展行政执法监督和合法合规性审核，查阅行政执法案件 400 件。全年排查各类隐患问题 136 处，严格按照“五落实”要求全部进行整改，为企业发展提供安全保障。

[武威市烟草专卖局（公司）]

## 成品油销售

【概况】 2021 年，全市有加油站 112 家（正常经营 101 家，停业 11 家）。按照区域分：凉州区 54 家（正常经营 49 家、停业 5 家），民勤县 27 家（正常经营 22 家、停业 5 家），古浪县 20 家（正常经营 19 家、停业 1 家），天祝藏族自治县 11 家。按照市场主体分：中石油 86 家（正常经营 75 家、停业 11 家），中石化 7 家，中交油 10 家、民营加油站 9 家。

【经营销售】 全年中石油武威销售分公司共销售成品油 26.81 万吨。其中，汽油 14.17 万吨，柴油 12.64 万吨。从成品油消费结构上看，机动车用油 16.25 万吨，占消费总量的 60.62%；大型工矿企业以及重点工程项目用油 2.69 万吨，占消费总量的 10.03%；农业及其他用油 7.87 万吨，占消费总量的 29.35%。全年中石化武威石油分公司共销售成品油 2.75 万吨。其中，汽油 0.5 万吨，柴油 2.25 万吨。从成品油消费结构上看，机动车用油 2.04 万吨，占消费总量 74.18%；大型工矿企业以及重点工程项目用油 0.71 万吨，占消费总量的 25.82%。全市有 2 家成品油批发经营企业，其中中石油武威销售分公司占批发总量的 67.59%，中石化武威石油分公司占批发总量的 32.41%。

【石油供应】 全年向 10 个省级重点项目供应油品 784 吨，向 25 个亿元以上重点项目供应油品 506 吨，向 271 个市县级重点项目供应油品 5357 吨。开展"送油下乡"活动，共计送油下乡 12 车次、110 吨。疫情防控期间，开辟绿色通道，全力保障应急油品供应和城市公交车辆天然气供应。投资 6355 万元，完成 4 座加油气站建设项目，凉州区学府路加油站、凉都大道加油站完成土地出让，古浪县古浪迎宾加油站、凉州区黄羊河园区加气站建成投运。

【安全生产检查】 靠实安全生产责任，逐级签订安全责任书和承诺书。开展加油站全覆盖专项检查 4 次，"四不两直"（不发通知、不打招呼、不听汇报、不用陪同接待，直奔基层、直插现场）检查 45 站次。不断强化关键点风险管控和隐患排查治理，累计查出问题 1719 条，整改 1668 条，整改率 97.5%。及时完善 13 座站点环评手续，办理新投运站排污许可证。修订发布 81 座加油气站环境预案和安全事故预案，有效确保特殊敏感时段生产经营安全平稳。完成 816 份油品抽样，实现抽检合格率 100%，油品质量合格率 100%。严格散装汽油销售管控，保证监控系统完好有效。

（市商务局、中石油武威销售分公司）

## 邮政快递

【概况】 2021 年，市邮政业安全保障中心正式运行，邮政业安全保障机制更加健全。全年完成邮政行业业务总量 2.38 亿元，比 2020 年增长 27.74%。邮政业全年完成邮政函件业务 6.47 万件；包裹业务 1.6 万件；快递业务量 927.06 万件，增长 47.03%；快递业务收入 1.77 亿元，增长 49.95%。邮政储蓄各项存款日均余额 25.46 亿元，年增 1.89 亿元；各项贷款 20.14 亿元，年增 1.32 亿元。全年投放实体贷款 11.33 亿元，投放涉农贷款 4.62 亿元，绿色融资贷款投放 3800 万元。

【邮快件消杀】 全行业严格按照邮快件消杀操作规程，实现"全过程、全覆盖、全环节"消杀，每件邮快件实行皮带机固定消杀、笼车喷雾消杀，末端网点终端消杀三次消杀工作。每日至少 2 次对所有场所内设备、场地、工具进行全方位消杀。对运输邮快件车辆、投递三轮车、厢式货车进行装卸前、装卸后全面消杀。为各企业配备大型消杀设备 43 台，实现行业分拨中心消杀设备全覆盖。

【快递进村工程】 全市共有行政村1054个，实现快递进村741个，快递进建制村覆盖率达到70.3%。快递进村工程推进中，全市因地制宜、分类施策，古浪县结合电子商务示范县项目实施，成功设立标准化村级农村电子商务快递物流服务点104个。凉州区和天祝藏族自治县以邮快合作延伸服务为依托，引导邮政企业和快递企业充分合作，开放邮政企业基础设施，充分发挥邮政企业邮路优势，推动快递进村工作。民勤县借助电子商务示范县项目，将县级共配分拨中心建设和年度快递进村方案纳入项目内容，方案已经县政府审批。

【末端网点管理】 为进一步规范城乡驿站运行，最大限度保障用户权益，制定《蜂鸟驿站管理办法》，要求各驿站对大件快递送货上门，对有特殊要求的，与客户协商确定投递方式。进一步规范智能快件箱的使用，明确使用要求，规范收费情况，凉州区200组智能快件箱投入使用，日均投递快件5000余件。

【快递市场整治】 监督检查经营快递业务的企业依法办理快递业务经营许可，依法履行其分支机构和末端网点备案义务，全年受理快递法人企业许可申请12起；受理快递分支机构增设、变更、注销17件，按时办理17件，按时办结率100%。受理末端网点173件，按时办结率100%。健全服务质量管理制度和业务操作规范，妥善处理用户服务质量投诉，累计处理用户服务质量直接投诉32起，办理市委书记信箱、市长热线投诉7起。严肃查处超许可地域揽收快件、擅自加贴寄递详情单非法转运快件、委托未经许可企业经营快递业务、超许可地域非法开展加盟招商活动等行为，开展执法检查12次24人次。依法查处违反快递服务标准行为，监督检查快递企业执行快递服务国家标准，依法对武威蜂鸟网络科技有限公司未按名址投递违法行为进行行政处罚1次，罚金6000元。开展快递末端服务违规收费专项治理行动1次。开展个人信息安全专题培训，在营业场所张贴提示标语350份，提醒寄递用户维护个人信息安全；与从业人员签订保密责任书2000份，坚决防止信息泄露。

【邮政助农】 市邮政公司先后在民勤县、凉州区、古浪县举办3次“消费扶贫、直播助农”大型电商网络直播销售活动，累计带动线上消费3.3万单，带动农户增收160余万元。组织引导邮政、快递公司与多多买菜、橙心优选、盒马生鲜等平台合作，推动民勤人参果、凉州区和古浪县移民区大棚蔬菜通过平台配送。2021年，民勤县邮政公司通过社区团购销售人参果11万公斤，凉州区、古浪县邮政公司通过平台销售大棚蔬菜25万多公斤。继续推进“一地一品”“一地多品”项目，推进民勤蜜瓜、人参果、羊肉，天祝牦牛肉，古浪挂面、香瓜，凉州区黄羊河苹果等特色农产品寄递。通过寄递渠道销售民勤蜜瓜122万件，带动农业总产值836万元，拉动就业210人。

【行业安全生产】 修订《武威市邮政业突发事件应急预案》《武威市邮政业专项应急预案》，组织7家寄递企业围绕危化品泄露、消防火灾、机械伤害等7个方面的内容进行实地演练，提升行业应急处突能力。督导企业深入开展邮件快件处理场所规范化提升行动，加强作业场地安全风险隐患排查整治，坚决防止机械伤害事故发生。严把寄递渠道关口，邮政、公安、国家安全、市场等部门联合开展邮政行业涉枪涉爆整治、反恐、禁毒、打击侵权假冒、野生动物寄递和“扫黄打非”等专项行动，严防各类违禁品流入寄递渠道。

（市邮政管理局）

## 电子商务

【项目建设】 组织民勤县、古浪县、天祝藏族自治县申报国家电子商务进农村综合示范项目，抓好民勤县国家电子商务进农村综合示范项目升级版项目实施。督促民勤县、古浪县、天祝藏族自治县政府对国家电子商务进农村综合示范项目开展自查自纠。指导县区商务部门开展电商扶贫资产调查摸底、登记确权工作，确保电商扶贫资产在乡村振兴中持续发挥作用。大力推广陇南同城配送经验，支持田园电商申报入围全省同城配送试点项目，指导试点企业开展平台完善、商家入驻、产品上架、物流对接等工作，提升配送效率，实现网上销售300万元。

图68　4月28日，网红“牦牛哥”张兴盛在天祝藏族自治县电子商务公共服务中心创客孵化中心做直播

（张文灿　徐凯生　摄）

【网络销售】 组织各县区参加“居家嗨购 网上过年——2021全国网上年货节”活动。积极动员企业，加强与各大电商平台对接，积极畅通线上线下购置年货通道。武威市19家企业226种产品参加活动，网上销售额约1061.8万元，线上线下总销售额约2360.6万元。结合农特产品季节性上市，举办民勤蜜瓜、原味古浪、凉州核桃、天祝牦牛肉等网络直播带货推介促销活动，扩大网上农产品销售规模，2021年全市实现农产品网络销售18.6亿元。

【农村电商发展】 利用市级电子商务发展资金16.6万元，组织开展“百名村官推产业，百企（百社）助振兴，电商助力乡村振兴”活动，对100名特色产业村村官和100家农产品经销企业销售运营人员开展电商技能提升培训。全年培训960人次。主动对接东部消费市场，先后组织12家企业赴天津市对接消费市场，古浪县扶贫产业开发公司与天津蓟州绿色食品集团有限公司、天祝藏族自治县农业产业扶贫开发有限公司与萤火共创（天津）科技发展有限公司已签订4000万元采购协议。通过天津甘肃商会销售武威市农特产品500万元。2021年，全市完成东西部协作消费帮扶1.85亿元。支持小甘肃小南仁食品有限公司在上海市建设“甘味”农产品体验馆，推动甘味农特产品走向全国。

【电商助力疫情防控】 疫情防控关键时期，为切实保障城区居民在家就能吃到新鲜蔬菜，有效减少人员外出聚集，方便群众生活，各电商企业积极开发微信小程序，手机 App 等供给新渠道，“天祝原生菜篮子”“新乐超市多点”“民清源”“原味古浪”“天马乐购”等通过开展果蔬粮油“线上订购、同城配送服务”新模式，有效保障居民菜篮子。汉明国际酒店、凉州老街、食为天餐饮、天祝金农商电子商务等企业积极培育“中央厨房”“网上点餐”等经营模式。“天祝原生菜篮子”、“颐和尚品掌上生活超市”、益民超市、新乐超市等累计配送 3 万多单。汉明国际酒店、凉州老街、食为天餐饮、天祝金农商电子商务等开展餐饮配送 2 万多单。

（市商务局）

## 物　流

【城乡市场体系建设】 严格按照《武威市商业网点规划》《武威市农村市场体系建设规划》《武威市“十四五”市场体系建设规划》，编制完善城市商业网点规划，确定大市场大商场和物流基地布局布点。通过实施“以奖代补”商贸流通建设项目，加大专业市场建设力度，推动消费品市场升级改造，扩大县乡农贸市场覆盖面，规范再生资源回收体系。全市建设和改造提升专业市场、农村集贸市场、农产品市场、消费品市场等各类市场 98 个，累计完成投资 54.75 亿元。累计建成专业批发市场、农村集贸市场（便民市场）、农产品市场、消费品市场等各类市场 145 个。

【商品配送体系建设】 以县城和中心城镇为重点，各类商业网点迅速发展，全市累计共有零售商店 55432 个，连锁超市企业 24 家，住宿餐饮业个体经营户 16326 家、企业 489 家，美容美发个体 3185 家、企业 17 家。餐饮服务单位 9206 家。全市经营纺织品、日用百货、副食品、酒类、粮油、农资、药品、汽车等各类批发零售企业 9000 余家。初步形成以县城商贸流通企业为龙头，乡镇店为骨干，村级店为基础的商品配送流通网络体系。

【电商物流建设】 深入实施国家电子商务进农村综合示范县项目，全市建成县级电子商务服务中心 4 个、乡镇服务站 80 个、村级服务点 619 个。构建三级电商公共服务体系，开设网店 3000 多家，培育电商企业 120 家，从业人员 5000 余人，快递进村达 70%以上。引导星光购物中心、浙加都超市、新乐超市、益民超市等实体商向数字化转型升级，利用电商平台、微信、手机 App 等网络手段开展线上销售活动，促进线上线下跨界融合，促进农产品进城和工业品下乡。2021 年，全市快递出口量 927.06 万件，同比增长 71.39%；进口量 5769.91 万件，同比增长 40.61%。

【农产品冷链物流发展】 实施特色农产品冷链物流体系建设项目，重点支持农产品冷链、配送中心、质量安全可追溯系统建设，提高农产品流通质量和水平。充分利用大宗农产品主产区优势，积极争取各类项目资金，支持加快推进批发市场、产地集配中心和流通企业冷链仓储基础设施建设。截至 2021 年底，共建成黄羊河集团食品公司、昊天农产品交易市场暨仓储物流中心、甘肃金佛农业综合开发有限公司、民勤县朱雀现代农业物流园等 168 家果蔬保鲜库，全市静态冷藏能力累计达 73 万吨。

（市商务局）

## 会　展

【概况】 2021 年，圆满完成第 27 届兰洽会参展布展，完成“民企武威行”主会场活动和天津招商组工作任务。先后参加第 129 届网上广交会、第九届重庆国际火锅食材用品展览会、2021 年服贸会等会展，全面开展招商引资，推荐宣传武威。

【展会成效】 第 27 届兰洽会签约意向订货协议 7 个、金额 1000 多万元，签约招商引资项目 83 项，总投资 137.28 亿元，较上届兰洽会增加 11 项，投资额增长 23.34%。先后组织 16 家企业参加第 129 届网上广交会、第九届重庆国际火锅食材用品展览会、2021 年服贸会等，达成产销对接、境外物流服务、外贸出口协议 9 项，其中，境外物流服务项目 154 万美元，产品出口合同 202 万美元。

【葡萄酒宣传推介】 借助第 104 届全国糖酒商品交易会经销资源和影响力，组织武威市 3 家葡萄酒、2 家白酒企业和 1 家葡萄美酒节招商企业参会参展，集体开展产品展览展销、推介营销、对接洽谈活动，抱团走向全国开拓市场，展示河西走廊产区核心企业整体形象。

（市商务局）

## 商务和居民服务业

【批发零售】 2021 年，批发和零售业实现商品销售额 223.8 亿元，增长 24.7%。其中，

图 69　7 月 6 日，“民企武威行”高质量发展重大项目实地观摩考察团成员观摩考察武威伊利绿色生产及智能制造示范应用项目

（甘曜毓　高德强　摄）

批发业销售额145.8亿元，增长31.8%；零售业销售额78亿元，增长13.3%。

**【住宿餐饮】** 2021年，住宿和餐饮业实现营业额17.8亿元，增长23.5%。其中，住宿业营业额2.6亿元，增长13.4%，餐饮业营业额15.2亿元，增长25.4%。大力推广“中央厨房+集中配送+销售网点”模式，支持汉明国际酒店、古浪甄程黄花滩公司、天祝金农商电子商务等企业培育“中央厨房”经营模式，申报实施中央厨房建设项目1个。举办全市旅游饭店国家标准培训会，组织33家宾馆饭店负责人及业务人员，就宾馆饭店接待服务规范进行重点培训，进一步提升宾馆饭店行业服务人员素质。组织建隆大酒店、武威甄程公司参加第三届陇上美食博览会暨陇闽美食交流大会，积极宣传武威特色美食和餐饮品牌，扩大武威特色美食知名度和影响力，荣获“最佳展示设计奖”“最佳厨艺奖”。与国际火锅产业联盟合作，组织10家加工、产销企业参加第九届重庆国际火锅食材用品展览会，进一步促进“8+N”主导产业产品销售和品牌打造，荣获“最佳组织奖”。

**【家政服务】** 引导相关培训机构和家政服务企业采取线上与线下结合方式，加大新入职家政服务员培训，强化在职人员回炉培训，累计开展培训6240人次，提升家政从业人员服务水平。持续加强家政信用体系建设，鼓励各家政企业录入家政信用体系平台，提升诚信经营水平，累计录入家政企业27家，录入家政服务员7912人，认证4028人，进一步规范家政服务业发展。

**【居家养老服务】** 开通“一键通”智能救助终端网络服务，建成覆盖全市的居家养老服务信息平台5处，累计提供生活照料、家政服务、精神慰藉、健康护理等服务47.9万人次。积极申请中央财政基本养老服务提升项目，争取到2021年居家社区基本养老服务提升行动项目资金3627万元。省列为民办实事项目凉州区7个街道（社区）综合养老服务中心设施建设全部建成。市县区将本级福彩公益金的60%用于养老事业发展，落实养老服务运营补贴523.9万元。养老机构均与邻近医院（卫生院）签订服务协议，开通了绿色通道。

**【养老服务体系】** 武威市逐步建立以居家为基础、社区为依托、机构为补充、医养康养相结合的养老服务体系。全市养老事业蓬勃发展，“老有所养、老有所医、老有所为、老有所学、老有所乐”的良好社会氛围日益浓厚。2021年，武威市建成养老机构27所，其中，公办14所，公建民营6所，民办7所，设置床位4956张，入住老人3089人；建成城乡照料中心696处。

（市商务局、市民政局）

# 开放型经济

## 招商引资

【概况】 2021年，紧扣高质量发展的总体要求，凝心聚力、真抓实干，切实加大工作力度，注重项目落地。全年实施招商引资项目314项，落实到位资金239.83亿元，增长11.35%。其中，省外到位资金171.18亿元，增长17.01%。

【宣传推介工作】 围绕现代农业、生态工业、文化旅游、生态环保、商贸物流等特色产业链，制定重点招商引资清单，梳理谋划重点招商引资项目117项，总投资523亿元。全面梳理国家和省上出台的各类援企稳岗政策，编印《招商引资支持政策汇编》《投资服务指南》，制作招商引资视频宣传片，通过多

图70 凉州区水果胡萝卜种植加工项目（市招商局供图）

种途径开展宣传推介,为客商了解政策、对接项目提供便利服务。统筹疫情防控和招商引资,疫情防控期间,通过网络搜索、视频对接、电话联络等方式,收集产业链目标企业投资线索 36 条,力争项目联络不掉“线”、项目引进不断“链”。

【“点对点”精准招商】 加大“走出去、请进来”招商力度,开展“点对点”精准招商。市委、市政府领导带队赴京津冀、长三角、珠三角等经济发达地区开展精准招商,举办福建食用菌专项签约会、全国民企武威行(北京)等系列专题推介会,成功签约食用菌研发、种植、深加工等一批项目。围绕重点产业,组织开展现代农业专题招商、长三角招商、山东招商等专题活动,洽谈引进嘉立荷牧业优质奶源基地、金宇浩盛出栏 2 万头肉牛养殖等大项目。主动走访对接在甘肃、在武威异地商会和落户企业,邀请接待广东海大集团、天津食品集团、浙江运达风电公司等企业到武威市考察 35 批次,成功引进浙江运达风电及装备制造、海大集团饲料加工等项目。充分发挥园区平台作用,签约引进特变电工高端装备制造产业园、铅笔板生产加工基地等重点项目,推进产业集群发展。

【重点节会招商】 组织参加第二十七届兰洽会、“民企武威行”活动等重点节会,签约引进光晟光伏发电、民勤高效节水供港蔬菜生产基地建设、天祝农产品精深加工等 83 个项目,总投资 137.28 亿元,其中,纳入兰洽会签约项目 33 项,总投资 72.29 亿元。2020 年、2021 年,兰洽会签约项目开工率分别达 95.24%、90.91%。

【优化营商环境】 以高质量发展考核评价为目标,充分发挥全市招商引资统筹协调作用,组织召开招商引资联席会议,通过督办、交办、协办等方式,协调解决影响项目建设进度的问题,助推项目落地建设。开展“我为群众办实事”实践活动,设立招商引资代办服务窗口,为签约项目提供手续代办、政策咨询等服务,积极争取为伊利绿色生产及智能制造示范应用项目落实省级奖励资金 1000 万元,排查化解海纳塑业反映欠款等涉企历史遗留问题 7 项,着力打造办事高效、服务优质的营商环境。

(市招商局)

## 对外贸易

【概况】 2021 年,实现外贸进出口总额 4.65 亿元、增长 10.3%,其中,进口 0.11 亿元,下降 93.5%;出口 4.55 亿元,增长 75.4%。

【市场主体培育】 制定《2021 年外贸高质量发展专项行动计划》。充分发挥亚泰、金仓、金苹果等外贸骨干企业“稳定器”作用,推动进出口持续增长。加大对中小外贸企业培育力度,新增备案登记企业 26 家,累计 344 家,新增有进出口实绩的企业 4 家,累计 53 家,联硕科技首次实现出口创汇,签订出口订单 0.41 亿元。

【外资争取利用】 争取到位外经贸发展专项资金 427.2 万元、外贸中小企业开拓国际市场资金 31 万元、国家级经济技术开发区优化营商环境扩大利用外资专项资金项目

100万元。争取国际货运班列物流补贴资金600万元,发运中欧班列“天马号”出口班列8列,进口班列2列,货运总值约2.4亿元。全年实际利用外资1243.15万美元,同比增长13.7%,武威光大环保能源有限公司生活垃圾焚烧发电项目1号汽轮发电机组并网成功,累计使用外资2966.94万美元,占合同引进外资的88.21%。组织17家企业参加出口信用保险,增强企业抗风险能力。

**【对外合作交流】** 组织伊利乳业、纯洁高源、臣祥菌业等21家优势企业和128种特色产品参加兰洽会,共签约意向性供货协议7项,金额1000多万元。组织国投物流、金苹果2家企业参加2021年服贸会,签订境外物流服务项目154万美元、产品出口贸易合同202万美元。组织达华节水、籽农食品、普安制药等企业参加129届广交会。

（市商务局）

## 国际陆港建设

**【武威保税物流中心（B型）】** 武威保税物流中心（B型）位于凉州区黄羊工业园满家滩,依托国铁宁夏干塘至甘肃武威南增建二线园墩车站进行建设。项目占地面积734亩,投资2.8亿元,主要建设保税仓库、联检综合服务楼、堆场,以及智能化卡口、检验场地等海关监管设施,2014年10月正式封关运营。2014年12月,开通中欧班列“天马号”,截至2021年底,累计发运中亚班列、中俄木材班列、中欧班列149列,货运总值约26.6亿元,货运总量约26.5万吨。

**【武威铁路国际集装箱场站项目】** 武威铁路国际集装箱场站项目一期工程总投资约3.8亿元,2020年8月开工建设。截至2021年,累计完成投资约2.6亿元,主要完成集装箱场站作业区7.5万平方米、龙门吊安装工程、综合楼等6个建（构）筑物,完成走行线跨长城大桥和跨西气东输管线3座中桥、7座涵洞及路基填筑工程,完成围墙及各类市政管线工程,园墩车站站改工程正在有序推进,园墩车站至集装箱场站钢轨铺设基本完成。

**【开展首次直接进口俄罗斯木材业务】** 2021年12月20日,在兰州海关、金昌海关的大力支持下,甘肃（武威）国际陆港顺利组织完成武威进境木材指定监管场地首次直接进口俄罗斯木材,标志着武威进境木材指定监管场地口岸检验检疫功能已全面发挥。武威进境木材指定监管场地的顺利运营,将大幅降低内陆地区进口木材物流成本,加快推动木材家具产业培育,打造西北乃至全国木材集散地及出口家具生产加工基地,推动口岸经济高质量发展。

**【通道物流产业发展】** 全年共发运10列国际货运班列,货运总量约7455吨,货运总值约2.4亿元,特别是开通的武威—英国伦敦跨境铁海联运班列和武威—格鲁吉亚第比利斯跨里海、黑海班列,开辟甘肃省中欧班列跨境陆海联运新通道。以“一带一路”建设为契机,先后打通武威通往德国杜伊斯堡、汉堡、英国伦敦、格鲁吉亚第比利斯等欧亚主要港口城市的国际物流通道。省政府与格鲁吉亚什达卡尔特里州签署友好合作协议,武威保税物流中心同步与格鲁吉亚伙伴基金会签订合作协议，双方互设海外仓及出口产品分拨中心，成功发运中欧班列“天马号”（武威—格鲁吉亚第比利斯），武威保税物流中心在格鲁吉亚设立的海外保税仓正式启动。

**【招商引资】** 坚持招大引强、选商选资，赴北京、上海、义乌、山东等省市招商引资6次，总投资2亿元的鑫森诺口岸综合木材加工项目投产运营，总投资1亿元的大瀚木业铅笔板生产加工项目落地实施。陕西新华水利水电公司总投资14.5亿元的陆港木材加工园区项目正在推进。与广元市京兆投资集团公司、临沂凤凰国际贸易公司签订合作框架协议，共同推进木材贸易、初加工等合作事宜。邀请上海产业合作促进中心赴陆港实地考察洽谈，并规划建设木材加工、食品加工、智能制造产业园区。在武威市党政代表团赴义乌市考察对接基础上，邀请义乌市国际陆港集团公司到陆港实地考察，双方在合作开行双循环班列、开展干线物流合作、跨境电商合作、建设义乌小商品分拨中心等方面达成合作共识。

**【陆港基础设施建设】** 陆港污水处理厂已建成，具备运营条件。中心区消防站完成竣工验收。陆港垃圾转运站完成主体工程和设备采购，即将投运。协调古浪县政府支持修建中心区纬六路和纬六路–1道路，陆港中心区基础设施逐步按需配套完善。

［甘肃（武威）国际陆港管委会］

## 工业园区

**【概况】** 2021年，园区完成规模以上工业企业产值67.1亿元，同比增长23.8%；实现规模以上工业增加值14.96亿元，同比

图71　12月20日，俄罗斯进口木材直通运抵监管场地　［甘肃（武威）国际陆港管委会　供图］

增长 28.6%；上缴税金突破 3 亿元大关，同比增长 18.6%，园区发展呈现较快增长的良好态势。

**【园区项目建设】** 强化项目谋划建设，全力推动要素保障和协调推进，实施市列高质量发展重大项目 12 项，武威伊利项目建成投产，全年产值突破 10 亿元，祖师麻和新天马制药项目投入生产。签约落地德斯泰高效光伏装备产业园、运达风储特高压装备生产基地等项目 12 项，为园区可持续高质量发展注入新活力。

**【科技创新】** 聚焦重点产业培育，不断加快创新驱动引领，认定省级科技创新型企业 3 户、国家级高新技术企业 1 户，“专精特新”中小企业 1 户、评价入库省级科技型中小企业 14 户。持续推进绿色制造体系建设，获批省级“绿色设计产品”1 项，认定省级节水型企业 3 户。2021 年，园区获批国家级“绿色工业园区”称号，这是武威市首家国家级“绿色工业园区”，也是甘肃省 2021 年唯一一家入选国家级“绿色工业园区”的省级开发区。

**【企业用地管理】** 持续开展土地清理清查，通过司法拍卖、园区收储等多种方式，整合华一家具闲置土地厂房，引进浙江德斯泰公司建设高效光伏装备产业园项目；盘活原八冶钢构闲置厂房及土地建设运达风储特高压装备生产基地项目，累计盘活低效、闲置用地 18 宗 580 亩，用于项目建设，土地利用更加有效。

**【园区运行管理】** 坚持以法治思维管理园区、服务企业，强化规划引领，抢抓体制改革机遇，健全完善管理制度 15 项。率先试点开展区域评估，已完成 7 项，进一步简化企业相关审批流程，实现入园项目成果共享免费使用。严格落实园区安全环保监管及企业主体责任，全力防范化解重大环境安全风险，强化监督检查，全年共检查企业 340 户次，督促整改各类问题隐患 433 项，开展各类应急演练 15 次。

（甘肃武威工业园区管理委员会）

# 金融业

## 银行业

【概况】 2021年末，全市金融机构本外币存款余额1111.6亿元，增长8.7%，较上年末新增88.53亿元，其中，住户存款875.6亿元，增长10.3%。各项贷款余额931.3亿元，增长5.1%，较上年末新增44.79亿元。

【金融助力“三农”】 细化实化乡村振兴金融支持措施，引导银行机构加大涉农企业、专业合作社、家庭农场等经营主体和脱贫人口信贷支持力度，至12月末，全市涉农贷款余额502.18亿元，占各项贷款余额的53.92%。紧紧围绕支持全市“三大特色产业带”和“8+N”优势主导产业发展壮大，推动特色产业贷款发放工作，累计发放特色产业贷款113.6亿元，全年新增19.53亿元。

【小额信贷】 督促银行机构认真落实小额信贷政策，积极满足脱贫群众发展生产小额

2021年武威市金融机构本外币存贷款余额及增长速度一览表

表1

| 指　标 | 年末数（亿元） | 比2020年末增长 |
| --- | --- | --- |
| 各项存款 | 1111.6 | 8.7% |
| 境内存款 | 1111.6 | 8.7% |
| 住户存款 | 875.6 | 10.3% |
| 各项贷款 | 931.3 | 5.1% |
| 境内贷款 | 931.3 | 5.1% |
| 住户贷款 | 358.9 | 7.1% |
| 非金融企业及机关团体贷款 | 572.4 | 3.8% |

信贷需求。至12月末，小额信贷余额33284户、15.98亿元，新增18488户、9.02亿元；累计收回13848户、5.44亿元；逾期率0.35%。全市法人银行再贷款余额增加至8.33亿元。

**【银企合作】** 精准高效开展融资推介，6批次摸排推介各类融资需求，推动银企合作。2021年高质量发展项目中，众兴菌业、伊利乳业、雷台、光晟新能源等45个项目获得信贷支持，贷款余额84.84亿元，其中2021年获得贷款项目32个，新增贷款32.36亿元。加大小微企业信贷投放，至12月末，小微企业贷款余额308.28亿元，占各项贷款余额的33.1%。深化银担合作，金控武威公司累计受理项目116个、5.01亿元，全部出具保函，已担保放款项目10个、4.57亿元。在保项目154个、9.08亿元。

**【落实信贷纾困政策】** 落实小微企业延期还本付息政策，全市银行实施延期还本贷款1256户19.54亿元，贷款延期率66.17%。推动普惠金融服务小微主体发展，组织"普惠金融大讲堂之市场行·园区行·乡村行"宣传对接活动20余场（次）。全市普惠金融贷款余额278.65亿元，较年初增长15.07亿元。

（市政府金融办、武威银保监分局）

**【中国银行武威分行】** 2021年，中国银行武威分行人民币存款日均余额23.68亿元，较2020年增加1.53亿元；贷款余额28.35亿元，较2020年增加0.93亿元。表内授信不良余额本金合1600万元，较年初下降1274万元，不良率0.54%；累计化解表内不良资产2650万元，其中，现金清收105万元，呆账核销1958万元，资产证券化587万元；实现表外现金清收2110.45万元。累计为102家普惠型小微企业、小微企业主及个体工商户发放贷款11349万元，普惠金融贷款余额较年初净增1213.16万元，贷款户数较年初净增32户。加快线上产品推广，深化数字普惠业务转型。在线申请"中银企E贷"、税易贷等线上无抵押信用贷款产品客户数达到480余户，其中正式获批授信额度的99户，获批额度合计4808万元，年末线上融资余额达到4496万元，净增3500万元。积极融入新发展格局，持续响应国家关于推进绿色发展的战略部署，积极对接先进制造、现代服务、基础设施、节能环保、清洁能源、通道物流六大绿色信贷行业项目。累计向3家绿色企业投放绿色贷款3.70亿元，其中2021年新增投放1.75亿元，绿色信贷占比达到21.08%。累计跟进、上报特色产业、光伏发电项目4个，合计预授信金额超过20亿元。对小微企业客户融资利率持续保持较低水平，做好费用减免，累计为16家小微企业及小微企业主承担贷款抵押物评估费用16.02万元，抵押登记费0.90万元，持续巩固减费让利成果，支持地方小微企业实体经济良好发展。为武威市重大引进项目武威伊利乳业1800吨液态奶项目和武威市优然牧业13000头奶牛建设项目合计审批固定资产贷款7亿元，已累计投放4.52亿元资金用于两个项目建设。强化信用风险管控，坚持"一户一策"的工作思路，优化不良清收方案，坚持向风险化解要效益。强化洗钱风险管控，运用各项系统工具和多渠道排查的方式，严格核实各类风险信息，加强风险有效性评估，确保业务合规开展。

（中国银行武威分行）

【中国农业银行武威分行】 2021年，中国农业银行武威分行投放各类贷款42.9亿元。全年实现中间业务收入7056.8万元，实现净利润2.1亿元。大力推进乡村振兴金融服务，制定24个特色产业振兴贷方案，授信17.7亿元，一体推进贷款投放和信息建档，全年投放农户贷款11.9亿元，“惠农e贷”净增1.7亿元，农户信息建档净增1万户。全力推进普惠贷款，持续加大民营和小微企业贷款投放力度，银保监口径普惠贷款余额13亿元，较年初增加8872万元。紧扣全市产业转型升级，推动基础产业与深加工产业双向融合，向甘肃公航旅、武威光晟等发放项目贷款13.5亿元；武威久源公司、武威华东众合、古浪绿舟等24亿元项目贷款完成审批进入放款环节；中国水电敦煌光伏、中国水电武威光伏、华电武威光伏等28.9亿元贷款进入审批环节。坚持“信贷质量立行”，严把信贷准入关、严控员工行为，开展“百人百日不良资产清收攻坚战”，持续清降不良贷款，有效管控信用风险。全年通过核销、清收以及批转等方式处置不良贷款2.2亿元。

（中国农业银行武威分行）

【中国建设银行武威分行】 2021年，中国建设银行武威分行一般性存款时点余额88.36亿元，新增1.51亿元。各项贷款余额54.89亿元，新增0.67亿元。不良贷款余额0.72亿元，不良贷款率1.32%，较年初下降8.50%。处置化解不良贷款5.73亿元。不断深化新金融实践，住房租赁方面，房源发布、监管备案、用户注册三项住房租赁指标均超额完成任务，完成率均在110%以上，中间业务收入167万元，完成计划的104.3%。金融科技方面，上线各类机构金融科技平台42个，上线武威市城区集中供热全渠道缴费、民勤县供热缴费、武南热力费缴费等重点项目，凉州区学生早餐奶配送项目累计为2.6万余名学生完成学生奶下单派送，下单量超过5万笔。悦生活平台累计活跃24户，有效获客超过3.6万人。依托善融商务平台有效发挥“电商扶贫”作用，全年交易额达到810万元，企业商城交易金额达到2023万元。普惠金融方面，普惠贷款余额4.67亿元，较年初净增2903万元。惠懂你App本年绑定6381户。授信客户较年初新增398户。十大战机精准营销，个人中间业务收入4217.60万元，信用卡客户净增3573户，信用卡分期业务交易额4.01亿元，代理保险累计销售5739万元，重点基金累计销售15441万元。5PK活动取得实效，其中，绿色信贷投放1.6亿元，贷款余额0.99亿元，供应链贷款投放500万元。疫情防控期间，大力支持企业复工复产复市，支持大中型企业8户，累计投放贷款5.53亿元；小微企业和个体工商户277户，累计投放2.47亿万元；累计为462家小微企业和个体工商户办理贷款展期业务，涉及金额15148.04万元。大力推进乡村振兴，全市行政村“裕农通”服务点达到811个，乡村覆盖率72.7%，除空心村外实现辖内行政村全覆盖；服务点活跃率达88.5%，“裕农快贷”业务实现突破，农户测额累计130户，授信103.3万元，支用70.3万元。

（中国建设银行武威分行）

【中国工商银行武威分行】 2021年，中国工商银行武威分行实现拨备前利润13304.38万元，较同期减少156.23万元；实现营业收入21600.07万元，较同期减少25.27万元；实现净利润7758.58万元，较同期增加4054.33万元；中间业务收入4942.04万元，较同期减少151.8万元。各项存款时点净增50878万元，日均净增36730万元。其中：储蓄存款时点净增42854万元，日均净增63729万元；公司存款时点下降6807万元，日均下降3373万元；机构存款时点净增14830万元，日均下降23625万元。各项贷款较年初净增52306万元，其中：公司贷款较年初下降4856万元，票据贴现较年初净增44694万元，小企业贷款较年初净增4310万元，个人贷款较年初净增4002万元。银行卡透支较年初净增4156万元。不良贷款余额3624万元，不良贷款占比0.69%，其中：小企业不良贷款余额2514万元，较年初下降1869万元，个人不良贷款466万元，较年初下降13万，个人经营性不良贷款644万元，较年初增长154万元；信用卡不良贷款998万元，不良占比1.66%，较年初减少了352万元。个人全量客户较年初净增20111户，同比下降4729户，折算后私人银行客户净增3户；代发工资净增额29974万元，同比下降4296万元。日均金融资产1万元以上公司客户净增114户，与同期持平，日均金融资产1万元以上机构客户净增33户，同比增加49户。全年新开借记卡4.47万张，实现借记卡收入135万元；累计理财产品销售额达36.08亿元，实现理财业务收入345万元；累计代发工资30.38亿元，较同期增加2.99亿元，新拓代发单位95户，较同期净增代发客户7285人，拓展商户4096户，个人金融资产增加1.27亿元。全年信用卡中收实现2134.66万元，信用卡发卡净增1265；分期付款投放29038万元，其中“e分期”投放9423万，余额较年初净增4112.79万元。累计发放个人住房贷款26996万元，较2020年多投放8733万元；累计发放公积金委托贷款28200万元，其中累计发放个人住房公积金贷款23372万元。顺利承接武威市经济发展集团债券投资项目、天祝水利水电项目、古浪县净水厂项目资金2.5亿元。全年增加财政存款1.96亿元，承接公积金到期资金10000万元。加强军队客户营销维护，增加存款7000万元。新开对公结算账户871户。新增新能源贷款投放2175万元。成功发放省公航旅融资再安排银团贷款1亿元，落地辖内古浪县。办理票据直贴734.51万元，转贴现买入64132万元，票据贴现余额44694万元。办理包买他行国内信用证福费廷业务1.89亿元，实现利息收入382万元，中间业务收入64.31万元。实现年末普惠监管口径贷款较年初净增3241万元，存量户数净增11户。累计向85户小微企业发放线上经营快贷14862万元，贷款余额10610万元，较年初增加6550万元。在全年新拓户中新增首贷户23户，新增发放贷款3405万元。继续以e抵快贷为突破口，积极开展对小微企业和个体工商户业务营销，累计发放2567万元，存量客户48户。

（中国工商银行武威分行）

## 保险业

**【概况】** 2021年，全市共有14家银行业金融机构、23家保险公司及7家保险专业代理机构，共446个营业网点。

**【保险保费收入】** 全年保险公司原保险保费收入35.5亿元，比2020年增长5.36%；支付各类赔款及给付11.04亿元，增长11.09%。

**2021 年武威市保险业务情况及增长速度一览表**

表 2

| 指　标 | 绝对数（亿元） | 比 2020 年增长 |
|---|---|---|
| 原保险保费收入 | 35.50 | 5.36% |
| 财产险 | 11.02 | 1.29% |
| 人身险 | 24.48 | 7.30% |
| 支付各类赔款及给付 | 11.04 | 11.09% |
| 财产险 | 7.60 | 17.43% |
| 人身险 | 3.44 | –0.76% |

**【农业保险】** 引导保险机构积极支持农业产业发展，努力构建多层次多方式保险保障体系。全市农业保险累计签单保费 2.07 亿元，支付赔款 1.37 亿元，参保农户 7.67 万户，其中脱贫建档立卡户 3.88 万户。协调解决农业保险地方财政拖欠配套资金 1792 万元，占总额的 42.37%。国家乡村振兴重点帮扶县古浪县信贷投放总量、农业保险保额持续增长，优势特色农产品保险品种稳中有增。

（市政府金融办、武威银保监分局）

**【人寿保险】** 中国人寿武威分公司下辖中国人寿保险股份有限公司凉州区支公司、中国人寿保险股份有限公司凉州第一营销服务部、中国人寿保险股份有限公司凉州第二营销服务部、中国人寿保险股份有限公司凉州第三营销服务部、中国人寿保险股份有限公司民勤县支公司、中国人寿保险股份有限公司古浪县支公司、中国人寿保险股份有限公司天祝藏族自治县支公司共 7 个县区级支公司（营销服务部），并经甘肃保监局批准设立 26 个基层营销服务网点和 4 个标准化综合客户服务柜面，个人代理人规模近 1400 人。2021 年，实现总保费收入 64888.51 万元，同比增加 3477.75 万元，增幅 5.66%；其中，实现首年期交保费 11170 万元，同比减少 161 万元，降低 1.42%；实现短期险保费 3498 万元，同比减少 438 万元，降低 11.12%。年末公司总保费市场份额 26.82%。共承保各类人身险保单 72.6 万件，承担风险保额 953 亿元，占全市寿险业风险保额总量的 36%。为全市近 1 万户计生家庭承担 11 亿元风险保障，为近 200 个医疗卫生机构的近 7000 名卫生干部提供超过 50 亿元的风险保障，为全市 1.2 万多户信贷户承担近 15 亿元的风险保障，为超过 14 万名学生幼儿提供累计近 150 亿元的保险保障。全年累计处理各类理赔案件 8072 起，支付各类死亡、伤残和医疗保险理赔金额 4540.32 万元，给付年金及满期金 10193.48 万元，占全市寿险业赔款及满期金总量的近 42%。广泛吸纳各类人才和社会劳力，解决全市 3000 多人就业。

（中国人寿保险股份有限公司武威分公司）

**【人保财险】** 人保财险武威市分公司下辖凉州区支公司、天祝支公司、民勤支公司、古浪支公司共 4 个区县支公司，并经甘肃银保监局批准设立 16 个“三农”营销服务部、1 个城区营销服务部，网点覆盖全市 92 个乡镇。

在编职工170人,劳务外包及个人代理人263人。2021年,公司全险种累计实现保费4.57亿元,降速6.18%,市场份额41.63%,同比下降3.12%。其中,全年车险实现保费1.59亿元,增速-5.75%,市场份额29.97%,同比提升0.64%;全年非车险(含非大病保险业务)实现保费7809.53万元,增速46.45%,市场份额39.61%,同比提升5.18%;全年农险保费实现6787.67万元,市场份额31.31%;大病保险实现保费15139.20万元,降速19.59%。全险种累计赔款3.83亿元,其中,车险赔款9965.75万元,非车险赔款6160.03万元,农业保险赔款6803.72万元,大病保险赔款15342.40万元。2021年,向税务部门缴纳增值税及附加税675.67万元,代扣代缴车船税2716.07万元,代扣代缴个人所得税57.73万元,其他税金31.83万元。农业保险共承保7个中央补贴品种、7个省级补贴险种、6个一县一品补贴品种。有效做好交通事故赔付,提前向152起交通事故,168名受伤人员支付预付赔款302.4万元。拒赔因饮酒后驾车而发生交通事故38起。查处虚假理赔案件66起。全市系统商业险理赔周期控制在7.21天,结案率达到92.44%。疫情防控期间,公司共受理各类理赔案件230件,累计赔款115万元,其中线上化理赔处理156件,线上化赔款93.7万元,理赔线上化率达到了68.2%。启动"车驾管"服务,在三县一区营业大厅设置机动车服务登记站,提供车辆免费年检服务,2021年打印车辆年检标志3985份,服务人次4239余人。法定节假日在武威辖内部分高速服务区开展"温暖驿站"便民服务活动,共计服务客户643人次,其中服务人保客户265人次,服务非人保客户378人次。

(中国人民财产保险股份有限公司
武威市分公司)

## 证　券

【概况】 2021年,武威市共有海通证券、华龙证券、华安证券3家证券营业部。至12月末,全市证券机构营业收入3056万元,同比增长10.3%;累计交易额318.06亿元,同比增长22.17%;开户数9133户,累计开户数5.5万户。

【海通证券】 海通证券武威祁连大道证券营业部成立于2001年5月,经中国证监会甘证监发字〔2009〕78号文件批准,2009年7月服务部翻牌为海通证券武威建国街证券营业部。2018年6月,营业部从凉州区东大街邮储银行大厦三楼搬迁至武威市凉州区祁连大道612号,

2021年12月末全市证券公司情况统计表

表3

| 指标<br>机构 | 营业收入(万元) | | | 交易额(万元) | | | 托管资产(万元) | | 开户数量(户) | | |
|---|---|---|---|---|---|---|---|---|---|---|---|
| | 当月 | 当年累计 | 同比增速 | 当月 | 当年累计 | 同比增速 | 余额 | 同比增速 | 当月新增 | 当年累计 | 总开户数 |
| 华龙证券 | 110 | 1012 | 8.55% | 77878 | 911101 | 14.42% | 39538 | 18.20% | 14 | 1613 | 2353 |
| 海通证券 | 212 | 1952 | 10.88% | 175913 | 2028152 | 25.22% | 81403 | 16.17% | 31 | 6082 | 44890 |
| 华安证券 | 11 | 93 | 8.66% | 21524 | 241328 | 28.80% | 8579 | 60.28% | 39 | 1438 | 7955 |
| 合　计 | 333 | 3056 | 10.03% | 275315 | 3180582 | 22.17% | 129520 | 18.96% | 84 | 9133 | 55198 |

更名为海通证券股份有限公司武威祁连大道证券营业部。2021年，营业部转变发展模式，将打造区域内最具竞争力的财富管理机构作为营业部发展目标，以证券经纪业务为基础，以“财富管理”业务为导向，以“期权”“融资融券”业务为特色，营业部进入高质量发展阶段。

【华龙证券】 华龙证券武威凤凰路营业部位于武威市凉州区凤凰路177号嘉桓综合楼一、三楼，前身系华龙证券兰州七里河证券营业部武威服务部，成立于2000年4月，是武威成立时间最早的证券经营机构。2009年1月，经甘肃证监局文件批复，武威服务部规范为华龙证券武威胜利街证券营业部。后营业部因搬迁，更名为华龙证券武威凤凰路营业部。华龙证券武威凤凰路营业部总面积635平方米，散户大厅配备自助交易查询设备20余台，可同时供数量较多的投资者进行查询、委托等操作。为方便服务投资者专门在营业大厅内设立咨询台并派专人解答投资者各种疑问及投资咨询，为投资者提供投资建议，重要客户由客户经理进行一对一服务。

【华安证券】 华安证券武威滨河路证券营业部成立于2015年7月。2021年，华安证券武威营业部将以经济业务为主的经营方式向全方位的金融财富管理进行转型，以理财带动营销，从而提高营业部经营效益与非通道收入的业务占比。全年组织员工合规与适当性学习10次，在客户开发、业务拓展、产品销售时严把合规管理与适当性匹配原则，确保营业部合规经营。

【企业上市融资】 向省级部门推介动态梳理意向上市企业8户，组织达华节水、普康、金仓生物等重点意向企业参加全省直接融资培训，积极帮助企业与证券机构、证监部门等对接，推进工作进程。抢抓甘肃股权交易中心开设“专精特新板”契机，邀请股交中心到武威指导，推动专精特新企业挂牌展示和融资，2021年6月，武威型煤公司成功挂牌。普康养殖通过非公开定向增发股权实现直接融资3894万元，正在有序推进在美国纳斯达克上市工作。

（市政府金融办）

## 其他非银行金融机构

【概况】 2021年末，全市共有小额贷款公司、融资性担保公司、典当行3大类类金融机构19家，其中，小额贷款公司7家，融资性担保公司8家，典当行4家。

【小额贷款公司】 全市有该类机构7家，其中，凉州区6家、民勤县1家。2021年，1家暂停经营活动；6家公司均未开展放贷业务，以清收贷款为主。截至2021年末，全市小额贷款公司贷款余额1.94亿元。

【融资性担保公司】 全市有该类机构8家，均为国有控股机构，其中，省属在武分支机构1家，即武威金控担保公司；市属1家，即市中小企业担保公司；县区6家。全市融资担保公司在保户数233户，在保余额14.03亿元，代偿金额1.21亿元。

【典当行】 全市有该类机构4家，其中，“A”类企业2家，“B”类企业1家，另有1家处于失联状态未进行年审。2021年累计发放贷款共2笔、90万元，贷款余额165万元。

（市政府金融办）

# 旅游业

## 综　述

【概况】 2021年，评定国家AAA级旅游景区2家、四星级饭店2家、市级研学旅行基地9个，天梯山石窟、民勤苏武沙漠景区被评定为国家AAAA级旅游景区。全年接待国内外游客1286.3万人次，比2020年增长10.1%，实现旅游总收入70.6亿元，增长6.9%。

【文旅项目建设】 2021年，抓好项目建设、文创产品研发销售、天马剧院运营、民宿运营等工作，各项经营指标持续向好，实现营业收入总计1329.74万元，较2020年的347.33万元增加982.41万元，增幅282.85%。推进神州荒漠野生动物项目建设进度，武威神州荒漠野生动物园已于“五一”开园运营；采取“合作社+国投公司+农户”的模式，建成四户联体小集群精品民宿并投入运营，完成投资1048万元。武威文旅集团与省文旅集团洽谈并达成合作协议，以实物+货币出资占比49%，省文旅集团以货币资本金出资占比51%，成立合资公司，实施沙漠公园文旅综合开发项目。原绿苑宾馆改造成漠迹漫居酒店并投入运营，2021年实现营业收入90万元。沙漠公园景区2021年4月以来全年接待游客8万人次，营业收入60余万元。

【武威雷台景区文化旅游综合体项目】 武威雷台景区文化旅游综合体项目是2021年省列为重大续建项目之一，也是市委、市政府贯彻落实省委要求，充分挖掘武威历史文化资源、加快建设文化旅游名市、打造全域旅游城市的重点支撑项目，是甘肃省最大的文化旅游综合体项目。文化旅游综合体项目规划总用地面积1299.2亩，总投资估算58亿元。主要对雷台观和汉墓遗址进行保护性修建和提升改造，建设汉文化历史博物馆、天马博物馆、凉州诗词博物馆、天马博览园、凉州诗词园等特色园区，配套智慧旅游系统，道路系统及综合管网系统等,由省公航旅集团主导项目的投融资、建设、运营管理及移交工作。2021年,项目建设期进入第三年,共完成投资42.78亿元,所有单体建筑已全部封顶,进行外幕墙、屋面工程、室内装修、园林绿化、道路铺装、室外管沟等配套工程施工。

**【武威历史文化街区项目】** 项目包括文庙、古钟楼、罗什寺3个历史街区及再就业市场片区,形成凉州古城“L”型金腰带,着力打造以凉州不夜城、凉州葡萄酒城、新雍凉书院为主要内容的丝绸之路历史文化旅游名城。项目总投资38.86亿元,总用地面积473.52亩,总建筑面积24.88万平方米。2021年,完成文庙、罗什寺、古钟楼街区内黄土民居保护修缮、恢复街巷肌理项目。完成街区内新建道路、街道的名称征集工作。

(市文体广电和旅游局)

## 旅游资源

**【概况】** 武威市旅游资源富集,优势明显,潜力巨大。武威拥有国家级自然保护区2处、国家级森林公园1处、国家级湿地公园1处,国家A级旅游景区22处,其中雷台景区、文庙景区、神州荒漠野生动物园、凉州白塔寺、沙漠公园、天祝冰沟河景区、红军西路军古浪战役纪念馆、天梯山石窟、民勤苏武沙漠景区被评为国家AAAA级旅游景区。

**【自然旅游资源】** 自然旅游资源以雪山冰川森林草原景观、青土湖沙漠景观为其主体特色,在河西走廊表现较为典型突出,而且在全省同类旅游资源中亦具有鲜明的代表性。高山冰川森林草原景观丰富,武威南部祁连山有现代冰川65条,为山前绿洲提供了丰富的水源。从山顶到山坡依次为冰缘地貌景观、森林景观、草原景观。大雪山山脊雄伟,冰峰林立,可开展登山探险旅游和冬季高山滑雪运动。东北部腾格里沙漠可开展沙漠探险旅游,风沙地貌景观、沙生动植物、绿洲和湖泊构成独特的大漠风光。武威城东腾格里沙漠前缘的沙漠公园,是一座融大漠风光、草原风情、园林特色为一体的游览胜地,是国内第一座大漠风光与沙漠绿洲相结合的旅游乐园。武威不仅具有高山、森林、草原、河流、湖泊、绿洲以及动植物等自然旅游资源,而且还有典型的现代冰川、沙漠戈壁,游客来到武威,可领略到全国不同地域的特色旅游资源,享受到不同的景致。

**【人文旅游资源】** 武威古称凉州,是著名古诗曲调“凉州词”的发祥地。宋元之际西藏纳入中央行政管辖的重大历史事件“凉州会谈”即发生于此。境内风景名胜众多,因拥有“齐家文化”“沙井文化”“马家窑文化”“马厂文化遗址”“汉文化遗址”而享有盛名,更因中国旅游标志铜奔马的出土地而著称于世。在漫长的历史发展过程中,大量的城堡、塔寺、石窟、墓穴、古建筑和诗词歌舞等保留下来,积淀成了历史悠久、文化灿烂、具有典型融合特色的人文旅游资源。凉州区有雷台(汉文化博物馆)、文庙、西夏博物馆、鸠摩罗什寺塔、古钟楼(大云寺)、李铭汉故居、南城门楼、皇娘娘台(尹台寺)遗址、白塔寺、天梯山石窟、金刚亥母洞遗址、海藏寺、松涛寺、莲花寺遗址等人文旅游资源,民勤县有镇国塔、圣容寺、瑞安堡、二分大庙双楼、东镇大庙、汉明长城及烽燧等人文旅游资源，古浪县具有红西路军烈士陵园、龙泉寺、大靖古城遗址、土门古城遗址、山陕会馆、大靖财神阁、土门三义殿、罗汉楼、青山寺、昌灵山、明长城烽燧、马家祠堂等人文旅游资源。天祝藏族自治县有天堂寺、东大寺、华藏寺、石门寺、南冲寺、祝贡寺、毛藏寺遗址、乌鞘岭长城遗址、朵什寺遗址、松山古城遗址等人文旅游资源。

（市文体广电和旅游局）

## 旅游推介

**【概况】** 2021年，着力宣传“天马行空·自在武威”的旅游形象，打造特色文化旅游品牌，形成以雷台、文庙和鸠摩罗什寺景区为代表的“历史文化游”；以天祝三峡国家森林公园、石羊河国家湿地公园、冰沟河、青土湖为代表的“生态观光游”；以天祝大红沟、民勤红旗谷、古浪金水源为代表的“乡村休闲游”；以天祝天堂寺、抓喜秀龙草原、乌鞘岭大景区为代表的“民俗风情游”。在传统旅游线路的基础上，推出以温泉度假村、普康田园综合体为代表的城市休闲游；以民勤沙漠雕塑创作营、民勤摘星小镇为代表的“网红打卡游”；以古浪战役纪念馆、八步沙六老汉治沙纪念馆、民勤防沙治沙展览馆为代表的“红色体验游”。

**【武威历史文化及藏地民俗风情2日游】** 历史文化及藏地民俗风情游是一条美丽的自然风光与别样的心灵之旅相结合的线路。第一天线路设置“雷台汉墓—海藏寺—鸠摩罗什寺—文庙—白塔寺—天梯山石窟—天祝乌鞘岭国际滑雪场—富源文化度假休闲园”景区景点。第二天线路设置“华藏寺—石门寺—石门沟度假旅游区（华锐帐篷城、月亮岛度假村）—石门峡（药水神泉）—天祝三峡景区（金沙峡、朱岔峡、先明峡）—天堂寺”景区景点。本线路将底蕴丰厚的凉州文化与特色分明的藏地风光相结合，游客从武威市区开启行程，感叹铜奔马出土地的神奇和陇右学宫建筑之磅礴，而后进入雪域高原，自然风光可再度吸引人们的目光。这里分布着岩峰怪石与丹霞地貌，有幽邃深林，冰川瀑流。草原上牛羊成群，牧民的歌声回响天际，青稞酒、锅庄舞、酥油奶茶，让人流连忘返。线路串联起海藏寺、鸠摩罗什寺、白塔寺、华藏寺、石门寺、天堂寺等景点，让游客在旅途中感受佛教圣地的宗教气息，萌生慈悲喜舍的虔敬心意。

**【“绿洲凉州·红色古浪”原生态风光2日游】** 第一天线路设置“凉州植物园—天马湖主题公园—天乙生态园—沙漠公园—莫高国际生态酒堡—神州荒漠野生动物园—头道槽大漠旅游”景区景点。第二天线路设置“普康现代农业庄园—西营镇武威温泉度假村—黄羊河生态农业观光区—红军西路军古浪战役纪念馆—金水源丝路驿红军西路军古浪战役纪念馆展厅站—笔架山庄农家乐苑—八步沙六老汉治沙纪念馆—大漠绿洲旅游文化影视基地”景区景点。该线路依托武南公路和凉古公路，以红军西路军血战河西和武威生态文明建设成果展示为主题，融合绿洲农业、园艺胜景、葡萄产业、红色文化遗迹、时代楷模精神及大漠生态建设景点。游客既能感受到自然风光的绮丽迷人，又能感受到革命先烈及时代楷模的精神洗礼，是一条具有强烈的视觉冲击与心灵震撼的旅游线路。

**【最美大漠风情线“沙海绿洲·绿洲碧海”民勤2日游】** 第一天线路设置“凉州区天马湖—民勤石羊河国家湿地公园—红旗谷生态旅游村—红崖山水库—时光廊道—沙漠雕塑国际创作营—摘星小镇—苏武大井湾旅游观光园”景区景点。第二天线路设置“民勤防沙治沙纪念馆—陶中现代农业示范园区—瑞安堡—民勤乡村记忆博物馆—青土湖—东湖体育公园—民勤苏武沙羊美食街—生态文化广场”景区景点。该线路从凉州区天马湖出发,依托民武公路、民东公路和民湖公路,串联民勤石羊河国家湿地公园、红旗谷生态旅游村、红崖山水库、民勤防沙治沙纪念馆、民勤陶中现代农业示范园区、沙漠雕塑国际创作营、大井湾苏山客栈、民勤乡村记忆博物馆、瑞安堡、青土湖、民勤苏武沙羊美食街等景点,大漠风情独具,可感受“人沙一体,和谐共生”的生态奇迹,领略沙海绿洲民勤独特的民俗风情及大漠平湖的旖旎风光。

**【武威历史文化名城观光1日游】** 设置“海藏寺(海藏湿地公园)—植物园—雷台—鸠摩罗什寺—西郊公园—南城门广场—文庙—西夏博物馆—白塔寺—天梯山石窟”景区景点线路,以“历史文化名城”为主线,将市区景点和“石窟鼻祖”天梯山连接起来,游览者在游览铜奔马出土地、西夏辅郡历史遗迹、鸠摩罗什舌舍利塔和西藏回归祖国版图见证地各景点中,对武威汉唐文化、五凉文化、西夏文化、佛教文化等历史渊薮形成直观而鲜明的印象。

**【武威生态度假观光1日游】** 设置“天马湖—蜻蜓休闲农业旅游村—威龙酒堡—沙

图72 凉州白塔寺 (市文体广电和旅游局供图 6月摄)

漠公园—莫高国际生态酒堡—神州荒漠野生动物园—头道槽大漠旅游景区—武威保税物流中心—黄羊河休闲农业旅游区”景点线路。该线路从城区天马湖出发，融合生态农业、沙产业和葡萄种植业的乡村景观，融秀美的自然风光与雄伟的人文景观于一体，构成自然、幽雅、宁静且具有西部特色的生态旅游观光路线，令游人在旅游休闲、避暑度假之中领略绿洲风光和葡萄酒城的美丽景色。

**【民勤沙海绿洲自然风情1日游】** 线路设置“生态文化广场—红旗谷生态旅游村—红崖山水库—时光廊道—沙漠雕塑国际创作营—摘星小镇—苏武大井湾旅游观光园—民勤乡村记忆博物馆—瑞安堡—防沙治沙纪念馆—民勤苏武沙羊美食街”景点。此线路从民勤县城生态广场出发，途经红旗谷、红崖山水库，经时光廊道进入沙漠雕塑国际创作营，远眺摘星小镇，而后在苏武大井湾旅游观光园吃午餐。下午参观防沙治沙纪念馆，再返回民勤乡村记忆博物馆和瑞安堡，游览民勤沙乡美食街，晚餐品尝民勤地方小吃美食。此线路将绿洲沙乡风光、最美沙漠景观与民勤历史文化相结合，是深度感悟民勤地域特点及县情特征的体验之旅。

**【古浪农业沙产业生态体验观光1日游】** 线路设置“红军西路军古浪战役纪念馆—金水源丝路驿站—八步沙六老汉治沙纪念馆—博绿生态农业基地—古浪牡丹园”景点。此线路集红色文化与自然风光于一体，从红军西路军古浪战役纪念馆开始，途经笔架山庄和金水源丝路驿站至八步沙六老汉治沙纪念馆。凭吊红色遗迹并瞻仰时代楷模的先进事迹，而后参观博绿生态农业基地和古浪牡丹园，感受古浪新时代生态文明建设成果。既是寻踪红色遗迹的感怀之旅，又是欣赏自然生态的观光之旅。

**【“遇见天祝”雪域高原风情观光体验1日游】** 线路设置“天祝中心广场—松山国有羊场—天祝羊驼养殖基地—松山草原—达隆寺—藜麦观光园—松山古城”景点。此线路将高原自然风光与雪域特色产业观光游览融为一体，从天祝中心广场出发，参观松山国有羊场、天祝羊驼养殖基地，深度体验在新时代生态环境保护背景下草原牧业的发展现状。通过游览松山草原、达隆寺、藜麦观光园、松山古城，感悟雪域藏乡风光，了解天祝历史文化。

（市文体广电和旅游局）

# 教　育

## 综　述

**【概况】** 2021年，武威市共有各级各类学校及幼儿园981所。其中，民办学校162所；民办学校中幼儿园149所，初中1所，九年制学校6所，十二年制学校1所，中职学校5所。在校学生27.01万人，其中，民办学校4.12万人；民办学校中幼儿园3万人，小学4149人，初中5569人，普通高中685人，中职学校807人。教职工2.59万人，其中，民办学校4369人；民办学校中幼儿园3336人，普通中学915人，中职学校118人。

**【教育管理】** 2021年，武威市制定发布《武威市教育事业"十四五"发展规划》《武威市贯彻落实〈深化新时代教育评价改革总体方案〉工作方案和任务清单》《武威市深化新时代教育督导体制机制改革的实施方案》《关于全面加强和改进新时代学校体育工作的实施方案》《关于全面加强和改进新时代学校美育工作的实施方案》，全面推进教育领域综合改革。对凉州区2018—2020年度履行教育职责情况进行市级督导评价，对民勤县2020年履行教育职责督导评价通报问题整改情况进行督导回访，开展"五项管理""双减"工作专项督导。深化"平安校园"建设，深入推进中小学（幼儿园）安全防范建设三年行动计划，武威市中小学（幼儿园）实现校园安全防范"四个100%"，所有食堂完成"互联网+明厨亮灶"建设。

**【教师队伍建设】** 2021年，武威市补充教师410人，其中，招录中小学教师199人，引进高层次教育类人才和公费师范生84人，招聘特岗教师127人。市级以上培训教师3480人次。专任教师学历小学合格率100%，大专以上占97.32%；初中合格率100%，本科以上占90.01%；普通高中合格率97.72%，研究生占11.37%；中职学校合格率96.88%，"双师型"教师占43.94%。119名教师参加"三区"支教、义务教育学校顶岗支教、市直学校"双向"交流和深度贫困县结对帮扶。3个先进集体、31名先进个人被省人社厅、省教育厅授予省“园丁奖”称号，市委、市政府表彰教育工作先进集体10个、先进个人120人。取得中小学正高级教师职务任职资格80人、副高级教师职务任职资格800人、中级教师职务任职资格1290人。

【教研教改工作】 选聘市教育科研学科专家32名、特聘教研员150名，确定35所学校为市级教研基地。成立武威市中小学思政课教师一体化名师工作室，评选中小学优质思政课案例126节。举办武威市中小学教师技能大赛，开展“送教下乡”活动。省级课题立项221项，通过鉴定338项；市级课题立项405项，通过鉴定168项。882件师生作品、课例、成果在省级评选活动中获奖。

【教育建设项目】 2021年，武威市基本建设投资6.4亿元，新改建校舍21.27万平方米。校舍总建筑面积387.5万平方米，生均建筑面积小学8.59平方米、普通中学21.89平方米、中职学校19.53平方米。完成武威一中提升扩建项目，建成凉州区祁连路小学、古浪县城关四小、天祝藏族自治县第三幼儿园等9所中小学和幼儿园，学校布局进一步优化。新改建144所农村中小学食堂，新建3所农村中小学周转宿舍94套。学生用计算机台数占学生总人数的比值，小学为7.98∶1、初中为5.8∶1、普通高中为6.96∶1。接入互联网的学校小学占100%、初中占100%、普通高中占100%。

【校园文化建设】 深入实施社会主义核心价值观人知人晓工程，持续开展“四史”教育和爱国主义教育，扎实开展“百名新时代好少年讲党的故事”等活动，教育引导学生树立正确的历史观、民族观、国家观，厚植爱国主义情怀。评选“新时代武威好少年”50名，10名学生获“新时代甘肃好少年”称号。创建全国文明校园3所、省级文明校园19所、全国校园足球特色学校（幼儿园）78所、全国青少年校园篮球特色学校4所、全国青少年校园排球特色学校2所、全省儿童青少年近视防控示范学校16所。

图73 6月22日，天祝藏族自治县城关二小学生在课前讲党史故事（甘曜毓 高德强 摄）

【语言文字工作】 印发《武威市新时代语言文字创建实施方案及评估标准》，着力加强语言文字工作。开展“经典诗文诵读”大赛活动，建成武威市推广普通话专家资源库。武威第十八中学、武威职业学院创建成第二批甘肃省语言文字推广基地。中小学语言文字达标学校100%，创建成国家级语言文字规范化示范学校1所、省级93所、市级225所。

【东西部教育扶贫协作】 2021年，持续加强与天津市蓟州区的沟通联系，利用蓟州区教育优势，不断拓宽合作交流的广度和深度，进一步提升结对帮扶质量。天祝藏族自治县、古浪县103名校长教师到蓟州区开展挂职锻炼和能力提升培训，蓟州区32名教师到天祝藏族自治县、古浪县开展支教和柔性帮扶。蓟州区184所学校与天祝藏族自治县、古浪县224所学校建立结对帮扶关系。天津市动员社会力量向天祝藏族自治县、古浪县捐款捐物折算资金达180多万元，蓟州区帮扶古浪县城关第四小学、大靖第三小学476万元。

（市教育局）

## 学前教育

【概况】 2021年，武威市共有幼儿园383所，在园幼儿5.17万人，教职工5823人。新增公立幼儿园园位1180个，幼儿“入园难”问题得到有效缓解。学前三年毛入园率达95.77%。

【宣传月活动】 举办以“砥砺十年，奠基未来”为主题的学前教育宣传月活动，开展观摩学习、优课竞赛、演讲比赛、自制器材评比、法规知识竞赛等系列比赛，拍摄学前教育专题片，宣传报道十年来学前教育普及普惠发展的重大成果和辉煌成就。

【学前教育管理】 市教育局印发《武威市推进幼儿园与小学科学衔接工作方案（2021—2023年）》《武威市幼儿园结对帮扶联盟发展实施方案》，进一步加强学前教育管理。系统推进幼小衔接和安吉游戏试点工作，凉州区和民勤县被确定为省级实验区，12所幼儿园被确定为省级试点园。

（市教育局）

## 义务教育

【概况】 2021年，武威市义务教育学校559所，其中小学450所、初级中学31所、九年一贯制学校78所。在校学生15.31万人，其中小学生10.46万人、初中生4.85万人。教职工1.42万人，其中小学7417人、初级中学2563人、九年一贯制学校4205人。新增义务教育学位6210个。化解义务教育“大班额”84个，大班额占比0.9%。武威市小学适龄儿童净入学率100%，小学毕业生升学率100%，九年义务教育巩固率100%。

【学生减负工作】 2021年，市委办、市政府办印发《关于进一步减轻义务教育阶段学生作业负担和校外培训负担实施方案》，市教育局、市网信办、市民政局、市市场监管局、市公安局5个部门联合发布《关于减轻中小学生校外培训负担的公告》，成立武威市“双减”工作专门协调机制，开展校外培训机构专项治理行动，全面推进“双减”工作。武威市296

家学科类校外培训机构转型 109 家，注销和停办 163 家，营转非 24 家，学科类校外培训机构压减率达 91.89%。市教育局印发《武威市中小学生课后服务工作实施方案》，完善课后服务体系，武威市实现了义务教育阶段学校和有需求的学生课后服务全覆盖。

【特殊教育】 2021 年，落实武威市第二期特殊教育提升计划，印发《留守儿童服务关爱方案》，建有村少年宫 80 所，建立留守儿童之家 64 个，全力保障特殊群体接受教育。落实“一人一案”，残疾儿童随班就读 749 人，送教上门 254 人。武威市适龄残疾儿童少年入学率 95.66%。

（市教育局）

## 普通高中教育

【概况】 2021 年，武威市普通高中 20 所，其中，完全中学 9 所，高级中学 9 所，十二年一贯制学校 2 所。在校学生 3.07 万人，其中，完全中学 9198 人，高级中学 2.08 万人，十二年一贯制学校 685 人。教职工 3783 人，其中，完全中学 1394 人，高级中学 2202 人，十二年一贯制学校 187 人。普通高中招生 1.02 万人，高中阶段毛入学率 95.78%。

【高考综合改革】 认真贯彻落实《甘肃省深化高等学校考试招生综合改革实施方案》，推动高中教育教学和人才培养模式改革，有序推进“选课走班”教学模式，加强学生生涯规划指导，完善学生综合素质评价体系，秋季学期启动实施高考综合改革。2021 年参加

图 74　9 月 28 日，武威六中教育集团举办第二届校园艺体节　（赵芬琴　摄）

高考1.82万人，本科录取8696人，本专科共录取1.62万人。

【特色学校创建】 深化新时代普通高中特色学校创建工作，武威一中列入甘肃省卓越高中培育计划，被确定为甘肃省普通高中新课程新教材实施示范校。

（市教育局）

## 中等职业技术教育

【概况】 2021年，武威市有中职学校13所，在校学生1.57万人，教职工865人。武威市中职学校招生4826人，有毕业生2978人，毕业生升入高等学校的有1809人，就业率为99.27%。

【专业建设】 武威市中等职业学校开设16个专业大类、59个专业、115个专业布点，建成省级骨干专业5个，中等职业学校证书试点45个。

【职业教育活动周】 5月15—28日，举办以"技能让生活更美好"为主题的武威市暨凉州区2021年职业教育活动周活动，展示全市职业教育发展的最新成果。

【技能大赛】 组织参加省级2021年中等职业学校技能大赛教学能力比赛，获奖率达66.67%，市教育局获优秀组织奖。举办武威市2022年中等职业学校技能大赛，6111名师生参加了10个专业大类、74个赛项，进一步营造了职业教育高质量发展的良好氛围。

【校企合作】 武威市中职学校与省内外共计176家企业签订合作协议，大中型企业达102家。四川希望教育集团投资5000万元与武威信息工程职业学校合作办学。武威生物制药技术学校整体搬迁，与甘肃畜牧工程职业技术学院联合办学。

【技能武威建设】 市政府出台《武威市贯彻落实〈教育部甘肃省人民关于整省推进职业教育发展打造"技能甘肃"的意见〉的方案》《关于推动现代职业教育高质量发展 加快"技能武威"建设实施方案》等政策文件，推动现代职业教育高质量发展。凉州区职业中专入选甘肃省"双优"计划建设学校。

【甘肃省理工中专】 2021年，招生1085人，在校生人数达到2825人，教学班级达58个。参加高考548人，其中，对口升学高考540人，普通高考8人，本科上线10人，高职专科上线率100%。33名学生参加2021年全省中职学校学生技能大赛，获得一等奖1人、二等奖6人、三等奖13人，获奖率60.6%，1名教师获全省优秀指导教师奖；2名教师指导学生参加第二届甘肃省黄炎培职业教育创新创业大赛决赛，获中职组银奖；承办武威市中职学校学生技能大赛3个专业大类9个竞赛项目，全市638名中职学校选手来校比赛；组织1568名学生参加武威市中职学校学生技能大赛9个专业大类39个竞赛项目的比赛，获得一等奖197人、二等奖333人、三等奖550人，获奖率68.8%。开展职业技能鉴定、计算机等级考试、银行职业资格考试等ATA考试培训，共完成393人的电工、焊工职业技能鉴定和3846人的全国计算机等级和社会化培训考试服务任务。按照"对接区域经济社会需求，提升服务区域产业发展"的专业设置思路，实施专业动态调整，优化专业布局。按照"6+N"布局构建特色优质专业，开设12个专业，学校拥有3个省级骨干（重点）专业、5个示范校重点专业、"优质校"6个高水平建设专业。

（市教育局）

## 高等教育

**【概况】** 2021年，市政府出台《武威市贯彻落实〈教育部甘肃省人民关于整省推进职业教育发展打造"技能甘肃"的意见〉的方案》《关于推动现代职业教育高质量发展加快"技能武威"建设实施方案》等政策文件，推动现代职业教育高质量发展。武威职业学院开设10个专业群58个专业，甘肃畜牧工程职业技术学院开设9个专业群51个专业，建成高等职业院校证书试点77个。武威职业学院成功入选"甘肃省高水平高等职业学校和专业群建设计划"院校，成立申办武威职业技术大学领导小组和工作专班，印发《武威市支持武威职业学院筹建武威职业技术大学若干措施》，推动武威职业学院申办武威职业技术大学。

**【武威职业学院】** 2021年，学院共有教学机构13个，开设高职专业58个。有党政管理机构18个、教学机构11个、教辅机构3个。教职工918人（含附属中医医院），其中，专任教师639人，专任教师中正高级职称31人、副高级职称228人，博士、硕士研究生225人，双师型教师320人，外聘兼职教师290人。全日制在校生13204人、继续教育学生2727人。占地面积1594亩，校舍建筑总面积42.4万平方米，固定资产总值12.23亿元。馆藏图书154万册（包含电子图书59.2万册），有135个校内实训室和188个校外实训基地。学院成功入选"甘肃省高水平高等职业学校和专业群建设计划"立项建设学校。对标"双高计划"建设方案和任务书，投入经费4152.98万元，完成一级指标42个、二级指标150个，形成省级及以上标志性成果579项。入选"双高计划"高水平专业群2个、优质骨干专业群8个；增设新能源汽车技术、智能制造装备技术专业2个，停招、撤销专业7个，现有高职专业58个，覆盖15个专业大类，形成了以核能、氢能等清洁能源

图75 5月12日，武威职业学院举办庆祝"5·12"护士节暨授帽仪式 （李政阳 摄）

类专业为特色，国家级重点专业为引领，农、医、经、文、艺等综合发展的专业布局。录取全日制专科新生4453名，报到4130名，报到率92.75%。学院高职扩招录取214人，实际报到194人。毕业全日制高职学生3808人，就业率达96.58%。“专升本”升学考试有615名学生进入本科院校，较2020年增长17%。在全省职业院校学生技能大赛中获一等奖5项、二等奖13项、三等奖28项；在市厅级技能大赛中获一等奖27项、二等奖26项、三等奖34项；在挑战杯等省级赛事中获得特等奖1项、一等奖11项、二等奖46项、三等奖60项，学院累计4次获得优秀组织奖。在省委宣传部创新实践育人思政研究社会实践活动成果征集中，获一等奖1项、二等奖2项、三等奖3项，全省高校大学生思政公开课荣获三等奖。

（武威职业学院）

**【甘肃畜牧工程职业技术学院】** 2021年，推进教育教学创新改革，学校获批成为甘肃省“双高计划”项目建设单位、全国乡村振兴人才培养优质校。先后获批甘肃省职业教育教学改革研究项目3项、甘肃省高等学校创新创业教育试点改革专业1个、教育名师1名、慕课1门、教学改革研究项目1项，甘肃省高校课程思政建设研究项目2项。申报新专业3个（公共卫生管理、轮机工程技术、现代家政服务与管理）。全年完成300多个教学班18万学时教学任务和120人职业技能等级证书考培工作，完成2019级畜牧兽医类专业群112人技能鉴定工作，87人取得职业资格证书。招生工作取得可喜成绩，共录取综合评价新生408人，报到348人，比2020年增加49人。提升学生就业质量，召开就业推进工作会议9次，举办就业政策解读、就业指导服务培训会8次，举办“网络视频双选会”、校园招聘会及宣讲会近20场（次），参会单位315家，提供岗位98个，岗位需求总人数15407个。完成2021届1025名毕业生派遣工作，已就业学生940人，其中，38名学生应征入伍，76名学生专升本，826名学生签订就业协议，毕业生毕业去向落实率为91.71%。其中，重点群体毕业生430人，已就业403人，受到省教育厅通报表扬。持续做好自考本科和专升本工作，拓展学生学历提升通路。自考本科共招生146人，组织完成2019级128人自考本科毕业论文答辩工作，96人顺利取得自考本科毕业证，其中8人获得学士学位。组织118人报名参加专升本考试，76人被兰州理工大学、甘肃农业大学等本科院校录取，录取率达66.95%。完成2021届432名困难毕业生求职创业补贴的申报、审核和发放工作。

（甘肃畜牧工程职业技术学院）

## 民办教育

**【概况】** 2021年，武威市共有民办学校162所，其中幼儿园149所、初中1所、九年制学校6所、十二年制学校1所、中职学校5所。民办学校在校学生共41224人，其中幼儿园30014人、小学4149人、初中5569人、普通高中685人、中职学校807人。从事民办教育的教职工人员共4369人，其中幼儿园3336人、中学915人、中等职业学校118人。民办校外培训机构350个。

**【民办幼儿园晋级创建】** 为深入推进学前教育普及普惠优质均衡发展，强化民办幼儿园教育教学常规化管理，武威市组织专家组开展普惠性民办幼儿园评估认定及晋级工作。专家组成员通过实地查看、查阅档案、半日跟踪、观摩教研等形式分别对民办幼儿园的内涵发展、安全管理、保育教育、后勤管理、游戏场地、幼小衔接等方面进行评估指导,对存在的不足提出了针对性整改意见,积极鼓励民办幼儿园晋级创建。2021 年,全市拥有 3 所民办省级示范性幼儿园、6 所民办省级一类幼儿园。

**【民办教育“双减”工作】** 全面推进“双减”工作,武威市制定《关于进一步减轻义务教育阶段学生作业负担和校外培训负担的实施方案》,督查“双减”暨规范民办义务教育发展工作。充分利用网络新媒体,加大对“双减”政策的宣传解读力度,增进社会共识。以民办学校为单位印发《双减工作公开承诺书》《致全市中小学生家长的一封信》,让学生和家长做“双减”工作的明白人、实施者、监督员、见证人。通过严格审批、严格监管、强化整治措施,确保校外培训规范减负。2021 年,全市义务教育阶段 296 家民办学科类校外培训机构压减率达到 100%。

(市教育局)

## 重点学校简介

**【武威第一中学】** 2021 年,通过人才引进、招录公费师范生和事业单位招考录用等途径,引进教师 20 人,推荐 2 人晋升正高级职称、13 人晋升副高级职称、12 人晋升中级职称。学校拥有 3 大类共 38 个学生社团,各社团坚持每周开展一次活动,并进行社团活动成果展示,形式有球类比赛、多媒体作品展示、航模表演、魔方表演、知识竞赛、文艺演出等。参加武威市第四届校园艺术节暨艺术展演,完成艺术节节目的排练、录制和报送工作,共报送绘画、书法、摄影作品 13 件,艺术实践工作坊案例 1 例,声乐、器乐、舞蹈、戏剧、朗诵作品 9 件。各科赛中 6 人获得甘肃赛区一等奖、12 人获得甘肃赛区二等奖、18 人获得甘肃赛区三等奖,获奖总人数在全省各高中学校名列前茅。高考成绩再创新高,高考中高分段人数跃居全省省级示范性高中前列,600 分以上人数达 55 人;4 人进入全省理科前 50 名,分列第 2、第 6、第 28、第 44 名;文理科一本上线总计 926 人,在考生总人数较 2020 年减少 300 多人的情况下,上线人数比 2020 年增加 50 人;理科应届一本上线率达到 66.24%,二本上线率达到 95.31%。文科应届一本上线率达到 51.89%,二本上线率达到 83.02%。2021 年,由于办学业绩突出,学校被清华大学、国防科学技术大学、同济大学等 6 所知名大学确定为优秀生源基地。

(武威第一中学)

**【武威第二中学】** 2021 年,投资 8 万余元,新增绿化面积 700 多平方米;投资 18 万元,建设校园东文化墙;争取项目资金 145 万元,铺设硅 PU 篮排球场;投资 8 万余元,修建食堂三楼活动中心演出舞台,购置相关配套设备。不断优化育人环境,改造暖气管道 116.2 米、自来水管道 340 米,防止渗漏现象发生。在教学楼、学生公寓楼安装窗户固定器、三楼以上窗户安装防护栏,预防安全事故的发生。更换启航楼教室防近视灯具 219 个,改造行政办公室 18 间,新增选课教室 3 个。2021 年,一本上线 102 人,二本以上上线 718 人,录取率逐年上升。在武威市基础教育精品课大赛中，5 位教师获一等奖、3 位教师获二等奖。在武威市中小学教师课堂技能大赛中 8 位教师获一等奖、3 位教师获二等奖、4 位教师获三等奖。4 项课题通过省级鉴定，其中一项被鉴定为优秀课题。4 项课题成功立项，其中一项被列为重点课题。在省级学术期刊上发表论文 30 余篇。

（武威第二中学）

**【武威第十五中学】** 2021 年，组织教师申报省市“十四五”教育科学规划 2021 年度课题，共申报 7 项省级课题（其中 3 项重点课题）、12 项市级课题。认真组织第一届教师微课大赛活动，104 件作品参赛。优化安全工作领导小组，修订安全类制度 13 项、预案 7 个；组织安全主题教育课 347 节，通过宣传栏、QQ 群、微信群等途径发布安全类温馨提示 84 条，利用重要时间节点发布安全提示信息 75 次；根据《武威第十五中学 2021 年校园安全稳定隐患专项排查整治方案》开展校园安全专项排查 4 次，维修更换消防器材，培训“消防安全小卫士”129 人次，举办应急演练活动 2 次。坚持开源节流，不断改善办学条件，投资近 60 万元完成了楼顶防水维修、体育组办公室和体育器材室装修、学生公寓楼窗帘更换窗户清洗及物品配置、学生食堂改造、楼道粉刷、天桥维修等工作；投资 91 万元新建初中舞蹈训练室、体育器材室、体训队男女更衣室、美术训练室、音乐训练室等。2021 年，中考 600 分以上有 5 人，达到省级示范性高中录取线的有 29 人，40 人达到市级示范性高中录取线，最高分 621.3 分；2021 年高考二本上线 129 人，与 2020 年相比增加 73 人，二本上线率 32.4%，一本上线 79 人，比 2020 年增加 55 人。

（武威第十五中学）

**【武威第十八中学】** 2021 年，深化“五项管理”，加强对学生手机、睡眠、读物、作业、体质管理等管理力度，禁止学生将手机带入校园，并组织多次专项检查。实施“阳光大课间”跑操活动，不断提升学生身体素质。高考成绩不断提升，一批上线人数达 212 人，文化课一批上线人数进一步增加，艺术类重点大学录取人数明显增多，艺术教育成果凸显。进一步规范招生，加大对高一、高二学生的培养，加强艺体特长生招生动员工作，细化招生、培养方案，规范考试流程，深化课程改革，重视艺体特色学科建设。研究甘肃省艺体类统考考试大纲，探索专业课训练、考试与高考对接的有效模式。精心组织教学技能大赛活动，经过为期 13 周的初评活动，从 106 名参赛教师中评选出 32 名教师参加复评。组织开展“安‘心’居家，积极防‘疫’”学生居家学习心理辅导讲座，引导学生安心居家学习，继续保持乐观心态。该次讲座共有近 2200 人同时上线收听，点赞量高达 280 多万次，取得良好的效果。

（武威第十八中学）

**【武威铁路中学】** 2021 年，争取上级财政支持，先后投入财政拨款 116 万余元，完成心理咨询室建设、教学楼玻璃幕墙改造、采购防疫物资、LED 节能灯安装、义务教育薄弱环节与能力提升（信息化）工程等。组织召开各类教育大会 10 次，先后组织 90 余名教师参加各类培训学习。评选表彰校市级“优秀教师”等荣誉奖项，共获奖 25 人。上报省、市级教研课题 5 项，完成省级规划课题鉴定 1 项，13 人在 2021 年武威市课堂教学技能大赛中分获一、二、三等奖，1 人获优秀组织奖。上报 8 节基础教育精品课，2 节被推送至教育部参加全国精品课评选。组织开展2次城区交流教师观摩课，开展“先学后教”教学模式校内汇报竞赛课，20余名教师分获一、二等奖。加强“课后服务”管理，50余名教师直接参与“课后服务”达1800小时以上。2021年秋季学期，学生人数再创新高，达到2018年以来的最高值。学校15张校园文化名片亮丽、鲜活，15条学生基本要求明确具体，学校文化建设全面系统铺开。

（武威铁路中学）

**【武威师范学校附属小学】** 2021年，学校投入635万元完成2号教学楼建设项目附属工程、南校区厕所维修改造工程、多媒体教室装饰装修工程、校园网络升级改造工程、天桥楼梯改造工程；添置图书6384册，采购智慧黑板11套，打造1号教学楼四楼红色文化长廊，建设了以56个民族文化为主题的校园围墙文化。选派32位教师先后赴厦门、延安等地参加培训；134名教师参加“甘肃省中小学教师信息技术应用能力提升工程2.0培训项目”等线上培训。在甘肃省小学语文青年教师课堂教学、录像课、论文评选活动中，2名教师获特等奖，10名教师获一等奖，2名教师获二等奖。组织8位教师参加教育部“基础教育精品课”市州级遴选，7名教师获市级一等奖、1名教师获得市级二等奖，3名教师的精品课被评为省级优课并参加部级优课评选。落实一年级和二年级的学生不布置书面家庭作业、中高年级书面家庭作业每天控制在60分钟以内的政策要求。创新课后服务的内容和方式，安排作业辅导、百日字功、读书交流会、花式跳绳30分钟等综合实践活动。实行小班额分层教学，多角度、多方位培养学生成才。2名少先队员被评为“武威市优秀少先队员”，2名少先队员被评为“新时代武威好少年”，1个中队获得“武威市优秀少先队”称号，2名学生在省教育厅组织的主题征文朗诵演讲展示活动中获奖，1名教师在武威市少先队活动创新大赛中获一等奖。

（武威师范学校附属小学）

**【武威市实验幼儿园】** 2021年，争取市教育、财政资金90万元，其中，基础设施建设经费65万元、教师继续教育经费10万元，特教经费5万元，疫情防控经费5万元，天马英才专项经费3万元，近视眼预防经费2万元，有效改善办园条件，加快园区建设发展。配备专兼职安保

图76 4月23日世界读书日，武师附小开展师生读书分享活动
（董丽俊 魏晓莹 摄）

图 77　7 月，市实验幼儿园实行延时托管服务，值班教师带领未按时离园幼儿进行户外游戏　（市教育局　供图）

人员 6 名，安装监控摄像头 14 个、一键式紧急报警器 1 个，均与公安部门联网，落实校园封闭式管理和护学岗管理，校园安防建设达到 4 个 100% 标准要求。加强食品安全管理，每两周审定幼儿食谱和食堂支出，做到幼儿餐点搭配合理，支出公开透明。实行园领导陪餐制度，定期公布幼儿食谱，主动接受家长和社会监督。2021 年，在第八届全国儿童交通安全主题教育绘画比赛活动中，荣获优秀组织奖，11 幅幼儿作品获奖，6 名教师获优秀指导奖。开展校园足球特色活动，武威市实验幼儿园被全国青少年校园足球工作领导小组办公室确定为第二批全国足球特色示范园，投资 3 万元，购买设施设备，加强足球特色课程培训，提高教师开展足球教学技能。着力打造名优骨干教师群体，1 名教师被评为市级优秀教师，全园共有省级骨干教师 2 名，省级教学能手 3 名，省级技术标兵 2 名，市级优秀教育工作者、优秀教师 11 名，市级骨干教师、学科带头人 5 名，园级学科带头人 13 名，园级骨干教师 21 名。

（武威市实验幼儿园）

**【武威市第二实验幼儿园】** 2021 年，对新增的 4 间幼儿活动室、食堂及配套设施进行改造。购置大型体智能游戏器材，为幼儿活动室安装直饮机等。提升技防建设水平，安装户外监控 4 台、财务室监控 1 台，补齐技防设施短板。校园绿化工作全面完成，并开辟各班种植园。师资队伍凸显专业化、年轻化、高学历特征，有 41 名教师为学前教育大专以上学历，教师平均年龄 30 岁，教师间能力与素质差异较小。在“砥砺十年 奠基未来”学前教育宣传月优质课竞赛活动中 3 名教师荣获市级二等奖；1 名老师荣获演讲市级一等奖，6 名教师自制的体育器械荣获市级一等奖，2 名教师获市级二等奖。在甘肃省教育科学“十四五”规划 2021 年度课题申报中有 2 项课题立为省级课题，4 项课题立为市级课题；有 2 篇论文在省级刊物上发表；1 名教师被评为市级“优秀共产党员”，1 名教师被评为市级“优秀消防教师”；1 名教师在“小小消防员·追梦火焰蓝”作品征集活动中手抄报荣获二等奖；4 名教师荣获指导教师作品二等奖，7 名教师荣获指导教师作品三等奖；1 名教师在“知史爱党 知史爱国”全国青少年书信绘画大赛活动中获指导教师一等奖，2 位教师荣获指导教师作品二等奖，5 位教师荣获指导教师作品三等奖。

（武威市第二实验幼儿园）

# 科　技

## 综　述

【概况】 2021年，全市组织实施科技项目35项，其中省级35项；登记各类科技成果44项。获得授权专利1752件，其中，发明专利38件、实用新型专利1562件、外观设计专利152件。有效发明专利276件，每万人口有效发明专利拥有量1.91件。

【高新技术企业培育】 落实科技创新奖补资金621万元，建立高新技术企业培育库，认定高新技术企业10家，全市高新技术企业达到59家。新认定省级科技创新型企业22家，累计达到44家。评价入库科技部科技型中小企业122家。在第十届中国创新创业大赛中，武威喜农生物科技有限责任公司获得初创组三等奖，代表甘肃省企业参加全国“双创”比赛；民勤县德福科技农业有限公司获得成长组优秀奖。

【技能培训与服务】 组织编印日光温室蔬菜种植、畜禽养殖、林果栽培、中药材栽培等技术手册6册，累计发放5万余份，服务村镇125个，培训农牧民6.8万人（次）。充分释放科研单位创新效能，选派市县（区）科技特派员566名，探索构建“4+2+1”产业培育科技服务体系，组建专家小分队13个，开展“进百企入千户”科技服务活动，先后86批（次）深入田间地头开展种养技术服务。

【科技特派员能力建设】 印发实施《武威市市级科技特派员管理办法》，落实市级科技特派员每人每年1万元工作补助经费149万元。认真组织实施“东西部协作科技特派员能力提升培训”项目，获得省级支持资金60万元，市直30名科技人才获国家“三区”科技人才计划专项支持经费60万元。联合中科院西北生态资源环境研究院、兰州大学、天津农学院等单位举办培训班5期，培训科技人才3.5万人次，有效提升全市科技特派员科技服务能力和水平，为全市经济社会高质量发展提供科技与人才支撑。

（市科学技术局）

## 科技平台建设

【概况】 2021年，武威市深入实施创新驱动发展战略，加强科技创新主体培育，加大科技创新平台建设力度。全市获批省级众创空间1家，建成市级技术创新中心4家、重点实验室1家，国际科技合作基地1家，产业技术创新战略联盟4家，科普示范基地1家。

【众创空间】 甘肃德尔普农业综合开发有限公司建设运营的德尔普众创空间获批省级众创空间，入驻团创新创业队8个，入驻小微企业30家，带动创业人数900多人。甘肃红柳科技孵化有限公司建设运营的红柳众创空间获批市级众创空间，入驻创新创业团队15个，入驻小微企业11个，带动创业人数312人。

【市级技术创新中心】 全市建成市级技术创新中心4家，其中，武威市大数据开发利用技术创新中心，依托市数字政府和智慧城市建设成果，与市天马行大数据运营有限公司共同合作建设，主要开展大数据开发和应用、数字化指挥中心建设、数字政府"一网通办"和城市治理"一网通管"等方面研究、应用和推广；武威市生猪健康养殖技术创新中心，依托武威市金滩养殖场建设，与甘肃农业大学、西北农林科技大学、甘肃省农科院等高校院所建立合作关系，开展无公害畜产品生产基地建设、标准化生态养殖场建设、良种猪繁育体系建设等试验示范，推广杂交改良技术，选育优良品种；武威市食用菌产业技术创新中心，依托天祝藏族自治县南阳山农业有限公司建设，引进双孢菇、秀珍菇、白灵菇、赤松茸、香菇等品种进行适应性研究与种植推广；武威市无机轻质板材技术创新中心，依托甘肃凯迪机电科技有限公司建设，主攻无机轻质板材技术研究与开发，重点按照产品全生产周期理念，解决无害化、节能、环保、高可靠性、长寿命等方面的技术难题。

【市级重点实验室】 武威市籽用西葫芦研究开发重点实验室，依托民勤县全盛永泰农业有限公司组建。主要开展优质籽用西葫芦的繁育种植技术研究、良种提纯复壮、西葫芦栽培新技术的示范、西葫芦标准化种植等技术开发和推广。获实用新型专利25项，取得国家农作物新品种证书58个，转化科技成果15项。

【科普示范基地】 武威市循环经济产业环保科普示范基地，依托武威光大环保能源有限公司组建，主要开展节能环保知识宣传，使参观人员直观的感受城市生活垃圾处理的全过程，感受城市生活垃圾如何变废为宝，了解垃圾分类的重要性。

【国际科技合作基地】 饲料资源开发利用武威市国际科技合作基地，由民勤县德福农业科技有限公司联合美国红鹰国际有限责任公司和新加坡XY营养咨询有限责任合伙公司建设，在国际合作专家指导下，主持实施省重点研发计划项目1项、县科技项目2项，承接由兰州大学等主持的国家、省和市级20余个项目的饲养与屠宰部分试验，承接外国企业试验项目9项，开发民勤特色饲料产品及其调控的高端羊肉产品各2个。

【产业技术创新战略联盟】 组建武威市畜禽骨副产物利用产业技术创新战略联盟、武威市红秃头手工拉面产业技术创新战略联盟、武威市有机肥产业技术创新战略联盟、武威市光伏新能源产业技术创新战略联盟4个产业技术创新战略联盟，联合科研单位和上下游企业，开展相关领域新技术、新产品研发和科技成果转化。

（市科技局）

## 科研项目

【概况】 2021年，武威市提名卫生、农业、林业等领域8个项目参加2021年甘肃省科技奖评审。落实“揭榜挂帅”科研项目机制，争取立项省级科技项目35项，获项目资金831万元。争取东西部协作科技专项资金270万元。争取省级科技创新奖补资金355万元。认定市级技术创新中心等科技创新平台35家，登记省级成果22项、市级成果14项。登记技术交易合同201份，完成技术市场交易额16亿元。1家企业获促成技术交易及转移转化科技成果奖励资金100万元。组织兰州理工大学生命科学与工程学院、企业进行产学研对接交流，与5家企业签订教学实习基地合作协议，与市、区科技局分别签订《院地合作框架协议》。

【科研经费】 2021年，印发《企业研发经费投入工作指南》800余册，上门辅导200多户，指导企业加大研发投入力度。全市申报研发费用加计扣除税收优惠政策企业达到174户，较2020年增长12户，增幅为7.4%。企业研发经费投入达到1.92亿元，较2020年增长738.5万元，增幅为3.99%。

【农业科研项目】 2021年，申报立项各类科研项目6项，下达科研经费34万元，在研项目（课题）10项，审定新品种1个，申请受理新品种保护权1个，制定新品种地方标准4项，申报国家发明专利2项，实用新型专利2项，授权实用新型专利2项，玉米新品种“武农科1号”实现科技成果转化。

图78　1月，凉州区甜美蔬菜种苗产业园
（韩筱蓓　摄）

【农技专项行动】 以农业供给侧结构性改革为主线，以绿色、节水、优质、高效为方向，重点引进适销对路、有前瞻性的设施和露地瓜菜新品种38个，优选表现较好的瓜菜新品种4个。引进蔬菜品种进行引种观察试验；以粮改饲提供新品种支撑为目标，引进和选育绿色、青贮及粮饲兼用玉米新品种陇青贮3号、武农科1号等22个品种，在试验基地开展鉴定筛选研究和示范。开展粮饲兼用抗旱节水绿色玉米种质资源创新及新品种选育研究，审定粮饲兼用型玉米新品种1个，申请受理玉米新品种保护权1个，制定玉米品种甘肃省地方标准3项，育成的粮饲兼用型玉米品种“武农科1号”取得科技成果转化。开展节水抗旱高产优质小麦新品种选育试验，审定小麦新品种1个，制定小麦品种甘肃省地方标准1项。持续开展辣椒、茄子、无种壳及菜用西葫芦杂交新品种选育研究，种植历年选育材料和引进新品种共14大类、96个，开展品质、产量测定和分析，促进本地蔬菜品种改良换代。加强藜麦新品种选育力度，初步筛选出了适应凉州区低海拔地区种植的基本稳定的结实好的新品系31个，在天祝藏族自治县藜麦主产区已优选出具有早熟矮秆抗倒、抗病、株型好、分枝少适宜机械收获、产量较高的各类基本稳定品系45个。聚焦“8+N”农业优势主导产业发展，2021年创建8个试验示范基地，试验示范蔬菜轻简化栽培、农牧废弃资源循环利用、水肥一体化施用、病虫害综合防治等技术。

【林业科研项目】 完成“荒漠植物沙木蓼应对干旱胁迫的形态和生理响应机制研究”等实验试验任务13项，申报发明专利2项、实用新型专利2项。推广应用“外源褪黑素对日光温室延后栽培葡萄叶片衰老及果实品质的影响”等科技成果7项。引进经济林新品种162个、新材料4个、新技术3项。辽东水蜡武引1号等3个品种被审定为省级林木良种，古浪土门林场柠条采种基地被评定为省级乡土树种采种基地。

（市科学技术局、市农业科学研究院、市林业和草原局）

## 科技服务

【农业技术服务】 2021年，选派16人组成食用菌、马铃薯、中药材、瓜类、茴香等“8+N”产业专家指导组成员，遴选科技特派员及产业小分队12人、三区科技服务人才3人，

图79　9月26日，民勤县红旗谷高效节水农业示范区　（董丽俊　李晓天　摄）

持续开展“8+N”产业技术指导、培训和服务工作。举办苹果蠹蛾综合防控、农田节水与耕地质量保护提升、干城乡温室种植等技术培训班4期,参训基层技术骨干和新型经营主体技术人员480多人;举办各级各类培训班63场次,培训人员2860人次,编制印发技术读本5000册;农业科技创新示范基地承担凉州、民勤、古浪农广校和部分乡镇产业技术培训15场次,参训人员450人次;选派专业技术骨干到省内外接受技术更新提升培训68人次;承办并组织参加全国农技中心植保体系建设调研、省植保植检站外来有害生物监测防治培训2场次,得到全国农技中心和省业务站的肯定。坚持市县乡企联动,多部门多单位配合,产前、产中、产后服务,“8+N”产业科技发展效果明显。

**【农业机械化推广】** 推广“饲草料生产机械化技术推广”项目,组织和安排6名科技特派员,围绕玉米、苜蓿等饲草料全程机械化生产,在春耕和秋收重要时节,开展集中指导服务。重点开展宣传和推广玉米精量播种、青贮、高密度裹膜、秸秆粉碎回收、黄贮、秸秆打捆等机械化技术工作。实施“秸秆打捆机改进与推广应用”项目,与武威兴东机械有限公司合作,对全市现有方草捆秸秆打捆机进行改进,通过增加除尘、揉搓、粉碎功能,有效提高了饲草料的利用率。在“藜麦种植全程机械化技术开发与应用”项目研究中,立足天祝藏族自治县藜麦示范基地建设,进一步与甘肃天诚农机具制造公司、天祝藏族自治县农牧机械化技术推广站合作,围绕藜麦播种、收获两个关键环节,持续开展配套机具的推广应用和研制开发。实施“茴香全程机械化技术开发与应用”科研项目,在民勤县东湖镇开展定点服务。围绕茴香播种、收获环节,积极试验、示范应用先进配套机具,做好机具选型和种植模式总结推广。推进“辣椒种植全程机械化技术推广应用”省级项目立项工作,通过引进和示范推广,项目已完成申报立项、机型考察和选型工作,即将进入引进和示范推广阶段。

**【畜牧科技服务】** 围绕市级农业园区项目,着力推进畜禽良种化。完成牛冻配20.82万头,产活犊牛25.86万头;完成羊杂交改良授配233万只,产活羔羊400万只;完成三元杂交授配母猪13.62万头,繁殖活仔猪188.09万头;推广良种鸡1489.73万只。围绕“8+N”现代农业优势主导产业和畜牧兽医工作重点,结合科技特派员、“三区”人才科技服务,建立科技示范点74个,开展畜牧兽医技术培训96场次,培训技术人员及养殖户8600多人次,发放宣传手册、材料1.1万多份,驱虫药1200瓶,消毒剂600多公斤。

(市农业技术推广中心、
市农业机械化技术推广中心、
市畜牧兽医总站)

## 气象测报

**【概况】** 2021年,完成全市观测质量管理体系内审和地面气象观测自动化改革运行评估。天气现象视频智能观测仪、气压传感器、酸雨自动观测系统、冻土自动观测仪等投入业务运行。古浪国家气象站迁站有序推进,新站对比观测按期开展。全市地面高空综合观测质量指数99.95%。武威市24小时网格订正预报综合质量排名全省市州第二名,最高温度预测准确率86.0%、最低温度预测准确率

74.3%、晴雨预测准确率85.9%，分别位居全省第一、第三、第五名。全年获甘肃省科技进步三等奖1项、国家实用新型专利1项。获批地厅级科研项目5项，在核心期刊发表科研论文13篇。获评省局科研项目申报优秀组织单位，1个项目申报书被省局评定为优秀申报书。自主研发称重式降水自动观测系统。

【气象防灾减灾服务】 2021年，气象防灾减灾体系更加完善，全年完成9个灾种气象灾害综合风险普查。组织参加全市应急救援综合演练，检验气象应急保障能力。建立水旱联动机制，实现资料共享。市气象局被评为全省安全生产防灾减灾应急管理先进单位、市交委会交通安全“百日会战”先进单位。2个乡镇入选“甘肃特色气候小镇”，1个社区被评为全国综合减灾示范社区。

【重大气象服务保障】 2021年，共发布预警信号73次。成功为中国共产党成立100周年系列庆祝活动、省青少年武术套路锦标赛、民勤蜜瓜节、天祝赛马会等重大活动提供气象保障服务。市气象台被评为全省重大气象服务先进集体。

【农业气象服务】 将农业保险气象服务工作纳入2021年市委1号文件和《武威市2021—2023年农业保险助推乡村振兴推进方案》。开展酿酒葡萄归一化植被指数（NDVI）遥感监测，发布酿酒葡萄产量预报服务产品。围绕全市农业“三大特色产业带”和“8+N”农业优势主导产业，构建现代农业气象监测服务体系，助力脱贫攻坚和乡村振兴。组织农业气象服务专家团联合开展病虫害调查与重大农业气象灾害调查评估，探索开展农作物育种气象服务。新建现代农业气象服务示范点3个，继续打造气候好产品。

【生态气象服务】 武威生态气象和卫星遥感中心建设有序推进，生态气象监测服务不断拓展。全市7个主要水库被纳入常态化遥感监测范畴。应用高分卫星编制《2021

图80 12月，古浪国家一般气象站新站完成建设 （余龙 摄）

年石羊河流域生态变化遥感监测报告》。制作2009—2020年民勤青土湖遥感影像图册，全面分析青土湖周边植被及水域面积变化情况。深入祁连山腹地调查冰川积雪情况，制作2021年春季祁连山东段积雪遥感监测报告。召开观象台发展战略研讨暨2022年建设方案论证会，15位专家为观象台发展把脉定向。建成81个站点的祁连山网格化生态气象精密监测网络，监测数据纳入气象业务平台，实现祁连山区智能网格化站点布局。

**【人工影响天气作业】** 2021年开展人工增雨雪、防雹作业723点次，发射火箭2072枚、高炮172发、燃烧焰条568根。在受拉尼娜影响背景下，全市平均年降水量270.5毫米，比历年同期偏多3%。天然河道来水量达7628万立方米，蔡旗断面过水量达2.74亿立方米，人工影响天气工作为抗旱减灾、石羊河流域生态环境治理等做出了积极贡献。在祁连山腹地及降水云系上游布设五要素自动站20套。

（市气象局）

## 地震预测

**【震情监测预报】** 2021年，深化震情会商制度改革，建立健全工作机制，完成周（月）会商48期、专题会商1期、年中会商1期、年度会商1期。加强地震监测台网的运维监管，协助推进国家地震预警项目甘肃子项目在武威市的实施，完成在武威市境内地震预警基准站、基本站共计62个（其中，改建47个，新建15个），地震预警一般站46个，预警信息终端8个，市级预警信息发布平台1个的建设任务。

**【抵御地震风险能力】** 加强建设工程抗震设防要求监管，开展地震灾害风险普查，审核收集工程地质勘查钻孔报告、地震安全性评价报告17个，采集房屋设施抗震设防加固工程信息4042条、2020年房屋设施抗震设防新建工程信息1146条。积极推动武威市活动断层探测与地震危险性评价项目形成成果。

**【地震应急准备】** 组织修订完成《武威市地震应急预案》，组织开展地震现场调查及应急实战演练。开展地震灾害防范应对检查，落实上级部门检查意见整改；开展地震灾害防范应对准备实地督查，抽查学校、医院等重点单位，扎实做好整改，确保防震减灾各项措施都落到实处。及时、有序、有效地处置对武威市有影响的有感地震事件。

**【防震减灾公共服务】** 市县（区）组织开展防震减灾科普宣传“七进”活动，举办讲座50多场，发放宣传彩页6万多份，增强群众地震安全风险防范意识；微信公众号推送防震减灾科普知识50多条，拓宽防震减灾先进文化覆盖面。协调推进综合减灾示范社区建设，指导创建申报国家级综合减灾示范社区4个、省级综合减灾示范社区7个；加大武威地震科普馆的开放力度，组织单位干部职工、中小学校师生等分时间、分阶段、分批次参观学习，累计参观学习30批次。

（市地震局）

## 综　述

**【概况】** 2021年，全市有艺术表演机构2个，文物保护机构19个，图书馆5个，国有博物馆纪念馆11个，文化馆5个，乡镇文化站93个。村（社区）综合性文化服务中心建成率达100%。广播节目综合人口覆盖率为99.6%，电视节目综合人口覆盖率为99.85%。

**【项目建设】** 2021年，推动雷台文化旅游综合体、天梯山生态文化旅游区、凉州会盟纪念地、市体育场等重点项目建设进度，实施高质量发展重大文体旅游项目17个，完成投资26.15亿元，全省最大文化旅游PPP项目——雷台文化旅游综合体完成投资42.78亿元，所有单体建筑已全部封顶，神州荒漠野生动物园品质提升及改扩建项目一期、古浪八步沙“两山”实践创新基地已开放运营。加大资金争取力度，争取落实各级各类项目资金1.79亿元，其中，2021年度省级文化旅游产业发展专项资金645万元，2021年政府专项债券1.5亿元，中央预算内投资2000万元，重大项目前期费230万元。以全域旅游规划为遵循，科学编制《“十四五”文体广电旅游发展规划》，谋划储备文化旅游项目78个，总投资约265.5亿元。组团赴南京、无锡、上海等市主动开展招商，与南京途牛科技有限公司签订战略合作协议，与江苏思威博生物科技有限公司、江苏中辰电缆股份有限公司签订合作协议，总投资达2.05亿元。

**【公共文化服务体系】** 争取公共文化补助资金2003.7万元，其中，文化人才专项经费86万元，公共文化服务建设补助项目资金1529.7万元，大型场馆免费或低收费开放资金388万元。组织开展“一会一节”分项活动——五凉文化论坛、庆祝建党100周年青少年书画展、“学党史·跟党走·担使命”——武威市美术书法作品展、2021武威第一届沙漠绿舟嘉年华活动暨摩托车越野赛、“运动重阳乐享夕阳”武威市快乐健步行、“奔跑吧·少年！”主题健身活动等文化体育活动，市文化馆创作的节目《不朽》荣获全省红色经典诵读比赛二等奖，市、县文艺院团累计开展“送戏下乡”惠民演出135场次，进一步丰富了城乡群众精神文化体育生活。

**【群众文化】** 编印“春节演唱”材料，分送至三县一区文化馆、站（中心）及全市部分民间艺术团队和社区。赴武威消防支队、为民新村、康宁乡书写春联3000余副并送书画卷轴300余幅。在省第三届“我为文明家庭拍张照”活动中走进凉州区省级文明家庭李文年家进行现场拍摄。参与武威第十五中学社团成立活动并进行艺术指导。承办全市“迎国庆，颂党恩”非物质文化遗产保护成果展演暨“第十届民族民间文艺大奖赛”。组织凉州区离退休干部庆祝中国共产党成立100周年“不忘初心永远跟党走 赓续使命筑梦新征程”专题晚会，并创排音乐快板《八步沙精神代代传》、小品《扶贫轶事》和诗朗诵《百年辉煌》。参加“百年新征程 永远跟党走”凉州区庆祝中国共产党成立100周年红歌比赛，指导并主持市纪委“学党史 守初心 担使命 展风采”主题演讲比赛。组织策划武威市举行的2021年中国好人榜发布活动，对馆办文艺团队辅导、指导、培训60余场次。

**【非遗保护工作】** 申报的“民勤曲子戏”“天祝唐卡”2个项目入选第五批国家级非物质文化遗产项目；争取到省级非物质文化遗产项目“甘冬尔和杨达儿”非物质文化遗产专项保护资金20万元；推荐牛佰山等20人申报第五批省级非物质文化遗产项目代表性传承人；公布陈念祖等54人为第四批市级非物质文化遗产项目代表性传承人。推荐“民勤非遗”参加2021年春节期间文化和旅游部举办的“视频直播家乡年”线上展演活动，“民勤非遗”的视频播放量和视频点赞量均位居全国第六位。与市新闻传媒集团签订合作协议，通过文字、图片、二维码视频等方式对全市非物质文化遗产项目进行全方位、多角度宣传。在疫情防控期间，向全市非遗传承人发出倡议，共创作非遗作品365件（幅）。赴陇南市参加全省非物质文化遗产助力精准扶贫乡村振兴产品展示展销活动。在2021年文化和自然遗产日期间，组织20多个非物质文化遗产项目参加省文旅厅在兰州老街举办的省文化和自然遗产日非物质文化遗产宣传展示主会场活动。参加由省文化和旅游厅举办的“畅游交响丝路 启航如意甘肃”甘肃省文化和旅游厅（江浙鄂）文化旅游推介营销活动。选派国家级非物质文化遗产项目代表性传承人参加由文化和旅游部举办的2021年度黄河流域国家级非物质文化遗产代表性传承人研修班。推荐凉州贤孝、凉州攻鼓子2个项目参加“如意甘肃·多彩非遗”全省优秀非物质文化遗产节目展演。配合完成“甘肃非遗”武威市部分国家级、省级非物质文化遗产项目的拍摄工作。选派国家级非物质文化遗产项目凉州攻鼓子参加陕西渭南市举办的第二届黄河流域九省区传统戏曲展演活动。配合市人大对全市《中华人民共和国非物质文化遗产法》《甘肃省非遗保护条例》进行执法检查贯彻落实情况进行调研并形成调研报告和执法检查报告。

**【创新文旅宣传形式】** 落实文旅产业数字化战略，加快推进以数字化、网络化、智能化为特征的智慧文旅发展。大力培育和丰富研学旅游等新型文旅业态，重点打造夜间文化和旅游消费集聚区。创新升级品牌线路产品，加快构建高品质、多样化文旅产品体系，做好文旅产业“引爆赋能”大文章。挖掘凉州历史文化资源，开展“沙井文化”、汉代城址、武威史前遗址调查研究，加强考古调查勘探，深化文物交流合作，联合省内外学术研究机构举办凉州文化学术研讨会，开展凉州文化学术研究，持续挖掘打造凉州文化市场影响力，努力把“凉州学”打造成与“敦煌学”齐名的品牌，提升武威历史文化名城影响力和美誉度。

（市文体广电和旅游局）

## 文物保护与研究

**【文物保护】** 2021 年 7 月，将吐谷浑喜王慕容智墓公布为市级文物保护单位，并划定公布保护范围，纳入不可移动文物管理体系。全面完成石窟寺专项调查工作。配合完成第八批国保东大寺保护范围和建设控制地带划定公布，更新树立保护标志碑 2 块，完善文物保护“四有”工作（有保护范围、有保护标志、有记录档案，有保管机构）。全面提升长城、长征、黄河文化遗产保护利用水平，明长城凉州段保护展示项目被列入 2021 年度长城国家文化公园建设文物保护项目计划。争取文物保护专项资金 2300 余万元，组织实施白塔寺遗址萨班灵骨塔、大靖财神阁等文物保护维修工程。落实《甘肃省文物保护工程管理办法》《甘肃省文物安全防护工程管理办法》，提升项目储备能力，规范工程监督管理，加强竣工验收和备案审核等工作，9 个文物保护工程通过省局竣工验收，全面提升文物保护工程质量和文物保护专项资金效益。

**【考古发掘】** 派专人全程参与“考古中国”重大项目武威地区吐谷浑王族墓葬 2021

图 81　8 月 25 日，武威天梯山石窟第 13 窟大佛足部与局部危岩体抢救性保护项目（李政阳　李晓天　摄）

年度考古发掘工作,对已探明的3座墓葬进行清理发掘,共清理出土各类文物上百件。协调解决省考古研究所考古工作队驻地租赁、各类物资采买及水、电、网络等后勤保障中遇到的困难及问题。2021年12月14日,国家文物局召开“考古中国”重大项目重要进展工作会,对天祝吐谷浑王族墓葬群考古成果进行了重点介绍。开展市区建设工地发现古墓葬抢救性考古发掘工作,在凉州区抢救性清理发掘5座汉代墓葬,出土各类文物60余件。对群众上报的凉州区松树镇、柏树镇,民勤县蔡旗镇疑似古墓葬、古遗址进行现场调查勘探。对市区建设工地进行巡查,重点对大云寺历史街区项目、再就业市场改造项目施工现场进行不间断巡查,防止建设工地发生破坏、隐匿文物现象。

**【石窟寺考古调查】** 按照省市文物部门安排部署,参与为期4个月的石窟寺调查。本次调查明确了武威市现存石窟寺8处,共绘制线描图72张,拍摄照片400余张,填写调查表16份,对武威市石窟寺的基本信息、保存现状及存在的各种问题进行了详细记录与分析,并提出了相关建议及措施。2021年3月底,调查资料顺利通过省文物局验收,调查任务圆满结束。

**【文化遗产保护】** 组织专业人员修复考古发掘出土文物20余件,绘制墓室图、器物图20余幅。召开文物安全专题工作会议11次,进行文物安全检查10次,组织文物安全培训1次。全年开展文物通风、除尘等文物日常维护8次,撰写文物档案100余份。一名专业人员主持文庙历史街区“丝路雄州·河西都会——武威城市记忆陈列馆”陈展大纲编制及布展实施工作。

（市文物考古研究所）

## 博物馆工作

**【概况】** 2021年,制定印发《武威市文博单位陈列展览方案审核办法》,加强博物馆展览审核备案工作。各级博物馆结合各自实际制定了藏品征集管理办法或实施细则,规范博物馆藏品征集工作。2021年,武威市博物馆被评为国家三级博物馆。全市各级博物馆纪念馆开展进基层送展览活动150余次,利用博物馆资源开展系列研学、社教活动近百次,策划开展“塔映灯辉——凉州会盟暨藏传佛教文物展”和引进“飞天神韵 莫高精神——敦煌石窟文化艺术展”等临时展览15个。组织全馆讲解员分批次赴省博观摩学习并参加专业培训,为观众提供汉、英双语讲解服务;招募志愿者63人,并进行线上线下培训30次,累计服务时长3353小时,共接待观众15.6万人次。

**【武威历史文物展览】** 以“河西都会 天马故乡”为主题,共有7个单元,集中展出武威出土的以齐家文化玉器、汉代木雕、隋唐墓志铭、西夏文泥活字佛经、元青花瓷等为代表的各时期文物600余件。此外,设有专题展览“天梯神韵 凉州佛光——天梯山石窟专题展”,分为4个单元,共展出北凉时期壁画13件,其他时期壁画58件,唐塑明妆塑像2件,以及宋塑、明塑佛像、菩萨像、佛头等彩绘塑像19件,另有石造像塔5件,共计展出文物81件（套）。2021年,举办“儒风蔚然——武威儒学文化展”“塔映灯辉——凉州会盟暨藏传佛教文物展”等临时展览 21 个。

【文物保护项目】 组织实施博物馆陈列展览提升改造和可移动文物保护项目，包括雷台汉文化博物馆展览改造提升项目、天祝藏族自治县博物馆数字化保护项目通过验收。市博物馆馆藏大藏经（藏文版）保护修复项目获评“2021 年全国十佳文物藏品修复项目”。项目已揭取修复经叶 4000 余页，累计支付项目资金 285.39 万元。馆藏文物预防性保护方案已获省文物局批复，评审预算 450 万元。完成馆藏珍贵文物数字化保护方案、馆藏书画保护修复方案，现省局正在评审。成功争取博物馆免费开放补助资金 320 万元，其中，国家补助资金 256 万元，省、市级各配套资金 32 万元。馆藏大藏经保护修复项目成功荣获“全国十佳文物修复项目”称号。

【陈列展览】 全年共制作、引进、联合、推出展览 14 个。自主举办展览 2 个（“钱”程万里——馆藏历代钱币展和塔映灯辉——凉州会盟暨藏传佛教文物展）；引进展览 9 个（天祝风情——天祝藏族自治县民族服饰文化展、美在阿拉善——岩画与居延汉简艺术展、艺道同心——首届甘肃省画院美术馆联盟作品展、飞天神韵 莫高精神——敦煌石窟文化艺术展、红西路军连环画巡回展（武威站）、两岸名家书画甘肃联展武威巡回展览、镜鉴千秋 端行万里——庆祝建党 100 周年·平凉百件铜镜特展、学党史·跟党走·担使命——武威市美术书法作品展、彩鸾翩跹——黄兴玉手工风筝作品展）；联合办展 2 个（8 件套珍贵文物参加敦行故远——故宫敦煌特展、吐谷浑慕容家族慕容明墓志铭拓片参加三燕文化考古成果展）。

【文物养护】 完成展厅陈列改造、文物展柜维护、展板更换、文物库房设施维修等工作。维修展柜、调整灯光 72 次，更换展厅展板 27 块，更换文物说明牌 38 块，安装牌匾柜架 16 组，补充展品 10 件（套）。规范程序借展给相关市直文博单位文物 243 件，支持全市文化事业发展。累计提用藏品 346 件（次），用于临时展览、交流展览的布展及常设展览的补充替换。完成“敦行故远”故宫敦煌特展参展工作。完成了展厅地图、历史人物图片出处、文字规范等情况的排查工作，并核对点交上展文物。新建纸质文物档案 5460 份，

图 82 武威市博物馆
（市文体广电和旅游局 供图）

累计完成7920份。发布文物征集公告、现当代书画作品捐赠公告，征集到文物6件，收到捐赠作品5件。专题收藏“马文化”“凉州词”书法美术作品106件，均登记入册、专库保存。

（市博物馆）

【西夏博物馆】组织实施文庙数字化保护利用、文庙儒学院遗址区基础设施改造提升、大云寺文物保护和环境整治提升以及西夏博物馆陈列展览提升改造4个，其中前2个项目已完成立项和方案评审等大部分前期工作，大云寺文物保护工程已完成招标。举办“金石拓片 活化文物——武威市西夏博物馆金石拓片展”等多门类特色临时展览6个。年内，先后接待10余所学校师生2500余人次，活动包括开笔礼、尊师礼、成人礼、汉服礼演示互动等，得到了社会和家长、师生的一致好评。完成文庙保护修缮和油饰彩画修缮、文庙文物保护利用设施建设和文庙消防项目工程，累计完成投资3856万元。大成殿等内部陈设展示得到了提升改造。成功举办“圣贤智慧 德泽凉州”——武威文庙纪念孔子诞辰2572周年诞辰大典活动。2021年，西夏博物馆接待各类游客6.2万人次，其中接待未成年中小学生3000余人次；开展社教活动6场（次），官方自媒体平台推送各类图文信息和公告50余篇（次）。

（市西夏博物馆）

【雷台汉文化博物馆】2021年，为进一步提升展览，对“天马西来·雷台汉文化陈列”进行提升改造。基础设施得到显著改善，服务水平得到有效提升，雷台的知名度和影响力进一步扩大，年接待观众达46万人次。博物馆已经成为传播历史文化与科学知识的文化殿堂，成为开展爱国主义教育的阵地，成为青少年的第二课堂，成为人民群众文化休闲的最好去处，成为地方对外展示风采的窗口和城市的亮丽名片。

（雷台汉文化博物馆）

【五凉文化博物馆】2021年，着力打造以李铭汉故居为核心的家风学风德育基地和以五凉历史文化展为核心的收藏、研究、展示和宣传五凉文化的专题博物馆。坚持“常办常新，越办越好”活动理念，与武威一中、武师附小等中小学以及“光脚丫”研学旅行社等校外研学机构合作，开展以“游翰林府邸·探家风学风”“五凉余韵 攻鼓雄风”等为主题的研学活动28次；联合市老年大学、达府社区等单位，邀请董永虎、杨门元等非物质文化遗产传承人共同举办“我们的节日”系列活动共8场次；积极参与2021年冬春旅游直播季抖音直播活动，共开展“承前启后 继绝扶衰”等抖音直播活动4场次，累计8000余人次观看。积极举办国际博物馆日等宣传活动，发放宣传彩页800余份；配合凤凰网做好李铭汉故居线上直播；在微信公众号、甘肃卫视、香港卫视等媒体发布馆藏文物介绍、五凉文史、新闻稿件、宣传视频共计168条，全方位、多角度、高质量开展宣传教育工作。2021年10月，市五凉文化博物馆入选武威市首批铸牢中华民族共同体意识教育基地。持续推出“文物战疫 五凉助力”系列抗疫微海报21幅，推出“五凉历史文化小课堂”系列线上展览18期，推送“话说五凉”短视频节目58期。

【五凉历史文化展】五凉历史文化展展览面积2290平方米，分为5个展厅，以前凉、后凉、西凉、南凉、北凉为重点展览时期，以同时期的文物为主要展品，并辅以该时期的标准器进行展览，共展出文物藏品127件（含复仿制品）。常规展览通过“政权兴替、民族融合”“经济繁荣、贸易畅通”“名门著姓、文化传承”等12个单元，提炼独具五凉特色的元素符号，充分利用3D立体成像、多媒体投影等高科技手段，全面、立体、真实地展示了五凉文化的考古成果和遗产价值，体现了五凉文化在中华文明多元一体历史发展进程中的重要地位与独特贡献。

【李铭汉故居】 李铭汉故居陈列布展采用场景复原展示方式，恢复了清代武威民居的原状陈设，再现了李铭汉祖孙三代著书立说育人的生活场景。各展厅陈列有李铭汉后裔捐献的老旧家具和征集的晚清至民国时期家具、学习用品及藏书323件。全面展示了李氏三代一百多年来优良的家风学风、严谨的治学精神以及深厚炽热的家国情怀、正直立身的可贵品行，成为彰显武威历史文化名城深厚文化底蕴的一张亮丽新名片。

（市五凉文化博物馆）

## 图书馆工作

【概况】 武威市图书馆位于凉州区宣武街20号，是“三馆一院”标志性建筑之一。建筑总面积28310.3平方米，总投资2.51亿元，其中图书馆建筑面积21373.3平方米。图书馆设计藏书99万册、阅览座位数1700个，现有馆藏图书30万册，涵盖文学、历史、自然科学等22大类，为市级中型图书馆。图书馆主要分为五大功能区——阅览区、藏书区、会议区、业务及技术用房区和办公及辅助用房区。2021年，累计进馆量达52.8万人次，图书累计流通量达17.6万册次，总办证量达1.4万余张，微信粉丝量达4.9万人次。

图83 4月，市民在武威市图书馆党史和地方志专区读史用志 （范武平 摄）

【图书馆藏】 图书馆多措并举增加藏书，新增电子图书372282本、电子期刊4000种、有声期刊300余种、有声图书6000余集；新增纸质图书12859种、32339册；累计接受捐赠图书125079册，累计捐书单位41个、个人677人次。

【流动图书站建设】 2021年，共加工编目图书3826册，完成市工人文化宫分馆建设，配备2007册图书、台式自主借还机、完成

Interlib3.0 系统安装及调试工作，实现通借通还；建成凉州区新时代文明实践中心、火车站街、武威监狱等 12 个流动图书站，共计借阅图书 6437 册；采购 RFID 层架标和专用采集器，开发各类文创产品，设计制作书签 5000 个、专用手提袋 5000 个。

**【阅读推广】** 图书馆开展阅读“四进”和“走进图书馆”等各类线下阅读推广活动 43 场次，线上阅读推广活动 240 多场次，线上、线下活动共计服务读者 15 万多人次，被省图书馆评为阅读推广活动“优秀组织奖”，被团市委命名为首批少先队校外实践教育基地。

（市图书馆）

## 新华书店工作

**【概况】** 2021 年实现销售收入 7929.19 万元，较 2020 年增长 1.12%。其中，武威市分公司完成 4849.36 万元，同比下降 1.75%；古浪县分公司完成 1518.04 万元，同比增长 2.30%；民勤县分公司完成 864.65 万元，同比下降 0.73%；天祝藏族自治县分公司完成 697.14 万元，同比增长 16.47%。2021 年实现利润 114 万元，其中，武威市分公司实现利润 84 万元，古浪县分公司实现利润 35 万元，民勤县分公司实现利润 25 万元，天祝藏族自治县分公司亏损 30 万元。

**【图书管理】** 2021 年，“两教”发行 6917 万元，与 2020 年同期相比下降 4.52%。其中，武威市店完成 4268 万元，与 2020 年相比下降 5.53%；民勤县店完成 757 万元，同比减少 6.83%；古浪县店完成 1345 万元，同比减少 3.49%；天祝藏族自治县店完成 543 万元，同比增长 4.25%。党史学习教育用书及“四史”发行总量 3 万套，完成率 106.98%。《中共党史简史》发行总量 1.14 万套。发行《中国共产党党内法规汇编》1331 册、案例读本 1794 套，满足了党员干部学习需求。

**【图书销售】** 全市门店累计销售 1070.76 万元，较 2020 年同期增长 64.50%。其中：武威门店销售 636.82 万元，较 2020 年同期对比增幅 549.90%；古浪门店销售 173.04 万元，较 2020 年同期对比增幅 91.86%；民勤门店

图 84　武威新华书店图书展销
（市文明办　供图）

销售107.65万元，较2020年同期对比增幅84.17%；天祝门店销售154.14万元，较2020年同期对比增幅98.40%。

（甘肃飞天传媒股份公司武威市分公司）

## 凉州文化研究

**【文化研究】** 编撰出版《武威金石录》、《五凉名儒》、《雄心一片在西凉——历代咏凉诗词选》、《斯文凉州（英文版）》等一批反映凉州文化研究的学术专著，扩大了凉州文化的影响力和知名度。编印《凉州文化研究》河西长城文化、吐谷浑文化、凉州会盟与筑牢中华民族共同体意识专辑，有重点地开展特色文化研究。加强武威历史文化遗产研究、保护、弘扬、传世工作，对党寿山、冯天民等17位老专家进行访谈，整理完成《武威历史文化遗产保护与研究口述史》文稿初稿。开展凉州文化的调查、发掘、整理、研究工作，组织凉州文化研究院研究人员赴民勤县、凉州区调研汉明长城遗址，到天祝藏族自治县调研吐谷浑墓葬遗址。完成八步沙干部管理学院五凉文化课程开发及讲座工作，承担完成省委宣传部重点课题"利用历史文化资源，打造文化旅游名市"的调研撰稿工作。

**【学术交流】** 与中国社科院古代史研究所联合举办"明清时期河西走廊社会变迁"学术研讨会，邀请40多位省内外专家学者，围绕明清时期河西走廊政治、经济、军事、社会、文化及民族交流融合开展研讨交流，五凉文化论坛被纳入第五届敦煌文博会分项活动并在敦煌市举办，邀请30多位国内知名专家学者，深层次探讨五凉文化在丝绸之路多元文化汇聚交融和文明嬗变中的地位与作用，促进文化交流、文旅融合发展，提高了武威对外知名度和影响力。搭建高层次学术交流平台，推荐组织市内17名文史工作者加入中国中外关系史学会、中国魏晋南北朝史学会、西北史研究会、甘肃省现当代文学研究会。深化院校合作，建立西北师范大学传媒学院实习实训基地、武威职业学院凉州文化研究基地，延伸拓展研究视野和范围。

**【成果转化】** 围绕文旅产业融合发展开展课题研究，深入文旅项目建设现场进行调研，形成了一批有分量、有深度的咨政报告，为市委、市政府决策服务。申请立项的1项省人文社科项目、2020年度省委组织部重点人才项目顺利结项。有4项院级课题被省社科院列为单列课题并结项，其中1项被评为优秀。完成著名专家学者创研基地布展项目可研报告的编制和立项批复，正在推进布展工作。积极参与话剧《八步沙》、纪录片《梦幻凉州》和《凉州会盟纪念地建设项目设计规划方案》等项目的咨询研论证，提出建设性的意见建议。

（市凉州文化研究院）

## 长城文化保护研究

**【保护研究机构】** 2020年8月，为实施《长城保护条例》和《甘肃省长城保护条例》，做好长城国家文化公园（武威段）建设工作，武威市设立长城文化保护研究院和县区长城文化保护站。主要职责为负责长城保护相关法规政策宣传，弘扬长城精神，营造爱长城、护长城的良好氛围；负责市域内长城文物保护工作，做好长城文物资源的勘测、设计、规划等系统性工作；负责组织开展长城文化遗产的调查发掘、传承保护，对长城历史、科学、艺术价值进行研究；组织开展长城展示利用、宣传推广，策划主办各类长城文化学术研讨交流会议和活动，促进长城与旅游融合发展；负责承接和管理长城保护项目工程建设，做好全市长城安全管护工作，开展长城安全巡查检查；承担市委、市政府交办的其他任务。

**【日常巡查】** 2021 年，结合长城病害调查研究，对三县一区长城进行巡查检查，共开展巡查 18 次，巡查长城点段 34 个。重点督促落实了古浪县裴家营长城 1 段、2 段附近耕地清退问题，协助天祝藏族自治县协调松山新城内外农户和羊棚搬迁清理事项，跟进督查古浪县永丰滩长城 2 段附近（国际陆港）集装箱场站项目穿越长城豁口情况。组织各县区开展联合大巡查，传达了甘肃省文物局关于长城保护工作的指示精神和意见，通过实地查看、听取汇报、查阅档案等形式，对县区长城保护工作进行了检查。并就长城安全、项目申报、档案完善等工作同各保护站进行座谈交流。按照长城“四有”工作要求，对全市长城进行全面摸底，收集特色长城点段影像资料。整理完善长城档案 14 份。

**【课题研究】** 2021 年 7 月，开展“历代咏河西长城诗词校注”及“武威境内长城病害调查研究”2 项课题研究。“历代咏河西长城诗词校注”收集基础资料 11 份，收集长城诗词 370 余首，筛选 200 余首用于校注编印，“武威境内长城病害调查研究”已收集整理各类论文 70 多篇，购置基础资料 5 份，已完成大纲编写工作。

**【长城文化宣传】** 设立武威市长城文化保护研究院微信公众号，发布内容包括“河西长城诗词校注”“武威长城概览”“共筑防疫新长城”“长城助力 同心抗疫”4 个栏目，编辑发布长城特色点段介绍、长城诗词赏析、工作动态、疫情防控常识 20 期，其中《武威市长城文化保护研究院开展市域内长城安全联合巡查检查工作》的简讯，先后在武威文体广电旅游微信公众号、甘肃省文物局微信公众号和网站全文转载。并邀请《人民日报》、新华社、《中国检察报》、《中国文物报》等新闻媒体对市域内长城进行采访报道，有效扩大了武威市特色长城对外影响力。

（市长城文化保护研究院）

## 新闻传媒

**【概况】** 2021 年，市新闻传媒集团各宣传平台共刊播稿件 5.07 万多条（篇），编辑出版《武威日报》340 期。截至 12 月中旬，新媒体矩阵发布推文 4700 多条、总阅读 648 万多人次、总分享 50.5176 万人次，报社、广电台微信公众号传播力位列全市第一、第二榜单。在《甘肃日报》刊发专版 15 个，在《甘肃新闻》发稿 350 多条（其中头条播出 20 条），在中央广播电视总台发稿 16 条。

**【机构改革工作】** 研究制定《内部岗位评聘办法（试行）》和《非在编人员岗位设置办法（试行）》《非在编人员工资管理办法（试行）》，激发内生动力与活力。修订完善各类管理制度 20 余项。2021 年，集团先后签订 110 多项合作项目，经营创收 1900 多万元。全年引进急需紧缺人才 6 名，突出工作实绩导向，为 40 人聘任专业技术职称，晋升工资。

【重点工作宣传报道】 落实《新闻指令》305 件，开设 40 多个子栏目，围绕建党 100 周年、党史学习教育、高质量发展、推进乡村振兴、党风廉政建设等重点工作开展宣传。配合中央省级媒体完成今日中国、建党 100 周年等 15 个专题新闻的采访报道，讲述武威故事，传播武威声音。策划宣传播出以建党 100 周年为主题的歌咏比赛、知识竞赛、表彰活动和文艺会演，唱响主旋律、传播正能量。

【重大活动与会议宣传报道】 策划完成“加快项目建设 推进高质量发展”全媒体主题宣传，党的十九届六中全会、市第五次党代会和“两会”等重大会议的宣传报道任务，刊播、推送各类宣传稿件 400 篇（条），确保重大会议精神传递到千家万户。

【融媒体中心项目建设】 2021 年，与联通公司合作建设融媒体中心建设项目规划体验馆，为市级融媒体中心建设项目提供实操经验，为建设技术平台、宣传流程、内容生产、政务服务商务、组织架构“六个一体化全媒体平台”奠定了良好基础。

（市新闻传媒集团）

## 史志 档案

【《武威年鉴（2021）》编纂出版】 2021 年，中共武威市委党史和地方志研究中心编纂的《武威年鉴（2021）》由方志出版社出版。该卷年鉴设特载、专记、大事记及市情概览、脱贫攻坚等 32 个类目，下设 205 个分目、1090 个条目，收录 100 幅图片，约 63 万字。全面、客观、真实地记述武威市 2020 年经济、政治、文化、社会、生态文明等方面发展情况，重点突出全市脱贫攻坚、生态文明建设、文化旅游名市建设等方面的新举措、新成效，为社会各界认识武威、了解武威、建设武威提供市情资料。

【课题研究】 聚焦主责主业，认真履职尽责，承编中央级课题《中国工农红军西路军征战武威》项目，在深入调查研究、学习党史基本著作、理清编撰思路的基础上，起草编写提纲，设计篇目框架，力求实事求是地展示红西路军征战武威的悲壮征程，已顺利完成项目结项。省级课题《甘肃精神·治沙精神》完成成果上报。

【启动“两志”编纂】 启动《武威全面小康志》和《武威扶贫开发志》编纂工作，研究确定“两志”编纂大纲，明确编纂人员和任务分工，组织开展资料征集，全面、真实、系统记述武威市脱贫攻坚、全面建成小康社会的艰难历程和光辉历史，用史实讴歌以习近平同志为核心的党中央带领全国人民取得的历史性卓越成效。第一轮资料征集工作基本完成，征集文稿资料 110 多万字，图片 990 幅。

【信息化建设】 在《武威年鉴（2021）》“专记”中首次收录二维码，同步链接武威政府网站相关内容，使图书实现网上检索、查询、借阅，进一步扩大史志、地情书籍的阅读群体和受众范围。

【业务指导和服务工作】 召开全市史志部门主要负责人会议，对全年工作进行安排部署。召开工作专题约谈会，约谈县区史志部门主要负责人，督促县区全面启动并加快推进武威全面小康志、武威扶贫开发志的编纂工作。指导、审读和批准县区2021卷年鉴4部。交流史志书籍120余册，向全市社会各界赠阅武威史志书籍2900余册。

【史志宣传教育】 结合党史学习教育，积极参与建党百年各类庆祝活动，联合开展“庆祝中国共产党成立100周年”主题征文活动、“四史”宣传教育知识竞赛、红色经典诵读分享活动、诗歌朗诵会和“温百年党史，建书香丹阳”活动。举办“庆祝中国共产党成立100周年”武威革命历史展览，累计参展人数4.6万人。刊发“四史”学习教育专栏26期，播放《武威党史》微党课26期，点击、观看人数100多万人次。抽调专人开展专题宣讲7场次，参加干部职工5000多人次。配合市委组织部做好党性教育基地建设工作，征集整理党史资料文稿3万余字，各类文件600余份、图片200幅、专题综述26篇，完成《布展大纲文案》。普查登记全市红色文物和革命遗址遗迹24处。

【依法按期接收应进馆档案】 2021年，认真贯彻落实国家档案局第8、9、10、13号令和全省档案工作会议精神，全面排查到期应进馆档案，明确移交范围、门类和移交标准，科学制定档案移交计划，严格落实电子和纸质档案“双套”进馆制，对移交进馆的档案质量及数字化成果进行验收，接收进馆档案3250卷，数字化数据31.8万画幅。扎实推进脱贫攻坚和疫情防控“两类档案”归集工作，建立专题目录数据库和全文数据库，完成归集脱贫攻坚档案目录2133条、疫情防控档案目录2906条、疫情防控照片档案1736张。

【丰富馆藏档案资源】 加大对地方名人档案、非物质文化遗产档案等地方特色档案和

图85　4月30日，市委党史和地方志研究中心在凉州区东关街丹阳社区开展党史宣教活动
（市委党史和地方志研究中心　供图）

红色档案的收集力度，收集习近平总书记到武威市考察声像档案、《中国工农红军西路军征战武威》党史著作项目电子照片档案等光盘60张；收集黄花滩生态移民后续产业合作社、民勤县宋和村等口述档案资料115份，照片3285张，视频78部，书籍25本；古浪县八步沙“六老汉”三代人林场治沙先进群体、古浪战役纪念馆、郭万刚、胡中山、石述柱等红色资源和先进人物口述档案专题资料583GB。接收《新修马氏家谱》《刘官寨刘氏族谱》《凉州贤孝精选》等图书资料190册。

**【档案信息化建设】** 完成历年扫描数据的格式转换、核对、修改380多万画幅，档案目录核对修改5260卷，完成馆藏档案全文扫描、去污、审核30万画幅，扫描案卷核对2387卷。积极推进数字档案馆建设，编制完成智慧武威数字档案馆项目建设方案，积极征求省档案局、省档案馆和市大数据服务中心意见建议。依托电子政务外网，无缝对接省档案信息资源共享服务系统，推进省市档案数字资源共享利用。

**【档案利用体系建设】** 升级改造馆电子文档数据中心管理系统，鉴定开放档案目录1000条，接待查档3800余人次，提供案卷9600多卷。编辑《武威市大事记（2015—2020年度）》6册，拍摄完成《强基固本 筑梦兰台》档案专题片1部，申报省级档案科技项目1个。

图86 6月9日，市区档案局、档案馆联合举办“档案话百年”第14个“6·9”国际档案日系列宣传活动 （曾慧玲 摄）

【档案法治宣传教育】 坚持依法管档治档原则，以宣传贯彻新修订的《中华人民共和国档案法》为重点，举办以“档案话百年”为主题第14个“6·9”国际档案日系列宣传活动，发放宣传彩页3000余份。修订完善档案接收、管理和查阅利用等业务规章制度，配合市委办（市档案局）开展档案行政执法检查和专项督查，推进档案治理体系和治理能力现代化。

【档案安全保密工作】 严格落实档案安全工作责任制，经常性开展档案安全保密教育，扎实开展档案安全风险隐患排查整治，组织开展消防安全知识培训和应急演练1次，完善人防、物防、技防体系，确保档案安全万无一失。强化档案信息安全，配合开展全市网络安全攻防演习，加强档案接收和保管利用过程中电子信息数据管理，确保档案信息无失泄密。

（市委党史和地方志研究中心、市档案馆）

## 文化产业

【概况】 2021年，制定《关于加快文化旅游名市建设的意见》等政策，累计奖励补助资金2000万元；完善顶层规划设计，编制实施《武威市全域旅游发展规划》《武威市乡村旅游发展规划》等专项规划，全市文化旅游产业发展总体架构基本搭建。全市17个高质量发展重大文旅项目完成投资28.95亿元。全省最大文化旅游PPP项目——雷台文化旅游综合体完成投资44.57亿元，所有单体建筑已全部封顶，神州荒漠野生动物园品质提升及改扩建项目一期建成投用，凉州会盟纪念地项目前期工作进展顺利，神州荒漠野生动物园改扩建工程、武威温泉度假村、民勤乡村记忆博物馆、古浪金水源丝路驿站、冰沟河生态文化旅游区等一批重点文化旅游项目建成投用；历史文化街区保护建设、天梯

图87 1月29日，游客在古浪县文旅公司文创产品展销中心选购文创产品 （李晓天 摄）

山生态文化旅游区、民勤苏武沙漠大景区、天祝乌鞘岭大景区等重点项目加快推进。

【优化产业布局】 进一步优化北部沙漠生态发展带、中部丝路文化体验带、南部民俗风情发展带空间布局，形成多点支撑、各具特色、优势互补、协调发展的文旅产业发展布局。加快推进凉州会盟纪念地、武威历史名人馆、雍凉书院主题展馆等项目建设，建设雷台文化旅游综合体、历史文化街区，形成武威文旅产业"引爆点"，将武威打造成甘肃文旅产业发展排头兵和制高点。持续举办民勤沙漠雕塑创作营、天祝传统赛马大会等特色文旅活动。策划举办微视频大赛、摄影大赛、征集武威特质吉祥物和精神文化标识等活动，参与各级各类线上线下宣传推广活动，丰富宣传内容、创新宣传形式，充分发挥线上线下双重叠加宣传效应。

【文创产品开发】 挖掘武威历史文化元素，研发地域特色明显的文创产品40余款，其中一款产品在2020年甘肃省文化旅游商品大赛获得铜奖，已有38款投放市场进行销售。2021年，武小威文创公司实现销售收入20余万元。

（市文体广电和旅游局）

## 文化市场管理

【规范执法检查】 2021年，组织开展网吧寒假专项整治、校园周边环境治理、未经许可经营旅行社业务专项整治、文物保护专项检查和出版印刷行业专项治理等执法行动，严查各类违法违规经营行为。2021年，共办理行政处罚案件11起，收缴非法出版物1200余册，罚款3.1万元，取缔流动书摊6处，特别是查办1件违规出租、出借旅行社经营许可证案件。

【安全生产监管】 组织实施安全生产专项整治三年行动，大力开展安全检查和隐患排查整改，组织开展元旦、春节、清明、"五一"、中秋、国庆等节日期间安全大检查，共排查整改安全隐患42处，确保辖区文化旅游市场安全平稳运行。累计出动执法人员910多人次，先后检查网吧、歌舞娱乐场所、旅行社等600家（次），收缴非法出版物1200余册，取缔流动书摊6处，共办理行政处罚案件11起，罚款3.1万元。

【常态化整治工作】 2021年，严格落实"四方责任"，配合市文旅局对A级景区、星级饭店、公共文化体育场馆疫情防控及安全工作进行督导检查。结合全国文明城市创建工作，联合"包抓共建"单位对城市街道、社区常态化开展环境检查整治35次。

（市文体广电和旅游局）

## 综 述

【概况】 2021年,全市共有医疗卫生机构1917个。其中,公立医院12个,综合医院6个,中藏医院5个,专科医院1个;基层医疗卫生机构1341个,其中,社区卫生服务中心(站)20个,卫生院103个,村卫生室1218个;专业公共卫生机构33个,其中,疾病预防控制中心5个,妇幼保健院(所、站)4个,卫生监督所(中心)4个,计划生育技术服务机构20个。全市有卫生技术人员14283人,其中,执业医师和执业助理医师5014人,注册护士6833人。医疗卫生机构床位12917张,其中,医院9337张,卫生院2896张。全年总诊疗人次1044.14万人次,出院人数338978人。

【医药卫生体制改革】 2021年,武威市推进医疗卫生服务机制体制创新,发展专科联盟和技术联盟,全市4家三级医院组建医联体,三县一区全部建立县域医共体,二级以上医院全部加入了已建成的专科和技术联盟,基本实现了专科(技术)联盟覆盖的30种大病、250个分级诊疗病种在县级联盟成员单位救治及联盟内同质化检查、同质化诊断、同质化治疗的目标。推进分级诊疗制度实施,严格分级诊疗病种临床路径管理,推动人才技术、财力物力、优惠政策向县、乡两级“三下沉”,大医院“愿意放”、基层“接得住”、群众“愿意去”的分级诊疗机制建立并逐步完善。推进公立医院绩效考核工作,二级以上公立医院全面开展了绩效考核,以考核促发展、以考核促提升的“指挥棒”作用有效发挥,公立医院的公益性和公立医院提供优质医疗卫生服务的主阵地作用日益凸显。市、县计划生育协会综合改革试点成效显著,改革任务全面落实。

【基层机构基础设施建设】 2021年,依托市传染病医院改造建设的市级传染病重症监护病区,完成改造并投入使用,项目总投资300万元,设置重症监护床位5张。古浪县、天祝藏族自治县人民医院传染病病区改造项目已投入使用，其中，天祝藏族自治县人民医院传染病区建设面积1027.46平方米，总投资78.6万元，古浪县人民医院传染病区建设面积2905平方米，总投资579万元。106个乡镇卫生院规范化发热门诊建设项目全部完成建设，投资2105万元，通过组织实施省列、市列为民办实事项目，市、县、乡三级医疗机构公共卫生防疫能力显著提升。全市卫生健康系统共实施基础设施建设项目共25项，总投资28.8亿元。其中凉州医院、市第二人民医院整体搬迁项目已投入使用。武威肿瘤医院整体迁建及功能提升项目完成投资2.6亿元，重离子中心已累计收治患者479例。

**【医疗卫生服务能力建设】** 2021年，加强市、县区医疗机构专业学科和软硬件设施建设，全市共建设省级重点专科9个，评定23个专业共33个学科为市级临床医学重点学科。加强基层医务人员培训，组织全市4261名乡村两级医疗机构医务人员参加省级远程线上培训，选派78名乡村骨干医生参加甘肃省基层医务人员培训基地线下培训。深入推进优质服务基层行和社区医院创建，年内新增达到国家卫生健康委推荐标准的机构3家、基本标准的24家。

**【公共卫生工作】** 2021年，武威市加大慢病规范化管理水平，高血压、糖尿病、严重精神障碍等慢性病患者健康管理逐步规范，慢性阻塞性肺病防控稳步推进，全市高血压、糖尿病规范化管理率分别达86.44%、81.77%，严重精神障碍报告率5.39‰，在册患者规律服药率达到60.93%，40岁及以上居民慢性阻塞性肺病筛查率3‰。积极组织实施妇幼健康项目，完成8000名妇女“两癌”检查任务，发放儿童营养包840人份，为8889名孕产妇进行了艾梅乙检测，检测率100%，完成新生儿苯丙酮尿症及先天性甲状腺功能减低症筛查8611名、孕前优生检查3325对。健全完善全市医疗卫生行业综合监管机制，深入开展医疗乱象专项整治，严厉打击各类非法行医活动，规范诊疗行为，医疗机构依法执业自查率和依法执业承诺率100%，依法查处各类违法违规行为294起，违法案件查处率100%。

**【中医药事业】** 组织实施民勤县中医院、凉州区中西医结合医院服务能力提升项目，完成18个乡镇卫生院中医馆建设，市中医医院风湿骨病科建成省级区域（专科）中

图88　5月，凉州医院新院区内护士为患者提供咨询（董丽俊　摄）

医医疗中心，康复科建成省级中医特色优势专科。大力推广普及中医药适宜技术，举办全市基层医疗卫生机构中医适宜技术培训推广暨中医适宜技术大赛和全市中医护理适宜技术竞赛。组织实施第四批五级中医药师承工作，全市共遴选80名指导老师，培养160名继承人。积极推广使用“甘肃方剂”，发挥中医药在疫情防控工作中的特色优势作用，累计免费发放中药预防汤剂32345服，集中隔离人员中医药使用覆盖率达到100%。

**【卫生队伍建设】** 多渠道引进高学历卫生健康专业人才，年内全市共引进卫生健康专业人才59人，其中，市直单位42人，县区17人。通过事业单位招考形式录用卫生专业技术人员105人，其中，市直单位59人，县区46人。各医疗卫生单位自行引进招聘卫生专业技术人员225人。

（市卫健委）

## 疾病防控

**【概况】** 2021年，加强市、县区疾控中心实验室检测能力建设，市疾控中心水质检测能力达到104项，县区疾控中心除凉州区进行搬迁改造外，其他三县疾控中心水质检测能力均达到42项常规检测指标能力。加强核酸检测能力建设，城市核酸检测基地、公共核酸检测基地、移动核酸检测车投入使用，全市日单检能力提升至7.3万管。加强疫区来武返武风险人群摸排管控，深入推进新冠肺炎疫苗接种工作，群体免疫屏障基本建立。先后派出528名医务人员支援兰州新区、嘉峪关市、天水市开展疫情防控。

**【健康知识宣传】** 利用微信公众号、抖音、今日头条、电视、报刊等线上线下媒体及平台对新冠肺炎、常见传染病、预防接种等防治知识进行宣传。微信公众号累计推送疫情防控信息1650条，阅读人次57.5万次，阅读人数43万余人，抖音发布92条、今日头条推送17条，制作专题宣传片8期，报纸刊登8篇，《工作简报》收录12期，城乡居民防病意识进一步增强，全民健康生活方式得到进一步普及。

**【慢性病防治】** 2021年，管理65岁及以上老年人14.3万人，任务完成率103%；高血压患者15.7万人，任务完成率106.70%；糖尿病患者4.1万人，任务完成率109.18%；严重精神障碍患者9607人、规范管理率94.85%，服药率81.56%、精神分裂症患者服药率79.42%；死因监测工作、儿童口腔疾病综合干预项目、国家级心脑血管疾病监测项目推进有力，有效保护和提高了人民群众健康水平。

**【传染病防治】** 通过网络报告传染病卡片8982张，及时报告率99.94%，及时审核率99.98%。全市共收到传染病预警信号274条，2小时响应率97.44%，24小时响应率100%。推动全市以艾滋病为首的性传播疾病检测工作，不断扩大艾滋病筛查检测覆盖面，全年检测28.6万人次，全人群检测比例19.6%。推进艾滋病综合干预，对各类高危人群干预3.3万人次，对267例感染者或病例进行了随访管理治疗，发现率84.8%、治疗率89.7%、治疗成功率96.9%，病死率显著下降。全市网络报告肺结核患者和疑似患者4291例，总体到位率97.53%、初诊查痰率100%，确诊590例，阳性检出率62.20%，耐药筛查率95.30%，规范服药率96.32%，成功治疗率为95.80%。肺结核患者报告发病率40.27/10万。规范处置30例学校结核病例，及时开展密切接触者筛查，结核病控制不断推进。在天祝藏族自治县祁连、旦马鼠疫自然疫源地完成3000公顷灭獭任务。碘缺乏病、布病、饮水型地方性砷中毒、土源性线虫病和包虫病、麻风病、疟疾等地方病防治工作持续开展，稳定控制。

【常规免疫工作】 常规免疫报告接种率98.71%，单苗报告接种率保持在90%以上。完成年度AFP病例报告发病率监测指标，排除麻疹风疹报告发病率1.91/10万，疑似预防接种异常反应及时处置。非免疫规划疫苗服务能力不断增强，基本满足群众的接种需求。武威市乙肝防治示范区建设与现场流行病学研究项目顺利通过国家科技重大专项综合绩效评价、结题验收，创建“短程接种、关口前移、防治一体、联合攻关”的乙肝防治“武威模式”。

（市卫健委）

## 妇幼保健

【概况】 2021年，武威市活产婴儿10298人，产妇10209人。住院分娩率100%，孕产妇早孕建册率91.99%，孕产妇系统管理率90.93%，产后访视率94.51%。新生儿访视率94.78%，3岁以下儿童系统管理率91.18%，7岁以下儿童健康管理率91.71%。婚前检查13514人，婚检率94.21%。以居家为基础、社区为依托、机构为补充，多方参与、布局合理、监管到位的多层次托育服务网络初步形成。2021年，武威市建成托幼机构5所，共有托育人员31名、托位455张，普惠托育服务被群众所接受。

【妇幼保健机构创建】 按照二甲妇幼保健院标准强化辖区管理以及医疗质量与安全持续改进。2021年，分别请省妇幼保健院及兰州市妇幼保健院专家对市妇幼保健计划生育服务中心二甲创建情况进行指导，进行院内自评8次。经自评，标准条款504条中不适宜条款42条，C条款达453项，占比达98.0%；B条款达383项，占比达85.8%；A条款达243项，占比达73.6%。核心条款39条，其中C条款达39项，占比达100%；B条款达35项，占92.0%；A条款达28项，占比达77.7%。顺利完成二甲市级医疗机构初审工作。

【实施“三孩”政策】 2021年，根据计划生育“放管服”改革要求，取消社会抚养费征收、取消计划生育技术服务机构设立许可，将计划生育技术服务机构专业技术人员纳入母婴保健技术管理。将助产技术、婚前医学检查、产前筛查机构和个人的审批权限全部下放至县级卫生健康行政部门。取消三孩生育审批限制，将入户、入学、入职等与个人生育情况全部脱钩。

【妇幼健康项目】 农村妇女“两癌”检查项目完成9751人，查出宫颈癌2例，乳腺癌5例。农村妇女孕前和孕早期增补叶酸预防神经管缺陷项目目标人群服用叶酸21158人，服用率96.02%。预防艾滋病、梅毒和乙肝母婴传播项目检测产妇10815人，孕产妇检测率100%，孕期检测率99.06%，确诊梅毒感染孕产妇4人，感染产妇所生儿童4人，乙肝表面抗原阳性产妇417人，阳性产妇所生新生儿418人，接种乙肝免疫球蛋白418人，接种率100%。新生儿多种遗传代谢性疾病筛查项目及听力筛查项目，新生儿多种遗传代谢性疾病筛查项目任务数400人，均100%完成，新生儿苯丙酮尿症及先天性甲状腺功能减低症筛查共对10708例新生儿进行筛查，筛查率为98.28%，听力筛查对10819例新生儿进行筛查，筛查率为99.30%。贫困地区儿童营养改善项目为6—24月龄1871名婴幼儿发放营养包，服用率100%，有效服用率98.26%。新生儿先天性心脏病筛查项目筛查6707人，筛查率86.83%，确诊先心病24人。国家免费孕前优生健康检查项目任务数3110人，完成检查3325人，完成率106.91%。

【母婴安全工作】 2021年，重点加强高危孕产妇专案管理的规范化以及早孕监测、风险筛查评估、新生儿窒息复苏技术普及推广，确保孕产妇和儿童死亡率控制在全省平均水平以下。2021年，全市发放母子健康手册9596本，筛查出黄色风险孕产妇3530人，橙色风险孕产妇1619人，红色风险孕产妇10人，紫色风险孕产妇447人，将重点人群纳入高危孕产妇专案管理，全市孕产妇零死亡。全年组织召开孕产妇危重症评审和新生儿死亡评审会议各3次。

【医疗保健服务】 重视人才队伍建设，年内引进、公开招聘急需专业技术人员5人，申报科研计划验收1项，举办市级继续医学教育项目4项，专业技术人员中短期进修学习20余人次。拓展创新“三大”健康管理，创新妇女、孕产妇、儿童保健服务模式，提升服务数量和覆盖率，加强临床路径、院感防控、传染病防治和医疗废弃物管理等工作，提升综合服务水平。2021年，门诊服务3.04万人次，住院人次510人次，门诊手术2098例，其中无痛人流391例，盆底康复及术后康复1238人次。开展阴道超声检查4853人次，子宫输卵管超声造影检查27例，小儿髋关节超声检查25例，成人心脏彩超检查12例。幼儿入园体检7681人，工作人员体检2547人，托幼机构卫生保健督导2次，对9所幼儿园的2000余名在园幼儿进行免费眼科和口腔科筛查。儿童口腔项目完成率100%。眼保健国家规范培训1次，校园宣讲任务11场。完成妇女“两癌”初筛任务600人。

（市卫健委）

## 职业卫生

【职业健康管理】 以职业健康监管工作中发现的问题为线索，以职业病危害严重的行业领域为重点，采取全面检查、督促整改、监督执法相结合的方式，督促用人单位依法落实职业病防治主体责任。根据《省卫健委2020年现状调查和工作场所职业病危害监测项目发现的违法违规问题线索》，市卫健委扎实开展重点问题专项整治行动，市卫生监督机构对生产经营单位和医疗机构开展二轮专项检查，共监督检查用人单位78户次，医疗机构8户次，下达监督意见书62份。

【尘毒危害专项执法】 根据2020年确定的尘毒危害比较严重企业，结合职业病重点问题专项和建设项目职业病防护设施“三同时”等专项行动，根据年初制定下发尘毒危害专项工作实施方案，明确步骤和时间节点，目标任务，重点对2020年尘毒危害专项行动中发现的问题严重企业进行回头看，共监督检查74户（次），发放卫生监督意见书74份，责令限期整改74家，立案查处8家。

**【职业病防护】** 2021年,强化职业病危害源头治理,保护劳动者职业健康权益。围绕以采矿业、电力燃气及水的生产供应业为重点,开展专项整治工作,凉州区217家企业纳入专项治理范围(重复企业11家),完成二轮摸底检查,共监督检查185户次,下达监督意见书85份,行政处罚12起。实施"双随机+卫生执法全过程记录"工作,职业放射共下达国家"双随机"任务11家,完成11家,下达省级"双随机"任务2家,完成2家,完成率100%,全程执法记录仪使用率达100%。

**【放射卫生规范化管理】** 开展放射源安全和放射诊疗专项整治,制定方案和检查标准,对凉州区辖区内取得放射诊疗许可证的61家医疗机构和18家配置放射诊疗设备的医疗机构进行监督检查,以医疗机构的依法执业和医疗机构放射诊疗规章、制度落实情况为重点,共监督检查放射诊疗机构102户次,发出卫生监督意见书95份,对存在问题严重的14家医疗机构给予警告、罚款的行政处罚。加强对新、改、扩建放射诊疗建设项目的卫生监管力度,做好职业病危害评价工作。对凉州区辖区内48家医疗机构的新、改、扩建放射诊疗建设项目,进行了项目建设前的卫生学审查备案和项目竣工后的验收工作。落实现场审查制度,对18家申请放射诊疗许可证的医疗机构进行现场审查。

**【职业健康评估】** 根据省卫健委《关于开展2021年度全省职业健康监管评估工作的通知》(甘卫职健函〔2021〕481号)要求,市级组织评估组抽调人员县区卫生监督执法人员,交叉评估,重点对县区开展职业病重点问题专项整治行动情况、职业病防护设施"三同时"专项检查情况、放射源安全和放射诊疗专项检查情况进行评估,共评估企业15家、医疗机构4家、县区卫健局4家,发现问题59条,积极督促医疗机构和用人单位对存在问题尽快进行整改落实。

**【职业健康宣传】** 2021年,在武威工业园区开展《中华人民共和国职业病防治法》宣贯培训会,60多家企业主要负责人和职业卫生专(兼)职管理人员参加现场培训。发放职业病防治宣传资料500余份,资料内容涉及职业病防治法、用人单位职业病防治主体责任、劳动者职业健康权益等职业病防治8个方面的法规政策解读。利用微信群、微信公众号、"旺铺助手"短信服务等平台,开展线上咨询和线上宣传职业健康保护活动的实时动态,微信公众号推送信息35条。利用腾讯会议系统,采取线上执法培训,对全市860名从事介入放射学和X射线影像诊断工作人员进行线上培训。

(市卫健委)

## 老龄健康

**【医养结合机构管理】** 2021年,制定出台《武威市医养结合机构服务质量提升行动方案》等多项政策措施,督促医养结合机构强化服务管理,提高服务能力,确保服务质量。全市有养老机构27所,10家公办养老机构开办和内设医疗机构,开展医养结合服务;其余未设医疗机构的17家养老机构都与邻近医疗机构(卫生院)签订服务协议,开展医养结合签约服务。全市二级以上12家医院均设立老年病科。65 岁以上老年人健康管理率达到 70% 以上，基本满足老年人健康养老服务需求。

【医养结合多业态融合】 发挥中医药在健康养老中的作用，加强中医医院老年病诊疗能力建设，在中医医院设立老年病科，逐步增加老年病床位，开展针对老年人慢病防治、养生保健、饮食起居、临床诊疗、康复护理、心理干预等服务。鼓励中医医院与养老机构建立合作关系，把中医诊疗、中医治未病、中医药养生保健、中医药康复医疗融入健康养老全过程，提升老年人身心健康和生活质量。市中医医院和凉州区康德颐养院把中医药服务纳入康复和诊疗服务。

【民办医养结合机构】 2021 年，武威市幸业养老中心与武威市人民医院签订了医养结合服务协议，着手筹建“老年专科医院”。凉州区康德颐养院以公办民营形式参与三县一区医养结合服务，通过政府购买服务形式，中标承接了天祝藏族自治县养护福利中心、古浪县养护福利中心、民勤康德医养院管理，开展医养结合服务。各县区各医疗机构与当地民办养老机构采取多种形式开展合作，为老年人开展医养结合服务。

【老龄综合评估健康指导】 2021 年，制定印发《武威市加强老年人居家医疗服务工作实施方案》，加大家庭医生签约老年人的力度，通过家庭医生签约服务和老年人健康管理、老年健康服务信息平台建设等形式，将医疗、护理、保健等服务延伸至城乡居民家庭，开展失能老人的综合评估与健康指导，各医疗机构为辖区内 65 岁以上老年人每年进行 2 次医养结合服务，为 65 岁及以上失能老年人提供 1 次综合评估与健康指导。依托甘肃省老年健康服务信息系统，建立完善武威市老年人个人信息档案，基层医疗卫生机构将开展综合评估与健康指导的失能老年人信息及时录入信息系统，做好数据信息的及时更新、上报等工作。

（市卫健委）

## 爱国卫生

【主题宣传活动】 2021 年，以第 33 个爱国卫生月为契机，组织开展爱国卫生月集中宣传系列活动，以“文明健康 绿色环保”为主题开展健康科普六进宣讲活动 280 多场次；围绕第 34 个世界无烟日“承诺戒烟，共享无烟环境”宣传主题，开展世界无烟日宣传活

图 89　2 月，志愿者在凉州区住宅小区内打扫卫生
（戴声桥　张　婷　摄）

动 30 多场次；举办绿色出行、“健康乐跑”等主题活动 10 余场次，引导人们争做文明风尚的培育者、健康理念的传播者、美好生活的创造者。

【卫生城镇创建】 建立省级卫生城镇评审专家库，以创建全国文明城市为契机，大力推进省级卫生县城和卫生乡镇（社区、村、单位）创建工作。对县（区）11 个乡镇 23 个村开展省级卫生乡镇创建的情况进行实地督导。组织省级卫生城镇评审专家对古浪县创建省级卫生县城进行现场评审，按时完成评审报告和图片资料报送工作。古浪县已通过省爱卫办省级卫生县城公示，2021 年，成功创建省级卫生乡镇 21 个，省级卫生村 44 个，省级卫生社区 4 个，省级卫生单位 10 个。

【病媒生物防制】 市爱卫办联合市疾控中心开展病媒生物防制督导检查 3 次，对城区 17 家重点服务场所病媒生物防控及侵害情况进行抽查，并对存在的问题督促整改。

【无烟环境建设】 组织举办无烟党政机关建设推进培训会，对市直 90 多个机关单位无烟环境建设进行实地督查，命名无烟党政机关（单位）55 家，市级党政机关 60% 以上建成无烟单位，全市无烟医疗机构覆盖率达到 100%；同时组织开展青少年烟草流行监测，对市县 15 所无烟学校开展督导检查 2 次。

【农村改厕工作】 组织相关部门参加全省、全市农村改厕技术培训会，到古浪县开展农村改厕技术培训指导 1 次。对凉州区、古浪县 2021 年农户改厕和村庄清洁行动进行评估验收。

（市爱卫办）

## 卫生监督

【概况】 2021 年，推行“双随机一公开”、行政执法“三项制度”和“包容审慎”的执法监督方式，积极探索“首违不罚”模式，加快推广移动执法终端运用。制定卫生行政处罚案件审核、一般程序卫生行政处罚案件流程跟踪管理、一般程序处罚案件备考等制度，开展案卷评查和内部稽查，执法效能明显增强。执法办案率 15.7%，高于全省平均水平；办结的行政执法案件无投诉、无行政复议、无行政诉讼。开展市级卫生健康领域“双随机一公开”联合抽查监督，执行国家“双随机”任务 219 家、省级 108 家、市级部门内 160 家、市级跨部门 26 家，任务完结率均为 100%。落实行政执法责任制和行政执法法制审查，做到办审分离，有效地预防执法过错发生，提升了行政执法公信力。2021 年，共审核重大行政执法决定案件 17 件。

【政务许可服务】 2021 年，窗口共办结 2385 件，其中办结公共场所卫生许可 28 件，供水单位卫生许可 60 件，供水单位卫生许可变更 3 件，供水单位卫生许可延续 5 件，护士延续注册许可受理 427 件，护士变更注册许可受理 830 件，护士执业注册受理 171 件，护士执业证书遗失补办 12 件，医师变更注册 511 件，医师执业注册 84 件，医师执业证补办 2 件，医疗广告审查 3 件，医疗机构放射性职业病危害建设项目预评价报告审核 24 件，医疗机构执业登记 14 件，医疗机构执业许可变更 28 件，放射诊疗场所新改扩建项目放射防护设施竣工验收 34 件，放射源诊疗技术和医用辐射机构许可 20 件，放射源诊疗技术和医用辐射机构许可变更 7 件，放射源诊疗技术和医用辐射机构许可校验 4 件，放射人员工作证核发 89 件，母婴保健技术服务执业许可 5 件，母婴保健技术服务执业许可校验 2 件。

【医疗卫生监督】 2021 年，监督检查医疗机构 3033 户次，发出卫生监督意见书 1498 份，查处涉及医疗机构的违法行为 295 起，其中，医疗卫生类 48 起、传染病防治类 247 起。开展武威重离子中心专项监督工作，抽调医疗卫生、职业健康和放射卫生首席监督员，围绕临床使用安全、放射治疗、核医学等 6 个领域设立监督管理清单，有效防范安全风险。

【职业健康卫生监督】 坚持盯风险、抓整改、促全面，组织开展职业病防治重点问题、建设项目职业病防护设施“三同时”、尘毒危害专项整治。监督检查工业企业 434 家（次），发出卫生监督意见书 238 份，查处违法行为 30 起。

【生活饮用水卫生监督】 以二次供水设施卫生整治行动为抓手，13 家集中式供水单位、152 家二次供水单位监督检查 304 户次，发出卫生监督意见书 294 份。232 台现制现售水机监督检查 246 户次，发出卫生监督意见书 246 份、提醒函 246 份。

【放射卫生监督】 以放射防护整治行动为抓手，监督检查 139 户次，发出卫生监督意见书 122 份，查处违法行为 11 起。

【公共卫生监督】 开展住宿业卫生、公共场所集中通风系统卫生、中小学校和托幼机构传染病防控等专项整治，监督检查 1729 家次，发出卫生监督意见书 1598 份，查处违法行为 75 起。联合执法检查日益深化。会同市防疫办、市场、生态、医保、教育等部门开展相关领域的联合执法检查 62 次，监督检查市场主体 1166 家（次），维护良好服务秩序。

【专项监督工作】 组织实施 2021 年全市卫生健康监督随机抽查工作，执行国家“双随机”任务 486 家，完成 458 家，关闭 28 家，监督完成率 99.18%，任务完结率 100%，办理行政处罚案件 21 件，罚款 2100 元。执行省级“双随机”任务 162 家，任务关闭 3 家，监督完成率 98.77%，任务完结率 100%，办理行政处罚案件 6 件。同时，积极推进市级双随机监督抽检工作。在“互联网 + 监管”系统共发布双随机抽查计划 5 项，制定、参与任务 7 起，抽取监管对象 124 家。多部门联合开展市级跨部门双随机任务 4 起，共抽取任务 31 家，其中托幼机构 12 家、住宿场所 9 家、歌舞厅 10 家，任务完结率 100%；开展市级部门内双随机监督抽检任务 3 起，共抽取任务 93 家，其中，美容美发场所 25 家、二次供水单位 29 家、口腔诊所 39 家，任务完结率 100%。2021 年，公示行政许可信息 366 条、行政处罚信息 29 条。对 11 家医疗机构记录不良执业积分 76 分，对 5 名医务人员记录不良执业积分 15 分。

（市卫健委）

## 中医药事业

【中医药基础建设】 2021 年，组织实施县级中医医院服务能力提升项目，完成 18 个乡镇卫生院中医馆建设任务，市中医医院风湿骨病科建成省级区域（专科）中医医疗中心，康复科建成省级中医特色优势专科建设。开展中医药服务能力建设，100%的综合医院、妇幼保健机构、社区卫生服务中心、乡镇卫生院和96%的村卫生室能提供中医药服务。各级综合医院设置中医科、中药房，在住院部设立不低于医院总床位数5%的中医床位。各级疾控中心、妇幼保健机构设立了中医科，各级卫生监督机构设立中医监督科。切实加强中医药监督管理工作，规范中医药服务和市场秩序，完善中医药监管与执法机制，本年度未出现医疗市场的乱象和违法行医现象。逐步形成了中医医院龙头作用优势明显，乡（街道）村（社区）医疗机构特色突出，综合医院、专科医院、公共卫生机构整体发展的中医药服务体系。

**【中医药人才建设】** 实施第四批五级中医药师承工作，共遴选80名指导老师，培养160名继承人。加强各级医疗卫生机构医务人员中医药知识与技能培训，推广普及中医药适宜技术，县级中医院能够开展45项中医适宜技术，乡镇卫生院开展9项中医适宜技术，村卫生室开展6项中医适宜技术。举办武威市基层医疗卫生机构中医适宜技术培训推广暨中医适宜技术大赛和全市中医护理适宜技术竞赛。推进中医药继续教育和科研课题申报工作。做好全国名中医、岐黄学者支持项目人选、全国中医优秀人才、全国中医护理骨干人才、全国基层名老中医传承工作室的推荐申报工作。

**【对口帮扶工作】** 2021年，按照国家和省卫生健康委的安排，武威市中医医院帮扶古浪县中医医院和西和县中医医院，天津市蓟州区中医医院、蓟州区人民医院帮扶天祝藏族自治县藏医院。武威市中医医院派驻6名专家、天津市蓟州区先后选派帮扶专家12名赴帮扶医院开展对口帮扶工作，指导业务查房300多人次，举办各类学术讲座46次，培训170余人次。通过短期内的业务指导和培训，使各科室的临床诊疗行为、合理检查、规范用药、科室管理等方面有了较大的提升。

**【中医药健康宣传】** 加强中医药文化科普知识宣传，中医药养生知识普及率达90%。开展中医药文化传播行动，实施中医药文化传播行动项目，在凉州区建设中医药文化传播平台，开展中医药文化进校园活动，完成天祝藏族自治县公民中医药健康文化素养水平监测。

（市卫健委）

## 医疗机构

**【武威市人民医院】** 2021年，医院推进“五大中心”和重点专科建设，4个学科被评为甘肃省省级医疗卫生重点学科、18个学科被评为武威市市级临床医学重点学科，11人在17个省市级各类医学专业委员会任职。本年度圆满完成脑卒中高危人群筛查和干预项目，成功创建国家级的“房颤中心”，获批国家级“心衰救治中心”“高血压达标中心”建设单位，在全省率先完成“国债项目”肺功能技能操作培训，开展冠状动脉血流储备分数（FFR）、结直肠癌同时性肝转移的手术治疗、关节镜下应用骨软骨移植（COR）系统修复软骨损伤术、腹腔镜下肝切除术等新技术22项、新项目百余项。考察论证采购设备合计124台（件），维修维护巡检设备1835

台（件），计量检定设备584台件。全年药品采购金额11746.34万元，基本药物采购金额4698.54万元，占比39.92%；执行国家级和省级联盟组织集中带量采购8批114个品种，采购金额1175.37万元，占比10.01%；配备国家谈判药品83种，采购金额1291.12万元，占比10.99%。推进“互联网+医疗健康”便民惠民应用，完成与甘肃省医学影像共享交互平台的对接，检验结果5类42项、腹部彩超、放射影像14项全部纳入甘肃省检查检验互认项目，助力实现医学影像在全省二级以上公立医院互通和共享。投入自助机80余台，向患者提供智能导诊、候诊提醒、检查检验报告查询、住院日清单查询等线上服务。完成与全国新医保平台、财政电子发票平台的对接，对接接口近200个；完成3次DIP数据采集，共计69万条记录；电子病历评级达标四级，修改完成系统优化需求691个，召开智慧医院建设推进通报交流会3次。

（市人民医院）

**【武威市第二人民医院】** 前身是武威南铁路医院，始建于1959年，是一所集医疗、预防、科研、教学、康复为一体的综合性二级甲等医院。为优化全市医疗机构布局，根据市政府第83次常务会会议精神，凉州区中医院房屋土地资产划拨武威市第二人民医院扩大办院规模。2020年，经市发改委立项批复，准予实施武威市第二人民医院整体搬迁和诊疗能力提升改造项目。项目总投资7809.84万元，项目总改造建筑面积13409.63平方米。2021年9月，市第二人民医院搬迁新院区开诊。2021年12月，医院共有职工382人，在编191人，聘用191人，医师128人，医技48人，注册护士172人，床位419张。全年门急诊诊次45698人次，出院病人3025人次，病床使用率39.22%，平均住院日14.27天，危重病人抢救成功率66.67%，入、出院病人诊断符合率100%，治愈后好转率92.95%，传染病及时报告率100%，甲级病案率95.04%，院内感染率0.96%，处方合格率98%，药品平均收入占

图90　4月10日，武威市人民医院组成医疗队与古浪县人民医院开展“组团式”帮扶　（市医院　供图）

业务总收入比例 27.1%。

（市第二人民医院）

**【武威市中医医院】** 2021 年，按照省市卫健委关于中医助理全科医生培训大纲要求进行规培，把握好医师轮转，建立规范的管理台账。组织完成 8 名规培学员的结业考核，新招录学员 11 名。组织举办省级中医继续教育项目 2 项，市级继续教育项目 7 项。申报第七批全国老中医药专家学术经验继承工作指导老师 2 人，继承人 4 人；报第四批四级师承教育指导老师 16 人，继承人 32 人；“天马英才计划”医院 2 名省级名中医带教 4 名基层医师。全年共结算职工医保、城乡居民医保、医疗一站式救助及大病保险等各类参保病人 67106 人次，比 2020 年度增加 8322 人，增长率 14.16%；发生医疗总费用 2.68 亿元，较 2020 年度增长 44.19%。门诊诊疗 50 万人次（不含核酸检测人次），与 2020 年同期相比增长 39.34%；住院诊疗 3.12 万人次，与 2020 年同期相比增长 3.32%；药占比 23.71%，与 2020 年同期相比下降 3.81%；耗占比 7.03%，与 2020 年同期相比增长 0.38%，医疗业务收入达到 3.28 亿元，与 2020 年同期相比增长 14.6%。

（市中医医院）

**【武威市中心血站】** 2021 年，全年采血 10631 人，采集全血量 15486.5 单位，机采血小板 1158 单位；供应临床红细胞类 16899 单位，血浆类 21165 单位，血小板 1158 单位，全年采供血 10.6 吨，有效保障临床用血需求。在报刊、电台专栏、QQ 群、公众微信平台、电子屏宣传无偿献血。利用“3·5”学雷锋日、“5·8”世界红十字日等节点组织大型宣传活动 10 余次，开展了无偿献血知识线上有奖问答活动，5000 余人参与线上有奖知识问答。在电视台开办无偿献血宣传专栏，提高了广大公民对无偿献血知识的知晓率。为庆祝第 18 个世界献血者日，响应世界卫生组织“献血，让世界继续跳动”的号召精神，践行“我为群众办实事”实践活动要求，组织开展 2021 年“6·14”世界献血者日主题宣传系列活动——血站开放日，让在校学生们“亲密接触”无偿献血。依据“一法两规”，健全完善质量管理体系。坚持每月站领导和科室负责人工作通报会，及时沟通协调，督促责任落实；严格落实质控管理制度，及时开展质量体系内审、管理评审和国家省级实验室室间质评，促进采供血质量持续改进。购置核酸检测设备、全自动血型鉴定仪 1 套，进一步保障了血液检测质量。与各单位沟通协调、开展预约献血，分批次、分时段合理安排献血，保障了疫情防控期间临床用血。

（市中心血站）

**【甘肃省武威肿瘤医院】** 2021 年，医院有总院区、东院区（消化病院区）、南院区（肝胆病及心血管专科院区）、北院区（体检中心、神经内科、内分泌科、地质新村街社区卫生服务中心）、重离子院区、西安重离子接诊中心、兰州重离子咨询处等 7 个院区，形成了多院区集团化统一管理的发展格局。编制床位 1000 张，年门诊量 39 万人次，住院治疗 2.9 万人次。共有职工 1500 人，其中，卫生技术人员 975 人，高级职称 100 余人，中级职称 200 余人，硕士以上学历人才 60 余人，本科学历 500 余人，兰州大学硕士生导师 2 名，兼职教授 6 名。培养出享受国务院特殊津贴 1 人，甘肃高层次津贴 5 人，甘肃省领军人才 1 人，市领军人才 4 人，甘肃省卫生健康行业骨干人才 1 人，甘肃省卫生健康行业优秀青年2人。设立临床科室40个、医技科室26个、门诊科室11个、护理单元32个、业务职能科室13个、行政职能科室13个。其中，甘肃省医疗卫生重点学科1个（消化内科），甘肃省医疗卫生重点专业2个（胃肠外科专业、放射治疗专业），武威市市级临床医学重点学科10个（心血管内科、呼吸内科、血液内科、神经内科、胸外科、骨科、妇科、重症医学科、麻醉科、肿瘤科）。拥有国内首台自主知识产权的重离子治疗肿瘤系统、瓦里安Vital Beam直线加速器、瓦里安Clinac CX直线加速器、医科达Infinity“可视化”四维影像引导医用直线加速器、西门子64排模拟定位CT、Discovery 710 Clarity大型PET-CT、西门子MAGNETOM Skyra 3.0T超音速高端放疗定位磁共振、美国GE动态500排宝石能谱CT、西门子3.0T核磁共振、西门子S2000ABVS高端彩色多普勒超声波诊断仪等高新设备250余台，设备装配水平居省内先进水平。肿瘤内科可开展ERCP技术，食管癌、胃癌的内镜诊断，结直肠癌的内镜诊疗，食管癌、胃癌的诊断及规范内科治疗，肝癌的诊断及规范化内科治疗，食管狭窄扩张术，食管狭窄内支架置放术，胃肠息肉等病变的内镜治疗，内镜下胰胆管造影＋支架置放术（EPCP+ST），超声或CT引导下胰腺穿刺术，早期胃癌的内镜下粘膜切除术，早期结肠癌的内镜下黏膜切除术，早期胃癌诊断及筛查、小肝癌诊断（肝血管造影）支气管支架术，各种重症呼吸衰竭的诊治及肿瘤介入治疗等肿瘤内科疾病的诊治。

（甘肃省武威肿瘤医院）

## 疫情防控

【概况】 武威市坚持把抓重大任务落实作为试金石、磨刀石，疫情防控阻击战打响后，动员3.67万名党员干部冲锋陷阵、先锋引领，组建临时党支部1402个，成立党员突击队2723个，设立党员先锋岗5153个，紧急划拨党费248万元用于支持疫情防控，迅速凝聚起共克时艰的磅礴力量。按照“专业检测人员+1（党组织书记）+2（警务人员）+3（党员干部）+N（志愿者）”模式，为全市1249个采样点位配备核酸检测工作力量，充分彰显党的严密组织体系强大的组织力、行动力、战斗力。

【核酸检测】 武威市医疗卫生机构全力提升核酸检测能力，全市15家医疗卫生机构建成核酸检测实验室，市级核酸

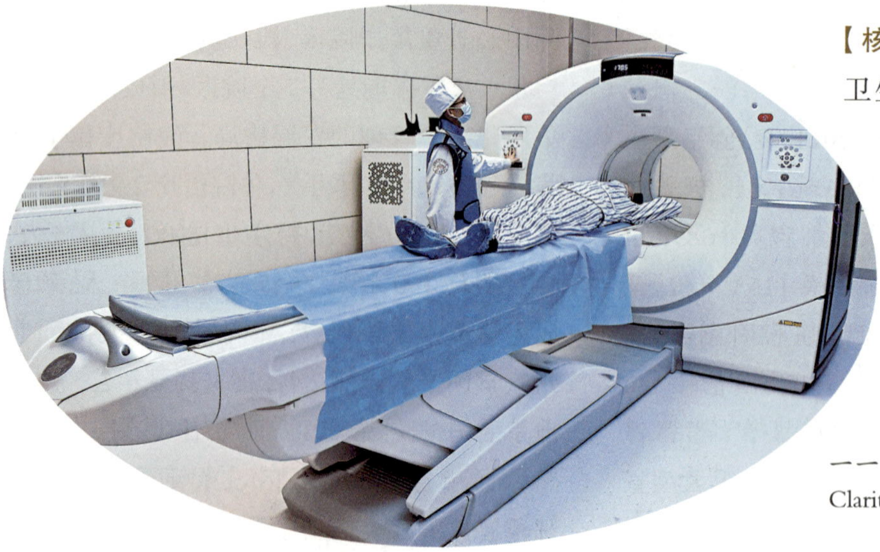

图91 全省市州医院唯一一台PET-CT（Discovery 710 Clarity）落户甘肃武威肿瘤医院
（张文灿 摄）

检测应急信息系统和城市核酸检测基地建成并投入使用，核酸日检测能力达到7.3万管（不含第三方监测能力），组织完成五轮大规模核酸检测工作，累计检测377.64万份，结果均为阴性。严格落实疫情防控“四方责任”，加强来武返武人员管控，累计摸排来武返武人员361519人，开展流行病学调查16665人，追踪密切接触者390人，“外防输入、内防扩散”各项防控措施得到有效落实。

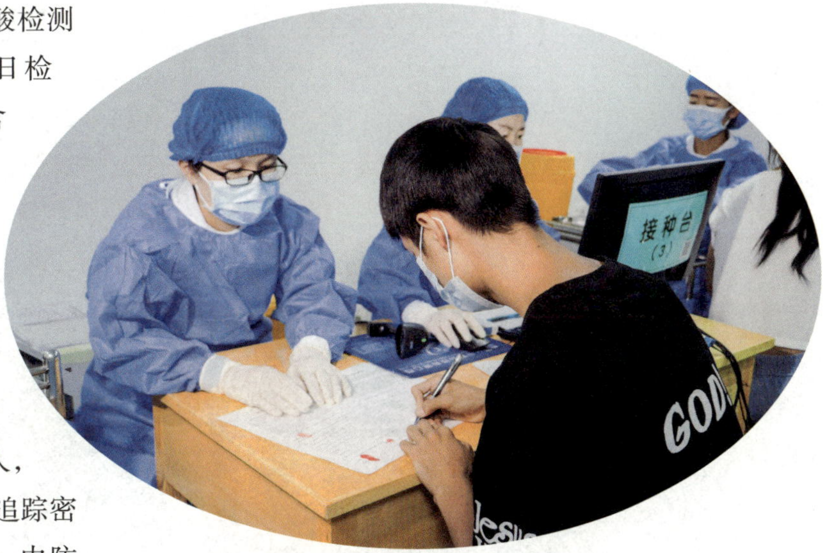

图92　8月10日，学生在疫苗接种点作预检登记（马开良　摄）

**【疫苗接种与物资捐赠】** 全市累计接种第一剂次129.55万人，第二剂次126.95万人，完成加强剂次疫苗接种57.93万人，3周岁至11周岁儿童全程免疫接种14.28万人，群体免疫屏障基本建立。2021年，全市未发生本土确诊病例。全市各级红十字会依法接受、规范管理疫情防控捐赠资金及物资，共接收捐赠款物345.12万元，人道救助作用有效发挥。

**【人员车辆安全检查】** 武威公安强化使命担当，精准研判流调溯源、严密社区排查管控，广大党员民警发挥先锋模范作用，全身心投入到疫情防控中，先后成立疫情防控临时党支部33个，党员先锋队30个，在全市12个定点医疗机构、24个隔离观察点、87个车站路口、122个社区卡口等重点部位投入警力4000余名，累计检查人员5.63万人次，车辆1.52万辆次。

**【食品药品安全检查】** 市市场监管局深化文明餐桌提升行动，推广使用“公筷公勺公夹”和推行分餐制。依托“集体聚餐网上备案监管系统”，一网办理、备案登记集体宴席48655桌。加强防疫药品、疫苗和医疗器械质量安全监管，规范零售药店“四类”药品销售，有效发挥“哨点”监测作用。落实冷链食品全链条闭环管控措施，跟进检查冷库、餐饮服务单位27787家次，立案查处进口冷链食品违法案件1起，配合开展从业人员、冷链食品及环境样本核酸检测88956批次，检测结果均为阴性。关注防疫物资价格趋势和质量安全，严厉打击哄抬价格、假冒伪劣等违法行为，查办案件58起，处理涉疫投诉举报53件。

（市委组织部、市卫健委等）

# 体　育

## 群众体育

【概况】 2021年，加快推进全文体育场地项目建设工作，市体育馆、民勤县体育场、天祝藏族自治县综合体育馆3个大型场馆实现免费或低收费开放，全市新建多功能运动场1处、智能健身路径1条、村级体育场42个。年末，共有体育场地5312个，体育场地面积342.72万平方米，人均体育场地面积2.37平方米。

【体育活动】 2021年，服务保障甘肃省青少年乒乓球锦标赛，举办武威市乒乓球邀请赛、2021年武威第一届沙漠绿舟嘉年华摩托车越野赛发车仪式、全民健身志愿者服务全国柔力球大篷车公益惠民推广万里行武威站活动、凉州区2021年群众广场舞提升培训班第一期、凉州区广场舞提升培训、甘肃铁塔“爱塔·活动无限”第二届职工排球比赛西部片区预选赛、区卫健委卫生系统职工运动会、市中心血站2021年职工趣味运动会、

图93　5月，市直卫生系统职工运动会男篮比赛　（李政阳　摄）

甘肃省农信系统第三届职工运动会、中国电信武威分公司第四届“天翼杯”职工运动会等，得到社会各界好评。保障各类赛事及活动15次，参与人数7.7万人次，全年免费或低收费接待健身人次达22.3万人次。

**【全民健身活动】** 开展全民健身活动，好场馆免费低收费开放工作。严格按照国家体育总局印发的《体育场馆运营管理办法》，做好免费对外开放工作。2021年，体育馆对外开放天数286天，每天对外开放时间10小时，外围场地每天24小时开放，8月8日全民健身日全面免费开放。

（市体育中心）

## 竞技体育

**【甘肃省青少年锦标赛】** 2021年，在甘肃省青少年锦标赛中，全市共有265名运动员、17名教练员、5名领队参加了田径等19个大项162个小项的比赛，共获金牌12枚、银牌16枚、铜牌16枚，13名运动员达到国家一级运动员等级、33名运动员达到国家二级运动员等级，6名教练员被省体育局授予优秀教练员称号，取得了运动成绩和精神文明双丰收。

**【体育教育】** 2021年，市体育运动学校共选拔招收新生53人，学生总人数达361人，共输送到省优秀运动队运动员98人。学校2人被酒泉职业技术学院录取，8人被庆阳职业技术学院录取，1人被高等院校录取、13人被高职学院录取。

**【体育规范机制】** 制定《武威市体校“一日规范、养成教育”各环节师生行为规范》等行之有效的配套管理制度，市体校教风、训风、学风全面提升。设置田径、篮球、足球、乒乓球、拳击、武术、跆拳道、摔跤、柔道9个运动

图94　5月，市直部门职工运动会女子乒乓球比赛　（李政阳　摄）

项目中，设置中专部，附设初中部和小学班7个教学班。坚持“读训并重、全面发展”办学方针，秉承“勤奋学习、刻苦训练、立德树人、勇夺金牌”的良好校训。探索建立了体育教育规范机制，全市测试体育苗子1500多人，体校招生工作进展顺利。

（市体育运动学校）

## 体育彩票

**【概况】** 2021年，武威销售体育彩票2.58亿元，同比增长15.31%。其中，概率销售6690万元，竞彩销售1.72亿元，即开销售1872万元。武威体彩销售终端共224台，其中渠道网点36家。全年累计增机18台（其中，渠道增机20台），办理退机16台，净增终端2台，辖区福彩终端数255台，体彩与福彩差距31台。

**【完善分站管理制度】** 2021年，进一步完善分站管理制度和奖惩措施，有效避免网店在销售过程中的违规销售。在职能分工方面细化概率、即开、竞彩事项，落实渠道负责人。分类管理所有分站日常工作，将各县市场管理员按照分工，分站各项工作由项目主管制定工作方案，监督落实执行情况，协调解决各项目负责人、各市场管理员工作中存在的问题和困难。

**【提升业务技能】** 2021年，提升销售人员业务技能、投注技巧和营销水平，武威分站累计组织培训150余场，累计培训12000多人次。培训活动中开展专项的责任彩票体系知识学习，要求网点严格贯彻落实，杜绝网络销售及虚假宣传。

**【体彩宣传工作】** 2021年，在宣传形式、宣传内容、宣传渠道上不断创新，重视公益宣传树品牌，以中奖宣传造热点，坚持网点宣传为基点、社会宣传为重点、活动宣传为亮点。针对群众参与体育活动的热情越来越高，通过体育活动大力宣传体育彩票的公益性和品牌性。利用户外大屏、公交车广告等宣传平台，做好体彩宣传工作。不断加大中奖故事宣传力度，让更多的人认识体彩、了解体彩。

（市体彩中心）

# 社会生活

## 人口家庭

【婚姻登记】 2021年,推进婚姻登记“市级通办”和“预约办理”,将办事程序、收费项目、工作标准均向社会公开。积极开展婚前辅导和离婚冷静期婚姻危机干预,2021年共办理结婚登记10449对、离婚登记1293对。

【惠民殡葬政策】 制定印发《武威市惠民殡葬实施办法》,从3月1日起,对死亡后实施火化的低保对象、特困供养对象、孤儿、事实无人抚养儿童、生活困难的重点优抚对象、遗体捐献者和人体器官捐献者实施惠民殡葬政策。至2021年12月,为52名符合条件的对象减免殡葬费用6.38万元。

【殡葬制度改革】 建立殡葬改革联席会议制度,利用清明节刊登文明祭祀倡议书5次,发放文明祭祀倡议书、《甘肃省殡葬管理条例》5000余份,在城郊设置10个文明祭祀点,倡导鲜花祭祀、网络祭祀。

【调整生育奖励与保障政策】 贯彻落实新修订的《甘肃省人口与计划生育条例》,邀请省卫健委有关专家对条例重点条文进行解读学习,调整人口与计划生育相关奖励与保障政策。制定发布《〈国家医保局关于印发生育保险药品目录(2021年)的通知〉政策解读》文件,发挥体制优势、政策优势、市场优势,释放改革红利,努力实现药品目录结构更加优化,助力解决人民群众看病就医的后顾之忧,提升广大人民群众的获得感与幸福感。

(市民政局、市卫健委)

## 劳动就业

【公共就业服务】 2021年,组织线下专项招聘活动22场次,开展“流动招聘市场”活动打通就业服务最后“一公里”。探索开展“直播带岗”活动,常态化在人社微信公众平台推送就业岗位，让就业触屏可及。全年共审核发布用工岗位12万多个，达成意向人数9520人。摸清退役军人、残疾人、零就业家庭等就业困难人员底数，为86户零就业家庭提供就业援助，确保零就业家庭动态“清零”，推荐1个社区申报国家级充分就业社区，全市打造充分就业社区工作成效凸显。加大创业担保贷款力度，为2190名创业者和4家小微企业共计发放创业担保贷款4.18亿元，吸纳带动就业4725人。

【招聘活动】 2021年，全市招聘600名未就业高校毕业生到基层事业单位和企业就业，选拔招募89名“三支一扶”、127名“特岗计划”服务人员上岗，组织251名失业青年在岗见习。

【劳务输转】 2021年，全面摸清务工人员返乡情况，“点对点”组织返岗务工，包专车89车次有组织“点对点”输转务工人员2936人。武威市共劳务输转40.09万人，完成年度计划任务的100.22%；实现劳务收入111.3亿元，完成目标任务的113.57%。

（市就业局）

## 收入消费

【城镇居民人均可支配收入】 2021年，武威市城镇居民人均可支配收入33791元，其中，工资性收入26178元，经营性收入2068元，财产净收入1530元，转移净收入4015元。城镇居民人均可支配收入较上一年增长7%。

【农村居民人均可支配收入】 2021年，武威市农村居民人均可支配收入14859元。其中，工资性收入4254元，经营性收入8587元，财产净收入209元，转移净收入1808

图95 6月，古浪县绿洲小城镇就业扶贫服装加工车间 （张志华 摄）

元。农村居民人均可支配收入较上一年增长10.3%。

【城镇居民人均消费支出】 2021年，武威市城镇居民人均消费支出25872元。其中，食品烟酒消费支出8055元，衣着消费支出2868元，居住消费支出4847元，生活用品及服务消费支出1357元，交通和通信消费支出2856元，教育文化娱乐服务消费支出3537元，医疗保健消费支出2015元，其他商品和服务消费支出337元。城镇居民人均消费支出较上一年增长9.1%。

【农村居民人均消费支出】 2021年，武威市农村居民人均消费支出12336元。其中，食品烟酒消费支出4021元，衣着消费支出742元，居住消费支出2079元，生活用品及服务消费支出542元，交通和通信消费支出1725元，教育文化娱乐服务消费支出1981元，医疗保健消费支出1081元，其他商品和服务消费支出163元。农村居民人均消费支出较上一年增长12.7%。

（市统计局）

## 社会保险

【城乡居民基本养老保险费政策】 强化社保缴费核定，规范欠费和滞纳金清收，企事业单位社保费按月申报，居民养老保险实现网上缴费。全面落实政府为困难群体代缴城乡居民基本养老保险费政策，及时做好困难群体参保数据核实比对，确保不缺一户、不漏一人，全市共为11.78万名困难群体代缴养老保险费867.63万元。

【养老保险】 早谋划、早着手，积极做好人员信息甄别、资金测算等前期准备工作，顺利完成省级基础养老金调标和补发工作，古浪、民勤、天祝三县积极筹措资金，提高了城乡居民养老保险县级基础养老金标准。全面完成2021年度机关企事业单位退休人员基本养老金调整工作，企业退休人员养老金实现十七连涨，机关事业单位退休人员养老金实现六连涨，惠及全市1.93万机关事业单位退休人员和5.22万企业退休人员。

【失业保险】 落实失业保险援企稳岗政策，为1078家企业拨付稳岗补贴487.02万元，惠及职工3.87万人；为212名职工发放技能提升补贴27.7万元；为9212人发放失业补助金5409.58万元。

【工伤保险】 聚焦工伤保险基金赤字严重和工伤事故频发问题，科学研判，多向发力，稳步提高工伤保险基准费率，争取省级调剂金1600万元，有效缓解工伤基金缺口问题。积极争取并筹办全省工伤预防五年行动计划实施启动仪式和全省工伤预防工作推进会议，在全省率先启动工伤预防工作。扎实推进机关事业单位养老保险制度改革，加快“中人”待遇计发，2019年度退休“中人”新办法实发养老待遇全面完成。

【基金风险防控】 坚持把基金风险防控作为事关改革发展、事关社会稳定、事关初心使命的重大的政治任务抓实抓好，坚决守好基金安全底线。全力抓好审计反馈问题整改，国家审计署反馈和省审计厅反馈的12个问题，11个问题全面完成整改，“凉州区未及时为被征地农民办理参保手续”按计划整改。组织开展“社保基金管理风险排查和专项整治行动”、社保基金安全“警示教育月”活动，围绕风险防控、提前退休、内部控制等环节开展数据稽核和专项检查，聚焦三项养老保险，坚持四个必查，推进“十二排查、十二整治”，组织县（区）开展自查互查，清理排查各类疑点数据31758条，逐项完成整改。

【解决历史遗留问题】 做好退役军人社保费补缴政策宣传解释工作，全力推进退役军人养老保险费补缴工作。加大被征地农民养老保险费清欠工作力度，明确县（区）政府主体责任，对照各县（区）制定的清欠方案，督促各县（区）积极筹措资金，自2020年清欠工作开展以来，共到位资金1.92亿元，切实解决了部分被征地农民参保历史遗留问题。

（市社会保险事业服务中心）

## 社会救助

【概况】 2021年，持续做好社会救助，巩固拓展脱贫攻坚成果同乡村振兴有效衔接。持续提高救助标准，城市低保年人均补助水平由6924元提高到7476元，农村低保年人均补助水平由4428元提高到4788元，城乡特困人员基本生活标准分别提高到9732元和6216元。残疾人两项补贴中，农村一类和二类低保困难残疾人生活补贴标准达到110元/月；听力、言语一级和肢体、视力、听力、言语二级重度残疾人护理补贴标准达到60元/月。对脱贫人口中完全或部分丧失劳动能力的，依法依规纳入农村低保或特困人员救助供养，做到应保尽保、应救尽救。2021年，为52736名农村低保对象发放保障金17613.56万元，为5646名农村特困对象发放供养金4387.51万元。加大预警监测和临时救助力度。建立困难群众动态管理监测预警机制，共发出预警信息5327条，核实纳入低保1101人，纳入特困165人，给予临时救助2009人。

【日常救助】 在日常救助工作中，坚持对受助人员安排好食宿，提供食物、舒适住宿，保证受助人员的基本生活。对站内救助区及时消毒，保证室内干净整洁，为受助人员提供换洗衣物、理发等救助服务。加强与受助人员的沟通交流，做到及时发现和消除受助人员的异常思想情绪，排除心理障碍，发现身体不适的及时送往医院检查治疗。建立巡查记录，对治疗的受助人员定期了解受助人员的治疗情况、身体状况和日常起居等情况，定期为住院受助人员送去牛奶、水果等营养品和毛巾、牙膏、牙刷、纸巾、脸盆等生活用品。查询、核实受助人员户籍信息，对已核实的受助人员中身体健康可以自行返乡的，提供乘车凭证；对未成年人、老年人及精神异常、残疾、智力低下等不能自行返乡的，及时护送返乡。2021年，从外地接回武威籍流浪乞讨人员1人次，护送返乡61人次，接收外站护送来站28人次。

【临时救助】 通过电视台展播、武威日报刊登《致广大市民的一封信》、大屏幕宣传和发放宣传材料、悬挂宣传条幅等多种形式加大宣传，形成社会广泛参与的良好氛围；配合公安、城市管理等部门积极开展街面巡查，对流浪乞讨人员实施临时救助，发放防疫物品和棉衣、棉鞋、棉被等御寒物资，做到“早发现，早救助，早处置”。做到突出重点时段、重点地段及重点工作及时上报，确保极端天气下不发生安全事故。“夏季送清凉”活动中共发放降暑物品、"爱心包"280份。"寒冬送温暖"活动累计救助生活无着的流浪乞讨人员共116人次,临时发放御寒物品、衣服等100余套,食品、矿泉水等40余件。2021年,实施城乡临时救助126046人次,支出临时救助资金15241.74万元。

【主动救助】 2021年,坚持每天出动流动救助车,在文化广场、南城门、火车站等地段和流浪乞讨人员较为集中的地方开展流动巡回劝导救助,采取劝入站、劝回乡、讲政策、解危难、对老幼病残行动不便者护送返乡等方式,劝导流浪乞讨人员接受救助,减少流浪乞讨人员在武威的滞留量。公安、城管等部门按照职责分工履行做好流浪乞讨人员街面巡查、综合治理和城市管理工作,依法依规处理违反治安管理、城市管理等规定的行为,有效减少"强行讨要""职业乞讨"等不文明现象的同时,配合其做好转介救助服务,减少流浪乞讨人员在武威街面的滞留量。

【未成年人救助】 开展《中华人民共和国未成年人保护法》宣讲"进社区、进学校、进乡村"和爱心助学活动。进学校为学生、进社区乡村为留守儿童及其监护人宣讲《中华人民共和国未成年人保护法》,为家境困难学生和留守儿童发放爱心助学包。2021年,开展未成年人保护法宣讲活动6次,爱心助学活动6次,发放助学包200多个。通过政府购买服务的方式,引入甘肃欣雨星社会工作服务中心开展专业的社工服务,对孤残儿童、困境儿童和留守儿童相对集中的单位或社区进行走访;为有需求的未成年人及家庭提供教育辅导、心理疏导、监护指导、政策咨询、帮扶转介等服务,提升服务对象的自我保护意识和社会融入感。为市福利院40名孩子进行课后补习173次;开展小组心灵成长活动6次;完成心理测评33次;对全部孩子的生活习惯、生活技能进行纠正和提升。对凉州区高坝镇28名、民勤县20名共计48名孤儿和事实无人抚养儿童进行走访与家庭辅导活动。

【寻亲安置】 通过公安系统人像比对、户籍查询等方式,对无法了解到其自身详细情况与家庭住址的受助人员采集头像进行比对,查清户籍情况;无户籍信息的通过全国救助寻亲网、今日头条发布寻亲信息;对无法查明身份信息、滞留10天以上的受助人员报请公安机关采集DNA血样,为护送或安置创造条件。通过全国救助寻亲网、今日头条发布寻亲信息10人次,成功寻亲1人,申请安置1人次。

【低保】 城乡低保政策逐步健全,管理更趋规范,标准逐年提高,资金发放到位,差额施保全面落实,实现了动态管理下的"应保尽保、应退尽退"。2021年,武威城市低保人均保障标准由原来的524元提高到了577元,月人均补助水平由原来的455元提高到了501元,武威市共保障城市低保对象8331户19272人,发放保障金12072.27万元。强化乡村低保工作,对各县区兜底保障对象、散居特困对象和存在返贫风险的已脱贫人口、存在致贫风险的边缘人口的基本生活情况进行了抽查调研。对符合条件的困难群众实现了应保尽保、应兜尽兜。2021年,武威市共保障农村低保对象21408户50816人。

【慈善救助】 充分发挥慈善救助保障作用,有效化解城乡居民突发性、紧迫性、临时性基本生活困难，针对新冠肺炎疫情带来的影响，指导和督促县区采取多种措施全力保障困难群众基本生活，通过简化救助审核审批程序，放宽户籍地申请限制，发挥主动发现机制作用，积极组织有关人员通过电话、微信、上门等方式，详细了解辖区内困难对象家庭生活状况，对发现基本生活存在困难的主动给予救助。武威市慈善救助临时困难对象救助金发放基数逐步增加，较好地为救济困难群众起到了拾遗补阙和托底保障的作用。

（市民政局、市救助管理站）

## 社会福利

【福利院标准化建设】 根据民政部印发《养老机构等级划分与评定国家标准试行指南（试行）》内容，对照五星级验收标准逐项达标，安排部署、查漏补缺、完善工作，巩固取得的成效，继续做好达标晋级工作。与兰州大学合作，挂牌成立“民政行业养老护理员职业技能鉴定培训基地兰州大学武威实训教学点”，开启养老校地合作新模式。兰州大学与福利院开设为期一周的养老护理员培训班，为全市115名护理员进行培训，提高全市养老护理服务水平。争取项目资金，筹建多媒体培训中心和服务平台，改善培训条件。利用院内文化休闲长廊广场、功能室、活动室、健身室等，不断丰富老人生活，定期开展心理疏导，帮助他们树立乐观向上的生活态度，打造“颐养之家”真正让老人老有所学、老有所乐、老有所为。

【儿童福利工作】 根据武威市民政局等14个部门《关于进一步推进全市儿童福利机构优化提质和创新转型高质量发展的实施意见》文件精神，福利院结合长远发展和节约资源、安全管理等，提升和优化服务儿童水平，做好孤弃儿童收养工作，规范收养安置

图96 1月28日，市社会福利院组织院内老人开展迎新春手工制作活动 （董丽俊 高德强 摄）

工作。利用学生管理中心多媒体会议室，每周组织老人、儿童观看红色电影、电视剧，通过播放爱国题材电影，激发老人、儿童爱国情怀，懂得感恩生活。将18名接受义务教育的孤弃儿童协调到就近公立学校上学，将1名能上幼儿园的孤弃儿童协调到就近的公立幼儿园上学。引进社工人才，聘请各课专业辅导老师辅导学习，逐步提高文化素养，邀请多名优秀大学生到院开展学习交流，为孤弃儿童传授学习经验，提升服务儿童水平。

**【福利彩票概况】** 截至2021年底，武威市共有电脑福利彩票投注站226个，按区域划分，凉州区137个、古浪县39个、天祝藏族自治县31个、民勤县19个；按城乡类别划分，城市投注站143个，乡镇投注站83个（分布在44个乡镇）；按经营类别划分，专营店187个（城市134个、乡镇53个），兼营店39个（城市9个、乡镇30个）。全市福利彩票直接从业人员近500人。在2004—2021年武威福彩发展的18年间，全市福利彩票总销量达29.1亿元，为国家筹集福利彩票公益金8.8亿元，代扣代缴个人偶然所得税1900多万元。福彩公益金的资助范围已涵盖社会福利、社会公益、社会保障等众多领域。

**【福彩市场建设】** 2021年，全市销售福利彩票1.58亿元，筹集公益金4960万元。其中电脑票总销量1.34亿元，占各票种总销量的84.9%；网点即开票销量2375.2万元，同比增长39.3%，占各票种总销量的15.1%。双色球、3D、七乐彩3款游戏销量同比均实现正增长，快3游戏政策性退市后全市福彩市场运行平稳。逐站了解全市福利彩票投注站需求，及时解决业主和销售员的“急难愁盼”问题。降低福彩投注站准入门槛，设备保证金由1.5万元统一调整为0.5万元。

**【福彩监管工作】** 修订完善《福利彩票市场专项整治工作方案》，统筹推进专项整治工作。将常态化监督检查与全市每年2次专项检查相结合，建立工作台账，做好销售场所和人员监督管理工作，打击擅自利用互联网销售彩票等行为，确保市场秩序和市场行为规范有序。加强对彩票代销者的监管，按照省中心示范文本与代销者签订代销合同和电脑票投注站承诺书，实行聘用销售员登记备案制度，对代销者及其聘用的销售员逐一登记备案。加强日常巡查和站点管理教育引导工作力度，制定印发《投注站管理举报奖励制度》，加强

图97　6月20日，市福彩中心开展“四老”人员及困难群众慰问活动　（刘爱萍　摄）

销量异常站点监管，从源头上切断福利彩票终端机与互联网擅自联结销售彩票问题。加强与公安、市场监管、工信等部门的联系，打击彩票领域违规、违法行为，净化彩票市场环境。

（武威市社会福利院、市福利彩票发行管理中心）

## 基层社会治理

【城乡社区治理】 武威市城乡社区治理工作走在全省前列，凉州区打造“服务型乡镇政府”做法入选民政部全国乡镇服务能力建设首批十大典型经验。9月1日，省民政厅组织的全省易地扶贫搬迁集中安置社区治理暨城乡社区治理创新实验区创建工作推进会在武威市召开。9月13日，国家民政部组织的全国易地扶贫搬迁集中安置社区治理培训班在武威市举办。严肃纪律，全面完成村（居）委会换届。全市1054个村委会、79个居委会全部完成换届选举工作，所有行政村和社区已全部修订完成村规民约、居民公约、自治章程。

【社会组织监督管理】 严格规范社会组织有序发展，开展全市社会组织清理规范和非法社会组织清理整顿，实行依法登记管理。2021年，市级社会组织共1939家，2021年新成立5家，注销1家，变更6家。

【社会组织党建工作】 2021年，成立武威市社会组织党委，健全完善局党组成员党支部工作联系点和向社会组织选派党建指导员制度。做好社会组织党建工作，举办党史知识竞赛、党史宣讲比赛、民政系统文艺会演和“诵读红色经典、传承红色基因”朗诵比赛。深化“解忧暖心传党恩”“我为企业减负担”“便民利民”专项行动等，为基层群众办理各类实事19件。

（市民政局）

## 医疗保障

【概况】 2021年，医保征缴扩面不断推进，全市基本医疗保险参保1622771人，其中，职工参保158273人，城乡居民参保1464498人。收缴城镇职工医保费用67777万元，支付55635万元，当期结余12142万元，累计结余66299万元。筹集城乡居民基本医保基金130150万元，支付119327万元，当期结余10823万元，累计结余39084万元。

【基金监管】 贯彻落实《医疗保障基金使用监督管理条例》，深入推进省级监管方式创新试点工作，结合日常巡查、飞行检查、联合检查、跨统筹区基金协同监管等多种方式，扎实开展假病人、假病情、假票据“三假”专项整治和城乡居民医疗保障基金突出问题专项整治。截至12月底，全市共检查医疗机构749家，查处275家医药机构，约谈101家，通报批评25家，限期整改84家，追回医保基金本金1715.93万元，扣减协议价2373.44万元，有效遏制了欺诈骗保蔓延势头，基金安全得到有效保障。

【重点领域改革】 开展《武威市“十四五”全民医疗保障规划》编制工作，全力推进DIP点数付费方式改革全国试点工作，顺利完成了国家医保局调研组的验收评估。对各定点医疗机构开展专题培训20余次，完成既往3年历史数据采集、清洗工作，建立本地DIP分组目录库，有2家试点医院实现实际付费。督促定点医疗机构做好新版药品目录对码工作，自3月1日起正式实施《医疗保险、工伤保险和生育保险药品目录（2020年）》。稳步推进药品和医用耗材带量采购工作，武威市药品带量采购共执行五批八次涉及257个品种，共签订四方协议5325份，合同确认金额4743.45万元，完成采购金额3025.29万元，为群众节省医疗费用约1603.40万元。完成人工晶体、心脏支架、导引导丝球囊等高值医用耗材带量采购6389个，采购金额318.85，为群众节省医疗费用700多万元。落实国家谈判药品，共审核备案门诊使用谈判药品722人，总金额为631.94万元，报销486.56万元。

【医保信息化建设】 按照全省医保信息系统改造升级工作安排，督促全市医保系统和定点医药机构积极做好网络延伸、需求调研、数据治理、两定机构接口改造、系统测试、医疗保障信息业务编码贯标维护等各项工作。全省统一医保信息平台于8月26日上午8时30分顺利上线运行，实现了跨系统、跨层级"一网通办"，多种业务在线办理，让"数据多跑路，群众少跑腿"。全面推广应用医保电子凭证和医保移动支付，方便参保群众就医买药。全市参保人员激活电子医保凭证511769人，激活率31%。

【医保经办服务】 简化医保服务事项经办流程及优化异地就医登记备案手续，参保人员可通过手机App、微信扫码、电脑登录等多种渠道办理跨省异地就医备案，确保参保人员在外就医待遇落实。武威市所有两定机构均开通了异地就医门诊购药、药店刷卡直接结算业务。2021年，全市异地就医备案登记15613人，其中，职工6258人、居民9355人。作为参保地，异地就医直接结算12584人次，发生医疗总费用25871.7万元，医保基金支付12504万元；作为就医地，全市定点医疗机构即时结算外地就医患者3340人次，发生医疗费5310.6万元，医保基金支付2602.2万元，有效解决了异地就医人员"看病难、报销难、负担重"的问题。

（市医疗保障局）

## 住房保障

【农房安全隐患排查整治】 2021年，制定印发《武威市农村房屋安全隐患排查整治实施方案》，明确了排查整治工作任务、实施步骤、责任分工，以用作经营的农村自建房为重点，对各类农村房屋（包括自建房、非自建房）安全隐患开展排查整治。2021年12月，武威市累计排查各类农房34.8万户，其中自建房32.1万户、非自建房即公共建筑2.7万户。天祝藏族自治县推广绿色装配式和薄壁轻钢结构农房760余户，全县2021年农房抗震改造采用新型轻钢结构装配式农房的农户近1000户。存在风险隐患的自建房屋结合危房改造、农房抗震改造统筹安排全部完成整治。

【农房抗震试点改造】 制定《武威市2021年农村住房建设工作方案》《武威市2021年农房抗震试点改造工作实施细则》文件，指导县区执行《甘肃省农村房屋抗震性能评估技术导则（试行）》《甘肃省农村抗震房屋新建与加固技术导则（试行）》，推进农房抗震试点改造。2021 年，武威市实施农房抗震试点改造 3113 户。其中，凉州区 481 户、民勤县 386 户、古浪县 746 户、天祝藏族自治县 1500 户。争取中央财政农村危房改造及农房抗震改造补助资金 4253.4 万元，其中，凉州区补助资金 673.4 万元、民勤县补助资金 541 万元、古浪县补助资金 480 万元、天祝藏族自治县补助资金 2559 万元。

**【公共租赁住房保障】** 制定《武威市经济适用住房上市交易实施细则》，加快已建公租房分配运营管理，将符合条件的城镇低收入和中等偏下收入住房困难家庭、城镇稳定就业和生活的外来务工人员、退役军人、新就业大学生和青年医生、青年教师等新市民人员纳入公共租赁住房保障范围。2021 年，武威市发放城镇住房保障家庭租赁补贴 423 户共 61.6 万元。

**【住房公积金管理】** 2021 年，全面完成年度各项目标任务，全市新增缴存人数 0.96 万人，占全年目标任务 0.6 万人的 160%。新增归集额 15 亿元，占全年任务 14.60 亿元的 103%；发放个人住房贷款 11.74 亿元，完成年计划任务 9.5 亿元的 123.58%。

**【缴存补贴政策】** 充分发挥住房公积金民生保障作用，延长新市民缴存政策。继续实行新市民缴存补贴政策，将更多群体纳入住房公积金制度保障范围。全年 3400 名自愿缴存者建缴住房公积金，缴存金额 3634 万元，配套财政补贴 109.02 万元。

**【个人贷款业务】** 继续实行贷款月对冲政策，签订贷款月对冲的职工达到 0.84 万人，占全部贷款职工的 52%，有效缓解职工还款压力。落实异地贷款政策，发放 620 笔，2.43 亿元，支持异地职工在武威购房，面积达 6.88 万平方米。全面实行疫情防控期间纾困政策，落实困难企业阶段性缓缴政策，减轻企业负担。落实援鄂医务人员贷款补助，为 26 名援鄂医务人员补贴资金 8.62 万元。出台老旧小区改造提取政策，为 3 名符合条件职工家庭提取住房公积金 11.7 万元。

**【“数字公积金”建设】** 建成开通网厅、微信公众号等多个信息化渠道，为群众提供一网办、随身办、随时办、掌上办的线上服务，住房公积金业务系统已与武威“天马行”App 全面对接。住房公积金业务线上办理率达到 94%。住房公积金智能档案库房在国家档案局的检查调研中得到充分肯定。住房公积金业务协同、标准统一、风险防控能力得到进一步提升。全面落实“跨省通办”业务，住房公积金领域 8 项“跨省通办”业务“全程网办”“代收代办”“两地联办”全部实现。深化“放管服”改革工作，住房公积金企业开户缴存实现不来即享，线上线下“好差评”对接全面完成。

（市住房和城乡建设局、
市住房公积金管理中心）

## 民族宗教事务

**【概况】** 2021 年，举办全市学习贯彻中央民族工作会议精神培训班、武威市铸牢中华民族共同体意识培训班、全市少数民族干部培训班，培训各级干部 300 多人次，有力带动各级各部门深刻领会、全面贯彻。结合党史学习教育，指导各宗教团体结合实际制定开展活动的具体方案和计划，引导宗教界自觉自愿推进宗教中国化进程。全市认定备案宗教教职人员 767 人，有市级宗教团体 2 个、县级宗教团体 13 个。开展“庆祝建党 100 周年赠书”活动、“同升国旗·同唱国歌”活动、“墨韵寄情怀”主题书画展，不断增强宗教界人士的政治认同、文化认同。

**【强化党的领导】** 市委始终把民族和宗教工作放在全市工作全局中统筹谋划和研究部署，在全省率先召开市委民族工作会议，市委常委会、市委统一战线工作（民族宗教工作）领导小组会议先后 7 次研究审定民族工作重大事项。市委、市政府主要领导亲自谋划推动民族工作、多次做出指示批示；分管领导深入一线，协调解决民族工作方面的具体困难和问题。充分发挥市委统一战线工作（民族宗教工作）领导小组对宗教工作牵头协调和统筹调动作用，宗教领域开展的各项教育活动、专项整治工作领导小组都要 . 召开协调会议，专题进行研究部署。开展“爱党爱国爱社会主义”主题教育，积极引导宗教界人士和信教群众依法依规开展宗教活动。

**【全国民族团结进步示范市创建】** 围绕创建全国民族团结进步示范市目标，市委确定“突出一条主线、建设两个长廊、实施三项精品工程、打好四张牌、做到五个结合、抓实六项重点工作”为核心的“123456”创建工作思路，成立市委、市政府主要领导任“双组长”的工作领导小组，推动创建工作纵深开展。命名第一批全市民族团结进步示范区 7 个、示范单位 13 个、教育基地 1 个，设立首批武威市铸牢中华民族共同体意识教育基地、培训基地、研究基地 14 个，“凉州会盟”纪念地、八步沙“六老汉”治沙纪念馆被确定为全省首批铸牢中华民族共同体意识教育教学基地。实施铸牢共同体意识“石榴籽”工程，谋划建设“凉州会盟”纪念地，落实前期经费 3000 多万元。

**【促进民族地区发展】** 严格落实“四个不摘”要求，加大项目资金争取力度，为天祝藏族自治县落实少数民族发展项目资金 2241 万元，支持天祝藏族自治县巩固拓展脱贫攻坚成果同乡村振兴有效衔接。全面落实支持民族地区发展各项政策，支持少数民族地区文化事业发展、基础设施建设和富民产业培育，有序推进农村厕所、垃圾、风貌“三大革命”，民族地区生产生活面貌发生根本性变化。着力提高民族地区教育、医疗、养老等民生兜底保障水平，积极搭建创业平台，民族地区群众收入稳定增加，推动各民族逐步实现共同富裕。

（市民族宗教事务委员会）

# 应急管理

## 综　述

【概况】 2021年，武威市共发生生产安全事故21起，死亡26人，受伤10人，直接经济损失663.03万元。同比，事故起数减少1起，下降4.5%；死亡人数增加1人，上升4%；受伤人数减少13人，下降56.5%；直接经济损失减少38.74万元，下降5.5%。

【防灾减灾】 加强自然灾害防治工作，组织防汛物资清查在线培训3次，累计培训防汛物资管理人员共90多人（次），清查防汛抗旱储备物资111类，共29.895万件。开展汛期防汛工作督查检查5次，督促限期整改防汛减灾方面的问题112条，排查出地质灾害隐患66处，设立警示标示和避险转移路线图。2021年，武威市共发生自然灾害7起，造成70个乡镇、513个村、35369户、134495人受灾，农作物受灾面积22455.81公顷，农作物成灾面积17460.34公顷，农作物绝收面积4966.03公顷，直接经济损失29235.41万元，其中，农业经济损失28640.7万元，家庭财产损失87.56万元，基础设施损失507.15万元。

【森林草原防灭火工作】 督导检查林草经营和重点防火乡镇54家，排查问题隐患或提出意见建议108条，9月份召开全市秋冬季森林草原防灭火工作电视电话会议，对全市秋冬季森林草原防灭火重点工作任务进行全面安排部署。11月份下发通知对冬春两季火灾防控工作做系统安排部署，全年未发生因灾致人员伤亡事故。

【自然灾害综合风险普查】 制定《武威市第一次全国自然灾害综合风险普查总体方案》，统筹协调自然资源、水务、林草、地震、气象、住建、交通等部门密切协作，推动灾害普查。完成调查数据1.1万条，调整完成全市普查区划代码、区划边界、行政驻地区域及核实确认工作。申报创建综合减灾示范社区11个，其中，国家级4个、省级7个。

图98 9月17日，甘肃省抗震救灾、防汛抗洪、森林草原防灭火省市联合应急综合演练在武威市举行 （韩筱蓓 摄）

**【应急管理队伍建设】** 2021年，加强应急综合演练，组织全市开展县、乡镇、村组级防汛演练138次。9月举办甘肃省抗震救灾、防汛抗洪、森林草原防灭火省市联合应急综合演练，共16支队伍、700余人参加演练，通过演练检验预案，磨合机制，锻炼队伍，提升全市综合应急能力。制定印发《武威市灾害信息员队伍建设的实施方案》，打造覆盖全面、专兼结合、精干高效、相对稳定的全市灾害信息员队伍。

## 安全生产监督管理

**【安全生产风险管控】** 2021年，组织编制《武威市生产安全事故风险评估报告》和《武威市突发公共事件应急资源调查报告》，加强应急指挥信息系统建设。采用“云会议室+视频终端”的模式，配备应急指挥视频调度终端6台，实现市、县区指挥中心互联互通，随时指挥调度。制定《2021年全市应急管理工作要点》，细化安全责任体系建设、重点行业安全监管、“两抓一推”（抓好隐患排查治理、抓好安全培训教育、推动企业转型升级）等9个方面的工作任务。修订印发《武威市安全生产委员会及成员单位安全生产工作职责》和《生产经营单位全员安全生产责任清单》，密织安全生产责任机制网络，提升安全水平。

**【安全生产专项整治】** 持续推动安全生产专项整治三年行动，累计制定出台市级层面制度措施30项、县级（含工业园区管委会）层面制度措施139项，全市重点行业领域共检查各类单位11255家次，查改隐患问题28407条。汲取甘肃白银“5·22”事件和湖北十堰“6·13”燃气爆炸事故教训，组织召开全市城乡公共基础设施安全生产汇报会；针对凉州区二季度生产安全事故易发多发形势，6月，对凉州区政府进行安全生产约谈；12月，组织召开全市城镇燃气安全排查整治动员会议，督促安全生产党政领导责任、部门监管责任、企业主体责任落到实处。

**【安全隐患排查】** 扎实开展城市“打补丁”百日攻坚行动，排查安全隐患及突出问题309条。开展强化监管保证食品安全专项行动，开展食品安全抽检6098批次，检查药品、医疗器械生产经营企业849家，5660家食品生产经营单位接入“陇上食安”一体化智慧监管平台，16802家食品生产经营单位加入甘肃省食品安全电子追溯平台。

（市应急管理局）

## 消防救援

【概况】 2021年，武威市消防队伍共接警出动1030次，抢救和疏散被困人员684人，抢救财产价值5545万元，完成“6·14”冰沟河失联大学生搜救、“7·29”恒宇公司仓库火灾和“9·30”汽油罐车追尾泄漏等急、难、险、重任务。全市连续13年未发生较大以上火灾，连续2年被应急管理部消防救援局评为安全工作先进支队。

【消防安全治理】 逐级签订消防工作目标责任书，印发消防安全大排查大整治行动工作方案，排查各类单位场所4328家，发现问题隐患4308处，督促整改4139处。分行业开展示范性检查和集中约谈；深入开展“打通生命通道”等14个消防安全专项行动；挂牌督办整治15家重大火灾隐患单位。结合武威市实际，开展“三合一”场所、医疗机构、仓储物流、易地扶贫搬迁项目等重大火灾隐患整治行动，推动各项任务清单落实，将老旧小区消防安全纳入改造范围，配备灭火器4500具，打通消防车道103条，拆除4万平方米违规建筑，新建公共停车场11个、市政消火栓155个。制定《深化消防“放

图99 5月21日，凉州区宣武街宋家园社区开展“消防演练鸣警钟，安全防线不放松”活动

（董丽俊 秦树静 摄）

管服”改革十项措施》,全面推行简化流程、缩短时限、容缺受理、邮寄送达等12项便民措施。

【消防保障工作】 常态化抓好作战训练安全工作,每月开展专项督导检查,紧盯重要环节和关键节点,形成全员学安全、懂安全、抓安全的良好氛围。坚持“每战必评”,开展战例研讨、预案评比、桌面推演等活动20余次。组建水域、化工、地震等10支专业救援队伍。采取无预案随机拉动、临机设情等方式,组织多部门开展联合拉动演练8次。制定《灭火救援指挥部实体化运行机制》,建立风险警示和处置要点数据库,派警推送全程跟踪,发挥消防救援队伍主战主调作用,接入公安、应急、自然资源等部门预警监控平台,与地震、气象、林草、等部门签订联勤联调联战协议10份。武威市消防4个大队建成华平指挥系统,7个乡镇专职消防站建成视频会议系统。

【基层防控建设】 启动武威市消防支队指挥中心、新城区及国际陆港消防站建设。按照“急需急配,应配尽配”原则,增配各类高性能车辆器材装备,年内采购54米登高平台车和重型泡沫消防车各1辆,山岳、水域救援专业队器材3645件(套)。全市共有执勤车辆61台,装备器材13441件套,各消防站全面实现“四个一”灭火救援基本作战单元装备配备标准,装备建设结构日趋合理。加强队站建设,强化基层综合能力,建成1个支队级战勤保障站和4个大队级战勤保障分队,储备各类物资2013件(套)、灭火药剂17.5吨、疫情防控物资4万余件。开展战勤保障拉动演练4次,编排8个战勤保障操法,与医疗救助、工程机械、物流快递等单位签订应急保障协议16份。完成3个训练塔的改造和“两员”队伍被装购置。形成快速精准保障、物资前置预储、现场卫勤遂行的战勤保障体系。

【消防宣传教育】 建成市县科普教育基地5个,开展主题宣传活动30次,培训各类人群2万余人次。推广注册全民学习云平台10.6万人,消防志愿者平台7.6万人,开展志愿者宣传活动18次。

(武威市消防救援支队)

# 县　区

## 凉州区

【概况】 凉州区地处甘肃省西北部，河西走廊东端，祁连山北麓，武威市中部。位于北纬37° 23′ ~ 38° 12′，东经101° 59′ ~ 103° 23′。东与内蒙古自治区接壤，西邻张掖市肃南裕固族自治县，南连天祝藏族自治县和古浪县，北与民勤县和金昌市永昌县相接，全区总面积4907.01平方千米。

【政区人口】 2021年末，全区辖张义镇、黄羊镇、谢河镇、河东镇、武南镇、古城镇、韩佐镇、金河镇、高坝镇、新华镇、清源镇、清水镇、长城镇、吴家井镇、发放镇、大柳镇、金羊镇、金沙镇、中坝镇、羊下坝镇、下双镇、九墩镇、四坝镇、永昌镇、双城镇、洪祥镇、丰乐镇、康宁镇、五和镇、永丰镇、怀安镇、西营镇、金山镇、松树镇、和平镇、金塔镇、柏树镇37个镇，九墩滩生态建设指挥部、邓马营湖生态建设指挥部2个生态建设指挥部，东大街、东关街、西大街、西关街、荣华街、火车站街、宣武街、黄羊河街、地质新村街9个街道办事处，常住人口87.86万人，比2020年末减少0.46万人，有汉族、回族、藏族、满族等36个民族。

【经济发展】 2021年，全区实现生产总值376.6亿元，按不变价格计算，比2020年增长7.2%。其中，第一产业增加值98.63亿元，增长10.5%；第二产业增加值68.24亿元，增长4.7%；第三产业增加值209.74亿元，增长6.5%。全区大口径财政收入32.96亿元，比2020年增长2.55%。一般公共预算收入13.92亿元，同比下降0.62%。其中，税收收入8.3亿元，增长0.76%；非税收入5.6亿元，下降2.6%。一般公共预算支出59.98亿元，同口径下降0.08%。年末，全区金融机构人民币存款余额744.9亿元，增长7.95%。其中，城乡居民储蓄存款573.7亿元，增长9.87%；金融机构人民币贷款余额575.9亿元，增长6.09%。金融存贷比达到77.3%，比2020年下降1.4%。

【重点项目】 新建续建500万元以上项目235项，125个重大项目开工103项，完成投资119.98亿元。争取中央预算内投资3.49亿元、地方政府债券7.1亿元。实施招商引资项目104项，到位资金115.08亿元，增长15.07%。现代农业提质增效，建成高标准农田13.38万亩，西营五干片区调蓄水池一期工程实现蓄水。粮食播种面积120.12万亩，产量达到70.3万吨。建成农业标准化生产示范点169个，新增农业产业化龙头企业6家。引进天津嘉立荷牧业，启动建设优质奶源基地，投栏奶牛5419头。生态工业体系逐步完善，开工建设工业项目56项，泰昆年产25万吨饲料生产线、光晟100兆瓦平价光伏发电项目实现当年建设、当年投产。开工建设新能源装备制造、光伏发电等项目14项，装机规模179万千瓦。累计培育规上工业企业100户，产值过亿元企业达到31户。商贸物流快速发展，深入推进省级电子商务示范区建设，建成线下体验馆10个，农产品网络销售额达到4.71亿元，增长22.1%。新增外贸进出口备案企业14家，累计202家，实现外贸进出口总额1.7亿元，增长53%，外向型经济活力不断增强。

【生态建设】 牢固树立“绿水青山就是金山银山”理念，坚决扛起筑牢西部生态安全屏障政治责任。坚决有力整改生态环境问题，全力打好蓝天碧水净土污染防治攻坚战，凉州城区优良天数313天、优良率达到85.8%。严格落实河湖长制，地表水断面、集中式饮用水水源地水质达标率100%。系统推进农业面源污染治理，土壤环境总体稳定。持续开展国土绿化倍增行动，完成人工造林1.66万亩，义务植树460万株；建成镇休闲公园13个、行政村公共休闲绿地209处。深入实施六大节水行动，落实农田高效节水面积110.1万亩，认定省级节水型企业3家，新建改造城区供排水管网110千米。城市第二水源工程向城区供水。生活垃圾焚烧发电、病死畜禽无害化处理、建筑垃圾资源化利用等项目建成投运，生态环保产业体系初步形成。

【社会事业】 2021年末，认定国家高新技术企业4家；争取国家和省、市级科技项目9项，项目资金275万元，认定国家和省、市级各类科技创新平台1家，市级科技创新型企业11家。争取省、市、区科技创新扶持资金533万元；指导评价入库科技型中小企业65户。全区共有各类学校和幼儿园414所，比2020年增加1所，在校（园）学生（幼儿）158230人，比2020年增加437人。有文化馆1个，公共图书馆7个，乡镇文化站37个。数字有线电视入户率和广播电视无线覆盖率分别达到89%和99.98%。有卫生机构953个，其中医院、卫生院45个。社区卫生服务中心（站）9个；全区拥有床位7571张、卫生技术人员9676人。有各类运动场所3082个，室外全民健身路径688条，新建成农民体育健身工程行政村20个；全年经常性体育锻炼人数达到36.72万人次。

【居民生活】 全区城镇居民人均可支配收入35912元，比2020年增长7.1%；农村居民人均可支配收入18137元，比2020年增长10.1%。年末，全区城镇职工和城乡居民基本医疗保险参保人数分别达61091人、812088人，企业职工、机关事业单位、城乡居民基本养老保险参保人数分别达72870人、24901人、424599人，参加失业和工伤保险人员分别达49492人、67715人。全区保障城市低保对象3238户7395人，保障农村低保对象10068户21753人，全年共发放各类城乡低保资金9896.67万元；保障农村特困供养对象2311人，全年累计发放资金1779.83万元。全区共有养老机构10所，床位2481张（其中，公立养老机构5所，床位1066张；民办养老机构5所，床位1415张）。全年实现城镇新增就业10374人，完成劳务输转21.07万人、实现收入59.25亿元，发放创业担保贷款1331户2.41亿元，新开发安置公益性岗位1252个。坚持教育优先发展，祁连路小学、武威二十五中建成招生，武威十中扩建、一幼迁建等项目如期建成，新增学位、园位5200个。凉州医院新院区建成投运。

**【文化旅游】** 围绕打造文化旅游名区，实施文化旅游项目9项，投资百亿元全省最大的PPP项目雷台文化旅游综合体重点场馆顺利封顶、历史文化街区保护建设项目加快推进。创建省级旅游示范村3个、星级饭店1家、市级研学旅行基地7家，成功创建为省级全域旅游示范区。全年旅游接待人数938.11万人次，综合收入50.71亿元。

**【巩固脱贫攻坚成果与乡村振兴有效衔接】** 扎实推进巩固拓展脱贫攻坚成果同乡村振兴有效衔接，1596户4786名监测对象消除风险。落实中央和省、市、区衔接资金3.13亿元，实施项目74个。财政注资393.28万元，启动防返贫保险，发放脱贫人口小额信贷1706户8515万元，兜牢防返贫底线。推进“三大特色产业带”建设，大力发展“牛羊猪禽菜果菌薯药草”及西瓜、鲜切花、葡萄等“10+N”特色优势产业，建基地、强龙头、延链条、创品牌，打造现代农业升级版，设施蔬菜、食用菌产量和生猪饲养量居全省县区第1位，“凉州农鲜”品牌知名度不断提升。开展乡村建设行动，编制完成45个“多规合一”实用

图100　9月，凉州区清源镇小游园　（凉州区委党史和地方志研究中心　供图）

性村庄规划，硬化村组道路416千米，新建户厕8809座。

【城市建设】 全力创建全国文明城市，城市综合承载力和精细化管理水平不断提高。市政道路、供排水、供热等基础设施和公园广场、便民市场、停车场、公厕等公共设施不断完善，背街小巷、老旧小区改造提升和城区绿化、拆临拆违治乱成效显著。实施城市更新行动，改造老旧小区126个10895户，建成市政道路18条16千米，新增绿地41.56万平方米、绿地率达到34.62%。开展城市“打补丁”百日攻坚、城市精细化管理“十二项”专项行动，排查整改城市建设管理乱象问题1.1万个，维修破损路面7.2万平方米，规范提升门头牌匾2806个，拆除城区临违建筑、小煤房10万平方米，城市窗口更加靓丽。

【武威光晟新能源发电有限公司100兆瓦平价光伏发电项目】 占地面积162.33公顷，总投资4.1亿元，主要建设容量100兆瓦光伏场区及110千伏升压站1座。电站于2021年3月1日开工建设，2021年6月10日首批逆变器并网发电，2021年10月31日达产。总装机容量为100兆瓦，通过4回35千伏集电线路接入新建的110千伏升压站。经一台100mva 110/35千伏主变升压至110千伏后，并通过1回110千伏线路接入海润一期50兆瓦项目变电站110千伏母线；110千伏升压站35千伏侧采用单母线接线，110千伏侧采用线变组接线形式。光伏区由28台3.15兆瓦的箱变组成子阵，每个子阵含由308串组组成，每组组串由26块单晶445Wp双面组件组成，支架采用（2×26）布置。每个子阵由14台225千瓦的组串式逆变器构成，每7台箱变并联成一条集电线路，共4条35千伏集电线路接入新建110千伏升压站35千伏开关柜侧，集电线路均采用铝合金电缆，直埋敷设。电站安装有250千伏安厂用35千伏变压器1台、SVG无功补偿装置1台、35千伏高压开关5台、35千伏母线PT 1台，配套的继电保护装置、自动化及计量通信设备。

【武威泰昆饲料有限责任公司年产25万吨饲料生产线项目】 由新疆泰昆集团有限责任公司投资建设，总投资6000万元，总占地面积65亩，主要建设年产15万吨反刍料、10万吨畜禽料生产线各1条，新建钢结构生产车间4573.9平方米、成品车间2212.8平方米、投料车间4008平方米、玉米筒仓2个，总建筑面积1.3万平方米。项目于2021年3月2日开工，9月16日建成投产。2021年，实现产值4459万元，上缴税金15.55万元。

（凉州区委党史和地方志研究中心）

## 民勤县

【区域概况】 民勤县位于河西走廊东北部，石羊河流域下游。南邻凉州区，西南接金昌市，东、西、北三面均与内蒙古自治区接壤。地理坐标在北纬38° 04′ 07″ ~ 39° 27′ 38″，东经101° 49′ 38″ ~ 104° 11′ 55″。总面积1.6万平方千米。最低海拔1298米，最高海拔1936米，平均海拔1400米。

【行政区划】 2021年，全县辖昌宁镇、蔡旗镇、重兴镇、薛百镇、大坝镇、三雷镇、苏武镇、东坝镇、夹河镇、大滩镇、双茨科镇、泉山镇、红沙梁镇、西渠镇、东湖镇、收成镇、南湖镇、红砂岗镇等18个镇和1个街道办事处。有248个行政村和7个街道社区、1794个村民小组。

**【人口民族】** 2021年末，全县户籍人口21.31万人，常住人口17.39万人。其中，城镇人口7.21万人，占常住人口比重（常住人口城镇化率）为41.45%，比2020年末提高1.33个百分点。全年出生人口0.13万人，出生率为7.40‰；死亡人口0.25万人，死亡率为14.23‰；人口自然增长率为-6.83‰。有回族、藏族、蒙古族、土族、东乡族、彝族、满族等14个少数民族。

**【经济发展】** 全年全县地区生产总值91.24亿元，按不变价格计算，比2020年增长9.7%，两年平均增长6.6%。其中，第一产业增加值42.17亿元，增长10.2%；第二产业增加值13.77亿元，增长28.5%；第三产业增加值35.30亿元，增长4.0%。三次产业结构比为46.2∶15.1∶38.7。按常住人口计算，人均地区生产总值51940元，比2020年增长13.1%。全年城镇新增就业2509人，其中失业人员再就业915人。城镇登记失业率3.45%。全年发放创业担保贷款4753万元，扶持创业人员244人。劳动力职业技能培训6038人，输转城乡富余劳动力60138人，创劳务收入16.32亿元。全年实现农林牧渔业增加值43.03亿元，比2020年增长10.0%。全县农作物播种面积89.50万亩。果蔬种植面积8360公顷，比2020年减少6公顷。全年粮食产量21.06万吨，比2020年增长17.98%。果蔬产量52.46万吨，下降0.59%。全年全县工业增加值比2020年增长41.0%，其中规模以上工业增加值增长29.7%。全年规模以上工业企业营业收入36.11亿元，比2020年增长30.2%；实现利润总额4.59亿元，比2020年增长1.3倍。规模以上工业企业

图101　6月，民勤县红沙梁上王化村“斗牛小瓜”种植基地　（民勤县委党史和地方志研究中心　供图）

营业收入利润率12.7%；每百元主营业务收入中的成本为67.1元。年末规模以上工业企业资产负债率73.4%。全年建筑业增加值2.39亿元，比2020年下降7.9%。年末，全县具有资质的总承包和专业承包建筑业企业34家。全年全县固定资产投资比2020年增长6.63%。基础设施投资增长30.44%。民间固定资产投资下降9.81%。

**【生态建设】** 实施《民勤生态建设示范区规划》，开展国土绿化倍增行动，实施规模化防沙治沙试点等项目，完成重点风沙口治理3820公顷、人工造林5766.67公顷、沙化草原治理2533.33公顷、乡村绿化140公顷。培育发展公益治沙平台，建立"四方墩"和"飞蚂蚁"等公益林基地26个，完成义务治沙造林10.5万亩。推行林长制，建立三级林长责任体系，全力保护林草资源。实施国家节水行动，坚持以水定规模、以水定产业、以水定结构，落实水资源管理制度。农业节水抓提质增效，打造高效节水示范点15个，南湖灌区压减配水面积2766.67公顷、机井全部安装智能化计量设施。工业节水抓减排防污，实行用水总量与定额管理，新建项目全部配套水循环利用设备。城镇节水抓减漏降损，机关单位节水器具改造全面完成，节水科技馆建设顺利推进。落实大气污染防治"六大措施"，主要污染物排放控制在目标范围以内。巩固提升石羊河全国示范河湖建设成效，深化"清四乱"专项行动，红崖山水库断面、扎子沟断面水质稳定达到地表水Ⅲ类水质标准。

**【社会事业】** 全年共实施科技项目49项，其中，省级3项、市级9项、县级37项。各类专利授权量651件，其中，发明专利10件，实用新型专利572件。累计有效发明专利79件。引进和招聘教育紧缺人才28名，普通高考一、二本上线率分别提高2.9个、5.2个百分点。推进"健康民勤"建设，县医院"三乙"综合医院创建通过初步验收，两个核酸实验室扩容升级和15个镇卫生院发热门诊标准化改造全面完成，医疗物资储备和集中留观点项目开工建设，新冠病毒疫苗接种工作顺利推进。

**【居民生活】** 全年城镇居民人均可支配收入29073.7元，比2020年增长6.9%；农村居民人均可支配收入17059.24元，增长10.3%。城乡居民人均可支配收入比为1.7，比2020年缩小0.06。全年城镇居民人均消费支出23790.22元，比2020年增长6.62%；农村居民人均消费支出15549.08元，增长8.82%。年末全县参加城镇职工基本养老保险人数2.20万人，比2020年末增长1.2%；参加城乡居民基本养老保险人数12.56万人，下降3.6%。参加基本医疗保险人数20.63万人，下降3.17%。参加失业保险人数1.24万人，增长2.1%。年末，全县共有4441人享受城市居民最低生活保障，6310人享受农村居民最低生活保障，759人享受农村特困救助供养。全年救助医疗对象1.4万人（次），增长19.69%；救助城乡困难家庭6468户。年末全县共有公办养老机构4所，民办养老机构2所，设置床位610张，在院人数345人。日间照料中心152个，其中，城镇社区7个、农村社区5个、村140个。

**【文化旅游】** 年末全县有文艺团体43个，文化馆、博物馆、图书馆、影院各1个，图书总藏量6.1万册。镇综合文化站18个，文体广场25个，村级综合性文化服务中心（乡村舞台）248个，农家书屋299个，村史文化陈列馆22个。年末全县广播节目综合人口覆盖率98.16%，电视节目综合人口覆盖率100%。全年接待旅游人数120.11万人（次），比2020年增长24.4%；实现旅游综合收入7.31亿元，比2020年增长17.9%。

**【重大项目】** 全年全县工业固定资产投资增长48.35%。实施500万元及以上项目121项，完成投资比2020年增长15.62%。其中，5000万元及以上项目33项，完成投资增长20.23%；5000万元以下项目88项，完成投资增长10.55%。项目投资按三次产业分，第一产业项目38项，完成投资增长5.2%；第二产业项目31项，完成投资增长48.35%；第三产业项目52项，完成投资下降1.51%。全年实施房地产开发项目15项，完成投资比2020年下降16.47%，其中住宅投资下降5.44%。房屋施工面积86.9万平方米，增长1.39倍。

**【巩固脱贫攻坚成果与乡村振兴有效衔接】** 编印《帮扶工作指南》，开展“大走访大排查大提升”行动，组织154个帮扶单位、3291名干部常态化全覆盖入户走访，因村制宜、因户施策，累计捐款捐物60多万元，帮办实事800多件，化解矛盾100多件，清理院落卫生6000多户，帮助整修房屋200多户。完成“两类学校”改造19所、新识别危房改造102户、自建饮水改造提升209个社、自然村组道路硬化116千米，3个易地扶贫搬迁集中安置点全部搬迁入住，应拆旧房全部拆除，配套建成养殖小区17个278座、日光温室30座。完成村组道路硬化300千米，通社路全部实现硬化；新建分散小型生活污水处理设施2处；建设乡镇片区生活垃圾中转站17座，配备240升塑料分类垃圾收集桶1800多个、各类垃圾清运车辆25辆。全县新增农民专业合作社41家，累计1629家，创建示范社320个，其中国家级13个、省级41个。实施家庭农场培育计划，累计注册家庭农场471家，创建示范性家庭农场72家，其中省级5家、市级22家。全县累计建成高标准农田38.8万亩。编制完成12个“多规合一”村庄规划、4个镇区及10个三类村庄风貌整治设计方案，建成公共休闲绿地187处，完成农户改厕2335座、村庄风貌改造提升39个社。确定1个镇和12个村开展乡村建设示范行动，为全县乡村建设探索有益经验、打造示范样板。

（民勤县委党史和地方志研究中心）

## 古浪县

**【区域概况】** 古浪县位于甘肃省中部，河西走廊东端，乌鞘岭北麓，腾格里沙漠南缘，介于北纬37°09′18″～37°54′48″、东经103°51′34″～102°43′30″。境域东接景泰县，南依天祝藏族自治县，西北与凉州区毗邻，东北与内蒙古自治区阿拉善盟左旗接壤。境内地势南高北低，南依祁连山东段余脉，北临腾格里沙漠南缘，从南到北依次为南部中高山地、低山丘陵沟壑区、倾斜平原绿洲区和北部干旱荒漠区，平均海拔2500米左右。东西长约102千米，南北宽约88千米，全县总面积5046.54平方千米。2021年平均气温7.4℃，较2020年偏高0.6℃；降水量405.1毫米，较2020年偏多30%；年日照时数2508.7小时，较2020年偏少42.6小时。

【行政区划】 2021年末，全县辖古浪、泗水、定宁、土门、大靖、裴家营、海子滩、黑松驿、黄羊川、黄花滩、西靖、永丰滩、民权、直滩、古丰15个镇，十八里铺、横梁、干城、新堡4个乡，1个街道办事处（古浪县城关街道办事处）；有244个村民委员会，7个居民委员会。

【人口民族】 2021年末常住人口24.34万人，比2020年末减少0.45万人。其中，城镇人口7.98万人，占常住人口比重（常住人口城镇化率）为32.79%，比2020年末提高1.08个百分点。全年出生人口0.24万人，出生率为9.77‰；死亡人口0.28万人，死亡率为11.4‰；人口自然增长率为-1.63‰。有回族、藏族、蒙古族、苗族、满族、东乡族等25个少数民族。

【经济发展】 全县实现生产总值72.12亿元，按可比价计算，比2020年增长9.4%。其中，第一产业增加值31.82亿元，增长13.1%；第二产业增加值7.44亿元，增长8.1%；第三产业增加值32.87亿元，增长6.7%。三次产业结构比为44.11∶10.32∶45.57。按常住人口计算，人均地区生产总值29362元，增长14%。居民消费价格总指数100.5%；商品零售价格总指数102.3%。全年城镇居民人均可支配收入27299元，增长6.8%；城镇居民人均消费支出18230元，增长7.5%；农村居民人均可支配收入8965元，增长10.4%；农村居民人均消费支出7897元，增长11.67%。城镇新增就业2911人，城镇登记失业率为3.23%。开展就业技能培训7389人，创业能力培训900人，输转劳动力8.8万人，实现劳务收入23.93亿元。实现社会消费品零售总额21.15亿元，增长12.2%。实现外贸进出口总额2820万元，增长38%。完成

图102 7月，古浪县富民新村现代日光温室 （古浪县志办 供图）

大口径财政收入 5.27 亿元，增长 17.39%。完成一般公共预算收入 2.66 亿元，增长 24.91%。其中，税收收入 1.49 亿元，增长 1.34%；非税收入 1.18 亿元，增长 76.6%。完成一般公共预算支出 42.67 亿元、同口径下降 11.62%。分部门财政收入，税务部门 4.06 亿元，增长 5.1%；财政部门 1.22 亿元，增长 92.32%。

**【特色产业】** 全年累计建成日光温室 1.5 万座 2000 公顷、养殖暖棚 19.37 万座 1162.8 公顷，蔬菜产量达到 60 万吨，牛、羊、鸡存栏量分别达到 11.6 万头、243.7 万只、233.5 万只。引进 9 家企业新建生态奶牛产业园，进场奶牛 2.67 万头。出台农业产业奖补政策，支持 1.07 万户群众发展自种自养产业。投入资金 3.78 亿元，实施农业示范项目 63 项，当年新建日光温室 994 座，建成规模化养殖小区 27 个，省级畜牧产业园获批建设。海升集团 12 万平方米现代智能温室建成运营。农业产业化龙头企业达到 25 家。累计完成“三品一标”认证 83 个。“原味古浪”和“八步沙”区域公用品牌效应扩大，“红光头”小麦、“古浪香瓜”通过国家农产品地理标志认证，黄花滩移民区日光温室产业园入选粤港澳大湾区“菜篮子”生产基地，甄程牛羊肉获第二十一届中国绿色博览会金奖。

**【生态保护】** 全年累计建成垃圾处理场（站）3 个、污水处理厂（站）10 座，创建清洁村庄 186 个。燃煤锅炉全部淘汰治理，整治“散乱污”企业 20 家，改造农村土炕和小煤炉 1.4 万户。全县城市空气质量优良天数达到 321 天，优良率 87.9%。比 2020 年下降 3.3%。地表水断面和地下水点位水质稳定达标，土壤环境质量保持稳定。河湖长制全面推行，治理中小河流 40 千米。规模以上工业企业用水重复率达到 92%。累计腾退复垦废旧宅基地 3.2 万亩。当年完成造林绿化 24.3 万亩，退耕还林还草 12040 公顷，实施退化草原治理 8166.67 公顷。森林覆盖率达到 12.75%，草原植被盖度达到 46.97%。县乡村三级林长制初步建立，森林资源管理保护全面加强。拆除移民迁出区养殖设施 25 公顷。8 个饮用水水源地规范化项目、县城区生活污水处理厂提标扩建工程、一般工业固废处置场建成投用。建成现代农业高效节水示范区 11 个，新增滴灌、喷灌等高效节水面积 12 万亩。建立“河湖长 + 检察长 + 警长”协作机制。八步沙林场建成全省首个国家“两山”实践创新基地，城市污水处理厂日处理能力达 1.2 万立方米，城市污水处理率 94.74%。城市生活垃圾无害化处理率 100%。新建城市公园 3 个、城市绿地 134.37 万平方米，建成区面积达到 5.6 平方千米，城市建成区绿地率达到 24.19%。

**【社会事业】** 2021 年，新建高新技术企业 1 家，新增省级科技创新型企业 1 家，12 家企业进入科技部科技创新型中小企业库。签订技术市场合同 19 份，技术市场交易额达到 3.38 亿元。选派县级科技特派员 110 名，科技特派员开展科技培训服务 25 场次 3000 人次，新认定县级科技特派员示范基地 5 家。签订“三区”科技人才协议 39 份。发明专利 13 件，万人发明专利拥有量为 0.53 件。全县有各级各类学校 164 所。其中，完全中学 2 所，普通高中 2 所，职业中学 2 所，初级中学 20 所，小学 138 所。学前教育幼儿园 110 所。有医疗卫生机构 29 个。其中，公立医院 3 个，综合医院 2 个，中医院 1 个；基层医疗卫生机构

331个，其中，社区卫生服务中心（站）3个，卫生院22个，村卫生室306个；专业公共卫生机构3个，其中，疾病预防控制中心1个，妇幼保健院（所、站）1个，卫生监督所（中心）1个。有卫生技术人员721人，其中，执业医师和执业助理医师547人，注册护士705人。医疗卫生机构床位2672张。全年总诊疗人次86.91万人次，出院人数40447人。有体育场地660个，体育场地面积72.28万平方米，人均体育场地面积2.89平方米。

【居民生活】 全年城镇居民人均可支配收入27299元，增长6.8%；城镇居民人均消费支出18230元，增长7.5%；农村居民人均可支配收入8965元，增长10.4%；农村居民人均消费支出7897元，增长11.67%。全年城乡居民医疗保险参保人数300843人，参保率98.2%。农村社会养老保险参保人数212913人，参保率为98.6%。有农村低保对象7025户、17802人，农村特困对象1292户、1407人，城市低保对象870户、2029人。孤儿102名，事实无人抚养儿童278名，留守儿童608人，困境儿童3616人，留守老人1021人，残疾人“两项补贴”对象8902人。养老福利机构4所，设置床位800张，年底入住对象586人，其中残疾人420人。累计建成156个城乡社区老年人日间照料中心。当年发放城乡低保、特困供养、临时救助、残疾人“两项补贴”等各类困难群众救助资金1.49亿元。

【文化旅游】 全县有艺术表演机构6个，图书馆1个，博物馆（纪念馆）2所，文化馆1个，乡镇文化站19个。村（社区）综合性文化服务中心建成率达100%。广播节目综合人口覆盖率为98.63%，电视节目综合人口覆盖率为97.26%。黑松驿丝路驿站民俗文化中心和房车露营地投入运营，八步沙“两山”实践创新基地、古浪战役纪念馆入选全国“建党百年”红色旅游百条精品线路景点。古浪战役纪念馆创建为国家AAAA级旅游景区，金水源丝路驿站创建为国家AAA级旅游景区。打造古丰镇“名芍之约”、古浪镇“润景苑”等花海基地。发展精品民宿和乡村农家乐96家。全年接待国内外游客108.93万人次，比2020年增长29.14%，实现旅游总收入6.04亿元，增长19.6%。

【重大项目】 全年固定资产投资比2020年增长14.13%。实施500万元及以上项目125项，完成投资比2020年增长16.10%，其中5000万元及以上项目27项，完成投资比2020年增长24.10%。500万元及以上项目中：第一产业项目34项，完成投资下降10.63%；第二产业项目21项，完成投资下降6.85%；第三产业项目70项，完成投资增长33.01%。房地产开发投资增长4.7倍，2021年新开工面积8.17万平方米，商品房销售面积3.08万平方米。工业在建项目21项，完成投资下降6.85%。其中制造业投资增长53.49%，电力、热力、燃气及水生产和供应业投资下降32.91%。招商引资项目72项，落实到位资金40.54亿元，增长13.56%，其中，省外到位资金30.36亿元，增长3.83%。

【巩固脱贫攻坚成果与乡村振兴有效衔接】 持续巩固拓展脱贫攻坚成果，落实“四个不摘”要求，以脱贫不稳定户、边缘易致贫户、突发严重困难户为重点，建立健全动态监测和帮扶机制，定期检查、及时发现、跟进帮扶、动态清零，坚决防止出现规模性返贫。持续巩固"两不愁三保障"及饮水安全成果，构建控辍保学长效机制，加大家庭经济困难学生资助力度，确保义务教育阶段适龄儿童不失学辍学。有效防范因病返贫致贫风险，全面落实分类资助参保政策，实现农村人口基本医保、大病保险、医疗救助三重保障全覆盖。建立易返贫人口动态监测帮扶机制，"两类户"风险消除率达到99.32%。编制"多规合一"实用性村庄规划33个，建设农村人居环境整治示范点16个，黑松驿镇和8个村创建省级乡村建设示范村镇。推进水、电、路、气等基础设施向村覆盖、向户延伸，新建村组道路140千米、安全生命防护工程103千米，建成大靖片区、古浪片区人畜饮水安全巩固提升工程，完成农村房屋抗震改造755户、卫生厕所改造7456座，新增天然气用户3900户。强化易地搬迁后续扶持，在黄花滩移民区实施产业发展、就业培训等21个项目，完成投资28.37亿元。2021年，古浪县被纳入国家乡村振兴重点帮扶县。

（古浪县县志办）

## 天祝藏族自治县

【概况】 天祝，藏语称华锐，意为英雄之地，地处甘肃省中部、武威市南部、祁连山东端，素有河西走廊"门户"之称。1936年，以境内天堂寺、祝贡寺首字"天祝"命名。1950年设立天祝自治区（县级），1955年改为天祝藏族自治县，是周恩来总理命名的全国第一个少数民族自治县，是中国高原藜麦之都、中国白牦牛之乡、中国高原食用菌之乡、中国高原夏菜之乡、中国高原走马之乡。

【行政区划】 2021年，全县辖华藏寺镇、哈溪镇、安远镇、天堂镇、打柴沟镇、石门镇、炭山岭镇、赛什斯镇、松山镇、朵什镇、西大滩镇、抓喜秀龙镇、大红沟镇、祁连镇和毛藏乡、旦马乡、东大滩乡、赛拉隆乡、东坪乡14镇5乡、178个行政村、20个居委会。

【人口】 2021年，全县常住人口14.75万人。其中，城镇人口7.02万人，占常住人口比重（常住人口城镇化率）为47.6%，比2020年末提高1.23个百分点。全年出生人口0.12万人，出生率为8.05‰；死亡人口0.16万人，死亡率为10.74‰；人口自然增长率为-2.68‰

【经济发展】 2021年，全县地区生产总值60.25亿元，增长9.4%。其中，第一产业增加值14.75亿元，增长10.0%；第二产业增加值14.55亿元，增长12.0%；第三产业增加值30.95亿元，增长8.0%。三次产业结构比为24.5∶24.1∶51.4，三次产业对经济增长的贡献率分别为28.71%、27.99%、43.30%，分别拉动经济增长2.7、2.64、4.06个百分点。按常住人口计算，全年人均地区生产总值40430元，增长11.6%。城镇新增就业2367人，其中失业人员再就业810人，就业困难人员再就业315人。城镇登记失业率为3.18%。全年输转城乡富余劳动力4.205万人，实现劳务收入11.8亿元，其中，省外输转1.6136万人，省内输转2.5914万人。居民消费价格总指数100.5%；商品零售价格总指数102.3%。

【特色产业】 2021年，天祝藏族自治县发展壮大"八大产业""五小产业"。培育农龙头企业“储加销”三大能力提业龙头企业39家，培育发展农民专业合作社1022家，运营规范率达76.5%，培育发展家庭农场3076家；高标准推进现代农业产业园建设，12个农业产业园8个建成投产，成功创建松山国家农村产业融合发展示范园，启动建设金强河谷产业融合发展示范园、哈溪文旅农产业融合发展示范园。32.303兆瓦光伏扶贫电站累计发电收益2800万元，带动全县16个乡镇、85个贫困村、11407户脱贫户稳定持续增收。开展藜麦、高原夏菜新品种引进、培土抗倒伏、播期二因素、肥效、病害药剂筛选等试验23项次，参试品种65个，新材料330余份。开展马铃薯、小麦、油菜、青稞等良种示范推广，示范面积1280亩，全县各类农作物良种率达到99%。实施旱作农业水肥一体化示范推广1万亩，建立千亩核心示范点4个，辐射带动6万亩，技术普及率达80%以上。优化力推牧区繁育农区育肥模式，新组建核心群37群、选育群76群，新建育肥场（点）4个。持续推进天华肉用美利奴新品种培育工作，建成岔口驿马品种资源管护中心，建成岔口驿马保种繁育场3个，新组建选育群7群。

**【生态保护】** 2021年，全县优良天数达到329天，优良率90.1%，同比减少9天，空气质量综合指数3.86，同比下降6.5%；污水处理率达到94%以上，污泥无害化处理处置率100%。全县现有森林面积346.12万亩，森林覆盖率为34.38%；草原总面积473.19万亩，草原综合植被覆盖率为94.54%；祁连山国家级自然保护区天祝段面积658.42万亩，占全县总面积的61.41%。完成人工造林1.12万亩，绿化村组（社区）54个，建成乡村公共

图103 8月，天祝藏族自治县华藏寺镇黄草川村高标准农田建设项目 （杨大立 摄）

休闲绿地127个、森林小游园6个，通道绿化132千米，义务植树105.22万株。

【社会事业】 2021年，全年组织实施科技项目12项，登记各类科技成果2项；新增授权专利153件，每万人口有效发明专利拥有量1.86件。全县有各级各类学校和幼儿园164所，在校（园）学生（幼儿）24081人。其中，中等职业学校1所，在校学生787人、增加59人；小学适龄儿童入学率、巩固率、毕业率均达100%；初中在校学生巩固率、毕业率均达100%；初中毕业生升入高中阶段的比率为96.62%。九年义务教育巩固率100%。学前三年毛入园率93.3%。全县共有各级各类卫生健康单位235个，其中，县直卫生健康单位8个，乡镇卫生院19个，村卫生室178个，民营医院3个，其他医疗机构27个。共有在职人员1635人，每千人拥有卫生专业技术人员、执业（助理）医师、注册护士、床位分别为5人、2.21人、1.5人、5.6张。全年县乡医疗机构门诊人次44.2万人次、住院人次2.89万人次、业务收入1.48亿元，与2020年度相比，门诊人次增加8.6%、住院人次增加0.7%、业务收入增加13.75%。

【居民生活】 2021年，天祝藏族自治县城镇居民人均可支配收入29733元、增长7.2%，城镇居民人均消费支出23274元、增长10.57%；农村居民人均可支配收入9763元、增长10.4%，农村居民人均消费支出9380元、增长6.63%。天祝藏族自治县城乡居民基本养老保险参保缴费107793人，参保率98.45%，基金总收入7077万元（其中，个人缴费2492万元），待遇享受27822人，支付养老金4850万元。机关事业单位养老保险参保缴费8175人，参保人员缴费率100%。企业职工基本养老保险缴费5217人，增加946人，增长22%。农民工工伤缴费3432人，缴费率100%，新开工项目参保缴费15374人，工伤保险参保率100%。全年为全县贫困人员和脱贫人员参保代缴42815人，计生两户9940人，共计代缴358.75万元。全民参保登记完成20.75万人，登记率99.40%。保障城市低保对象934户、2101人，累计发放保障金1548.07万元；保障农村低保对象2916户、6871人，累计发放低保金2747.55万元；供养城市特困人员57户、57人，农村特困人员920户、976人，累计发放特困供养金930.15万元，护理费244.68万元；将符合条件的4371户、16672人及时纳入救助范围，累计发放临时救助金3347.9万元。

【文化旅游】 2021年，天祝藏族自治县有文艺团体187个，文化馆2个，博物馆、图书馆、电影院各1个，图书总藏量179.158万册。乡镇综合文化站19个，文体广场165个。村级综合性文化服务中心（乡村舞台）151个，村史文化陈列馆2个。广播电视综合人口覆盖率99.15%。体育场地总面积35.4976万平方米，人均体育场面积2.35平方米。全年接待旅游人数119.15万人次，比2020年增长21.80%，实现旅游综合收入6.54亿元，增长22.70%。

【重大项目】 2021年，天祝藏族自治县实施500万元及以上和房地产项目178项，其中5000万元以上项目17项。全年固定资产投资比2020年增长17.4%，其中，亿元以上项目 7 项，完成投资增长 44.46%，占全部投资比重的 50.33%，比 2020 年提高 9.44 个百分点。500 万元及以上项目中：第一产业在建项目 13 项，完成投资同比下降 63.2%；第二产业在建项目 26 项，完成投资同比下降 31.7%；第三产业在建项目 139 项，完成投资同比增长 36.7%。房地产开发投资同比增长 92.9%，其中住宅投资增长 123.5%。房屋施工面积 36.09 万平方米，增长 87.48%，商品房销售面积 10.98 万平方米，增长 297.83%。全年工业在建项目 26 项，完成投资同比下降 31.73%。其中，制造业完成投资同比下降 45.5%，电力、热力、燃气及水的生产和供应业完成投资同比下降 38.9%。全年民间投资项目 21 项，完成投资同比增长 11.66%。

**【巩固脱贫攻坚成果与乡村振兴有效衔接】** 2021 年，天祝藏族自治县严格落实“四个不摘”要求，不折不扣落实饮水安全、教育帮扶、健康帮扶、抗震住房改造、产业帮扶、就业帮扶、易地搬迁后续扶持、金融帮扶、综合保障等政策措施，不断巩固拓展脱贫攻坚成果，全力配合完成省、市实施乡村振兴战略考核及实地评估。对“两不愁三保障”和饮水安全情况进行大起底大排查，全面排除风险隐患。通过“一户一策”精准帮扶，全县消除风险监测对象 533 户、1747 人（其中，边缘易致贫户 335 户、1063 人，脱贫不稳定户 198 户、684 人），风险消除率 82%。建成 2021 年巩固拓展脱贫攻坚成果项目库，储备 7 大类 268 个项目，估算总投资 16.55 亿元。落实财政衔接补助资金 4.4183 亿元，安排项目 106 项，开工 106 项，开工率 100%，完工 95 项，累计完成资金支出 4.36 亿元，支出率 98.73%。对接蓟州区确定帮扶项目 13 项，投入资金 3100 万元，带动群众 4930 人增收。召开线上、线下专场招聘会 22 场次，输转脱贫劳动力 4128 人，举办东西部劳务协作培训班 8 期，培训脱贫劳动力 350 人，完成消费帮扶 7473.06 万元。对接交通银行确定帮扶项目 2 项，投入资金 1250 万元，带动群众 55 户 480 人，完成消费帮扶 946 万元。围绕“产业兴旺、生态宜居、乡风文明、治理有效、生活富裕”的总要求，全力抓好基础设施建设、人居环境整治、服务水平提升、文明乡风培育等乡村建设重点工程，统筹推进 16 个美丽乡村示范村建设。持续培育壮大“牛羊鸡马菜菌藜药”八大特色产业，加快推进 12 个产业园区建设，培育壮大产业体系。

（天祝藏族自治县县志办）

## 2021 年度任职的地厅级领导干部简介

【王国斌】 男,汉族,1972 年 7 月出生,籍贯甘肃清水,1994 年 4 月加入中国共产党,在职研究生学历,公共管理硕士,1994 年 7 月参加工作。1992 年 9 月至 1994 年 7 月,任西北师范大学企业管理专业学习;1994 年 7 月至 1996 年 11 月,任甘肃物资贸易中心干部;1996 年 11 月至 2001 年 4 月,任省计划委员会办公室科员(其间:1995 年 9 月至 1998 年 7 月,在兰州大学行政管理学专业学习);2001 年 4 月至 2003 年 1 月,任省发展计划委员会办公室副主任科员;2003 年 1 月至 2004 年 6 月,任省发展计划委员会办公室主任科员(其间:2002 年 3 月至 2004 年 6 月,在北京师范大学公共管理硕士专业学习);2004 年 6 月至 2005 年 7 月,任省发展改革委办公室主任科员;2005 年 7 月至 2008 年 11 月,任省发展改革委办公室副主任;2008 年 11 月至 2013 年 6 月,任省发展改革委办公室主任;2013 年 6 月至 2016 年 6 月,任省发展改革委固定资产投资处处长;2016 年 6 月至 2016 年 9 月,任武威市政府党组成员、副市长;2016 年 9 月至 2016 年 10 月,武威市委常委候选人,任市政府党组成员、副市长;2016 年 10 月至 2016 年 11 月,任武威市委常委,市政府党组成员、副市长;2016 年 11 月至 2018 年 8 月,任武威市委常委、宣传部部长;2018 年 8 月至 2018 年 9 月,任武威市委常委,市政府党组副书记、副市长(常务)人选;2018 年 9 月至 2021 年 7 月,任武威市委常委,市政府党组副书记、常务副市长(其间:2019年11月至2020年1月,在省委党校 2019 秋季学期中青年干部培训班学习);2021 年 7 月至 2021 年 8 月,任武威市委副书记,市政府党组书记、副市长、市长候选人;2021 年 8 月至 2021 年 12 月,任武威市委副书记,市政府党组书记、副市长、代市长;2021 年 12 月,任武威市委副书记,市政府党组书记、市长。

【马得明】 男,汉族，1964年4月出生，籍贯甘肃山丹，1987年6月加入中国共产党，省委党校研究生学历，1984年7月参加工作。1981年9月至1984年7月,在张掖农业学校植保专业学习;1984年7月至1985年2月，任山丹县林业局技术员;1985年2月至1985年12月,任山丹县林业三站技术员;1985年12月至1987年9月,任山丹县林业局干事;1987年9月至1989年12月,任山丹县清泉乡林业站站长;1989年12月至1995年2月，任山丹县林业局副局长(其间:1992年8月至1994年7月,在甘肃农业大学林学专业大专班学习);1995年2月至1997年10月,任山丹县位奇乡党委书记;1997年10月至2002年12月,任肃南县委常委、县政府常务副县长(其间:1998年7月至2000年12月,在省委党校函授学院经济管理专业本科班学习;2001年7月至2001年12月,挂职任省地税局税政一处副处长);2002年12月至2004年9月,任肃南县委副书记、县政府常务副县长(其间:2001年4月至2003年4月,在西北师范大学人文地理学专业研究生课程进修班学习);2004年9月至2004年12月,任民乐县委副书记、代县长;2004年12月至2006年12月,任民乐县委副书记、县长;2006年12月至2010年11月,任民乐县委书记(其间:2008年9月至2009年1月,在省委党校第33期中青年干部培训班学习);2010年11月至2011年5月,任高台县委书记;2011年5月至2011年7月,任金昌市政府党组成员、副市长候选人(其间:2008年9月至2011年6月,在省委党校领导学专业在职研究生班学习);2011年7月至2016年11月,任金昌市政府党组成员、副市长;2016年11月至2019年4月,任金昌市委常委、市政府副市长(常务);2019年4月至2019年5月,任武威市委副书记;2019年5月至2019年11月,任武威市委副书记、统战部部长,市委党校校长(兼);2019年11月至2019年12月,任武威市委副书记、统战部部长、市政协党组副书记(兼),市委党校校长(兼);2019年12月至2020年1月，任政协武威市委员会主席候选人,武威市委统战部部长、市政协党组副书记(兼),市委党校校长(兼);2020年1月至2020年5月,任政协武威市委员会党组书记、主席候选人;2020年5月至2021年9月,任政协武威市委员会党组书记、主席;2021年9月至2021年10月，任武威市人大常委会党组书记;2021年10月至2021年12月,任武威市人大常委会党组书记、主任候选人;2021年12月,任武威市人大常委会党组书记、主任。

【鞠　毅】 男,汉族，1964年9月出生，籍贯甘肃张掖，1993年11月加入中国共产党,省委党校研究生学历，1980年12月参加工作。1980年12月至1988年7月,在原张掖市城建局工作(其间:1982年9月至1984年7月,在甘肃广播电视大学语文类专业学习);1988年7月至1993年8月,任原张掖市土地管理局干部;1993年8月至1996年3月,任原张掖市土地管理局副局长;1996年3月至1997年9月,任原张掖市城市管理办公室主任;1997年9月至2000年9月,任原张掖市城乡建设委员会主任(其间:1995年8月至1997年12月,在中央党校函授学院党政管理专业本科班学习);2000年9月至2002年6月,任原张掖市市长助理、城乡建设委员会主任(其间:1999年9月至2001年7月，在美国国际东西方大学工商管理MBA研究生班学习;2000年7月至2001年12月,在中国人民大学国民经济管理系国民经济学专业研究生班学习）；2002年6月至2002年12月，任张掖市甘州区区长助理、城建委主任；2002年12月至2005年3月，任张掖市甘州区副区长；2005年3月至2006年11月，任张掖市甘州区委副书记；2006年11月至2006年12月，任高台县委副书记；2006年12月至2007年1月，任高台县委副书记、副县长、代县长；2007年1月至2011年6月，任高台县委副书记、县长；2011年6月至2016年8月，任高台县委书记（其间：2009年9月至2012年6月，在省委党校人口、资源与环境经济学专业研究生班学习）；2016年8月至2016年11月，任张掖市政府党组成员；2016年11月至2018年5月，任张掖市政府党组成员、副市长；2018年5月至2018年12月，任武威市委常委、统战部部长；2018年12月至2021年8月，任武威市委常委、凉州区委书记；2021年8月至2021年9月，任武威市委常委；2021年9月至2021年10月，任政协武威市委员会党组书记；2021年10月至2021年12月，任政协武威市委员会党组书记、主席候选人；2021年12月，任政协武威市委员会党组书记、主席。

**【曾国俊】** 男，汉族，1968年3月出生，籍贯甘肃景泰，1990年11月加入中国共产党，中央党校研究生学历，1988年7月参加工作。1986年9月至1988年7月，在甘肃农业大学农学专业学习；1988年7月至1989年10月，任景泰县八道泉乡政府干部；1989年10月至1996年10月，任景泰县农牧局秘书、办公室主任；1996年10月至1997年12月，任景泰县农村经济经营管理站站长（副科级）；1997年12月至1999年7月，任省直机关工委干部；1999年7月至2001年8月，任省直机关工委办公室副主任科员；2001年8月至2007年1月，任省直机关工委统战调研部（研究室）副部长（其间：2002年7月至2004年9月，挂职任漳县县委副书记；2005年9月至2008年7月，在中央党校函授学院经济管理专业学习，获研究生学历）；2007年1月至2010年7月，任省直机关工委统战调研部（研究室）部长；2010年7月至2014年3月，任省直机关工委宣传部部长（其间：2011年9月至2011年12月，在省委党校中青年干部培训班学习）；2014年3月至2016年2月，任省直机关工委组织部部长；2016年2月至2016年6月，任省直机关工委副书记、组织部部长；2016年6月至2019年8月，任省直机关工委副书记；2019年8月至2021年9月，任省委直属机关工委副书记、机关党委书记；2021年9月，任武威市委副书记、市委政法委书记、市委全面依法治市委员会办公室主任（兼）。

**【白振海】** 男，汉族，1968年12月出生，籍贯甘肃庆阳，1991年4月加入中国共产党，省委党校研究生学历，1989年7月参加工作。1985年9月至1989年7月，在庆阳师范学习；1989年7月至1990年1月，任华池县委党校教员；1990年1月至1992年3月，任华池县乡镇企业局干部；1992年3月至1993年3月，任华池县农业建设办公室干部；1993年3月至1996年2月，任华池县政府办公室干部；1996年2月至1997年11月，任共青团华池县委副书记（其间：1993年3月至1996年6月，在甘肃教育学院政教专业大专班学习）；1997年11月至2000年12月，任共青团华池县委书记（其间：1998年8月至2000年12月，在中央党校函授学院党政管理专业学习）；2000年12月至2001年7月，任华池县南梁乡党委书记;2001年7月至2002年10月,任合水县副县长;2002年10月至2005年5月,任合水县委副书记;2005年5月至2006年12月,任环县县委副书记;2006年12月至2010年5月,任正宁县委副书记、县长;2010年5月至2011年11月,任正宁县委书记(其间:2007年9月至2010年6月,在省委党校在职研究生班经济社会发展与党的领导专业学习);2011年11月至2016年9月,任庆阳市副市长;2016年9月至2016年11月,任金昌市委常委;2016年11月至2019年4月,任金昌市委常委、宣传部部长;2019年4月至2019年5月,任金昌市委常委、副市长(常务)人选;2019年5月至2021年8月,任金昌市委常委、副市长(常务);2021年8月至2021年9月,任武威市委常委、副市长(常务)人选;2021年9月,任武威市委常委,市政府党组副书记、常务副市长。

**【关维斌】** 男,汉族,1969年10月出生,籍贯甘肃白银,1991年8月加入中国共产党,在职大学学历,法律硕士,1989年7月参加工作。1987年9月至1989年7月,在甘肃政法学院法律系法律专业学习;1989年7月至1993年4月,任省医药总公司纪委、监察室干部;1993年4月至1997年1月,任省医药管理局办公室、法律顾问室干部(其间:1993年9月至1996年6月,在兰州大学行政管理学专业本科班学习);1997年1月至1998年9月,任省司法厅法制宣传教育处科员(其间:1997年1月,录用为国家公务员);1998年9月至2002年12月,任省司法厅法制宣传教育处、办公室副主任科员(其间:1990年9月至2000年12月,在西北师范大学政治管理专业本科班学习);2002年12月至2006年8月,任省司法厅办公室、法制宣传教育处主任科员;2006年8月至2009年12月,任省司法厅办公室副主任(其间:2004年10月至2006年12月,在兰州大学民事诉讼法学专业学习,获法律硕士学位);2009年12月至2015年6月,任省司法厅办公室主任;2015年6月至2017年9月,任省司法厅副巡视员(其间:2016年3月至2017年2月,在司法部挂职锻炼,任司法鉴定管理局副局长);2017年9月至2018年10月,任省司法厅党委委员、政治部主任(试用期一年);2018年10月至2019年4月,任省司法厅党委委员、政治部主任;2019年4月至2019年5月,任武威市委常委;2019年5月至2019年7月,任武威市委常委、政法委书记;2019年7月至2021年1月,任武威市委常委、政法委书记,市委全面依法治市委员会办公室主任(兼);2021年1月至2021年9月,任武威市委常委、组织部部长,市委直属机关工作委员会书记(兼);2021年9月,任武威市委常委、组织部部长,市委直属机关工作委员会书记(兼),市委党校(市行政学院)校长(院长)(兼)。

**【孙光慧】** 女,汉族,1968年3月出生,籍贯吉林敦化,1991年6月加入中国共产党,在职研究生学历,经济学博士,1991年7月参加工作。1987年9月至1991年6月,在兰州商学院商业经济专业学习;1991年6月至1991年7月,在省委组织部选调生培训班学习;1991年7月至1993年10月,任省商业厅信息导报社职员;1993年10月至2008年11月,任西北民族大学经济学院教师(其间:1999年9月至2001年6月,在武汉大学经济与管理学院金融系金融学专业硕士研究生班学习;2003年9月至2006年6月,在武汉大学经济与管理学院金融系金融学专业博士研究生班学习）;2008年11月至2011年5月，任西北民族大学经济学院副院长;2011年5月至2014年12月，任西北民族大学经济学院院长;2014年12月至2017年6月，任西北民族大学人事处处长、人才工作办公室主任;2017年6月至2017年11月，任西北民族大学教师工作部部长、人事处处长、人才工作办公室主任;2017年11月至2018年5月，任西北民族大学党委常委、党委组织部部长、党委教师工作部部长、人事处处长、人才工作办公室主任;2018年5月至2018年10月，任西北民族大学党委常委、组织人事部部长、教师工作部部长、党校常务副校长、人才工作办公室主任;2018年10月至2020年6月，任兰州城市学院纪委书记、党委常委，省监委派驻兰州城市学院监察专员;2020年6月至2021年1月，任嘉峪关市委常委、市纪委书记、市监委副主任、代主任;2021年1月至2021年7月，任嘉峪关市委常委、市纪委书记、市监委主任;2021年7月至2021年8月，任武威市委常委、市纪委书记、市监委主任候选人;2021年8月至2021年12月，任武威市委常委、市纪委书记、市监委副主任、代主任;2021年12月，任武威市委常委、市纪委书记、市监委主任。

**【李万岳】** 男，藏族，1965年12月出生，籍贯青海乐都，1987年11月加入中国共产党，大学学历，法学学士，1989年9月参加工作。1985年9月至1989年9月，在中央民族学院法律专业学生;1989年9月至1991年5月，任原武威市公安局大柳派出所干警;1991年5月至1996年7月，任武威地区行署人事处科员;1996年7月至1999年7月，任武威地区行署人事处干部管理科副科长;1999年7月至1999年10月，任武威地委组织部副科级干部;1999年10月至2002年6月，任武威地委组织部正科级组织员;2002年6月至2003年5月，任武威市委组织部干部教育科科长;2003年5月至2004年5月，任武威市委组织部干部三科科长;2004年5月至2004年12月，任武威市委组织部干部三科科长、办公室主任;2004年12月至2005年5月，任武威市委组织部干部一科科长;2005年5月至2009年7月，任武威市司法局党组成员、副局长;2009年7月至2009年9月，任天祝藏族自治县委常委、县政府副县长候选人;2009年9月至2011年10月，任天祝藏族自治县委常委、县政府副县长;2011年10月至2014年2月，任天祝藏族自治县委副书记、县政府县长;2014年2月至2019年1月，任古浪县委书记;2019年1月至2019年2月，任政协武威市委员会副主席候选人、古浪县委书记;2019年2月至2019年3月，任政协武威市委员会党组成员、副主席候选人，古浪县委书记;2019年3月至2021年1月，任政协武威市委员会党组成员、副主席，古浪县委书记;2021年1月至2021年8月，任武威市委常委、古浪县委书记;2021年8月，任武威市委常委、凉州区委书记。

**【周　勇】** 男，侗族，1978年10月出生，籍贯湖北宜恩，2000年5月加入中国共产党，在职研究生学历，工学博士，2004年7月参加工作。1997年9月至2001年6月，在甘肃工业大学建筑工程系建筑工程专业学习;2001年6月至2001年9月，待业;2001年9月至2004年6月，在兰州理工大学土木工程学院结构工程专业学习，获工学硕士学位;2004年6月至2012年7月，任兰州理工大学土木工程学院教师（其间:2004年9月至2008年1

月，在兰州理工大学土木工程学院结构工程专业习，获工学博士学位）；2012 年 7 月至 2016 年 3 月，任兰州理工大学土木工程学院副院长（其间：2013 年 9 月至 2014 年 1 月，挂职任东南大学土木工程学院副院长）；2016 年 3 月至 2018 年 9 月，任兰州理工大学土木工程学院院长；2018 年 9 月至 2020 年 3 月，任兰州理工大学土木工程学院院长、党委副书记（兼）（其间：2019 年 3 月至 2019 年 5 月，在甘肃省委党校 54 期中青年干部培训班学习）；2020 年 3 月至 2021 年 8 月，任陇东学院党委委员、副院长（其间：2020 年 10 月至 2021 年 1 月，在中央党校第 3 期中青年干部培训班四班学习）；2021 年 8 月至 2021 年 9 月，任武威市委常委；2021 年 9 月，任武威市委常委、宣传部部长［其间：2021 年 9 月至 2021 年 12 月，在甘肃省委党校第 58 期中青年干部培训班（厅局级班）学习］。

**【李宏伟】** 男，汉族，1966 年 10 月出生，籍贯甘肃张掖，1995 年 9 月加入中国共产党，省委党校研究生学历，1987 年 7 月参加工作。1984 年 9 月至 1987 年 7 月，在省农业机械化学校农机专业学习；1987 年 7 月至 1992 年 8 月，任张掖地区农机研究所干部；1992 年 8 月至 1993 年 2 月，任张掖地区县乡公路工程队干部；1993 年 2 月至 1996 年 2 月，任张掖地区行署交通处办公室干部；1996 年 2 月至 1997 年 12 月，任张掖地区行署交通处交通年鉴办副主任（其间：1994 年 9 月至 1996 年 8 月，在甘肃省委党校秘书专业大专班学习）；1997 年 12 月至 1999 年 1 月，任张掖地区汽车东站负责人（其间：1996 年 9 月至 1998 年 12 月，在甘肃省委党校行政管理专业本科班学习）；1999 年 1 月至 2000 年 10 月，任张掖地区行署交通处路政办主任；2000 年 10 月至 2002 年 12 月，任张掖地区行署交通处副处长、党组成员；2002 年 12 月至 2003 年 4 月，任张掖市交通局副局长、党组成员（其间：2002 年 7 月至 2003 年 1 月，在甘肃省交通厅挂职锻炼，任规划处副处长）；2003 年 4 月至 2005 年 5 月，任张掖市交通局党组副书记、副局长（其间：2002 年 4 月至 2004 年 4 月，在西北师范大学区域管理与政策专业研究生课程进修班学习）；2005 年 5 月至 2006 年 11 月，任高台县委常委、常务副县长；2006 年 11 月至 2009 年 5 月，任张掖市甘州区委常委、常务副区长；2009 年 5 月至 2010 年 1 月，任张掖市甘州区委常委、常务副区长，张掖工业园区管委会主任（正县级）；2010 年 1 月至 2011 年 9 月，任张掖市甘州区委副书记，张掖工业园区管委会主任（正县级）；2011 年 9 月至 2019 年 8 月，任肃南县委书记（其间：2009 年 9 月至 2012 年 6 月，在甘肃省委党校政治学专业研究生班学习）；2019 年 8 月至 2019 年 11 月，任肃南县委书记、一级调研员；2019 年 11 月至 2020 年 7 月，任肃南县委书记、二级巡视员；2020 年 7 月至 2020 年 12 月，任张掖市政府党组成员、秘书长、机关党组书记，肃南县委二级巡视员；2020 年 12 月至 2021 年 9 月，任张掖市政府党组成员、秘书长、机关党组书记，市政府办公室二级巡视员；2021 年 9 月，任武威市委常委、市委秘书长，市委国家安全委员会办公室主任（兼）。

**【陈福萍】** 女，汉族，1963 年 11 月出生，籍贯甘肃武威，1986 年 8 月加入中国共产党，省委党校研究生学历，1983 年 7 月参加工作。1983 年 7 月至 1984 年 9 月，任原武威市洪祥乡妇联主任；1984 年 9 月至 1987 年 7

月，任原武威市双城乡妇联主任；1987年7月至1991年3月，任原武威市和平乡妇联主任；1991年3月至1994年11月，任原武威市柏树乡副乡长；1994年11月至1997年7月，任原武威市和平乡党委副书记、纪委书记；1997年7月至1997年12月，任原武威市和平乡乡长（其间：1997年8月至1999年12月，在省委党校行政管理专业本科学习）；1997年12月至2002年7月，任原武威市和平镇镇长；2002年7月至2005年1月，任武威市凉州区和平镇党委书记（其间：2003年9月至2006年6月，在省委党校国民经济学专业研究生学习）；2005年1月至2006年9月，任古浪县政府副县长；2006年9月至2012年4月，任古浪县委常委、组织部部长；2012年4月至2012年12月，任武威市编委办主任，市委组织部副部长（兼）；2012年12月至2014年8月，任武威市人力资源和社会保障局党组书记、局长，市委组织部副部长（兼）；2014年8月至2014年9月，任武威市人力资源和社会保障局正县级干部；2014年9月至2017年12月，任武威市总工会党组书记、常务副主席；2017年12月至2018年6月，任武威市人大常委会党组成员、副主任，市总工会党组书记、常务副主席；2018年6月至2021年1月，任武威市人大常委会党组成员、副主任，市总工会主席；2021年1月，任武威市人大常委会党组副书记、副主任，市总工会主席。

【蔡宗鑫】 男，汉族，1967年4月出生，籍贯甘肃武威，1993年5月加入中国共产党，中央党校大学学历，1987年7月参加工作。1984年8月至1987年7月，在武威师范学校普通专业学习；1987年7月至1993年7月，任原武威市金羊学区教师（其间：1989年8月至1992年6月，在中央党校函授学院党政管理专业大专班学习）；1993年7月至2001年11月，任武威地区检察分院书记员、助理检察员；2001年11月至2002年7月，任武威市检察院助理检察员；2002年7月至2003年4月，任武威市检察院反贪局副局长（其间：2000年8月至2002年12月，在中央党校函授学院法律专业本科班学习）；2003年4月至2006年3月，任武威市检察院反贪局副局长、正科级检察员；2006年3月至2009年4月，任武威市检察院反贪局局长、检委会委员；2009年4月至2012年11月，任武威市检察院党组成员、反贪局局长（副县级）、检委会委员；2012年11月至2017年12月，任武威市检察院党组成员、副检察长（正县级）、检委会委员；2017年12月至2019年8月，任武威市纪委副书记、市监委副主任；2019年8月至2020年6月，任武威市纪委副书记、市监委副主任、一级调研员；2020年6月至2021年1月，任武威市纪委副书记、市监委副主任、二级巡视员；2021年1月至2021年2月，任武威市人大常委会党组成员、副主任候选人；2021年2月，任武威市人大常委会党组成员、副主任。

【杜泽秀】 男，汉族，1967年11月出生，籍贯甘肃古浪，1996年8月加入中国共产党，在职大学学历，1988年7月参加工作。1985年9月至1988年7月，在武威师范学校普通专业学习；1988年7月至1990年9月，任古浪县古浪镇初级中学教师；1990年9月至1991年9月，任古浪县第五中学教师（其间：1988年10月至1991年6月，在兰州大学汉语言文学专业自考大专班学习）；1991年9月至1996年1月，任古浪县广播电视局科员；1996年1月至1999年5月，任古浪县政府办公室科员;1999 年 5 月至 2001 年 11 月,任古浪县政府办公室副主任;2001 年 11 月至 2003 年 2 月,任古浪县政府办公室副主任、县网络信息中心主任;2003 年 2 月至 2005 年 5 月,任武威市政府办公室秘书科正科级秘书(其间:1999 年 10 月至 2003 年 6 月,在兰州大学汉语言文学专业自考本科班学习);2005 年 5 月至 2007 年 12 月,任武威市政府办公室副主任;2007 年 12 月至 2008 年 12 月,任武威市政府副秘书长;2008 年 12 月至 2009 年 7 月,任武威市委副秘书长;2009 年 7 月至 2011 年 5 月,任武威市委组织部副部长、市委老干部工作局局长;2011 年 5 月至 2013 年 10 月,任武威市科学技术协会党组书记、主席;2013 年 10 月至 2014 年 8 月,任武威市科技局党组书记、局长;2014 年 8 月至 2016 年 12 月,任武威日报社总编辑,市委宣传部副部长(兼);2016 年 12 月至 2017 年 5 月,任武威市文化广播影视新闻出版局党组成员、局长;2017 年 5 月至 2019 年 8 月,任武威市委副秘书长、市委办公室主任(兼);2019 年 8 月至 2020 年 6 月,任武威市委秘书长、市委国家安全委员会办公室主任(兼)、一级调研员;2020 年 6 月至 2021 年 1 月,任武威市委秘书长、市委国家安全委员会办公室主任(兼),二级巡视员;2021 年 1 月至 2021 年 2 月,任武威市人大常委会党组成员、副主任候选人;2021 年 2 月至 2021 年 9 月,任武威市人大常委会党组成员、副主任;2021 年 9 月,任政协兰州市委员会党组成员、副主席。

**【邵新革】** 男,汉族,1967 年 5 月出生,籍贯甘肃兰州,2000 年 3 月加入中国共产党,省委党校研究生学历,1988 年 8 月参加工作。1988 年 8 月至 1993 年 1 月,任原武威市永昌镇和寨中学教师;1993 年 1 月至 1994 年 4 月,任原武威市永昌学区干部;1994 年 4 月至 1997 年 2 月,任原武威地区外贸总公司业务员;1997 年 2 月至 2000 年 11 月,任原武威地区行署计划处科员;2000 年 11 月至 2002 年 7 月,任原武威地区行署计划处外经外资科副科长;2002 年 7 月至 2005 年 8 月,任武威市发展计划委员会外经外资科科长(其间:2001 年 9 月至 2003 年 12 月,在甘肃省委党校行政管理专业本科班学习);2005 年 8 月至 2006 年 9 月,任武威市经济动员办公室副主任;2006 年 9 月至 2006 年 12 月,任武威市凉州区人民政府副区长候选人;2006 年 12 月至 2007 年 12 月,任武威市凉州区人民政府副区长(其间:2004 年 9 月至 2007 年 6 月,在甘肃省委党校人口资源与环境经济学专业研究生班学习);2007 年 12 月至 2010 年 12 月,任武威市凉州区人民政府副区长、武威阳光产业示范园区管委会副主任(兼);2010 年 12 月至 2011 年 7 月,任武威市工业和信息化委员会党委书记、主任;2011 年 7 月至 2011 年 12 月,任武威市工业和信息化委员会党委书记、主任,武威新能源装备制造产业园党工委书记(兼);2011 年 12 月至 2016 年 7 月,任武威市社会保险事业管理局局长;2016 年 7 月至 2019 年 1 月,任甘肃省农业工程技术研究院党委书记、副院长;2019 年 1 月至 2019 年 8 月,任武威市工业和信息化局党组书记、局长;2019 年 8 月至 2020 年 1 月,任武威市工业和信息化局党组书记、局长、一级调研员;2020 年 1 月至 2020 年 6 月,武威市水务局党组书记、局长、市河长制办公室主任(兼)、一级调研员;2020 年 6 月至 2020 年 12 月,任武威市水务局党组书记、局长、市河长制办公室主任(兼)、二级巡视员;2020 年 12 月至 2021 年 1

月，任武威市水务局党组书记、局长、市河长制办公室常务副主任（兼）、二级巡视员；2021年1月至2021年2月，任武威市人大常委会党组成员、副主任候选人；2021年2月，任武威市人大常委会党组成员、副主任。

**【刘光美】** 女，汉族，1965年5月出生，籍贯甘肃兰州，民建会员，大学学历，工学学士，1987年7月参加工作。1983年9月至1987年7月，在甘肃工业大学工民建专业学习；1987年7月至1988年8月，任省机械设备成套局综合技术处科员；1988年8月至1991年12月，任省机械设备成套局项目开发处科员；1991年12月至1994年12月，任省机械设备成套局项目二处科员；1994年12月至2001年7月，任省机械设备成套局项目一处科员（其间：1996年8月至1998年12月，在中央党校函授学院经济管理专业学习）；2001年7月至2002年12月，任省机械设备成套局项目三处副处长（主持工作）；2002年12月至2004年8月，任省机械设备成套局设备招标管理处副处长（主持工作）（其间：2002年9月至2004年7月，在兰州大学企业管理专业研究生课程进修班学习；2003年3月至2004年8月，在省建设项目咨询中心挂职，任主任；2003年9月至2004年1月，在省委党校第二十期女干部培训班培训）；2004年8月至2006年4月，任省机械设备成套局机电设备处调研员；2006年4月至2006年9月，任省机械设备成套局后勤服务中心主任；2006年9月至2010年10月，任省机械设备成套局计划财务处处长（其间：2004年8月至2010年10月，在甘肃省招标中心政府采购处挂职，任处长）；2010年10月至2013年7月，任省机械设备成套局市场管理处处长（其间：2011年3月至2011年5月，在中央社会主义学院第二十五期全国民主党派骨干培训班培训）；2013年7月至2013年11月，任省公共资源交易局产权处筹备负责人；2013年11月至2019年7月，任省公共资源交易局产权处处长；2019年7月至2019年8月，任省公共资源交易局产权处处长、一级调研员；2019年8月至2019年9月，任省公共资源交易局信息中心主任、一级调研员；2019年9月至2021年8月，任省公共资源交易局办公室一级调研员；2021年8月至2021年9月，任省公共资源交易中心办公室一级调研员；2021年9月至2021年11月，任武威市人大常委会副主任候选人；2021年11月至2021年12月，任武威市人大常委会副主任候选人，民建武威市委员会主委；2021年12月，任武威市人大常委会副主任，民建武威市委员会主委。

**【陆世平】** 男，汉族，1969年9月出生，籍贯甘肃金昌，1996年5月加入中国共产党，省委党校研究生学历，1989年7月参加工作。1985年9月至1989年7月，在庆阳林业学校林学专业学习；1989年7月至1991年11月，任永昌县水源乡政府干事；1991年11月至1992年5月，任共青团永昌县委科员；1992年5月至1994年8月，任永昌县实业开发公司液化气站站长；1994年8月至1995年5月，任永昌县林业局科员；1995年5月至1998年5月，任共青团永昌县委副书记；1998年5月至2001年1月，任共青团永昌县委书记（其间：1995年8月至1998年6月，在中央党校函授学院大专班经济管理专业学习）；2001年1月至2001年12月，任永昌县新城子镇党委副书记、纪委书记；2001年12月至2007年4月，任共青团金昌市委员会副书记、党组成员（其间:2001 年 8 月至 2003 年 12 月,在中央党校函授学院本科班经济管理专业学习）;2007 年 4 月至 2009 年 6 月,任共青团金昌市委员会书记、党组书记（其间:2004 年 9 月至 2007 年 6 月,在省委党校研究生班国民经济学专业在职学习）;2009 年 6 月至 2009 年 7 月,任金昌市委督查室主任,共青团金昌市委员会书记、党组书记;2009 年 7 月至 2011 年 12 月,任金昌市委督查室主任;2011 年 12 月至 2016 年 1 月,任金昌市政府副秘书长、市政府办公室党组成员;2016 年 1 月至 2018 年 12 月,任金昌市林业局党组书记、局长;2018 年 12 月至 2019 年 8 月,任金昌市金川区委书记;2019 年 8 月至 2019 年 11 月,任金昌市金川区委书记、一级调研员;2019 年 11 月至 2021 年 8 月,任金昌市金川区委书记、二级巡视员;2021 年 8 月,任武威市政府党组成员、副市长。

**【贾福祥】** 男,汉族, 1970 年 8 月出生,籍贯甘肃秦安, 1999 年 6 月加入中国共产党,大学学历,理学学士, 1992 年 8 月参加工作。1988 年 9 月至 1992 年 7 月,在成都理工大学（原成都地质学院）应用数学专业学习;1992 年 7 月至 1992 年 8 月,待分配;1992 年 8 月至 2000 年 7 月,任酒泉地区行署公安处科员;2000 年 7 月至 2006 年 12 月,任酒泉地区行署公安处治安科副科长、酒泉市公安局治安警察支队副支队长;2006 年 12 月至 2010 年 7 月,任酒泉市公安局治安警察支队政委;2010 年 7 月至 2012 年 5 月,任酒泉市公安局治安警察支队支队长、治安管理支队支队长;2012 年 5 月至 2017 年 10 月,任酒泉市公安局党委委员、副局长（副县级）;2017 年 10 月至 2021 年 8 月,任酒泉市公安局党委委员、副局长（正县级）、二级高级警长、一级高级警长;2021 年 8 月至 2021 年 9 月,任武威市政府副市长人选、市公安局局长人选;2021 年 9 月,任武威市政府党组成员、副市长,市公安局党委书记、局长、督察长（兼）,市委政法委副书记（兼）。

**【柳生坠】** 女,汉族,1967 年 11 月出生,籍贯甘肃渭源, 1993 年 8 月加入中国共产党,省委党校研究生学历, 1989 年 6 月参加工作。1987 年 9 月至 1989 年 6 月,在甘肃农业大学农业经济管理专业学习;1989 年 6 月至 1994 年 8 月,任渭源县残联、妇联、县委办公室干部;1994 年 8 月至 1996 年 1 月,任共青团渭源县委副书记;1996 年 1 月至 1997 年 9 月,任共青团渭源县委书记（其间:1994 年 9 月至 1996 年 12 月,在中央党校函授学院经济管理专业学习;1997 年 5 月至 1997 年 7 月,在定西地委党校青年干部培训班学习）;1997 年 9 月至 1998 年 7 月,任渭源县祁家庙乡党委副书记、乡长（其间:1997 年 9 月至 1997 年 12 月,在省委党校中青年干部培训班学习）;1998 年 7 月至 2000 年 8 月,任渭源县会川镇党委副书记、镇长;2000 年 8 月至 2002 年 10 月,任渭源县会川镇党委书记（其间:2001 年 9 月至 2001 年 12 月,在省委党校乡镇党委书记培训班学习;2002 年 5 月至 2002 年 7 月,在上海同济大学经济管理班学习）;2002 年 10 月至 2007 年 1 月,任通渭县委副书记（其间:2001 年 9 月至 2004 年 6 月,在省委党校政治经济学专业研究生班学习;2003 年 5 月至 2003 年 11 月,任天津市和平区挂职任区委书记助理）;2007 年 1 月至 2009 年 10 月,任通渭县委常委、副县长;2009 年 10 月至 2011 年 3 月,任安定区委常委、纪委书记;2011 年 3 月至 2017 年 1 月,任定西市安全生产监督管理局局长；2017年1月至2019年1月，任定西市安全生产监督管理局党组书记、局长；2019年1月至2019年8月，任定西市应急管理局党组书记、局长；2019年8月至2021年2月，任定西市应急管理局党组书记、局长、一级调研员；2021年2月至2021年9月，任定西市应急管理局党委书记、局长、一级调研员；2021年9月，任武威市政府党组成员、副市长。

**【陈一夫】** 男，汉族，1972年2月出生，籍贯甘肃兰州，民革党员，在职大学学历，工商管理硕士，1995年7月参加工作。1992年9月至1995年7月，在重庆建筑大学房地产管理专业学习；1995年7月至2001年6月，在兰州市城关区九州开发区管委会办公室九州房地产开发公司工作；2001年6月至2002年6月，任兰州市规划土地管理局科员（其间：1999年9月至2002年6月，在甘肃省高等教育自学考试工商企业管理专业学习）；2002年6月至2002年9月，任兰州市规划国土资源局科员；2002年9月至2003年2月，任兰州市规划国土资源局政策法规处副处长；2003年2月至2004年12月，任兰州市规划国土资源局规划管理处副处长；2004年12月至2006年8月，任兰州市规划局规划管理处副处长；2006年8月至2009年10月，任兰州市规划局规划管理处处长；2009年10月至2010年7月，任兰州市秦王川综合开发管理委员会副主任；2010年7月至2011年1月，任兰州市秦王川综合开发管理委员会副主任、兰州新区管委会（筹）规划建设局负责人；2011年1月至2011年9月，任兰州新区规划建设管理局副局长；2011年9月至2016年6月，任兰州市城关区副区长（其间：2013年7月，获北京大学光华管理学院高级管理人员工商管理硕士学位；2014年3月至2015年5月，在兰州市第二期免职脱岗培训班学习）；2016年6月至2017年7月，任兰州市土地储备中心主任；2017年7月至2017年8月，任兰州市土地储备中心主任，民革兰州市委员会主委；2017年8月至2019年2月，任兰州市城乡规划局局长，民革兰州市委员会主委；2019年2月至2019年8月，任兰州市自然资源局局长，民革兰州市委员会主委；2019年8月至2021年8月，任兰州市自然资源局局长，民革兰州市委员会主委，一级调研员；2021年8月至2021年9月，任武威市政府副市长人选；2021年9月，任武威市政府副市长，市工商业联合会（民间商会）主席（会长）候选人。

**【刘爱君】** 男，汉族，1974年12月出生，籍贯甘肃皋兰，2002年6月加入中国共产党，在职研究生学历，工商管理硕士，1996年7月参加工作。1993年9月至1996年7月，在西北师范大学数学系电算会计与统计专业学习；1996年7月至1999年9月，任省国有资产管理局干部；1999年9月至2001年4月，任省财政厅世界银行处干部；2001年4月至2004年5月，任省国外贷款管理委员会办公室干部（其间：1998年9月至2001年7月，在兰州大学会计学专业学习；2000年9月至2002年7月，在中央财经大学财政学专业研究生课程进修班学习）；2004年5月至2005年10月，任省国外贷款管理委员会办公室副主任科员；2005年10月至2009年1月，任省国外贷款管理委员会办公室主任科员；2009年1月至2010年11月，任省国外贷款管理委员会办公室主任科员，省财政厅教科文处工作；2010年11月至2012年12月，任省财政干部教育中心副主任；2012年12月至2015

年7月，任省财政厅教科文处副处长（其间：2011年9月至2013年12月，在兰州交通大学工商管理专业学习；2012年11月至2013年6月，挂职任康乐县胭脂镇党委副书记）；2015年7月至2016年1月，任省财政厅科技文化处副处长；2016年1月至2019年11月，任省级文化企业国有资产监督管理办公室主任；2019年11月至2021年10月，任省财政厅科技文化处处长（其间：2018年8月至2021年2月，挂职任渭源县委副书记）；2021年10月至2021年11月，任武威市政府副市长候选人；2021年11月至2021年12月，任武威市政府党组成员、副市长候选人；2021年12月，任武威市政府党组成员、副市长。

【张浚潭】 男，汉族，1966年1月出生，籍贯甘肃古浪，1988年10月加入中国共产党，省委党校研究生学历，1984年7月参加工作。1981年7月至1984年7月，在省农业机械化学校农机专业学习；1984年7月至1990年4月，任古浪县计划委员会干事（其间：1985年6月至1989年6月，在甘肃工业大学工民建专业自学考试大专班学习）；1990年4月至1994年1月，任武威地区计划委员会干事；1994年1月至1998年7月，任武威地区计划委员会固定资产投资科副科长；1998年7月至2000年10月，任武威地区行署计划处办公室主任（其间：1996年7月至1998年12月，在中央党校函授学院经管专业本科班学习）；2000年10月至2001年10月，任武威地区纪律检查委员会（监察局）信访室主任；2001年10月至2001年12月，任武威市纪律检查委员会（监察局）信访室主任；2001年12月至2007年3月，任天祝藏族自治县委副书记［其间：2000年9月至2003年6月，在省委党校专门史（区域经济开发）专业研究生班学习］；2007年3月至2007年12月，任武威市物价局副局长（主持工作）；2007年12月至2010年6月，任武威市发展和改革委员会副主任，市物价局党组书记、局长，市物价检查所所长，市工农业产品成本调查队队长；2010年6月至2012年1月，任武威市发展和改革委员会党组成员、副主任，市物价局局长，市物价检查所所长，市工农业产品成本调查队队长；2012年1月至2015年9月，任武威市民政局党委书记、局长，市新社会组织党工委书记，市双拥办主任；2015年9月至2016年6月，任武威市民政局党组书记、局长，市新社会组织党工委书记，市双拥办主任；2016年6月至2017年12月，任武威市民政局党组书记、局长，市双拥办主任；2017年12月至2019年1月，任政协武威市委员会党组成员、副主席，市民政局党组书记、局长，市双拥办主任；2019年1月至2021年12月，任政协武威市委员会党组成员、副主席；2021年12月，任政协武威市委员会党组副书记、副主席。

【马扎西】 男，藏族，1964年7月出生，籍贯甘肃天祝，1992年8月加入中国共产党，中央党校大学学历，1983年7月参加工作。1980年9月至1983年7月，在天祝师范学校中师藏语班学习；1983年7月至1984年9月，任天祝藏族自治县东大滩中学教师；1984年9月至1988年11月，任天祝藏族自治县民族中学教师；1988年11月至1992年12月，任天祝藏族自治县宗教局干部（其间：1990年8月至1992年7月，在省委党校党政管理专业大专班学习）；1992年12月至1995年4月，任天祝藏族自治县人事局干部；1995年4月至1998年12月，任天祝藏族自治县安远镇副镇长；1998年12月至2001年9月，任天祝藏族自治县打柴沟镇党委副书记、镇长；2001年9月至2002年12月，任天祝藏族自治县天堂乡党委书记（其间：1999年8月至2001年12月，在中央党校函授学院法律专业本科班学习）；2002年12月至2004年2月，任天祝藏族自治县委组织部副部长；2004年2月至2005年5月，任天祝藏族自治县委组织部副部长、老干部工作局局长；2005年5月至2006年9月，任天祝藏族自治县县长助理；2006年9月至2007年7月，任天祝藏族自治县副县长；2007年7月至2014年8月，任武威市绿化委员会办公室副主任；2014年8月至2015年9月，任武威市林业局党委委员、副局长，市绿委办主任（兼）；2015年9月至2017年5月，任武威市林业局党组成员、副局长，市绿委办主任（兼）；2017年5月至2018年10月，任武威市安监局（煤炭安全监管局）党组书记、局长；2018年10月至2018年11月，任天祝藏族自治县委副书记、县长候选人；2018年11月至2019年3月，任天祝藏族自治县委副书记、代县长；2019年3月至2019年8月，任天祝藏族自治县委副书记、县长；2019年8月至2021年1月，任天祝藏族自治县委副书记、县长，一级调研员；2021年1月至2021年2月，任政协武威市委员会党组成员、副主席候选人，天祝藏族自治县委副书记、县长；2021年2月至2021年7月，任政协武威市委员会党组成员、副主席，天祝藏族自治县委副书记、县长；2021年7月，任政协武威市委员会党组成员、副主席。

**【赵晓晖】** 女，汉族，1970年2月出生，籍贯江苏灌云，无党派，中央党校大学学历，1990年12月参加工作。1988年9月至1990年7月，在西北师范大学计算机科学系计算机专业学习；1990年7月至1990年12月，待招工；1990年12月至1996年11月，任金昌市统计局干事；1996年11月至2001年1月，任省劳动厅干部、科员（其间：1997年8月至1999年12月，在中央党校函授学院经济管理专业在职学习）；2001年1月至2001年12月，任省劳动厅副主任科员；2001年12月至2003年12月，任省安全生产监督管理局信息处副主任科员；2003年12月至2007年4月，任省安全生产监督管理局协调处主任科员；2007年4月至2010年3月，任省安全生产监督管理局协调处副处长；2010年3月至2014年1月，任省安全生产监督管理局职业安全健康监督管理处副处长；2014年1月至2016年4月，任省安全生产监督管理局职业安全健康监督管理处调研员；2016年4月至2018年11月，任省安全生产监督管理局监察专员；2018年11月至2019年1月，任省应急管理厅正处级干部；2019年1月至2019年10月，任省应急管理厅监察专员；2019年10月至2021年9月，任省应急管理厅一级调研员；2021年9月至2021年12月，任政协武威市委员会副主席候选人；2021年12月，任政协武威市委员会副主席。

**【李昌廉】** 女，汉族，1968年10月出生，籍贯甘肃古浪，农工党员，在职大专学历，1988年7月参加工作。1986年9月至1988年7月，在省财政学校财政专业学习；1988年7月至1998年4月，任武威地区行署财政处干部（其间：1990年4月至1991年7月，在原武威市高坝镇财税所锻炼）；1998年4月至2000年9月，任武威地区行署财政处预算科副科长（其间：1998年3月至2000年3

月，在兰州大学计算机财政管理专业大专班学习）；2000年9月至2002年7月，任武威地区行署财政处税政条法科科长；2002年7月至2007年9月，任武威市财政局农税税政科科长；2007年9月至2009年7月，任武威市财政局社会保障科科长；2009年7月至2012年12月，任武威市非税收入管理局局长（副县级）；2012年12月至2015年7月，任武威市财政局副局长、市非税收入管理局局长、市审计学会副会长（兼）；2015年7月至2017年11月，任武威市财政局副局长、市审计学会副会长（兼）；2017年11月至2019年1月，任武威市政府金融工作办公室主任；2019年1月至2021年10月，任武威市财政局副局长（正县级）；2021年10月至2021年11月，任政协武威市委员会副主席候选人，市财政局副局长；2021年11月至2021年12月，任政协武威市委员会副主席候选人，农工党武威市委员会主委，市财政局副局长；2021年12月，任政协武威市委员会副主席，农工党武威市委员会主委。

**【张　瑗】** 女，汉族，1970年11月出生，籍贯陕西宝鸡，1993年5月加入中国共产党，大学学历，法律硕士，1994年7月参加工作。1990年9月至1994年7月，在西北政法学院法律系法学专业学习；1994年7月至1995年8月，任省高级人民法院干部；1995年8月至2000年5月，任省高级人民法院书记员；2000年5月至2001年11月，任省高级人民法院副科级书记员；2001年11月至2005年12月，任省高级人民法院助理审判员；2005年12月至2010年9月，任省高级人民法院正科级助理审判员（其间：2003年12月至2006年12月，兰州大学完成法律硕士专业学位培养计划，获得法律硕士学位）；2010年9月至2010年11月，任省高级人民法院刑事审判第二庭副庭长；2010年11月至2013年12月，任省高级人民法院审判员、刑事审判第二庭副庭长；2013年12月至2017年5月，任兰州市中级人民法院副院长、党组成员；2017年5月至2021年4月，任兰州市中级人民法院副院长、党组成员、三级高级法官；2021年4月至2021年8月，任兰州市中级人民法院副院长、党组成员、二级高级法官；2021年8月至2021年9月，任武威市中级人民法院院长候选人；2021年9月至2021年12月，任武威市中级人民法院党组书记、副院长、代院长、审委会委员；2021年12月，任武威市中级人民法院党组书记、院长、审委会委员。

**【赵德金】** 男，汉族，1970年2月出生，籍贯甘肃金塔，1999年4月加入中国共产党，在职研究生学历，法学博士，1990年7月参加工作。1988年9月至1990年7月，在张掖师范专科学校数学专业学习；1990年7月至1993年7月，任嘉峪关市文殊中学教师；1993年7月至1999年5月，任嘉峪关市法院书记员（其间：1994年9月至1997年7月，在全国法院干部业余法律大学法律专业学习，获大专学历）；1999年5月至1999年12月，任嘉峪关市法院助理审判员（其间：1996年9月至1999年6月，在西北政法学院成人教育法学专业专升本函授学习，获大学学历）；1999年12月至2003年6月，任嘉峪关市法制局副局长（其间：2001年9月至2002年1月，在省委党校第二十一期中青干部培训班学习）；2003年6月至2006年7月，任嘉峪关市政府法制办公室副主任（其间：2001年9月至2003年9月，在甘肃省委党校科学社会主义专业学习，获研究生学历）；2006年7月至2007年11月，任嘉峪关市政府法制办公室主任；2007年11月至2008年10月，任嘉峪关市政府副秘书长、法制办公室主任；2008年10月至2011年2月，任嘉峪关市政府副秘书长、法制办公室主任，市政府办公室党组成员（其间：2005年12月至2008年12月，在兰州大学法律专业学习，获法律硕士学位）；2011年2月至2011年3月，任嘉峪关市政府副秘书长、法制办公室主任，市人民检察院党组副书记；2011年3月至2017年1月，任嘉峪关市检察院党组副书记、副检察长、检委会委员（其间：2012年9月至2012年10月，在省委党校第五十六期县处级干部进修班学习；2014年9月至2014年11月，在省委党校第四十五期中青年干部培训班学习）；2017年1月至2021年8月，任省检察院矿区分院党组书记、检察长（其间：2018年9月至2021年6月，在中国政法大学宪法学与行政法学专业学习，获研究生学历、法学博士学位）；2021年8月至2021年9月，任武威市人民检察院检察长候选人；2021年9月至2021年12月，任武威市人民检察院党组书记、副检察长、代检察长、检委会委员；2021年12月，任武威市人民检察院党组书记、检察长、检委会委员。

（市委组织部）

## 2021年度武威市取得正高级职称人物表录

表4

| 序号 | 姓　名 | 工作单位 | 取得资格名称 | 取得资格时间 | 备注 |
|---|---|---|---|---|---|
| 1 | 徐生海 | 武威市农业技术推广中心 | 正高级农艺师 | 2021.12.31 | — |
| 2 | 靳　新 | 武威市畜牧兽医总站 | 正高级兽医师 | 2021.12.31 | — |
| 3 | 张仲保 | 武威市农业科学研究院 | 研究员 | 2021.12.19 | — |
| 4 | 汪裕龙 | 武威市畜牧兽医科学研究院 | 正高级兽医师 | 2021.12.31 | — |
| 5 | 占发禹 | 武威职业学院 | 高校教授 | 2021.12.19 | 自主评审 |
| 6 | 何　毅 | 武威职业学院 | 高校教授 | 2021.12.19 | 自主评审 |
| 7 | 李秀英 | 武威第一中学 | 中小学正高级教师 | 2021.12.31 | — |
| 8 | 汤　锋 | 武威第一中学 | 中小学正高级教师 | 2021.12.31 | — |
| 9 | 崔国栋 | 武威第二中学 | 中小学正高级教师 | 2021.12.31 | — |
| 10 | 李柏义 | 武威第十五中学 | 中小学正高级教师 | 2021.12.31 | — |
| 11 | 王　宏 | 武威市教育评价中心 | 中小学正高级教师 | 2021.12.31 | — |
| 12 | 赵著华 | 武威市人民医院 | 主任护师 | 2021.12.21 | — |
| 13 | 杨清雅 | 武威市人民医院 | 主任医师 | 2021.12.21 | — |

续表 4

| 序号 | 姓 名 | 工作单位 | 取得资格名称 | 取得资格时间 | 备注 |
| --- | --- | --- | --- | --- | --- |
| 14 | 王莉民 | 武威市人民医院 | 主任中药师 | 2021.12.27 | — |
| 15 | 杜威萍 | 武威市人民医院 | 主任医师 | 2021.12.21 | — |
| 16 | 王娥梅 | 武威市人民医院 | 主任护师 | 2021.12.21 | — |
| 17 | 詹发杰 | 武威市人民医院 | 主任医师 | 2021.12.21 | — |
| 18 | 王 玺 | 武威市人民医院 | 主任医师 | 2021.12.21 | — |
| 19 | 李晓春 | 武威市疾病预防控制中心 | 主任医师 | 2021.12.21 | — |
| 20 | 任旭东 | 武威市疾病预防控制中心 | 主任医师 | 2021.12.21 | — |
| 21 | 李永鸿 | 武威市妇幼保健计划生育服务中心 | 主任医师 | 2021.12.21 | — |
| 22 | 樊 平 | 甘肃省武威肿瘤医院 | 主任医师 | 2021.12.21 | — |
| 23 | 王 磊 | 武威市中心血站 | 研究员 | 2021.12.21 | — |
| 24 | 吴志忠 | 武威市中医医院 | 主任医师 | 2021.12.21 | — |
| 25 | 王多德 | 武威市中医医院 | 主任医师 | 2021.12.21 | — |
| 26 | 杨晓南 | 武威市中医医院 | 主任医师 | 2021.12.21 | — |
| 27 | 高长泰 | 武威市中医医院 | 主任医师 | 2021.12.21 | — |
| 28 | 达志河 | 武威市中医医院 | 主任医师 | 2021.12.21 | — |
| 29 | 李 晓 | 武威市凉州医院 | 主任医师 | 2021.12.21 | — |
| 30 | 崔雪莲 | 武威市凉州医院 | 主任医师 | 2021.12.21 | — |
| 31 | 郝开花 | 武威市凉州医院 | 主任医师 | 2021.12.21 | — |
| 32 | 赵万东 | 武威市凉州医院 | 主任医师 | 2021.12.21 | — |
| 33 | 李晓琴 | 武威市凉州医院 | 主任医师 | 2021.12.21 | — |
| 34 | 杨秀兰 | 凉州区中西医结合医院 | 主任医师 | 2021.12.21 | — |
| 35 | 杨冬梅 | 凉州区中西医结合医院 | 主任医师 | 2021.12.21 | 转系列 |
| 36 | 杨兴祥 | 凉州区清源镇中心卫生院 | 主任医师 | 2021.12.21 | 破格 |
| 37 | 郭应辉 | 凉州区高坝镇中心卫生院 | 主任医师 | 2021.12.21 | 评委会考核认定 |
| 38 | 王建荣 | 凉州区永昌镇中心卫生院 | 主任医师 | 2021.12.21 | 评委会考核认定 |
| 39 | 马生奇 | 凉州区发放镇卫生院 | 主任医师 | 2021.12.21 | — |
| 40 | 李兆芳 | 凉州区清水镇卫生院 | 主任医师 | 2021.12.21 | 评委会考核认定 |
| 41 | 谢青花 | 凉州区发展街小学 | 中小学正高级教师 | 2021.12.31 | — |

续表 4

| 序号 | 姓　名 | 工作单位 | 取得资格名称 | 取得资格时间 | 备注 |
|---|---|---|---|---|---|
| 42 | 徐创成 | 凉州区永昌镇中心学校 | 中小学正高级教师 | 2021.12.31 | — |
| 43 | 陈有武 | 武威第二十一中学 | 中小学正高级教师 | 2021.12.31 | — |
| 44 | 徐兆胜 | 武威第六中学 | 中小学正高级教师 | 2021.12.31 | — |
| 45 | 唐浩达 | 武威第十九中学 | 中小学正高级教师 | 2021.12.31 | — |
| 46 | 冯亚瑾 | 凉州区教学研究室 | 中小学正高级教师 | 2021.12.31 | — |
| 47 | 徐喜俊 | 凉州区农业技术推广中心 | 正高级农艺师 | 2021.12.31 | — |
| 48 | 许丰庆 | 凉州区农产品质量安全监督管理站 | 正高级农艺师 | 2021.12.31 | — |
| 49 | 鲁学成 | 凉州区黄羊河水利管理处 | 正高级工程师 | 2021.12.19 | — |
| 50 | 刘金凤 | 凉州区林业技术推广中心 | 正高级工程师 | 2021.12.15 | — |
| 51 | 马生庆 | 凉州区农业机械化技术推广站 | 正高级工程师 | 2021.12.15 | 破格 |
| 52 | 王虎甲 | 凉州区水电勘测设计队 | 正高级工程师 | 2021.12.19 | 破格 |
| 53 | 李鹏学 | 凉州区河湖管理中心 | 正高级工程师 | 2021.12.19 | — |
| 54 | 邱进强 | 民勤县特色林果产业中心 | 正高级工程师 | 2021.12.15 | — |
| 55 | 王永洛 | 民勤县第一中学 | 中小学正高级教师 | 2021.12.31 | — |
| 56 | 杨来荣 | 民勤县第四中学 | 中小学正高级教师 | 2021.12.31 | — |
| 57 | 李成双 | 民勤县第四中学 | 中小学正高级教师 | 2021.12.31 | — |
| 58 | 聂　英 | 民勤县畜牧兽医工作站 | 农业技术推广研究员 | 2021.12.31 | 破格 |
| 59 | 周自政 | 民勤县农业广播电视学校 | 农业技术推广研究员 | 2021.12.31 | 破格 |
| 60 | 刘学元 | 民勤刘家地中西医结合医院 | 主任医师 | 2021.12.21 | — |
| 61 | 李有鹏 | 民勤县人民医院 | 主任医师 | 2021.12.21 | — |
| 62 | 唐玉花 | 民勤县妇幼保健计划生育服务中心 | 主任医师 | 2021.12.21 | — |
| 63 | 胡丛奕 | 古浪县教育局教研室 | 中小学正高级教师 | 2021.12.31 | — |
| 64 | 李宗信 | 古浪县中医医院 | 主任医师 | 2021.12.21 | — |
| 65 | 祁玉花 | 古浪县妇幼保健计划生育服务中心 | 主任医师 | 2021.12.21 | — |
| 66 | 王秀云 | 古浪县城关街道社区卫生服务中心 | 主任医师 | 2021.12.21 | — |
| 67 | 段进晟 | 古浪县古丰镇卫生院 | 主任医师 | 2021.12.21 | — |
| 68 | 张金川 | 天祝藏族自治县民族中学 | 中小学正高级教师 | 2021.12.31 | — |

续表 4

| 序号 | 姓　名 | 工作单位 | 取得资格名称 | 取得资格时间 | 备注 |
| --- | --- | --- | --- | --- | --- |
| 69 | 赵尔义 | 天祝藏族自治县种畜繁育研究院 | 农业技术推广研究员 | 2021.12.31 | 评委会考核认定 |
| 70 | 杨伟德 | 天祝藏族自治县农产品质量安全检测站 | 农业技术推广研究员 | 2021.12.31 | — |
| 71 | 赵延俊 | 天祝藏族自治县乡镇畜牧兽医站 | 农业技术推广研究员 | 2021.12.31 | 评委会考核认定 |
| 72 | 王金帮 | 天祝藏族自治县乡镇畜牧兽医站 | 农业技术推广研究员 | 2021.12.31 | 评委会考核认定 |
| 73 | 周智德 | 天祝藏族自治县乡镇畜牧兽医站 | 农业技术推广研究员 | 2021.12.31 | 评委会考核认定 |
| 74 | 耿吉文 | 天祝藏族自治县乡镇畜牧兽医站 | 农业技术推广研究员 | 2021.12.31 | 评委会考核认定 |
| 75 | 苏乃旦 | 天祝藏族自治县融媒体中心 | 译审 | 2021.12.11 | — |
| 76 | 杨　涛 | 天祝藏族自治县融媒体中心 | 高级编辑 | 2021.12.25 | — |
| 77 | 牛周吉 | 天祝藏族自治县融媒体中心 | 译审 | 2021.12.21 | 破格 |
| 78 | 董建国 | 天祝藏族自治县南阳山片生态移民供水工程建设管理局 | 正高级工程师 | 2021.12.19 | 破格 |
| 79 | 刘德成 | 天祝藏族自治县水土保持工作站 | 正高级工程师 | 2021.12.19 | 破格 |
| 80 | 董岭山 | 天祝藏族自治县水务投资发展有限责任公司 | 正高级工程师 | 2021.12.19 | 破格 |
| 81 | 巴成瑞 | 天祝藏族自治县水利建设管理站 | 正高级工程师 | 2021.12.19 | 破格 |
| 82 | 谢延龙 | 天祝藏族自治县水利建设管理站 | 正高级工程师 | 2021.12.19 | 破格 |
| 83 | 华　民 | 天祝藏族自治县人民医院 | 主任医师 | 2021.12.21 | — |
| 84 | 刘建英 | 天祝藏族自治县人民医院 | 主任医师 | 2021.12.21 | — |
| 85 | 党万军 | 天祝藏族自治县人民医院 | 主任医师 | 2021.12.21 | — |
| 86 | 张聘年 | 天祝藏族自治县疾病预防控制中心 | 主任医师 | 2021.12.21 | — |
| 87 | 周光宾 | 天祝藏族自治县第二人民医院 | 主任医师 | 2021.12.21 | — |
| 88 | 刘亨忠 | 天祝藏族自治县基层水利管理服务中心 | 正高级工程师 | 2021.12.19 | 破格 |
| 89 | 杨子惠 | 天祝藏族自治县华藏寺镇农业农村综合服务中心 | 农业技术推广研究员 | 2021.12.31 | 评委会考核认定 |
| 90 | 李月福 | 天祝藏族自治县打柴沟镇农业农村综合服务中心 | 农业技术推广研究员 | 2021.12.31 | 评委会考核认定 |

（市人社局）

## 先进人物

【柳　鹏】 男，汉族，生于1971年11月，甘肃兰州人，中共党员，中共武威市委书记。2021年2月，被中共中央、国务院授予"全国脱贫攻坚先进个人"称号。

【李　鹏】 男，汉族，生于1969年3月，中共党员，中共天祝藏族自治县委书记。2021年2月，被中共中央、国务院授予"全国脱贫攻坚先进个人"称号。

【胡丛斌】 男，汉族，生于1965年6月，甘肃古浪人，中共党员，古浪县黄花滩绿洲生态移民产业专业合作社党委书记。2021年2月，被中共中央、国务院授予"全国脱贫攻坚先进个人"称号。

【杨　斌】 男，汉族，生于1967年8月，甘肃武威人，中共党员，武威市凉州区黄羊镇镇政府副镇长、上庄村党支部书记、村委会主任。2021年2月，被中共中央、国务院授予"全国脱贫攻坚先进个人"称号，同时，被甘肃省委授予"甘肃省优秀党务工作者"，被中组部、中宣部授予全国"最美公务员"称号。

【刘羽桐】 女，甘肃远达投资集团有限公司董事长。2021年2月，被中共中央、国务院授予"全国脱贫攻坚先进个人"称号。

【祁发宝】 男，汉族，生于1979年3月，甘肃天祝人，中共党员，中国人民解放军某边防团团长。2021年2月，被中央军委授予"卫国戍边英雄团长"称号。

【朱生玉】 男，汉族，生于1963年1月，2017年底被选聘为天祝藏族自治县安远镇生态护林员。2021年3月，被中宣部、国家林草局、财政部、国家乡村振兴局授予"最美生态护林员"称号。

【赵象俊】 男，汉族，中共党员，武威市生态环境保护综合行政执法队副队长。2021年4月，被生态环境部授予2020年"生态环境保护执法大练兵表现突出个人"称号。

【黄　芳】 女，汉族，生于1981年2月，中共党员，武威市公安刑事侦查支队政委。2021年4月，被公安部授予"全国公安机关扫黑除恶专项斗争成绩突出个人"称号。

【高培兴】 男，汉族，武威市民勤县水务局党组书记、局长。2021年5月，被水利部授予"全面推行河长制湖长制工作先进工作者"称号。

【孙寿岭】 男，生于1943年3月，甘肃武威人，中国社会科学院西夏文化研究中心学术委员、武威市博物馆原副馆长、考古专家、著名西夏文化学者，从事文物保护工作50余载，痴心研学传承中华文化。2021年5月，入选"中国好人榜"。

【刘达娃】 女，藏族，生于1984年2月，甘肃天祝人，2020年5月5日，她徒手接住坠楼男童，托住一个鲜活生命。2021年6月，入选"中国好人榜"。

**【翟建新】** 男，汉族，生于1970年11月，中共党员，武威市市场监督管理局非公有制经济组织党建工作科科长。2021年6月，被国家市场监督管理总局授予"全国市场监管系统小微企业个体工商户专业市场党建工作表现突出个人"称号。

**【郭万刚】** 男，汉族，生于1952年1月，中共党员，古浪县土门镇八步沙集体林场党支部书记、场长。从普通护林员到治沙造林带头人，矢志不渝守护家园。2021年7月，入选"中国好人榜"。11月，被中宣部、中央文明办等授予第八届"全国道德模范"称号。

**【张拉毛东智】** 男，土家族，生于1968年6月，甘肃天祝人，天祝藏族自治县城关第二小学副校长。扎根雪域高原29年，成为孩子们的"老师爸爸"。2021年8月，入选"中国好人榜"。

**【胡中山】** 男，生于1962年9月，甘肃古浪人，中共党员，古浪县黄花滩生态移民后续产业合作社党委书记，带领全村脱贫致富。2021年8月，入选"中国好人榜"。

**【贺中强】** 男，汉族，中共党员，古浪县土门镇八步沙集体林场护林员，大漠中的绿色传承，接替已故父亲治沙种树。2021年8月，入选"中国好人榜"。

**【刘晓龙】** 男，汉族，生于1975年6月，中共党员，武威市公安局法制支队支队长，2021年9月，被公安部授予"个人一等功"。

**【赵慧琴】** 女，汉族，生于1968年12月，甘肃武威人，凉州区妇女联合会党组成员、副主席。2021年，被全国妇联授予"全国维护妇女儿童权益先进个人"称号。

**【周开春】** 男，武威市疾病预防控制中心检验科科长，技师。2021年4月，被中共甘肃省委、省政府授予"甘肃省抗击新冠疫情先进个人"称号。

**【李晓琴】** 女，武威市凉州医院感染性疾病科主任，副主任医师。2021年4月，被中共甘肃省委、省政府授予"甘肃省抗击新冠疫情先进个人"称号。

**【李有鹏】** 男，民勤县人民医院副院长，副主任医师。2021年4月，被中共甘肃省委、省政府授予"甘肃省抗击新冠疫情先进个人"称号。

**【闫登兰】** 女，天祝藏族自治县人民医院麻醉手术科副主任护师。2021年4月，被中共甘肃省委、省政府授予"甘肃省抗击新冠疫情先进个人"称号。

**【席彩霞】** 女，甘肃省武威肿瘤医院呼吸内科副主任，副主任医师。2021年4月，被中共甘肃省委、省政府授予"甘肃省抗击新冠疫情先进个人"称号。

**【伏润之】** 男，甘肃日报驻武威记者站编辑。2021年4月，被中共甘肃省委、省政府授予"甘肃省抗击新冠疫情先进个人"称号。

**【马维晋】** 男，武威市中医医院急诊科主任，主治医师。2021年4月，被中共甘肃省委、省政府授予“甘肃省抗击新冠疫情先进个人”称号。

【王吉祥】 男，生于1985年7月，中共党员，武威市公安局网络安全保卫支队警务技术四级主管。2021年4月，被中共甘肃省委、省政府授予“甘肃省抗击新冠疫情先进个人”称号。

【曾　玮】 男，中国铁路兰州局集团有限公司武威南车务段党委书记。2021年4月，被中共甘肃省委、省政府授予“甘肃省抗击新冠疫情先进个人”称号。

【赵　强】 男，武威市凉州区黄羊镇中心卫生院副院长，医师。2021年4月，被中共甘肃省委、省政府授予“甘肃省抗击新冠疫情先进个人”称号。

【李大忠】 男，武威市凉州区公路建设养护站养护工。2021年4月，被中共甘肃省委、省政府授予“甘肃省抗击新冠疫情先进个人”称号。

【李向国】 男，武威市凉州区健康促进中心副主任。2021年4月，被中共甘肃省委、省政府授予“甘肃省抗击新冠疫情先进个人”称号。

【查高刚】 男，武威市凉州区西关街社区卫生服务中心主任，副主任医师。2021年4月，被中共甘肃省委、省政府授予“甘肃省抗击新冠疫情先进个人”称号。

【李和福】 男，民勤县纪委监委湖区片纪检监察工委书记。2021年4月，被中共甘肃省委、省政府授予“甘肃省抗击新冠疫情先进个人”称号。

【来积婷】 女，古浪县中医医院儿科护士长，护师。2021年4月，被中共甘肃省委、省政府授予“甘肃省抗击新冠疫情先进个人”称号。

【陈善颖】 女，古浪县人民医院感染科护士长，护师。2021年4月，被中共甘肃省委、省政府授予“甘肃省抗击新冠疫情先进个人”称号。

【苏玉鲲】 男，天祝藏族自治县委政法委信息中心九级职员。2021年4月，被中共甘肃省委、省政府授予“甘肃省抗击新冠疫情先进个人”称号。

## 2021年全省脱贫攻坚先进个人表录

表5

| 序号 | 姓　名 | 性别 | 民族 | 单位与职务 | 表彰单位 | 表彰时间 |
|---|---|---|---|---|---|---|
| 1 | 杨青山 | 男 | 汉族 | 武威市人大常委会秘书长、机关党组书记 | 中共甘肃省委、甘肃省人民政府 | 2021年5月19日 |
| 2 | 张学龙 | 男 | 汉族 | 武威市卫生健康委副主任 | 中共甘肃省委、甘肃省人民政府 | 2021年5月19日 |

续表5

| 序号 | 姓　名 | 性别 | 民族 | 单位与职务 | 表彰单位 | 表彰时间 |
|---|---|---|---|---|---|---|
| 3 | 付振江 | 男 | 汉族 | 武威市教育局学生资助管理中心主任 | 中共甘肃省委、甘肃省人民政府 | 2021年5月19日 |
| 4 | 苏兴礼 | 男 | 汉族 | 武威市水务局二级主任科员 | 中共甘肃省委、甘肃省人民政府 | 2021年5月19日 |
| 5 | 邸维平 | 男 | 汉族 | 武威市民政局社会救助科科长 | 中共甘肃省委、甘肃省人民政府 | 2021年5月19日 |
| 6 | 刘国贤 | 男 | 汉族 | 武威市交通运输局干部 | 中共甘肃省委、甘肃省人民政府 | 2021年5月19日 |
| 7 | 邵小平 | 男 | 汉族 | 武威市扶贫办精准扶贫工作站站长 | 中共甘肃省委、甘肃省人民政府 | 2021年5月19日 |
| 8 | 张尚梅 | 女 | 汉族 | 武威市新闻传媒集团新闻中心副主任 | 中共甘肃省委、甘肃省人民政府 | 2021年5月19日 |
| 9 | 代凌荣 | 男 | 汉族 | 甘肃省武威军分区政治工作处干事 | 中共甘肃省委、甘肃省人民政府 | 2021年5月19日 |
| 10 | 张小强 | 男 | 汉族 | 国网武威供电公司建设部主任 | 中共甘肃省委、甘肃省人民政府 | 2021年5月19日 |
| 11 | 张　靖 | 男 | 汉族 | 兰州银行武威分行三农服务中心员工 | 中共甘肃省委、甘肃省人民政府 | 2021年5月19日 |
| 12 | 陈秀伟 | 男 | 汉族 | 武威伊利乳业有限责任公司总经理 | 中共甘肃省委、甘肃省人民政府 | 2021年5月19日 |
| 13 | 杨　璐 | 男 | 汉族 | 武威市凉州区委副书记 | 中共甘肃省委、甘肃省人民政府 | 2021年5月19日 |
| 14 | 赵玉年 | 男 | 汉族 | 武威市凉州区住建局党委书记、局长 | 中共甘肃省委、甘肃省人民政府 | 2021年5月19日 |
| 15 | 邹　杰 | 男 | 汉族 | 武威市凉州区古城镇党委书记 | 中共甘肃省委、甘肃省人民政府 | 2021年5月19日 |
| 16 | 徐海霞 | 女 | 汉族 | 武威市凉州区金塔镇扶贫工作站站长 | 中共甘肃省委、甘肃省人民政府 | 2021年5月19日 |
| 17 | 刘得成 | 男 | 汉族 | 武威市凉州区韩佐镇头畦村村委会主任 | 中共甘肃省委、甘肃省人民政府 | 2021年5月19日 |
| 18 | 刘　磊 | 男 | 汉族 | 武威市凉州区九墩滩富民村驻村帮扶工作队队长兼第一书记 | 中共甘肃省委、甘肃省人民政府 | 2021年5月19日 |
| 19 | 汪玉梅 | 女 | 汉族 | 武威市凉州区智信达农业开发有限公司总经理 | 中共甘肃省委、甘肃省人民政府 | 2021年5月19日 |
| 20 | 王丽娟 | 女 | 汉族 | 武威市凉州区下双镇涨泗村村民 | 中共甘肃省委、甘肃省人民政府 | 2021年5月19日 |
| 21 | 程　琪 | 女 | 汉族 | 生前为武威市凉州区金塔镇金塔村驻村第一书记 | 中共甘肃省委、甘肃省人民政府 | 2021年5月19日 |
| 22 | 王　军 | 男 | 汉族 | 民勤县委常委、政法委书记 | 中共甘肃省委、甘肃省人民政府 | 2021年5月19日 |
| 23 | 毛焕锐 | 男 | 汉族 | 民勤县农业农村局副局长 | 中共甘肃省委、甘肃省人民政府 | 2021年5月19日 |

续表 5

| 序号 | 姓　名 | 性别 | 民族 | 单位与职务 | 表彰单位 | 表彰时间 |
|---|---|---|---|---|---|---|
| 24 | 尹昌业 | 男 | 汉族 | 民勤县收成镇党委书记 | 中共甘肃省委、甘肃省人民政府 | 2021 年 5 月 19 日 |
| 25 | 柴少伟 | 男 | 汉族 | 民勤县南湖镇人大主席 | 中共甘肃省委、甘肃省人民政府 | 2021 年 5 月 19 日 |
| 26 | 刘大忠 | 男 | 汉族 | 民勤县收成镇珍宝村党支部书记兼村委会主任 | 中共甘肃省委、甘肃省人民政府 | 2021 年 5 月 19 日 |
| 27 | 许尔财 | 男 | 汉族 | 民勤县西部农林产品专业合作社理事长 | 中共甘肃省委、甘肃省人民政府 | 2021 年 5 月 19 日 |
| 28 | 程浩萱 | 男 | 汉族 | 民勤县东湖镇往致村驻村帮扶工作队队长兼第一书记 | 中共甘肃省委、甘肃省人民政府 | 2021 年 5 月 19 日 |
| 29 | 胡　兴 | 男 | 汉族 | 民勤县重兴镇红旗村村民 | 中共甘肃省委、甘肃省人民政府 | 2021 年 5 月 19 日 |
| 30 | 苏国波 | 男 | 汉族 | 古浪县委副书记、县长 | 中共甘肃省委、甘肃省人民政府 | 2021 年 5 月 19 日 |
| 31 | 蔡朋发 | 男 | 汉族 | 古浪县副县长（挂职中国化工集团蓝星公司） | 中共甘肃省委、甘肃省人民政府 | 2021 年 5 月 19 日 |
| 32 | 杨　伟 | 男 | 汉族 | 古浪县扶贫办党组书记、主任 | 中共甘肃省委、甘肃省人民政府 | 2021 年 5 月 19 日 |
| 33 | 邸光琦 | 男 | 汉族 | 古浪县教育局党组书记、局长 | 中共甘肃省委、甘肃省人民政府 | 2021 年 5 月 19 日 |
| 34 | 朱会文 | 男 | 汉族 | 古浪县特色林果产业中心主任 | 中共甘肃省委、甘肃省人民政府 | 2021 年 5 月 19 日 |
| 35 | 宋全军 | 男 | 汉族 | 古浪县西靖镇党委书记 | 中共甘肃省委、甘肃省人民政府 | 2021 年 5 月 19 日 |
| 36 | 王天海 | 男 | 汉族 | 古浪县直滩镇党委书记 | 中共甘肃省委、甘肃省人民政府 | 2021 年 5 月 19 日 |
| 37 | 禄　涛 | 男 | 汉族 | 古浪县黑松驿镇磨河湾村驻村帮扶工作队队员 | 中共甘肃省委、甘肃省人民政府 | 2021 年 5 月 19 日 |
| 38 | 李梦龙 | 男 | 藏族 | 古浪县裴家营镇高岭新村驻村帮扶工作队队长兼第一书记 | 中共甘肃省委、甘肃省人民政府 | 2021 年 5 月 19 日 |
| 39 | 陈志宏 | 男 | 汉族 | 古浪县干城乡为民新村驻村帮扶工作队队员 | 中共甘肃省委、甘肃省人民政府 | 2021 年 5 月 19 日 |
| 40 | 梁泽明 | 男 | 汉族 | 古浪县森茂牛羊交易市场总经理、古浪县海子滩镇森茂养羊专业合作社理事长 | 中共甘肃省委、甘肃省人民政府 | 2021 年 5 月 19 日 |
| 41 | 崔新文 | 男 | 汉族 | 古浪县民权镇长岭村党总支书记兼村委会主任 | 中共甘肃省委、甘肃省人民政府 | 2021 年 5 月 19 日 |
| 42 | 李清山 | 男 | 汉族 | 古浪县黄羊川镇一棵树村党支部书记兼村委会主任 | 中共甘肃省委、甘肃省人民政府 | 2021 年 5 月 19 日 |
| 43 | 李应川 | 男 | 汉族 | 古浪县干城乡富民新村村民 | 中共甘肃省委、甘肃省人民政府 | 2021 年 5 月 19 日 |

续表 5

| 序号 | 姓　名 | 性别 | 民族 | 单位与职务 | 表彰单位 | 表彰时间 |
|---|---|---|---|---|---|---|
| 44 | 崔振华 | 男 | 汉族 | 天祝藏族自治县委副书记 | 中共甘肃省委、甘肃省人民政府 | 2021 年 5 月 19 日 |
| 45 | 柳杨亮 | 男 | 汉族 | 天祝藏族自治县原副县长（挂职交银理财有限责任公司） | 中共甘肃省委、甘肃省人民政府 | 2021 年 5 月 19 日 |
| 46 | 王文华 | 男 | 汉族 | 交通银行甘肃省分行扶贫专干 | 中共甘肃省委、甘肃省人民政府 | 2021 年 5 月 19 日 |
| 47 | 毛万海 | 男 | 藏族 | 天祝藏族自治县住建局党组书记、局长 | 中共甘肃省委、甘肃省人民政府 | 2021 年 5 月 19 日 |
| 48 | 牛宗文 | 男 | 藏族 | 天祝藏族自治县赛什斯镇党委书记 | 中共甘肃省委、甘肃省人民政府 | 2021 年 5 月 19 日 |
| 49 | 张学俊 | 男 | 汉族 | 天祝藏族自治县石门镇党委书记 | 中共甘肃省委、甘肃省人民政府 | 2021 年 5 月 19 日 |
| 50 | 常　举 | 男 | 汉族 | 天祝藏族自治县大红沟镇红沟寺村驻村帮扶工作队队长兼第一书记 | 中共甘肃省委、甘肃省人民政府 | 2021 年 5 月 19 日 |
| 51 | 程世忠 | 男 | 汉族 | 天祝藏族自治县朵什镇南冲村党支部书记 | 中共甘肃省委、甘肃省人民政府 | 2021 年 5 月 19 日 |
| 52 | 刘建军 | 男 | 汉族 | 天祝藏族自治县安远镇曦源种植专业合作社理事长 | 中共甘肃省委、甘肃省人民政府 | 2021 年 5 月 19 日 |
| 53 | 刘　生 | 男 | 汉族 | 天祝高原净土农业发展有限公司总经理 | 中共甘肃省委、甘肃省人民政府 | 2021 年 5 月 19 日 |
| 54 | 马生才 | 男 | 汉族 | 天祝藏族自治县东大滩乡上圈湾村村民 | 中共甘肃省委、甘肃省人民政府 | 2021 年 5 月 19 日 |
| 55 | 谢达拉加 | 男 | 藏族 | 生前为天祝藏族自治县天堂镇雪龙村驻村帮扶干部 | 中共甘肃省委、甘肃省人民政府 | 2021 年 5 月 19 日 |

（相关单位）

## 先进集体及殊荣

**【全国气象部门模范机关创建先进单位】** 2021 年 1 月，武威市气象局被中国气象局表彰为“全国气象部门模范机关创建先进单位”。

**【全国脱贫攻坚先进集体】** 2021 年 2 月，天祝藏族自治县松山镇党委、古浪县干城乡富民新村党总支、古浪县黄花滩生态移民后续产业专业合作社被中共中央、国务院表彰为“全国脱贫攻坚先进集体”。

**【全国巾帼文明岗】** 2021 年 3 月，武威市凉州区羊下坝镇中心卫生院护理部被全国妇联表彰为“全国巾帼文明岗”。

**【全国巾帼建功先进集体】** 2021 年 3 月，甘肃纯洁高原农业科技有限公司被全国妇联表彰为“全国巾帼建功先进集体”。

**【生态环境保护执法大练兵表现突出集体】** 2021年4月，武威市生态环境局保护综合行政执法队被生态环境部表彰为2020年“生态环境保护执法大练兵表现突出集体”。

**【全面推行河长制湖长制工作先进集体】** 2021年5月，武威市河湖管理中心被水利部评为“全面推行河长制湖长制工作先进集体”。

**【全国工人先锋号】** 2021年5月，甘肃傲农饲料科技有限公司生产班被中华全国总工会表彰为“全国工人先锋号”。

**【全国最美家庭】** 杜志虎家庭，国家电网有限公司民勤县供电公司职工。2021年11月，被中央宣传部、中央文明办、全国妇联表彰为全国“最美家庭”。

**【全国最美家庭】** 许玉玲家庭，天祝藏族自治县妇女联合会四级主任科员，2021年11月，被中央宣传部、中央文明办、全国妇联表彰为全国“最美家庭”。

**【全国地方志优秀成果（年鉴类）特等年鉴】** 2021年12月，中共武威市委党史和地方志研究中心编纂的《武威年鉴（2020）》被中国地方志指导小组、中国地方志学会评为“第八届全国地方志优秀成果（年鉴类）特等年鉴”。

**【全国实施妇女儿童发展纲要先进集体】** 2021年12月，武威市妇联被国务院妇女儿童工作委员会表彰为“全国实施妇女儿童发展纲要先进集体”。

**【全国维护妇女儿童权益先进集体】** 2021年，天祝藏族自治县综治中心被全国妇联表彰为“全国维护妇女儿童权益先进集体”。

**【全国知识产权系统先进集体】** 2021年，民勤县市场监督管理局（知识产权局）被人力资源和社会保障部、国家知识产权局表彰为“全国知识产权系统先进集体”。

**【甘肃省抗击新冠肺炎疫情先进集体】** 2021年4月，武威市公安局交通警察支队阳畦高速公路大队党支部、武威市凉州区疾病预防控制中心党支部、武威市凉州区东大街文庙路社区、天祝藏族自治县卫生健康局被甘肃省委、省政府表彰为“甘肃省抗击新冠肺炎疫情先进个人和先进集体”。

## 2021年全省脱贫攻坚先进集体表录

表6

| 序号 | 集　体 | 表彰单位 | 表彰时间 |
|---|---|---|---|
| 1 | 武威市纪委监委 | 中共甘肃省委、甘肃省人民政府 | 2021年5月19日 |
| 2 | 武威市委办公室 | 中共甘肃省委、甘肃省人民政府 | 2021年5月19日 |
| 3 | 武威市委组织部 | 中共甘肃省委、甘肃省人民政府 | 2021年5月19日 |
| 4 | 武威市发展和改革委员会 | 中共甘肃省委、甘肃省人民政府 | 2021年5月19日 |

续表 6

| 序号 | 集　体 | 表彰单位 | 表彰时间 |
|---|---|---|---|
| 5 | 武威市财政局 | 中共甘肃省委、甘肃省人民政府 | 2021 年 5 月 19 日 |
| 6 | 武威市人力资源和社会保障局 | 中共甘肃省委、甘肃省人民政府 | 2021 年 5 月 19 日 |
| 7 | 武威市农业农村局 | 中共甘肃省委、甘肃省人民政府 | 2021 年 5 月 19 日 |
| 8 | 武威市住房和城乡建设局 | 中共甘肃省委、甘肃省人民政府 | 2021 年 5 月 19 日 |
| 9 | 武威市凉州区教育局 | 中共甘肃省委、甘肃省人民政府 | 2021 年 5 月 19 日 |
| 10 | 武威市凉州区西营镇党委 | 中共甘肃省委、甘肃省人民政府 | 2021 年 5 月 19 日 |
| 11 | 武威市凉州区新华镇穿城村党支部 | 中共甘肃省委、甘肃省人民政府 | 2021 年 5 月 19 日 |
| 12 | 武威市凉州区聚爱农牧专业合作社 | 中共甘肃省委、甘肃省人民政府 | 2021 年 5 月 19 日 |
| 13 | 武威市凉州区张义镇大庄村驻村帮扶工作队 | 中共甘肃省委、甘肃省人民政府 | 2021 年 5 月 19 日 |
| 14 | 民勤县农业农村局 | 中共甘肃省委、甘肃省人民政府 | 2021 年 5 月 19 日 |
| 15 | 民勤县医疗保障局 | 中共甘肃省委、甘肃省人民政府 | 2021 年 5 月 19 日 |
| 16 | 民勤县东湖镇党委 | 中共甘肃省委、甘肃省人民政府 | 2021 年 5 月 19 日 |
| 17 | 民勤县红沙梁镇花寨村党支部 | 中共甘肃省委、甘肃省人民政府 | 2021 年 5 月 19 日 |
| 18 | 民勤县西渠镇大坝村驻村帮扶工作队 | 中共甘肃省委、甘肃省人民政府 | 2021 年 5 月 19 日 |
| 19 | 中国蓝星（集团）股份有限公司扶贫办公室 | 中共甘肃省委、甘肃省人民政府 | 2021 年 5 月 19 日 |
| 20 | 古浪县发展和改革局 | 中共甘肃省委、甘肃省人民政府 | 2021 年 5 月 19 日 |
| 21 | 古浪县农业农村局 | 中共甘肃省委、甘肃省人民政府 | 2021 年 5 月 19 日 |
| 22 | 古浪县大靖镇党委 | 中共甘肃省委、甘肃省人民政府 | 2021 年 5 月 19 日 |
| 23 | 古浪县黑松驿镇党委 | 中共甘肃省委、甘肃省人民政府 | 2021 年 5 月 19 日 |
| 24 | 古浪县西靖镇感恩新村党总支部 | 中共甘肃省委、甘肃省人民政府 | 2021 年 5 月 19 日 |
| 25 | 古浪县直滩镇龙湾村驻村帮扶工作队 | 中共甘肃省委、甘肃省人民政府 | 2021 年 5 月 19 日 |
| 26 | 古浪县陇沁农牧专业合作社 | 中共甘肃省委、甘肃省人民政府 | 2021 年 5 月 19 日 |
| 27 | 古浪县长隆农业科技有限公司 | 中共甘肃省委、甘肃省人民政府 | 2021 年 5 月 19 日 |
| 28 | 天祝藏族自治县交通运输局 | 中共甘肃省委、甘肃省人民政府 | 2021 年 5 月 19 日 |
| 29 | 天祝藏族自治县大红沟镇党委 | 中共甘肃省委、甘肃省人民政府 | 2021 年 5 月 19 日 |
| 30 | 天祝藏族自治县天堂镇本康村驻村帮扶工作队 | 中共甘肃省委、甘肃省人民政府 | 2021 年 5 月 19 日 |
| 31 | 天祝藏族自治县西大滩镇白土台村村委会 | 中共甘肃省委、甘肃省人民政府 | 2021 年 5 月 19 日 |
| 32 | 天祝富盛农业科技有限责任公司 | 中共甘肃省委、甘肃省人民政府 | 2021 年 5 月 19 日 |
| 33 | 天祝藏族自治县南阳山农业有限公司 | 中共甘肃省委、甘肃省人民政府 | 2021 年 5 月 19 日 |

（相关单位）

# 武威市国民经济和社会发展第十四个五年规划和二〇三五年远景目标纲要

（2021年2月8日武威市第四届人民代表大会第六次会议通过）

《武威市国民经济和社会发展第十四个五年规划和二〇三五年远景目标纲要》，依据《中共武威市委关于制定武威市国民经济和社会发展第十四个五年规划和二〇三五年远景目标的建议》编制，是武威开启全面建设社会主义现代化新征程的宏伟蓝图，是“十四五”时期的行动纲领，是贯彻党中央国务院、省委省政府决策部署，阐明市委、市政府发展意图和工作重点，引导规范市场主体行为，履行经济调控、市场监管、公共服务、社会管理和环境保护等职责的重要依据，是编制各类专项规划、区域规划和年度计划的指导性文件。

## 第一章 发展基础和环境

“十四五”时期是武威胜利完成脱贫攻坚历史任务，全面建成小康社会、实现第一个百年奋斗目标之后，乘势而上开启全面建设社会主义现代化国家新征程、向第二个百年奋斗目标进军的第一个五年。必须坚持以习近平新时代中国特色社会主义思想为指导，以习近平总书记对甘肃重要讲话和指示精神为统揽，认真分析面临的内外部环境，准确把握全市经济社会发展形势，正确认识武威在全省发展大局中的地位作用，立足实际扬长补短，坚持走生态优先、绿色发展之路，坚定不移推动高质量发展，为武威全面建设社会主义现代化开好局、起好步。

## 一、"十三五"时期发展主要成效

"十三五"时期是武威发展进程中极不平凡的五年,特别是2017年6月市委四届四次全会以来,面对错综复杂的国内外环境和艰巨繁重的改革发展稳定任务,面对政治生态、自然生态、经济生态遭到严重破坏和经济下行压力加大等不利局面,面对突如其来的新冠肺炎疫情冲击和影响,在省委、省政府的坚强领导下,市委、市政府坚持以习近平新时代中国特色社会主义思想为指导,始终把习近平总书记对甘肃重要讲话和指示精神作为全部工作的统揽和主线,全面贯彻落实党中央、国务院和省委、省政府各项决策部署,坚持"走生态优先、绿色发展之路,努力建设经济强市、生态大市、文化旅游名市,全力打造生态美、产业优、百姓富的和谐武威"的总体发展思路,坚持群众至上、实践第一、大抓基层、从严从实"四大导向",大力弘扬"困难面前不低头、敢把沙漠变绿洲"的新时代武威精神,不断凝聚干事创业、加快发展的智慧和力量,推动各项事业取得新的重大成就,呈现出经济发展稳中向好、生态环境明显改善、重点改革持续深化、民生福祉稳步提升、社会大局和谐稳定的良好局面。

### (一)综合经济实力显著增强

抢抓"一带一路"建设、新时代推进西部大开发形成新格局、黄河流域生态保护和高质量发展等重大战略机遇,积极有效应对风险挑战,通过系统性整改解决一系列深层次、大面积的"后遗症"和"硬伤"问题,千方百计扩总量、提质量、增效益,扎实有效推动经济转型升级,全市经济社会步入高质量发展轨道。农业发展支撑有力,工业质量效益显著提升,服务业规模持续扩大。地区生产总值突破500亿元大关,达到526.41亿元,是2015年的1.4倍;人均地区生产总值预计达到2.88万元,较2015年净增0.86万元。农业增加值稳居全省第一位。战略性新兴工业增加值占规上工业增加值的比重达到25%,比2015年提高9个百分点。社会消费品零售总额达到143.84亿元,是2015年的1.3倍,年均增长5.2%。城乡居民收入稳步提升,跑赢经济发展速度。城镇居民人均可支配收入突破3万元大关,达到31580元,是2015年的1.5倍,年均增长7.8%;农村居民人均可支配收入达到13471元,是2015年的1.5倍,年均增长8.2%。

### (二)脱贫攻坚取得历史性成就

始终把脱贫攻坚作为首要政治任务和第一民生工程,坚持精准扶贫精准脱贫方略,坚持"五级书记"一起抓,落细"五个一批"措施,定准"一户一策"计划,下足"绣花式"扶贫功夫,举全市之力尽锐出战、攻坚克难,推动脱贫攻坚取得决定性成就。累计减少贫困人口13.71万人,现行标准下的35.47万农村贫困人口全部脱贫,贫困发生率从2015年末的9.31%下降为零,339个贫困村全部脱贫出列,贫困县全部摘帽,历史性告别了绝对贫困和区域性整体贫困,在武威发展史上写下了浓墨重彩的一笔。"两不愁三保障"全面实现。引导和支持有劳动能力的贫困群众依靠自身努力脱贫致富,贫困群众自主脱贫能力显著增强,收入大幅提高。中小学改薄任务全面完成,全市义务教育阶段无辍学学生,九年义务教育巩固率达到100%;标准化村卫生室和合格村医实现两个全覆盖,贫困人口参保率和资助率达到100%;累计完成农村危房改造10383户,农村存量危房全面消除,贫困群众实现居无危房目标。兜底保障实现应保尽保,防止返贫监测和帮扶措施全面落实。基础设施条件明显改善。实施农村饮水安全巩固提升工程 87 项，农村集中供水率达到 93%，自来水入户率达到 92%；自然村实现生活用电和动力电全覆盖，农网供电可靠率达到 99.7%；新建改建农村公路 9170 千米，处置安全隐患 7279 千米，具备条件的建制村全部通硬化路、通客车；行政村光纤宽带网络覆盖率达到 99% 以上；累计改造卫生厕所 15.03 万座，行政村公厕实现全覆盖，乡镇全部配备压缩式垃圾转运车，建成垃圾转运站 29 个，贫困村人居环境持续改善。特色扶贫产业成效凸显。立足沿山区“高原冷凉”优势、沿川区“绿洲水土”优势、沿沙区“沙漠光热”优势，打破行政区划界限，坚持全产业链开发，着力打造沿山沿川沿沙“三大特色产业带”，大力发展牛羊猪禽果菜菌草“8+N”农业优势主导产业，贫困村、贫困户实现特色产业全覆盖。引进培育农业产业化龙头企业 169 家，组建农民专业合作社 6637 家，建成扶贫车间 195 家，每个产业背后都有一批龙头企业、专业合作社、能人大户作支撑，有效发挥了带贫益贫作用。易地扶贫搬迁树立样板。将“一方水土养不好一方人”的祁连山高海拔贫困山区和生态恶化沙区、干旱区的 1.53 万户、5.96 万人搬迁到古浪县黄花滩、天祝藏族自治县松山滩、凉州区邓马营湖等集中安置区，同步配套完善移民点基础设施和公共服务设施，下功夫培育发展后续增收产业，彻底解决了贫困群众行路难、饮水难、上学难、看病难、培育产业难等突出问题，实现了“搬得出、稳得住、能致富”。对迁出区通过了退耕还林、自然封育、人工造林等措施，促进了生态有效恢复。古浪县被国家发展改革委评为“易地扶贫搬迁先进县”。2019 年 8 月 21 日，习近平总书记视察古浪县黄花滩生态移民区富民新村时，充分肯定了高深山区易地搬迁脱贫致富和祁连山生态环境保护双赢的生态移民路子。

**（三）生态文明建设成效显著**

深入学习贯彻习近平生态文明思想，认真践行绿水青山就是金山银山理念，勇于担当，生态报国，坚持南护水源、中保绿洲、北治风沙，全力打好全域生态文明建设主动仗，实现了思想观念之变、体制机制之变、产业经济之变。鲜明树立绿色发展导向。认真践行新发展理念，出台《关于加快建设生态大市的意见》，坚持重大项目必要性、可行性、合规性“三性”论证，坚决杜绝引进带污染、高耗能、高耗水、“冒黑烟”的项目，决不以牺牲生态环境为代价换取一时的经济增长。取消对民勤、古浪、天祝三县生产总值等主要经济指标的考核，提高县区环境保护和生态文明建设占政绩考核的得分权重，树立了绿色发展的鲜明导向。耕地保护责任全面落实。严格耕地和永久基本农田保护，严守生态保护红线、环境质量底线、资源利用上线，实现耕地总量动态平衡和布局稳定。新建高标准基本农田 151.23 万亩，开展土地综合整治 27.6 万亩，新增耕地 6.93 万亩，全面落实耕地占补平衡任务，全市耕地保有量 670.37 万亩，永久基本农田保护面积 510.09 万亩。生态环境问题持续全面整改。坚持把祁连山保护区生态环境问题整改工作作为政治工程、战略工程、生态屏障工程、民生民心工程，切实提高政治站位，坚决扛起整改工作政治责任，全力实施祁连山生态保护与建设综合治理，加快祁连山山水林田湖草生态保护修复，祁连山 150 个生态环境问题全部完成整改并通过省级复核，祁连山生态环境保护由乱到治、大见成效。中央和省上历次环保督察反馈问题按时间节点大力度整改推进，存量问题基本得到解决。国家节水行动取得阶段性成效。2019年，在全省率先出台《实施国家节水行动意见》，依法颁布《武威市节约用水条例》。落实最严格的水资源管理制度，推进“六大节水行动”，全市用水总量由2015年的15.81亿立方米压减到2020年的14.2亿立方米，万元GDP用水量由2015年的379立方米下降到2020年的270立方米。石羊河流域重点治理确定的两大约束性目标全面实现，蔡旗断面过水量首次突破4亿立方米，民勤外河近40年首次出现过水，石羊河尾闾青土湖水面面积扩大到26.7平方千米，周围旱区湿地面积达106平方千米。全面推行河湖长制，石羊河全国示范河湖建设通过水利部验收，成为全国第一批、全省唯一的全国示范河湖，为推动生态文明建设提供了珍贵样板。“甘肃石羊河流域重塑极度缺水地区生态”被水利部评为2020基层治水十大经验之一。环境污染防治扎实有效。突出精准治污、科学治污、依法治污，深入实施蓝天碧水净土工程。蓝天保卫战三年行动计划圆满收官，凉州城区空气质量优良率达到88.3%，迈入达标城市行列。全市7个地表水考核断面、7个县级及以上饮用水水源地、6个地下水国考监测点位水质全部达标。主要污染物减排目标全面完成。注重土壤污染风险管控，土壤环境质量总体稳定。亿利洁能三废无公害处理及耦合掺烧发电项目建成实施，率先在西北地区实现了污水处理厂污泥资源化利用。全市畜禽粪污、秸秆、废旧农膜和尾菜处理利用率分别达到87.8%、79.3%、81.7%、43.3%，均高于省上下达指标。国土绿化倍增行动全面提速。加快实施三北防护林、退牧还草等重点生态工程，祁连山国家公园体制试点及自然保护地整合优化全面完成，累计完成造林205万亩、封育188.33万亩、草原生态综合治理398.3万亩。全市森林覆盖率达到19.01%，草原植被覆盖率达到42.92%。城市和县城新增绿地652.9万平方米，城市建成区绿化覆盖率达到36.03%。武威市被命名为“甘肃园林城市”，民勤县被评为“全国绿化模范单位”“甘肃园林县城”，古浪县黑松驿镇、天祝藏族自治县天堂镇被命名为“省级森林小镇”，全市11个村被评为“国家森林乡村”。全国防沙治沙综合示范区建设成效显著。科学组织防沙治沙，五年累计完成治沙造林138.44万亩，沙化土地封禁保护75万亩，全市荒漠化、沙漠化面积较“十二五”末分别减少31.7万亩、9万亩，荒漠化、沙漠化呈现出面积减少、程度由重度向中度和轻度减缓的“双减双降”态势，民勤县、古浪县列入国家规模化防沙治沙试点县。古浪县八步沙林场“六老汉”三代人治沙造林先进群体被中宣部授予“时代楷模”称号、被生态环境部等六部委评为“2018—2019绿色中国年度人物”。古浪县八步沙林场被生态环境部命名为省内首个全国“绿水青山就是金山银山”实践创新基地。武威市被命名为全国防沙治沙综合示范区，民勤县被命名为全国县级防沙治沙综合示范区。《民勤生态建设示范区规划》《古浪八步沙区域生态治理规划》获省政府批复实施，天祝藏族自治县纳入全国生态综合补偿试点县。

**（四）生态产业体系支撑有力**

坚持全产业链谋划，着力发展现代农业、生态工业、文化旅游产业、生态环保产业，构建生态产业体系，培育发展新动能，打造武威经济升级版，一二三产业融合发展格局初步形成，经济高质量发展的四梁八柱基本构建。现代农业提质增效。突出抓良种、抓规模、抓加工、抓品牌、抓市场、抓循环，特色优势产业发展实现了从小到大、从有到优、从短到长、从低到高、从粗到精、从弱到强的“六个转变”。大力发展“8+N”优势主导产业，牛羊猪禽果菜菌草8大优势主导产业产值占农业总产值的比重达到67.7%。羊、猪、鸡存栏分别为490万只、80.54万头、800.07万只，均居全省第一位。牛存栏60.61万头，居全省第二位。瓜菜种植面积76万亩，产量居全省第一位，其中设施蔬菜23万亩，产量居全省第一位，武威成为全省重要的蔬菜生产基地和全国北方大中型城市冬春设施蔬菜生产供应基地。藜麦种植面积11.6万亩，占全国的40%。食用菌产量7.09万吨，居全省第一位。凉州区、天祝藏族自治县认定为国家农村产业融合发展示范园。引进培育农业产业化重点龙头企业169家，“三品一标”认证企业累计达到94家、产品349个。武威酿酒葡萄被授予“地理标志神农奖”，天祝白牦牛入选中国农业品牌目录，民勤蜜瓜、天祝藜麦等4个产品入选“甘味”区域公用品牌，甘青面粉、圣雪臣祥食用菌等12个品种入选“甘味”企业商标品牌，普康养殖公司入选国家肉羊核心育种场。古浪县黄花滩六道沟蔬菜生产基地等被认定为粤港澳大湾区“菜篮子”生产基地。民勤县被授予“中华苏武沙羊美食之乡”“中国肉羊之乡”称号，天祝藏族自治县被誉名“中国高原藜麦之都”“中国高原食用菌之乡”“中国高原夏菜之乡”“中国走马之乡”。生态工业势头强劲。围绕打造食品工业集群，促进现代农业与生态工业融合发展，引进建成嘉禾佳、浪美、中天等一批农产品加工企业，达利、青啤、红太阳、正阳等“农字号”企业增线扩能，亿利洁能、重通成飞、红太阳酒业等企业产销迈上新台阶，实现了企业增效、财政增收、就业增加。深入实施奶业振兴行动，伊利绿色生产及智能制造示范应用项目建成投产，配套引进牧草种植、奶牛养殖、环保纸制品包装生产、饲料生产、兽药生产及物流园区等关联产业项目，形成“1+6+N”百亿级产业集群。规上工业企业总量和效益稳步提升，上缴税收和实现利润分别由2015年的5.17亿元、4.28亿元提高到2020年的6.99亿元、7.27亿元，规上工业企业数量达到185户，规上工业产销率由2015年的92.75%提高到2020年的100.2%。文化旅游业蓄势待发。制定出台支持文化旅游发展的“黄金21条”，突出打造“天马行空·自在武威”文化旅游品牌。全省最大的文旅PPP项目雷台文化旅游综合体即将建成，武威历史文化街区保护建设、天梯山生态文化旅游区等一批重点项目加快推进，民勤苏武沙漠大景区摘星小镇、天祝冰沟河景区等建成投用。五凉文化博物馆建成开馆，影视剧《八步沙》《绿色誓言》开机拍摄，历史情景剧《梦幻凉州》举行首演，《中国马文化》等丛书出版发行。天祝藏族自治县天堂村、大红沟村入选全国乡村旅游重点村，凉州区灯山村等13个村被评为省级乡村旅游示范村。新增国家AAAA级旅游景区2家、AAA级旅游景区12家。武威荣获“全国十大最具人气旅游目的地”金峰奖、“最美中国·优质旅游目的地城市”首批全国文化旅游胜地、最美中国文化旅游城市、2019全域旅游发展优秀城市、2020全域旅游精品目的地等荣誉称号。节能环保产业稳步发展。坚持生态产业化、产业生态化，加大技术改造升级力度，大禹节水、甘肃建投、达华节水等骨干企业的绿色建材、治沙装备制造、节水灌溉器材产品在全省范围内推广使用。光大国际凉州区静脉产业园日处理生活垃圾800吨焚烧发电项目建成，市辖区生活垃圾、餐厨垃圾等废弃物资源化利用程度不断提高，培育了新的经济增长点。凉州区列入国家大宗固体废物综合利用基地备案名单，全市能耗“双控”指标均控制在省上下达目标范围内。通道物流业多点突破。调整优化甘肃（武威）国际陆港发展规划，完善基础设施条件。保税物流中心通关运营，进口肉类指定监管场地启动运营。进境木材指定监管场地通过国家验收，成为我国北方唯一的内陆木材口岸。武威国际陆港铁路集装箱场站开工建设，木材加工园落地实施，累计发运中俄木材班列28列、货运总量达5.4万方。实施国家电子商务示范县项目，建成县级电子商务服务中心4个、乡镇服务站80个、村级服务点619个。凉州农机、钢材等六大专业市场建成运营，新建和改造提升农产品产地批发市场、县乡农贸市场、便民市场45个，凉州老街、民勤苏武沙羊美食街等一批新业态涌现，有力拉动了消费升级。

**（五）基础设施条件明显改善**

持续加大资金投入和支持力度，着力解决基础设施功能性、结构性短板，交通、水利、信息等重大基础设施项目建设取得突破性进展。综合交通网络逐步完善。兰张三四线铁路中川机场至武威段、民勤通用机场开工建设，武威机场前期工作扎实推进，为构建立体交通网络奠定了坚实基础。北仙高速民勤至武威段建成通车，武威率先成为全省拥有绕城高速的市州，实现了县县通高速。G338天祝至景泰、G312古浪金三角至凉州区丰乐段、S315古浪至凉州区、S315大靖至干城、S588高坝至祁连、S234炭山岭至赛什斯、S308黄羊至金山等一批普通国省干道和旅游公路建成通车。累计建成公路9528.9千米，全市公路网总里程达1.32万千米，是2015年的1.1倍，其中高速公路612千米，是2015年的1.4倍。水利保障能力全面提升。红崖山水库加高扩建、南营水库除险加固、红崖山水库至青土湖生态输水、金强川灌区水源保障等工程建成投运，凉州城区第二水源工程、黄花滩调蓄供水工程加快实施，区域水资源调蓄供水能力进一步提升。农田水利基础设施持续加强，发展高效节水灌溉面积130万亩，为粮食稳产增产提供了有力支撑。黄花滩移民区黄河4504万立方米取水指标获水利部黄委会批准，历史性地解决了多年来困扰移民区严重缺水的问题。信息、能源基础设施升级换代。建成通信光缆8.53万皮长千米，全市行政村实现光纤宽带和4G网络全覆盖，移动宽带用户普及率达到86.55%，固定宽带家庭普及率达到85.23%，提前2年完成“宽带中国”示范城市指标要求，提前4年实现光纤网络覆盖率98%的目标。智慧武威·城市大脑建成运营，建成5G基站465处、开通310处，实现中心城区、车站及重要风景区5G网络覆盖。河西走廊750千伏第三回线工程武威段建成投用，进一步提升新能源外送能力。光伏电站装机规模达到81兆瓦，新建改建110千伏变电站3座、35千伏变电站6座，供电保障能力进一步增强。西气东输二线武威分输站及武威天然气门站建成投运，武威中石油昆仑燃气公司实施中低压管网敷设和居民入户安装工程，天然气入户累计达12.48万户以上，中心城区覆盖率达到93%。

**（六）城乡建设面貌焕然一新**

推进以人为核心的新型城镇化，城市功能不断完善，辐射带动能力持续增强，城乡一体化发展新格局初步形成。城市规模逐步扩大。2019年底，城市和县城建成区总面积52.84平方千米，城镇居民人均住房面积达到39.81平方米。2019年，全市常住人口182.5万人，城镇人口79.05万人，常住人口城镇化率达到

43.32%，比2015年提高7.4个百分点。城乡规划体系基本建立。编制并批准实施武威市城市、武威历史文化名城保护、三县城乡统筹等总体规划和中心城区河东片区等13个片区控制性详细规划及城市风貌等专项规划，实施79个镇（乡）总体规划、59个镇控制性详细规划和812个村庄规划，层级清晰、相互协调、功能互补、统一衔接的规划体系框架基本建立。人居环境大为改观。以创建全国文明城市为总揽，扎实开展“三项革命”“三项行动”、城市建设管理“五个年”活动和“三整治”“三提升”行动，着力打造德城、文城、绿城、清城、智城。改造棚户区54390户，实施老旧小区改造117个18349户。打通存量“断头路”25条，整治背街小巷73条、改造“井盖子”9769个、添置“城市家具”2220个，新建改造停车场36个、新增城市泊车位5458个，新建改建城市公厕125座。城市和县城污水处理率均达到95%以上，城市垃圾处理率达到100%。大力推进废旧宅基地复垦、拆临拆违和“大棚房”、违建别墅、乱占耕地违法建房整治，清理整治“五未”土地3.45万亩，清理拆除临违建筑1096万平方米，违建别墅9栋、“大棚房”124个，清查摸排乱占耕地建房存量问题5272个、占用耕地6974.68亩，拆出了制度规矩，维护了公平正义，扫清了发展障碍。全面推进“厕所革命”、垃圾污水治理和村容村貌整治，农村生活垃圾“户分类、村收集、镇转运、县处理”集中清运处理机制基本建立，创建清洁村庄1015个。

**（七）重大改革举措落地见效**

坚持目标引领和问题导向，深化重要领域和关键环节改革，全面深化改革呈现出蹄疾步稳、多点突破的良好态势。供给侧结构性改革纵深推进。“三去一降一补”成效明显，全面化解钢铁产业过剩产能，依法关闭“地条钢”非法生产企业3户，淘汰退出煤矿11处、退出产能96万吨。坚决落实减税降费政策，累计减税降费10.27亿元，降低企业用电成本超4.1亿元。开展房地产市场乱象清理整治，全市商品住宅存量保持在合理区间。不断完善收费清单“一张网”建设，取消和停征行政事业性收费21项、降低收费标准5项。国企改革有序推进，混合所有制改革取得积极进展。农业农村改革全面推进。完成全国农村集体产权制度改革整市试点，稳步推进凉州区全国农村宅基地试点工作，稳妥推进农村集体经营性建设用地入市工作，敲响了全省农村集体经营性建设用地入市“第一槌”。完成6707个村组的清产核资工作，界定集体经济组织成员152.37万人。建立农村集体经济组织1049个，参与“三变”改革龙头企业138家、专业合作社336家，入股土地15.2万亩、自有资金3.73亿元，农户累计分红1.9亿元。

农村土地确权成果通过省级验收，完成确权面积431.12万亩，流转农村家庭承包耕地面积91.6万亩，规模经营面积65万亩。城市公交改革成效显著。按照“政府主导、国有全资、一步到位、公司运营”的原则，收购5家民营企业296辆公交车及车载设备，实现了公交“私改公”，组建国有公交公司，先后新购置新能源纯电动公交车328辆，完成公交经营管理体制改革。建成公交泊车位720个、公交车充电桩309个、候车亭490座。运营线路由改革前的26条增加至48条，日均乘坐人数由改革前的8万人次增加至20万人次，日行驶里程增至7.5万千米。落实“温馨公交卡”“爱心公交卡”等公益惠民政策，改革红利不断凸显，使公交改革真正成为民心工程、德政工程。居家养老改革惠及万家。按照“规划超前、功能完善、服务一流、示范带动”的要求，把居家养老服务改革作为民生领域改革的重点之一全力推进，建成养老机构29所，设置床位4824张，建立城乡日间照料中心696处。打造覆盖省市县三级、互联互通、分级管理的“12349”居家养老服务信息平台，整合医疗、餐饮、家政、出行等各种养老服务资源，为老年人提供“点菜式”就近便捷养老服务，累计服务老人27.3万人次。家政服务、康复理疗、心理咨询、就餐等便捷式“15分钟养老服务圈”已基本形成，居家养老改革走在了全省前列。发展环境持续优化。坚持“六个一视同仁”，建立领导干部联系帮扶民营企业制度，集中清理拖欠民营企业中小企业无分歧账款55.35亿元，一大批涉企历史遗留问题得到有效解决，为企业持续健康发展创造了良好环境。党政机构改革全面完成，事业单位改革稳步推进。“放管服”改革加力提速，市级政务服务平台、工程建设项目审批系统在全省率先完成与国家、省级对接，市政府综合协同办公平台上线运行，88%的政务服务事项实现“最多跑一次”，企业开办时间压缩至3个工作日内，工程建设项目审批时间由改革前的200个工作日压减到75个工作日以内。综合科技水平稳步提升。省级创新型试点城市建设顺利通过评估验收，凉州区被认定为全省首批“双创”示范区，民勤县、古浪县被认定为省级创新型试点县。武威绿洲农业高效用水野外观测站被列为国家野外站，优质耐贮运西瓜新品种获省科技进步一等奖。培育认定省级产业技术创新战略联盟3家、省级工程（技术）研究中心14家、新型研发机构2家、众创空间3家，建成市级工程技术研究中心、技术转移中心等创新平台90多家。强化企业创新主体作用，认定国家高新技术企业59家、省级科技创新型企业22家、“专精特新”中小企业15家。积极推动科技成果转化，累计登记各类科技成果795项、授权专利6383件，每万人有效发明专利拥有量1.43件，完成科技成果技术合同交易额58.4亿元。

**（八）人民生活质量稳步提高**

牢记“老百姓的幸福就是共产党的事业”，认真办好民生实事，着力提升群众的获得感、幸福感和安全感。一般公共预算支出迈上200亿元新台阶，民生支出占一般公共预算支出的比重达到85%以上。就业形势保持稳定。坚持就业优先战略，把实施积极的就业政策摆在更加突出的位置，紧盯高校毕业生、退役军人等重点群体，加大就业服务和援企稳岗力度，零就业家庭动态清零，就业创业规模质量实现“双提升”。累计实现城镇新增就业12.53万人，城镇登记失业率控制在4%以内。深化对外劳务协作，加强职业技能培训，全市年均输转城乡劳动力40万人以上，创劳务收入80亿元，有输转意愿的建档立卡贫困劳动力实现应转尽转。教育事业全面发展。统筹推进城乡教育一体化发展，实施学前教育第三期行动计划、义务教育能力提升、市直学校基础设施改造提升等项目，新改建中小学478所、公立幼儿园146所，学前教育三年毛入园率、九年义务教育巩固率、高中阶段毛入学率分别达到94.45%、99.99%、94.61%。义务教育发展基本均衡县全部通过国家验收。武威职业学院创建为国家骨干高职院校。卫生健康事业持续向好。公立医院综合改革全面启动，城乡居民医保整合统一，分级诊疗制度稳步实施，家庭医生签约服务广泛推行，“基层首诊、分级诊疗、双向转诊”工作机制不断完善，群众“看病难”“看病贵”问题明显缓解。医疗卫生基础设施建设成绩显著，首台国产碳离子治疗肿瘤系统投入临床治疗，凉州医院启动搬迁，市人民医院和市中医医院成功创建"三级甲等"医院。城乡医疗卫生服务功能更加完善，公共卫生服务能力显著提高。中医药传承创新发展取得新突破，抗击新冠肺炎疫情取得阶段性成效，常态化疫情防控工作持续进行。每千人拥有病床数、执业（助理）医师数、注册护士数比2015年分别增长了1.59张、0.64人、1.58人。人均预期寿命从2015年的73.5岁提高到2020年的75.66岁。社会保障体系逐步完善。全市基本医疗保险参保率由2015年的92.2%提高到2020年的99.8%，养老保险参保率达到99.04%。城乡低保标准持续提高，分别比2015年分别提高51.8%、81.9%，困难群众的基本生活得到了有效保障。企业离退休人员养老金实现15年连涨，月人均养老金待遇由2015年的1647元提高到2020年的2088元，人均上涨441元。公共文化体育设施不断完善。大力推进"书香武威"建设，积极开展全国第四批公共文化服务体系示范项目创建，市体育馆、图书馆、博物馆、天马剧院建成运营，建成"乡村舞台"1073个，建成村级体育场1125个、健身站点630个，实现村级健身场所全覆盖。大力弘扬社会主义核心价值观，持续推进未成年人思想道德建设，深化群众性精神文明创建活动，推动移风易俗，树立文明新风。民勤县被列入国家级新时代文明实践中心试点县。

**（九）社会治理体系不断健全**

以建设更高水平的平安武威为目标，全面实行网格化服务管理，社会治安和公共安全形势持续好转。平安武威建设成绩显著。纵深推进扫黑除恶专项斗争，累计打掉黑社会性质组织4个、恶势力犯罪集团17个、恶势力犯罪团伙15个、"村霸"12个，破获治安、刑事案件505起，2019年法治甘肃建设群众满意度调查，武威得分位列全省市州第一位。深化双拥共建，推进军民融合，退役军人服务保障体系实现市县乡村四级全覆盖，武威第5次荣获"全国双拥模范城"殊荣。坚持和发展新时代"枫桥经验"，市县乡村四级综治中心全部建立，积极化解矛盾纠纷和信访积案，武威被确定为全国第一期市域社会治理现代化试点地区。严格落实安全生产责任制，食品药品安全形势持续向好，应急救援和防灾减灾能力得到提升。武威连续两年被省委省政府评为平安建设优秀市。依法治市水平全面提升。认真贯彻全面依法治国战略，稳步推进司法体制综合配套改革，深入开展"七五"普法，营造了全社会遵法、学法、守法、用法的良好氛围。加强法治政府建设，落实《关于全面实施重大项目"三性"论证推进科学决策民主决策依法决策的意见》，把依宪执政、依法行政、依规施政、依纪从政贯穿于政府工作全过程，严格按照法定权限和程序履行职责。坚持科学立法、民主立法、依法立法，围绕城乡建设与管理、环境保护、历史文化保护等领域，颁布施行防沙治沙条例、社会生活噪声污染防治条例、节水条例、城区户外广告设置管理工作规定等4部地方性法规，天祝"1234"法治扶贫工作模式在全省推广。民族宗教工作再上新台阶。深入贯彻落实党的民族宗教工作方针政策，突出抓好民族团结进步创建、依法管理宗教事务等重点工作，有效保持了民族团结、宗教和顺、社会稳定的良好局面。"凉州会谈"入编高中历史课本，八步沙林场"六老汉"三代人治沙造林群体被授予"全国民族团结进步模范集体"荣誉称号，天祝藏族自治县成功创建成为"全国民族团结进步示范县"，武威市、凉州区分别创建为全省民族团结进步示范市、示范区。

## （十）党的建设全面加强

以习近平新时代中国特色社会主义思想为指导，认真落实新时代党的建设总要求，从严、从实、从细全面加强党的建设。扎实推进“三严三实”专题教育，精心组织“两学一做”学习教育，深入开展“不忘初心、牢记使命”主题教育，广大党员干部“两个维护”更加坚定自觉，理想信念更加牢固，理论武装更加深化，干事劲头得到全面提振。深入开展“转变作风改善发展环境建设年”“转作风、抓落实、提效能”活动和“四查四治”专项行动，坚决整治形式主义、官僚主义，反腐败斗争取得压倒性胜利，不敢腐、不能腐、不想腐的体制机制更加完善，风清气正的干事创业氛围日益浓厚，政府效能进一步提高。领导班子和干部队伍建设不断加强，基层党组织组织力、凝聚力、战斗力不断增强，党员干部呈现出干净忠诚、敢于担当的良好精神风貌。面对新冠肺炎疫情重大考验，全市党组织和广大党员全力以赴、积极作为，3500 多个党员先锋队、5.89 万余名党员直接参与，构筑起严密防线和坚强堡垒，保障人民生命安全，以实际行动践行初心使命，以担当作为为党旗增辉添彩。

综合来看，“十三五”时期，特别是市委四届四次全会以来，全市上下攻坚克难、负重爬坡，开拓创新、扎实工作，坚决全面彻底肃清王三运、火荣贵等流毒和影响，坚决完成脱贫攻坚和生态环保两大底线性任务，统筹疫情防控和经济社会发展，狠抓生态产业培育、重大项目建设、城乡规划管理、全面深化改革、保障和改善民生等重点工作，着力重塑风清气正的政治生态、山清水秀的自然生态和健康有序的经济生态，推动全市经济社会步入高质量发展轨道。经过全市上下的艰苦努力，“十三五”规划目标任务总体完成，如期与全国全省同步全面建成小康社会，为开启武威全面建设社会主义现代化新征程奠定了坚实基础。



**“十三五”规划主要指标实现情况**

表 1

| 指标 | | 规划目标 | 目标完成情况 | 指标属性 |
|---|---|---|---|---|
| 一、经济发展（5 项） | | | | |
| 地区生产总值（增速）（%） | | 5 左右 | 4.4 | 预期性 |
| 固定资产投资（增速）（%） | | 后两年年均 6 | 13.8 | 预期性 |
| 一般公共预算收入（增速）（%） | | 5 左右 | 6.84 | 预期性 |
| * 社会消费品零售总额（增速）（%） | | 8 | 5.2 | 预期性 |
| 城镇化率 | 常住人口城镇化率（%） | >50 | 44.58 | 预期性 |
| | 户籍人口城镇化率（%） | 38 | 41.24 | 预期性 |
| 二、创新驱动（3 项） | | — | — | — |
| 研究与试验发展经费投入强度（%） | | 2 | 0.5 | 预期性 |
| 每万人口有效发明专利拥有量（件） | | 1.33 | 1.43 | 预期性 |
| 固定互联网宽带接入用户数（万户） | | 36 | 54.9 | 预期性 |

续表 1

| 指标 | | 规划目标 | 目标完成情况 | 指标属性 |
|---|---|---|---|---|
| 三、民生改善（15 项） | | — | — | — |
| 城镇居民人均可支配收入（增速）（%） | | 8 | 7.8 | 预期性 |
| 农村居民人均可支配收入（增速）（%） | | 8.3 | 8.2 | 预期性 |
| * 学前教育毛入学率（%） | | >90 | 95.48 | 预期性 |
| 九年义务教育巩固率（%） | | >99.5 | 100 | 预期性 |
| * 高中阶段毛入学率（%） | | >95 | 95.42 | 预期性 |
| * 高等教育毛入学率（%） | | 50 | 71.5 | 预期性 |
| 城镇新增就业人数（万人） | | [14] | [12.94] | 预期性 |
| 人均预期寿命（岁） | | 75 | 75.66 | 预期性 |
| 平均受教育年限（年） | | 10.5 | 10.5 | 约束性 |
| 减贫人数（万人） | | [13.7] | [13.7] | 约束性 |
| 城乡居民养老保险参保率（%） | | 99 | 99.04 | 约束性 |
| * 城乡三项基本医疗保险参保率（%） | | 99.8 | 99.8 | 约束性 |
| * 居民消费价格指数涨幅（%） | | < 3 | 1.6 | 约束性 |
| 城市棚户区改造（万户） | | [3.7] | [5.439] | 约束性 |
| * 农村危房改造、新房建设（万户） | | [7.3] | [1.0383] | 约束性 |
| 四、生态文明（12 项） | | | | |
| * 人工造林（万亩） | | [200] | [205] | 预期性 |
| 森林增长 | 森林蓄积量（万立方米） | 1050 | 1050 以上 | 约束性 |
| | 森林覆盖率（%） | >19 | 19.01 | 约束性 |
| 新增建设用地规模（万亩） | | [13.188] | [9.8776] | 约束性 |
| 耕地保有量（万亩） | | 635.1 | 670.37 | 约束性 |
| 单位地区生产总值能耗下降（%） | | [13] | [19.57] | 约束性 |
| 万元地区生产总值用水量下降（%） | | 35 | 28.95 | 约束性 |
| * 单位工业增加值用水量下降（%） | | 26.2 | 44.37 | 约束性 |
| 非化石能源占一次能源消费比重（%） | | >25 | 37.6 | 约束性 |
| 单位地区生产总值二氧化碳排放降低（%） | | [17] | [25.71] | 约束性 |
| 空气质量 | 城市 $PM_{10}$ 浓度（微克/立方米） | < 80 | 66 | 约束性 |
| | 城市 $PM_{2.5}$ 浓度 | < 38 | 35 | 约束性 |
| | 城市空气质量优良天数比例(%) | >84.7 | 88.3 | 约束性 |

续表 1

| 指标 | | 规划目标 | 目标完成情况 | 指标属性 |
|---|---|---|---|---|
| 地表水质量 | 好于Ⅲ类水体比例（%） | 100 | 100 | 约束性 |
| | 劣Ⅴ类水体比例（%） | 0 | 0 | 约束性 |
| 主要污染物排放量减少（%） | | 化学需氧量、氨氮、$SO_2$、氮氧化物排放量分别较 2015 年下降 4、4、0.5、0.5 个百分点 | 完成省上下达目标 | 约束性 |

注：[ ] 内为五年累计数，标注“★”的指标为新增指标，其他指标与全省“十三五”规划指标保持一致。

## 二、“十四五”时期发展环境和趋势

### （一）发展环境

1. 从国际环境看，当今世界正经历百年未有之大变局，深入人心的人类命运共同体理念将给人类社会发展带来新的希望和信心，和平与发展仍然是时代主题。政治格局多极化、经济发展全球化、文化传承多样化、社会交往信息化将向纵深发展，国际力量对比深刻调整。同时，国际环境日趋复杂，不稳定性不确定性明显增加，全球产业链、供应链、价值链受到非经济因素严重冲击，新冠肺炎疫情影响广泛深远，经济全球化遭遇逆流，意识形态领域斗争更趋激烈，世界进入动荡变革期。

2. 从国内环境看，我国发展仍然处于重要战略机遇期，已进入高质量发展阶段，经济长期向好，物质基础雄厚，人力资源丰富，市场空间广阔，发展韧性强大，社会大局稳定，继续发展具有多方面优势和条件。社会主要矛盾已经转化为人民日益增长的美好生活需要和不平衡不充分的发展之间的矛盾，人均国内生产总值达到 1 万美元，城镇化率超过 60%，中等收入群体超过 4 亿人，人民对美好生活的要求不断提高。同时，我国发展不平衡不充分问题仍然突出，创新能力不适应高质量发展要求，农业基础还不稳固，城乡区域发展和收入分配差距较大，生态环保任重道远，民生保障存在短板，社会治理还有弱项。

3. 从省内环境看，“十四五”时期，是甘肃抢抓重大战略机遇加快高质量发展的关键时期，促进经济社会发展具有多方面的优势和条件。“一带一路”建设、新时代推进西部大开发形成新格局、黄河流域生态保护和高质量发展等重大战略深入实施，为甘肃发展提供了历史机遇。新发展格局的加快构建、现代市场体系的逐步健全，将促使甘肃发展动能更加强劲。西部陆海新通道、兰州西宁城市群建设加快推进，必将强化甘肃发展的枢纽优势。市场化改革、制度型开放、绿色化转型等重大政策交汇叠加，使得甘肃发展的战略支撑更加有力。全省能源资源富集、工业基础坚实、农牧业发展势头良好、文化积淀厚重，发展势能和潜力将会加速释放。同时，全省产业结构还不合理，基础设施瓶颈制约仍然明显，科技创新能力有待加强，民营经济发展比较滞后，生态环保任重道远，民生保障和社会治理领域还有不少短板弱项，一些深层次体制机制障碍尚未破解。

### （二）重大机遇

在新的历史大背景下，武威总体上仍处于利好政策叠加和高质量发展条件优越的重要战略机遇期。

1. 习近平总书记对武威发展的高度关怀。2019年8月21日，习近平总书记到古浪县黄花滩生态移民区富民新村和八步沙林场视察调研，作出重要指示，寄予殷切期望，给我们以极大的鼓舞和鞭策，这为武威"十四五"乃至更长一段时期获得重大政策、重大项目、重大支持提供了千载难逢的历史性机遇，也为我们站在新的历史起点上，坚持走生态优先、绿色发展的高质量发展之路提供了思想指引、理论指导、行动指南和强大精神力量。

2. 构建国内国际"双循环"新发展格局的机遇。随着国内大循环活力日益强劲，我国巨大的投资消费内需潜力将不断释放，为武威加快融入国内大循环，扩大投资消费规模，带动农产品外销，促进实体经济实现弯道超车创造了良好条件，也为武威加快产业转型升级，承接东中部产业梯度转移，延伸产业链、重塑产业布局，催生产业新业态提供了难得的重大机遇。

3. 黄河流域生态保护和高质量发展的机遇。随着黄河流域生态保护和高质量发展规划的推进实施，国家将在黄河上游的祁连山等区域推进实施一批重大生态保护和高质量发展项目。武威作为这一国家战略的政策受益区，在生态治理、环境保护、水源涵养、防沙治沙、文化保护传承弘扬等方面争取国家和省上政策资金项目提供了前所未有的重大机遇。

4. 关于新时代推进西部大开发形成新格局的机遇。国家实施西部大开发战略以来，武威交通、文化、旅游、农产品出口、口岸建设等方面取得长足发展，新时代推进西部大开发形成新格局战略的继续实施，将有利于武威发挥区位优势，聚集产业、人才、用地等政策支持要素，在加强创新开放合作，形成现代化产业体系，促进城乡融合发展，提高基础设施通达度、通畅性、均等化水平，提升公共服务和民生保障水平，筑牢国家生态安全屏障，深化重点领域改革等方面取得突破。

5. "一带一路"与西部陆海新通道建设叠加发力的机遇。随着国家"一带一路"建设推进，全省着力打造"一带一路"五个制高点，将为武威充分发挥历史文化优势和丝绸之路经济带重要通道、节点作用，在构建多层次开放平台，推进物流园区升级，打造承接产业转移平台，发展高水平开放经济，探索生态优先、绿色发展路径，拓展区域互动合作等方面，争取更多的对外合作机会和外联性建设项目，打造国际文化旅游、物流枢纽、科技合作、信息共享、生态保护平台载体，加快发展外向型经济。

**（三）主要挑战**

武威是国家重要的生态安全屏障、河西走廊门户及重要的交通枢纽通道、绿色农产品生产基地，特色农产品优势明显，文化旅游资源富集，现代农业、生态工业、文化旅游业、生态环保产业积累了一定基础和优势。在新发展格局中，有产业链、供应链上的战略价值，并具备适应新需求的潜在切入点。武威作为欠发达地区，供给和需求双重不足，县域经济支撑能力弱，农业大而不强，生态环境脆弱，创新能力不足，城镇化发展缓慢，基础设施欠账较多，居民收入水平低，民生保障存在短板，社会治理还有弱项，发展优势和劣势都比较明显，发展潜力和困难都比较大，发展不平衡不充分的问题比较突出。武威发展不平衡不充分，是各县区发展普遍不充分基础上的不平衡，是各种不平衡问题叠加基础上的不充分。

"十四五"时期，武威机遇和挑战并存，机遇大于挑战，总体上处在多重发展机遇的叠加期、深化改革开放的攻坚期、弥补基础短板的突破期、经济转型升级的关键期、缩小发展差距的窗口期,武威完全可以乘势而上、大有作为。全市上下要把思想认识高度统一到党中央、国务院和省委、省政府对国际国内形势的重要判断上,始终立足和着眼“两个大局”,深刻认识我国社会主要矛盾变化带来的新特征新要求,深刻认识国际国内环境变化带来的新矛盾新挑战,在国家大格局、大目标、大战略和全省经济发展布局中找准定位,深刻认识武威所处的发展阶段和面临的发展任务,增强机遇意识和风险意识,保持战略定力,发扬斗争精神,树立底线思维,准确识变、科学应变、主动求变,在危机中育先机、于变局中开新局,辩证地看、科学地谋、务实地干,坚持问题导向,持续补短板、锻长板、固底板,夯基础、育产业、扩增量,不断把各项事业推向前进。

## 第二章　总体要求

### 一、指导思想

高举中国特色社会主义伟大旗帜,深入贯彻党的十九大和十九届二中、三中、四中、五中全会精神,坚持以马克思列宁主义、毛泽东思想、邓小平理论、“三个代表”重要思想、科学发展观、习近平新时代中国特色社会主义思想为指导,全面贯彻党的基本理论、基本路线、基本方略,深入落实习近平总书记对甘肃重要讲话和指示精神,统筹推进“五位一体”总体布局,协调推进“四个全面”战略布局,坚持稳中求进工作总基调,把握新发展阶段,贯彻新发展理念,融入新发展格局,以推动高质量发展为主题,以深化供给侧结构性改革为主线,以改革创新为根本动力,以满足人民日益增长的美好生活需要为根本目的,坚持系统观念,统筹发展和安全,大力弘扬新时代武威精神,坚定不移走生态优先、绿色发展之路,加快建设经济强市、生态大市、文化旅游名市,全力打造生态美、产业优、百姓富的和谐武威,更好发挥河西门户作用,努力打造河西走廊经济社会高质量发展桥头堡和丝绸之路经济带甘肃段重要节点城市,为全面建设社会主义现代化开好局、起好步。

### 二、基本原则

——**坚持党的全面领导**。把牢正确政治方向,坚决做到“两个维护”。坚持和完善党领导经济社会发展的体制机制,坚持把习近平总书记对甘肃重要讲话和指示精神作为全部工作的统揽,不断提高贯彻新发展理念、融入新发展格局的能力和水平,为实现高质量发展提供根本保证。

——**坚持新发展理念**。坚持把新发展理念贯穿发展全过程和各领域,积极融入新发展格局,坚定不移走生态优先、绿色发展之路,加快经济转型升级和提质增效,实现更高质量、更有效率、更加公平、更可持续、更为安全的发展。

——**坚持以人民为中心**。牢记“老百姓的幸福就是共产党的事业”,始终做到发展为了人民、发展依靠人民、发展成果由人民共享,把为民办事、为民造福作为最重要的政绩,顺应人民对美好生活的向往,实施民心工程,兜牢民生底线,不断增进民生福祉。

——**坚持深化改革开放**。坚持把解放思想作为发展的先导,坚定不移以深化改革激发发展活力,以高水平对外开放打造竞争新优势,破除制约高质量发展、高品质生活的体制机制障碍,持续推动公平开放、竞争有序的现代市场体系建设,不断增强发展动力。

——**坚持系统观念**。坚持把系统观念作为基础性思想和工作方法，加强统筹协调、联动协作，调动各方面积极性，着力固根基、扬优势、补短板、强弱项，注重防范化解重大风险挑战，实现发展质量、结构、规模、速度、效益、安全相统一。

## 三、发展定位

### （一）河西走廊经济社会高质量发展桥头堡

武威地理区位优势明显，是河西走廊的门户、“如意甘肃”的襟要、亚欧大陆桥的咽喉，自古就是沟通西部、西亚、欧洲的要冲。随着国家“一带一路”建设，使武威作为河西走廊桥头堡的地位和作用进一步凸现，有利于把武威发展成为丝绸之路经济带甘肃段重要节点城市，成为西北重要的综合交通枢纽、物流节点和商贸集散地，成为国家向西开放的重要门户。建设经济强市基础雄厚。紧扣立地条件、资源禀赋，认真实施县域经济、全域旅游和乡村旅游发展等重要规划，制定落实促进中小微企业高质量发展、实施奶业振兴行动、扶持文化旅游业、现代生猪产业、食用菌产业等一系列政策措施，特别是引进实施了雷台文化旅游综合体、伊利、嘉禾佳等一大批重大产业项目，产业发展的“四梁八柱”已经搭建，引爆点正在加速形成。经济总量跃居全省第五位，农业增加值稳居全省首位。生态工业由小到大、由弱到强，实现了量的扩大、质的跨越，规上企业户数居全省第三位，涉及十大生态产业的规上工业增加值占全部工业增加值的比重达到75%。第三产业撑起“半壁江山”，第三产业增加值居河西五市第二位，为全市经济赶超进位奠定了坚实基础，为加快建设经济强市蓄积了强大动能。建成生态大市后劲十足。武威是连接黄河流域与内陆河流域的重要节点，是我国西部生态安全屏障的重要组成部分和北方防风固沙的前沿阵地，生态地位极其重要。武威生态治理已纳入《黄河流域生态保护和高质量发展规划纲要》和《全国重要生态系统保护和修复重大工程总体规划（2021-2035年）》。民勤生态建设示范区规划、古浪八步沙区域生态治理规划的批复实施，将促进武威进一步筑牢国家西部生态安全屏障，推进全域生态文明建设，加快建成生态大市。打造文化旅游名市支撑有力。随着国家文化强国战略实施，全省文旅产业快速发展，武威市陆续出台文化旅游产业发展扶持奖励办法和“黄金21条”等政策措施，积极营造文化旅游产业发展政策环境。科学、规范、有序、务实推进文化旅游产业发展，旅游产业集群化、网络化发展的格局初步形成。大力完善旅游要素支撑，在“吃”上做文章，在“住”上提品质，在“购”上下功夫，在“娱”上求突破，文化旅游全产业链开发已具雏形。全面加强旅游基础设施建设，完善旅游交通体系，加快景区提升改造，健全旅游标识系统，积极发展智慧旅游，旅游服务环境进一步提升。随着雷台文化旅游综合体、苏武沙漠大景区等景区提升工程项目的建成，将有利于武威市推进文化旅游的深度融合发展，全面打响“天马行空·自在武威”文化旅游品牌形象，加速文化旅游名市建设。

### （二）优质绿色食品生产供应基地

武威自古就是“人烟扑地桑柘稠”的富饶之地，农业资源十分丰富，品质优良。新中国成立后，武威作为全国商品粮基地和甘肃省瓜果蔬菜基地及肉类繁育生产基地，为保障人民群众基本生活，丰富百姓餐桌做出了巨大贡献。市委四届四次全会以来，武威粮食播种面积稳定在230万亩左右，粮食总产量持续稳定在100万吨以上。累计建成100万亩玉米、60万亩蔬菜、12.7万亩优质瓜类、22.36万亩经济林果、14.8万亩马铃薯、11.6万亩藜麦、8.29万亩酿造葡萄和畜产品等一批农畜产品生产基地。坚持打造食品工业集群，引进实施了伊利等一批大项目好项目，推动达利、青啤等一批“农字号”企业增线扩能，形成了以农畜产品精深加工为主的绿色食品工业体系。重点产品年加工能力分别达到小麦粉140万吨、马铃薯全粉5万吨、鲜食玉米5000万穗、瓜子等休闲小食品16万吨。牛、羊、生猪屠宰能力分别达到11万头、140万只、125万头。制定发布农产品地方标准60项、绿色食品标准35项、出口农产品生产技术规程50项。培育绿色食品企业69家，认证绿色食品267个、有机农产品29个，凉州区、民勤县分别创建为国家级、省级农产品质量安全县。天祝白牦牛肉成为全省唯一通过欧盟认证的100个农产品地理标志之一。民勤腾盛公司供港蔬菜基地、古浪黄花滩六道沟蔬菜基地被认定为粤港澳大湾区“菜篮子”生产基地。黄羊河集团、红太阳面业入选“中国绿色食品最美企业”。随着食品生产经营体系的不断完善和品牌影响力的进一步扩大，把武威建成全国重要的优质绿色食品生产供应基地的时机已完全成熟。

**（三）历史文化和旅游融合发展新高地**

武威历史文化底蕴深厚，自然资源丰富多彩，民俗风情独具特色，文化旅游资源禀赋得天独厚。武威是国家历史文化名城、中国优秀旅游城市，有中国旅游标志“马踏飞燕”、稀世珍宝“活字典”西夏碑、西藏归属中央政府行政管辖的历史见证地“凉州会盟”旧址等珍贵文化遗存，有全国重点文物保护单位13处，省级文物保护单位49处，各类博物馆23家，馆藏文物51807件（套）。

凉州贤孝、武威宝卷、攻鼓子等5个项目纳入国家级非物质文化遗产名录。天马文化、五凉文化、汉唐文化、西夏文化、佛教文化、民族民俗文化等地域文化特色浓郁，在中国文化发展史上留下了辉煌灿烂的绚丽篇章，构成了凉州文化的丰富内涵。武威境内有雪山冰川、森林草原、大漠戈壁等多种地形地貌，旅游资源丰度优势明显。文化旅游资源在全省乃至全国都具有唯一性、垄断性和不可替代性。2018年以来，市委、市政府立足武威文化旅游资源优势，加强顶层设计，《武威历史文化名城保护规划》获省政府批复实施，《武威市全域旅游发展规划》《乡村旅游发展规划》启动实施。加快基础设施建设步伐，补齐文旅产业发展短板，扩大文旅产业消费，加强文化遗产保护开发，加大文创产品开发力度，谋划建设了雷台文化旅游综合体、历史文化街区保护建设、凉州会盟纪念地、天梯山生态文化旅游区等重点项目，为加强文化遗产的保护传承和开发利用，加快文物保护单位向旅游景区转化奠定了坚实的基础。坚持“整治、创建、提升”并重，加快景区提质增效，积极推动天祝冰沟河生态文化旅游景区、神州荒漠野生动物园等改造提升，创建国家AAAAA级旅游景区。“十四五”时期，全力推进文化旅游深度融合发展。大力实施“旅游+”战略，推进“自然景观与文化旅游、体育活动与文化旅游、城乡建设与文化旅游、旅游产业跨界”四个方面深度融合发展，走文旅商融合发展的模式，将武威资源优势转变为发展优势和产业优势，更好发挥出文化旅游产业“一业兴、百业旺”的联动效应。

**（四）西部通道经济重要枢纽**

武威自古就以“通一线于广漠，控五郡之咽喉”而著称，是东西文化、物资交流的重要驿站和商埠。改革开放以来，市域内兰新铁路、干武铁路贯穿全境，G30、G3017、G2012、G312、G569、G338、S308等高速公路和国省干道纵横交错，地方道路四通八达。其中：铁路总里程达573千米，公路网总里程达1.32万千米，路网密度40.4千米/百平方千米，是全省的1.28倍，畅通了东至兰州、南至青海、西至新疆、北至宁夏、内蒙古的交通大通道。以交通为纽带，武威可畅通辐射周边400千米范围内的兰州、银川、西宁3个省会城市，通过产业互补、优势共赢，实现了交通、物流、商贸、产业的融合发展，武威居中通达周边省市的区位优势进一步凸显。"十四五"时期，随着甘肃（武威）国际陆港功能日趋完善，武威保税物流中心常态化运营，肉类、木材等口岸平台优势及武威国际陆港铁路集装箱场站中转枢纽作用持续释放，特别是兰张三四线建成通车后，武威将跨入高铁新时代，进一步加速武威融入兰白经济圈、兰西城市群，极大汇聚西部地区乃至全国物流、商流、信息流、资金流、人才流，为加快对外开放步伐和大力发展外向型经济奠定坚实基础，使武威由内陆腹地迈向向西开放的前沿阵地。

**（五）生态综合治理示范区**

武威地处青藏高原生态屏障和北方防沙带，是全国荒漠化、沙漠化最为严重，水资源极度短缺的地区之一。全市荒漠化、沙漠化土地面积分别为3180万亩、2220万亩，分别占国土总面积的65.5%、45.9%。石羊河流域武威属区人均水资源量不足700立方米，仅为全省的1/2、全国的1/3，是典型的资源性缺水地区，生态环境极其脆弱。"十四五"乃至更长时期，武威仍必须坚持以筑牢国家西部生态安全屏障为目标，抢抓国家实施黄河流域生态保护和高质量发展、全国重要生态系统保护和修复等重大战略机遇，认真落实习近平总书记"特别要实施好石羊河流域综合治理和防沙治沙及生态恢复项目，确保民勤不成为第二个罗布泊"的重要指示精神，自觉把生态文明建设融入经济建设、文化建设、社会建设各方面和全过程，进一步巩固扩大石羊河流域重点治理成果，大力弘扬八步沙"六老汉"困难面前不低头，敢把沙漠变绿洲的新时代武威精神，加强森林、草原、荒漠、水流、湿地等系统治理、综合治理、源头治理，实施生态环境分区管控，深入打好污染防治攻坚战，持续改善生态环境质量，建设山水林田湖草沙生命共同体，着力打造全国生态综合治理示范区，为全省乃至全国提供可借鉴、可复制、可推广的治理模式和成功经验。

**四、发展目标**

2035年现代化建设远景目标：经济综合实力和科技创新能力大幅跃升，经济总量和城乡居民人均收入迈上新的台阶；基本实现新型工业化、信息化、城镇化、农业现代化，民营经济和新兴产业占比大幅提升，建成武威特色现代化经济体系；各方面制度和体制机制更加完善，基本实现治理体系和治理能力现代化，建成更高水平的法治武威、平安武威；社会事业全面进步，人才与发展需求更加适应，公民素质和社会文明程度达到新高度；生态文明建设取得重大成就，广泛形成绿色生产生活方式，生态环境根本好转，生态安全屏障更加牢固；基本公共服务实现均等化，城乡区域发展更加协调，城乡居民生活水平差距显著缩小，人的全面发展、人民共同富裕取得新成效，人民群众获得感、幸福感、安全感不断增强。

**五、"十四五"发展目标：**

——**经济综合实力迈上新台阶**。以新发展理念为引领的高质量发展体系更加完善，经济结构更加优化，生态产业长足发展，产业基础高级化、产业链现代化水平大幅提高，农业基础更加稳固，乡村振兴全面推进，新型城镇化步伐加快，基础设施支撑力大幅提升，城乡区域发展协调性明显增强，发展质量和效益显著提高。到 2025 年，地区生产总值年均增幅达到 6.5%。

——**社会文明程度实现新提高**。习近平新时代中国特色社会主义思想深入人心，社会主义核心价值观融入社会发展各方面，公民思想道德素质、法律素质、科学文化素质、健康素质明显提高，公共文化服务体系更加完善，实现由文化资源大市向文化产业强市的跨越。

——**生态文明建设取得新成效**。国土空间开发保护格局得到优化，黄河流域生态保护和高质量发展深入推进，石羊河流域重点治理成果进一步巩固拓展，山水林田湖草沙系统治理水平不断提升，能源资源利用效率大幅提高，主要污染物排放总量持续减少，节水型社会建设深入推进，森林覆盖率、草原植被覆盖度持续提升，创建全国生态文明建设示范区。

——**改革开放迈出新步伐**。重点领域改革取得突破性进展，营商环境全面优化，市场主体更加充满活力，开放型经济加快发展，现代市场体系基本建成，公平竞争制度更加健全，“一带一路”建设高水平推进，开放型经济加快发展，更好融入新发展格局。

——**民生福祉达到新水平**。实现更加充分更高质量就业，居民收入增长和经济增长同步，社会事业全面发展，全民受教育程度明显提升，基本公共服务均等化水平不断提高，多层次社会保障体系更加健全，脱贫攻坚成果巩固拓展，人民对美好生活的向往得到更好实现。

——**社会治理效能得到新提升**。民主法治更加健全，社会公平正义进一步彰显，政府职能加快转变，行政效能和公信力大幅提升，社会治理特别是基层治理水平明显提高，防范化解重大风险体制机制不断健全，突发公共事件应急能力和防灾减灾救灾能力持续增强，共建共治共享的社会治理体系更加完善。

围绕实现上述目标，聚力推动“五个新跨越”：

**（一）贯彻创新发展理念，产业优化升级实现新跨越**。把创新作为引领发展的第一动力，实施创新平台增量、创新主体培育、科技服务覆盖、知识产权保护“四大工程”，培育高新技术企业 70 家以上，科技创新型企业稳定在 90 家以上。围绕产业链部署创新链、围绕创新链布局产业链，推动产业链创新链深度融合。依托现代农业，大力发展绿色食品工业，形成牛、羊、猪、奶百亿级产业集群，打造全国优质绿色食品生产供应基地、河西走廊黄金奶源基地和甘肃乳都。推进一二三产业深度融合发展，加速发展以文旅产业为主的第三产业，建成 AAAAA 级旅游景区 2 家以上、五星级宾馆 2 家以上，旅游综合收入年均增长 25% 以上。

**（二）贯彻协调发展理念，城乡融合发展实现新跨越**。健全城乡区域协调发展体制机制，加速城乡要素平等交换、双向流动和公共资源合理配置，强化以工带农、以城带乡，推动形成工农互补、城乡互补、协调发展、共同繁荣的新型工农城乡关系。以实施乡村振兴战略为总抓手，实现巩固拓展脱贫攻坚成果同乡村振兴有效衔接，努力让农业更强、农民更富、农村更美。大力发展各具特色的县域经济，努力建设农业强县、工业富县、生态大县、文旅名县。加快推进以人为核心的新型城镇化，大力实施城市更新行动，促进中心城区、县城和小城镇协调发展，力争“十四五”末城镇化率达到55%左右。

**（三）贯彻绿色发展理念，生态文明建设实现新跨越**。深入践行绿水青山就是金山银山理念，推动经济社会发展全面绿色转型。坚持重在保护、要在治理，着力推进祁连山生态保护、石羊河流域综合治理、黄河流域生态保护和高质量发展、民勤生态建设示范区、古浪“八步沙”区域生态治理等规划实施，建设全国生态综合治理示范区。坚持精准、科学、依法治污，巩固污染防治成果。深入实施国家节水行动，加快形成节水型生产生活方式，全面提升水资源利用效率，创建国家节水行动示范市。

**（四）贯彻开放发展理念，深化改革开放实现新跨越**。坚持以改革促开放、以开放促改革，把握有效市场和有为政府结合点，深化“放管服”改革，推进要素市场化配置改革，建设高标准市场体系，打造一流的政务环境、市场环境、要素环境、法治环境，更大力度支持民营经济发展，激发各类市场主体活力。积极融入“一带一路”，加快国际陆港建设，完善口岸功能，加大招商引资力度，提升集聚带动效应，力争把陆港打造成向西开放的国际物流平台和进出口产品加工基地。

**（五）贯彻共享发展理念，人民生活水平实现新跨越**。把增进民生福祉作为各项工作的出发点和落脚点，将基本财力向民生领域倾斜，努力使改革发展成果更多、更公平地惠及城乡群众。实施就业优先政策，扩大就业容量，提高就业质量，促进充分就业。加强普惠性、基础性、兜底性民生建设，推进基本公共服务均等化。健全多层次社会保障体系，落实各项社保制度和政策，编密织牢基本民生兜底保障网。大力推进“书香武威”建设，提升文化软实力和社会文明程度。统筹发展和安全，推进更高水平的平安武威建设，促进社会和谐稳定。

**“十四五”时期经济社会发展主要指标**

表2

| 类别 | 指标 | 2020年（实际） | 2025年（预期） | 年均增速[累计] | 属性 |
|---|---|---|---|---|---|
| 经济发展 | 1. 地区生产总值增长（%） | 4.3 | — | 6.5 | 预期性 |
| | 2. 固定资产投资增长（%） | 13.41 | — | 7 | 预期性 |
| | 3. 全员劳动生产率增长（%） | — | — | 6.5 | 预期性 |
| | 4. 常住人口城镇化率（%） | 44.58 | — | [10] | 预期性 |
| | 5. 生态产业增加值比重（%） | 29.3 | 35左右 | [6] | 预期性 |
| 创新驱动 | 6. 研发经费投入强度（%） | 0.5 | 0.75左右 | — | 预期性 |
| | 7. 每万人口高价值发明专利拥有量（件） | 1.43 | 1.71 | [0.28] | 预期性 |
| | 8. 数字经济核心产业增加值占地区生产总值比重（%） | 0.87 | 1.2 | [0.33] | 预期性 |
| 民生福祉 | 9. 居民人均可支配收入增长（%） | 5.6 | — | 6.5 | 预期性 |
| | 10. 城镇调查失业率（%） | 6左右 | 6左右 | — | 预期性 |

续表 2

| 类别 | 指标 | 2020 年（实际） | 2025 年（预期） | 年均增速［累计］ | 属性 |
| --- | --- | --- | --- | --- | --- |
| 民生福祉 | 11. 劳动年龄人口平均受教育年限（年） | 10.5 | 11.1 | [0.6] | 约束性 |
| | 12. 每千人口拥有 3 岁以下婴幼儿托位数（个） | — | 2.2 | [1.5] | 预期性 |
| | 13. 基本养老保险参保率（%） | 99.04 | 99.2 | [0.1] | 预期性 |
| | 14. 每千人口拥有执业（助理）医师数（人） | 2.4 | 3.1 | [0.7] | 预期性 |
| | 15. 人均预期寿命（岁） | 75.66 | 76 | [0.3] | 预期性 |
| 绿色生态 | 16. 单位地区生产总值能源消耗降低（%） | [19.57] | — | 完成省政府下达的目标任务 | 约束性 |
| | 17. 单位地区生产总值二氧化碳排放降低（%） | [25.71] | — | | 约束性 |
| | 18. 地级及以上城市空气质量优良天数比例（%） | 88.3 | — | | 约束性 |
| | 19. 地表水达到或好于Ⅲ类水体比例（%） | 100 | — | | 约束性 |
| | 20. 森林覆盖率（%） | 19.01 | — | | 约束性 |
| 安全保障 | 21. 粮食综合生产能力（万吨） | 103.4 | 105 以上 | — | 约束性 |
| | 22. 能源综合生产能力（万吨标准煤） | 273 | 460 | [187] | 约束性 |

注：[ ] 内为五年累计数；涉及人口指标均按人口自然增长率测算。

## 第三章　主要任务

### 一、构建现代产业体系，夯实经济转型发展新动能

积极融入新发展格局，立足武威资源禀赋、产业基础，以强龙头、补链条、聚集群为方向，坚持集约化、标准化、品牌化发展，高标准谋划、全产业链开发，促进一二三产业融合发展，积极推动产业基础高级化、产业链现代化，构建形成发展活力足、竞争能力强、特色鲜明的现代产业体系。到 2025 年，力争生态产业增加值占生产总值比重提高 6 个百分点。

**（一）大力发展现代农业**

坚持因地制宜，持续打造沿山、沿川、沿沙“三大特色产业带”，加快构建以“牛羊猪禽果菜菌草”为主导，以马铃薯、中药材、瓜类、藜麦、茴香、岔口驿马等为区域优势特色的“8+N”农业优势主导产业。实施特色农业三年培增行动，走资源节约、绿色生态的现代农业发展道路。

1. 建设现代农业产业体系。加强农业供给侧结构性改革，优化农业生产结构和区域布局，以奶业振兴、现代生猪产业发展、粮改饲和秸秆综合利用、食用菌产业发展扶持政策为抓手，推动形成规模连片、特色鲜明的区域产业带，“8+N”农业优势主导产业产值占农业总产值比重达到 80% 以上。坚持多模式推进、多主体参与、多机制联结、多要素发力、多业态打造的多元化推进格局，推动设施农业转型升级、提质增效，建设一批生态黄金奶源、供港蔬菜、高原夏菜、食用菌、高原藜麦等跨区域连片种养基地，扶持壮大伊利、牧原、海升、德青

源、华中农业、众兴等产业化龙头企业，切实形成规模优势。坚持全产业链开发，抓良种、抓规模、抓加工、抓品牌、抓市场、抓循环，发展形成羊、奶、猪等百亿级特色产业集群，打造西北丝路寒旱农业发展示范基地、全国重要的优质绿色食品生产供应基地、河西走廊黄金奶源基地和甘肃乳都。

2. 推动农村一二三产业深度融合。坚持走产业集群、龙头集中、技术集成、要素聚集、保障集合的集约化发展路子，高标准创建一批具有地域特色和产业优势的省级现代农业产业园。扎实推进凉州区、天祝藏族自治县国家级农村产业融合发展示范园、凉州区国家级、民勤县省级现代农业示范区建设，打造现代农业转型发展引领示范区。培育农业新产业新业态新模式，推进农产品精深加工、农产品批发市场建设与现代农业深度融合。积极发展观光农业、体验农业、创意农业，加强农业与教育、文化、健康养生等产业深度融合，促进农业生产环节升级、全链条升值，丰富乡村经济业态，拓展农民增收空间。

3. 加快良种繁育体系建设。实施特色产业种子提升工程，加快推进种养品种更新升级。着力引进和保护利用优质种质资源，加强种子库建设，推动种养结构由低端向高端转型。全面推广工厂化育苗、组培育苗技术，提升特色作物种子种苗优良化率，确保品种优良率达到 90% 以上。加快畜禽品种杂交改良，突出抓好民勤纯种湖羊、古浪兴盛种羊、天祝白牦牛等繁育基地建设，加大澳洲白绵羊、红安格斯牛等新品种扩繁，提高育种效率，牛羊鸡猪良种化程度达到 95% 以上。

4. 打造现代农业品牌。深入实施农业品牌提升行动和品牌营销战略，积极构建以整体品牌为龙头、区域公用品牌和企业知名品牌为主体的农产品品牌体系。扩大“黄羊河”“凉州皇台”等中国驰名商标和“金苹果”“柏树庄”等商标品牌效应，推动民勤蜜瓜、苏武沙羊，凉州酿酒、熏醋，古浪牛羊、挂面，天祝白牦牛、岔口驿走马等老品牌转型升级，争创国家和省级驰名商标。打造“武威蔬菜”公共品牌，提升“凉州农鲜”“民清源”“天祝原生”“原味古浪”等区域公用品牌，持续擦亮中国葡萄酒城、高原藜麦之都、中国蜜瓜之乡等金字招牌。积极推进“三品一标”认证，年认证 10 个以上。

5. 构建现代产销经营体系。推进种养结构、生产标准、储运销售与市场有效对接，实施差异化布局，实现农产品错峰上市。积极探索推进供销合作社、农民合作社、合作金融“三

**专栏 1：培育羊奶猪三大百亿级产业基地集群**

1. **肉羊产业集群**。按照全产业链开发、全价值链提升的发展思路，以推进民勤县、古浪县“甘味”肉羊产业集群建设为重点，依托中天羊业、古浪兴盛种羊、民勤湖羊、武威普康、天祝藏族自治县三洋盛等龙头企业带动，全力构建以“甘味”品牌为引领，以“苏武沙羊”“古浪羊”等区域公共品牌为核心，企业品牌为主体，上下游产业链完整畅通、生产与服务体系有机衔接的武威肉羊优势特色产区，重点建设肉羊良种繁育体系、标准化养殖基地、屠宰深加工基地、市场流通体系、品牌体系、饲草料体系，打造百亿级肉羊优势特色产业集群。

2. **奶产业集群**。以建设古浪县生态奶牛示范园区为重点，依托优然牧业、金宇浩睿、武威荣华等重点龙头企业带动，以武威伊利绿色生产及智能制造示范应用项目为中心，打造以“伊利”为核心，“祁连山”为标志，武威为主体的百亿级生态奶业优势特色产业集群。

3. **猪产业集群**。依托凉州区生猪省级现代农业产业园，以凉州牧原年出栏 100 万头生猪产业化项目为核心，重点建设生产基地、加工营销体系、经营组织、市场信息服务体系、生猪产业化联合体和融合机制五大板块，形成从饲料—品种—养殖—屠宰—加工—配送的生猪产业全产业链，建成百亿级生猪产业集群。

位一体”的农村产业发展模式，构建社会化服务为支撑的现代农业经营体系，提高农业综合效益。做好新品种、新技术集成创新与成果试验示范和引进推广，为新型农业经营主体提供先进生产技术服务和农业综合服务。以冷链物流、产地直供、生鲜电商等构建“田间—餐桌”农产品产销新模式，打造便捷高效的农业产业供应链。加快区域性综合市场、专业市场、产地集散市场和农产品营销网络建设。发挥各级各类产业产销协会作用，建立健全特色农产品线上线下相结合的营销体系，不断提高市场占有率。完善农产品云端中心电商销售平台，积极争取与各类电商平台达成战略合作关系，加大电商营销力度。积极参加各类农产品产销对接活动和推介会，拓展与大中城市批发市场的合作。

6. 实施智慧农业构建工程。启动建设智慧农业试验区，在凉州区和民勤县开展设施装备整体应用示范研究。推动建设智慧灌溉工程，推广农田智慧灌溉，实现灌溉用水的自动化、数字化管理。推进“互联网＋畜牧”，加快建设智慧畜牧工程，推动畜牧生产智能化和安全智慧化。推进实施智慧农业气象服务工程，实现气象为农服务的智慧感知、情景互动。探索建设智慧农业应用基地，引导农业生产经营主体主动应用智慧农业技术，提升农业生产经营效率。

| 专栏 2：现代农业增效工程 |
| --- |
| 1. **高标准农田建设工程**。以土地整治、高效节水为重点建设内容，实施古浪县黄花滩耕地地力提升等项目，集中连片建设高标准农田 149.2 万亩，不断提升农业综合生产能力。<br>2. **饲草扩面增效工程**。以牛羊产业大县为重点建设饲草料基地，扩大饲草种植面积，全面推广农作物秸秆青贮技术，推动饲草料品种专用化、生产规模化、销售商品化。<br>3. **现代种业提升工程**。开展玉米、蔬菜、瓜籽等种业产业园创建，构建现代产业育种体系。以羊、猪、牛等育种创新、繁种为主，重点实施天祝白牦牛良种繁育、凉州区种猪育种创新、民勤县纯种湖羊种业提升、古浪县畜禽现代种业提升等工程，提高畜禽遗传资源保护能力、育种创新能力和良种繁育能力。<br>4. **动植物保护能力提升工程**。以提高动物疫病、农作物病虫害监测预警设施、应急防控和物资储备等能力建设为重点，完善农作物病虫疫情田间监测点和动物防疫专用设施，提高动植物保护能力水平。<br>5. **畜禽粪污资源化利用工程**。开展畜禽粪污原地收集储存、固体粪便集中堆肥或能源化利用、污水高效生物处理。实施古浪县畜禽粪污资源化利用整县推进，天祝藏族自治县城乡有机废弃物综合利用建设等项目。<br>6. **现代农业产业园建设工程**。积极创建凉州区生猪产业园、天祝藏族自治县现代畜牧产业园、民勤县羊产业园、民勤县蜜瓜产业园、古浪县现代畜牧产业园、古浪县蔬菜产业园、凉州区优质粮食产业园、天祝藏族自治县藜麦产业园等省级现代农业产业园。<br>7. **智慧农业建设工程**。以建成智慧农业云平台为目标，加强农业资源管理、农产品质量安全监管、农产品质量安全检测管理、农业投入品监管等系统建设，进一步提高农业信息化水平。 |

### （二）加快发展生态工业

依托农产品资源优势，着力推进农产品精深加工、装备制造、新材料、新能源、绿色环保、新型建材、生物医药、数据信息等重点产业培育发展，构建绿色、低碳、可持续的绿色生态工业体系。“十四五”期间，力争全部工业增加值年均增长 10%。

1. 大力发展绿色食品精深加工产业。以现代信息技术和先进工艺对现有传统产业进行改造提升，推动传统产业高端化、智能化、绿色化，开发高附加值产品，提高特色优势产业质量效益。

以产业园区为载体，重点围绕全国优质绿色食品生产供应基地建设，大力发展以特色畜禽产品加工、特色果蔬加工、特色酿造加工、特色主食加工为主的农畜产品精深加工业。发挥现有农字号骨干企业带动作用，健全全产业链设计和全生命周期推动机制，强化技术改造和产品研发，集中优质要素资源，实施一批重大项目，培育一批龙头企业，壮大一批优势产业，打造形成2个特色鲜明、产品多样、品牌认知度高的百亿级产业集群。

2. 培育壮大战略性新兴产业。抢抓新一轮技术变革和产业变革机遇，锻造产业长板，补齐短板，推动新兴产业特色化、专业化、集群化发展。重点支持风光电装备、核技术民用装备、新能源汽车及动力电池、现代农机、专用装备和配套零部件等产业加快技术变革和模式创新，培育装备制造产业集群。依托国家火炬天祝高性能碳基新材料特色产业基地，支持碳化硅企业引进先进适用技术，研发碳化硅粉体等高新技术产品，支持发展新能源电池材料和高性能石墨精深加工产业，培育新材料产业集群。加大新能源装机，加强风光电、抽水蓄能、储能、氢能、生物质能等绿色能源产业发展，支持钍基熔盐堆核能系统、高温制氢示范项目建设，培育新能源产业集群。大力推广使用节能、节水、减排等工艺，全面推行清洁生产和绿色制造，培育绿色环保产业集群。支持再制造、废弃物综合利用为主的绿色环保节能建材项目建设，培育新型建材产业集群。依托现有产业基础，培育中药材种植、生产、加工、产品研发、中医中药养生等为一体的生物医药产业集群。依托民勤红沙岗能源化工工业集中区，培育发展绿色化工产业集群。

| 专栏3：绿色食品生产基地培育工程 |
| --- |
| 1. **特色畜禽产品加工**。围绕伊利“1+6+N”奶产业项目，建设河西走廊黄金奶源基地和甘肃乳都，发展奶产业。依托丰富的畜禽资源，加大分割、保鲜、灭菌、提取等现代加工技术的推广应用，推进伊牧兰、牧原等项目建设，发展肉制品加工产业。<br>2. **特色果蔬加工**。引进和培育食用菌产业化龙头企业，建设沿祁连山现代食用菌产业带，发展食用菌产业。依托优质林果和高原夏菜资源，推广应用特色林果精深加工技术，围绕达利、正阳建设马铃薯精深加工基地，围绕纯洁高原、嘉禾佳建设高原夏菜深加工基地，围绕民勤红枣、小茴香和古浪枸杞等优势品种，建设优质林果加工基地，发展特色果蔬加工产业。<br>3. **特色酿造加工**。支持皇台、普康、青啤、莫高等企业发展酒类和饮料产业，加大酿造葡萄加工成品比重，推进白酒、啤酒和葡萄酒产业与文化旅游业融合。扶持凉州熏醋品牌争创名牌，鼓励益民、柏树庄等企业开发保健醋、水果醋、饮料醋等产品，做大做强调味品产业。<br>4. **特色主食加工**。支持纯洁高原等企业加快藜麦系列产品开发，推进天祝藜麦产业园建设。支持红太阳面业等企业延长面粉产业链，开发生产小麦制粉、挂面等产品。鼓励开展油料副产物综合利用，发展粮油制品产业。 |

3. 推进生态工业数字化转型。推动数字经济和实体经济深度融合，以数字技术赋能产业转型升级，提升数字化转型公共服务能力和平台“赋能”水平。大力发展智能机器人、智能可穿戴设备、智能家居等新型智能产品，加快智能工厂和数字化车间建设。在重点企业、重点园区、重点工业领域，实施工业互联网平台培育工程，提升网络基础设施互联互通水平。积极发展应用电子和工业软件，支持中小企业运用现代信息技术改造生产工艺、改善经营管理、改变营销手段，全方位、多层次推动信息技术在工业领域的覆盖渗透、应用集成和融合创新，提高工业产品科技含量与附加值。

| 专栏 4：优势产业集群培育工程 |
| --- |
| 1. **农产品精深加工**。依托伊利绿色生产及智能制造示范应用项目，支持包装、饲料、兽药生产等奶产业循环产业链项目建设，打造百亿级奶产业集群；依托达利、海升、嘉禾佳、红太阳、纯洁高原等打造百亿级食品加工产业集群。加快优然牧业、新希望、东方希望、傲农等项目建设，发展饲料加工产业。<br>2. **装备制造**。发挥甘建投新能源、重通成飞、海纳塑业、大禹节水等龙头企业带动作用，通过技术创新，培育装备制造产业集群，力争产值达到 30 亿元以上。<br>3. **新材料**。支持玉通石门河等碳化硅企业，加快烟气回收等环保设施技术改造，引进建设粉体加工、高性能材料、碳化硅纤维等项目，积极发展新能源电池材料和石墨精深加工项目，培育新材料产业集群，力争产值达到 20 亿元以上。<br>4. **新能源**。加快推进光晟 100 兆瓦平价光伏发电、钍基熔盐堆高温制氢示范项目建设，培育新能源产业集群，力争产值达到 50 亿元以上。<br>5. **绿色环保**。建设凉州静脉产业园，实施垃圾焚烧发电、资源化利用、生物质节能炉具、生物质燃料颗粒、余热余压回收利用等项目，培育绿色环保产业集群，力争产值达到 10 亿元以上。<br>6. **新型建材**。发挥祁连山水泥、松树建材等企业带动作用，积极发展新型建材产品。推进鹏通、嘉佑等新型建材项目建设，培育新型建材产业集群，力争产值达到 20 亿元以上。<br>7. **生物医药**。依托普安、泰康等制药企业，重点发展生物制药、现代中药、特药和特色藏药，培育生物医药产业集群，力争产值达到 10 亿元以上。<br>8. **绿色化工**。围绕民勤红沙岗能源化工工业集中区，支持金仓、联硕、杰达等企业，形成绿色化工循环产业链，培育绿色化工产业集群，力争产值达到 15 亿元以上。<br>9. **数据信息**。加快 5G+ 工业互联网在工业企业中的融合创新应用，赋能全市重点产业数字化转型升级，发展重点企业、重点园区的示范推广带动作用。 |

**（三）做强文化旅游产业**

围绕推进全域旅游，着力打造“一核、五星、三带、四区”旅游产业集群化、网络化发展格局。“十四五”期间，建成市级文化产业园（基地）5 家，AAAAA 级旅游景区 2 家以上，五星级宾馆 2 家以上，省级旅游度假区 1 家，省级乡村旅游示范村 20 个以上，全市接待游客量达到 3800 万人次以上，年均增速 23% 以上，旅游综合收入达到 460 亿元以上，年均增速 25% 以上。

1. 加快精品旅游景区建设。坚持以文塑旅、以旅彰文、文旅融合，推动旅游景区提标升级，改造提升冰沟河、神州荒漠野生动物园、沙漠公园等重点景点景区，串联苏武沙漠大景区、天堂大景区等优质旅游资源，创建以铜奔马文化旅游景区、武威历史文化街区、文庙儒学院、天梯山生态文化旅游区为重点的 AAAAA 级景区。大力开发独具武威特色的历史文化之旅、绿色生态之旅、红色记忆之旅、田园风光之旅、科普研学之旅等精品旅游线路。打造华夏历史文明传承创新核心展示区、五凉文化集中展示区、原生态休闲旅游区。

2. 开发更有吸引力的文旅产品。谋划建设凉州会盟纪念地、国家方志馆丝绸之路分馆、吐谷浑遗址公园，为中华民族“多元一体”贡献武威力量。加强与华侨城等国内顶尖大师和专业团队深度合作，将雷台文化旅游综合体、天梯山精品民宿、民勤苏武沙漠大景区等打造成为有市场引领力的“网红打卡地”和文旅业态新地标，培育支撑经济发展的新动能，促进文旅产业高质量发展。实施文化精品工程，创排完成《梦幻凉州》《千年华锐》《情系八步沙》等情景歌舞剧，拍摄制作以“凉州会盟”“西凉马超”为主题的影视节目，支持创作一批文艺作品。将工业旅游培育成文化旅游发展的新领域和新动能，完善服务设施配套建设和环境提升，培育工业旅游消费项目。支持社会资本利用老旧厂房、工业遗存开发建设文化产业园，积极探索打造工业旅游样板。创新乡村旅游业态，以果园、田园、菜园、林园、古村落、特色乡村等为依托，打造农旅特色小镇、特色气候小镇、乡村旅游特色村、农耕体验基地等带动示范项目，开展农事活动体验、乡村文化体验等休闲游乐活动。将武威宝卷、凉州贤孝、凉州攻鼓子、天祝藏土民俗等传统非遗资源，包装开发成特色旅游活动项目进景区、乡村旅游度假区，满足游客文化体验需求。完善红色旅游精品体系，开展红色文化系列研学旅游活动，创建全国重点红色旅游经典景区。

3. 强化文旅品牌宣传营销。以雷台文化旅游综合体建成投运为契机，做大做强文旅产业，培育核心爆点，集中开展品牌营销，利用网站、微信公众号、微博等新媒体平台进行多角度全方位广覆盖的宣传报道，进一步打响“天马行空·自在武威”文化旅游品牌。联合张掖、嘉峪关、敦煌等河西热门景点景区，整合宣传营销资源，形成河西走廊旅游大宣传、大营销格局，让独具特色的武威全域旅游品牌形象在游客心中烙下深深的“天马印记”，让更多海内外游客把河西走廊门户的武威列为旅游优选之地。常态化举办“凉州文化论坛”“河西走廊有机葡萄美酒节”“中国·民勤沙漠雕塑国际创作营”和陇越骑联山地自行车多日赛、腾格里（民勤）沙漠半程马拉松挑战赛等品牌赛事活动，进一步提升武威文化旅游知名度和影响力。

4. 实施旅游服务质量提升行动。推进旅游服务设施现代化，对拟创建国家AAAAA级旅游景区通一级及以上公路，AAAA级景区通二级及以上公路，AAA级景区通三级公路，凉州会盟纪念地、沙漠公园、神州荒漠野生动物园、天梯山生态文化旅游区等重点旅游景区通旅游客运专线，着力打造“快进”“慢游”的全域旅游公共交通服务网络。通过人才引进、外出学习和专题培训等方式，着力培养经营管理、文化创意、旅游营销、导游讲解等方面文化旅游人才，为全市文化旅游产业发展提供坚实的人才支撑。积极引进华侨城、驴妈妈、省公航旅等旅游企业和战略合作者，发展符合现代企业制度的旅游服务企业，推进旅游服务精细化、智慧化、人性化，以旅游服务质量的提升推动文化旅游产业快速发展。

5. 加大历史文化名城保护力度。落实好习近平总书记“加强对国粹传承和非物质文化遗产保护的支持和扶持”的要求，强化武威国家历史文化名城保护，加快推进武威历史文化街区保护建设、城区历史建筑保护修缮。抢抓长城、长征国家文化公园建设机遇，争取实施天祝段长城文化公园、凉州会盟纪念地等文物保护维修工程，实现历史文化遗产应保尽保，发挥历史文化资源存量优势，延续历史文脉，保留城市记忆，全力保护好、利用好历史文化名城这张金名片，提升城市竞争力。

**（四）提升发展现代服务业**

坚持把服务业作为经济发展的重要抓手，以文化旅游为引擎，以拓展新兴服务业为重点，全面提升传统服务业，加快健康养老、金融服务、科技信息、家政服务等新兴服务业发展，积极构建完善多层次、广就业、强带动、高增值的现代服务业体系。到2025年，全市服务业增加值占生产总值比重50%以上。

1. 推动生活性服务业向高品质和多样化升级。积极培育生活性服务新业态新模式，全面提升生活性服务业质量和效益。加快发展商贸流通、健康养老、家政服务等服务业，加强公益性、基础性服务业供给。大力发展商贸流通业。全面完善商业步行街、万达、红星、奥斯莱特等城市商业综合体周边配套设施，形成集商业零售、酒店餐饮、综合娱乐五大核心功能

| 专栏 5：文化旅游提升工程 |
| --- |
| 1. **全域旅游示范区创建工程**。提升“吃、住、行、游、购、娱”产业链供给能力，加快城乡旅游基础设施建设，健全完善公共文化和旅游服务体系，创建一批特色旅游景区、旅游小镇和特色街区。到 2025 年，争取凉州区创建为国家级全域旅游示范区，天祝藏族自治县、民勤县创建为省级全域旅游示范区。<br>2.**A 级旅游景区创建工程**。加快现有旅游景区提质增效，对标创建一批国家 AAAA 级以上旅游景区，实施雷台文化旅游综合体、冰沟河生态文化旅游景区、神州荒漠野生动物园、凉州会盟纪念地、天梯山生态文化旅游区、沙漠公园、民勤通航乐园、八步沙“两山”实践创新基地等文化旅游项目，提升武威城市综合竞争力和影响力。<br>3. **产业融合工程**。推进文化旅游产业与工业、农业、科技、体育、康养等融合发展，开辟亿利洁能、静脉产业园、威龙葡萄庄园、莫高生态酒堡等工业旅游线路；打造东辰、武威铁工厂 1975、普康酒坊等文化产业园；培育壮大红旗谷等一批乡村旅游品牌。<br>4. **旅游要素完善工程**。加快全市 AAA 级及以上旅游景区通景公路建设，实施天祝藏族自治县旅游大环线等旅游公路，建设房车自驾游营地、旅游慢行道。改造提升旅游景区客服中心、厕所、停车场、观景台等服务设施，健全旅游标识系统，完善乡村旅游水、电、路、网、厕等基础设施建设。<br>5. **文化旅游宣传推广工程**。积极参加敦煌行·丝绸之路国际旅游节、国际文博会等大型节会活动。充分利用各类新媒体宣传平台，开展形式多样的宣传推介。加强与国内知名文旅媒体合作，扩大武威文旅品牌影响力。积极融入区域旅游联盟，共同开拓文旅客源市场，不断提升“天马行空·自在武威”文旅品牌知名度。<br>6. **黄河文化保护弘扬工程**。深度挖掘黄河文化旅游资源，加快实施天堂大景区、华藏大景区、乌鞘岭大景区等重点文化旅游项目建设，争取实施黄河国家文化公园建设。开发黄河流域武威段文化旅游精品线路，培育文化旅游新业态，将武威建设成为全省“一带一路”旅游黄金节点和旅游集散中心城市。<br>7. **长城遗址保护及展示利用工程**。加强对武威境内长城遗址的保护利用，实施长城本体保护、展示利用和周边环境整治项目，探索建设长城博物馆，开展沿线长城点段智慧化建设，串联整合周边公路、山峦小径等，打造“长城体验之旅”主题线路。<br>8. **红色文化传承弘扬工程**。积极争取长征国家公园建设项目，加快西路红军凉州战役纪念馆改扩建、古浪战役纪念馆二期项目建设，推出“重走长征路”红色旅游精品线路，将武威红色文化旅游资源转化为文化旅游产业发展优势，打造长征文化线路保护利用示范项目。<br>9. **文物保护利用工程**。重点实施武威文庙、雷台汉文化博物馆、天梯山石窟、大云寺、吐谷浑遗址公园等文物保护及基础设施建设项目，推进馆藏珍贵文物数字化保护项目。加大市县级文物保护力度，确保文物安全，推进文物合理利用。<br>10. **非遗保护传承工程**。充分发挥非遗在增进民族团结、脱贫攻坚、乡村振兴等方面的重要作用，深入推进非遗与旅游融合发展，丰富文化旅游业态。加大非遗人才培养培训，实施非遗传承人群研修研习培训活动，非遗传承人群累计培训 300 人。 |

于一体，吃、喝、玩、乐、购一站式体验的城市商业圈，不断满足都市化、现代化、信息化、多重空间需求，提升市民日益增长的生活品质需求。健全城乡市场体系和商品流通体系，加快推进昊天市场（二期）等大型农产品批发市场和物流园区建设，实现商品配送中心覆盖到县，农贸市场覆盖到重点乡镇。逐步完善农副产品流通体系，加大农产品批发市场和农贸市场升级改造力度，加强产销衔接，提高农产品流通效率。构建健康养老服务业。加快形成政府主导、民政牵头、社会参与、市场运作，以居家为基础、社区为依托、机构为补充、医养融合的养老服务体系。全面推广凉州区居家和社区嵌入式养老服务试点。创新养老服务形式，依托武威重离子治疗肿瘤中心、武威温泉度假村等资源优势，积极发展康养旅游，将武威打造成为集中医理疗、中医养生、康复中心、休闲疗养旅游为一体的康养胜地，有效满足多样化多层级的健康养老服务需求，打造全市康养服务新格局。加快发展家庭服务业。健全城乡居民家庭服务体系，鼓励各类市场主体进入家庭服务业，积极扶持中小家庭服务企业，促进家庭服务企业规模化、品牌化和网络化发展。创新家庭服务业发展模式，整合家庭服务资源，实现人力资源、信息资源、公共服务资源的优化配置。完善社区服务网点，鼓励发

展集婴幼儿看护、养老、家政服务、洗衣、家电维修、美容美发、快递服务等于一体的社区生活综合服务中心。加快城镇生活性服务网络向农村延伸，在有条件的乡村建立综合性服务网点，提高农村居民生活便利化水平。开展家政培训提升行动，支持有办学能力的机构开设家政培训，实现分级持证上岗服务，提高从业人员素质和服务能力，加大对社区家庭服务业的税费政策优惠，促进家政服务业健康可持续发展。

2. 推动生产性服务业向专业化和价值链高端延伸。推动各类市场主体参与服务供给，将生产性服务业贯穿于企业生产的各环节，加快现代服务业与先进制造业、现代农业深度融合。着力发展通道物流业。稳定运行中亚国际货运班列、中俄木材班列，力争开行陆海新通道班列，积极拓展国际物流通道，争取武威铁路口岸对外开放，发挥进口肉类、进境木材指定监管场地的带动作用，建立内陆地区肉类进口集散地和进境木材加工贸易集散中心，打造以大型屠宰企业和果蔬基地为依托的特色农畜产品冷链物流体系。提升凉州区六大专业市场建设运营水平。加快武威国际陆港铁路集装箱场站和天祝、古浪、民勤物流中心项目建设，扶持一批企业自建跨境电子商务销售平台。依托武威、古浪、天祝三个高铁综合交通枢纽，完善物流配套服务，创新经营模式，推进多式联运发展，强化武威区域物流枢纽功能。积极培育一批经济实力雄厚、经营理念和管理方式先进、核心竞争力强的大型物流企业，鼓励第三方发展，大力提升高质量物流服务实体经济能力。大力发展金融保险业。按照“集聚机构、完善体系、丰富产品、培育市场”的思路，加快金融保险业效益稳步提升和规模良性扩张，扩大金融保险业的服务规模，增加网点覆盖面，促进金融保险业健康有序发展。建立完善的银行体系，扩大现有地方性金融企业有效规模，积极探索和成立本土化金融控股公司，支持农村银行机构审慎经营、稳健发展，不断优化信贷结构。持续实施“互联网+金融”行动，加快构建新常态下互联网金融保险业发展新格局。完善非金融机构融资租赁运营服务体系，搭建大型企业与中小型企业的沟通桥梁，推广大企业的大型制造设备、生产线、运输工具、施工设备等对中小型企业的融资租赁业务，为企业融资减少成本，提供便利。积极发展电子商务业。采取“企业+基地+网店”或“协会+基地（合作社）+网店”模式，发挥协会和专业合作社作用，大力发展农产品网络营销和订单农业，扩大特色农产品销售规模。继续开展电子商务进农村综合示范项目，实施“互联网+”农产品出村进城工程。积极推进跨境电子商务，依托甘肃外经贸服务网络平台，动员组织外贸企业、营销大户，积极与中西亚国家企业开展电子商务合作，不断扩大武威农产品向中西亚国家的直接出口或间接出口，加快推动武威保税物流中心等海关特殊监管区开展跨境电子商务服务。加快发展科技信息服务业。统筹科技资源，完善政策环境，以构建科技创新创业服务平台为载体，积极发展科技服务市场主体，引进培育科技服务机构和龙头企业。持续强化科技创新突破，推动5G在智能服务等方面的应用。大力开展研究开发、技术转移、检验检测认证、创业孵化、知识产权、科学技术普及等科技服务，延展科技创新服务链，促进科技服务业专业化、网络化、规模化发展，提升科技服务业对科技创新和产业发展的支撑能力。加快传统物流产业数字化改造，构建全链智能化物流体系，提升全供应链服务和技术服务能力。

| 专栏 6：现代服务业提升工程 |
| --- |
| 1. **商贸流通**。实施昊天农产品二期、华中蔬菜初加工冷链物流产业园、田恒农贸市场等重点冷链物流等项目，加快培育一批发展潜力大、辐射带动能力强的现代化物流企业，打造重点物流园区，完善区域物流节点，推动传统商业向主题型、体验式、智慧化商业中心转型，建成以大型商业综合体为核心的新商圈。<br>2. **金融服务**。加快发展科技金融、民生金融、融资租赁、第三方支付、网络金融、移动金融等金融新业态，大力推进金融产品和服务创新。<br>3. **健康养老**。发展健康体检、专业护理、健康咨询、健康文化、健康旅游、体育健身等多样化健康服务，支持第三方健康服务调查评价机构发展。发展健康保险。建设健康养生基地。大力发展基本生活照料、康复护理、精神慰藉、紧急救援等居家养老服务，加快发展供养型、养护型、医护型养老服务机构，积极发展智能养老服务等新兴服务，开发切合农村实际需求的养老服务方式。<br>4. **家政服务**。发展家政服务、社区服务、家庭教育，整合升级公共平台，实现一网多能、跨区域服务，加大家庭服务人员培训力度，健全完善家政服务业制度规范，推进从业者职业化、专业化，培育家庭服务品牌。<br>5. **电子商务**。以“互联网 +”为主导模式，鼓励企业积极利用电子商务平台优化采购、分销体系，进一步促进线下线上消费协同发展，创建线上线下融合发展的智慧社区消费平台。推广“电子商务平台 + 社区智能便利店 + 集成网络终端”社区商业模式。 |

**（五）加速发展数字经济**

抢抓数字时代机遇，加快数字经济与经济社会融合发展，完善数字基础设施，深化各领域数据开放共享应用，全面构建现代化经济体系。到 2025 年，数字经济核心产业增加值占生产总值比重达到 1.2%。

1. 加速发展数字经济产业。靶向引进重点企业，发展数字技术硬件产品研发制造、软件开发和技术服务、通信服务业务，培育技术型数字经济。发展融合型数字经济，推动工业领域数字化、智能化改造，提升制造业数字化控制和管理水平。加快发展数字农业，实现农业生产管理精准化，建设农产品大数据分析中心、农产品大数据交易平台等项目。发展服务型数字经济，推进旅游数据资源共享，构建智慧旅游公共服务体系。鼓励特色优势产业发展垂直电子商务，推进线上线下结合、加工销售结合的农村电子商务发展。

2. 提升数据汇聚融通水平。探索建立数据中心规模化运营服务机制，大力开展应用承载、数据存储、容灾备份等数据业务，建设智慧武威“城市大脑”平台，推动政府非涉密的应用系统和数据资源加快向平台集聚，实现应用系统上云。制定政府数据资源共享、开放计划，开展政府数据资源梳理，编制政府数据资源目录，发布政府数据资源共享开放清单，推动数据共享，促进数据开放，全面赋能数字经济。维护数据安全隐私，加强个人信息安全防护。

3. 提升数字政府增效便民水平。建设数字化政府办公平台，推广使用“天马行”App，鼓励部门利用政府办公平台建设专业服务平台，建设一体化政务服务体系。推进实体政务大厅和网上服务平台对接，形成线上线下功能互补、相辅相成的政务服务新模式。推进政务信息公开，实现可公开法律法规、政策文件、通知公告、办事指南、监督举报方式等信息全面公开。加快数字公安网络惠民应用、公共设施智能化改造，完善数字化城管平台、信息化基础设施和物联网感知体系，深化城市运行“一网通管”，助力打造政务服务“一网通办”，全面推动“数字政府”建设，提升城市发展数字化治理能力。

4. 加快推进企业数字化转型。鼓励企业加强生产和产品的联网监控，实现关键指标与生产工艺的综合分析应用，优化闲置资源配置，发展行业分享经济，提高资源利用效率，提升生产效率和售后服务水平。建设工业云平台，引导工业互联网平台增强5G、人工智能、区块链等新技术支持能力，强化设计、生产、运维、管理等全流程数字化功能集成，支持企业利用互联网平台深化电子商务应用，提高B2B、B2C、O2O等应用水平和能力，提升供应链协同效率，创新产品供给和客服交互模式。支持企业开展跨境电子商务，不断拓展国内外市场，借力互联网开拓新商机。

**（六）打造产业集聚平台**

以培育壮大产业集群为核心，引导生产要素集聚，将工业园区打造成主导产业明确、产业链条完善、综合配套完备，具有较强竞争力和影响力的区域开放合作平台。争取武威民勤红沙岗能源化工工业集中区、古浪工业集中区升级为省级开发区。

1. 加快特色产业集群发展。推进园区产业化、产业园区化，加大对骨干企业扶持力度，持续加快传统产业改造和新兴产业培育，促进现有骨干企业在延伸产业链和培育发展配套企业中迅速做大做强。抓住承接产业转移的重要窗口期，千方百计承接符合产业政策和环保政策、适合武威发展的中东部产业。发挥各类基地、园区、龙头企业功能，着眼全产业链招商和“点对点”精准招商，着力“筑巢引凤”、招大引强，落地一批成长性好、关联度高、带动力强的龙头型、基地型大项目、好项目，提升园区实体化发展水平。

2. 完善工业园区承载功能。推进园区与机场、铁路、高等级公路等交通网络快捷联通，提升园区区位优势。推进园区标准厂房、专业市场、仓储设施、质量检测、电子商务、产销物流、融资租赁等公共平台项目建设，集聚优质要素，提升园区产业培育孵化能力。整体规划工业园区供水、供电、道路、公交、邮政、通信、集中供暖、天然气等市政基础设施，加大园区“三废”处理等硬环境建设力度，提升园区产业承载能力。

3. 推进工业园区制度创新。持续推进工业园区体制机制改革，创新工业园区管理服务机制、园区开发运营机制，不断激发体制机制活力。加强园区考核评价工作，建立健全园区综合评价考核体系。创新工业人才引进培养机制，改革园区用人机制。全面彻底清理处置园区内“五未”土地，盘活闲置土地、厂房、公租房等资源，出清僵尸企业，推进腾笼换鸟、产业升级，提高园区投入产出效率和综合效益。

## 二、坚持生态优先战略，勇担生态报国新使命

贯彻落实习近平生态文明思想，坚持绿水青山就是金山银山理念，大力弘扬新时代武威精神，立足武威生态地位极其重要、生态环境极其脆弱的市情特征，持续用力、久久为功，筑牢国家西部生态安全屏障，努力创建全国生态文明建设示范区，推动生态文明建设实现新进步。

**（一）持续加强祁连山生态环境保护和治理**

全面保护祁连山区森林、草原、河湖、湿地、冰川等生态系统，加强祁连山沿山浅山区生态保护，提升生态系统功能。实施祁连山人工增雨雪工程，增加区域内降水量。开展祁连山地区山水林田湖草沙综合治理，促进林草植被恢复，提高林草覆盖率，减少水土流失。对祁连山核心区采取自然休养等措施，提升生态自我修复功能，将祁连山移民搬迁区适宜退耕土地纳入退耕还林还草范围，巩固祁连山生态治理成果。强化祁连山矿山生态修复治理，严

| 专栏7：工业园区主导产业 |
| --- |
| 1. **甘肃武威工业园区**。重点发展食品及饮料制造、农副产品加工、生物医药三大产业，争创全省领先的产业集聚区、全市新型工业化发展的核心区和具有多元化产业特色的综合型现代产业园区。以伊利、达利、青啤等龙头企业为重点，发展壮大食品及饮料制造产业；积极推进达利食品精深加工、嘉禾佳蔬菜及牛肉产品深加工、赫原木糖醇功能食品、新希望饲料加工等项目，推动农副产品加工产业高端化、智能化、绿色化；以甘肃祖师麻制药、新天马制药等企业为重点，发展生物医药产业。以甘电投、亿利洁能、金世泰、陇俊建材等企业为重点，培育壮大节能环保、彩印包装、新型建材等配套产业。<br>2. **甘肃武威黄羊工业园区**。重点发展农副食品加工、生物技术、现代物流三大产业，打造国家循环经济示范试点园区。做大做强红太阳面业集团、铁骑力士饲料、黄羊河集团等龙头企业，加快发展农副食品加工产业；以甘肃普安药业、甘肃寿鹿山药业等企业为重点，积极发展生物制药产业；以众远实业、中石化成品油配送中心、黄羊物流园区等为重点，培育发展现代物流产业。<br>3. **武威天祝金强工业集中区**。重点发展锂电池新能源、碳基新材料、建材三大产业，做大做强国家火炬天祝高性能碳基新材料特色产业基地。以宏氟锂业为龙头，培育壮大锂电池新能源产业，形成新能源原材料生产、集成及应用产业链；以玉通石门河、正昱、中钢等企业为重点，发展碳化硅制品和耐火材料等产业；以中瓷陶瓷、奥喆建材、宇邦防水、龙腾管业等企业为重点，大力发展节能环保新型建材产业。<br>4. **甘肃(武威)国际陆港**。依托武威保税物流中心和进境木材指定监管场地、进口肉类指定监管场地等“一中心两口岸”，建成武威国际陆港铁路集装箱场站，大力培育引进加工制造类实体企业，引导贸易物流类企业聚集发展，加快推进木材加工产业园、木材交易市场、公铁联运物流中心等项目建设投产，构建集运输配送、现代仓储、货物分拨、多式联运、物流信息、集装箱业务为一体的现代物流园区，打造向西开放的重要平台。<br>5. **武威民勤红沙岗能源化工工业集中区(红沙岗区块、城东区块)**。重点发展新能源与新材料产业、绿色精细化工产业、农畜产品精深加工三大产业，争创省级开发区，打造集能源利用、绿色食品、装备制造、商贸物流等于一体的创新型工业园区。依托中科院钍基熔盐堆、大唐风电、华电光电等重点企业，发展新能源与新材料产业；依托联硕生物科技、杰达科技、金仓生物科技、艾诺化学等企业，发展绿色精细化工产业；依托中天羊业、生平永泰食品、小南仁食品等企业，积极发展农畜产品精深加工产业；巩固发展以甘肃雨禾节水灌溉设备制造为代表的装备制造产业，以太西煤为代表的煤炭采洗与深加工产业，引导发展物流产业和综合服务产业。<br>6. **武威古浪工业集中区**。重点发展农副产品精深加工、绿色食品、专用装备制造、新型建材四大产业，以傲农饲料、禾通玉米压片为重点，发展农副产品深加工产业；以正林瓜子、达康肉羊屠宰、籽农食品等农字号制成品企业为重点，壮大绿色食品加工业；巩固发展达华节水、海纳塑业、石岛玻璃等骨干企业，着力扩展延伸专用装备制造加工业；以嘉寓集团节能门窗、长泰水泥、浩华再生资源利用为重点，培育发展新型建筑建材和废旧资源回收利用产业，同时配套建设现代物流、农产品和食品仓储保鲜、冷链物流等设施，争创农村一二三产业融合发展示范园。<br>7. **凉州工业园区**。重点发展新能源装备制造、专用装备制造、建材化工制造、清洁能源(光伏发电)、现代物流为主的五大主导产业。以重通成飞风电叶片、甘肃建投风电塔筒为重点，发展新能源装备制造业。以凯帝斯电梯、兴旺农机、牛电森祥、承威专用车等为重点，发展专用装备制造业。以中节能光伏发电、甘电投光伏发电为重点，发展清洁能源产业(光伏发电)。以松树建材、汇力建材、森宝建材、合才化工为重点，发展建材化工产业。提升凉州六大专业市场建设运营水平，配套发展现代物流业。 |

控水电开发，加强对现有水电设施下泄生态流量监管，依法依规推进旅游开发。巩固祁连山生态环境整治成果，强化和完善生态环境监测体系，划定草原生态保护红线，完善草原围栏建设。加强区域水资源管理，优化水资源利用。建立健全祁连山生态补偿机制，促进祁连山生态长效治理。

**（二）加强黄河流域生态保护和高质量发展**

准确把握“重在保护、要在治理”的战略要求，编制实施《武威市黄河流域生态保护和高质量发展规划》，坚持近中远结合，推进实施生态保护及修复、污染防治、节水控水及水利工程、黄河文化传承保护、高质量发展等方面一批重大工程项目。到 2025 年，流域水资源安全保障能力进一步提升，生态环境质量明显改善，逐步形成生态共治、环境共保、城乡区域协调发展的格局。持续抓好水源涵养林保护与修复，增加森林、草原、湿地面积，提升林草资源质量，巩固提升流域水源涵养功能。以森林草原水源涵养区、重点水源地和农田草原工矿生态治理恢复区为重点，围绕杂木河、金塔河、西营河、古浪河等河流两岸等区域，实施以林草植被建设为主的小流域综合治理，构建水土流失综合防治体系。统筹推进流域综合治理，积极推进干支流河道综合治理，保障黄河径流稳定和河流健康。着力提升支流防洪能力，强化综合性防洪减灾体系建设和灾害应对能力，构筑黄河安全稳定防线。积极参与建设沿黄生态带，全面提升沿黄生态功能。探索建立横向生态补偿机制，积极开展天祝藏族自治县生态补偿综合试点县建设。

| 专栏 8：黄河流域生态保护重点工程 |
| --- |
| 1. **水源涵养和水土保持工程**。以北方防沙带、祁连山水源涵养区为重点，分类推进水源涵养林、水土保持林建设，草原综合治理、湿地保护与恢复，沙化土地综合治理，实施祁连山国家公园、天祝藏族自治县生态综合补偿试点、防沙治沙等工程，强化水源涵养功能，恢复祁连山生态系统，筑牢西部生态安全屏障。<br>2. **黄河上游重要支流水环境综合治理工程**。以黄河上游重要支流大通河、金强河为重点，加快推进黄河流域天祝段生态治理、林草湿地行洪滞洪功能恢复等工程，提升流域水环境质量。<br>3. **移民迁出区生态修复工程**。对移民迁出区实施生态恢复和治理，开展祁连山外围保护地带林地、草原生态保护生态修复工程。<br>4. **河流水环境提升整治工程**。加快对大通河、庄浪河等黄河上游主要支流的保护与治理，重点启动庄浪河天祝藏族自治县城段水生态治理与修复工程，统筹推进天祝藏族自治县松山流域、古浪河、大靖河等河道水生态环境综合整治。 |

**（三）巩固提升石羊河流域重点治理成果**

积极开展石羊河流域综合治理前期工作，围绕水资源集约节约利用、水源涵养与河湖生态修复、防沙治沙体系建设、流域高质量产业发展等重大任务，推进山水林田湖草沙生命共同体系统治理，强化节水、生态移民、防污治污、防洪减灾等措施，加大石羊河流域河流源头和水源区保护、荒漠化治理、水土保持、地下水修复等流域系统治理。加快实施《民勤生态建设示范区规划》和“一带一路”河西走廊（武威）风沙源综合治理等项目。争取开展引大入秦延伸增效等外流域调水工程和向石羊河流域生态补水前期工作。加大景电工程调水力度，确保民勤蔡旗断面下泄水量稳定在 2.9 亿立方米以上，民勤盆地地下水控制开采量稳定在 0.86 亿立方米以内，全面实现流域水资源可持续利用，有效支撑经济社会发展和生态环境改善。

**（四）深入实施国家节水行动**

坚持以水定城、以水定地、以水定人、以水定产，深入实施国家节水行动，全面落实《武威市节约用水条例》，把节水贯穿到经济社会发展和生态文明建设全过程，走出一条水资源短缺地区高效节水的发展路子，努力建设国家节水行动试点市。到 2025 年，全市用水总量控制在 15.68 亿立方米以内，万元 GDP 用水量控制在 224 立方米以内。

1. 落实最严格水资源管理制度。实行水资源消耗总量和强度双控行动，细化落实覆盖市、县区、乡镇、村、用水户五级取用水总量控制指标。健全水资源资产核算制度，加强用水计量统计工作。建立健全水资源承载能力监测机制，全面开展规划和建设项目节水评价，从严审批新增取水许可，在国土空间开发、产业发展、城镇建设、重大建设项目规划布局中，严格落实建设项目水资源论证制度，保障合理用水需求。严格落实建设项目节水设施与主体工程同时设计、同时施工、同时投入使用制度。

2. 推进重点领域节水。优化调整种植结构，发展现代高效节水农业。大力推广滴灌、喷灌等高效节水技术，提高农业灌溉用水效率，农田灌溉水有效利用系数达0.64以上。在沙漠治理、农业节水、生态保护修复与环境治理方面，探索推广使用可生物降解的淀粉基超级吸水材料，提高节水技术含量。推进工业节水工艺和技术改造，争创节水型企业，统筹企业和园区供排水、水处理及循环利用设施建设，推动园区内企业间用水系统的集成优化，促进废水循环利用，规模以上工业企业用水重复率达到92%以上。实施城镇供水管网改造工程，城市和县城公共管网漏损率控制在10%以内。已建公共建筑全面换装节水器具，新建公共建筑必须安装节水器具，推动城镇居民家庭节水，普及推广节水器具。提升再生水利用水平，制定完善鼓励再生水利用的相关政策，支持城市绿化等公共领域率先使用再生水，凉州城区生活污水处理再生水利用70%以上，其他建制城镇逐步提高再生水利用率。

3. 深化水权水价改革。深入推进农业水价综合改革，同步建立农业用水精准补贴和节水奖励机制。建立健全充分反映供水成本、激励提升供水质量、促进节约用水的城镇供水价格形成机制和动态调整机制，全面推行城镇居民用水阶梯水价和非居民用水超定额累进加价制度。建立水资源使用权确权登记制度，健全完善水权分配、管理、保护和交易机制，规范交易平台建设，推进水资源市场化配置，引导水资源向高效率、高效益方向流动。

4. 坚持依法治水管水。加强水资源的节约和保护，促进水资源优化配置和高效利用。以落实河湖长制为抓手，保护水资源、防治水污染、改善水环境、修复水生态。加强水资源和水环境监管，加大日常执法巡查和现场执法力度，依法严厉打击违规取水、超量取水、破坏水资源、危害水生态、影响水安全等水事违法行为。

**（五）推进国土绿化倍增行动**

坚持“南护水源、中保绿洲、北治风沙”的布局，实施祁连山生态恢复、防沙治沙、草原生态保护恢复、森林湿地保护、林草产业培育“五大工程”，扎实推进城镇、村庄、景区、产业园区、通道绿化及农田林网建设、科技创新、林草抚育管护“八大行动”。宜林则林，宜草则草，大力实施宜林荒山荒滩人工造林和重点生态区封山沙育林草工程，开展国土绿化提质增效，退牧还草、退化草原补播改良、毒害草治理，多渠道增加林草资源总量，提高水源涵养能力，完成营造林120万亩，草原综合治理200万亩。编制《武威市国家森林城市建设总体规划》，积极创建国家森林城市、森林乡村，持续加强城市和县城绿地建设，提升完善城市绿地系统，拓展城市绿化空间，着力改善城乡人居环境。全面推行林长制，构建起党政同责、属地负责、部门协同、源头治理、全域覆盖的长效机制，形成“横向到边、纵向到底”的组织、责任和工作体系，建设智慧林草工程，提高林草资源管理信息化水平。坚持“三分造、七分管”，落实林木抚育管护各项措施，切实提高造林成活率，加强森林草原防火和有害生物防治，推动国土绿化高质量发展。

**（六）科学开展防沙治沙**

认真落实《全国重要生态系统保护和修

复重大工程总体规划（2021—2035年）》，持续推进全国防沙治沙综合示范区建设，大力推广八步沙林场治沙经验，积极探索生态产品价值实现机制。争取三北防护林、规模化防沙治沙试点、中央和省级防沙治沙专项、生态功能区转移支付等项目。在民勤县西线、北线、东线及凉州区、古浪县新修治沙道路沿线、邓马营湖片区建设乔灌草相结合的防风固沙屏障，完成营造林100万亩。加大民勤青土湖水面生态修复力度，坚决阻止腾格里、巴丹吉林两大沙漠前移和汇合。严格管理国家沙化土地封禁保护区。利用政府和社会资本合作（PPP）等模式，引导社会资本进入林草产业，落实国家已确定的用地政策，激励各类经营主体投资林草产业基础设施和服务设施建设。积极发展光伏治沙、“互联网+防沙治沙”、众筹治沙造林、认领义务植树造林基地等新模式，探索走出一条具有武威特色的防沙治沙新路子。实施古浪八步沙区域防沙治沙以工代赈项目，建成古浪八步沙生态治理科技创新产业园，提升八步沙林场全国“绿水青山就是金山银山”实践创新基地影响力，打造甘肃乃至全国重要的生态治理教育、科研、创新示范基地。

**（七）构建自然保护地体系**

加快推进各类自然保护地整合优化，构建以祁连山国家公园为主体的自然保护地体系。合理调整自然保护地范围并勘界立标，建立矢量数据库。推进自然资源资产确权登记，清晰界定区域内各类自然资源资产的产权主体。实施自然保护地建设重大工程，加强水源涵养林、水土保持林建设和祁连山冰川、雪山、湿地、生物多样性保护，加强濒危物种保护和野生动物栖息地修复。科学评估自然资源资产价值和资源利用的生态风险，全面实行自然资源有偿使用制度。建立自然保护地生态环境监测制度，建设各类各级自然保护地“天空地一体化”监测网络体系，加强自然保护地监测数据集成分析和综合应用。对自然保护地管理进行科学评估和评价考核，将评价考核结果纳入生态文明建设目标评价考核体系。到2025年，完成自然保护地整合优化，建成健康稳定高效的自然生态系统，提升自然生态空间承载力，全市自然保护地面积占陆域国土面积的24%以上。积极争取国家政策支持，在祁连山保护区缓冲区、试验区开展生态移民搬迁。

**（八）打好蓝天碧水净土保卫战**

突出精准治污、科学治污、依法治污，落实“三线一单”生态环境分区管控，深入打好污染防治攻坚战，实现主要污染物排放总量持续减少、生态环境质量持续改善，生态系统稳定性显著增强，环境风险有效管控水平进一步提升，城乡人居环境明显改善。

1. *加强大气污染防治*。坚持区域治理，全面推进“控煤、管车、抑尘、治源、禁燃、增绿”六大措施，实施分区管控。进一步强化$NO_X$减排，着力补齐VOCs控制短板，完善$PM_{2.5}$和$O_3$协同控制措施，开展重点行业领域$NO_X$和VOCs综合治理。持续深化燃煤污染控制，强化能源消耗总量控制和结构优化，全市能源消费总量和强度目标控制在省上下达的目标范围以内，单位GDP碳排放强度持续下降。编制碳排放达峰行动方案，按期完成碳排放达峰要求，推进碳排放市场化交易。全面整治城镇燃煤锅炉，稳步推进清洁取暖，煤炭消费总量明显下降。继续深化重点行业大气污染综合治理，持续开展“散乱污”企业整治，提高行业环保准入“门槛”。加强移动源污染治理，持续推进汽车尾气综合治理。深化扬尘污染防治，严格落实施工现场六个100%要求。

2.提升水生态环境治理水平。坚持流域综合治理，协调开展生态流量保障和水生态保护修复。强化饮用水水源地环境保护，深入推进农村“千吨万人”饮用水水源地保护专项行动，加快水源地规范化建设和周边环境综合整治。提高城镇污水处理能力和水平，加快污泥资源化利用，全面实施污水处理厂提标改造，城市和县城建成区实现污水处理设施全覆盖，污水全收集、全处理；暂不具备纳管集中处理条件的地区，推行污水就地分散模块化处理方式，确保无黑臭水体。强化工业污染管控，严格工业园区污水治理监管，加大重点企业废水治理力度。实施县域农村生活用水治理专项规划。到2025年，城市和县城污水处理率达到98%以上。

3.推进净土保卫战。坚持地域治理，以确保农产品质量安全、人居环境安全、地下水饮用水水源安全为目标，摸清污染地块开发利用底数，完善并落实建设用地准入管理机制，加强污染地块开发利用监管，确保污染耕地、污染地块安全利用。推进化肥农药减量化和白色污染治理，打好农业农村污染治理攻坚战。强化重金属污染防治，加大放射性污染防治力度，确保核与辐射安全。强化土壤污染重点监管，建立健全法规标准体系和监测网络，分类落实风险管控措施，全面提升监管能力，土壤环境风险得到进一步管控。

4.加大固废污染防治。深入推进固体废弃物综合治理，遵循“减量化、无害化、资源化”原则，重点突出工业固体废物、生活垃圾、危险废物污染防治，以凉州区大宗固体废物综合利用基地和凉州区静脉产业园建设为依托，探索“无废城市”建设。加快落实生活垃圾分类制度，凉州城区基本建成生活垃圾分类处理系统。统筹安排建设城乡生活垃圾收集、运输、处理设施，持续推进生活垃圾焚烧发电等先进垃圾处理方式项目建设，到2025年，城市实现生活垃圾焚烧处理量达到70%以上。推动建筑垃圾源头减量，建立回收利用体系，加强危险废物全过程环境风险管控，实施天祝藏族自治县建筑垃圾综合处理、民勤县城镇生活垃圾无害化处理等项目，实现垃圾无害化处理全覆盖，危险废物100%全处置。

**（九）合理开发利用自然资源**

坚持底线思维，将生态保护红线、永久基本农田和城镇开发边界三条控制线作为调整经济结构、规划产业发展、推进城镇化不可逾越的红线。持续加强耕地保护，坚决落实耕地保护目标责任，健全完善耕地保护管理制度，强化耕地和基本农田管控措施，严格土地流转程序，推进耕地规范流转，确保农地农用。严格建设用地审批，减少新增建设用地占用耕地。积极争取城乡建设用地“增减挂钩”节余指标和新增耕地“占补平衡”指标交易资金，全面拓展耕地提质增效，促进土壤改良、培肥地力，有效解决新增耕地撂荒风险，做到耕地面积、播种面积、粮食产量“三个不减”，切实管好用好耕地。坚持节约集约用地制度，实施建设用地总量和强度双控机制，严格实行用地计划“增存挂钩”政策，按要求完成存量土地处置任务，不断加大“五未”土地清理处置和闲置低效用地清理，统筹用好增量、盘活存量、加大流量，强化资源要素保障。全面规范自然资源管理秩序，严格打击农村乱占耕地建房、违建别墅、“大棚房”问题，坚决遏制耕地“非农化”，防止“非粮化”。积极推进绿色矿山建设，强化资源安全保障，不断优化矿政管理，提高资源利用效益，加大矿山地质环境保护，推进建立矿山生态环境监管长效机制。统筹推进生态保护修复，科学编制《武威市国土空间生态修复规划》，推进地质灾害综合治理，完成1∶5万地质灾害风险调查评价。统筹推进土地综合整治，有序实施土地整理开发、建设用地整治、废旧宅基地及工矿建设用地复垦、城乡建设用地增减挂钩等重点工程，补充新增耕地2万亩，整治废旧宅基地和历史遗留工矿废弃地2万亩。

**（十）促进绿色低碳循环发展**

以建设资源节约型和环境友好型社会为目标，培育发展循环经济。做好碳达峰、碳中和工作，推动经济结构、能源结构、产业结构低碳转型。大力推广“种—养—沼”“草—牧—沼”等生态循环农业模式，集成推广先进适用农业清洁生产技术，加快形成资源高效利用的农业生产结构，实现农牧结合、种养循环和农业资源高效循环利用。力争废旧农膜回收率稳定在82%以上，尾菜处理利用率达到50%以上，畜禽粪污综合利用率达到93%以上。在工业领域，全面推行循环型生产方式，支持传统企业进行高端化、智能化、绿色化改造，巩固提升黄羊工业园区国家循环化改造示范试点，加快武威工业园区、天祝金强工业集中区循环化改造，全面推进清洁生产。围绕现代物流业、信息服务业、旅游业，建设再生资源回收体系。完善城市社区和乡村回收站点、分拣中心、集散市场三位一体的再生资源回收网络。实施绿色建筑行动，严格执行新建建筑节能标准。构建绿色综合交通运输体系，提升土地、能源、水等资源利用效率。积极推进餐厨废弃物资源化利用，每个县区至少建设1个餐厨垃圾无害化处理（转运）项目。大力传播绿色低碳理念，倡导绿色消费。

**三、巩固拓展脱贫攻坚成果，开创乡村振兴新局面**

坚持把解决好“三农”问题作为全市工作的重中之重，举全力推动乡村振兴，促进农业高质高效、乡村宜居宜业、农民富裕富足。

**（一）推动巩固拓展脱贫攻坚成果同乡村振兴有效衔接**

严格落实“四个不摘”要求，过渡期内保持主要帮扶政策总体稳定，坚决把来之不易的脱贫攻坚成果巩固好、拓展好。完善市县互通、多部门参与的防止返贫动态监测和精准帮扶机制，继续对脱贫县区、脱贫村和35.47万脱贫人口开展监测预警。对脱贫不稳定户、边缘易致贫户，以及因病因灾因意外事故等刚性支出较大或收入大幅缩减导致基本生活出现严重困难户，定期核查家庭收入、“两不愁三保障”及安全饮水情况，落细落实帮扶措施，确保不发生规模性返贫。持之以恒打造“三

| 专栏9：生态文明建设重点工程 |
| --- |
| 1. **防沙治沙工程**。采取生物治沙、工程治沙、机械治沙和产业治沙等措施，在民勤县、古浪县、凉州区北部沙区实施三北防护林、规模化防沙治沙试点、防沙治沙专项等项目，加快重点风沙口治理，完成营造林100万亩。<br>2. **林草资源保护提升工程**。通过补植补造、森林抚育等措施，实施退化林分修复、湿地保护恢复、濒危野生动植物保护与繁育等工程，提升森林、草原、湿地质量，稳步增强森林草原生态系统的整体功能。<br>3. **草原修复与治理工程**。通过免耕补播、草地改良、人工草地建植等措施，提高草原植被盖度。实施退牧还草、人工草场、退化草原修复与治理等工程，完成草原综合治理200万亩。<br>4. **地质环境综合治理工程**。紧盯黄河流域、石羊河流域生态保护修复政策机遇，完成古浪县历史遗留废弃矿山恢复治理项目；积极争取实施地质灾害综合治理项目，完成1∶5万高精度地质灾害风险调查评价。<br>5. **固体废物综合利用工程**。以创建凉州区大宗固体废物综合利用基地建设为契机，加大尾矿、煤矸石、粉煤灰、工业废弃物、农林废弃物等大宗固体废物综合利用力度，基地内固体废物处置利用率达75%。 |

大特色产业带”，大力发展“8+N”农业优势主导产业，推动产业链供应链优化升级。进一步扶持壮大农业龙头企业、专业合作组织和种养大户，引导新型农业经营主体与农户建立稳固的利益联结机制。加强脱贫劳动力就业培训，积极推进就业扶贫基地、就业扶贫车间等载体建设，促进脱贫劳动力就近就地就业。强化易地扶贫搬迁后续扶持，配套完善基础设施和公共服务设施，做好产业培育、劳务输转、兜底保障等后续帮扶工作，加强社会管理，确保搬迁群众稳得住、有就业、逐步能致富。加强扶贫项目资产管理和监督，确保继续发挥作用。加强农村低收入人口常态化帮扶，分层分类实施社会救助，织密兜牢丧失劳动能力人口基本生活保障底线。坚持和完善驻村工作、东西部协作、对口支援和社会力量参与帮扶机制，对巩固拓展脱贫攻坚成果和乡村振兴任务重的村，继续选派驻村第一书记和工作队。积极争取国家和省上乡村振兴重点帮扶县政策支持。继续实行统筹整合财政涉农资金试点、金融服务、土地支持、人才智力支持等政策，确保支持力度不减，更好实现巩固拓展脱贫攻坚成果同乡村振兴有效衔接。

**（二）提高农业质量效益**

落实藏粮于地、藏粮于技战略，加强农业水利设施和高标准农田建设，提高粮食保障和耕地产出能力。采取长牙齿的硬措施，落实最严格的耕地保护制度。坚持农业科技自立自强，加快推进农业关键核心技术攻关，不断提升科技创新与转化服务能力，培育育繁推一体化的畜禽良种企业，提升育种创新能力。稳定和加强种粮农民补贴，提升收储调控能力，坚持完善最低收购价政策，扩大完全成本和收入保险范围。着力优化农业产业结构、产品结构、生产结构，加快农业产加销体系建设，建立健全质量兴农评价体系、政策体系、工作体系和考核体系，推动品种培优、品质提升、品牌打造和标准化、机械化生产，推进农业提质增效升级。发展乡村旅游、休闲农业、文化体验、健康养老、电子商务等新产业新业态，促进乡村产业高质量、健康可持续发展。加大龙头企业外引内培力度，县级以上农业产业化龙头企业发展到200家以上。开展农民合作社规范提升行动，创建市级示范社350家以上。实施家庭农场培育计划，培育市级示范农场300家以上。积极发展多种形式适度规模经营，促进小农户和现代农业发展有机衔接，完善利益联结机制，让农民更多分享产业增值收益。

**（三）实施乡村建设行动**

1. 强化乡村建设规划引领。统筹县域城镇和村庄规划建设，建立城乡一体化规划机制，推进城乡资源一体配置。加强市县空间规划衔接，科学编制县域村庄布局规划和村庄规划，把乡村建设与农业产业发展、重大项目建设、生态环境保护、新型城镇化、乡村功能完善和服务提升结合起来，优化乡村生产生活生态空间布局。强化乡镇综合服务能力，把乡镇建成服务农民的区域中心。研究制定美丽乡村建设标准，集中资金和资源，着力建设一批高水平高质量美丽乡村，形成示范带动效应。

2. 加强农村基础设施建设。健全农村基础设施投入长效机制，完善乡村水、电、路、气、通信、广播电视、物流、网络等基础设施，加快城乡公共服务一体化、均等化。提升农房建设质量，支持新建一批功能现代、乡土风貌、成本经济、结构安全、绿色环保的宜居型示范农房。大力改善农村村组道路、村内道路通行条件，加快农村出行公交化步伐。实施农村饮水巩固提升工程，加强城郊村与城镇自来水网连接，提高农村安全饮水普及率。实施新一轮农村电网改造升级工程，全面提升供电能力。加快推进农村燃气设施建设步伐。加强农村宽带网络建设，实施农村现代流通网络工程。支持和引导社会资本参与农村公益性基础设施建设、管护和运营。

3. 持续优化农村人居环境。巩固农村人居环境整治和全域无垃圾行动成果。大力推进以“三大革命”“六大行动”为重点的农村人居环境整治工作，健全完善农村生活垃圾收运处置体系，推进厕所革命，治理生活污水，清理乱搭乱建，全面提升村容村貌。合理确定村庄布局分类，注重保护传统村落和乡村特色风貌，开展村镇绿化亮化行动，加快改善乡村生态环境质量和农村景观面貌，逐步形成村在林中、路在绿中、房在园中、人在景中的田园风光，推进美丽宜居乡村建设。

4. 推进乡村建设人才培养。坚持实行积极、开放、有效的人才政策，激发人才要素活力，大力培育乡土人才。全面建立职业农民制度，完善配套政策体系，做好“三农”领域各类人才的认定、评选、推荐等工作。加强乡村振兴骨干力量建设，持续对驻村帮扶工作队员、科技特派员、基层党员骨干开展针对性培训。按照注重基层、注重实践的思路，实施“一懂两爱”（懂农业、爱农村、爱农民）干部培训培养计划。加强对职业农民、专业人才、农业技术人才培养。鼓励引导农村青年返乡创业，社会人才投身乡村建设。全面建立城镇医生、教师、农技、文化人员等定期下乡服务乡村机制。

**（四）全面深化农业农村改革**

保持土地承包关系稳定并长久不变，落实第二轮土地承包到期后再延长30年政策。稳慎推进农村宅基地改革。推动城乡要素自由流动、平等交换和公共资源合理配置，在健全城乡人口迁徙制度、完善农村产权抵押担保权能、搭建城乡产业协同发展平台等方面探索新路子，加强农村产权流转交易，构建农村产权流转交易市场，引导村内将土地、林地、荒地、水面等集体资源使用权和闲置的房屋、宅基地、设施设备等经营性资产进入交易市场，开展股份合作，盘活集体资源，不断增加农村集体经济收入。建立城乡统一的建设用地市场，稳步推进农村集体建设用地入市流转和集约规模经营，实现与国有土地同权同价。探索“三权分置”改革的具体办法，完成城乡基准地价、标定地价的制定与发布制度，逐步形成与市场价格挂钩动态调整机制。探索多种形式的农村“三变”改革模式，培育“股份农民”，增加农民财产性收入。深化供销合作社综合改革，完善体制、优化职能、转变作风，更好为“三农”服务。深入推进农业水价综合改革。推动金融服务向农村延伸，扩大农业保险品种和覆盖面。

## 四、实施扩大内需战略，融入“双循环”新发展格局

坚持扩大内需战略基点，加强需求侧管理，立足区位优势、资源禀赋和产业特色，打通堵点，补齐短板，贯通生产、分配、流通、消费各个环节，积极扩大全市投资消费需求，加快融入新发展格局。

**（一）扩大消费需求**

把扩大消费同改善人民生活品质结合起来，顺应消费升级趋势，捕捉消费热点，挖掘消费潜力，拉动经济增长。合理增加公共消费，提高教育、医疗、养老、育幼等公共服务支出效率。提升传统消费，努力在产品和服务品质上满足多样化、品质化、精细化的消费需求，创新无接触式消费模式，探索发展智慧超市、智慧

商店、智慧餐厅等新零售业态。鼓励实体商业通过直播电子商务、社交营销开启“云逛街”等新模式。大力发展农村电子商务，完善农村物流配送体系，扩大乡村消费，加快推广农产品“生鲜电子商务＋冷链宅配”“中央厨房＋食材冷链配送”等服务新模式，着力推进武威申报国家冷链物流基地，打造从采购、生产、加工、配送、销售的食品全程冷链物流服务体系，健全冷链配送网络。依托历史人文特色，借助雷台文化旅游综合体、历史文化街区保护建设等项目以及万达广场、星光购物中心等商业综合体，构建一批夜间消费商业集中区域，打造城市夜经济，增加消费时长。

培育新型消费，放宽服务消费领域市场准入，鼓励发展网上消费、智能消费、订制消费、体验消费、共享消费、绿色消费、文创消费，推动吃住行游购娱线上线下融合消费双向提速。鼓励传统线下文化娱乐业态线上化，支持互联网企业打造数字精品内容创作和新兴数字资源传播平台。优化消费环境，打造一批放心商圈、放心街区、放心商店，进一步完善社区购物、健身、休闲、阅读、教育、养老、餐饮等设施，加快建设“15分钟便民生活服务圈”。加强消费者权益保护，完善消费追溯体系，健全消费后评价制度。落实带薪休假制度，扩大节假日消费。

**（二）拓展投资空间**

发挥中央预算内投资在外溢性强、社会效益高领域的引导和撬动作用，加快补齐基础设施、市政工程、农业农村、生态环保、公共卫生、物资储备等领域短板，加大“两新一重”领域投资。鼓励民间资本投资，激发民间资本活力和潜能。推动民间投资与政府投资、信贷资金等协同联动，引导资金投向供需共同受益、具有乘数效应的领域。推动企业设备更新和技术改造，扩大战略性新兴产业投资。实施项目带动战略，着眼于武威长远发展，加强战略性、网络型基础设施建设，加大基础设施网络建设力度，推动公共设施和基础设施的智能化改造，确保形成有效投资。扩大生态建设投资，围绕实施黄河流域生态保护和高质量发展、石羊河流域综合治理、防沙治沙以及生态修复等项目，用好国家政策，吸引社会资本，加大政府投入。扩大农业农村有效投资规模，加快补齐农业农村基础设施突出短板。

**（三）推进供应链优化升级**

立足扩大内需战略基点，提升产业链供应链现代化水平，实行更高水平的开放，形成内需外需兼容互补的良性发展局面。加快补齐产业链的断点和弱项，形成需求牵引供给、供给创造需求的更高水平动态平衡。利用通道经济优势和比较优势，加强农产品精深加工、粮食供给、综合能源生产，增强对上游资源产品的可控程度。实施增品种、提品质、创品牌的“三品”策略，促进特色农产品、文化旅游、康体养生、特色街区服务等优质产业产品提质

**专栏10：消费提升工程**

1. **汽车消费**。加快汽车更新换代，积极促进农村汽车消费，加快淘汰报废老旧机动车，畅通二手车流通交易，推动新能源汽车消费，释放汽车消费市场潜力。

2. **康养消费**。大力推广便捷式“15分钟养老服务圈”，整合医疗、餐饮、家政、出行等各种养老服务资源，为老年人提供“点菜式”就近便捷养老服务。促进中医药健康旅游等新业态发展。

3. **体育消费**。持续开展“万人健步行”“天祝赛马”“沙漠马拉松”等活动，打造特色体育产业，支持健身、跑步、自行车和各类球类体育活动，构建“体育＋”新业态，促进体育与餐饮、旅游等深度融合。

4. **信息消费**。扶持发展武威精品电子商务展示销售平台，支持旅游、餐饮、医疗健康等企业积极开拓线上业务。开展信息消费高端产品认证和服务规范。

扩容。积极融入东数西算、西电东送、西地东用、北煤南运、南药北储、西药东用等国内循环，提高产品供给和服务能力。畅通物流、人流、信息流、资金流等要素循环，提升资源配置效率。着力扩大产业发展空间，促进东西互补、错位发展，努力形成消费与投资良性互动、需求升级与供给匹配协同共进、市内与市外错位互补、自身发展与国家和省上需要精准结合的高效循环。

（四）推动形成双循环相互促进格局

突出武威在“一带一路”和西部陆海新通道中的战略作用，主动参与国内国际双循环，培育开放型经济主体、营造开放型经济环境两个重点，实现快进快出、优进优出，推动技术与产业对接，主动争取在构建发展新格局中占有关键位置。深挖中西亚、中东欧和东南亚市场潜力，持续推进物流枢纽平台建设。继续放大甘肃（武威）国际陆港、武威保税物流中心效应，提升进境木材、进口肉类指定监管场地等口岸作用，用好国内国际两个市场两种资源。加强对外交流合作，汇聚物流、商流、信息流、资金流等要素，创新“物流＋贸易＋产业”运行模式，构建西部有较大影响的交通、物流与经济深度融合的重要平台。利用丰富的农产品资源、能源资源、文化旅游资源，加强招商引资力度，促进国内外资金投向武威优势产业，提升国际化水平。加大与“一带一路”沿线产业园区合作，促进制种技术、旱作农业技术走出去。加强与沿线国家文化旅游、生态保护、环境治理等方面合作，促进双向交流与合作。

## 五、强化创新驱动引领，激发创新创造新活力

坚持把创新作为引领发展的第一动力，深入实施创新驱动战略，顺应新一轮科技革命和产业变革趋势，着力培育发展新动力，塑造发展新优势，不断提升自主创新能力，加快创新型武威建设，为推动高质量发展提供坚强的科技支撑。到2025年，全市研发经费投入强度达到0.75，综合科技进步水平指数达到50%。

（一）提升科技创新综合实力

优化整合区域各类创新资源，加大科技创新投入力度，加强科技创新能力建设，围绕重点产业发展，加快建立以企业为主体、市场为导向、产学研相结合的技术创新体系，科技实力和创新能力明显提升。

1. 加大科技创新投入。健全政府投入为主、社会多渠道投入机制，确保财政科技投入只增不减，市、县两级本级财政科技支出占一般公共预算支出的比重力争达到2%、1%以上。充分发挥财政科技经费引导作用，拓宽多元投融资渠道，吸引社会资源投入创新，形成财政资金、金融资本、社会资本多方投入的新格局。完善激励企业研发的普惠性政策，加大对企业科技创新的扶持力度。加快科技与金融的有效结合，积极探索形式多样的科技金融合作模式。

2. 完善科技创新体系。积极争取国家级及省级高水平科技创新平台，推动甘肃武威绿洲农业高效用水野外科学观测研究站、中科院西北生态环境资源研究院干旱区盐渍化研究站、中国气象局武威国家气候观象台等科研平台发展，形成石羊河全流域基础研究站群，推动监测数据和基础研究成果应用于生态环境治理与保护、重大项目前期工作、农业种养殖等领域。支持凉州区、天祝藏族自治县申报省级创新型县区。积极打造省级新型研发机构、工程实验室、技术转移中心等创新平台。合理布局市级创新平台建设，优化整合市级科技创

新平台，促进创新平台功能发挥。支持武威市青年创业孵化基地项目建设，拓宽青年就业渠道，提供创业就业指导、社保代理、行政审批等综合服务。

3. 推动开展科技研发。实施创新主体培育工程，鼓励各类创新主体持续加大研发经费投入力度。加强科研单位创新能力建设，推动开展基础研究与应用基础研究。围绕现代农业、生态工业、文化旅游等产业发展，实施一批具有前瞻性、战略性的重大科技项目，培育创新发展动能，提升科技对产业发展的支撑能力。持续实施知识产权扩量提质计划，鼓励发明创造，授权专利总数达到8000件以上。支持企业、科研机构等创新主体加强与“一带一路”沿线国家的交流合作，围绕荒漠化防治、绿洲生态系统建设、旱地节水农业技术推广应用，实施一批联合科研项目，提升协同创新能力。

4. 促进科技成果转化。完善科技成果供给、交易、落地机制，实现“产学研用”高度融合、无缝对接。加强各类科技成果转移转化平台建设，培育形成市场导向、企业主体、金融配套、政府服务的科技成果转化体系，促进关联产业重大科技项目成果就地转化。落实科技成果使用权、处置权和收益权政策，进一步激活研发机构和科技人员的创新潜力，加快推动科技成果向现实生产力转化，不断提高科技成果转移转化成效，促进新技术产业化、规模化应用。强化技术市场管理，健全技术转移机制，技术市场年均交易额达到13亿元以上。

5. 加大高新技术企业培育力度。建立高新技术企业培育库，开展“一企一策”跟踪辅导，对符合高新技术产业发展方向、创新意识强、技术含量高、发展前景好的重点企业进行重点培育，确保每年新培育认定高新技术企业5家以上，不断提升高新技术企业数量和质量。到2025年，高新技术企业达到70家以上，年度评价入库科技型中小企业稳定在90家以上。

**（二）激发人才创新活力**

聚焦“高精尖缺”人才引进和培养，采取科研与技术合作、课题攻关、委托开发、技术入股等灵活多样的方式，吸引国内外科技人才参与武威市科技创新活动。实行更加开放的人才政策，加大急需紧缺人才引进力度，加强创新型、应用型、技能型人才培养，实施知识更新工程、技能提升行动，壮大高水平工程师和技能人才队伍。坚持以事业留人、以待遇留人、以感情留人，建立吸引高素质青年人才流入留住机制，全面落实“陇原人才服务卡”制度，为人才创新创业提供良好环境。实施高层次人才科技创新创业扶持行动计划，鼓励青年科技人才到科研机构、高校、企业参与重大课题、科技攻关、科研合作。健全以创新能力、质量、实效、贡献为导向的科技人才评价体系，强化市级领军人才培养、选报工作，加大现有人才培养、开发力度，促进形成人才良性发展生态。

**（三）完善科技创新体制机制**

深化科技体制改革，健全支持科技创新政策体系，加快科技领域“放管服”改革步伐，推动科技计划管理改革，发挥财政资金引导作用，支持企业自主决策、先行投入，促进创新链、产业链、资金链有效衔接。改进科技项目组织管理方式，落实“揭榜挂帅”机制，推进科技计划项目建设。以科技活动周、全国科普日、科技工作者日为载体，加强科普宣传教育，不断提升全民科学素养。积极探索科研试错路径，建立鼓励创新、宽容失败的容错纠错机制。

### （四）加大知识产权保护力度

加强知识产权创造、运用和保护，切实维护专利权人的合法权益。推动建立武威市知识产权保护中心，健全县（区）知识产权保护工作机构。建立知识产权执法信息和侵犯知识产权犯罪案件信息共享平台及统一答复机制，优化知识产权维权援助、举报投诉服务。健全完善地理标志保护有关制度，规范地理标志产品名称和专用标志使用。研究制定武威传统文化保护办法，完善传统知识、民间文艺、非物质文化遗产名录体系，加强“凉州贤孝”“华锐藏族民歌”和《苏武传说》《金瓜与银豆》等非物质文化遗产保护。完善知识产权评价评估体系，发挥行业组织、第三方机构在知识产权价值评估中的作用，为侵权损害评估提供重要依据。在食品、药品、三农、特色产业、区域公共品牌和老字号、非物质文化遗产等重点领域，常态化开展知识产权保护专项行动，严厉打击专利、商标、地理标志、著作权、植物新品种等侵权假冒行为。

## 六、持续全面深化改革，营造良好发展新环境

坚持把全面深化改革作为推动发展的根本动力，加快破除深层次体制机制障碍，真正发挥市场在资源配置中的决定性作用，更好发挥政府作用，推动有效市场和有为政府更好结合，激发各类市场主体的积极性创造性。

### （一）激发各类市场主体活力

毫不动摇巩固和发展公有制经济，毫不动摇鼓励、支持、引导非公有制经济发展。深化国企改革。全力实施国企改革三年行动，加快建立现代企业制度，推进国有经济布局优化和结构调整，做强做优做大国有资本和国有企业。坚持市场化改革方向，深化国有企业混合所有制改革，以文化旅游、生态建设、特色产业、公用事业等活动领域为重点，鼓励更多民间资本参与国企改革。不断健全市场化经营机制，增强企业活力和效率。着力完善各方监管职责，加快推进形成以管资本为主的国有资产监管体制，努力实现国有资产保值增值。支持非公有制经济发展。把非公有制经济发展作为经济转型发展的重中之重。落实领导干部联系民营企业制度，健全民营企业纾困行动制度，破除制约民营企业发展的各种壁垒，引导企业聚焦实业、做精主业、壮大产业。严格落实市场准入负面清单和外商投资准入负面清单等制度。推进电力、通信、铁路、公路、机场、石油、天然气等行业竞争性环节市场化改革，推出一批补短板的重大项目，规范有序推进政府和社会资本合作项目建设。健全支持民营经济发展的法治环境和金融政策，坚持“六个一视同仁”，践行“亲”“清”新型政商关系，促进非公有制经济健康发展和非公有制经济人士健康成长，依法平等保护民营企业的产权和企业家权益。建立更加有效的激励机

**专栏 11：科技创新引领工程**

1. **创新平台增量工程**。加强与市内外高校院所的科技合作，培育新增技术创新中心、技术转移中心、企业技术中心等各类科技创新平台 50 家以上，将凉州区创建为省级创新型县区。

2. **创新主体培育工程**。加大科技型企业培育力度，新增高新技术企业 25 家以上，累计达到 70 家以上。推动高校、科研院所创新能力建设，提升全市基础研究和应用研究能力。

3. **科技服务覆盖工程**。完善科技创新服务体系，新发展市级科技特派员创业示范基地 10 家以上，年选派科技特派员 500 名左右。引进、示范、推广农业新技术、新品种 20 项以上。

4. **知识产权保护工程**。建设综合性知识产权运营平台，加快推进中国（甘肃）知识产权维权援助中心武威工作站建设。

制。加大对优秀企业特别是中小企业创新发展的政策资金扶持，激发企业和创业人才干事创业活力。健全以增加知识价值为导向的分配机制和容错机制，调动创新人才的积极性。

**（二）建设现代化市场体系**

开展高标准市场体系建设行动。充分发挥市场在资源配置中的决定性作用，更好发挥政府作用，牢牢把握扩大内需这个战略基点，坚持平等准入、公正监管、开放有序、诚信守法，畅通市场循环。严格落实全国统一的市场准入负面清单制度。健全归属清晰、权责明确、保护严格、流转顺畅的现代产权制度，加强产权保护，完善产权激励体系。完善市场监管机制，推进综合协同监管，加强重点领域监管，健全社会监督机制，维护市场安全和稳定。通过 5 年左右的努力，基本建成统一开放、竞争有序、制度完备、治理完善的高标准市场体系。推进要素配置改革。坚持要素跟着项目走，引导各类要素协同向先进生产力集聚。畅通劳动力和人才社会性流动渠道，推进资本要素市场化配置，加快发展技术要素市场，努力培育数据要素市场。推动排污权、用能权、碳排放权市场化交易。积极有效盘活存量低效利用土地，合理增加土地供应量，降低用地成本。加强农村土地征收制度改革，扩大国有土地有偿使用范围。深化资源性产品等要素价格形成机制改革。加强水价改革，有力支持重点产业发展。深化电价改革，扩大电力市场化交易规模，扩大企业直接购电交易范围，持续降低一般工商业用电价格。加快推进社会信用体系建设。升级武威市公共信用信息共享平台及信用中国（甘肃武威）门户网站，依托智慧武威“天马行”App，创建企业及个人信用账户，推广信用积分。全力推动创建信用示范行业，深入推进重点领域诚信建设，全面开展信用信息应用，不断促进信用服务市场发展。

**（三）深化财税金融体制改革**

强化财政资源统筹，深化预算管理制度改革，大力推进零基预算和财政支出标准化改革，加强政府性基金预算、国有资本经营预算、社会保险基金预算与一般公共预算统筹衔接，强化预算约束和绩效管理。落实地方税体系建设，深化税收征管制度改革，推进依法治税，提高税收收入和非税收入征管水平。加强地方政府债务管理，健全完善债务管理制度，防范化解政府债务风险。以服务实体经济为导向，改革优化金融体系结构，大力发展绿色金融、普惠金融、科技金融。推广运用甘肃省中小企业信用信息综合金融服务平台，更好服务中小微企业融资活动，抓好重大项目融资推介对接，完善融资对接互补机制，构建多元化融资服务体系。充分发挥政府性融资担保机构作用，完善融资增信服务。支持地方金融机构改革发展，大力实施“引金入武”工程，用好多层次资本市场，健全完善融资担保体系和银企对接机制，努力满足不同类型融资主体的资金需求，实现金融更好地服务实体经济。积极推进险资入武、保险直投等工作，加强企业培育，拓展融资渠道。压实防范化解金融风险政府属地责任、金融机构主体责任、金融监管部门监管责任，积极稳妥化解金融风险，维护金融稳定。盘活上市公司资源，引进战略投资，优化资本结构。充分利用农村“三资”，撬动银行金融资金投入乡村振兴。

**（四）加快转变政府职能**

巩固新一轮政府机构改革成果，持续深化简政放权、放管结合、优化服务改革，最大限度地减少政府对市场资源的直接配置，最大限度地减少政府对市场活动的直接干预，加强和规范事中事后监管，着力提升政务服务能力和水平，切实降低制度性交易成本，更大激发市场活力和社会创造力，增强发展动力。持续深化"放管服"改革，加快实施"互联网+政务服务"，完善"不来即享"和"一窗办、一网办、简化办、马上办"服务机制，压减行政许可事项，大力整治变相审批。全面推行证明事项和企业经营许可事项告知承诺制。全面实施重大项目"三性"论证，畅通政策制定参与渠道，提高政府执行力和公信力。继续按照机构编制和财政供养人员"两个只减不增"的要求，巩固事业单位分类改革成果。市、县、乡三级人民政府及其部门应坚持政务公开透明，以公开为常态、不公开为例外，全面推进决策、执行、管理、服务、结果公开。

**七、加强基础设施建设，增强发展保障新支撑**

坚持以"两新一重"为重点，统筹推进交通、水利、信息等基础设施建设，着力补齐基础设施短板，加快构建系统完备、高效实用、智能绿色、安全可靠的现代化基础设施体系。

**（一）改善交通基础设施**

以交通强国建设为统领，立足交通区位优势，着力构建河西走廊立体交通大通道，发挥交通运输"先行官"作用，不断增强交通运输与经济、产业、贸易、城乡等领域融合发展的能力。

1. 着力优化公路路网结构。优化高速公路路网布局，加快实施G569曼德拉至大通公路北山至仙米寺段，打通内蒙古阿拉善至武威至青海海北的周边城市外联络，形成与周边省市快速连接的高速公路网。有序推进普通国省干线公路提级改造，以各县区主城区为中心，谋划实施网状辐射小城镇的半小时快速路，城区至中心小城镇连接线达到二级及以上公路。加快旅游公路建设，补齐旅游公路基础设施短板。围绕交通与文化旅游、现代农业、工业园区等关联产业深度融合发展，打造路衍经济产业链。持续推进"四好农村路"建设，实现80%乡镇通三级及以上公路，30户以上的自然村100%通硬化路。

2. 加快铁路民航基础设施建设。着力构建立体化综合交通网络，建成兰张三四线铁路、武威国际陆港铁路集装箱场站铁路专用线，不断完善铁路运输通道，助推武威融入兰西城市群。建成民勤通用机场及配套工程，开发高端观光旅游、低空飞行体验等线路产品，构建联动景区、覆盖全域的临空经济圈。完成武威机场前期工作，有序推进机场建设，尽快构筑通达省内及连接周边省区的航线网络。

3. 统筹推进快递服务网点建设。完善城市快递网点布局，支持在城市周边规划建设具有干支衔接功能、组织开展共同配送的公共货运配送中心。扩大配送网络终端综合服务，加密智能快递自提终端设施网络，实现城市住宅小区覆盖率达到90%以上。推进县乡村三级物流网络节点体系建设，提升节点设施综合服务能力，引导快递企业与农业、供销、商贸企业合作，推进乡镇农村物流服务站多站合一，实现村级快递网点100%覆盖。

4. 构建互联互通客货运体系。全面建成武威、古浪、天祝高铁综合客运枢纽，强化高铁站交通枢纽与城区公交、出租的无缝衔接，与城市公路客运站的畅通连接，形成以综合客运枢纽为龙头，县级客运站为骨干，分层布设、覆盖广泛的客运站场体系。加强与周边省市、国家物流中心节点、"一带一路"沿线枢纽城市联运网络建设，初步形成现代物流体系。根据《国家物流枢纽布局和建设规划》，依托甘肃（武威）国际陆港，争取将武威列入陆港型国家物流枢纽建设城市，提供畅通国内、联通国际的物流枢纽和区域分拨服务。

5. 积极推进智慧交通建设。进一步完善交通大数据基础设施，强化科技与智能对交通运输的支撑作用，积极开展“互联网+”模式在交通运输领域的探索和应用，建成智能公交系统、道路运输、智慧物流等智慧交通项目，构建武威数字交通体系，实现行业信息化的集中部署和集中管理。

| 专栏 12：交通基础设施改善工程 |
| --- |
| 1. **高速公路联网畅通工程**。强化高速公路对外联通能力，实施 G569 线曼德拉至大通公路北山至仙米寺段、古浪（大靖）至民勤至金昌等高速公路，完善高速公路路网。<br>2. **国省干线提级改造工程**。加快国省干线待通路段和低等级路段扩能升级，实施 G312 线天祝界牌村至古浪金三角段、干城至西沟改线等项目，优化区域路网结构。<br>3. **铁路民航协同发展工程**。加大铁路民航基础设施补短板力度，加快兰张三四线铁路、民勤通用机场建设，推进武威机场项目前期进度，构建综合立体交通网络。<br>4. **交通旅游融合发展工程**。构建“快进”“慢游”旅游交通网，实施天祝旅游大环线、苏武沙漠大景区等重点项目，提升旅游基础设施条件。<br>5. **快递网点优化工程**。统筹城乡邮政网点建设，完善配送服务功能，实现城市住宅小区加密智能快递自提终端覆盖率达到 90% 以上，村级快递网点 100% 覆盖。<br>6. **运输枢纽互联互通工程**。提升枢纽换乘（装）运输服务水平，建设武威东、天祝西、古浪北 3 个客运枢纽及武威国际陆港铁路集装箱场站等货运枢纽，完善多式联运服务功能。<br>7. **智慧交通推广应用工程**。深化电子信息技术与交通运输服务的集成应用，实施智能公交、运输行业监管等智慧交通项目，提升交通运输智能化水平。 |

**（二）完善水安全保障体系**

坚持节水优先、空间均衡、系统治理、两手发力的治水思路，编制实施《武威市水安全保障规划》，统筹调配境内水和外调水，系统推进水生态治理与保护，完善城乡供水网络，着力加强防洪减灾安全保障，强化水利监管。通过深节水、抓调水、涵养水、保供水、防洪水“五水共抓”，地表水、地下水、天上水、外调水、排放水“五水共用”，建立完善水资源高效利用体系、人工增雨雪作业体系、供水安全保障体系、水生态安全保障体系、防洪安全保障体系、现代水治理体系。加快实施水资源配置与保障工程，全面建成城市和县城第二水源，大力推进实施区域内水系连通、调蓄供水、水库能力恢复等工程，构筑“河库连通、内外相接、多源互济、统筹调配”的全域供水网络体系，提升水资源调配能力。实施黄河流域生态保护、中小流域水土保持、河湖水生态治理、地下水超采区治理等工程，提升水环境治理水平。完善农村饮水保障和现代化改造提升，探索建立公共供水精细化管理管控体系，积极推进智慧精准化供水，提升供水保障能力。大力实施防洪减灾工程，加大河流综合治理、病险水库（水闸）除险加固、山洪沟道防洪治理，提升防洪减灾能力。推进智慧水利建设，增强水利监管能力和信息化建设水平，提升现代化治水能力。

**（三）强化能源支撑保障**

推进新能源可持续发展和传统能源清洁化利用，全面提升能源支撑保障能力，逐步建立多元、低碳、安全、高效的能源供应体系，努力构建产业布局合理、能源结构优化、效益稳步增长的能源开发利用新格局。

1. 建设高质量新能源生产基地。适应技术创新推动新能源成本下降趋势，着力推动风电项目竞争性低价上网。借助全国用电增速好于预期，省外用电市场需求稳步增长的利好形势，配合省上积极对接落实受端市场，视新

| 专栏 13：水安全保障工程 |
| --- |
| 1. **水资源配置与保障工程**。加强水源工程和水资源配置保障能力建设，实施凉州城区第二水源、凉州区调蓄工程、古浪县黄花滩调蓄供水工程、民勤县城乡供水第二水源建设项目、天祝藏族自治县马营沟黑马圈河调蓄水池等重点工程，提升水资源调配保障能力。<br>2. **现代化农业农村节水供水工程**。持续推进高效节水向区域化、规模化、集约化发展，大力推广管灌、喷灌、滴灌等高效灌溉节水技术，提高农业灌溉效率；实施红崖山、永昌等大中型灌区续建配套与现代化改造、民勤古浪末级渠系改造、南阳山片牧草节水灌溉等项目，提升完善现代化农业供水网络体系；健全农村供水网络、工程管理体制和运行机制，对已建农村饮水安全工程进行配套、改造、升级、联网，提升农村人口供水安全保障和饮水质量。<br>3. **防洪减灾工程**。实施庄浪河天祝藏族自治县城段、石羊河干流民勤段、金塔河、北沙河（民勤段）、南岔河等河道治理工程，提升防灾减灾预警水平和能力，最大限度地保障人民群众生命财产安全。开展西营、龙泉寺、柏林、龙潭河、直岔等水库除险加固工程，保障水库安全运行。<br>4. **水生态修复与保护工程**。实施石羊河流域源头及所属小流域水土保持综合治理、天祝藏族自治县金强河至黑马圈河水系连通、十八里堡曹家湖鞍子山水库清淤等工程，加强水生态综合整治，推进水生态治理网格化、信息化建设。<br>5. **智慧水利工程**。实施机井、农村人饮、河湖监控、水库工程管理、水电站生态流量监控、水旱灾害防御、水利视频大联网、视频会商、地下水机井智能化计量设施改造等现代化智慧水利项目，增强水利监管能力和信息化建设水平。 |

能源消纳和外送形势，全面建成天祝松山滩风电基地，适时启动建设民勤红沙岗风电基地。全面推动光伏发电平价和低价上网，不断扩大集中式光伏发电项目规模，重点支持大型低价“光伏 + 治沙”等具有多种生态效益的光伏项目。开发建设百万千瓦级大型光伏发电基地。加快陇电入鲁配套外送风光电项目建设，将风光资源条件好、年利用小时数高、具备平价上网条件的区域，优先纳入陇东特高压直流工程配套电源项目。加快推进光热示范项目建设，实现光热发电与风光电协同无补贴发展。到2025 年，可再生能源发电装机总量达到 900 万千瓦以上，占全市电力总装机的 90% 以上。

2. 打造多能源互补示范基地。依托中科院上海应物所与上海联合日环联合申报国内首个“风光氢储”一体化综合能源基地，并争取纳入国家相关发展规划。加快建设小型模块化钍基熔盐研究堆、钍基燃料盐研究设施，建设世界级的多能互补示范基地，推动风光多能融合技术示范与应用。实施百万千瓦光伏、百万立方电解制氢、十万千瓦熔盐储热、十万吨加氢催化等新能源及利用项目，建成多能融合技术与应用国家级创新平台。

3. 推进电力外送通道建设。坚持负荷增长与电网建设、电网与电源建设同步规划发展，不断优化 330 千伏及以下电网网架结构，增加武威电网 750 千伏、330 千伏变电站布点，提高电网整体配送能力，满足武威负荷增长的需求。重点建设风光电新能源基地配套送出工程，实现武威境内 750 千伏变电站零的突破，争取土门 330 千伏变电站尽早开工建设。结合河西地区新能源发展实际，配合做好电力外送规划研究工作，争取省上布局河西第二条特高压直流外送工程列入《国家“十四五”电力发展规划》，尽快开工建设，满足大规模风光电接入、消纳及外送需要。

4. 加快储能设施建设。支持不同类型的储能示范项目，综合运用储能和需求侧管理等技术，提高系统灵活性，力争在储能和多能集成等技术领域有所突破。联合风光电项目开发，建设风光储输配一体的绿色能源分布式体系，增强调峰能力，平滑电能输出曲线，提升绿色能源消纳能力和外送水平。积极开展抽水蓄能电站选点规划推荐站点调整前期工作，争取将武威抽水蓄能电站纳入国家新一轮抽水蓄能中长期规划。

5. 增加天然气供给保障。大力发展生物质能，在农作物秸秆、畜禽粪污、餐厨垃圾等生物质资源富集的县区，布局建设生物天然气项目，增加天然气供给能力。积极争取国家对城镇天然气管网资金支持，补齐天然气供需短板，优化区域天然气供给结构。依托西气东输等国家天然气主干线在武威过境的优势，加快境内天然气管道建设，进一步扩大管道天然气覆盖范围。积极争取西气东输、涩宁兰等燃气管道在民勤、古浪、天祝增加分输压气站出口，增加天然气用气指标，满足用气负荷的增长需要。全力推进农村燃气建设，优化农村用能结构。

**（四）加快新型基础设施建设**

抢抓国家全面建设新型基础设施建设重大机遇，实施新基建三年计划，着力构建提供数字转型、智能升级、融合创新服务的新型基础设施体系，提升全市基础设施供给质量和运行效率，以新基建为新消费开拓更多创新空间，以新消费为新基建指引更多投资领域。

1.5G 基础设施和组网建设。加强信息基础设施建设，拓宽互联网出口带宽，按照基础电信运营企业自建一批、园区企业共建一批、社会公共资源开放利用一批的原则，加快 5G 网络部署，构建覆盖全市、技术先进、安全可靠的信息通信传输网络，基本实现 5G 网络城区和乡镇连续覆盖。鼓励产业园区和重点企业与基础电信企业、铁塔公司深度合作，采用“资源合作”模式，统筹共建 5G 基站。将 5G 站址专项规划纳入国土空间规划、城镇控制性详规并严格落实，合理利用各类资源，有效节约建设资金。

2. 大数据中心建设。依托省上丝绸之路信息港数据中心，推进大数据云计算中心建设，支撑边缘计算与云计算融合，打造武威地区大数据和人工智能等高新技术开发应用的基础平台。建设“城市大脑”服务管理、“智慧武威·天马行”、城市“一张图”数字地图服务平台、国产化政务云平台、区块链服务网络，建成大数据云计算中心 3 个。

3. 人工智能应用。加快 5G+ 工业互联网的融合创新应用，引导规上工业企业在传统工业设备、装备、系统叠加智能化控制、传感和 5G 网络连接能力，构建数字孪生模型，支撑工业设备的实时在线、数据分析、精准决策和控制优化，夯实企业信息化、智能化基础。推进人工智能在教育、医疗、农业、服务业、防灾减灾等领域的应用，打造人工智能创新应用示范区和人工智能应用场景标杆试点。

4. 新能源汽车充电桩建设。贯彻国家能

**专栏 14：能源基础设施推进工程**

1. **武威抽水蓄能电站项目**。规划建设总装机容量 140 万千瓦抽水蓄能电站 1 座，配套建设相关附属设施，弥补电力系统调峰缺口，保障电力系统安全稳定运行，提高电网供电质量。争取将武威抽水蓄能电站纳入国家新一轮抽水蓄能中长期规划。

2. **陇东特高压配套新能源项目**。配合国家西电东送战略通道建设，积极实施特高压电力外送通道工程配套电源项目。争取将民勤县红沙岗区域 350 万千瓦新能源纳入陇电入鲁工程配套电源项目，在民勤县建设风电 250 万千瓦、光伏 100 万千瓦项目。

3. **风光电基地项目**。加快天祝松山滩百万千瓦级风电基地建设；在各县区启动建设平价上网光伏发电项目。适时启动实施亿利集团风光储输多能互补绿色能源治沙及产业扶贫项目。

4. **“风光氢储”一体化示范基地**。建成 2 兆瓦钍基熔盐实验堆项目，建设 30 兆瓦熔盐储能、10 兆瓦高温制氢项目，建成世界首座小型模块化钍基熔盐研究堆。

5. **生物质发电项目**。在农作物秸秆、畜禽粪污等生物质资源富集的县区布局建设生物质发电项目。建成古浪县 30 兆瓦生物质热电联产项目。

源战略，落实节能减排政策，稳步推进新能源汽车充电桩建设，基本建成适度超前、车桩相宜、智能高效的充电基础设施体系，进而拉动电动汽车相关产业发展，推动形成可持续发展的“互联网＋充电基础设施＋电动汽车”产业生态体系。

## 八、提升新型城镇化水平，促进城乡融合新发展

加快实施以人为核心的新型城镇化，实施城市更新行动，完善国土空间利用和城乡发展规划，科学布局生产、生活、生态空间，健全区域协调发展体制机制，统筹配置城乡资源要素，促进中心城区、县城和小城镇协调发展。

### （一）优化全市国土开发保护格局

坚持实施区域重大战略、区域协调发展战略、主体功能区战略，统筹考虑未来人口分布、经济布局、国土利用和城镇化格局，统筹划定生态保护红线、永久基本农田和城镇开发边界三条控制线，逐步形成城市化地区、农产品主产区、生态功能区三大空间格局，有序推进市县乡（镇）国土空间总体规划编制工作，积极构建“多规合一、多规融合”的国土空间规划“一张图”，力争2021年9月完成市县国土空间总体规划编制审批。以国土空间总体规划为依据，编制完善新型城镇化、基础设施、公共服务设施、生态环境保护、文物保护、林业草原等专项规划和详细规划及村庄规划。不断优化建设用地的结构和布局，完善城市综合交通，促进各类基础设施一体化、网络化、智能化复合布局，探索创新规划留白、安全韧性城市，应对重大疫情、洪涝灾害和市场不确定性因素。到2025年，全面建立国土空间规划动态监测评估预警和实施监管机制，形成以国土空间规划为基础，统一用途管制为手段的国土空间开发保护制度。

### （二）增强县域经济实力

按照规划先行、创新驱动、产业支撑、要素集中、全链推动的原则，壮大县域经济总量，提高发展质量，推动形成紧凑、高效、可持续的县

**专栏15：新型基础设施建设工程**

1.**5G基础设施建设**。优化基础网络布局，加快5G网络建设。新建5G基站及配套设施5312个，实现重点区域、工业园区、AAA级及以上景区5G网络覆盖。

2.**大数据中心建设**。布局建设区块链服务网，实施武威联通、移动、电信云计算中心等关联项目，实现政务外网链、农产品溯源等特色应用上线推广。

3.**人工智能应用**。强化数字化赋能，实施现代农业高科技智能化设施改造、文庙数字化保护利用等重点项目。

4.**“智慧武威”建设**。立足实现城市治理、便民服务、科学决策等功能，从“放管服”改革、便民利企、城市治理、产业经济、生态宜居5大方面建设30个子项目。“放管服”改革：武威市政府网站集约化平台项目、武威市工程建设项目审批管理系统项目、武威市市级政务服务平台与省级政务服务平台对接改造项目、武威市电子政务外网省级改造暨政务信息资源整合共享建设项目、12345便民服务热线项目、信用体系二期项目。便民利企：智慧物流、工业信息云平台、智慧教育、智慧健康、智慧养老、数字档案馆。城市治理：“城市大脑”、智慧警务、智慧交管、雪亮工程、智慧应急、智慧司法、安全体系、地理时空信息云平台、智慧市场监管、智慧消防、智慧武威数字化城市管理平台。产业经济：物联网应用、智慧农业、智慧旅游。生态宜居：智慧生态、智慧林业、智慧水务。

5.**新能源汽车充电设施建设**。构建集中式充换站为主、分散式充电桩为辅的新能源汽车充电设施体系，新建新能源汽车充电桩1800台，其中凉州区1000台，民勤县、古浪县各300台，天祝藏族自治县200台。

6.**煤炭建设项目**。建成甘肃九条岭砂泉沟煤矿、民勤县青苔泉煤矿，新增产能90万吨/年。

7.**电网项目**。重点建设风光电新能源基地配套送出工程。规划建设750千伏变电站1座、330千伏变电站2座、110千伏变电站9座、35千伏变电站1座。争取省上布局河西第二条特高压电力外送通道工程，配套建设±800千伏特高压换流站1座。

8.**天然气支线项目**。依托西气东输等国家天然气主干线在武威过境的优势，加快境内天然气管道建设，进一步扩大管道天然气覆盖范围。规划实施古浪县、民勤县、天祝藏族自治县天然气支线项目。

域经济发展格局。依据县域资源禀赋、产业基础、发展潜力及战略导向，各打各的优势牌，各走各的特色路，努力建设农业大县、工业强县、文旅名县。培育壮大县域主导产业和龙头企业，集约经营，抱团发展，打响区域公共品牌，延伸产业链，提升产业附加值，大力培育特色鲜明的县域主导产业集群，每个县重点培育2-3家高起点、高标准的龙头企业，打造一批结构合理、链条完整的特色产业集群。深化扩权强县，赋予县一级更多自主权，强化县级基本财力保障，提升县域资源要素调度支配能力。推进经济发达镇行政管理体制改革，增强小城镇管理服务、产业集聚功能，培育一批带动力强的特色小镇。到2025年，县域经济的整体实力、核心竞争力、区域影响力显著增强，新旧动能基本实现转换，产业转型升级效果明显，各县区地域特色鲜明的现代产业体系基本形成。凉州区建设河西走廊区域性中心城市、武威市文化旅游服务基地。民勤县建设国家重要的沙产业示范基地、甘肃省重要的新能源产业基地、河西走廊新兴沙漠风情生态旅游目的地。古浪县建设全省生态治理示范县、河西走廊乡村振兴样板县、甘肃红色文化传承创新区。天祝藏族自治县建设全国高原藏乡特色旅游目的地、甘肃省高原特色农业生产加工基地、甘肃少数民族地区改革开放示范区。

**（三）推进农业转移人口市民化**

全面推行户籍制度改革，放开全市所有县区落户限制，实现城镇落户“零门槛”。提高居住证发证量和含金量，持有居住证人口纳入基本公共服务保障范围，享受与当地城市居民同等的公共服务和市民权利。完善财政转移支付和城镇新增建设用地规模与农业转移人口市民化挂钩政策，引导市县农业转移人口就近市民化。合理推进“乡改镇”“乡（镇）改街道”和乡镇撤并，加快古浪县绿洲小城镇、古浪县黄花滩、天祝藏族自治县松山滩、凉州区邓马营湖等大型搬迁安置区新型城镇化建设，推进搬迁安置区人口市民化进程。到2025年，全市常住人口城镇化率达到55%左右，城镇化水平达到全省中上游水平。

**（四）实施城市更新行动**

推动城市结构调整优化，提升城市品质，提高城市管理服务水平，让人民群众在城市生活得更方便、更舒心、更美好。推进新型城市基础设施建设，开展城市信息模型（CIM）平台建设，推动数字城市和物理城市同步规划和建设。实施智能化市政基础设施建设和改造，提高市政基础设施运行效率和安全性能。开展完整居住社区设施补短板行动，对社区市政基础设施、公共服务设施等进行改造和建设，推动物业服务企业大力发展线上线下社区服务业，加强与各类市场主体合作，提高物业服务质量，满足居民多样化需求。加强老旧小区改造，改造老旧小区729个、4.96万户。加快完善中心城区功能，完善城市道路网络系统，继续加快城市排水管网、垃圾和污水处理、供热设施改造建设，推进城市生活垃圾分类，提升城市防涝能力，提高再生水利用率、污泥无害化处置率，继续加强城市绿地建设，完善生活服务设施，增加公共活动空间。以建设美好人居环境为目标，完善城市生态系统，保护城市自然风貌，修复河湖水系和湿地等水体，加强绿色生态网络建设，提高城市生态建设水平。

**（五）加强城市综合治理**

创新城市治理方式，运用信息技术建设城市综合运行管理服务平台，推行城市治理“一网统管”，从群众身边小事抓起，以绣花功夫加强城市精细化管理。深化城市管理体制改革，坚持依法治理，建立健全部门协同、指挥顺畅、运行高效的城市管理体系。注重运用法治思维和法治方式解决城市治理突出问题，加强城市管理执法队伍建设，推进严格规范公正文明执法。提升城市安全管理效能，全面梳理城市治理风险清单，建立和完善城市安全运行管理机制，整合市政基础设施建设和运行、房屋建筑施工和使用安全等信息资源，对城市安全风险实现源头管控、过程监测、预报预警、应急处置和综合治理，提升城市安全韧性。

**（六）增强城镇综合承载能力**

加强城镇公用设施建设，完善城市道路、供排水、供热、供气等市政基础设施。完善城市生态系统，保护城市自然风貌。提升县城公共服务能力，按照常住人口配置教育资源，扩充养老护理型床位，提高养老服务质量，提升儿童福利设施和未成年人救助保护设施水平，配置残疾人综合服务设施，逐步实现城镇居民全覆盖。统筹布局县城、中心镇、行政村公共服务设施，实现以县城为重要载体的就地城镇化和县城为单元的城乡统筹发展。整合管理资源，提高城市精细化、信息化管理水平。提升城市治理能力，推进城市政府向服务型转变、治理方式向精细化转型、配套资源向街道社区下沉。

**（七）加快城乡融合发展**

强化以工补农、以城带乡，加快形成工农互促、城乡互补、协调发展、共同繁荣的新型工农城乡关系。统筹县乡村基础设施和公共事业建设，加快形成县乡村功能衔接互补的建管格局，推动公共资源在县域内实现优化配置。健全城乡融合发展体制机制，促进城乡生产要素双向自由流动、城乡基础设施互联互通、城市公共服务向乡村延伸。构建规范有序的农村产权流转交易市场，促进工商资本有序参与农村建设。健全城乡一体的人口服务和管理机制，建立城镇教育、就业创业、医疗卫生、文化体育等基本公共服务与常住人口挂钩机制，允许符合条件的入乡就业创业人员在原籍地或就业创业地落户并依法享有相关权益。畅通劳动力和人才社会性流动渠道，健全统一规范的人力资源市场体系，营造公平就业环境，保障城乡劳动者享有平等就业权利。

| 专栏 16：城镇基础设施完善工程 |
|---|
| 1. **环境卫生设施提级扩能工程**。着力补齐城镇环境卫生设施短板弱项，加快垃圾、污水收集处理设施建设。2025 年，城市生活垃圾无害化处理率保持在 100%（县城 98% 以上），城市和县城污水处理厂全部达到一级排放标准，城市实现生活垃圾分类全覆盖。<br>2. **市政公用设施提档升级工程**。加快城市路网、交通便利化设施、停车场、供水、供热、供气管网设施建设和园林绿化建设，有效解决“停车难”“过街难”问题，道路交通进一步畅通，水、气、暖达标稳定供应。<br>3. **城镇智能化改造工程**。推进 5G 网络向县城延伸覆盖，建设智能交通、智能电网、智能水务等感知终端，推进市政公用设施智能化。整合教育、医疗、养老、就业等信息系统，建设统一的公共服务平台。<br>4. **老旧小区改造工程**。改善老旧小区居住条件，完善水、电、气、暖、路、通信等配套基础设施和养老托育、停车、便民市场等公共服务设施，实现 2000 年以前建成的老旧小区应改尽改。<br>5. **绿色建筑工程**。持续推行绿色建筑，在政府投资项目、大型公共建筑中强制执行绿色建筑标准，创建打造一批具有示范引领作用的高品质绿色建筑。到 2025 年，城镇新建建筑中绿色建筑面积比率达到 70% 以上。 |

**九、践行社会主义核心价值观，彰显文化事业新气象**

以社会主义核心价值观引领文化建设，全面落实举旗帜、聚民心、育新人、兴文化、展形象使命任务，促进满足人民文化需求和增强人民精神力量相统一，提升文化软实力和社会文明程度，凝聚强大正能量。

**（一）提高社会文明程度**

大力弘扬时代新风，加强思想道德建设，深入实施公民道德建设工程，不断提升人民思想觉悟、道德水准、文明素养和全社会文明程度。

1. 加强新时代思想理论建设。健全用党的创新理论武装全党、教育人民工作体系，用好“学习强国”“甘肃党建”“天马党建”等网络学习平台，推动习近平新时代中国特色社会主义思想往深里走、往心里走、往实里走。严格落实意识形态工作责任制，加强阵地建设，完善管理制度，切实维护意识形态安全。健全网络综合治理体系，加强和创新互联网内容建设，落实互联网企业信息管理主体责任，构建全媒体监管体系，营造清朗的网络空间。加强廉政文化建设，营造廉荣贪耻的社会氛围。

2. 推动新时代精神文明建设。加强党史、新中国史、改革开放史、社会主义发展史教育，加强爱国主义、集体主义、社会主义教育。大力弘扬八步沙“六老汉”三代人“困难面前不低头，敢把沙漠变绿洲”的新时代武威精神，着力打造“崇文尚德·包容创新”的武威城市精神。推动精神文明建设工作改进创新。深入推进新时代公民道德建设、志愿服务建设、诚信社会建设、网络文明建设，不断提高人民群众道德水准和文明素养。推进新时代文明实践中心、爱国主义教育基地建设，常态化推进新时代文明实践志愿服务活动，宣传道德模范、最美武威人等先进典型的感人事迹和崇高品格，激发人们向善向上的美好愿望。提倡艰苦奋斗、勤俭节约，坚决反对铺张浪费，在全社会营造浪费可耻、节约光荣的浓厚氛围。加强农村思想道德建设，采取符合农村特点、农民群众喜闻乐见的有效方式，推动社会主义核心价值观融入农村，提振农民群众精气神。推进农村移风易俗，革除高价彩礼、人情攀比、厚葬薄养、铺张浪费等陈规陋习，反对迷信活动，推动形成文明乡风、良好家风、淳朴民风。

3. 持续推进全国文明城市创建。强化顶层设计，将创建全国文明城市作为提升社会治理能力和推动经济社会高质量发展的“一把手”工程谋篇布局。优化保障机制，实施“以块为主、条块结合”和“专项工作组＋专项整治行动组”推进机制。充分发挥各级党组织战斗堡垒和党员干部、社区网格员主力军作用。依法依规创建，修订完善市民文明公约、市民文明规范、行业规范，依法依规破解城市治理难点。开展智慧创城，提升城市管理的智慧化和精细化水平。深化文明实践，加快推进新时代文明实践中心建设，建立健全社区文明实践阵地。分行业打造一批标准化、示范化精品点位。

**（二）提升公共文化服务水平**

大力推进“书香武威”建设，广泛开展群众文化体育活动，更好满足群众日益增长的精神文化生活需求。健全市、县区公共图书馆、文化馆、博物馆、影剧院、体育馆、全民健身中心等公共文化体育设施，持续提升乡镇、社区、行政村文化体育场所服务功能，构建设施完善、服务到位的城乡公共文化体育服务体系。依托华夏文明传承创新区建设平台，强化重要文化和自然遗产、非物质文化遗产系统性保护，加大五凉文化的保护、研究、宣传、阐释和传承，积极推进长城、长征、黄河国家文化公园建设。加强考古工作，实施文物保护维修工程，延续历史文脉，保留历史记忆，擦亮历史文化名城名片。

**（三）健全现代文化产业体系**

坚持把社会效益放在首位、社会效益和经

济效益相统一，深化文化体制改革，加强文化产业政策支持和市场服务体系建设，培育壮大文化市场主体，扩大文化产品供给。实施文化精品打造工程，推出更多反映武威自然风光、历史文化和发展成果的精品力作。实施文化产业数字化战略，加快发展新型文化企业、文化业态、文化消费模式。推动媒体深度融合发展，加快全媒体传播工程、智慧广电工程建设，更好地发挥融媒体平台在宣传推广、文化传播、舆论引导中的作用。加强广播电视传输覆盖网络建设，积极推进广播电视发射台、站设施建设，促进全市广播电视骨干数据网络优化升级，全面提高传播覆盖能力。做强新型主流媒体，建强用好市级融媒体中心，提高新闻舆论传播力、引导力、影响力、公信力。积极推进国有文化企业改革，推进交叉持股或进行跨地区、跨行业、跨所有制并购重组。

## 十、坚持深化对外开放，形成开放型经济新优势

积极融入和服务国家开放大局，全面用好“一带一路”重大战略机遇，深入推进对外开放平台建设，加快构建内外兼顾、向西为主、多向并进的开放新格局，努力打造内陆开放新高地。

### （一）积极融入“一带一路”建设

把扩大向西开放作为发展开放外向型经济的重要战略取向，推进交通、能源、通信等基础设施互联互通，加强与“一带一路”沿线国家和地区在经贸、科技、教育、文化、旅游、卫生、金融、生态等领域的合作交流，拓展“一带一路”沿线国家和地区市场空间。深化对外开放领域体制机制改革，落实外商投资准入前国民待遇加负面清单管理制度，依法保护外资企业合法权益，推动贸易和投资自由化便利化，切实改善投资贸易环境。将开放型经济发展模式从追求外资外贸规模速度转变为质量与效益相统一，从以“引进来”为主转变为“引进来”与“走出去”相结合，增强对外贸易综合竞争力，形成全方位、多层次、宽领域的开放合作新局面，打造丝绸之路经济带甘肃段重要节点城市。

### （二）完善和拓展口岸功能

充分发挥武威进境木材指定监管场地和武威进口肉类指定监管场地口岸平台作用，统筹口岸通关协作，提升口岸整体功能和综合效益。培育引进木材加工制造类实体企业和贸易物流类企业的聚集发展，建设陆港进境木材线上线下交易平台和木材加工产业国际陆港铁路集装箱场站，争取武威铁路口岸对外开放、提升口岸整体功能，保障进境木材、进口肉类指定监管场地高效运行。积极拓展国际物流通道，争取建设武威国际货运班列编组站。建设公铁联用物流中心，构建集运输配送、现代仓储、货物分拨、多式联用、物流信息、集装箱业务为一体的现代物流园区。扩大与兰州国际陆港以及周边省、市交流合作，提高陆港南下货物集散和归集能力。加强与省内外市场的合作，引建大型物流企业和物流园区，建立外联内畅的现代物流体系，打造向西开放的国际物流平台和国家物流网络枢纽。

### （三）努力扩大外贸出口

大力发展进出口加工业、现代制造业和出口示范农业，加快培育出口企业，打造武威品牌，扩大产品的影响力和市场占有率。坚持“抓大、促小、育新、引强”，大力培育和改进出口产品加工企业和外向型中介服务组织。全面推行出口农产品生产技术规程，高起点建设农林牧产品和食品出口基地，严格备案基地监督管理，确保出口产品全部来自出口备案基

地，提高绿色农产品竞争力。着力搭建产品出口服务平台，提升产品出口创汇能力。大力拓展中西亚和欧洲市场，推动国际产能和装备制造业合作，打造向西开放的国际物流平台和出口产品加工基地。

**（四）加强区域交流合作**

加速融入兰白经济圈、兰西城市群建设，加强交流合作，促进生产要素流动，实现产业协同发展。积极推进与毗邻市州盟合作开放新路径，加快推动河西走廊一体化组团发展，促进河西五市通力协作，在生态建设、特色产业、文化旅游等方面加强合作，积极融入河西走廊经济带。推进与内蒙古阿拉善盟在基础设施、生态保护、文化旅游、产业发展等方面的深度务实合作。探索推进与青海省海东市等毗邻地区开展相关领域合作交流。

## 十一、着力保障和改善民生，增进人民群众新福祉

牢记“老百姓的幸福就是共产党的事业”，深入推进公共服务供给侧结构性改革，牢牢抓住人民群众最关心最直接最现实的利益问题，着力补齐基本公共服务短板、非基本公共服务弱项，提升公共服务质量水平，切实兜牢基本民生保障底线，不断满足多样化民生需求，努力增进全体人民在共建共享发展中的获得感、幸福感、安全感，让改革发展成果更多更公平地惠及全体人民。

**（一）千方百计稳就业保就业**

把稳就业、保就业放在更加重要的位置，实施就业优先政策，着力提高劳动者就业能力，创造更多就业岗位，鼓励创业带动就业，努力实现比较充分的就业和更高质量的就业。

1. 推动实现更高质量的就业。稳定就业总量，优化就业结构，创造更多就业机会。制定多渠道灵活就业、网络就业创业、外出就业和回乡创业等就业新形态支持政策，努力创造多种形态、多种方式的就业岗位。通过实现更加充分、更高质量的就业，扩大中等收入群体，释放内需潜力。“十四五”期间，全市新增城镇就业7.5万人以上，城镇调查失业率控制在6%左右。

2. 切实保障重点群体就业。加强对高校毕业生的就业服务和政策扶持，鼓励高校毕业生多渠道就业创业，高校毕业生就业率保持在90%以上。发挥城镇集聚功能，拓展劳动力就地就近就业空间。建设农村创新创业和返乡创业孵化实训基地，积极引导农村劳动力转移就业和农村务工人员返乡创业就业。加强教育培训和就业指导服务，落实各项优惠政策，扶持自主择业军转干部、自主就业退役士兵就业创业。稳妥安置去产能企业职工就业，切实做好其他重点群体就业工作，城镇零就业家庭保持动态为零。促进农村劳动力转移就业，5年累计输转200万人次以上。

3. 着力提高就业能力。弘扬劳模和工匠精神，进一步健全面向全体劳动者的职业培训制度，创新培训组织形式，提高培训的针对性和有效性。全面落实“以工代训”政策措施，完善职业技能岗位培训工作机制和培训激励机制，健全政府职业培训补贴制度，提高补贴资金使用效益，发挥好激励和引导作用。健全完善劳动力调查制度，加强就业创业统计，构建就业季度分析研究制度，加强劳动力价格监测，全面准确掌握劳动力动态供给情况。

4. 健全完善就业服务体系。健全公共就业创业服务体系，完善市、县区公共就业创业服务功能，加强基层公共就业创业服务平台建设，充分发挥市场在人力资源配置中的决定性作用，提升人力资源市场管理信息化水平。推

进各类就业信息共享开放。积极构建灵活性与安全性兼具、长期与短期协调的稳就业机制。健全劳动关系协调机制和劳动者维权机制，营造公平就业制度环境。规范招人用人制度，尊重劳动者和用人单位市场主体地位。

**（二）稳步提升城乡居民收入**

坚持居民收入增长和经济增长同步、劳动报酬提高与劳动生产率提高同步，实施低收入群体增收行动，扩大中等收入群体。坚持“增收”和“减负”并举，激发增收活力，努力缩小与全国平均收入水平差距。

1. *开辟渠道增加收入*。健全工资水平决定机制、正常增长机制和支付保障机制，提高劳动报酬在初次分配中的比重。健全企业职工工资收入中体现技能价值激励导向的分配制度，完善适应机关事业单位特点的工资制度，健全农村务工人员工资专用账户制度。把提高劳动生产率作为增加城乡居民收入的根本手段，支持城乡居民走出去，寻找更多增收机会。支持更多城乡居民在城乡融合和乡村振兴中增加更多收入。支持城乡居民利用土地、集体林权等各类资产增值收益。支持扶贫车间、合作社升级，拓展增收渠道。支持城乡居民提高技能，增强经营能力，提高增收水平。更加关注社会特殊群体收入水平的提高，支持特殊群体收入增长，对农村脱贫不稳定群体、城市贫困群体、退役军人群体、少数民族群体等给予倾斜支持。

2. *减轻负担增加收入*。切实增强主动服务意识，推动落实降低社会保险费率政策，深入推动落实失业保险稳岗返还政策，进一步减轻企业负担，支持困难企业脱困发展，助力各类市场主体轻装上阵，增加就业吸纳能力，切实将居民收入提高建立在经济发展质量效益提升、劳动生产率提高、企业综合成本降低的基础上。落实减税降费政策，降低水费、电费等各类成本。完善社会保障体系，进一步扩大覆盖面，确保居民收入与经济增长协调发展，减轻低收入群体生活压力。

3. *激发活力增加收入*。综合运用增加薪资报酬、优化评优奖励、提升职业技能、强化权利保障等多种激励手段，调动不同群体的积极性、主动性和创造性。瞄准技能人才、新型职业农民、科技人员等增收潜力大、带动能力强的群体，深化收入分配制度改革，调整收入分配结构，突出调高、扩中、提低“三管齐下”，增加居民工资性、经营性、财产性收入。持续推动大众创业万众创新，创造更大市场空间和更多就业岗位，着力营造公开公平公正的体制机制和竞争环境，不断培育和扩大中等收入群体，逐步形成合理有序的收入分配格局，带动城乡居民实现增收。深化国有企业工资决定机制改革，完善企业薪酬调查和工资水平指导线发布制度，推动城镇企业职工薪酬待遇稳定增长。

**（三）建设高质量教育体系**

落实立德树人根本任务，加强师德师风建设，促进教育资源均衡配置，建立科学的教育评价制度和机制。到2025年，学前教育毛入园率达到97%，九年义务教育巩固率达到100%，高中阶段教育毛入学率达到96%以上。

1. *推进基本公共教育优质均衡*。实施教育信息化2.0行动计划，积极推进“互联网+教育”发展。建立健全基本公共教育资源均衡配置机制，逐步缩小区域、城乡、校际差距，使每一名适龄儿童少年都能享受有公平有质量的教育。推进学前教育普惠优质规范发展，实施扩大公办学前教育资源计划，多渠道增加普惠性幼儿园供给。推进城乡义务教育优质均衡发展，扩大城镇学校义务教育学位供给，加强乡村小规模学校和乡镇寄宿制学校建设，支持多校协同、区域组团等多方式促进优质教育资源共享。推进普通高中教育水平全面提升，深化普通高中课程教学和高考综合改革，推行选课走班。支持基于核心素养的教学实践探索，促进普通高中办学模式、育人方式、评价方式转变。

2. 发展高水平现代职业教育。完善现代职业教育体系，贯彻落实“技能甘肃”实施方案，推进武威职业学院省级“双高计划”项目建设。实施中职教育“双优计划”，保持高中阶段教育职普比大体相当。深化产教融合、校企合作，推进现代学徒制和1+X证书制度试点。紧扣产业设置专业，强化职业技能培训，助力乡村振兴。整市推进、提质培优、增值赋能，大幅提升职业教育现代化水平。

3. 建设高素质教师队伍。全面提高教师队伍整体素质，加强师德师风建设，把师德师风作为评价教师队伍素质的第一标准，引导广大教师崇德正心，自觉树立坚定的职业信念。多渠道补充教师，重点加强紧缺学科、薄弱学科、乡村学校教师队伍建设，不断壮大教师队伍。健全教师发展支撑体系，加大教师培训力度，切实提高教师专业素质能力。加强校长队伍建设，培育教育家型校长队伍。不断提高教师地位待遇，确保县域内乡村中小学教师平均工资收入水平不低于或高于当地城镇教师平均工资收入水平。

4. 建设学习型社会。健全终身学习机制，发挥在线教育优势，扩大继续教育有效供给，构建广覆盖、多类型、多层次、开放便捷的终身学习公共服务体系。加强市级党校建设，争创“全省一流市级党校”。加强社区教育，建设新型城镇居民终身学习中心，积极创建省级社区教育试验区，为社会成员提供人人皆学、处处能学、时时可学的多样化的教育选择。

**（四）全面推进健康武威建设**

把保障人民健康放在优先发展的战略位置，坚持预防为主的方针，深入实施健康武威行动，织牢公共卫生防护网，为人民提供全方位全周期健康服务。

1. 健全健康公共卫生服务体系。加快补齐公共卫生服务体系短板，加大公立医疗卫生机构建设力度，提升县域整体医疗服务能力。全面推进健康乡村建设，提升村卫生室标准化建设和健康管理水平，推动乡村医生向（助理）医师转变，采取派驻、巡诊等方式提高基层卫生服务水平。改革疾病预防控制体系，强化监测预警、风险评估、流行病学调查、检验检测、应急处置等职能。完善中西医结合的重大疫情防控体制机制，健全公共卫生应急管理体系和重大疫情救治体系。加快“互联网+医疗健康”发展，推进新一代信息技术在卫生健康领域的应用，促进医药卫生管理和服务模式的重塑。

2. 深化医药卫生体制改革。坚持基本医疗卫生事业公益属性，深化医药卫生体制改革，推动城乡医疗资源均衡布局，推进县域医共体建设，完善分级诊疗体系，加强公立医院建设和管理考核，推进药品和耗材集中采购使用改革。支持社会办医，推广远程医疗。加快推进凉州区区域综合医改试点，加快建设紧密型医联体和医共体，全面发展专科联盟和技术联盟，推动县域内医疗服务与公共卫生服务体系改革融合。完善“三医联动”改革机制，严格医疗机构绩效考核和耗材使用监管，推进医保精细化管理。

3. 持续推进医疗保障制度改革。坚持和完善覆盖全民、依法参加的基本医疗保险制度和政策体系，实施公平适度保障。深入推进医保支付改革全国试点工作，强化医保基金监管，确保基金安全。强化“互联网＋医疗保障”建设，全面实行“一站式”即时结报制度，推广使用医保电子凭证，推进医疗保障公共服务均等可及。加强医疗保障服务能力建设，提高精细化管理水平。

4. 强化中医药健康服务。加强中医药传承创新，发挥中医药的优势特色，大力发展中医养生保健“治未病”服务和健康养老服务，逐步将中医“治未病”纳入社区健康医疗服务范围。全力推动中医药事业和产业融合发展，健全中医药服务体系，加强市级区域中医医疗中心建设，全面提升县级中医医院中医药综合服务能力，优化中医机构服务模式，加强中医药人才队伍建设，开展中医药重点专科和优势专科建设，创建国家级中医药重点专科，省级中医住院医师规范化培训基地。提升藏医药研发水平，推动藏医服务“走出去”。建立中西医结合诊疗机制、会诊制度，充分发挥中医药在重大传染病防控中的有效作用。

5. 积极应对人口老龄化。优化经济发展结构，促进消费和投资协调均衡，夯实社会财富基础，拓展民间投资领域，推动国民收入较快增长，鼓励家庭、个人建立养老财富储备，全面增强社会和居民应对人口老龄化的经济保障。健全育儿社会服务保障体系，严格落实育儿假、产休假，引导生育水平提升稳定在适度区间，改善劳动力有效供给，提升应对能力。推行健康生活方式，实施全民营养计划，加大体育公园、户外运动设施等健身设施建设，加强老年人群重点慢病防控管理，为老年人健康生活打牢基础。加快构建居家社区机构相协调、医养康养相结合的养老服务体系，完善上门医疗卫生服务政策，推动医疗卫生服务向社区、家庭延伸，充分发挥居家养老服务作用，基本实现60岁以上老年人服务全覆盖。强化公办养老机构保障作用，支持社会力量兴办医养结合机构，推进农村综合养老中心、农村互助养老服务设施建设，倡导家庭式养老，着力构建“互联网＋智慧养老”服务平台，保障老年人健康服务需求。

6. 开展爱国卫生运动。动员和组织全社会常态化深入开展爱国卫生运动。深入开展省、市级卫生乡镇，卫生村、卫生社区、卫生单位创建活动，努力改善人居环境。组织开展健康知识普及活动，引导群众养成科学合理的饮食和健身习惯。在全社会倡导文明健康、绿色环保的生活方式，养成戴口罩、勤洗手、常通风、不聚集的良好习惯，推行“一米线”、看病网上预约、保持社交距离、节约粮食等文明新风。

**（五）发展公共文化体育事业**

加强基本公共体育服务建设，完善体育基础设施，广泛开展群众文化体育活动，满足群众精神文化生活需求。统筹规划，合理布局，规范标准，加强乡镇体育场地设施建设，优化体育场地设施投资结构，鼓励社会资本投入体育设施建设。到2025年，所有乡镇建成体育健身中心，力争人均占有体育场地面积2平方米以上。组织开展健身走（跑）、骑行、登山、徒步、游泳、球类、广场舞等群众喜闻乐见的运动项目，积极培育冰雪、赛车、马术、极限、航空等具有消费引领特征的时尚运动项目，扶持推广民族民俗民间传统运动项目，促进全民健身活动广泛开展。全面繁荣新闻出版、广播影视、文学艺术、哲学社会科学事业。加强学校体育工作，推动青少年文化学习和体育锻炼协调发展。

**（六）健全多层次社会保障体系**

进一步完善社会保障制度，稳步提高社会

保障层次，努力建立健全更加公平、更可持续、较高水平的社会保障制度。以基本养老保险和基本医疗保险为重点，持续提高社会保障覆盖面，努力建立全市统一、覆盖城乡的全民基本社会保障体系。引导非公有制单位员工、劳务派遣员工、灵活就业人员、城镇个体户、进城务工人员等重点人群参加城镇基本社会保险，持续推进城镇职工社会保险扩面。到2025年，城乡居民基本养老保险参保率达到99.2%，基本医疗保险参保率达到95%以上，失业保险、工伤保险参保人数分别达到10.74万人、16.48万人。鼓励支持社会组织、企业和个人兴办养老机构，满足老年人多样化、多层次养老服务需求。健全分层分类、城乡统筹的社会救助体系，逐步提高低保、特困人员供养标准和补助水平，继续完善医疗救助制度。加大临时救助力度，有效发挥兜底保障功能。完善以扶老、助残、爱幼、济困为重点的社会福利制度，扶持培育慈善公益组织，健全老年人、残疾人和儿童关爱服务体系。完善优抚安置服务体系，落实优抚对象优待政策。提高殡葬服务保障能力，建立基本殡葬服务保障制度。依托公共服务资源在退役军人就业、养老、医疗、住房、交通等方面的优待政策，健全退役军人服务保障体系。

**（七）完善住房市场和住房保障体系**

坚持房子是用来住的、不是用来炒的定位，推进建立多主体供给、多渠道保障、租购并举的住房制度。落实城市主体责任和“一城一策”调控措施，稳妥实施房地产市场调控，着力稳地价、稳房价、稳预期，促进房地产市场平稳健康发展。继续加强住房保障工作，加快构建以公租房为主体的住房保障体系。以解决新市民住房困难为出发点，提升住房保障能力，加大对基本公共服务行业困难职工的精准保障力度，有效解决新就业无房职工和在城镇稳定就业的外来务工人员等新市民的住房困难。

| 专栏17：民生保障改善工程 |
| --- |
| 1. **就业创业增收工程**。推进就业优先战略，加大技能培训力度，提升技能培训质量，年均培训劳动力2万人次以上。运用“互联网+”，在全市现有4所技工学校、60多家职业培训机构、20家创业就业孵化示范基地（园区）基础上，培育建设一批培训基地和实训基地。通过实施技能培训，拓宽就业渠道，带动城乡居民实现增收。<br>2. **教育质量提升工程**。推进学前教育、义务教育、普通高中、职业教育建设任务，实施教育强国推进工程，加快基本公共教育均衡发展，深化供给侧结构性改革，通过新建、改扩建武威一中、武威二中、凉州区祁连路小学、古浪县城关第四小学、天祝藏族自治县城北新区九年制学校、凉州区第八幼儿园等115所中小学幼儿园以及智慧教育云平台建设、易地迁建古浪职教中心等项目，提升创新人才培养能力，提高教育质量。推进实施市委党校原址改扩建项目，不断提升干部培训教育能力。<br>3. **公共卫生服务工程**。推进疾病预防控制体系现代化建设、区域医疗中心建设、县级医院提标扩能建设、妇女儿童健康服务能力建设、促进中医药传承创新等任务，实施甘肃省武威肿瘤医院整体迁建及功能提升等项目，建立健全健康服务体系，提升应对重大突发新发公共卫生事件的应急救治能力。<br>4. **全民健身工程**。增加公共体育服务设施有效供给，实施武威市体育场、民勤县文化体育中心、古浪县体育馆、天祝藏族自治县民族传统体育运动场以及县级全民健身中心等项目，建设各级各类体育活动场（馆）6500个。<br>5. **社会服务保障工程**。推进社会服务兜底和积极应对人口老龄化2项任务，不断加大养老服务、儿童福利、残疾人和退役军人服务等投入力度，实施武威市残疾人康复中心、天祝藏族自治县社会福利院、普惠养老等项目建设，加快光荣院、荣誉军人休养院、优抚医院、军人公墓、军休服务场所、烈士纪念等设施建设，不断完善配套服务功能，进一步改善社会服务设施条件。 |

### 十二、坚决维护国家安全，提升治理能力现代化新水平

坚持总体国家安全观，把安全发展贯穿经济社会发展各领域和全过程，坚决维护国家政治安全，提高公共安全保障能力，保持社会和谐稳定。围绕共建共治共享，扎实推进市域社会治理现代化全国试点工作，建设更高水平的平安武威、法治武威，促进治理体系和治理能力现代化建设。

#### （一）建设更高水平平安武威

1. 捍卫政治安全。把维护国家政治安全特别是政权安全、制度安全放在第一位，坚定维护意识形态安全，严密防范和严厉打击敌对势力渗透、破坏、颠覆、分裂活动。全面贯彻新时代党的治藏方略，确保天祝藏族自治县长治久安。加强国家安全体系和能力建设，建立健全国家安全风险研判、防控协同、防范化解机制。严格落实国家安全责任制，健全风险防控机制，压实风险防控责任。加强网络安全保障体系和能力建设，深化净网行动，旗帜鲜明地反对和抵制错误思潮。开展国家安全宣传教育，巩固国家安全人民防线。

2. 保障经济安全。加强经济安全风险预警、防范机制和能力建设，加强重要经济指标动态监测和分析研判，制定重要经济领域风险应对预案，增强产业体系抗冲击能力。维护水利、电力、供水、油气、交通、通信、网络、金融等重要基础设施安全。提高水资源集约安全利用水平。加强政府债务防范化解，加大力度处置重点领域金融风险，守住不发生区域性金融风险底线。加强核安全监管，维护新型领域安全。

3. 保障人民生命财产安全。坚持人民至上、生命至上，严格落实安全生产责任制，完善安全生产管理制度体系、隐患排查治理和风险防控体系。抓好应急管理信息化综合应用平台建设，持续开展危险化学品、道路交通、建筑施工、矿山、消防等重点领域风险隐患专项治理，防范和遏制重特大事故发生。建立最严格的覆盖全过程的食品药品监管制度，强化源头治理和全过程监管，健全追溯机制，提高食品药品安全保障水平。强化生物安全保护。

4. 确保粮食安全。坚持不懈抓好粮食和重要农副产品生产供给，全面落实粮食安全责任制党政同责要求，稳定粮食种植面积，提升粮食生产能力、储备能力、流通能力，有效保障粮食、食用油、肉类生产供应，构建高层次、高质量、高效率、可持续的粮食安全保障体系。按照“产区保持 3 个月销量、销区保持 6 个月销量”的粮食储备规模要求，形成政府储备与企业储备功能互补、协同高效、资源共享的储备管理新格局，进一步推进粮食储备体制机制改革，确保关键时刻拿得出、调得快、用得上。

#### （二）创新社会治理体系

坚持系统治理、依法治理、综合治理、源头治理，全面实施“平安细胞工程”，推进社会治理精细化，构建全民共建共治共享的社会治理格局。

1. 夯实社会治理基层基础。健全党委领导、政府负责、民主协商、社会协同、公众参与、法治保障、科技支撑的政治、自治、法治、德治、智治相结合的城乡基层治理体系。建设规范化综治中心，打造智能化、实战化的基层社会治理基础平台。全面落实乡镇（街道）领导干部驻点联系群众工作制度，推动社会治理和服务重心向基层下移，发挥乡镇（街道）在基层治理中的重要作用，为群众提供更好服务。支持工青妇等群团组织参与创新社会治理和维护社会稳定。注重发挥家庭家教家风

在基层社会治理中的重要作用。

2. 健全社会管理和服务机制。健全基层公共服务平台和综合信息平台，完善城乡社区服务体系。健全基层群众自治制度，创新符合各地实际的村（居）民自治有效实现形式，提升村（居）民参与社会治理机制，扩大对公共事务参与范围。健全农村、社区管理和服务机制，积极推行网格化管理，充分发挥村民议事、村民理财、村务监督等村民自治组织作用，加强村规民约建设，提高社会治理水平。积极引导社会力量参与基层治理。

3. 维护社会安全稳定。坚持和发展新时代"枫桥经验"，畅通和规范群众诉求表达、利益协调、权益保障通道，完善各类调解联动工作体系，构建源头防控、排查梳理、纠纷化解、应急处置的社会矛盾综合治理机制。落实领导干部接访、下访制度，认真做好信访工作。完善重大决策、重大举措、重大项目、重大活动社会稳定风险评估机制。健全社会心理服务体系和危机干预机制，加强重点人群帮扶救助、心理疏导、法律援助。坚持专群结合、群防群治，推进智慧警务、智慧交管建设，完善社会治安防控体系，全面提升市域社会治理现代化水平。坚决防范和严厉打击各类犯罪，常态化推进扫黑除恶斗争，巩固社会和谐稳定局面。加强改进基层政法基础设施建设，实现"雪亮工程"全域覆盖，建设更高水平的平安武威。

4. 加强防灾减灾救灾体系建设。坚持以防为主、防抗救相结合，坚持常态减灾和非常态救灾相统一，加强应急管理体系和能力建设，做好应急物资储备，建设应急处突队伍，提高洪涝干旱、森林草原火灾、地质灾害、气象、地震等自然灾害防御工程标准，实现从注重灾后救助向注重灾前预防转变、从应对单一灾种向综合减灾转变、从减少灾害损失向减轻灾害风险转变，提高防灾减灾救灾能力，最大限度降低灾害事故损失，保障人民生命财产安全和经济社会高质量发展。

**（三）坚持全面依法治市**

坚持科学立法、严格执法、公正司法、全民守法，全面推进依法治市。健全立法工作机制，加快《武威市大气污染防治条例》和《武威市文明行为促进条例》等立法进程，体现地方特色、突出立法质量、注重有效管用。着力打造法治政府，把法治建设与提升政府公信力、转变政府职能和坚持依法行政结合起来，推进行政机构、职能、权限、程序、责任法定化，健全重大行政决策程序、合法性审查和责任追究机制。深入推进司法公开，强化司法监督，严格内部监督，加强程序监督，扩大外部监督，让执法司法权在制度的笼子里运行。深化司法体制综合配套改革，推进严格规范公正文明执法，努力提升执法司法的质量、效率和公信力，让群众在每一个司法案件中都感受到公平正义。坚持把全民普法守法作为长期性、基础性的工作，创新普法宣传教育机制，全面实施"八五"普法规划，深入学习宣传贯彻实施民法典，增强公众的法治认同和信赖。深入开展思想道德建设，发挥市民公约、乡规民约、行业规章等社会规范的作用，在全社会形成守法光荣、违法可耻的法治良序。

**（四）加强国防动员体系建设**

坚持"战时应战、急时应急、平时服务"原则，完善国防动员体系，加强国防动员普及宣传，健全军地协调机制。加强国防后备力量建设，完善管理体制机制，定期开展军地联合演练，推进基干民兵应急队伍与政府应急管理体系有效衔接，实现一体建设、统筹使用。持续加大国防动员基础设施投入，配套完善乡镇武装阵地，推动县域民兵军事训练场地建设。

## 第四章　坚持和加强党的全面领导

### 一、加强党的全面领导

全面贯彻新时代党的建设总要求，以党的政治建设为统领，深入学习贯彻习近平新时代中国特色社会主义思想，增强“四个意识”、坚定“四个自信”、做到“两个维护”。深入学习运用中国共产党一百年的宝贵经验，教育引导广大党员干部坚持共产主义远大理想和中国特色社会主义共同理想。坚持和完善党领导经济社会发展的体制机制，建立上下贯通、执行有力的组织体系，确保党中央和省委决策部署落地落实。全面贯彻新时代党的组织路线，树立正确选人用人导向，坚持好干部标准，加强干部教育培训，提高政治能力、调查研究能力、科学决策能力、改革攻坚能力、应急处突能力、群众工作能力、抓落实能力，引导党员干部以担当体现忠诚、以实干践行初心，努力打造善学善思善谋、想干能干会干的高素质干部队伍。牢固树立大抓基层的鲜明导向，深入推进党支部建设标准化、党建工作信息化和“四抓两整治”重点措施落实，把基层党组织建设成为推动高质量发展的坚强战斗堡垒。严格落实中央八项规定及其实施细则精神，持之以恒加强和改进作风，持续纠治形式主义、官僚主义，切实为基层减负。加强政治巡察，强化对公权力运行的制约和监督。坚持无禁区、全覆盖、零容忍，一体推进不敢腐、不能腐、不想腐，把严的主基调长期坚持下去，深入推进党风廉政建设和反腐败斗争，营造风清气正的良好政治生态。

### 二、加强民主政治建设

坚持党的领导、人民当家作主、依法治国有机统一，推进中国特色社会主义政治制度自我完善和发展。坚持和完善人民代表大会制度，加强人大对“一府一委两院”的监督，保障人民依法通过各种途径和形式管理国家事务、管理经济文化事业、管理社会事务。坚持中国共产党领导的多党合作和政治协商制度，推进协商民主建设，加强人民政协专门协商机构建设，推进建言资政和凝聚共识双向发力，提高政治协商、民主监督、参政议政水平。巩固和发展最广泛的爱国统一战线，牢牢把握大团结大联合主题，不断巩固共同团结奋斗思想政治基础。坚决落实党的民族政策，铸牢中华民族共同体意识，促进各民族共同团结奋斗、共同繁荣发展。全面贯彻党的宗教工作基本方针，坚持我国宗教中国化方向，维护宗教领域和谐安定。着力做好港澳工作、对台工作、侨务工作，凝心聚力、服务大局。构建完善大统战工作格局，促进政党关系、民族关系、宗教关系、阶层关系、海内外同胞关系和谐。发展基层民主，保障人民群众知情权、参与权、表达权、监督权。坚持党管武装原则，扎实开展双拥共建。加强工会、共青团、妇联等群团组织建设，鼓励各民主党派、工商联为经济社会发展献计出力。

## 第五章　保障措施

《武威市国民经济和社会发展第十四个五年规划和二〇三五年远景目标纲要》是指导全市“十四五”乃至更长一段时期发展的纲领性文件，经市人民代表大会批准，具有法律效力。实现“十四五”规划及二〇三五年远景目标，必须把党的领导贯穿始终，充分调动一切积极因素，广泛凝聚各方面智慧力量，形成推动规划实施的强大合力。

**一、发挥党的领导核心作用**

以规划引领经济社会发展，是党治国理政的重要方式。充分发挥党领导统揽全局的核心作用，把党的领导始终贯穿于“十四五”规划实施和全市经济社会发展的各领域各方面各环节，增强“四个意识”，坚定“四个自信”，做到“两个维护”，全面落实党中央、国务院，省委、省政府决策部署，充分调动各级干部干事创业的积极性、主动性、创造性，为实现规划目标任务提供坚实组织保障，推动规划落地见效。

**二、落实统一规划体系**

积极落实国家统一规划体系，结合武威实际落实好国家和省上发展规划确定的各项任务要求。坚持全市规划的统一性和系统性，推动出台专项规划和县区规划，加强与空间规划和区域规划的衔接，保证在总体要求上指向一致，在空间配置上相互协调，在时序安排上科学有序。各县区、各部门要加强年度计划与发展规划纲要的衔接。

**三、强化规划实施保障**

发挥规划对政策、项目、要素的引导作用，落实政策跟着规划走、项目跟着规划走、要素跟着项目走的重大举措，确保发展规划的落实。围绕规划确定的战略、目标、任务和谋划的重大项目，坚持政策制定服从规划导向、短期政策服务规划实施的原则，研究提出经济社会发展各领域的政策措施，完善要素市场化配制体制机制，加强人口、土地、环境、产业、财税、投资、金融等政策的统筹协调。对纳入规划的重大工程项目，建立推进机制，简化审批核准程序，优先保证规划选址、土地供应和资金安排，明确责任主体，加快推进实施。

**四、形成规划实施机制**

将规划实施情况纳入全市目标管理考核体系，科学设定考核指标和考核方式，明确进度要求，实施跟踪监督、动态监测及评估。建立科学考评反馈机制，及时向责任主体反馈考评中发现的问题，督促改进规划实施工作。做好规划实施的中期评估和实施完成后的总结评估，分析规划实施效果，针对规划实施过程中发展环境的重大变化，适时提出调整方案，确保规划得到全面落实。

实现“十四五”规划和二〇三五年远景目标，任务艰巨，使命光荣，意义深远，全市各族人民要紧密团结在以习近平同志为核心的党中央周围，在市委、市政府的坚强领导下，坚定信心、攻坚克难、勠力同心、顽强奋斗，在全面建设社会主义现代化国家征程中谱写武威壮丽篇章！

# 武威市大气污染防治条例

（2021年6月1日武威市第四届人民代表大会常务委员会第三十六次会议通过 2021年7月28日甘肃省第十三届人民代表大会常务委员会第二十五次会议批准）

## 目　录



## 第一章　总　则

**第一条**　为了保护和改善环境，防治大气污染，保障公众健康，推进生态文明建设，促进经济社会可持续发展，根据《中华人民共和国环境保护法》《中华人民共和国大气污染防治法》等法律、法规，结合本市实际，制定本条例。

**第二条**　本条例适用于本市行政区域内大气污染防治及其监督管理活动。

法律、法规对大气污染防治活动及其监督管理已有规定的，从其规定。

**第三条**　大气污染防治坚持源头治理、规划先行、预防为主、防治结合、损害担责的原则，建立政府主导、企业主体、公众参与、全民共治的防治机制。

**第四条**　各级人民政府对本行政区域内的大气环境质量负责。

市、县（区）人民政府应当将大气污染防治工作纳入国民经济和社会发展规划，加大对大气污染防治的财政投入，鼓励、引导社会资本参与大气污染防治工作；转变经济发展方式，优化调整产业结构、能源结构、运输结构和用地结构，促进绿色、低碳发展，推动实现碳达峰、碳中和；制定并实施有利于大气污染防治的经济、科技政策和技术措施，严格控制和有计划地削减大气污染物排放总量，使大气环境质量达到国家和本省规定的标准并逐步改善。

乡（镇）人民政府、街道办事处应当根据市、县（区）人民政府和有关部门的工作安排，落实网格化监管责任，配合做好本辖区内大气污染防治工作。

**第五条**　市人民政府生态环境主管部门及其派出机构对本行政区域内大气污染防治实施统一监督管理。

市、县（区）人民政府发展和改革、工业和信息化、住房和城乡建设、市场监督管理、农业农村、自然资源、交通运输、公安机关、水务、城市管理等部门按照职责分工，各负其责，密切配合，共同做好大气污染防治监督管理工作。

**第六条**　市、县（区）人民政府应当建立健全大气污染防治议事协调机制，定期召开联席会议，统筹协调处理以下事项：

（一）研究制定年度大气污染防治实施方案；

（二）研究制定调整能源结构、产业结构，优化产业布局等实施方案；

（三）组织、协调和推进大气污染综合防治工作；

（四）大气污染防治领域的其他重大问题。

**第七条** 企业事业单位和其他生产经营者应当执行国家和本省规定的大气污染物排放标准和技术规范，加强内部管理，健全环境管理制度，采用先进的生产工艺和治理技术，防止和减少大气污染，并对所造成的损害依法承担责任。

行业协会应当加强行业自律，督促会员采取有效措施防止和减少大气污染。

基层群众性自治组织应当协助相关部门做好大气污染防治工作。

公民应当自觉增强大气环境保护意识，采取绿色、低碳、节俭的生活方式，自觉履行大气环境保护义务。

**第八条** 市、县（区）人民政府及其有关部门、乡（镇）人民政府和街道办事处应当开展大气污染防治法律法规、科普知识宣传教育，推动公众参与大气环境保护，营造全社会保护大气环境的良好氛围。

**第九条** 市、县（区）人民政府及其有关部门应当鼓励和支持开展大气污染成因、治理技术和防治对策的研究，推广先进适用的大气污染防治技术和装备，推动技术成果转化应用。

市、县（区）人民政府应当对为执行严于国家和本省规定的大气污染物排放和控制标准而主动开展技术改造、设备更新、能源替代的排污单位给予必要的扶持。

市、县（区）人民政府应当对在防治大气污染、保护和改善大气环境方面成绩显著的单位和个人给予奖励。

## 第二章 监督管理

**第十条** 市、县（区）人民政府应当根据本行政区域大气环境质量状况、大气环境承载力和重点大气污染物排放总量控制指标的要求，编制本行政区域大气污染防治规划并组织实施。

**第十一条** 市、县（区）人民政府编制或者修改国土空间规划时，应当根据大气环境承载能力，充分考虑本行政区域内自然地貌形态、气象条件，按照有利于大气污染物消散的原则，合理规划城市建设空间布局，控制建筑物的密度、高度，保持城市通风廊道畅通。

在通风廊道上不得建设不符合规划控制高度的建筑群及其他影响大气扩散条件的建设项目。

**第十二条** 市人民政府应当根据省人民政府下达的重点大气污染物排放总量控制指标和削减要求，结合本行政区域的实际情况，制定年度计划和控制措施，将重点大气污染物排放总量控制指标和削减指标进行分解落实。

企业事业单位和其他生产经营者排放的大气污染物不得超过国家、本省规定的排放标准和重点大气污染物排放总量控制指标。

**第十三条** 向大气排放污染物的企业事业单位和其他生产经营者，应当配套建设大气污染防治设施。配套建设的大气污染防治设施，应当与主体工程同时设计、同时施工、同时投产使用；配套建设的大气污染防治设施应当符合经批准的环境影响评价文件的要求，不得擅自拆除或者闲置。

企业事业单位和其他生产经营者应当加强对生产设施和污染物处理设施的保养、检修，采取措施防止大气污染事故的发生。

**第十四条** 大气污染物排放依法实行排污许可管理制度。

实行大气污染排污许可管理的企业事业单位和其他生产经营者应当按照规定申请取得排污许可证，并按照排污许可证的要求排放污染物；未取得排污许可证的，不得排放污染物。

**第十五条** 重点排污单位名录由市人民政府生态环境主管部门按照国家相关规定，会同有关部门确定，并通过政府网站、报刊等方式向社会公布。

列入名录的重点排污单位应当按照规定如实主动公开以下信息：

（一）基础信息，包括单位名称、统一社会信用代码、法定代表人姓名、生产经营地址、联系方式，以及生产经营和管理服务的主要内容、产品及规模；

（二）排污信息，包括重点大气污染物及特征污染物的名称、排放方式、排放口数量和分布情况、排放浓度和总量、超标排放情况，以及执行的污染物排放标准、核定的排放总量；

（三）管理信息，包括建设项目环境影响评价及其他环境保护行政许可等情况、限产减排措施落实情况、大气污染防治设施的建设和运行情况、突发大气环境污染事件应急预案、重污染天气应急预案；

（四）其他依法应当公开的环境信息。

**第十六条** 市人民政府生态环境主管部门组织建设与管理本行政区域内大气环境质量和大气污染源监测网，设置大气环境质量监测站（点），组织开展大气环境质量和大气污染源监测；评估和研究本地区大气质量状况、污染成因和污染规律；开展大气环境质量预警预报，统一发布本行政区域大气环境质量状况信息。

**第十七条** 大气环境质量监测站（点）的设置应当符合有关监测技术规范要求，其位置应当向社会公开。

大气环境质量监测站（点）周边单位和居民不得妨碍和干扰大气环境质量监测站（点）的设置、建设和运行。

禁止侵占、损毁或者擅自移动、改变大气环境质量监测设施和大气污染物排放自动监测设备。

**第十八条** 市、县（区）人民政府应当推进生态保护和治理，加强防护林带和城市园林绿化建设，提高绿化水平，加强植被保护，预防和治理土地沙化，改善大气环境质量。

**第十九条** 市、县（区）、乡（镇）人民政府和街道办事处应当建立和优化大气污染防治网格化监督管理制度。按照属地管理、分级负责、条块结合、全面覆盖和责任到人的原则，科学划分网格单元，明确网格管理对象、管理标准和责任人。

网格化管理人员应当及时向有关部门报告其所负责区域内的污染大气环境行为，协助相关部门进行处理。

**第二十条** 市人民政府生态环境主管部门及其派出机构和其他负有大气环境保护监督管理职责的部门，应当加强大气污染防治信息化建设，完善大气环境质量监测、污染源监控、监督管理信息系统，及时更新并公开下列事项：

（一）大气环境质量信息；

（二）重点大气污染物排放控制和削减

情况；

（三）重点污染源监测情况；

（四）监督检查煤炭、车用成品油、高污染燃料禁燃区内高污染燃料的生产、加工、销售和使用等情况；

（五）与大气环境保护相关的行政许可和行政处罚等信息；

（六）突发大气污染环境事件以及应对情况；

（七）其他依法应当公开的环境信息。

任何单位和个人可以向市人民政府生态环境主管部门及其派出机构和其他负有大气环境保护监督管理职责的部门申请获取大气环境质量信息，市人民政府生态环境主管部门及其派出机构和其他负有大气环境保护监督管理职责的部门应当依法提供。

**第二十一条** 任何单位和个人有权对污染大气环境的行为进行举报，对行使监督管理职权的部门及其工作人员不依法履行职责的行为进行举报。

市人民政府生态环境主管部门及其派出机构和其他负有大气环境保护监督管理职责的部门应当公布举报电话、网络举报平台、电子邮箱等，保证举报渠道畅通，方便公众举报；接到举报的部门，应当及时处理并对举报人的相关信息予以保密；对实名举报的，应当反馈处理结果，查证属实的，处理结果依法向社会公开，并对举报人给予奖励。

举报人举报所在单位的，该单位不得以解除、变更劳动合同或者其他方式对举报人进行打击报复。

**第二十二条** 市人民政府生态环境主管部门及其派出机构和其他负有大气环境保护监督管理职责的部门，可以聘请社会监督员和动员志愿者，协助监督大气污染防治工作。

## 第三章 燃煤大气污染防治

**第二十三条** 市、县（区）人民政府应当采取措施，调整能源结构，推广使用天然气、液化气以及风能、电能、太阳能、沼气等清洁能源，制定并组织实施煤炭消费总量控制计划，减少煤炭生产、使用、转化过程中的大气污染物排放。

**第二十四条** 市、县（区）人民政府应当积极推行热电联产和集中供热，逐步提高集中供热比例，制定计划将应当淘汰的分散燃煤锅炉供热区域纳入集中供热管网覆盖范围，并负责组织实施。

市、县（区）人民政府应当推进工业园区和产业集聚区实行集中供热，鼓励使用清洁燃料。在集中供热管网覆盖区域内，禁止新建、扩建分散燃煤供热锅炉；已建成的分散的和不能达标排放的燃煤供热锅炉，应当在规定的期限内拆除。

**第二十五条** 市、县（区）人民政府应当加强民用散煤的管理，禁止销售不符合民用散煤质量标准的煤炭，制定具体的奖励或者补贴政策，鼓励居民燃用优质煤炭和洁净型煤，推广节能环保型炉灶。

市、县（区）人民政府工业和信息化部门应当根据大气污染防治规划，结合本行政区域环境保护的要求，向社会公布燃煤质量标准，制定本行政区内的煤炭集中交易市场、民用煤炭配送网点布局和总量控制计划。

**第二十六条** 煤炭经营企业应当确保所供应的煤炭符合质量标准。

煤炭经营企业应当建立煤炭购销台账，载明煤炭购销数量、购销渠道及煤炭检验报告。台账保存期限不得少于两年。

煤炭经营企业运输、装卸、储存、加工煤炭，应当符合本市大气污染防治要求，采取防护措施，防止自燃和煤炭粉尘污染。

煤炭经营者和民用散煤配送网点应当对其储煤场地采取防燃抑尘措施，设置防风抑尘网（墙），同时配套苫盖、喷淋设施，有条件的应当采取密闭措施。

**第二十七条** 用煤单位和个人存放煤炭、煤矸石、煤渣、煤灰等物料，应当采取防燃抑尘措施，防止大气污染。

用煤单位和个人应当使用符合质量标准的煤炭。

用煤单位应当建立用煤台账，明确用煤量、用煤来源、煤质及煤炭检验报告。台账保存期限不得少于两年。

用煤单位应当安装烟气净化装置或者采取其他防护措施，并保证大气污染防治设施的正常使用。

## 第四章　工业大气污染防治

**第二十八条** 市、县（区）人民政府应当推动生态产业园区建设，鼓励和引导现有工业企业入驻产业园区。新建排放重点大气污染物的工业项目应当按照有关规定进入相应的产业园区。

**第二十九条** 市、县（区）人民政府应当合理确定产业布局和发展规模，制定产业投资优先准入清单，严格控制新建、扩建钢铁、石油、化工、有色金属、建材等行业中的高耗能工业项目，综合运用质量、环保、能耗、安全等标准淘汰落后产能。

在城市建成区已建的前款所列高耗能工业项目，应当在市、县（区）人民政府规定的期限内搬迁、升级改造或者关闭退出。

**第三十条** 下列产生含挥发性有机物废气的活动，应当在密闭空间或者设备中进行，并按照规定安装、使用大气污染防治设施；无法密闭的，应当采取措施减少废气排放：

（一）煤炭加工与转化、石油化工生产；

（二）燃油、溶剂的储存、运输和销售；

（三）涂料、油墨、胶粘剂、农药等以挥发性有机物为原材料的生产；

（四）涂装、印刷、粘合和工业清洗；

（五）其他产生含挥发性有机物废气的活动。

**第三十一条** 石化、有机化工、电子、装备制造、工业涂装、包装印刷、家具制造等产生含有挥发性有机物废气的企业，应当使用低挥发性有机物含量的原辅材料，并建立台账，记录生产原辅料的使用量、废弃量、去向以及挥发性有机物含量。台账保存期限不得少于三年。

**第三十二条** 石油、化工、有机医药和其他生产、使用有机溶剂的企业，应当根据国家和本省标准、技术规范，采用先进清洁生产技术，降低挥发性有机物的排放量，建立泄漏检测与修复制度，对管道、设备进行日常维护、维修，减少物料泄漏，对泄漏的物料应当及时收集处理。

**第三十三条** 储油储气库、加油加气站、油罐车、气罐车等，应当按照国家有关规定安装油气回收装置和自动监测装置，定期检测和保持正常使用，并每年向生态环境主管部门报送有检测资质的机构出具的油气排放检测报告。

任何单位和个人不得擅自拆除、闲置或者更改油气回收装置。

**第三十四条** 市、县（区）人民政府应当严格控制新建、改建和扩建排放恶臭污染物的工业类建设项目。

现有向大气排放恶臭污染物的石油、化工、制药、制革、生物发酵、饲料加工等企业以及垃圾处理厂、城区垃圾中转站、污水处理厂，应当按照相关规定，设置合理的防护距离，限期安装净化装置或者采取其他措施，减少恶臭污染物排放，防止恶臭对周边环境产生不良影响。

在居民住宅区等人口密集区域和医院、学校、幼儿园、养老院等其他需要特殊保护的区域及其周边，不得新建、改建和扩建石化、焦化、制药、油漆、塑料、橡胶、造纸、饲料等易产生恶臭或者有害气体的生产项目。已建成的，应当限期搬迁。

## 第五章　扬尘大气污染防治

**第三十五条**　市、县（区）人民政府住房和城乡建设、生态环境、交通运输、自然资源、水务、农业农村、城市管理等有关部门应当加强对建设施工和道路运输的监督管理，保持道路清洁，控制料堆和渣土堆放，扩大绿地、水面、湿地和地面铺装面积，防治扬尘污染。

从事房屋建筑、市政基础设施工程、道路工程、矿产资源开发、土地整理、河道整治、水利工程、建（构）筑物拆除等施工工程、物料运输和堆放以及其他产生扬尘污染活动的单位和个人，应当采取防治措施，减少扬尘污染。

**第三十六条**　建设单位应当将防治扬尘污染所需费用列入工程造价，并在工程承包合同中明确施工单位扬尘污染的防治责任。

暂时不能开工的建设用地，建设单位应当对裸露地面进行覆盖；超过三个月的，应当进行绿化、铺装或者遮盖。

**第三十七条**　施工单位应当向负责监督管理扬尘污染防治的主管部门备案，并提交具体的工地扬尘污染防治实施方案，将扬尘污染防治纳入工程管理范围。

**第三十八条**　施工单位应当在施工工地公示扬尘污染防治措施、负责人、扬尘监督管理部门等信息，建立工作台账，记录每日扬尘污染防治措施落实情况、覆盖面积、出入洗车洒水次数和持续时间等信息。

施工单位应当在施工工地设置硬质围挡，并采取覆盖、分段作业、择时施工、洒水抑尘、土方开挖湿法作业、路面硬化、冲洗地面和车辆等有效防尘降尘措施。建筑土方、工程渣土、建筑垃圾应当及时清运并进行资源化处理，在场地内堆存的，应当采用密闭式防尘网遮盖。

施工单位不得在禁止搅拌混凝土、砂浆区域内现场搅拌混凝土、砂浆，散装预拌干粉砂浆加水搅拌除外；施工现场切割、除锈、抛光及其他易产生粉尘的施工，禁止采用干式方法进行作业。

**第三十九条**　城市建成区建设项目的施工现场出入口应当安装视频监控设备，有效监控车辆密闭、覆盖及冲洗情况和车辆车牌号码；建筑面积在四千平方米以上或者施工期在七个月以上的土方作业工地，还应当安装颗粒物在线监测系统，并保证正常运行。

**第四十条**　运输煤炭、垃圾、渣土、砂石、土方、灰浆等散装、流体物料的车辆应当采取密闭或者其他有效覆盖措施防止物料撒落、泄露造成扬尘污染，并按照规定的时间、区域和路线行驶。

装卸物料应当采取密闭或者喷淋等方式防治扬尘污染。

**第四十一条**　城市道路、公园、广场和其他公共场所的清扫保洁工作，应当推广机械化清扫、高压冲洗、洒水、喷雾等低尘作业方式，并根据扬尘控制实际情况，合理安排作业时间，适时增加作业频次，提高作业质量，降低地面积尘负荷，防治扬尘污染。

**第四十二条** 城市道路园林绿化作业应当符合下列要求：

（一）种植土、弃土不得在道路路面直接堆放。产生的弃土和垃圾及时清运，不能及时清运的，进行覆盖、洒水降尘；

（二）栽植行道树，所挖树穴在二十四小时内不能栽植的，种植土和树穴采取覆盖、洒水等抑尘措施；

（三）道路中心隔离带、分车带及路边绿化时，回填土边缘低于道牙三至五厘米；

（四）绿化带、行道树下的裸露土地进行绿化或者铺装透水材料。

## 第六章 其他大气污染防治

**第四十三条** 市、县（区）人民政府应当将机动车排气污染防治纳入大气污染防治规划，大力发展公共交通、新能源交通，鼓励、支持开发、生产、销售和使用清洁能源的机动车和节能型低污染排放机动车，并同步配套建设相应的加气站、充电桩等基础设施。

市、县（区）人民政府应当对本行政区域内营运单位改用节能型低污染排放机动车工作进行规划和组织实施，加强对排气污染严重的营运载客汽车、载货汽车等营运机动车的监督管理。

**第四十四条** 市、县（区）人民政府应当加强并改善交通管理，完善交通设施，优化信号调配，推进交通智能化建设，提高城市路网通行效率，减少机动车因怠速或者低速行驶造成的大气污染物排放量。

**第四十五条** 在重污染天气集中出现的季节，市、县（区）人民政府可以组织错峰生产。在错峰生产期间，除承担居民供暖、处置城市垃圾和危险废物等保障民生的生产外，重点排污单位、大型建设工程和产能过剩行业企业应当按照市、县（区）人民政府错峰生产的安排，对生产经营活动进行调整，减少或者暂停排放大气污染物的生产、作业。

**第四十六条** 市、县（区）人民政府应当制定农药、化肥减量计划和措施，积极推广缓控释肥、测土配方施肥等技术，鼓励使用有机肥、生物肥，减少氨、挥发性有机物等大气污染物的排放，防止农业面源污染。

**第四十七条** 禁止在人口集中或者活动频繁的区域对树木、花草喷洒剧毒、高毒农药。

园林绿化部门以及其他行政机关、企业事业单位、物业小区等在防治树木、花草病虫害时应当合理安排施药时间，并在一定范围内进行公示。

**第四十八条** 各县（区）人民政府及其相关部门应当加强对畜禽养殖废弃物资源化利用和无害化处理的宣传，鼓励和支持建设畜禽粪便资源化利用和尸体无害化集中处理设施，引导规模以下畜禽养殖者集中处置养殖废弃物。乡（镇）人民政府应当加强对规模以下畜禽养殖活动的监督管理。

在居民住宅区等人口密集区域和医院、学校、幼儿园、养老院等其他需要特殊保护的区域及其周边，禁止建设畜禽养殖场、养殖小区、屠宰场（厂）。

畜禽养殖场、养殖小区应当根据养殖规模和污染防治需要，建设相应的恶臭气体和其他大气污染物防治设施，及时对污水、畜禽粪便和尸体等进行收集、贮存、清运和无害化处理，防止排放恶臭气体污染环境。

**第四十九条** 县（区）人民政府应当加

强源头治理，实施废旧农膜清除、收购、以旧换新，提升废旧农膜回收处理能力，推广使用可降解农膜。任何单位和个人不得随意弃置、掩埋废旧农膜。

蔬菜种植、生产经营单位和个人应当科学合理处置尾菜，防止尾菜腐烂产生的恶臭气体污染大气。

**第五十条** 禁止露天焚烧或者在人口集中地区和其他依法需要特殊保护的区域内焚烧沥青、油毡、橡胶、塑料、皮革、垃圾等产生有毒有害烟尘和恶臭气体的物质。

**第五十一条** 市、县（区）人民政府应当在确保民生取暖安全的前提下，按照清洁替代、经济适用、居民可承受的原则，综合采用各类清洁取暖方式，逐步实施城乡接合部及周边乡镇居民取暖土炕、土灶、小火炉煤改气、煤改电或者洁净煤替代等工程。

**第五十二条** 科学教育、医疗保健、餐饮住宿、娱乐购物、文化体育、交通运输等公共场所建筑物以及办公楼、居民住宅的室内外装修应当选用符合国家有关规范和标准的建筑和装饰材料，鼓励选用绿色环保材料，预防和控制环境污染。

**第五十三条** 鼓励餐饮服务项目使用清洁能源，排放油烟的餐饮服务项目应当遵守下列规定：

（一）按照规范设置餐饮业专用烟道，专用烟道排放口的高度和位置不得影响周围生活、工作环境；

（二）安装油烟净化设施并保持正常使用，或者采取其他油烟净化措施，使油烟达标排放，并防止对附近居民的正常生活环境造成污染；

（三）严禁封堵、改变专用烟道或者向城市地下管网排放油烟；

（四）法律、法规规定的其他要求。

**第五十四条** 任何单位和个人不得在当地人民政府禁止的时段和区域内露天烧烤食品或者为露天烧烤食品提供场地。

**第五十五条** 垃圾场站、垃圾中转站等应当采取相应措施，避免、减少恶臭污染物排放，防止恶臭气体对周边环境产生影响。

任何单位和个人不得在排水沟、雨水井、检查井等处倾倒餐厨垃圾、污水、粪便等易产生恶臭气体的污染物。

**第五十六条** 市、县（区）人民政府应当加强对祭祀活动的监督管理，引导公民转变祭祀方式，文明、绿色祭祀。

乡（镇）人民政府、街道办事处在民间祭祀日期间，可以指定固定地点，提供焚烧容器，引导公民集中在焚烧容器内焚烧祭祀品，并及时组织清扫，减少焚烧产生的大气污染物。

殡仪馆、火葬场应当设置除尘等污染防治设施并保持正常使用，防止影响周边环境。

**第五十七条** 城市人民政府应当加强对生产、运输、经营和燃放烟花爆竹的管理，确定并公布限制或者禁止燃放烟花爆竹的时段、区域和种类。

禁止生产、销售和燃放不符合质量标准的烟花爆竹。任何单位和个人不得在城市人民政府禁止的时段和区域内燃放烟花爆竹。

## 第七章　法律责任

**第五十八条** 违反本条例规定，运输煤炭、垃圾、渣土、砂石、土方、灰浆等散装、流体物料的车辆，未采取密闭或者其他有效覆盖措施防止物料撒落、泄露的，由市、县（区）人民政府城市管理（综合）执法、公安机关交通管理部门责令改正，处二千元以上二万元以下罚款；拒不改正的，车辆不得上道路行驶。

**第五十九条** 违反本条例规定，在人口集中地区对树木、花草喷洒剧毒、高毒农药的，由市、县（区）人民政府生态环境、农业农村等主管部门和城市管理（综合）执法部门按照职责责令改正，并可以处五百元以上二千元以下罚款。

**第六十条** 违反本条例规定，在人口集中地区和其他依法需要特殊保护的区域内焚烧沥青、油毡、橡胶、塑料、皮革、垃圾等产生有毒有害烟尘和恶臭气体的，由市、县（区）人民政府生态环境、农业农村等主管部门和城市管理（综合）执法部门按照职责责令改正，对单位处一万元以上十万元以下罚款，对个人处五百元以上二千元以下罚款。

**第六十一条** 违反本条例规定，排放油烟的餐饮服务业经营者未安装油烟净化设施、不正常使用油烟净化设施或者未采取其他油烟净化措施，超过排放标准排放油烟的，由市、县（区）人民政府市场监督管理主管部门、城市管理（综合）执法部门按照职责责令改正，处五千元以上五万元以下罚款；拒不改正的，责令停业整治。

**第六十二条** 违反本条例规定，在当地人民政府禁止的时段和区域内露天烧烤食品或者为露天烧烤食品提供场地的，由市、县（区）人民政府城市管理（综合）执法部门责令改正，没收烧烤工具和违法所得，并处五百元以上二万元以下罚款。

**第六十三条** 违反本条例规定，在城市人民政府禁止的时段和区域内燃放烟花爆竹的，由公安机关责令停止燃放，处一百元以上五百元以下罚款；构成违反治安管理行为的，依法给予治安管理处罚。

**第六十四条** 违反本条例规定，法律、法规已有处罚规定的，从其规定。

## 第八章 附 则

**第六十五条** 本条例自 2021 年 10 月 1 日起施行。

# 统计资料

## 2021 年武威市基本情况一览表

表 3

| 指标名称 | 单位 | 全市 | 凉州区 | 民勤县 | 古浪县 | 天祝藏族自治县 |
|---|---|---|---|---|---|---|
| 土地面积 | 平方千米 | 32351.69 | 4907.96 | 15838.35 | 5046.65 | 6558.74 |
| 耕地面积 | 万亩 | 638.47 | 221.14 | 179.71 | 145.01 | 92.61 |
| 乡镇政府 | 个 | 93 | 37 | 18 | 19 | 19 |
| #镇政府 | 个 | 84 | 37 | 18 | 15 | 14 |
| 村民委员会 | 个 | 1054 | 442 | 248 | 186 | 178 |
| 村民小组 | 个 | 8489 | 3817 | 1794 | 2055 | 823 |
| 街道办事处 | 个 | 9 | 9 | — | — | — |
| 居民委员会 | 个 | 78 | 44 | 7 | 7 | 20 |

## 2021 武威市地区生产总值一览表

表 4

| 指标名称 | 单位 | 2021 年 | 2020 年 | 增速 (%) |
|---|---|---|---|---|
| 生产总值 | 亿元 | 600.23 | 524.64 | 8.1 |
| 第一产业增加值 | 亿元 | 187.37 | 158.96 | 10.8 |
| 第二产业增加值 | 亿元 | 104.00 | 84.64 | 8.4 |
| 全部工业增加值 | 亿元 | 72.21 | 55.08 | 13.8 |
| 建筑业增加值 | 亿元 | 31.80 | 29.59 | -1.5 |
| 第三产业增加值 | 亿元 | 308.86 | 281.03 | 6.4 |
| 人均生产总值 | 元 | 41361 | 35451 | 10.2 |

## 2021 年武威市生产总值、第一产业增加值一览表

表 5

| 指标名称 | 单位 | 2021 年 | 2020 年 | 增速 (%) |
|---|---|---|---|---|
| 生产总值 | 亿元 | 600.23 | 524.64 | 8.1 |
| 凉州区 | 亿元 | 376.60 | 333.36 | 7.2 |
| 民勤县 | 亿元 | 91.24 | 80.53 | 9.7 |

续表 5

| 指标名称 | 单位 | 2021 年 | 2020 年 | 增速 (%) |
|---|---|---|---|---|
| 古浪县 | 亿元 | 72.12 | 61.38 | 9.4 |
| 天祝县 | 亿元 | 60.25 | 49.37 | 9.4 |
| 第一产业增加值 | 亿元 | 187.37 | 158.96 | 10.8 |
| 凉州区 | 亿元 | 98.63 | 82.98 | 10.5 |
| 民勤县 | 亿元 | 42.17 | 37.84 | 10.2 |
| 古浪县 | 亿元 | 31.82 | 24.77 | 13.1 |
| 天祝藏族自治县 | 亿元 | 14.75 | 13.37 | 10.0 |

**2021 年武威市第二产业增加值、工业增加值一览表**

表 6

| 指标名称 | 单位 | 2021 年 | 2020 年 | 增速 (%) |
|---|---|---|---|---|
| 第二产业增加值 | 亿元 | 104.00 | 84.64 | 8.4 |
| 凉州区 | 亿元 | 68.24 | 58.72 | 4.7 |
| 民勤县 | 亿元 | 13.77 | 9.08 | 28.5 |
| 古浪县 | 亿元 | 7.44 | 6.00 | 8.1 |
| 天祝藏族自治县 | 亿元 | 14.55 | 10.84 | 12.0 |
| 工业增加值 | 亿元 | 72.21 | 55.08 | 13.8 |
| 凉州区 | 亿元 | 43.49 | 35.27 | 10.0 |
| 民勤县 | 亿元 | 11.38 | 6.75 | 41.0 |
| 古浪县 | 亿元 | 4.40 | 3.53 | 6.2 |
| 天祝藏族自治县 | 亿元 | 12.96 | 9.53 | 11.4 |

**2021 年武威市建筑业增加值、第三产业增加值一览表**

表 7

| 指标名称 | 单位 | 2021 年 | 2020 年 | 增速 (%) |
|---|---|---|---|---|
| 建筑业增加值 | 亿元 | 31.80 | 29.59 | -1.5 |
| 凉州区 | 亿元 | 24.76 | 23.47 | -3.2 |
| 民勤县 | 亿元 | 2.39 | 2.34 | -7.9 |
| 古浪县 | 亿元 | 3.05 | 2.47 | 10.8 |
| 天祝藏族自治县 | 亿元 | 1.60 | 1.31 | 16.2 |

续表 7

| 指标名称 | 单位 | 2021 年 | 2020 年 | 增速 (%) |
| --- | --- | --- | --- | --- |
| 第三产业增加值 | 亿元 | 308.86 | 281.03 | 6.4 |
| 凉州区 | 亿元 | 209.74 | 191.65 | 6.5 |
| 民勤县 | 亿元 | 35.30 | 33.61 | 4.0 |
| 古浪县 | 亿元 | 32.87 | 30.60 | 6.7 |
| 天祝藏族自治县 | 亿元 | 30.95 | 25.17 | 8.0 |

**武威市社会消费品零售总额**

表 8

| 指标名称 | 单位 | 2021 年 | 2020 年 | 增速 (%) |
| --- | --- | --- | --- | --- |
| 社会消费品零售总额 | 亿元 | 162.00 | 143.84 | 12.6 |
| 凉州区 | 亿元 | 97.53 | 86.38 | 12.9 |
| 民勤县 | 亿元 | 21.16 | 18.86 | 12.1 |
| 古浪县 | 亿元 | 21.15 | 18.85 | 12.2 |
| 天祝藏族自治县 | 亿元 | 22.16 | 19.75 | 12.2 |

**武威市常住人口、自增率、城镇化率**

表 9

| 指标 | 2021 年 | | | 2020 年 | | |
| --- | --- | --- | --- | --- | --- | --- |
| | 常住人口（万人） | 自增率（‰） | 城镇化率（%） | 常住人口（万人） | 自增率（‰） | 城镇化率（%） |
| 全　市 | 144.33 | −1.28 | 48.22 | 145.91 | −0.59 | 47.01 |
| 凉州区 | 87.86 | 0.23 | 53.94 | 88.32 | 1.1 | 52.83 |
| 民勤县 | 17.39 | −6.83 | 41.45 | 17.74 | −6.97 | 40.12 |
| 古浪县 | 24.34 | −1.63 | 32.79 | 24.79 | −1.67 | 31.71 |
| 天祝藏族自治县 | 14.75 | −2.68 | 47.60 | 15.06 | −1.00 | 46.37 |

**武威市城镇居民人均可支配收入、农村居民人均可支配收入**

表 10

| 指标名称 | 单位 | 2021 年 | 2020 年 | 增速 (%) |
| --- | --- | --- | --- | --- |
| 城镇居民人均可支配收入 | 元 | 33791 | 31580 | 7.0 |
| 凉州区 | 元 | 35912 | 33531 | 7.1 |

续表 10

| 指标名称 | 单位 | 2021 年 | 2020 年 | 增速 (%) |
|---|---|---|---|---|
| 民勤县 | 元 | 29074 | 27197 | 6.9 |
| 古浪县 | 元 | 27299 | 25561 | 6.8 |
| 天祝藏族自治县 | 元 | 29733 | 27736 | 7.2 |
| 农村居民人均可支配收入 | 元 | 14859 | 13471 | 10.3 |
| 凉州区 | 元 | 18137 | 16473 | 10.1 |
| 民勤县 | 元 | 17059 | 15466 | 10.3 |
| 古浪县 | 元 | 8965 | 8121 | 10.4 |
| 天祝藏族自治县 | 元 | 9763 | 8844 | 10.4 |

# 索　引

说明：

1. 本索引为综合性主题索引。
2. 索引款目按汉语拼音字母（同音字按声调）顺序排列。
3. 款目后的阿拉伯数字表示内容所在的页码。
4. 同一主题的内容在文中多处出现的，在其款目后用不同的页码标明。

## D

## E



## F

## G

## H



## J

## K



## L

## M



## N

## P



## Q

## R



## S

T

## W

## X

## Y